개정판

NEW GLOBAL
무역학원론

성옥석 | 박승락 | 김균종 공저

도서출판 두남

* 이 출판물은 2011년도 정부재원(교육부)으로 한국연구재단의 지원을 받아 연구되었음(NRF-2011-B00170).

머 리 말

개정판에 즈음하여~!

다른 어떤 해보다 코로나 19 팬데믹으로 복잡하고 어려운 상황에서 현실의 경제가 위험하게 살얼음판을 겪고 있다. 경제가 하루가 다르게 포물선을 급작스럽게 그리면서 때도 시도 없이 오르내리는 현실경제를 보면 전문경영인으로 혹은 가르치는 자 입장으로 매우 안타까운 일이 아닐 수 없다. 아무리 좋은 양질의 이론을 가지고 현실경제를 평정해 보려고 하지만 어떻게 해답을 찾아야 할지 매우 어렵다는 점이다. 게다가 본서로 인하여 독자들에게 적잖은 쓴소리를 들었기에 나름대로 몸을 사리고 싶은 심정이었다. 하여 개정판은 엄두도 내지 못하고 있었다.

하지만 본서를 출판한 이후 꽤 많은 시간이 흘렀다. 우선 독자들에게 시기적절한 개정판을 내놓지 못한 점에 대해 매우 죄송하게 생각한다. 그리고 본서를 가지고 아직도 열심을 품고 있는 후배들에게 더욱더 미안한 마음 금할 길이 없었다. 그동안 강의와 연구 및 프로젝트에 시간을 집중하다 오늘에 이르게 되지 않았나 하는 나름의 한숨을 쉬면서 급작스럽게 개정판을 준비하게 되었다.

좀 더 열심히 그리고 부지런히 한다면 양질을 도서를 출판하여 목마른 독자들이나 후진들에게 좋은 이론과 실기의 도서가 될 수 있을 것이라는 자부심으로 집필하였다. 본서는 기존의 방대한 무역학원론에 비해 국제경영과 무역실무에 관한 내용을 대폭 수정하였고, 글로벌유통과 글로벌 물류를 새롭게 준비하여 무역이론과 글로벌통상 및 무역통상의 관점으로 집필하였다. 따라서 처음으로 무역학을 배우는 학생들이나 독학으로 무역과 유통 및 물류, 글로벌경영, 글로벌통상에 높은 이슈를 갖기 원하는 모든 독자들에게 목마름을 해결해 줄 수 있을 것이다.

Part 1에서는 무역의 생성과 발전, Part 2에서는 무역의 이론과 통상관계, Part 3에서는 글로벌경영과 경제에 대한 이해 차원에서 새롭게 글로벌 시장에 관한 사항과 마케팅전략을 추가하였다. 그리고 Part 4에서는 무역상무의 실제, Part 5에서는 무역금융과 환율의 관리 및 글로벌유통, 물류, 전자무역의 순으로 본서를 마감하였다.

끝으로 본서가 나올 수 있도록 끊이지 않는 기도와 사랑으로 함께 해주신 분들과 물심양면으로 지원을 아끼지 않으신 도서출판 두남, 그리고 배움의 기둥이 되어주신 지도교수님, 함께 해주신 제자분들 모두에게 깊은 감사를 드리는 바이다.

"너는 마음을 다하여 여호와를 신뢰하고 네 명철을 의지하지 말라 너는 범사에 그를 인정하라 그리하면 네 길을 지도하시리라〈잠언3;5-6〉".

2022년 7월

저자들

Contents

차 례

Part 01 글로벌 무역의 생성과 발전

Part 02 글로벌 무역이론과 통상관계

Part 03 글로벌 경영과 경제이해

Part 04 글로벌 무역 상무의 실제

Part 01

글로벌 무역의 생성과 발전

읽을거리 볼거리

무역이란 혼자서 하는 것이 아니다. 그 말은 사회적 활동이라는 점이다. 다시 말해 글로벌 시민으로서의 사회적인 활동 관계에서 교역하고자 하는 쌍방의 관계에서 서로가 만족을 추구하는 것이기 때문이다. 교환과 매매는 인간으로서의 활동과 사회적인 활동의 시초가 되는 동시에 가장 중요한 삶의 원동력이요 발전의 시발점이라 해도 과언이 아니다. 삶에 대한 자신감이 부족하거나 교환적인 일 즉, 무역에 있어 승리감을 가지지 않는다면 결코 올바른 경제적 행위를 이행할 수 없을 뿐만 아니라, 경제행위가 국한된 범위에서 자행되기 때문에 결코 큰 성과나 국가적인 발전을 초래할 수 없다는 점이다. 이런 말이 생각난다. 오리슨 스웨트 마든은 말하기를 "하고 싶은 일을 하라"라고 말하였다.

그가 쓴 책에 보면, 이미 승리자임을 알아라, 이런 문구를 찾아보게 된다. 강조점은 승리자란 외관과 태도부터 시작한다고 하였다. 무역이란 보이는 것, 보이지 않은 것 등의 여러 원인과 내용이 복잡하게 작용하고 있다. 상대방에게 또는 무역의 관계에서 자신을 강조할 수 있어야 기본적인 무역의 성공 즉, 무역행위에 대한 우위를 갖추는 것이라고 할 수 있다. 특히 그는 "당신의 얼굴과 표현방법에 승리가 묻어 나오도록 만들라고 하며, 이미 승자임을 최대한 알리라고 하였다".

관세, 비관세장벽의 무역장벽이나 보이지 않는 무역환경에서 의심, 공포, 낙담, 자신감 등이 부족하여 타인으로부터 높은 평가를 받지 못한다면 실패할 수밖에 없다. 또한, 사고방식에서도 자신감, 독창성 등을 파괴할 수 있다. 그러므로 무역에서 절대로 자신의 나약함을 표현할 수 없다는 점이다. 평소에 실패자의 모습이 아니라, 성공자의 모습처럼 보이고 행동해야 할 것이다. 무엇보다 무역에 있어 상대방에게 약한 모습이나 부족한 모습을 보여서는 안 된다. 매 순간 승리했다고 자신에게 말하고 또한 그렇게 행동에 옮겨야 한다. 성공한 사람, 승리한 사람들은 하나같이 남들에게서 찾아볼 수 없는 정신적 능력을 보게 된다는 점이다. 성공하기를 원한다면, 이렇게 하라.

첫째, 성공한 사람처럼 행동하라. 무역은 보이지 않는 곳에서도 우위 다툼이 있다.

둘째, 성공한 사람처럼 말하라. 상대방과의 관계에서 우위를 확보하라.

셋째, 성공한 사람처럼 생각하라. 무역 계약, 협상에서 우위를 확보할 것이다.

넷째, 성공한 사람은 어디를 가든지 자신이 승리자임을 선포한다.

마지막으로 성공한 사람은 지금 하는 일이 성공했다고 믿고 그 자세를 계속 유지해야 할 것이다. 틀림없이 성공할 수 있다. 내가 이러한 태도를 유지할 수 없다면 결코 성공할 수 없을 뿐만 아니라, 성공은 물 건너 아니 강 건너 가버릴 것이며 소리 없이 날아가 버릴 것이다. 어찌할 것인가? 하고 싶은 일을 하라.

Chapter 01

글로벌 무역의 기초이해

제1절 글로벌 무역의 의의와 개념

1. 무역의 기원과 의미

1) 무역의 기원과 발전

무역이란? 인간의 삶에 필요한 것을 수없이 반복하여 사용하던 모든 것들의 축적된 지식과 숙달된 삶으로 잉여물이 남게 되었다. 남은 잉여물 처분을 위한 원시적인 교환의 행위가 시작되었다. 특히 자신이 소유하지 못한 것에 대한 욕구충족의 한 방편으로 잉여물을 서로 교환하여 사용하게 되었다. 그러므로 무역을 한다는 것은 곧 인간이 사회적 활동을 함에 있어, 생산자와 소비자의 위치에서 교환 활동을 해 왔다.

인간 행위의 기본적인 동기가 바로 경제활동의 시작이며, 경제행위를 통하여 교환과 매매 및 무역을 수행하게 되었다. 무역의 생성과 발전은 욕구충족을 위한 인간의 교환행위가 국경의 범위를 벗어나 점점 더 넓은 지역으로 그 범위를 확대하여 경제행위를 하게 되었다. 즉, 무역이란 나라와 나라 사이의 교환행위의 수단이 된 것이다.

2) 무역학의 형성과 흐름

무역이라는 말은 사전적 의미는 영어로 'TRADE'라는 말이다. 이 단어의 유래는 발걸음(tread), 발자국(track)이란 말에서 유래되었다. 비슷한 의미로 어떤 통로나 정해진 항로를 통하거나 주어진 길을 통하여 물품을 서로 교환한다는 의미이다.

무역의 시초를 서양의 BC2500~1500년경 이집트, 바빌로니아, 앗시리아 등의 해양을 중심으로 보고 있고, 동양에서는 고대 중국의 고전인 사기와 십팔사략에 나오는 이물상무역과 무역의복 회전수주라는 말에서 유래된 것으로 한자의 '무(貿:무역할 무)'와 '역(易:바꿀역)'의 의미에서 매매, 교환의 뜻에서 찾아보게 된다.

현대적 의미의 무역이란 글로벌상거래(International Commercial Transaction)로 재화와 용역의 교환을 위한 상행위 즉, 상거래 활동, 글로벌유통, 글로벌마케팅 등의 용어와 혼용하여 사용할 수 있다.

3) 무역과 무역학의 의미

무역의 발전은 사회, 환경적인 영향으로 점차 공동체적인 삶의 형태로 자급자족의 조그마한 조직체인 국가의 개념으로 나타났다. 작은 국가의 단위와 단위의 물물교환 행위를 통하여 교역이 시작되었다.

▌표 1-1▐ 무역의 개념과 형성

구 분	내 용	비 고
국내(내국) 무역	자국민(내국민)을 대상으로 이루어지는 재화, 용역거래 ◈내지무역(국내에 거주한 외국인과의 거래): 대외무역과 동일 관점으로 무역관리	국내유통 (순환관계)
외국무역	나라의 범위를 벗어나(국경) 타 국가와의 무역 거래(수출입의 관계관점)	글로벌유통 역환(이종통화) 관계
글로벌 (국제)무역	가장 널리 사용하고 있는 무역의 용어 국제간의 재화 거래	글로벌마케팅, 글로벌유통 관계
세계무역	전 세계와의 거래	

무역이란 단어와 무역학이라는 학문적 발생은 거의 맥을 동시에 하고 있다. 무역학이라는 학문 자체가 국내유통과 글로벌유통을 포함한 개념으로 광범위한 분야와 함께 어우러져 있다는 것이다. 글로벌유통과 글로벌마케팅의 개념은 곧 글로벌 무역이라는 개념으로 교환행위에서 크게 벗어나지 않는다.

최근에는 인터넷, 전자매체의 활용으로 실시간 교환거래가 가능한 인터넷무역, 전자무역이 개념으로 발전하였다. 그러므로 무역과 무역학은 매매와 교환을 위한 하나의 수단에 불과한 것이기 같은 맥락으로 시작되었다고 보는 것이다〈표 1-1〉.

무역과 무역학의 개념은 좁은 의미로 물품의 수출입에 국한하고 있다. 무역의 관점에 따라서 글로벌 무역과 세계무역 및 외국무역, 대외무역으로 구별한다. 즉, 글로벌 무역(International Trade)은 일정 지역 내의 여러 국가와 무역 거래, 세계무역(World Trade)은 전 세계, 외국무역(Foreign Trade)과 대외무역은 주관적 관점에서의 자국과 타국과의 무역 거래에서 자국 중심으로 본 무역개념이다.

2. 무역의 의의와 필요성

1) 무역의 정의와 개념

무역은 글로벌상거래(International Commercial Transaction)의 개념으로 물품(제품+서비스)이나 자본, 기술, 서비스, 지적 재산권을 비롯한 유·무형의 모든 물품거래를 통틀어 일컫는 말이다. 무역과 비슷한 뜻으로 교역, 수출입, 통상, 무역통상 등으로 거래에 관한 사전적 의미로 표현하고 있으나 의미상으로 다르게 표현하기도 한다.

무역은 나라와 나라 사이의 교환적 거래이며 시초는 물물교환의 형태로 시작되었다. 그러나 점점 그 범위와 내용이 확대되어 2000년대 이후 자본을 포함하여 교환하게 되었다.

(1) 협의의 정의

무역의 협의적 개념은 단순한 상품과 재화의 수출입을 말한다. 이때 유, 무형의 상품만을 수출입 하는 것이 아니므로 산품이라는 용어를 사용한다. 그리고 수출입물품은 재화와 용역의 수출입을 의미하는 것이므로 대외무역법 제1장 총칙의 제1조에서는 대외무역의 목적으로 언급하고 있다.

(2) 광의적 정의

광의적 개념은 각국의 경제주체가 국경을 초월한 상품과 용역, 증여, 배상 등의 개념을 포함한 거래 관계이다. 그리고 자본과 생산요소의 이동 등 교환적 관계에 있는 모든 경제적 거래를 포함하고 있다.

(3) 대외무역법의 정의

대외무역법에서 수출입이란? 국제간의 매매, 교환, 임대, 증여의 목적으로 물품이 이동하는 것을 말한다. 수입(Import)의 경우는 매매와 교환의 행위 이외에 임대차, 증여 등의 이유로 타국에서 자국으로 물품이 들어오는 것을 말한다. 수출입의 물품 가운데 무체물이란? 전자적인 소프트웨어, 문자와 기호, 음성, 이미지 영상 등의 디지털 방식의 제작물이나 자료, 정보 등을 말한다. 이외에도 관세법에서는 자국의 물품이 타국으로 반출되는 것을 수출이라 하고, 반입되는 것은 수입으로 규정하고 있다.

외국무역(Foreign Trade)은 자국 중심으로 타국과의 거래 관계의 대외무역을 말한다.

국제무역 즉, 글로벌 무역(International Trade)은 교역상대국과의 상품과 용역의 거래를 객관적으로 본 것이다. 한 나라 중심으로 보는 것이 아니라 많은 국가와의 무역 거래를 한다는 의미이다. 세계무역(World Trade)은 다수의 일정 지역 간의 무역 거래로 범세계적인 거래 관계이나 실제로 뚜렷한 개념이 없어 글로벌 무역이란 말과 혼용하여 쓰기도 한다.

2) 무역의 필요성과 무역이론의 생성

(1) 무역 발생의 이론적 근거

무역의 발생원인은 각 나라의 경제, 사회적 환경요소에 의해 발생하게 된다. 즉, 자국에서 필요한 각종 재화와 용역에 있어, 공급과 수요의 불균형을 맞춰나가기 위한 것이다. 경제, 사회환경 외에 나라마다 산출물에 대한 생산비 투입이 다르기에 무역이 발생할 수 있다. 그리고 국내시장의 한계 발생과 이윤 발생의 차이로 무역이 발생한다.

또한, 경제적 효과인 생산과 고용유발, 소득 발생, 수입 발생 등의 자유경제 체제를 마련하기 위하여 자연스럽게 무역이 발생한다. 그리고 국제간의 기술이나 자본력 등 모든 생산요소의 차이에 의해 발생하기도 한다. 이러한 격차를 활용하여 생산요소의 우위를 가지고 특정 제품을 생산하여 다른 나라와 교환한다면, 무역의 이익을 발생시킬 수 있는 장점 때문에 무역이 발생한다고 보는 것이다. 따라서 무역의 발생원인은 국제적 차원에서는 자원의 효율적 이용으로 생각하게 될 것이며, 더 나아가 자원의 적정한 배분을 효과적으로 하는 것으로 보게 된다. 이러한 원인으로 무역이 필요하게 된 것이다.

(2) 무역이론의 흐름과 발전

무역의 성격은 경영 경제적 차원, 국민경제적 차원, 글로벌 경제적 차원의 성격을 띤다. 특히 가계, 기업, 정부의 경제주체가 재화와 용역 및 서비스를 통한 교환의 관계로 발전한다. 이때 무역 거래는 국경을 초월하여 거래 관계가 이루어짐으로 국민경제적 성격을 띠는 것이며, 교역국들은 자국의 이윤을 목적으로 상호교환의 관계로 글로벌 무역으로 발전하게 된다.

무역이론은 자유무역과 보호무역의 양대 산맥에서 시대와 상황에 따라 그 개념을 달리한다. 대표적 글로벌 무역의 발생원인은 비교생산비설이다. 비교생산비설은 국가 간 무역 발생의 원리를 설명한 것으로, 자국에서 생산된 상품이 상대국에서 생산된 상품과 비교하여 상대적으로 생산비가 싼 비교우위에 있는 상품일 때 각국은 이를 특화하여 다른 국가와 무역하게 된다는 것이다. 자세한 무역이론은 무역이론의 시간에 다루기로 한다.

제2절 글로벌 무역의 특징과 의미

1. 글로벌 무역의 통상적 특징

무역은 국제간의 상거래 활동을 함에 있어 보이지 않는 무역통상 또는 글로벌 통상의 관계로 거래 관계의 문제는 늘 내포하고 있다. 국내 무역에서는 잘 나타나지 않지만 무역통상의 정치, 행정의 장벽요인으로 교역 당사국 간의 정치체제의 상이점으로 인하여 거래 관계가 성립되지 못하는 경우가 있다. 덧붙여 행정적인 정책적 상이 요인으로 거래가 불가능할 수도 있다.

반면, 언어 및 관습의 장벽요인은 교역상대국에 대한 문화, 정치 환경 및 언어의 요인도 장벽요인으로 작용할 수 있다. 그리고 종교적인 이유가 교역 관계의 문제로 나타날 수 있으며, 각 나라가 모두 겪는 환에 대한 어려움도 있다. 왜냐하면, 서로 다른 환(이종통화)을 사용(외환 또는 외국환)과 교환비율(환율)이 다르다. 이로 인하여 이자율 계산 등, 금융적인 복잡한 문제가 때로는 교역의 걸림돌이 되기도 한다.

하지만 가장 문제가 되는 것은 관세이다. 관세는 명목상 수입품에 대해 부과하지만 보통 5~10%, 또는 10~200%까지 다양하다. 최근에는 FTA(자유무역) 체결로 인하여 무관세로 나타나기도 한다. 관세와 같은 각종 쿼터, 외환배정, 차별운임, 국산품 구매 조장 등은 비관세장벽으로 무역장벽의 역할을 하고 있다.

이밖에도 대금 회수와 관련한 신용위험(Credit Risk), 상업적 위험(Physical Risk), 운송위험(Transportation Risk) 및 환위험(Foreign Exchange Risk)과 무역 대금 회수에 따른 위험을 비롯한 예상치 못한 위험(Contingency Risk) 등이 존재하고 있다. 구체적인 위험요인은 다음과 같다.

1) 상업적 위험성과 기업 위험성 내포

글로벌 무역의 위험요인 중, 기업의 위험성은 상품의 운송과정이나 보관 등의 위험과 물품 대금의 지불불능, 지불거절, 신용상의 위험 등이 있다. 특히 글로벌 무역 관계에 있어 상품가격의 폭락이나 상승으로 인한 문제라든지 예기치 않은 환율의 변동에 따른 위험이 있다. 수출 물품의 운송과 보험 및 대금 회수의 내용은 신용의 위험과 밀접한 연관성이 있으며, 신용위험은 매도인(수출자)과 매수인(수입자)의 관계에서 수입자가 수출자의 물품을 인도받은 후 물품 대금을 지급하지 못한 경우에 발생한다.

상업위험은 수입업자인 매수인이 부담하는 위험으로 수입업자가 주문한 수입 물품을 적절한 시기와 장소 및 내용으로 받을 수 있을 것인가에 대한 위험을 말한다. 이밖에도 무역을 함으로써 발생하는 물품운송, 대금결제, 환 및 환율변동의 위험, 물품 자체의 위험, 가격변동위험, 실무절차상의 위험 등이 발생할 수도 있다.

2) 무역환경 및 국제관습의 복합성

글로벌 무역은 교환 및 거래장소가 타국이라는 점에서 보이지 않는 위험과 적지 않은 복합적 위험요인들이 작용하고 있다. 즉, 하나의 물품을 수출입 하는 것은 단순한 상품의 이동에 따른 처리절차로 인식하기 쉽지만 보이지 않은 다양한 위험들이 내포하고 있다. 대표적으로 정치, 경제, 사회, 환경, 종교, 교육 등의 요인으로 복잡한 관계에 처하게 된다. 이러한 복잡한 요소들을 사전에 제거하기 위해 무역 거래에 무역 계약제도를 활용하고 있다.

수출과 수입을 위한 기초적인 단계로 거래의 핵심인 무역 계약과 이를 실현하기 위한 운송계약, 보험계약, 금융계약 등의 계약이 필요하다. 거래조건과 환경, 언어소통, 정치경제, 문화 차이 등 다양한 상관습과 무역 절차 이해 등 체계적인 통상협상력과 사전교육 훈련이 필요하다. 최근에 전자문서교환(EDI)방식의 전자적 수단에 의한 무역이 성행하고 있어, 국제상거래의 표준으로 국제상업회의소(ICC: International Chamber of Commerce)가 국제상업용어인[1] 인코텀즈(International Commercial Terms)를 제정(1936년)하여 정형화된 관습에 의해 거래한다.

3) 무역 운송의 해상의존성 존재

무역 거래를 위해 거래처 간의 물품운송으로 수출입의 필수적인 요소이다. 교역 국가 간의 육상, 해상, 항공, 연안 등을 통해 물품을 운송한다. 그러나 평이하게 해상운송이 기초가 된 것은 중세시대부터 무역은 해운 및 보험과 밀접한 관계성을 가지고 있다. 해상운송은 물류 운송을 위한 육지와 해상에서도 널리 통용되었던 무역의 운송수단이었다. 해상운송을 통하여 대량으로 운송할 수 있게 된 계기 때문일 것이다.

무역에서 운송수단은 거의 해상운송을 선택하는 주된 이유는 최신의 선박건조 기술과 개발로 전문성의 선박이나 짧은 시간에 많은 물량의 물류를 운송할 수 있는 특징이 있다. 하지만 육상운송은 바다와 접해있는 국가와는 운송이 불가하며, 항공운송은 짧은 시간에 물류 운송이 가능하지만 높은 운임비를 부담해야 하는 어려도 있다. 무역에서 물류운송으로 인하여 부가적으로 창고보관업, 해상 보험업 등과 발달하게 되었고 해상운송에 대한 위험을 커버하려고 노력하고 한다.

---

1) 인코텀즈(Incoterms)의 정식명칭은 "정형거래조건의 해석에 관한 국제규칙"이다(International Rules for the Interpretation of Trade Terms).

4) 글로벌 무역의 산업 관련성

글로벌 무역은 무역 거래 관련국의 국민경제와 고용 확대, 고용축소 또는 기술향상과 발전, 그리고 국제수지의 개선 및 균형유지 등 다양한 관계성을 가지고 있다. 즉, 수출입을 통하여 자국의 경제성장과 수출정책 및 국가 경제발전을 꾀할 수 있다. 특히 무역으로 인한 원자재의 수입과 상품의 수출 등은 무역의 균형을 이루는 중요한 요소이다. 따라서 무역은 나라와 나라 사이의 교환관계를 통하여 상호 밀접한 관계를 갖게 된다. 무역이 원활하다면 무역으로 인한 국가의 경제와 산업의 발전에 큰 영향을 미치게 된다. 무역의 발달은 자칫하면 자국의 산업에 치명적인 악영향을 미칠 수도 있다.

수출을 장려하여 관련의 우수한 물품들이 해외시장으로 나간다는 것은 곧 역수출을 당할 우려가 있기 때문이며, 이를 방지하기 위하여 추가적인 제품의 개발과 신상품의 출시는 또는 다른 산업에 영향을 줄 수 있다는 점을 고려해야 한다.

2. 글로벌 무역의 주체와 현대적 의미

글로벌 무역의 현대적 의미를 살펴보면, 경제활동의 주체(가계, 기업, 정부)를 대상으로 재화와 서비스를 교환하는 경제행위가 국내에서 이루어지면 국내거래, 국제간에 행해지면 국제거래 또는 글로벌 무역(International Trade)이라 한다. 하지만 글로벌거래(국제무역)는 한 나라의 경제주체가 다른 나라의 경제주체와 재화 및 생산요소, 서비스 등을 거래하는 행위이므로 무역은 국제적 교환거래이다.

국제간의 물품유통이 한 나라의 범위를 벗어나 국제간의 이루어지는 거래이기 때문에 국제무역 또는 외국무역이라고 하였다. 이러한 국제무역 즉, 글로벌거래를 통하여 수출입의 원활한 유통을 이루어 국가와 국민경제의 발전을 꾀하고 있다. 국제무역에 상품(Goods)의 질을 높여 나가는 것도 경쟁의 한 방편이겠으나 관련 종사자의 전문성이 절실히 요구되고 있으며, 특히 전자문서표준화시스템을 통한 전문성과 표준성, 다양성, 신속성을 갖춘 인재가 필요하다.

3. 무역의 학문적 성격과 특징이해

1) 무역학의 학문적 성격

무역의 성격은 국가 간의 상거래이기 때문에 무역 관련 모든 나라가 서로 무역 거래를 통하여 상호의존적인 관계성을 갖는다. 특히 우리나라가 대외무역의존도가 높다는 말은 대외무역을 통하여 무역 관련 산업이 발전하고 이에 따라 수출정책, 수입정책 등 경제발전을 달성한 것이므로 이를 관리하고 운영하는 것은 중요한 일이기 때문이다.

수출과 수입의 관계에서 수출대금의 회수와 수입 물품의 적기 인수 및 관련 물품의 소화 등은 중요한 문제이다. 무역 관련 운송과 보험, 금융의 기능들도 동시에 발전을 거듭하고 있다.

무역학의 학문적 성격은 국제간의 상거래에 관한 여러 가지의 이론적인 내용과 실제적인 무역 실무론을 동시에 다루는 학문으로서 실천 학문이다. 글로벌 무역의 거래에서 발생 된 갖가지의 현상연구로 타 학문과의 연계성을 가지고 있으므로, 현실의 문제점들을 해석하고 적용하는 학문이라고 할 수 있다. 그러므로 무역학은 실증과학의 체계를 갖춘 국제통상의 정책과 각종의 정부 정책, 산업정책 등을 총망라하여 이에 대한 학문적 체계를 아울러 연구하는 학문이라고 지칭할 수 있다.

2) 무역학의 범위와 그 대상

무역학의 범위와 그 대상은 학문적인 체계와 그 내용에 관한 구체적인 언급을 하지 않아도 이러한 상적인 기능을 학적으로 어떻게 이끌어 그 대상과 범위를 결정하느냐에 따른 학자들 간 논란의 여지가 끊이지 않고 있다. 무역학의 분야와 범위는 국제경제적인 분야와 국제적인 상거래에 대한 경영학적 분야, 상학적인 분야와 이에 대한 법적인 분야, 최근의 과학기술 발달로 인한 네트워크상의 무역 즉, 전자무역 분야 등 다양한 분야를 망라하고 있다.

무역학은 다양한 분야의 내용을 포함하고 있어, 이에 대한 정확한 체계와 범위설정을 하기에는 다소 난감한 부분들이 있지만 주로 국제간의 상거래에 관한 경제, 경영, 법학, 상학 등의 분야를 포함하고 있다. 무역학은 국제무역의 현상을 구조적인 측면에서 국제경제(International Economics), 무역 상무(International Commerce), 국제경영(International Business) 등의 분야로 결정지을 수 있지만, 무역 거래의 매매계약이나 해외시장 개척, 운송, 보험, 커뮤니케이션, 이 문화 협상, 지역연구, 관련의 정책, 대금결제, 클레임 등 거래에 관한 일련의 과정들에 대한 전반적 사항을 무역학의 영역과 대상으로 보는 것이다.

덧붙여 말하자면, 무역학은 무역 거래에 관한 글로벌 무역 상무, 법체계와 관습을 다룬 국제상관습의 거래인 글로벌상거래, 더 나아가 무역관습 및 국제상관습, 대외무역법, 관세법, 외국환관리법을 통한 무역 관련 법체계 등을 포괄하므로 이들 분야에 대해 체계적으로 연구하여야만 국제적인 무역 거래에서 우위를 갖게 될 것이다.

제 3 절 무역관리와 무역법규의 이해

1. 무역의 관리에 관한 이해

무역을 관리한다는 것은 국가 경제적, 산업적, 개인적 차원 등에서 수출입의 관계를 원활하게 잘 관리하기 위함이다. 개인적 차원에서는 한 나라의 경제발전과 성장은 개개인의 무역을 통하여 달성될 수 있다. 무역의 경제적인 부분은 정부가 개입하여 관리하는 대외 무역관리 차원에서 다루어지고 있다.

▮표 1-2▮ 우리나라 무역 관리법의 체계

관련 법규	내 용	비 고
대외무역법 (수출입담당)	- 무역업 고유번호 부여	
	- 종합무역상사 규정, 행위 및 대상관리	- 전자적 무체물 인정 - 수출입승인 및 면제 - 수출입공고 - 원산지 기준 및 판정 - 특정 거래형태의 수출입인정 - 산업설비수출 - 외화획득용 원기재의 수입
	- 수출입 정책관리	- 수출입 질서유지 - 산업피해조사 - 각종 벌칙 규정
외국환거래법 (수출입 대금결제)	- 인적관리	- 거주자
	- 비거주자 관리	- 외국환, 환율 등 - 결제통화 - 무역외거래 및 자본거래 - 무역 결제방법
	- 수출입 정책관리	- 외국환의 수급계획 - 외국환평형기금 - 각종 벌칙 규정
관세법 (수출입통관)	- 인적관리	- 납세의무자
	- 수출입 신고자 관리	- 관세의 부과 및 징수 - 보세구역 및 보세운송 - 수출입통관 - 원산지 기준 및 판정
	- 수출입 정책관리	- 심사와 심판 - 각종 벌칙 규정

글로벌 무역이란 전 세계가 하나의 관점으로 수입하던 국가가 자국의 기술획득과 기술숙달 등으로 선진국의 제품을 모방 생산하게 됨으로써, 수입국이 아닌 수출국으로 나타나게 된다. 따라서 세계화, 다양화, 정보화, 표준화에 발맞춰 나아가기 위해서 자국의 무역을 잘 관리할 수밖에 없다. 정부에서는 대외무역을 잘 관리하고 있으며, 무역자유화를 통한 국제시장경제의 질서에 맞게 추진하고 있다. 무역관리의 형태는 정부의 개입에 의한 관세와 수량 제한, 수입과징금제, 수출입의 금지 및 제한 등의 조항을 두고 관리하거나, 수량을 제한하여 관련 국가와의 무역수지에 관한 적자 부분과 정한 한도 내에서의 무역을 위하여 국가별, 품목별 수입 수량을 한정하여 허용하는 제도적 장치이다〈표 1-2〉.

이밖에도 수입과징금과 수입 담보금 제도를 도입하여 수입업자에게 부담을 증가시킴으로써 수입을 억제하는 정책을 쓸 수 있다. 수출입의 금지 및 무역업의 허가와 수출입의 승인 더 나아가 수출보조금 및 수출 자율규제를 통하여 수출에 대한 우위 제공과 수입 제한적 관계를 갖는다. 따라서 수출입의 관계에서 지역이나 상품별로 상호연결시켜 수출입을 허용하기도 하며, 무역 결제관리에 있어, 수출 또는 수입과 관련하여 금융결제 조건을 강화하거나 영향력을 행사하기도 한다.

결과적으로 수출입 즉, 무역을 관리한다는 말은 나라와 나라 사이의 개인 대 개인 간의 거래 관계를 관련국 중심으로 관리를 한다. 수출입에 국가적 간섭을 한다는 개념이 아니라 무역을 원활하게 하도록 관리하는 것이다.

2. 무역 관련의 법규

1) 대외무역법에 따른 관리

무역을 관리하는 가장 대표적인 관련의 법은 대외무역법이다. 대외무역법은 수출입에 대한 기본적이면서도 일반적인 법이라고 할 수 있다. 하지만 대외무역법은 특별하게 규정하고 관리하고 있으며, 일반적인 법보다 우선하여 적용하고 있다. 대외무역법은 대외무역 관리를 위한 기본적인 법으로써 공정한 무역을 통한 산업의 능률성 제고와 국제무역 환경의 변화에 부응의 목적으로 제정되었다.

개방화, 국제화로 인한 무역제도의 선진화를 위하여 국제경쟁력을 높일 수 있는 수단으로 널리 활용하고 있는 법이다. 우리나라의 대외무역법은 종전의 무역거래법, 산업설비수출촉진법, 수출조합법을 통합하여 1986년에 제정되었으며, 2008년 12월 26일 자로 일부 개정된 바 있다.

대외무역법은 무역거래자에 의한 물품과 대통령령이 정한 용역, 전자적 형태의 무체물(이하 물품)의 수출입을 말한다. 무역거래자인 수출입업자나 이를 위임하여 수출 또는 수입을 하는 자 등이 수행하는 수출입의 행위와 관련한 모든 거래행위를 대외무역법에서는 무역이라고 규정하고 있다. 그리고 외국환거래법에서 정하는 지급수단, 증권 및 채권을 화체한 서류 외의 동산과 같은 유체물과 컴퓨터 프로그램 등의 전자적 형태의 무형물을 수출입할 경우를 통틀어 무역이라고 말하고 있다.

2000년 1월부터 무역 고유번호의 신청 및 부여는 우편이나 팩스, 전자메일, 전자문서교환 등의 방법을 통하여 신청 및 교부를 받는다. 대외무역법의 목적은 대외무역진흥과 공정거래 질서의 확립, 국제수지의 균형과 통상의 확대를 도모함으로써 국민경제 발전에 이바지하고 자 함이다. 그리고 수출입관리를 위한 일반법으로 국제적인 무역 거래에 있어 최소화 및 위임 입법적 성격을 띠게 된다. 다시 말해 국가에서 제도와 기구 및 법규를 통해 무역 거래를 간섭, 통제, 관리한다는 의미이다.

2) 수출입의 관세법에 따른 관리

관세법은 구체적으로 물품의 이동에 대한 수출입의 관리를 하는 것이다. 즉, 관세법이란? 관세선을 통과하는 수출입 물품의 통과세이다. 다시 말해 통관에 따른 과세이며 모든 물품이 국내로 영입되거나 해외로 반출되는 입출의 행위를 총괄한다. 이를 통관(Customs Clearance)이라고 하며, 관세법은 수출입통관과 수입의 물품에 관한 관세를 말한다. 관세법에는 무역에 관한 직접적인 사항의 언급은 없다.

다만 무역 거래의 주체는 대외무역법 시행령 제3조와 제4조에 의거, 관세법하에서 관세선(Custom Line)을 통과하는 물품의 수출입을 의미한다고 규정하고 있다. 관세법 제2조의 경우 수출은 내국 물품을 외국으로 수출하는 것이며, 수입은 그 반대의 개념이다. 외국 물품은 외국에서 우리나라에 도착한 물품으로 제241조 제1항에 의거 수입신고 전의 물품과 제241조 제1항의 규정에 의거 수출신고 된 물품, 또는 제241조 제1항의 규정에 의거 수출신고가 수리된 물품을 말한다.

3) 외국환거래법에 따른 관리

외국환거래법에 의한 수출입의 관리는 수출입대금의 결제방법을 관리하겠다는 취지이다. 그러므로 외국환거래법은 대외적인 자금의 지급과 영수에 관한 기본적인 법이라 볼 수 있다. 외국환과 외국환거래를 목적으로 국제수지의 균형, 통화가치의 안정, 외화자금의 효율적 관리를 위한 법이다.

대외무역법과 관세법 및 외국환거래법을 무역의 3개 기본법이라고 한다. 외국환거래법은 우리나라가 1998년 9월 18일에 제정하여 1999년 4월 1일부터 시행하고 있다. 특히 외국환거래법은 거주자와 비거주자의 구분, 환율, 외국환은행, 환전영업자, 외국환 수급계획, 이환평형기금, 용역거래, 자본거래에 대한 제한 등에 관한 사항을 담당한다.

외국환거래법은 대외거래의 자유 보장과 시장기능의 활성화를 위한 일과 국제수지의 균형 및 통화가치의 안정을 도모하는데 목적을 두고 있다. 그러므로 외국환거래법의 특징은 원칙 자유, 예외규제 법체계와 권한의 위임, 속인주의, 국제성 등의 특징이 있다.

4) 전자무역의 촉진과 전자문서에 관한 법률

전자무역의 사전적 의미는 재화 또는 서비스의 국제간 거래인 무역행위의 본원적 업무는 물론 지원업무를 인터넷을 포함한 정보기술 수단을 활용하여 전자적·정보 집약적 방법으로 수행하는 무역 활동이다. 동법은 전자무역의 기반을 조성하여 무역 정보의 신속한 유통과 처리시간 단축, 비용 절감, 산업의 발전, 국가경쟁력 확보 등의 목적이다. 특히 무역 정보의 신속한 처리를 통한 비용 절감과 국제경쟁력을 높임과 동시에 국민경제 발전을 위하여 제정되었다.

정보통신의 발달로 인한 전산망 보급과 개발 및 이용에 관한 기반조성을 통하여 전자상거래기본법을 통한 전자문서화를 실현함으로써 신뢰성과 공정성을 확보함은 물론 건전한 거래질서를 확립할 목적으로 제정되었다.

5) 기타 무역 관계법의 관리

무역관리와 관련된 법으로는 이밖에도 수출검사법, 수출보험법, 외자도입법, 농수산물수출진흥법, 중재법, 수출자유지역설치법, 해운업법 등이 있다. 무역 거래 기반조성에 관한 법률은 무역 거래의 기반조성을 체계적으로 함과 동시에 균형적인 무역 거래를 통한 국민경제의 발전을 꾀하기 위함이다.

▌표 1-3▌ 우리나라의 무역 관리법

관련법	내용	특징	비고
대외무역법	수출입의 총괄	무역 주체의 관리	자유화
		무역객체관리	품목관리
		수출입거래형태	특정 형태 거래
		무역 진흥정책	관리/통제/확인
		산업피해조사	
외국환거래법	무역 대금결제	외국환 은행권	확인/신고관리
		한국은행 총재 기획재정부장관	허가사항
관세법	물품의 이동	수출입 통관절차 관세	관세부과/징수

불공정무역행위조사 및 산업피해구제에 관한 법률은 불공정거래를 통한 무역의 행위와 수입의 증가 등, 국내산업의 피해를 조사, 구제하고 세계무역기구와 협력기구들을 수행하기 위한 목적이다.

3. 우리나라 무역관리 제도

1) 무역 관리제도의 개념

(1) 무역관리(Trade Control)의 의의

무역 관리제도란 글로벌 무역의 수출입에 관한 절차 이행에 있어 이를 지원하기 위한 각종 제도적 장치와 법규 등을 말한다. 일반적으로 무역관리의 개념은 국가가 제도와 기구 또는 법규에 따른 무역 거래에 대한 간섭, 통제 또는 규제를 가하는 것이다. 특히 선진국과 개도국을 막론하고 무역 거래에 관한 최소한의 규제와 지원을 하기 위한 각종 법규, 기구, 제도를 뒷받침하고 있다. 이러한 사항은 우리나라의 대외무역법 제1조에서는 무역관리의 목적에 대하여 명시하고 있다.

우리나라의 무역 관리제도는 무역 관련 법규에 따른 관리(대외무역법, 외국환거래법, 관세법, 기타 개별법), 무역 관리기구에 의한 관리(주무관청, 위임 및 위착 기관, 자문 및 심의기관), 거래상품에 대한 관리(수출입공고, 별도공고, 수입선 다변화 품목공고, 통합공고), 수출입행위에 대한 관리 (수출입승인, quota 제도)로 구분하고 있다.

2) 무역 관리제도와 기구의 이해

(1) 무역 관련 법규 중심의 관리

무역 관련 법규는 1987년 6월 29일 공표되어 동년 7월 1일부터 시행되고 있다. 이후 1996년 11월에 전면 개정하였다. 대외무역법과 외국환거래법 및 관세법 등 무역 관련 3대 법규와 60여 종의 무역 관련 개별법 등이 있다. 현행관리법령으로는 법의 시행령과 규칙 및 규정을 중심으로 관리하며, 기타 무역 관계법에 관하여는 수출보험법, 중재법, 수출자유지역설치법, 농수산물수출진흥법 등의 순으로 관리하고 있다.

(2) 무역 관련 기구 중심 및 무역객체의 관리

무역관리는 무역 관계 법규에 따라 국가의 행정기관 및 민간기관을 중심으로 이루어지고 있다. 무역관리의 주 담당은 지식경제부 장관이며, 업무의 효율성과 신속성을 위하여 무역관리에 관한 권한을 소속기관장이나 행정기관장, 민간단체장에게 위임하거나 위탁하여 관리하고 있다. 유관단체로는 무역정책심의회, 대한무역진흥공사(KOTRA) 등이며, 민간단계로는 한국무역협회, 한국무역대리점협회, 수출 물품구매업자협회 등이 있다.

수출입물품에 대한 관리제도는 수출입에 관한 직접적인 규제방식으로 개별품목의 수출입제한 여부에 대한 종합적인 관리체계이며, 수출입을 하고자 하는 자는 수출입 품목이 수출입의 규제에 대한 관련성 여부를 점검한 후 제한 내용의 경우에는 이를 충족한 후에 수출입이 허용된다. 수출입물품에 관한 관리체계는 대외무역법에 근거한 수출입공고와 수출입 별도공고 및 수입선 다변화 품목공고 등 각종 개별법에 따른 제한사항을 종합하여 통합공고의 형태를 취한다.

3) 수출입행위에 대한 관리

(1) 수출입승인

물품의 수출입 및 수출입대금의 결제가 자유로워야 하며, 무역거래자는 자유무역질서의 바탕 하에 성실하게 무역 거래를 이행하여야 한다. 따라서 헌법에 따른 체결 및 공포된 조약과 국제법규에 따른 부과된 의무를 이행하고, 생물자원의 보호 등을 위하여 지정하는 물품 및 무역균형 유지를 위하여 수출입을 제한할 수 있으며, 수출입이 제한되는 품목에 한한 사전에 수출입승인을 받는다.

(2) 무역업무처리 기반의 구축

수출입승인대상을 극소수의 수출입공고 등에 의한 제한품목과 수입선 다변화 품목으로 한정하여 사실상 수출입물품에 대하여 수출입승인제도를 폐지함에 따라 사전적으로 무역거래자의 수출입이행사항을 제한하거나 점검이 어려워짐에 따라 이를 관리하기 위하여 전자문서교환체제를 도입한 과학적인 무역업무 처리기반을 필요하게 되었다.

4. 무역관리의 목적과 수단

무역은 국민경제와 국민 소비생활, 자국의 국제경쟁력 등에 영향을 미치며, 물품의 수출입과 결제방법, 거래형태, 수출입업자의 자격요건 등과 자국 내의 수출입절차를 무역관련법을 통해 이를 규정함으로써 수출입거래 질서를 유지하려고 하고 있다. 특히 국가가 무역 거래에 개입하여 법과 제도를 통해 관리하여 국민경제의 발전에 이바지한다. 무역관리의 수단은 법에 따른 관리와 기구에 의한 관리로 구별한다.

Chapter 02 글로벌 무역의 기능 및 발전체계

제1절 글로벌 무역이론의 생성과 발전

1. 글로벌 무역의 생성 이해

글로벌 무역의 생성은 국내에서 거래되는 개념과는 달리 국제거래이기 때문에 제약의 요소들이 많다. 신용위험(Credit risk), 상업위험(Physical risk), 운송위험(Transportation risk), 환 위험(Foreign Exchange risk), 비상위험(Contingency risk) 등이 그 예이다. 다시 말하면, 한 나라(자국)와 다른 나라(외국)와의 거래에서 수출입에 따른 상품매매, 교환에는 대금결제의 위험 즉, 상업과 신용 및 운송, 환 등의 위험이 늘 존재하고 있다.

글로벌 무역의 발생원인과 필요성에 관한 내용 또한 무역의 시작부터 현 단계에 이르기까지 끊임없이 변화·발전되고 있다. 국제상공회의소, 국제법협회 등과 같은 협의기구에서 심의, 조사, 검토하여 내놓은 것이 국제규칙(International Rules) 즉, 국제관습법이다. 구체적으로 정형 거래조건 등에 관하여 무역이 진행되고 있다.

2. 무역의 발전과 역사

1) 고대의 무역

고대 무역의 발전은 인류의 문명과 함께 시작되었다. 고대인들은 생활기술의 발달에 따라 숙달된 행위로 말미암아 잉여물을 남기게 되었다. 잉여물은 부족(군장)의 형성을 낳게 되었고 작은 국가를 형성하게 되었다. 이러한 형태로의 무역 발전은 점차 거대한 문명의 국가들을 세우게 되었다.

따라서 고대 무역은 고대문명에서 물물교환의 형태로 문명의 발달과 함께 점차 그 범위를 확대하여 나갔다. 특히 고대 무역의 주역은 페니키아인들을 비롯한 레바논 해안지대에 거주하던 해양성 민족으로 이들은 BC 2000년경부터 지중해 무역의 중심역할을 감당하였다. 이들의 주요 교역품은 일상의 생필품과 노예매매를 통한 중계무역에까지 미치게 되었다.

2) 중세의 무역

중세무역의 특징은 중세사회가 로마제국의 몰락으로 인한 봉건사회의 형태에서 비롯되었기 때문에 지배와 피지배계급을 통한 신분 사회의 모습으로 나타났다. 지배와 피지배계급에 의한 사치품과 공예, 장식품 등이 유행하였으며, 고급의 면직물, 향료 등이 주요 거래품목이었다. 이들은 주로 원격지 무역을 통한 이태리, 스페인, 아프리카 북부, 시리아, 흑해 연안과 연결되어 북부내륙의 대도시로 이동하는 무역의 통로를 만들었다.

또한, 중세의 무역은 14세기 말에서 16세기 초 유럽의 상업 도시의 발달로 인하여 독일 상인들은 한자동맹(Hanseatic league)을 결성하여 중계무역에 종사하였다. 주요 거래 품목은 모피와 소맥, 목재, 소금, 모직물, 향신료 등으로 서유럽과 동유럽으로 각각 수출하기도 하였다.

3) 근대의 무역

근대무역은 16세기의 중상주의를 시작으로 전근대사회에서 근대사회로의 발전을 추구하였다. 그 가운데 식민지정책으로 인한 무역의 주도권을 잡은 영국을 중심으로 발전하였다. 이러한 여파는 18세기 중엽까지 계속되었으며 18세기는 산업자본주의 시대로서 19세기에 걸쳐 일어난 영국의 산업혁명 결과로 시작되었다.

영국은 16세기를 전후하여 중세 봉건주의 몰락으로 인하여 준비된 상업자본을 통하여 번성할 수 있었고, 유럽 국가들은 공산품을 수출하고 1차 상품과 원재료의 확보를 위해 상업의 중심지를 대서양 연안과 서유럽의 해상으로 점차 진출하면서 확대 발전되게 되었다. 따라서 관세 중심의 무역에서 자유무역의 형태를 취한 자유시장의 경쟁에 의한 제품가격을 중심으로 자유경쟁 체제로 전환하였다. 특히 제국주의와 식민주의 등장은 1870년대를 전후하여 영국과 독일이 끊임없는 식민지정책으로 나갔다. 이들의 식민지정책은 원료 확보와 자국의 생산품을 저개발 국가에 판매하여 이익을 추구하는 쟁탈전 형태의 강제적인 무역 거래를 하였다.

4) 현대무역의 발전

현대무역의 발전은 제1, 2차 세계대전 이후에 크게 발전하게 되었다. 제1차 대전으로 인하여 독일이 패전하고 영국과 프랑스를 중심으로 제국주의적 세력충돌이 일어났다. 특히 이러한 전쟁의 피해를 보지 않았던 미국은 수출이 증가하였으나 반대로 전쟁에 패한 유럽은 자국 경제의 회복을 위하여 보호주의 경향을 띤 무역정책으로 나왔다. 그 가운데 식민지를 많이 확보한 영국은 점차 무역 확대에 따른 공항을 저개발 국가에 이전시키는 일을 해 왔다.

식민지를 보유하지 못한 이탈리아, 일본 등은 제2차 세계대전을 발발하게 하였다. 특히 독일은 폴란드를 침공하여, 미국, 영국, 프랑스 등을 비롯한 자유민주주의 국가들로부터 약소국을 보호하기 위하여 노력하였다. 이때 발생한 것이 남북무역, 동서무역의 형태인 자유 진영과 공산 진영으로 크게 이원화되었다. 그 당시 미국의 주도하에 국제통화기금(IMF)이 생겨나고 세계는 또 한 번의 외환 자유가 선언되는 등의 쾌거를 불러일으켰다.

현대무역의 발전은 1990년대에 들어와 지역 단위의 개념으로 새로운 형태의 모습을 취하게 되었다. 세계화의 거센 물결로 인하여 글로벌 무역이 성행하게 되었으며 특히 자본의 이동과 함께 무역이 확대되었다. 마침내 1994년 5월 마라캐쉬에서 UR 협상이 시작되어 지난 47년간 세계무역을 관장했던 GAT T대신 WTO라는 새로운 무역기구를 설립하였다.

3. 글로벌 무역이론의 개념과 발전

1) 글로벌 무역이론의 개념

글로벌 무역이론의 발전적인 내용을 파악하려면, 무역의 발생원인을 잘 살펴보아야 할 것이다. 무역이론은 무역의 발생원인과 무역의 발전에 따른 형태의 변화 그리고 무역으로 인하여 빚어진 내용을 파악하고 분석하는 일이기 때문이다. 무역의 발생원인은 크게 자연적 조건과 사회적 조건으로 나눈다.

먼저 자연적 조건이란 천연자원이나 기후, 풍토, 지질 등의 이유로 인한 무역의 발생을 말하며, 사회적 조건의 차이로 인한 무역의 발생이론이다. 사회적 조건의 차이라고 하면, 무역 상대국의 생활 습관, 수준, 과학기술, 관련 생산기술, 임금의 격차 등이다.

무역의 발생이론에 있어 으뜸이 되는 이론은 리카도의 비교우위론이다. 이보다 앞서 영국의 아담스미스를 비롯한 이른바 고전학파의 절대생산비설(절대우위론)이 있다. 특히 아담스미스는 그의 저서 국부론에서 분업의 원리에 의한 자유무역을 주장하였다.

구체적으로 보면, 생산비가 싼 재화를 수출하고 비싼 재화는 수입함으로써 이익이 되기 때문에 무역이 발생한다고 주장하였다. 후에 이러한 무역이론을 반박하고 나온 사람이 핵셔 & 오린으로 국가 간 무역 발생의 원인 및 무역패턴의 결정요인을 각국의 요소부존량 비율의 차이와 생산량 간의 요소투입비율(요소집약도)의 차이로 설명하였다.

무역의 발생이론은 잉여물의 처리와 부존자원의 획득을 위한 것과 투입 재화와 생산비의 차이 및 재화의 이동에 따른 경제적 이익, 시장의 원리 등에 따른 변화와 발전 등으로 인하여 이론적으로 발전하게 되었다.

2) 글로벌 무역이론의 역사적 배경

국제간의 무역에 있어 재화와 용역의 교환거래가 있었던 역사적인 문헌들을 통하여 살펴볼 때, 인류의 역사는 수렵, 농업시대를 거쳐 공업, 상업시대로 접어들게 되었다. 즉, 공업과 상업 위주의 경제체제로 전환하게 되었다. 가족 단위의 자급자족과 분업 또는 교환의 상호의존제도를 통해 교환의 영역이 더 넓어지면서 시장을 확보하기 위하여 노력하게 되었다.

특히 영국의 아담스미스는 그 나라의 발전은 시장규모의 크기에 제한을 받는다고 하였으며, 이는 시장이 너무 협소하면 경제발전을 꾀할 수 없음을 나타낸 것이다.

또한, 4대강 유역의 개발 즉, 나일강 유역의 고대 이집트 문화, 티그리스·유프라테스강의 메소포타미아문화, 인더스와 갠지스강의 인도문화, 황하강 유역의 중국문화가 활발히 전개되고 있었고, 서양 문화권은 지중해를 이용한 활발한 국가 간의 교역이 성행되고 있었다.

반면 서기 200년 로마인의 무역 시대에는 동방의 사라센제국과 육로를 통한 중국까지의 무역이 성행하였는데, 후에 15세기경 지리적으로 무역 확대 및 상품의 교류가 더욱 활발해졌다. 그리고 16~18세기의 중상주의의 사상과 부의 원천은 국제무역에 있다는 생각으로 본국과 저개발 국가 간의 결속강화로 해외무역을 확대해 나갔다. 그 후 18~19세기를 거쳐 영국의 산업혁명과 대량생산으로 인하여 무역이 비약적으로 증가하게 되었다. 특히 19세기의 영국, 독일, 미국은 경제적 세력의 쟁탈전을 벌이기도 하였다.

(1) 자본주의 성립 이전의 글로벌 무역(초기생성단계)

자본주의 성립 이전의 무역은 기원전의 페니키아인이 이집트와 지중해에서 교역을 행한 이후 그리스 로마 시대는 동방과의 교역을 시작으로 중국과도 무역을 시작함으로써 나타나기 시작하였다. 이때 주요 교역품은 주로 노예, 귀금속 같은 보석류, 고급직물 등이었다. 그러다 로마가 멸망하고 중세 봉건사회에서 무역이 주춤하였다. 그 후 십자군 원정 후에 베네치아는 이탈리아 북부지역의 무역으로 지중해를 차지하게 된다. 이때의 교역은 주로 대중화된 향신료 같은 것도 있었으나 주로 상류층 중심의 사치품 위주였다.

구체적으로 살펴보면, 15세기 말 지리상의 발견과 상업혁명을 통하여 국제무역이 크게 발전한 것으로 볼 수 있다. 즉, 15세기 말 무역의 활동무대도 지중해와 발트해에서 아메리카대륙(신대륙)과 아시아까지 확대되었다. 특히 지리상의 발견에서 주역이 된 포르투갈과 에스파냐가 새로운 시장으로 나아갔다. 당시의 교역품은 주로 모직물 수출로 유럽은 모직물 공업이 성행하였으며 교역의 중심이 영국, 네덜란드로 이동하였고, 특히 자본주의적 공업생산의 발전에 큰 공헌을 하였다.

(2) 자본주의 성립 이후의 글로벌 무역(발전단계)

영국에서의 산업혁명을 통하여 면공업이 수공업에서 기계공업으로 전환됨으로써 대량생산이 가능하게 되어 일반대중화에 성공하였다. 국제무역은 변화와 발전 단계로서 18~19세기 영국에서 시작된 산업혁명의 효과로 무역의 일대 변혁을 이루었다. 영국은 주로 완제품을 수출하는 대신 수입품은 면화, 원료 등이었고, 가공무역이 성행하여 근대적 무역으로 발전하였으며, 특히 국제 분업이 발전하였다. 세계무역의 발전요인은 국제금본위제의 확립이었다. 금본위제를 일찍 수립한 영국에 이어 19세기 후반, 다수의 국가가 금본위제로 이행하였다. 영국은 무역과 해운업, 국제금융업에서 세계의 중심지로 발전하였다.

하지만 1870년대 초까지 영국은 세계무역의 주도적 입장에서 70년대의 불황기를 전후하여 서서히 쇠퇴하기 시작하였고, 독일과 미국은 공업발전의 주력인 철강업의 발전과 더불어 제조 공업품 수출이 증대하였다. 자유무역의 경향은 점차 고율 관세부과, 국내산업 보호 추세로 인하여 덤핑이 성행하였다.

영국에서는 자본수출을 확대하였다. 제1차 세계대전 후 미국은 유럽 국가들이 전쟁으로 경제력을 소모하던 시기에 생산력을 증진 시켜, 전후 수출에서는 영국을 앞질러 가기 시작하였고, 이때 캐나다와 일본이 새로운 공업국으로 무역 무대에 진출하였다. 한편 러시아는 1917년의 혁명을 통하여 자본주의 세계시장에서 모습을 감췄다. 국제무역은 점차 자유무역과는 거리가 멀어졌다.

2000년대에 부활 된 금본위제는 1931년 영국의 금본위제 정지상태로 인하여 각국은 해외경제 변동으로 초래되는 경제나 통화의 혼란을 차단하고, 자국 경제의 안정을 도모하려는 국가주의적 정책으로 무역과 국제자본이동에 제한을 가하게 되었다. 무역에 대한 규제는 고전적 관세뿐만 아니라 수입할당제·외환관리·구상무역 등 보다 더 직접적 정책수단을 취하게 되었다. 제2차 세계대전 후 분열된 세계 경제는 자유무역을 효율적으로 수행하기 위하여 국제통화기금(IMF)과 관세 및 무역에 관한 일반협정(GATT)이 생겨났다.

(3) 제2차 세계대전 후의 글로벌 무역(정착단계)

제2차 세계대전 이후 IMF·GATT 체제의 생성으로 글로벌 무역의 정착단계를 맞이하게 된다. 기본이념은 자유무역을 통한 국제무역 거래를 추진하고자 하였다. 전쟁 후에도 여전히 수입을 제한하는 나라들도 있었으며, 미국을 제외한 대다수 국가가 전쟁 후의 경제부흥을 위한 수입급증과 자본충당이 필요하게 되었다. 그러나 유럽이나 일본에서는 부흥이 진척되고, 1950년대 중반에는 달러 부족도 해소되어 자유무역으로 진척을 보이기 시작하였다.

세계무역 동향에 영향을 준 또 하나의 문제는 지역경제통합의 출현이다. 그 영향으로 나타난 유럽경제공동체(EEC)는 지역경제 통합화의 모습으로 나타났다.

1960년대 세계무역의 특징 가운데 또 하나는 세계 경제에서 주도적 역할을 하였던 미국의 상대적 지위 하락과 기축통화로서 달러의 위기를 불러일으켰고 국제유동성 문제를 발생시켰다. 달러를 지탱하고 IMF 체제를 유지하려는 각국의 노력에도 불구하고 달러 위기는 결국 1971년 여름 달러와 금의 교환(금태환 제도)을 중지하기에 이르렀다.

제2차 세계대전 후 20여 년간 세계무역의 바탕이었던 IMF 체제가 무너졌다. 1971년 스미스소니언 합의는 1년 남짓 만에 무너지고, 주요 국가들은 1973년 변동환율제도를 이행하게 되었다. 2번에 걸친 오일쇼크를 통하여 세계 경제와 무역의 방향을 전환하게 만든 직접적인 동기가 된 셈이다. 석유 수출기구(OPEC) 국가들에 의한 석유 가격의 무분별한 인상은 석유 소비국으로 국제수지 적자와 경제성장의 둔화를 불러일으키게 되어 결국 스태그플레이션을 일으켰다. 이러한 국제수지 적자를 통한 대응과정에서의 잦은 무역마찰로 보호주의 경향을 띠게 되었다.

(4) 세계화의 영향과 글로벌 무역의 등장

세계무역이 급격하게 증가하고 발전할 수 있었던 주요 원인은 하나의 물품을 만들기 위해서 전 세계적인 작업 즉, 전 세계의 공동 작업으로 이루어지는 점에서 찾을 수 있다. 이는 수직 전문화(Vertical Specialization)의 결과라고 할 수도 있겠으나, 분명한 것은 하나의 물품을 만들기 위해서 여러 국가의 공정을 거치는 것이다.

세계가 고민하는 경제적 위기에서 세계무역의 발전에 관한 관심이 매우 높아지고 있다. 1930년대에 있어 무역수요 급감은 가격의 붕괴와 보복적인 파괴적 행동으로 보호무역주의를 채택하였기 때문이다. 제2차 대전 이후 세계무역량은 최고 수준으로 위축되었으며, 이러한 현상은 특히 1982년 이후 무역 규모가 감소추세로 나타났다. 그러나 1990년부터 2006년까지 무역은 점차 회복세를 타고 매년 6%의 증가추세로 돌아섰다.

제2절 글로벌 무역의 필요성과 기능

1. 글로벌 무역의 의의

International Trade 즉, 국제무역이란 국제적인 상거래의 행위이며, 나라와 나라 사이의 개인과 기업 사이에서 발생하는 상행위이다. 우선 국제무역의 활성화를 이루기 위해서는 그 나라의 환경이나 문화, 정치, 경제적인 제반의 모든 제도 등을 익히 알고 있어야 무역이 제대로 성립되거나 계속될 수 있을 것이다.

국제무역의 제반 요소들을 사전에 통제, 관리, 소통시키기 위하여 국제상업회의소(ICC: International Chamber of Commerce), 국제법협회(ILC: International Law Association), 관세협력이사회(CCC: Customs Cooperation Council)와 같은 세계적인 민간차원의 협력기구들과 국가적인 차원에서의 UN이나 IMF, IBRD 등의 기관에서 국제무역에 관한 제 규칙과 협약 등을 제정하여 관리하고 있다.

2. 글로벌 무역의 필요성

1) 글로벌 무역이 왜 필요한가?

무역은 각국의 재화의 상대적 가격, 생산비의 격차에 의해 발생하게 된다. 예를 들자면 국내의 모 기업에서 노트북을 한 대 생산하여 판매한다고 가정할 때, 국내기업에서 생산 판매하는 노트북이 외국의 어떤 기업체에서 생산판매 하는 것이 훨씬 더 저렴하다면 여기에 수입하는 각종 비용(운임, 보험료 경비 등)을 고려하여 외국의 노트북(물품)을 수입하여 사용할 것이다.

하지만 단순한 생산비의 차이 때문에 수입해야 한다면, 이것은 비교생산비 더 나아가 비교우위론의 무역이론이 등장하게 되는 것이다. 각국의 노트북 생산비용의 차이는 그 나라의 환경요소에 좌우되겠지만 그 나라의 기술력, 자본력 등을 포함하여 발생하게 되는 것이다. 따라서 국제간에 기술이나 자본력 등 모든 생산요소의 차이가 있을 수 있다. 그러므로 나라마다 생산요소의 우위를 가지고 특정 제품을 생산하여 다른 나라와 교환한다면 계속 무역이익을 발생시킬 수 있는 장점이 있다. 이것은 자국에서 생산된 상품이 상대국에서 생산된 상품과 비교하여 상대적으로 생산비가 싼 비교우위에 있는 상품일 때 각국은 이를 특화하여 다른 국가와 무역을 하는 것이 유리하다는 것으로, 고전무역(경제)학파인 영국의 데이비드 리카도(David Ricardo)가 규명한 대표적인 근대무역이론을 말하고 있다.

글로벌 무역은 각국의 생산 재화가 서로 다르기에 필요한 재화를 충족하기 위해서 나라와 나라 사이에 무역이 필요하게 되며, 이는 무역의 필요성과 발생의 원인을 가장 쉽게 설명하는 내용이다. 그리고 같은 상품일지라도 가격과 품질의 차이가 발생하며, 소비자 선택의 폭이 넓어졌기 때문이다. 게다가 정보산업의 발달로 날로 변화, 발전되는 기술력과 사회적 제 조건들을 충족하기 위해서 좀 더 차원 높은 생산의 질과 기술의 수준을 높여야 한다. 동시에 소득수준의 향상으로 인한 생활 습관의 변화와 기호의 변화로 인하여 국제간의 무역이 필요케 된 것이다.

2) 글로벌 무역의 필요성과 그 한계

글로벌 무역이란 전 세계의 모든 나라가 완전 자유경쟁에 의한 시장 중심의 무역에 힘입어 국제적인 거래 관계를 형성하는 것으로 보는 개념이다. 무엇보다도 전 세계가 하나라는 개념에서 글로벌유통 또는 유통의 범위를 확대한 것으로 보는 시각들이 많아지고 있다. 글로벌 무역 즉, 글로벌유통의 발생과 변화 및 발전에 이르는 전 단계에 걸친 내용을 자세하게 설명하기란 좀처럼 쉽지 않다.

▌표 2-1▐ A, B국의 X, Y재 생산의 비교우위(표)

구분	X재에 투입된 노동의 비율	Y재에 투입된 노동의 비율	우위와 열위
A국	10시간	15시간	X재 우위 Y재 열위
B국	9시간	8시간	Y재 우위 X재 열위
비교우위/열위	A국 〈 B국; 우위 A국 〈 B국; 열위	A국 〈B국; 우위 A국 〈 B국; 열위	X재; A국에서 생산(수출) Y재; B국에서 생산(수출)
특징	A국은 X. Y재 모두 상대적 열위에 있으나 X재생산 주력 B국은 X. Y 모두 우위에 있으나 Y재생산(무역이익 발생)		

예를 들어 〈표 2-1〉에서 A국에서 X재와 Y재 1단위를 생산하는데 필요한 노동시간에 대한 〈표 2-1〉에서 살펴보면 다음과 같다. 먼저 노동 투입 시간에 대한 비교로서 A국에서는 10시간, 15시간이고, B국에서는 9시간, 8시간이라고 할 때, B국은 X재와 Y재 모두 절대적 우위에 있다. 상대적 우위인 Y재 생산에 주력하고, A국은 X재와 Y재 모두 절대적 열위에 있으나 상대적 우위인 X재 생산에 주력하여 양국이 함께 상대적 열위에 있는 상품을 수입하는 것이 국내에서 자급자족하는 것보다 이익을 얻을 수 있다.

따라서 비교우위에 근거하여 무역을 설명한 것이 바로 비교생산비설이다. 비교생산비설은 국가 간 자유무역이 각국 모두에게 유리하다는 근거를 제시하여 이후 국제 분업 및 무역에 관한 기초이론이 되었다. 그러나 비교생산비 이론은 노동 가치설에 입각하여, 생산요소를 노동이라는 단일요소로 국한하였다. 또 두 나라 간에 두 가지 재화의 생산을 가정하였으나 이러한 조건은 현실경제에 맞지 않는 부분이다. 오늘날은 세계 경제의 동질화로 상품의 종류가 세분화하여 가고 있고, 동질, 동종의 상품이 다수 생산되어 비교생산비 차이만으로는 무역의 발생원인을 설명하기 어렵다는 등의 한계가 있다.

3. 세계화 시대에 따른 글로벌 무역의 기능

1) 세계화를 통한 글로벌 무역의 기능

무역의 기능은 수출 면에서는 외화획득, 소득과 고용증대의 효과와 신기술의 도입, 상품개발에 기여, 경기조절로 관련 산업 생산촉진 및 육성, 수입 면에서는 원자재, 자본재를 공급하여 주고 국내 상품과의 경쟁을 통한 품질 향상 효과와 국내 상품의 가격 조절이 가능하다. 우선 자연 지리적 조건으로 무역의 발생원인과 필요성 및 그 기능은 동일개념으로 볼 수도 있지만, 천연자원이나 기후 풍토 등의 제 조건의 차이로 인한 내용과 사회적 제 조건의 차이, 기술적 조건의 차이는 무역의 필요성과 발생원인을 잘 설명해 주고 있다.

현대무역은 무한경쟁무역으로 무역의 자유화로 인하여 이념과 국경을 초월하여 거래되고 있다. 무역의 거대한 두 축인 GATT와 그 후속 체제의 WTO 출범으로 범세계적 자유로 인한 국가와 국가의 무역자유화에 있다. 그러나 여기에는 또 하나의 거대한 걸림돌인 EU(유럽연합), NAFTA(북미자유무역협정), 등 인접 국가나 일정한 지역의 중심인 지역무역협정(RTA: Regional Trade Agreement)등이 버티고 있다.

여기에 동남아 국가연합(ASEAN: Association of South East Asian Nations)을 합하면 무역은 자유화의 보이지 않는 전쟁과도 같다. 급변하는 세계 통상질서 속에서 지역이기주의에 대응하기 위하여 WTO 다자통상체제, APEC에 참여하는 것으로 만족할 수 없다. 그러므로 동남아국가들과 지역협정을 다지고 역내 지역 통합실현을 통하여 글로벌화해야 한다는 점과 수출산업의 경쟁력을 갖추고 수출물량을 적절하게 조절하여 수출품목, 시장 다변화의 통상구조를 전략적 차원에서 운용할 수밖에 없다.

하지만 경쟁의 촉진적인 면에 있어서 해외 경쟁에 노출되지 않은 기업들은 시장지배력이 있어 국내가격을 인상할 수 있어도 시장실패의 원인으로 남게 된다. 자유무역은 이러한 점을 커버해 줄 수 있다. 더 나아가 새로운 아이디어를 전 세계적으로 전파할 수 있어, 표준화와 통합의 개념을 통한 세계 속의 자신을 보게 되는 것이다. 그러므로 새로운 기술의 촉진기회를 제공해 주는 셈이다.

2) 세계화로 인한 글로벌 무역의 장단점

세계화를 통한 국제무역의 장점으로는 전 세계가 하나의 시장이라는 개념에서 비롯된다. 즉, 통합과 표준화에 따른 글로벌화를 추구한 셈이다. 단점으로는 전 세계가 거대한 하나의 글로벌 시장, 단일화시장의 개념으로 변화되었다고 하지만 보이지 않는 장벽의 요인들은 여전히 존재하고 있다. 그러므로 이러한 크고 작은 장벽의 요인들을 이슈화해서 자국의 산업과 국민 후생을 꾀하려 하고 있다. 전 세계의 경제는 발전적이며 새로운 차원의 다양화, 정보화, 세계화, 되었다. 그러나 경제 불황은 여전히 걷잡을 수 없는 큰 요인으로 등장하고 있다.

우리나라의 경우를 보면, FTA를 통하여 잃은 것보다 얻은 것이 더 많다는 점이다. 자유무역협정(FTA)에 대한 관련의 이익 단체들이 개입하거나 이를 정치화함으로써 진전이 어려워지고 있다. 이러한 이유로 선진국들도 자국의 기업지원이나 규제강화 등으로 자국산업과 제품을 살리는 정책을 사용하고 있다. 우리나라는 전체적으로 국민이 기업친화적이고 무역에 의존하는 만큼 자유시장에 대한 선호도가 높아서 일본과 더불어 크게 문제가 되지는 않을 것이다.

경기의 침체는 곧 수요의 붕괴로 이어졌으며 여기에 신용 시장의 위축이 기업과 국가들에 더 압박을 받았다. 개발도상국들이 보호무역주의적 정책의 반 이상을 주도하고 있으며, 보조금에 대한 규율은 명확하지 않다. 보조금을 지원하는 국가들로부터 새로운 문제점을 불러온다. 자국 산업을 지원하는 정부들은 타국의 지원을 비판할 수 있지만, 만일 비판한다면 타국도 반박하며 서로 얽히고설키는 논쟁에 휩쓸릴 수 있다.

제 3 절 글로벌 무역의 유형에 따른 특징

1. 유형(Visible Trade)별로 본 글로벌 무역

1) 인식관점에 의한 분류

유형무역은 가시적인 거래형태를 말하는 것으로 무역 거래의 기본적인 내용이 물품이라는 점이다. 이러한 물품거래는 유형의 무역 거래이기 때문에 국제수지표상에 나타내 무역통계를 기록하고 있다. 그리고 무역의 인식에 대한 관점을 어떻게 갖느냐에 따라 다르다. 우선 한 나라와 나라 사이의 무역을 말할 때는 외국무역(Foreign Trade)이라고 하며, 특정 국가와 전 세계와 무역 거래를 말할 때 이는 글로벌 무역이다.

전 세계를 대상으로 하는 세계 전체의 무역 거래는 세계무역(World Trade)이라고 하지만 이러한 개념은 통상적으로 국내의 무역이 아닌 외국무역이요 전 세계를 향한 거래로 국제거래이다.

하지만 이를 구별하지 않고 말할 때는 국내 무역과 구별하여 대외무역이라고 하며, 또한 해외무역이라고 부르게 된다. 여기서 해외무역은 무역이 시작된 이후 대량의 물품을 운송할 수 있는 특징과 다양한 운송수단을 이용할 수 없는 시대부터 시작되어 해상무역을 무역의 기본으로 보고 있다.

2) 무역 주체에 의한 분류

(1) 담당 주체의 구분

무역을 담당하는 민간에서 이익을 목적으로 무역하는 민간무역(Private Trade)의 영리 목적의 무역과 국가가 직접 개입하여 무역하는 공무역 또는 국영무역(정부무역 또는 공무역)인 비영리 목적의 무역으로 구분한다. 특히 국영무역(State Trade)은 국가가 무역의 주체가 되어 계획 및 통제하는 형태의 무역이다.

(2) 정부 관리와 통제의 구분

관리 및 통제의 정도에 따른 구분방법으로 자유무역(Free Trade), 보호무역(Protective Trade), 관리무역(Controlled Trade), 협정무역으로 구분한다. 자유무역은 국가가 무역에 관한 간섭이나 통제를 하지 않는 자유로운 상태의 무역 거래이다.

보호무역이란 자국의 산업과 유치산업의 보호 등을 목적으로 국가가 통제와 관리 하는 무역이다. 그리고 관리무역(Controlled Trade)이 있으며, 이러한 무역의 형태는 모두 국가가 일정한 형태로 수출입을 허가, 관리, 통제, 할당 등을 담당하여 관리 및 통제하는 무역의 형태이다.

(3) 무역 상대국가에 따른 구분

거래 당사국의 관계에 따른 구분으로 남북무역, 동서무역, 남남 무역이 성행하고 있다. 남북무역은 선진국과 개발도상국 간의 국제무역을 말한다. 지리적으로 선진국들은 북반구의 적도 북쪽에 위치한다. 그리고 개발도상국은 대부분 남반구의 적도 남쪽에 위치한다. 그러므로 남북무역 그 자체가 선진국과 후진국과의 경제, 정치적 관계에서 일컫는 무역형태이다.

동서무역은 자본주의 국가와 사회주의 국가 사이의 국제무역을 말한다. 즉, 동쪽과 서쪽의 무역 거래이다. 다시 말해 동쪽의 방향으로 위치한 사회주의 국가와 서방측 위치의 자본주의 국가와 무역 거래를 말한다. 남남 무역은 개발도상국과 개발도상국 사이의 국제적 무역 거래를 두고 하는 말이다. 이때 선진국은 고려하지 않고 후진국 간의 경제 활성화를 도모하기 위한 국제적 무역이다.

3) 거래대상에 의한 분류

(1) 상품의 생산단계에 의한 구분

상품의 생산단계에 따른 무역으로는 수평무역, 수직 무역으로 나뉜다. 수평무역은 선진공업국 사이에서 자본, 노동, 기술 등의 생산요소, 생활양식, 문화, 기호 등이 국가 간의 생산단계가 동일하거나 유사한 상품끼리 상호 간에 수입하는 형태의 무역이다. 이를 경쟁적 무역으로 보기도 한다. 수평무역의 결정요인으로는 규모의 경제를 위한 체감생산비 책정과 생산시설의 이용 가능성을 통한 동종물품의 국제 분업 차이와 비교생산비 등에 의한 수평무역을 결정하게 된다.

수직 무역은 수평무역과 반대되는 개념으로 생산단계가 서로 다른 상품을 말하며, 선진국과 개발도상국 사이에서 행해지는 무역으로 주로 1차 상품과 공업제품의 무역이 그 대상 품목이다. 수직 무역의 결정요인은 기술 수준의 차이, 자본과 노동에 의한 일반적 생산요소의 차이 및 부존자원에 관한 특수 생산요소의 차이에 기인한다.

(2) 특수형태를 가진 시장의 구분

① 기술수출과 녹다운 방식의 수출(KD: Knock Down)

기술무역은 무역 거래의 상품이 기술이나 지식을 상품으로 수출입하는 서비스거래이며, 이에 생산기술을 비롯한 특허권, 상표권 등의 수출입이다. 기술무역은 엄밀히 따지자면 Buyer 시장이 아닌 Seller 시장이다. 자국이나 자신이 개발한 것이 아니라, 개발한 아이템이나 기술을 상용화하여 제품이 성숙기라 판단될 때 수출하는 방식이다.

녹다운 방식의 수출은 제품의 완제품 또는 반제품 및 부품을 공급하는 공급자(수출업자)와 최종 제품 조립자(수입업자)의 무역 거래이다. 수출업자로부터 수입한 후 완제품을 생산하여 판매하는 방식이다. 녹다운 방식은 고율의 관세 회피와 시장진입의 원활을 위한 방법으로 사용하기도 한다. 녹다운 방식은 현지에서의 조립방식을 통한 수출형태이며, 상품을 반조립 또는 부품을 수출하여 실수요자의 기호에 맞도록 상품화하는 방식이다.

② OEM 방식과 ODM 방식

OEM(Original Equipment Manufacturing Method)은 주문자 상표부착방식이다. 다시 말해 수입업자인 주문자가 주문한 상품에 주문자의 상표와 이미지를 부착하여 수출하는 것이다. 다른 말로 하면 국제 하청생산방식이다. 그러나 생산자(수출업자)의 상표를 부착하지 않는다는 점에서 주문자가 생산한 것 같이 보인다. 주문자 상표부착방식(주문자개발생산방식: OEM)을 선호하는 이유는 글로벌마케팅의 비용 절약과 수입업자의 낮은 지명도, 대기업인 것처럼 보이기 위함, 생산비용 절감, 판매망 확대 등의 요인으로 볼 수 있다. 그러나 자칫하면 자사의 상표와 기술 등이 고스란히 생산업자에게 넘어갈 수 있다.

ODM(Original Design Manufacturing)은 주문자 개발생산방식이다. 즉, 제조자 설계생산이란 말과 같다. 주문자가 제조업체에 해당의 제품개발과 생산을 위탁하여 제조업체가 제품을 개발하여 주문자에게 납품하고 주문업체는 자신의 브랜드로 제품을 유통, 판매하는 방식을 취한다. 개발력과 아이템을 갖춘 제조업체가 판매망을 갖춘 수입업자(유통업자)에게 상품과 재화를 공급하는 생산방식이다. 제조업체가 보유하고 있는 기술력을 바탕으로 제품을 개발⇒유통업체에 공급⇒유통업체⇒자사의 컨셉에 맞는 제품을 선택, 이러한 과정은 유통에 핵심역량을 집중할 수 있게 한다.

③ 산업설비(Plant) 무역

산업설비 무역은 일명 플랜트(Plant) 수출을 말한다. 산업설비의 수출은 각종 상품을 제조하기 위한 기계 및 장치 등의 하드웨어와 그 설치에 필요한 엔지니어링, 노하우, 건설시공 등의 소프트웨어가 결합한 생산 단위체를 지칭한다. 따라서 산업설비 수출절차는 산업설비의 규모나 특성에 따라 일반적인 상품 수출절차와 다르다(응찰-낙찰-계약교섭). 이 밖에도 해외건설이나 관광무역은 산업설비 무역으로 본다.

4) 거래 방향과 방법의 분류

(1) 상품의 이동 방향으로 구분

상품의 이동 방향에 따른 구분으로 수출과 수입무역이 있다. 수출무역이란 자국 상품의 수출을 위하여 외국으로 운송하는 것이다. 재화와 용역을 수출로 인한 외화획득으로 인하여 국내의 외화보유고를 높인다. 수출은 자국의 상품이 해외인 다른 나라로 나가는 것을 말하고, 수입무역이란 외국의 원재료 및 관련의 물품을 국내로 들여오는 것을 말하며, 결국 외화, 화폐용 금이 국외로 유출됨으로써 외화보유고의 감소를 가져오게 된다.

(2) 상품매매 형태에 의한 구분

① 직접무역(Direct Trade)

직접무역이란 자신의 명의와 자기 부담의 위험과 비용으로 수출입의 거래행위를 말하며, 제3 자가 개입되지 않고 수출업자 자신이 직접 외국의 무역상사인 수입업자로부터 관련의 물품을 들여오는 것을 말한다.

② 간접무역(Indirect Trade)

간접무역이란 자국에서 수출입에 관한 자료와 관련 정보를 활용할 수 없는 경우, 제3자 또는 제3국 등의 수출입 관련 업자를 통한 중개, 중계, 스위치무역의 형태를 취하는 거래이다. 중계무역은 수출을 목적으로 상품, 원재료 등을 수입하여 다시 제3국에 재차 수출하는 경우이다. 이때 수출을 위하여 상품의 생산이나 가공 등을 거치지 않고 수입한 원형의 상태 그대로를 수출을 성사시켜 중계수수료를 얻고자 한다. [그림 2-1]에서 수출국과 수입국 사이에 중계국이 존재하는 것인데, 가령 한국(수출국)과 태국(수입국)이 무역 거래를 하고자 할 때, 중계국(일본)이 개입된 경우이다.

▌그림 2-1▌ 중계무역의 도식

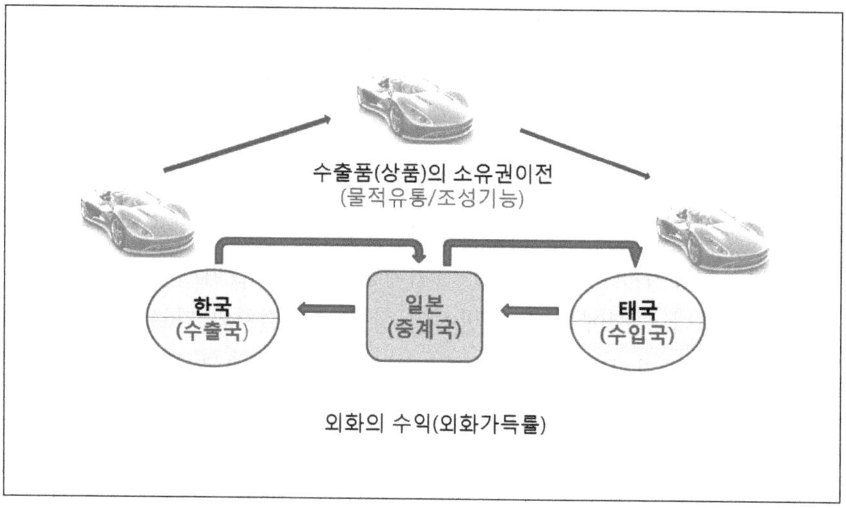

[그림 2-1]에서, 수출국과 수입국 사이에 중계국이 존재하는 것을 도식하였다. 여기서 수출국과 수입국의 무역 계약과 수출국과 중계국, 중계국과 수입국이 각각 무역 계약을 체결하는 경우이므로 2개의 계약이 성립되는 셈이다. 이때 중계국(일본)은 중계수수료 즉, 외화수입(외화가득률)을 보는 경우이다.

통과무역(Transfer Trade)은 수출국으로부터의 상품이 수입국으로 직접 운송 또는 송부되지 않고 제3국을 통과하여 수입국에 전달되는 것이다. 제3국은 수입과 수출의 관련이 없으나 수입과 수출을 위한 제반의 조치 즉, 운임이나 하역, 운반 등의 이윤을 얻게 된다.

▌그림 2-2▐ 통과무역의 도식

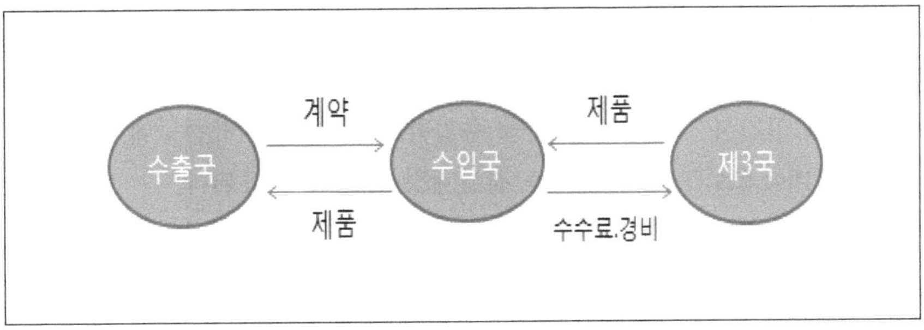

중개무역(Merchandising Trade)은 수출국과 수입국의 사이에 제3국의 중개인을 통하여 거래이며, 스위치무역(Switch Trade)은 물품의 수출입계약에 관하여는 수출업자와 수입업자가 직접 체결한 후, 수출입 물품을 수출국에서 수입국으로 직접송부한다. 하지만 대금은 제3국의 관련자를 개입시켜 간접적으로 결제하는 경우를 말한다.

▌그림 2-3▐ 중개무역의 도식

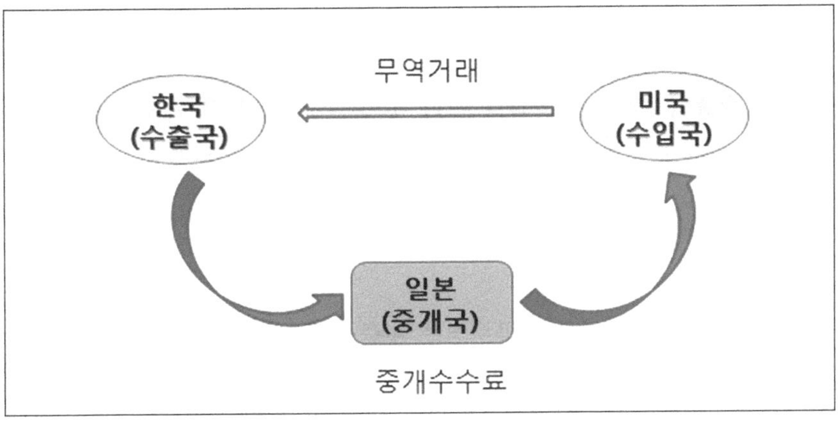

(3) 무역균형과 연계방식의 구분

① 구상무역(각서무역: Compensation Trade)

구상무역은 수출국과 수입국의 무역에서 발생하는 수출입에 관한 물품 대금을 직접 결제하는 것이 아니라, 그에 상응하는 액수만큼을 수입 또는 수출하는 국제무역 거래방식이다. 일명 바터무역(Barter Trade)이라고도 하며, 특히 일정 기간협정으로 수출입에 관한 무역 차액을 제로(0)로 만들어줌으로써 결재를 위한 자금이 따로 필요로 하지 않는 무역방식이다.

② 연계 무역(Counter Trade)

연계 무역은 대응 무역 또는 조건부 무역이다. 연계 무역은 말 그대로 상품이나 플랜트를 수출하는 대신 해당의 금액만큼 물품을 수입하는 형태로 대응구매, 그리고 타이어 공장을 수출하고 여기서 생산된 타이어를 수입하는 것과 같은 제품구매, 미리 합의된 금액만큼 서로 상대국으로부터 수입하는 청산계정 등으로 분류된다.

연계 무역은 수출증대의 필요성을 정책적 의지로 나타내는 것으로 접근방식에서 차이가 있다. 연계 무역은 물물교환의 형태로 계약서 1개와 구상비율이 100%이면 물물교환으로 대응구매 또는 대응 무역의 한 형태이다. 즉, 수출한 후 수출품에 대한 대금 대신에 수출국 상대방 즉, 수입국의 상품을 구매하는 것이며, 이를 보상 무역이라 한다. 보상무역은 수출대금 전부를 상품으로 지급하는 경우, 이를 완전 보상 무역이라 하고, 수출대금 일부는 상품으로 받고 나머지는 국제통화로 돌려받는 경우를 부분보상 무역이라 한다. 최근에 자본참여와 합작 투자형식의 거래인 산업협력무역이 성행하고 있다.

③ 삼각 무역(Triangular Trade)

무역 상대국(2개국; 수출과 수입)과의 무역 거래에 제3국을 개입시켜 상대국(2개국)과의 무역 거래의 불균형을 제3국과의 무역을 통해서 균형을 꾀하려는 무역 거래방법이다. 일반적 상황에서 2개국과의 무역거래가 계속되는 경우가 많으므로 제3국을 개입시켜 수출초과로 인한 수출억제와 수입초과로 인한 수입억제의 기능을 제3국을 개입시켜 무역 확대 및 발전을 꾀하고자 하는 다각무역의 방식을 취하게 된다.

(4) 상품가공 및 판매방식으로 구분

① 상품의 가공방식

상품의 가공방식에 따른 일반 가공무역은 수출을 목적으로 원료의 전부 혹은 일부를 해외로부터 수입하여 가공 후 수출하는 무역이다. 가령, 수탁 가공무역으로 가득액(수출가격−원자재 수입가격)을 획득하기 위한 대상 원자재의 일부 또는 전부를 거래상대방에게 위탁하여 외국에서 수입하여 이를 가공한 후 위탁자 또는 지정한 자에게 수출하는 거래방식을 취하기도 한다. 위탁 가공무역의 형태는 외국에서 가공할 원재료의 일부 또는 전부를 거래대상자에게 수출하여 이를 가공한 후 가공임을 지급하는 조건으로 수입하는 무역 거래이다.

② 수·위탁판매 무역(Consignment Trade)에 의한 구분

수·위탁판매 무역은 물품 금액을 지급하지 않고, 수출입을 통하여 물품이 판매된 범위 안에서 수출대금 및 수입대금을 회수, 지급하는 조건의 계약을 통한 수출입이다. 먼

저 위탁판매 무역은 위탁판매 수출의 형태이며, 한 국가의 생산자나 수출업자가 외국의 상인(유통업자)에게 외국의 시장에서 판매를 위탁하여 그 중개용역에 관한 수수료를 지급할 것을 사전에 계약하는 방식이다. 수탁판매 무역은 물품 대금의 지급행위 없이 무조건 상품을 수출 또는 수입하여 상품이 판매되는 범위 안에서 수출대금을 회수 또는 수입대금을 지급하는 조건으로 사전계약의 수출입 형태이다.

2. 무형(Invisible Trade)의 글로벌 무역

1) 서비스무역(Service Trade)

국제무역 거래에 있어서 유형의 물품거래를 유형무역이라고 한다. 무형의 무역은 서비스형태의 무역으로 본다. 특히 유통, 금융, 운송, 건설, 정보통신 기술이나 아이템, 지적 재산권 등의 글로벌거래 비중이 날로 높아지고 있다. 이는 서비스무역의 형태가 다양한 형태를 취하고 있음을 말해준다. 서비스무역은 1970년대 이후 무역 거래대상으로 나타났으며, 1990년대 말에 전 세계 상품교역량의 25% 정도로 성장하였다.

2) 기술무역(Techniques Trade)

기술무역은 유형의 상품무역과는 달리 공업소유권의 이전, 경영계약, 독점판매권, 노하우 제공, 기술제휴, 어업권, 광업권, 벌채권 등의 사용이나 임대 등의 형태와 합작투자나 다자간 합작기업에 이르기까지 그 범위가 확대되고 있다.

3) 관광무역(Tourist Trade)

외국의 관광객을 유치하여 이에 따른 외화가득률을 높이는 것으로 상품을 판매하는 무역보다 관광지, 관광자원 등을 판매(관람 및 거래) 등의 활동을 통한 무역 거래를 말한다. 관광무역은 국제수지표 상으로 무형무역에 속한다. 상품으로 그 나라의 경관을 관광하게 하는 것인데, 관광 수입 이외에 토산물 판매로 국산품의 대외선전 효과도 거둘 수 있는 것이 특징이다. 대표적인 관광무역국은 유럽의 스위스, 오스트리아, 프랑스, 이탈리아, 영국, 그리스 등이다.

3. 전자무역(Electronic Trade)

전자무역이란 정보통신의 발달로 인하여 인터넷을 통한 무역 거래를 말한다. 네트워크를 이용하여 사이버상에서 서류 없는 무역을 한다. 전자무역은 특정의 기술이나 도구를 의미하는 것이 아니라 기술과 응용, 업무처리 절차 등의 전자화를 통한 무역 거래이다. 이때 무역 거래의 절차와 비용 절감, 시간 단축 등을 통한 전자적 매체의 상거래 방식이다. 전자무역의 특징은 시공간의 제약을 받지 않을 뿐만 아니라, 특별한 유통의 기간을 거치지 않고 판매자-생산자-유통업자-소비자를 동시에 전자매체를 통해 실시간 거래가 가능하다. 추가적인 홍보와 관리가 필요하며 전자거래 관계로 인한 신용관계, 물품 대금결제 등의 문제가 있다.

전자무역은 다른 말로 인터넷무역, 사이버 무역, 전자문서 표준화(EDI)란 용어를 한데 묶은 것과 같다. 특히 전자무역은 대외무역법상에서 인정함으로 인하여 온라인을 통한 디지털 컨텐츠의 국제거래도 대외무역법상의 무역으로 성장하게 되었다. 대외무역법 제2조에 전자매체의 거래를 무체물로 다른 유, 무형의 무역과 구별하고 있다. 그러므로 수출입의 모든 상품의 총칭을 물품이란 단어로 축약하여 말하고 있다.

전자무역의 활성화를 위한 한국정보통신(KTNET)이 이를 담당하고 있다. 그리고 글로벌 시장에서 무한경쟁을 통한 다양하고 복잡한 관계의 거래 관계를 전자매체를 통해 하나의 국가개념으로 변화, 발전해 나가고 있다.

4. 수출입 경로 및 운송방법에 따른 유형

수출입 경로 및 운송방법에 따른 유형은 육상, 해상, 항공, 연안, 하천 등의 운송방식에 의한 무역을 말한다. 육상무역이란 국제무역을 위한 국가와 국가와의 국경이 근접하여 있거나 국가 간의 육로 상의 무역이 가능하도록 국경 사이에 근접한 경우나 다른 나라가 개입되어 있지 않은 경우를 말한다. 해상무역은 해당 국가의 무역항과 무역협정이 체결된 상대국의 무역항과의 거래를 말한다. 이때 무역 거래를 위한 무역항로에 제3국이 개입되어 항로를 차단하면 무을 할 수 없으므로 사전에 해상 무역로의 확보가 중요하다. 이것은 육상무역에서도 육상 무역로의 확보가 중요하다.

항공무역은 항공기를 이용한 물류 즉, 화물이나 인원 등의 운송을 목적으로 하는 항공운송사업을 말한다. 특히 인원 수송을 제외한 물류 부문만을 취급할 때, 항공화물을 취급하는 업종은 항공 운송업이다. 연안무역과 하천무역은 해상과 육상 및 항공의 운송을 위한 보조적인 역할의 무역유형으로 볼 수 있으나 연안무역은 국내 무역의 개념으로 한 나라의 동일 연안 즉, 연안부두에 있는 항구 사이에서 행하는 무역으로 동일 국가의 선박에 한하여 출입을 허용하나 타국은 불가능하다. 하천무역은 상품의 수송경로가 하천인 경우를 흔히 하천무역이라고 한다.

▌표 2-2▐ 국제무역의 주요규칙

규칙의 명칭	제정년도	제정기관	주요 내용
Incoterms 2020 개정/시행	2020년 1월 1일	국제상업회의소 (ICC)	- DAT→DPU로 변경 - 순서정렬: DAP, DPU, DDP 순
Incoterms 2000 (무역 거래조건 해석의 국제규칙)	1936년 (2000년 6차 개정)	국제상업회의소	무역 계약의 정형거래조건
UCP600 (화환 신용장 통일규칙)	1930년 (2006년 6차 개정)	국제상업회의소	신용장의 형식과 통지, 책임과 의무, 서류 등
국제물품매매계약에 관한 유엔협약	1980년	국제무역법위원회	계약의 성립과 물품의 매매
추심에 관한 통일규칙	1956년 (1978년 3차 개정)	국제상업회의소	외국환의 추심업무 등
CIF 계약에 관한 와르 소. 옥스퍼드 규칙	1932년	국제법협회	CIF 조건의 해석과 권리. 의무
해상화물 운송에 관한 유엔협약	1978년	국제무역법위원회	선하증권약관의 해석
국제물품복합운송에 관한 유엔협약	1980년	유엔무역개발회의	국제복합운송인의 책임
요크. 안트워프 규칙	1864년 (1974년 3차 개정)	국제법협회	공동해손의 손해와 비용

자료: 남풍우, 「실용무역실무」, 도서출판 두남(인용변경).

5. 대금결제방식에 의한 무역유형

수출입대금의 결제방식 의한 무역의 유형은 화폐 신용장에 의한 무역과 추심결제방식, 송금방식 등이 있다. 화폐 신용장이란 화환 신용장방식과 취소 불능 화환 신용장방식이 있다. 화환 신용장방식은 수출입의 가장 일반적인 거래형태이며, 취소 불능 화환 신용장은 대금 전액을 결제하는 조건의 수출입이다. 추심결제방식은 취소 불능 화환 신용장의 별도 준비 없이도 수출입업자 간의 계약으로 화물환어음을 통한 대금결제를 하는 방식이다.

1) 화폐 신용장거래의 무역

화폐 신용장에 의한 무역의 방식이란? 화환 신용장과 취소 불능 화환 신용장에 의한 방식이 있다. 화환 신용장방식은 수출입의 가장 일반적인 거래형태인 신용장에 의한 거래이다. 취소 불능 화환 신용장은 대금의 전액을 결제하는 조건의 무역 거래이다.

신용장이란? 수출입업자의 결제위험을 회피하기 위하여 수입업자의 신용을 보증하는 서류이다. 무역 계약과 독립된 별도서류로 신용장 개설의뢰인의 의뢰와 지시로 개설 은행에서 발행한 조건과 일치하는 서류와 상환한다는 조건이다. 이때 해당의 서류를 가진 자(또는 지시인=대리인 등)에게 신용장에 명시된 대금을 지급할 것을 확약하는 조건부 증서이다.

2) 추심결제 거래의 무역

추심결제방식이란? 무신용장 방식으로 신용장 대신, 환어음을 발행하여 은행을 통한 추심으로 수출대금을 회수하는 방식이다. 따라서 별도의 취소불능 화환신용장의 별도 준비 없이 수출입업자의 계약으로 화물환어음을 발행한다. 다만, 서류 인도방식에 따라 지급인도 조건(Document Against Payment; D/P)과 인수인도 조건(Document Against Acceptance; D/A)으로 구분한다.

3) 송금에 의한 거래의 무역

송금에 결제방식의 무역 거래는 물품 대금의 전액을 외화로 지급, 인수하는 결제방식이다. 수출업자에게 수입업자가 대금을 지급하는 방식이므로 순환방식이다. 그러나 신용장거래와 같이 은행으로부터의 어떤 지급 확약이 없다. 다만, 가장 보편적인 금융거래로 결재의 편의성이 다소 떨어진다. 따라서 송금에 의한 결제는 주로 소액의 시험용품, 해상운임, 보험료, 수수료 등의 수급에 널리 활용되고 있다.

4) 중장기 연불 방식의 무역

중장기 연불 방식(중장기 연지급 방식)은? 수출입물품에 대한 대금의 지급을 전부 혹은 일부를 일정 기간으로 분할하여 영수, 지급하는 조건이다. 무엇보다 중, 장기에 걸친 대금결제이기 때문에 대금결제의 위험이 존재하고 있다. 이를 해결하기 위한 수단으로 수출업자의 신용을 수입업자에게 제공해야 한다.

통상적인 거래에서 볼 수 없는 금액이나 설치와 완성 기간이 오래 걸리는 경우 즉, 대형의 기계류, 선박, 철도, 차량, 발전시설, 탄광 기계설비, 중화학공업의 플랜트 등의 수출입에 주로 사용한다.

Chapter 03

글로벌 무역과 한국무역의 구조변화

제1절 세계화로 인한 한국무역의 구조변화

1. 한국무역의 구조변화

무역이란? 의미를 살펴볼 때 가장 기본적 표현은 재화와 서비스(물품+서비스)의 거래이다. 즉, 상품과 기술, 용역을 매매, 교환하는 거래 활동이다. 나라의 관점으로 보면, 둘 이상의 각각의 다른 나라와 교환거래 관계이며, 또는 각 다른 나라의 수출업자와 수입업자 매매이다. 계약적인 관계로는 상관습과 규칙, 상무의 물품매매 계약거래이다. 또한, 물품매매 계약에 의거 물품을 인도(수출업자)하거나 해당의 물품 대금을 결제(수입업자)한다.

표 3-1 글로벌 무역의 기초이해

구 분	내 용
글로벌 무역 관계 (모든 나라의 거래)	전 세계의 국가를 대상으로 매매와 교환의 행위를 하는 거래
수출입업자의 관계	각기 다른 나라의 수출업자와 수입업자 간의 교환행위
계약의 관계	글로벌 무역 관계의 상관습이나 규칙과 상무의 물품매매
수출업자의 입장	수출입계약의 이행에 따른 물품을 인도할 의무
수입업자의 입장	수출입계약에 따른 물품 대금의 결제의무

〈표 3-1〉에서 무역은 협의와 광의의 입장으로 보면, 실물거래요 경제거래이다. 경제거래란 실물거래와 금융거래를 포함하고 있다는 것이며, 상품과 자본, 기술, 노동, 서비스(운송, 통신, 보험, 금융 등의 서비스)와 전자무역의 국제적 이동을 포함하고 있다.

〈표 3-2〉에서 국제무역에 있어, 대금결제방식의 전자화와 무역 거래형태가 유형무역에서 점차 무형무역으로 발전하고 있다. 최근에는 다양한 제품과 용역의 서비스도 국가간에 유통되고 있어 글로벌유통이라는 말로도 표현할 수 있을 것이다. 즉, 수출과 수입의 개념으로 볼 때, 수출은 자국에서 타국으로 상품이 나가는 것(Export)이요, 수입은 타국에서 자국으로 상품이 들어오는 것(Import)이다.

‖ 표 3-2 ‖ 글로벌 무역과 국내 무역의 비교

구분	글로벌 무역	국내 무역
상거래 범위	국가와 국가 간의 상거래. 국제간의 이루어지는 상품매매 및 교환행위.	국내의 소비자와 상거래(유통)/물적 유통.
대금결재 방식	이국 통화(환율에 의한)결제.	자국 통화의 결제.
무역 거래형태	일반적으로 유상거래(수출입) :상품, 서비스, 증권, 화폐 등.	주로 상품(제품+서비스)거래.
이해관계	국제통상, 환율문제, 국가적 이해관계, 국제수지, 정치 및 외교적 문제.	국내거래에서는 발생하지 않음.
기업형태	글로벌 기업, 다국적 기업	국내기업

1) 한국무역의 구조

한국무역의 구조는 수출입 집중 무역구조이다. 한국무역은 세계화의 힘입어 해방 이후 급격한 발전을 이루었다. 특히 1950년대의 주요 수출품목은 농수산물을 중심으로 한 식료품과 생사, 면직물 등이었으며, 수입품목은 주로 기계류를 포함한 화학제품, 원료형 중심의 제품과 식료품 중심의 소비재, 또한 식량과 농수산물의 생산을 위한 비료 등이었다. 이러한 한국무역의 구조는 점차 공업화의 추세를 따라 1960년대에 들어와 경제개발계획 추진과 함께 섬유제품, 합판을 비롯한 경공업 중심의 집약적인 노동 관련의 생산품을 수출하게 되었고, 수입은 점차 수출확대를 위한 원재료 중심으로 바뀌어, 원유, 원목, 원면 등의 공업원료 수입이 확대되었다.

하지만 1970년대에 들어와 수출상품은 고도의 발전과 진전을 보이기 시작하였다. 주요 수출품목은 섬유류, 합판, 가발 등 경공업 중심(77.1%)이었고, 수입은 원목, 원유를 포함하여(43.5%) 수출을 위한 원재료 공급을 확대 시행하게 되었으며, 1980년대까지 계속 시행되었다. 이 시기의 수출품목은 1970년대의 수출품과 별다른 진전이 없어 보였으나 의류와 신발류 및 완구류 등이 추가되어 점차 경공업 중심에서 벗어나질 못하였다.

1990년대의 한국의 무역구조는 경공업 중심의 품목이 점차 감소하는 추세를 보였다. 대부분 대규모 투자를 중심으로 한 장치산업 중심으로 나아가게 되었다. 이러한 장치산업은 가격의 수시변동 위험이나 특정품목에 한정된 구조적 취약성이 있어 시장 여건상 올바르지 못한 결과를 초래하게 된다. 2000년에는 다시 41.5% 상승하였다. 또한, 2020년 이후 다양한 전자무역의 형태로 무역의 구조가 복잡하게 변화 및 발전하고 있다.

2) 한국무역의 구조변화에 대처방안

세계화를 통한 국제무역의 흐름과 한국무역의 구조는 해를 거듭할수록 해외 의존도가 점차 높아지게 되었다. 글로벌 무역의 탓도 있다. 그러나 근본적인 한국의 무역구조에 변화가 필요하게 되었다. 구체적으로 무역구조가 수출주도형의 무역구조에서 벗어날 수 없는 실정이었다. 한국의 무역구조 특징은 지난 10년 동안 한국의 무역구조는 경공업 중심에서 중화학공업, 정보통신기기를 중심으로 한 반도체와 자동차, 철강, 화학 등의 제품이 주종을 이루고 있다.

한국의 무역구조와 수출구조를 통해 보면, 아이템과 과학기술의 발전을 통한 새로운 반도체 생산 및 새로운 기술을 습득하여 첨단기술제품의 개발을 더욱 박차를 가하고 있다. 특히 선진국으로부터 원재료와 반제품을 수입하여 가공무역을 주로 하는 한국의 무역구조는 국제적인 분업의 형태를 피할 수 없게 되었다. 여기에 대처방안은 기술개발을 통한 끊임없는 상품개발과 수출품목의 구조를 변경하여야 하는 산업의 고도화 정책에 한층 더 힘을 쏟아야만 될 것이다.

2. 한국무역의 수출입 시장구조

1) 글로벌 시장의 구조변화

글로벌 무역에 따른 시장의 구조변화는 상호의존적인 무역의 환경을 통하여 전 세계가 경제적인 부와 함께 동시다발적으로 성장과 변화를 꾀하게 되었다. 이에 따라 기존의 적대적이고 배타적인 관계에서 상호의존적인 관계로 변화와 성장을 동반하여 각국의 경제성장을 이룰 수 있게 되었다. 글로벌 무역은 국내 무역을 바탕으로 한 국내경제적 주체의 범위를 넘어선 타국과의 거래 관계에서 경제적 행위를 통한 상거래의 모든 것을 총칭하는 말이다.

또한, 국가 간의 환경과 산업 격차로 인하여 무역이 발생한다는 것이며, 더 나아가 개개인의 필요에 따른 구매력증가로 인하여 수요충낭이 어러워 무역이 발생할 수밖에 없다. 결과적으로 나라와 나라 사이의 상거래이며, 교환, 매매행위이다. 무역의 발달은 곧 세계화의 장, 단점으로 나타났고 무역의 활성화에 힘입어 전 세계의 모든 나라가 통합, 표준화의 혜택을 고루 입게 되었다는 점에서 상당히 발전적이라 할 수 있다.

2) 시장변화에 대한 방향

세계화의 영향으로 전 세계가 통합된 무한경쟁의 시장으로 나타났다. 글로벌 무역의 활성화는 곧 수출입의 자유화로 인한 전 세계의 모든 나라가 무역 상대국이 된 셈이다.

한국의 무역구조와 수출입 시장의 편중 내용을 살펴볼 때, 미국이나 일본과 같은 선진국에서는 원재료를 가공하여 수출함으로써, 수요와 공급을 원활하게 할 수 있었다. 또한, 산업구조가 중화학과 첨단산업으로 되어있어 노동집약적이며, 경공업과 중화학공업의 중심인 한국으로서는 쉽게 세계화에 편승하기 어려운 상황이었다.

한국의 수출입 시장의 편중 현상은 점차 농수산물 중심에서 경공업, 공산품의 수출입에 이르기까지 크게 발전하기 시작하였다. 그러다 1962년 세계의 무역교역 국가 34개에 불과하였으나, 1992년에는 207개국으로 확대되었고, 2022년 현재 전 세계 거의 모든 나라를 대상으로 수출입을 담당하고 있다.

한국의 무역구조와 수출입 시장의 편중은 여전히 대중, 대미, 대일본 무역의 높은 의존도와 동남아를 중심으로 상당히 편중되어 있다. 따라서 무역의 불균형과 수출입의 불균형 해소를 위한 산업구조의 발달과 무역통상의 마찰을 해소하여 글로벌 무역 지향으로 수출입 시장의 구조를 갖춰야 할 것이다.

제 2 절 글로벌 시장 다변화와 무역구조 관리제도의 변화

1. 글로벌 시장 다변화와 한국무역구조의 변천

1) 한국무역의 역사와 발전과정

한국무역의 시작은 1945년 해방과 동시에 시작되었다고 볼 수 있으며, 1960년대와 70년대를 거쳐 성장기를 맞이하였다. 1980년대 초부터 1990년에 시장 다변화를 통한 질적 성장과 1998년 이후 세계화를 통한 무한경쟁체제 속에서 대외무역의존도가 높은 가운데 성장하고 있다. 세계화에 따른 악조건 속에서 기존의 기술 수준과 국제경쟁력을 바탕으로 2008년 말 8천억 달러를 초과, 2020년 12월 이후 5천억 달러를 넘어, 무역수지가

456억 이상으로 연속 흑자를 기록하고 있다.

〈표 3-3〉에서 1995년의 30.3%의 증가를 2010년에 36.2%로 다시 제자리 매김을 하고 있다. 2004년도의 무역성향이 매우 호전되었을 당시의 수준과 비슷한 것으로 나타났다. 수입은 1995년도의 수입 32.0%에서 2010년도의 수입은 37.3%로 수출과 수입이 거의 비슷하게 나타났다.

▮표 3-3▮ 한국의 주요 수출입 증가율

년도	수출		수입		수지
	금액	증가율	금액	증가율	금액
2022년(1~6월)	350,455,160	15.6	360,811,171	26.2	-10,356,011
2021	644,400,368	25.7	615,093,447	31.5	29,306,921
2020	512,498,038	-5.5	467,632,763	-7.1	44,865,275
2019	542,232,610	-10.4	503,342,947	-6.0	39,889,663
2018	604,859,657	5.4	535,202,428	11.9	69,657,229
2017	573,694,421	15.8	478,478,296	17.8	95,216,125
2016	495,425,940	-5.9	406,192,887	-6.9	89,233,053
2015	525,756,503	-8.0	436,498,973	-16.9	90,257,530
2014	572,664,607	2.3	525,514,506	1.9	47,150,101

자료: 2022년 6월 현, 한국무역협회(무역동향).

한국무역의 발전은 1945년의 해방, 1950년의 6.25 전쟁을 통해서 수출을 위한 생산시설의 파괴와 농업 중심의 산업구조, 부존자원의 빈약, 인구과잉 등 빈곤의 악순환이 계속된 후진 경제의 상황이었다. 1945년부터 거의 외국의 원조에 의존하였다. 1960년대 이후 1970년대의 한국무역은 수출산업, 제조업을 중심으로 대기업의 편향된 경제성장을 꾀하려 하였다. 1970년대의 수출주도 산업육성으로 인하여 1980년대의 한국의 무역은 다소 균형을 잡아가고 있었다.

이때 한국은 풍부한 노동력으로 한 저임금의 노동집약적 산업의 비교우위는 있었으나 고도의 성장에 따른 부작용으로 민주화의 아픔을 겪을 수밖에 없었다. 특히 기존의 수입에 의존하였던 상품에 관해서는 R&D 등의 방식으로 합작 투자의 개념을 도입한 질적 성장을 도모하는 등의 4가지의 중대한 과정을 거치게 되었다.

1945년부터 1960년대 초 빈약한 무역의 시작으로 1970년대에 무역성장을 가져올 수 있었으며, 1980년대 무역 다변화에 따른 균형 잡힌 수출입의 정책적인 작업을 한 셈이다. 특히 1998년도 이후 세계화의 거센 개방 물결을 타고 내외무역 의존도가 높아지게 되었다. 수출입 품목의 다양화, IT산업의 반도체, 선박, 자동차를 비롯한 산업에 주력하였다. 향후 한국 경제의 선진화와 무한경쟁으로 향후 성장잠재력을 확보하여 원천기술 확보 및 경쟁우위를 확보해야 할 것이다.

2) 한국무역의 현 상황

한국무역에 관한 WTO의 국별 수출통계에 의하면, 2009년도의 한국무역은 세계 수출순위 9위를 마크하였으나 2010년에는 7위로 나타나고 있다. 세계무역기구의 발표내용 가운데 한국은 중국과 함께 금융위기의 어려움을 겪었으나 IMF 이전의 수준을 훨씬 초과한 것이었다. 수출 규모가 비슷한 이탈리아, 벨기에의 상반기 수출실적은 2008년에 비해 20% 이상 감소를 기록하였으나 한국은 3.5%의 증가추세를 보였다.

한국무역은 세계무역기구(WTO)의 집계내용과 같이 고도의 성장을 이룩할 수 있었던 것은 경기회복세를 타고 IT 제품의 수출, 신흥개도국의 수출 다변화, 유럽의 불안정한 회복 등이 주요 원인으로 분석되었다. 이탈리아, 벨기에 등의 국가들이 수출 경기에 대한 대처능력과 우리나라의 주요수출 품목인 IT 제품의 수출가격 변화, 환율 등의 국제적인 요인이 작용할 것으로 보인다.

〈표 3-4〉는 WTO가 발표한 내용이며, 여기서 한국무역의 수출순위 상승원인은 반도체와 LCD의 수요회복이 빠른 수출상품 구성과 중국을 비롯한 신흥개도국의 수출지역 다변화 영향, 유럽지역의 경기회복 부진으로 인한 수출회복지연 등을 주요 원인으로 꼽았다. 수출품목의 주요 내용은 이탈리아, 벨기에 등과 비교해 볼 때 수출상품 구성내용이 IT 제품이었다는 것이다. 반면에 이탈리아 벨기에의 주요 수출품목은 석유제품이 주류를 이루고 있다.

특히 주변국의 무역추세를 보면 한국의 10대 무역적자 국가 가운데 일본을 비롯한 사우디아라비아, 호주, 카타르, 독일, 쿠웨이트, 칠레 등의 국가와 무역의 적자를 보고 있다. 아울러 중국을 비롯한 신흥개도국들의 수출지역 다변화를 통한 수요의 급진적 상승에 있었으며, 세계화와 지역화의 영향으로 인한 수출대상국의 다변화 영향이라고 보았다. 유럽지역은 경기회복의 불안정한 상태로 인하여 수출지연이 발생하였다. 게다가 2021년 이후의 수출증가율은 크게 둔화할 것으로 전망하였다. 구체적인 이유가 코로나 19 반등, 기저효과, 글로벌 인플레이션 상승, 단가 상승 등의 요인이 작용할 것으로 보았다.

전 세계가 코로나 19의 영향으로 다소 하향하거나 침체할 것으로 판단하고 있다. 하지만 아직도 동남아를 비롯한 대중국 무역이 차지하는 비중이 높은 만큼 중국의 경제 불안은 곧 높은 수입의존도의 품목에 걸림돌이 될 것이라는 전망이다.

▌표 3-4▐ 세계 수출순위(수출액 중심)

(단위: 백만불, %)

순위	2010년 상반기		2021년		2022년 1월~3월			
	국가	금액	국가	금액	국가	수출	수입	수지
1	중국	7,501	중국	3,368	중국	820	657	163
2	미국	6,117	미국	1,756	미국	477	779	-301
3	독일	6,501	독일	1,632	독일	415	391	24
4	일본	3,623	네덜란드	836	네덜란드	228	213	14
5	네덜란드	2,742	일본	756	일본	191	218	-27
6	프랑스	2,559	러시아	492	러시아	182	67	115
7	한국	2,213	한국	644	한국	173	176	-3
8	이탈리아	2,138	이탈리아	610	이탈리아	162	170	-8
9	벨기에	2,013	벨기에	545	벨기에	160	157	3
10	영국	1,194	프랑스	585	프랑스	157	202	-45
11	캐나다	1,899	홍콩	671	홍콩	153	162	-8
12	러시아	1,898	멕시코	494	멕시코	132	145	-13

자료: 한국무역협회(2022년 8월 발표자료).

3) 한국 수출입무역의 전망

한국무역은 2010년 전반기에 세계 수출순위 7위를 유지할 수 있었다. 특히 한국과 순위 다툼을 하는 주요 국가는 이탈리아, 벨기에 두 나라이다. 한국과 비슷한 수출 경쟁국들은 수출 주력 시장과 수출품목, 수출가격, 환율변동 등의 수출환경에 민감하다. 특히 수출의 각종 환경이 세계경기 변화를 따라 수출순위가 바뀌는 등의 사례들이 빈번하였다. 한국무역의 발전과 장기적인 차원의 전략적 대책 마련이 시급하며, 주변국의 동향이나 세계시장의 수출환경 탓으로 돌릴 수는 없다.

[그림 3-1]은 2020년과 2021년 무역수지 전망을 살펴보면, 2020년 기준 456억 2천만 달러로 수출 5.4%, 수입 7.2%로 감소추세로 흑자를 보였다. 세계적인 코로나 상황에서 2년 연속 수출이 하락하는 것으로 보였다. 그러나 한국은 10대 수출국 중 4번째로 양호하고, 12년 연속 무역수지 흑자를 보인 셈이다.

통상산업자원부는 2022년 7월 통관기준 수출은 전년 동월보다 9.4%로 607억 달러의 수준으로 증가추세를 보였고, 수입은 21.8%로 653억 7천만 달러로 집계 발표하였다. 무역수지는 46억 7천만 달러의 적자로 지난 4월부터 4개월 연속 적자를 보고 있다. 주요 수출품목으로는 석유제품 86.5%, 자동차 25.3%, 이차전지 11.8%, 반도체 2.1%로 산업동상사원부의 통계치를 인용하여 발표하였다.

▌그림 3-1▐ 2020년도 수출입 실적(비교)

(단위: 억 달러, %, 관세청)

구 분	2019년			2020년		
	상반기	하반기	연 간	상반기	하반기	연 간
수 출	2,711.5 (△8.6)	2,710.9 (△12.0)	5,422.3 (△10.4)	2,405.8 (△11.3)	2,722.7 (+0.4)	5,128.5 (△5.4)
수 입	2,525.7 (△4.9)	2,507.7 (△7.0)	5,033.4 (△6.0)	2,298.6 (△9.0)	2,373.7 (△5.3)	4,672.3 (△7.2)
무역수지	185.8	203.1	388.9	107.2	349.0	456.2

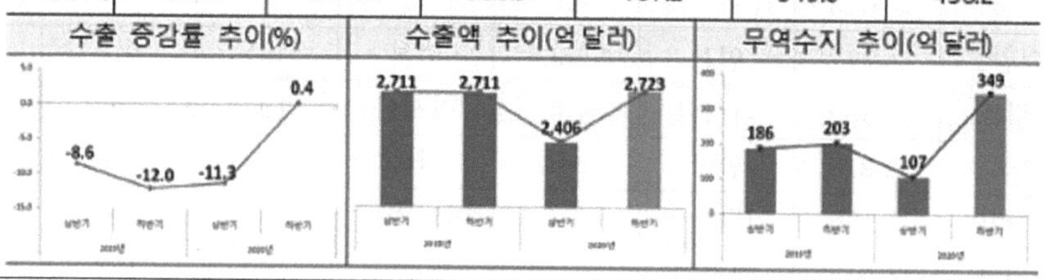

자료: 통상자원부 자료(2021.8 기준).

[그림 3-2]에서 한국의 주요 수출대상국은 4개국 국가이다. 우리나라가 1980년대 중반 이후 2008년까지의 수출은 11~15권을 유지할 수 있었다. 그러나 2019년도에 경기회복과 수출의 높은 순위를 차지할 수 있었다. 반면, 수입도 상당 부분 증가하여 말 그대로 수출이 능사가 아니라는 것이다. 다시 말해 수입이 있어야 수출을 할 수 있는 무역구조를 가진 우리나라의 입장에서는 가공무역을 통한 대외무역의존도가 높다는 것을 알 수 있다.

한국무역의 주요 전망으로는 제조업의 내수는 다소 둔화할 것으로 보이지만 IT는 상대적으로 높은 회복세를 통한 증가추세로 나타날 것으로 전망된다. 특히 수출은 원화 절상의 제약적 조건요인이 있기는 하지만, 글로벌 업의 경쟁력 강화와 중국을 비롯한 개발도상국에 대한 아시아 주요 4개국의 수출이 활발한 증가추세로 나타날 것이다.

▌그림 3-2▐ 주요 지역별 무역수지 추이

(단위: 억 달러)

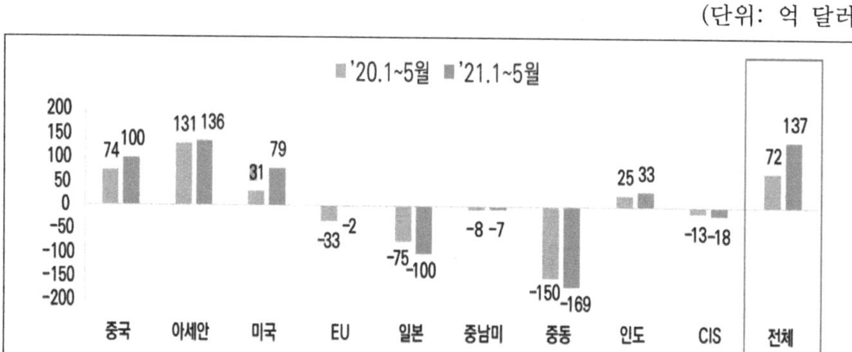

자료: 한국무역협회.

특히 한국무역협회에 따르면, 2020년도의 수출입 평가와 2021년의 전망에서 수출은 6.0% 증가, 수입은 5.4%로 총 4,901억 달러 수준으로 기록할 것이라 내다봤다. 특히 2020년 상반기 수출입의 평가에서는 글로벌 교역이 빠른 회복세를 보이고, 기저효과와 무관하게 역대급 수출실적을 기록하였다. 주요 품목으로는 반도체와 석유화학, 자동차, 부품 등이 호조를 보였다([그림 3-2] 참조).

2021년 세계 경제성장률 전망치에서 IMF는 2021년 4월 기준 6.0%로 0.5% 정도 상승세로 보았으며, OECD는 5.8%로 0.2% 정도 성장할 것이라 보았다. 그리고 WTO에서는 세계교역 성장률 전망치에서 한국은 수출국 7위로 2020년 -5.5%에서 12.5%로 증가할 것이라 하였다. 하지만 날로 치열해지는 무역의 구조와 무한경쟁에서 한국은 주력상품과 반도체를 비롯한 추가적인 무역구조 개선 및 통상의 역할을 강조해 나가야 하는 현실에 처하고 있다.

또한, 전 세계가 코로나 19의 영향으로 다소 경기의 회복세를 보이고는 있지만, 미국과 중국의 무역 분쟁은 곧 대외무역의존도가 높은 우리나라의 입장에서는 신경을 곤두세워야 할 요인이다. 특히 미국과 중국의 무역갈등은 또다시 경기 부진과 시장 위축을 가져올 것이므로 다변화의 정세와 무역통상에 관한 추가적인 요인에 대한 대책 마련과 수출을 증대시킬 수 있는 산업과 전 세계와의 교역에 한층 더 정책적인 대안을 마련해 나가야 할 것이다.

Part 02

글로벌 무역이론과 통상관계

Chapter 04 글로벌 무역이론의 변천과 통상

제1절 글로벌 무역이론의 변천과 접근방법

1. 글로벌 무역이론의 경제학적 기초

글로벌 무역이론의 기초적 배경은 한 나라와 나라 또는 어떤 나라의 한 개인과 교역상대국의 한 개인과의 연결을 통한 물품 교환행위이다. 한 나라와 다른 나라 사이의 상품과 서비스에 관한 매매 및 교환은 국제상거래가 성행하면서부터 점차 그 범위와 내용이 개발경제 체제인 글로벌 무역으로 발전하게 되었다.

무역은 기본적으로 국내 무역과 국제무역인 글로벌 무역으로 구분한다. 무역은 이와 같이 국가 경제의 발전과 세계 경제의 발전을 꾀하는 중요한 요인이 되고 있다. 글로벌 무역이론은 국민경제와 국제경제를 통하여 각 나라에 미치는 영향이 무엇이며, 이에 따른 무역의 발생과 발전 및 후생에 관한 영향을 연구하고 조사를 하는 것이다.

특히 무역이론을 하나의 정태적으로 분석하자면, 경제생활을 통한 욕구충족으로 삶의 변화를 추구하는 것으로 인구, 자본, 기술 등의 여건이 변하지 않는 상태에서 경제행위의 상호의존 관계를 분석하는 것이다. 또한, 정태적 이론은 자본과 노동의 두 요인을 생산요소의 핵심적 요인으로 보고, 두 재화를 통한 분석을 꾀하였다. 그러나 생산요소가 국내에서만 자유롭게 이동할 뿐 국제적으로는 이동이 불가하다고 가정하였기에 모순이 있다. 그리고 투입된 생산요소에 따라 생산량의 증가가 없다고 가정하고 요소집약도의 상이성으로 인한 생산요소의 변화를 인정하지 못하였으며, 완전경쟁과 완전고용 상태를 가정하였고, 무역 거래에 있어서 화폐의 개념을 도입하지 못한 모순점도 들어내고 있다.

글로벌 무역의 경제거래 즉, 국제유통 또는 글로벌유통이라고 하는 말은 경제거래인 무역 거래를 말하며, 여기에 화폐의 개념을 도입하지 못하였다. 그러나 최근에는 글로벌 무역이라고 하는 단어 자체가 2000년도 이후 계속 사용되고 있다. 그리고 글로벌 무역이라고 할 때, 생산요소의 토지와 노동을 비롯한 자본까지도 자유롭게 이동할 수 있음을 의미하고 있다.

2. 글로벌 무역이론의 접근방법

글로벌 무역이론은 순수이론과 화폐 이론으로 나눈다. 그 가운데 순수이론은 무역의 패턴, 교역조건, 자원과 무역이익의 배분 등을 규명할 때, 상대적 가격 즉, 화폐의 가격이 아닌 방법으로 접근하는 이론이다. 상대가격의 표시란 무역이론을 상호교환의 비율로 표시하는 접근방법을 말한다. 화폐 이론(Money Theory)은 화폐적 요인인 외환시장에서 가격과 소득의 효과를 통한 국제수지 등 주로 외환과 물가의 시세와 이자율 등 화폐적 요인을 적용한 분석방법이다. 즉, 금융 분야에서 택하는 접근방식으로 외환시세, 물가수준, 이자율 등을 주로 다룬다.

또한, 순수이론은 실증적 분석과 규범적 분석으로 구분한다. 실증적 분석이란? 현실의 경제체제에 대한 원리 및 법칙 등을 해석하고 적용하는데 순수이론의 방법을 채택하고 있다. 하지만 규범적 분석은 후생적 분석의 방법으로 경제적 현상이나 정책적인 가치 판단의 기준을 통한 분석의 방법을 채택하고 있다.

3. 글로벌 무역의 이론체계

글로벌 무역이론은 무역이론과 무역정책이 동시에 함께 발전하였다고 할 수 있다. 글로벌 무역은 자유무역주의를 전제로 무역의 발생원인과 무역패턴, 무역이익에 관한 이론적인 체계라고 한다면, 글로벌 무역정책은 자유무역주의와 보호무역주의 가운데서 마치 저울질을 하듯, 양대 산맥을 주축으로 무역을 이끌어 온 것이라 할 수 있다. 즉, 자국의 경제적인 이윤을 확보하기 위하여 자유무역을 통한 무역 활동을 하는 것이다.

다시 말해 자국의 기술이 적정수준 이상으로 해외로 유출된 경우 역수출의 추월을 당하지 않기 위하여, 때로는 보호 무역정책을 사용하여 적잖게 자국 산업을 보호, 육성하는 차원으로 변화되어 온 것이다.

[그림 4-1]에서 글로벌 무역의 이론적 체계에 관한 모형을 제시하였다. 글로벌 무역은 무역정책과 함께 국내 및 국제관계 속에서 거래 관계를 유지하게 된다.

▌그림 4-1▐ 글로벌 무역이론의 흐름

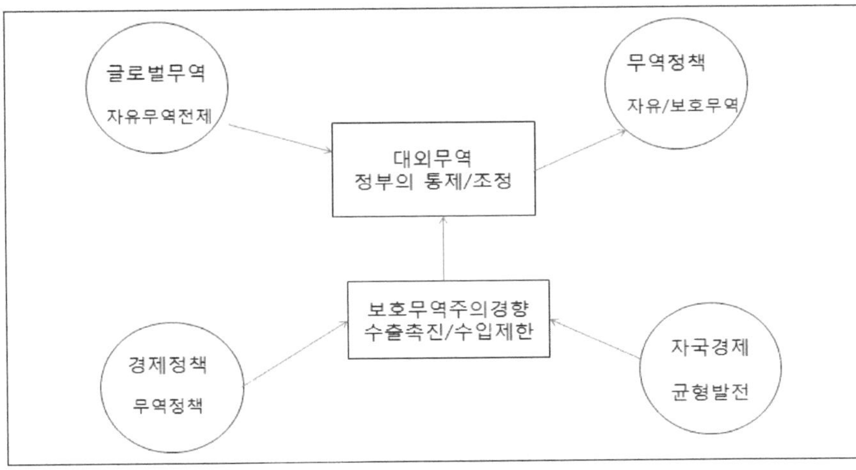

먼저 해외의 경제에 미치는 각종의 내용에 대하여 무역 상대국의 보복 대응방지와 국외에 미치는 효과를 검토하고, 국내의 경제에 있어 국내 교환정책과 상호보완적 정책 및 국민경제의 균형적 발전을 꾀하게 된다. 그러므로 거시 경제적 차원에서 경제성장과 물가안정, 완전고용, 국제수의 균형을 유지하기 위한 것이며, 미시경제적 차원의 자원 배분에 관한 효율적인 분배를 통하여 국민의 복지와 후생증진을 위한 정책적 개념으로 이해할 수 있다.

후생이란? 인간이 추구하는 행복이나 복지를 의미하는 말로 사회 일반의 후생수준의 판정은 화폐로만 측정 가능하므로 이것을 경제적 후생이라고 말한다. 그리고 경제적 후생이란? 경제적 의미의 행복을 의미하는데 물질적 이익과 소득으로 측정한 것이다.

제 2 절 글로벌 무역의 발전과 생산 관계

1. 생산 가능 곡선(Production Possibility Curve)과 기회비용

생산 가능 곡선은 경제 내의 모든 생산요소를 투입하여 최대한의 생산이 가능한 X재와 Y재의 조합을 그래프로 나타낸 곡선 즉, 일정한 생산요소를 완전히 사용하여 두 가지 상품을 생산하는 관계를 나타낸 생산조합 곡선이다. 주어진 생산요소를 전부 투입하여 생산할 수 있는 최대생산량을 말한다.

생산 가능 곡선은 변형 곡선과 기회비용 곡선, 생산 대체곡선이라고도 한다. 생산 가능 곡선은 가격선과 함께 생산의 균형조건 규명에 분석 도구로 활용하며, 무역의 발생 원리, 비교우위론, 경제성장과 국제무역 등의 국제무역 순수이론 분석에 있어 기본적인 분석 도구로 사용되고 있다.

▌그림 4-2▌ 생산 가능 곡선과 기회비용

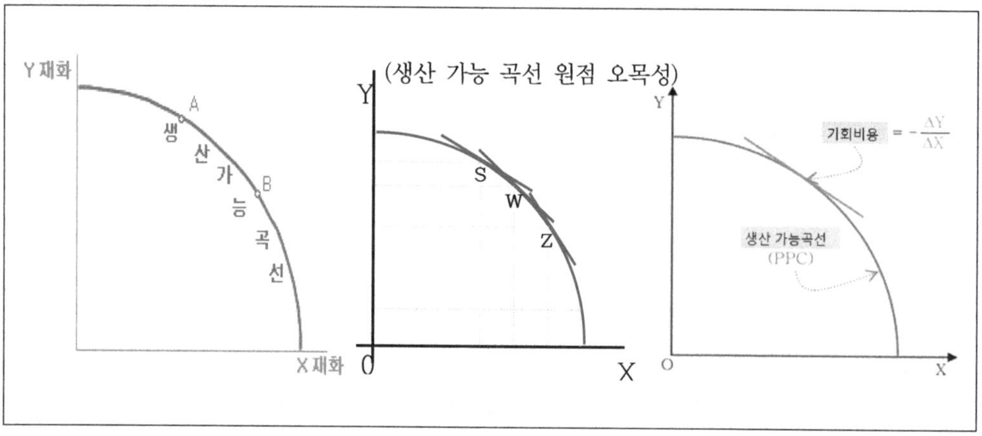

하벌러(Haberler. G)의 기회비용을 생산 가능 곡선으로 나타내어 비교우위 이론을 전개, 이를 기회비용설이라고 한다. [그림 4-2]에서 생산 가능 곡선은 X재 생산에 있어 기술진보를 나타내며, 기술 수준 일정한 생산요소를 모두 사용하여 두 가지의 상품(A, B)을 만든다고 가정할 때, A와 B를 동시에 생산할 수 없다. 이때 어느 한쪽을 포기해야 하는 경우, 포기해야 하는 다른 쪽 재화의 가치의미를 기회비용이라고 한다. [그림 4-2]에서 보는 것과 같이 A점은 B점보다 X 재화를 많이 생산하지만 반면에 Y 재화는 적게 생산한다. 그리고 B점은 A점보다 Y 재화를 많이 생산하고, 대신 X재를 조금 생산하는 지점이다. A점에서 B점으로 이동, 생산 가능 곡선은 한 재화의 생산을 최대한 늘리기 위해 한쪽을 포기함으로 기회비용일 발생한 것이다.

[그림 4-2]는 생산요소가 1개인 경우, 한계 생산성이 체감한다면 X재를 1개에서 2개로 생산을 증가시키는 경우보다, X재를 4개 혹은 5개로 증가시킬 경우 그만큼 생산요소의 투입은 증가한다.

X재의 생산이 증가할수록 생산요소는 증가한다. 반면에 Y재의 생산 감소량이 X재 투입요소만큼 줄어들게 된다. 하지만 한계 생산성이 일정하다면 X재의 생산을 증가시키기 위해 포기해야 하는 Y재 생산량이 일정하므로 직선의 모양을 갖게 될 수도 있다. 이러한 관계성을 Trade-Off의 관계라고 말한다.

▌그림 4-3▌ 생산점과 생산 가능 곡선의 이동 관계

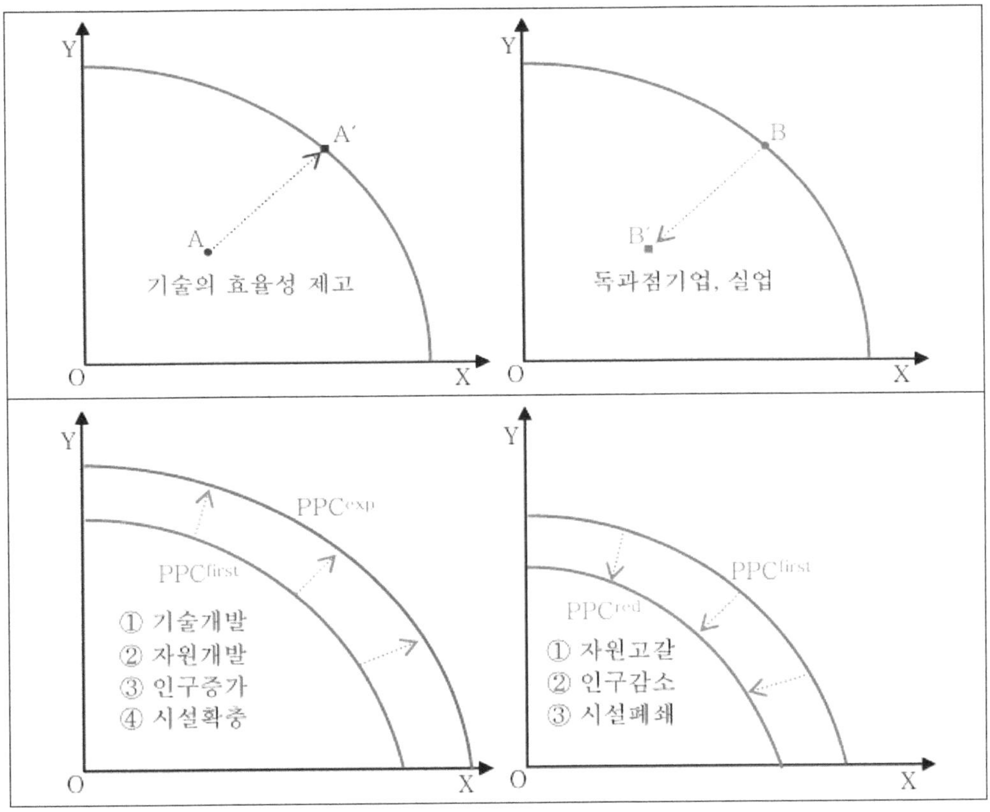

기회비용은 다른 생산으로 인한 포기 부분을 기회비용이라 표기하고, 생산 가능 곡선은 원점에서 오목하게 나타난다. 즉, 생산 가능 곡선은 원점에서 우측으로 옮겨갈수록 기회비용이 늘어나는 셈인데 이를 기회비용이 체증하며 항상 고정된 것은 아니다. 신기술의 개발이나 수요증가로 인하여 두 재화 모두 동시에 생산을 늘릴 수도 있다.

생산 가능 곡선이 존재하는 이유는 자원이 무한정한 것이 아니라 유한하기 때문이며, 이를 효율적으로 배분하고 관리하기 위해서 여러 재화를 동시에 비교하여 희소한 자원을 잘 활용함으로써 무역의 이익을 기대할 수 있을 뿐만 아니라 그 나라의 국민 경제발전을 꾀할 수 있기 때문이다. 또한, 기술의 효율성과 독점, 독과점기업, 정부 정책 등으로 다양한 요인에 의해 변화될 수 있다[그림 4-3].

2. 비교우위론을 통한 자원 배분

생산 가능 곡선 가운데 일반적인 내용은 비교우위론을 통한 기회비용의 설명이라고 할 수 있다. 즉, 하나의 경제단위를 가정할 때 효용에 따라서 생산 가능 곡선 위의 한

점에서 생산한다고 가정할 때, 이때는 생산 가능 곡선의 한 점 X, Y에서 생산하고 소비하므로 생산 가능 곡선의 한 점이 현시적으로 보여주는 무차별곡선의 한 점이라고 할 수 있다.

▌그림 4-4▌ 비교우위론과 생산 가능 곡선

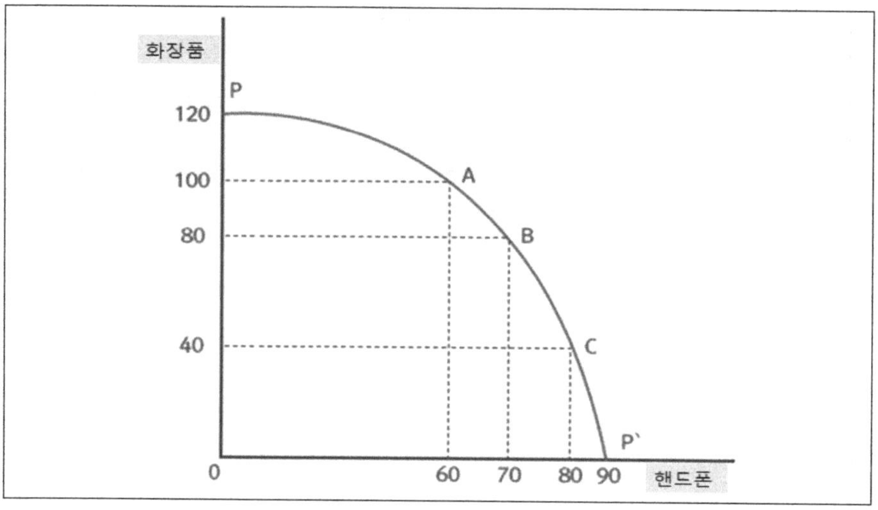

[그림 4-4]에서 한정된 자원으로 두 재화를 생산하기 위한 조합은 어떻게 이루어지는 것인가? 하는 설명이다. 가령, 두 재화인 핸드폰과 화장품을 생산한다고 가정할 때, 수평축인 X축은 핸드폰의 수량을 표기, 수직축인 Y축은 화장품을 표기한 것이다. 현재의 기술과 생산요소를 통하여 최대 생산할 수 있는 핸드폰의 수량은 90단위이다. 그리고 최대의 화장품 생산은 120단위로 나타난다. 이때 생산에 투입된 한정된 생산요소를 통하여 생산을 증가시키려고 한다면 화장품이나 핸드폰 두 가지 상품 가운데 하나의 상품의 생산을 줄일 수밖에 없다.

[그림 4-4]에서 A 지점은 투입 가용한 모든 생산요소와 한정된 자원의 범위에서 생산한 가장 효율적인 생산지점으로 핸드폰 60단위, 화장품 100단위의 조합이다. 반면 B 지점은 동일 상황에서 핸드폰 70단위, 화장품 80단위의 조합이며, C 지점은 핸드폰 80단위, 화장품 40단위의 조합이다. 이같이 한정된 생산요소를 투입하여 생산한 최대의 생산량을 생산 가능 곡선(Production Possibility Curve)이라고 한다.

[그림 4-4]에서 보면, B 지점에서 C 지점으로 옮긴다고 할 때, 핸드폰 10단위를 생산하기 위하여 포기해야 하는 화장품은 40단위이다. 10단위의 핸드폰을 생산하기 위하여 발생하는 기회비용은 화장품 40단위이다. 이것은 A 지점에서 B 지점으로 옮겨 생산할

때보다 무려 20단위가 더 추가된 셈이다. 즉, 핸드폰을 증가하여 추가로 생산할 경우 기회비용도 증가한다.

제3절 글로벌 무역정책 근거와 무역 효과

1. 글로벌 무역의 무역정책

글로벌 무역의 정책적인 근거는 다음과 같다. 근본적 정책은 자국 산업의 보호와 국제수지의 개선, 교역조건 개선, 고용증진, 자원 배분의 효율성 등으로 분류할 수 있다. 또한, 각국의 경제발전 단계와 경제여건을 고려하여 무역정책의 목표를 세워나가야 하는데, 이러한 무역정책의 목표를 통하여 경제정책의 목표를 달성하게 된다.

국내산업의 보호를 위한 글로벌 무역의 정책적 근거는 무분별한 무역행위로 인한 국내산업의 피해를 줄여 가고 이를 정부에서 보호, 유치함으로써 사양산업이나 기타 산업들에 대한 정부 차원의 관리와 국민복지증진 등을 고려한 정책적 활동을 무역정책의 근거에서 찾게 된다. 또한, 무역정책은 국제수지의 개선을 위한 노력도 동시에 해야 한다. 글로벌 무역정책의 또 다른 조건은 교역조건 개선, 고용증진 및 이를 통한 자원의 효율적인 배분 등으로 인하여 무역을 통한 각국의 경제발전은 한층 더 높아질 것이다. 이러한 내용은 자유무역을 통한 아담스미스의 이론과 부합되는 내용이며, 과도한 무역정책은 경제정책에 오히려 역효과를 줄 수 있으므로 계획성 있는 관리와 통제 및 조정이 필요하다.

2. 무역의 효과

1) 동태적 효과

동태적 효과란 자유무역협정 체결 이후 시간이 지남에 따라 그 효과를 나타내게 되는 것이다. 역내 시장규모의 확대에 따라 규모의 경제(Economies of Scale)를 실현할 수 있는 생산비의 절감효과를 가져오게 된다. 특히 기술이전과 기술축적은 국내산업에 있어 고용을 증진, 소비자의 후생을 증진하는 효과를 얻는다. 이때 역내국 간 통관절차, 투자제한조치, 기술장벽, 지적 재산권의 보호 등이 완화되어 통상 분쟁이 감소된 상태에서 무역의 효과를 얻게 된다〈표 4-1〉.

2) 정태적 효과

정태적 효과란 무역 창출효과인 역내 국가들의 비교우위에 따른 생산특화로 인하여 역내의 효율적인 자원 배분과 역내 국가들의 후생증대를 가져와 긍정적인 효과를 얻게 되는 것이다. 그리고 무역 전환 효과로 인한 낮은 생산비의 역외국에서 높은 역내국으로 생산지를 이동할 것이며, 비효율적인 자원은 재배분하는 것이다. 또한, 역내 국가들의 후생은 자동적으로 감소하여 부정적인 효과를 얻게 될 것이다〈표 4-1〉.

▌표 4-1▌ 무역의 정태적, 동태적 효과

정태적 효과		동태적 효과	
무역 창출 효과	- 역내 국가들의 비교우위(생산특화) - 역내의 효율적 자원 배분 - 역내 국가들의 후생증대 (긍정적 효과)	규모 의 경제	- 역내의 관세철폐/인하 - 각국의 수출시장 확대 - 생산, 유통 규모증대
무역 전환 효과	- 생산비가 낮은 역외국에서 높 은 역내국으로 생산지의 이동효과 - 비효율적인 자원 재배분 역내 국가들의 후생감소(부정적 효과)	효율 성 증대	- 역내 국가들의 경쟁촉진 및 역외 국가들의 직접투자 증가 - 역내·외 국가들의 효율성 증대를 위한 구조조정 - 역내 국가들의 경쟁력 제고

3. 자유무역(FTA)으로 인한 무역 효과

우리나라의 FTA의 효과는 일본보다 더 큰 효과를 거둔 것으로 평가하고 있다. 우리나라가 체결한 FTA의 국가 중 체결 직전보다 1.2~3.2배로 증가하였고, 수출액은 1.2~4.0배로 증가하였다. 한국은 싱가포르와 FTA 체결 후 전체 교역 증가율은 1.5배 상승, 일본은 0.7배에 그쳤으며, 칠레와의 전체 교역 증가율은 한국은 1.7배, 일본에 비교하여 0.7배에 그친 것으로 나타났다.

FTA의 체결을 통한 효과는 정태적 효과와 동태적 효과로 구분할 때, 정태적 효과는 무역 창출효과, 무역 전환 효과를 포함하고 있다. 정태적, 동태적 분석이란 효과(효용) 예측의 통계적 기법으로 정태적 분석은 일시적 현상을 분석하는 것이다. 정태적 분석은 단순(Simplicity)한 반면, 동태적 분석은 복잡(Complexity)한 분석 구조를 갖는다.

Chapter 05 글로벌 무역이론의 체계와 통상변화

제1절 글로벌 무역의 고전적 이론체계

1. 고전적 무역이론(고전주의 학파)

1) 아담스미스(Adam Smith)의 절대우위론

(1) 절대 우위론(Absolute Advantage Theory)의 배경

아담스미스의 절대 우위론은 1776년에 발표한 그의 저서 국부론(An Inquiry into the Nature and Causes of the Wealth of Nations)에서 한 나라가 무역 상대국보다 절대 우위에 있는 재화를 특화하여 수출하고, 반면에 절대 열위의 재화를 수입할 때 상대적으로 무역교역국 쌍방이 이익을 얻는다. 절대우위(Absolute Advantage)는 두 나라에 있어 생산비의 절대적 차이를 의미하며, 상품 가치는 노동에 의하여 결정된다(노동가치설). 특히 노동이 유일한 생산요소라고 보고 생산비는 그 상품을 생산하기 위해 투입된 노동량(노동자의 수)으로 노동가치설을 주장하였다.

▌표 5-1▐ 한국과 미국의 절대우위 비교

품 명	한 국	미 국	비 고
자동차	10명	11명	*절대생산비의 차이 (절대우위설)
도자기	12명	8명	

(2) 절대우위의 무역이론

절대 우위론이란? 예를 들어 중국과 한국이 무역한다고 가정할 때, 중국은 값싼 노동력으로 인하여 참깨를 특화하고, 한국은 IT 산업으로 인하여 핸드폰을 특화한다고 할 때, 이들 두 나라가 특화된 상품을 교역하게 되면 두 국가 모두에게 즉, 상호이익이 발생할 것이라는 이론이며, 서로에게 이익을 줄 수 있다고 본 것이다.

〈표 5-1〉과 같이 한국이 자동차 1대를 생산하는데 필요한 인원은 10명이며, 도자기 하나를 생산하는 데는 12명이 필요하다고 가정할 때, 미국은 자동차 한 대를 생산하는데 11명, 도자기 하나를 생산하는데 8명이 각각 필요하다고 보면, 한국은 자동차 생산에 그리고 미국은 도자기 생산에 각각 절대우위가 있다. 따라서 이때 무역이 발생하게 되면, 아래와 같이 한국은 자동차를 생산하여 미국에 수출하고, 미국은 도자기를 생산하여 한국에 수출한다면 무역국 쌍방이 이윤을 창출하게 될 것이라는 이론이다.

(3) 절대 우위론에 관한 한계점

아담스미스의 국제무역에 관한 한계점은 다음과 같다.

첫째, 한 나라가 생산하고 자 하는 모든 상품에 모두 절대우위를 가질 수 없다. 절대열위에 있는 경우라 할지라도 국가 간의 무역이 발생할 것인지에 관한 답이 없다.

둘째, 아담스미스의 절대 생산비설(절대 우위론) 은 생산요소를 노동으로만 보았다는 점과 재화의 다양한 생산요소의 결합비율은 각각의 재화마다 다르다는 것과 단순히 투하노동량에 의한 노동가치설을 주장한 점은 이론의 한계를 보여주는 셈이다.

셋째, 한 나라 안에서의 재화의 교환비율이 실질 노동비용에 따라 결정된다는 것이다. 하지만 노동은 국내에서만 이동이 가능 하다는 전제여서 국제적 노동이동은 불가능하다고 판단한 것이다. 치명적인 이론의 단점은 생산요소를 노동에 국한하고 있다는 점이다(1재).

2) 리카도의 비교우위론(Ricardo의 Comparative Advantage Theory)

(1) 비교우위론의 배경

리카도(David Ricardo)는 그의 저서에서 아담스미스의 절대 우위론의 한계를 보완하여 비교우위(Comparative Advantage)를 주장하였다. 즉, 한 국가가 두 가지의 교역상품에 있어 모두 절대우위를 갖는 경우에도 두 상품 사이에 비교우위가 있다면, 무역이 발생할 수 있다고 제시하면서 자유무역 이론을 더욱 체계화하였다.

따라서 한 나라가 절대우위에 있는 상품을 생산할 때 상대적으로 저렴하게 생산할 수 있는 재화에 특화하여 서로 교환한다면, 양 국가 모두에게 이익이 돌아간다는 주장이다.

반대로 두 제품 모두 절대 열위를 갖는 국가 입장에서도 상대국과 비교하여 볼 때 자국이 좀 더 저렴하게 생산할 수 있는 제품에 비교우위를 갖게 된다는 것이다.

(2) 리카도의 비교우위 이론

비교우위(comparative advantage)와 비교열위(comparative disadvantage)란 무엇인가? 리카도의 이론 중 비교우위란 ? 생산된 제품이 다른 나라에서 생산된 제품보다 생산비 측면에서 비교적 싼 경우이며, 비교열위란 그 내용과 상반된 경우이다. 리카도(D. Ricardo), 밀(J. S. Mill), 아담스미스 등 고전학파 경제학자들은 노동가치설을 통하여 비교우위의 결정요인을 상품 생산에 필요한 투입노동량으로 보았다.

헥셔(E. F. Heckscher)와 오린(B. Ohlin)은 이것을 생산요소부존량으로 보았으며, 포스너(M. V. Posner) 등은 기술 갭(gap)이라 주장하였고, 그루버(W. Gruber), 키싱(D. B. Keesing) 등은 연구개발요소 등으로 주장하였다. 그 밖에도 비교우위를 결정하는 요인은 생산성, 천연자원의 부존 상태, 환경 및 공해의 규제비용 등이 있다.

〈표 5-2〉에서 예를 들어보면, 한국과 일본이 석탄과 밀을 각각 생산한다고 가정할 때, 무역하기 전에, 자원을 배분하여 각 단위 비용에 의해 단위당 최대한의 밀과 석탄을 생산할 것이다. 이때 한국은 총 자원은 2k로 석탄 1단위와 밀 1단위를 생산할 수 있다. 일본은 총 자원 5h를 밀 1단위와 석탄 1단위를 생산할 때 무역하기 전의 전 세계 총생산량은 2kh+5pt이다. 한국은 밀을 특화하여 생산하고, 일본은 석탄을 특화하여 생산하여 교환한다고 할 때, 한국은 모든 자원 2k를 투입하여 2kh를 생산, 일본은 총 자원 5h를 투입하여 5pt를 생산하게 된다.

▌표 5-2▐ 한국과 일본의 비교우위 비교

재화 1단위를 생산하기 위한 투입노동량			
구 분	한국	일본	총 산출
석 탄	1k	1h	2kh
밀	1p	4t	5pt
총 자원	2k	5h	

(3) 리카도의 비교우위론 이론의 한계점

리카도의 비교우위 이론이 주는 한계점은, 아담스미스의 주장과 크게 다를 바 없다. 우선 재화의 가격에 대한 노동투입량 즉, 생산비용은 제품에 따라서 또는 제조비용에 따라서 다르지만 이를 같은 관점으로 보았다. 그러나 고가의 제품일수록 노동투입량은 높아질 것이며, 저가의 제품은 노동투입량의 투입이 낮아질 것이다.

또 하나는 노동투입량이 같다고 해도 다 같은 노동이 아니라는 점이다. 국가마다 노무비가 다르고 산업의 제 분야에서도 서로 다르다. 그러므로 리카도의 비교우위론에서 노동투입량과 질을 동일시하는 것은 모순이 있으며 한계가 있다.

3) 밀의 상호수요설(Mill의 Reciprocal Demand Theory)

(1) 밀의 상호수요설의 배경

리카도의 비교우위론은 비교우위에 따른 무역의 발생원인과 이익에 대한 설명이었다. 즉, 교역 당사자 간의 교역조건 결정에 대한 명확한 답변을 주지 못하였다. 밀은 그의 저서인 경제학 원리에서 교역상품의 국제교환비율인 교역조건과 교역 당사국에 대한 무역이익의 배분 비율을 밝혔다. 구체적으로 그는 다른 나라와의 무역이익의 배분 비율과 무역상품의 교환비율을 국제교환비율(교역조건)로 보았다. 밀(J. S. Mill)은 이러한 비교생산비설이 갖는 이론적 한계를 각국이 수출품을 얼마나 내놓으려고 하는가는 수출품의 대가로 얻을 수 있는 수입품의 양에 달려있다고 생각하였다.

(2) 상호수요설 이론

상호수요설이란? 두 상품의 국내 및 국제교환 비율의 차이를 통해서 무역의 가능성을 설명하는 이론이다. 두 상품의 실제 교역조건은 교역상품에 대한 상대국의 수요(상호수요)에 의해 결정된다고 주장한 것이다. 밀은 실제 교역조건을 일국의 수출상품과 수입상품의 장기적인 국제교환비율로 말하였다.

▮그림 5-1▮ 상호수요설의 교역조건 비교

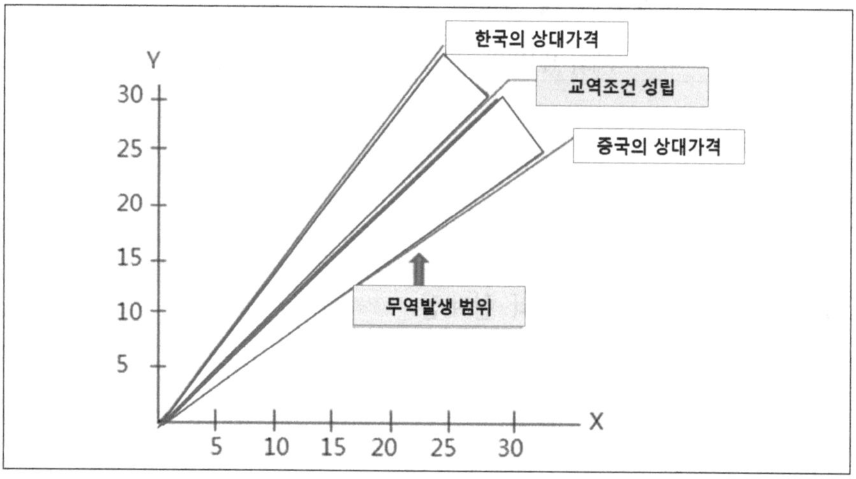

상호수요의 탄력성이 균형조건을 변동시키는 힘으로 작용한다고 보았다. 탄력조건이 크면 자국의 교역조건이 불리하고 자국의 수출상품에 대한 외국의 수요탄력성이 클 경우 자국의 교역조건은 유리한 셈이다. J. S. Mill의 상호수요설은 양국 간의 국제교환비율에 의해 국제무역이 발생한다고 주장하였으며, 이러한 국제교환비율이란 외국상품에 대한 자국 내의 수요의 크기와 탄력성에 의해 결정되는 것을 말한다.

(3) 상호수요설의 한계점

밀의 국제교환비율에 의한 교역조건은 수요의 탄력성에 따라 결정되기 때문에 이에 따라 무역이익 배분이 결정된다고 주장하였다. 이러한 상호수요설 또는 국제가치론이 글로벌 무역이론의 기초를 형성하였다는 점은 그 의의가 크다. 그러나 교역조건의 결정요인은 상호수요에만 국한되는 것이 아니고 각국이 교역상대국에 공급할 수 있는 상품의 생산수단에 의해서도 교역조건이 결정된다는 것이다.

밀의 상호수요설인 교역조건이 자국 상품에 대한 외국의 수요와 외국상품에 대한 자국의 수요가 상호 일치되는 점에서 결정된다고 하는 것은 수요의 탄력성 부분에 있어서 교역 당사국에서 과연 어떻게, 얼마만큼의 수요가 작용할지를 규명하지 못했다.

2. 고전적 무역이론의 생성 및 발전체계

중상주의적 이론을 비판하고 나타난 사람이 A. Smith였다. 그의 이론은 절대우위에 있는 상품(재화)을 특화하여 이를 수출하고 절대 열위에 있는 상품(재화)을 수입한다면 무역 상대국 모두가 이익을 얻게 된다는 이론이다. 그리고 자유무역으로 진행된다면 국제분업 즉, 가격 메커니즘을 통한 국제시장의 성립으로 인하여 양국 중 한 국가가 두 상품 모두에 절대우위를 갖는다고 할 때, 무역은 성립될 수 없으므로 이론에 한계가 있다.

리카도는 절대우위의 이론적 한계를 바탕으로 절대우위를 모두 갖추었다 할지라도 어느 한 상품에 특화하여 생산하고, 열위를 가진 국가는 열위를 가진 재화를 특화함으로써, 쌍방이 교역의 이익을 얻게 된다는 이론이다. 하지만 무역은 2개국과의 교역뿐만 아니라 글로벌 무역이요, 무한경쟁이기 때문에 어떤 특정상품이나 생산요소에 국한하지 않는다는 점에서 모순이 나타나고 있다.

3. 신고전주의 무역이론(신고전주의 학파)

1) 오퍼 곡선(상호수요곡선) 이론

신고전주의 학파의 대표적인 인물들은 마샬(Marshall)과 피구(Pigou), 타우식(Taussig), 바이너 등이다. 특히 케임브리지학파(Cambridge school)의 창시자인 마샬은 리카도와 밀의 이론들을 수정 및 보완하였다. 마샬은 그의 연구에서 가치론 및 분배이론을 통하여 가격 결정, 소득분배의 분석을 발표하였다.

그는 재화의 정상가격은 수요 측면의 한계 효용과 공급 측면의 생산비에 의해서 결정된다는 국제가치설을 발전시키게 되었다. 마샬은 밀의 2재화 단일생산요소 대신 한 나라의 모든 생산물에 투입된 노동과 자본을 통하여 수급 관계를 종합적으로 도출해 오퍼 곡선을 통한 교역조건의 변화와 무역이익의 배분으로 설명하였다.

오퍼 곡선(Offer curve)은 공급(수출)과 수요(수입)의 결합으로 국제무역의 균형을 설명하였다. 한 나라의 오퍼 곡선은 상품의 교역조건에서 한 나라가 수출하고 자 하는 양과 수입하고자 하는 양을 도식화한 것이다. 한 나라의 수출상품에 대한 공급이 변화된다면, 그 국가가 필요로 하는 수입의 양을 보여주는 것으로 생산 가능 곡선 등 여러 상품의 상대가격에 대한 유도가 가능하므로 이를 상호수요곡선이라고도 한다.

2) 타우식의 비교 가격설 이론

무역과 관세 부분에 있어서 리카도의 이론을 체계적으로 분석하고 수정 보완하여 케인즈, 마샬 등의 연구를 집대성한 타우식은 임금 차이의 존재에 의한 비교생산비설을 부정하는 것은 문제가 있다는 주장 하에, 생산비를 시간 관계에서 측정한 노동비용으로 인식하여 비교 가격설을 주장하였다. 그는 무역을 통하여 특정상품의 국내가격이 국제가격보다 높으면 수입을 하고, 낮으면 수출을 한다고 주장하였다.

그는 무역의 대상인 상품을 생산비 절대차, 생산비 균등차, 생산비 가격차 등이 있는 경우 무역 거래의 가능 조건이 있다고 보았다. 따라서 생산비의 절대차가 존재하는 경우는 상품의 생산에 필요한 노동량은 비교생산비에 의한 것이 아니라, 양국 간의 화폐로 표시된 절대차에 의해 성립된다고 보았다.

또한, 생산비의 균등차가 발생하는 경우는 수출하고자 하는 국가에서 투입된 상품의 노동량이 다른 나라와 비교하여 상대적으로 낮은 노동량을 투입한 국가의 상품이 수출상품이 될 것이며, 같은 상품을 생산하여 수출하고 있는 나라일지라도 높은 임금을 지불한다. 물가가 하락하고 반면에 수출국은 수출로 인하여 물가가 올라가게 됨으로 차후에 이 두 나라가 점차 상품가격이 균등하게 되어 무역은 정지수준에 이르게 될 것이라고 주장하였다. 또 하나는 생산비의 비교차가 있는 경우, 한 나라가 2개의 상품 생산비가 모두 상대국에 비교할 때 불리한 입장이라고 할지라도 비교차가 있는 경우에는 양국 간의 국제 분업을 통한 교역이 발생할 것으로 보았다.

제2절 근대적 무역이론(근대주의 학파)체계

1. 기회비용설(Theory of opportunity cost) 이론

1) 하빌러의 기회비용설의 배경

하벌러(G. Haberler)는 리카도(D. Ricardo)를 비롯한 고전학파 무역이론을 반박하면서 자신은 노동 가치적 비용 개념과는 전혀 다른 기회비용을 무역이론에 도입하여 비교우위의 이론을 주장하였다. 그는 비교우위는 생산물의 기회비용으로 결정된다고 보았고, 어떤 상품의 기회비용이 낮으면 그 상품은 비교우위를 유지할 수 있으나 기회비용이 높으면 그 상품은 비교열위를 면치 못한다는 것이다.

기회비용설은 단일의 생산요소에서 벗어나 현실에 적합한 생산요소를 전제로 무역이론을 전개했다는 점과 가변생산비 하에서도 비교우위의 결정을 일반화시켰다고 하는 점이다. 노동가치설은 노동이 생산에 있어서 전부를 차지한다고 보았으나 다른 생산요소도 이에 포함되어 있으며, 생산요소의 상호 간의 관계가 더욱 중요한 것으로 인식되어 기회비용의 원리를 주장하게 된 것이다.

2) 하빌러의 기회비용설 이론

기회비용이란 한 재화를 생산하는 데에 필요한 내용을 측정할 때에 그 생산으로 생성된 다른 재화의 생산량을 말하는데, X재 1단위를 생산하려면 Y재의 2단위를 희생시켜야 한다. 1X의 생산비용(가치)=2Y의 생산비용(가치)으로 나타나고, 이때 Y재의 단위=X재의 단위 X= 1/2이 된다는 주장이다.

하벌러의 주장은 상품의 상대가격이 비교생산비설이나 절대 생산비설과 같이 투하노동력에 의하여 결정되는 것이 아니고, 그 상품을 생산함에 따라 포기(희생)되어야 하는 다른 상품의 생산량으로 표시된다는 것이다. 기회비용의 반대개념은 매몰 비용인데, 매몰 비용은 자기 자신의 의사결정과는 전혀 상관없이 이미 발생한 비용 혹은 자신의 의사결정이 영향을 주지 못하고 계속해서 발생하는 비용 부분을 말한다. 생산가능곡선이란 한 나라의 경제가 주어진 생산요소(노동, 토지, 자본, 설비)와 생산기술을 사용하여, 최대한 생산할 수 있는 산출물의 조합을 나타내는 곡선이다. 생산 가능 곡선을 보면 경제단위의 생산요소가 단 한 가지가 있을 때 이 생산요소들을 모두 투입할 경우 최대 생산가능한 X재와 Y 재의 조합을 나타내는 그래프의 곡선이다.

▮표 5-3▮ 하벌러의 기회비용설

	X재	Y재	
	1단위	2단위	
기회비용(!)	* X를 위해 Y재의 선택을 포기해야 하는 경우 (기회비용=한 재화의 선택과 한 재화의 포기) - 1X=2Y는 생산비용의 가치 - Y재=X재의 단위는 1/2단위		단위 생산물 (예측)

2. Heckscher-Ohlin(핵셔-오린)

1) 핵셔와 오린의 비교생산비설(요소부존, 요소가격 균등설)의 배경

신고전주의 이론은 리카도의 비교우위론의 한계점에 주목하여 국가 간 무역의 발생을 설명하였다. 신고전주의 이론은 리카도의 비교우위처럼 2개의 교역국과 2개의 교역상품을 대상으로 논의의 틀을 설정하였으나, 핵셔와 오린은 고정기회비용 대신 체증 기회비용을 전제로 하고 있다.

리카도의 비교우위론은 노동력을 생산요소로 보았지만, 신고전주의 무역이론은 기존의 노동력과 토지, 자본 등 2개 이상의 생산요소를 포함하고 있다는 점이다. 비교우위론이 무역의 발생원인이 생산비의 상대적 차이에서 비롯된 것을 주장하기는 하였으나 비교우위의 기초가 되는 노동투입량의 차이가 왜 발생하는지에 대해서 충분하게 설명을 하지 못하였다. 요소의 부존도가 다르고 투입하는 재화가 다르며 비교생산비의 차이가 있다는 점(요소부존이론), 국가마다 비교생산비의 차이로 무역이 발생한다는 점(생산요소 균등화), 가격 균등화 경향이 있다.

2) 핵셔와 오린의 정리 이론(Heckscher-Ohlin theorem)

핵셔와 오린은 리카도의 비교우위론에서 설명하지 못한 또 다른 한계점인 국가 간의 비교우위 발생원인의 내용을 제시하고 있다. 앞서 설명한 리카도의 비교우위론은 한 나라가 어떤 상품을 특화하여 수출할 때, 상품의 생산비가 다른 나라에 비하여 상대적으로 싸기 때문이라고 하였으나 구체적으로 왜 비교우위가 발생하는지에 관한 규명을 하지 못했다. 핵셔와 오린은 요소 부존 이론이라는 무역이론을 주장하였다. 무엇보다도 국가 간의 생산요소의 부존량에 차이가 있다는 것과 상품 생산에 필요한 생산요소의 투입량은 상품에 따라 다르다는 것이다.

▌표 5-4▐ 핵셔-오린의 비교생산비 발생 요인

구 분	제1 명제(요소부존이론)	제2 명제(요소가격균등화이론)
제1원인	국가 간 생산요소 부존도 차이점	국가 간 비교생산비 차이/ 무역 발생
제2원인	재화의 생산요소 투입비율 차이점	재화의 이동
비 고	비교생산비 차이점	국가 간 생산요소 가격 상대적 균등화

핵셔와 오린의 제 1명제를 요소 부존 이론이라 하는데, 요소 부존 이론은 가령 노동이 풍부한 나라는 노동집약적 제품을 생산, 수출하고 또한 자본이 풍부한 나라는 자본집약적 제품을 생산하여 수출할 것이란 주장이다. 그러나 요소 부존도의 이론은 절대적인 것이 아니라 상대적인 개념으로 보아야 한다. 국가 간의 비교생산비의 차이로 인하여 어떤 요소의 이동이 아닌 재화의 이동에 따라 국가 간에 요소의 상대적 가격이 균등화(핵셔-오린: 제2 명제=요소가격균등화이론)이다.

핵셔-오린의 주장을 살펴보면, 제1 명제인 요소 부존이론은 한 나라가 상대적으로 풍부하게 부존된 생산요소를 보다 집약적으로 투입 및 생산하여 비교우위를 통한 특화 수출의 경우이며, 제2 명제인 요소가격균등화이론은 자유무역이 국가 간의 요소이동을 대체하여 교역 당사국 간에 요소의 상대가격을 균등화시키는 것이다.

[그림 5-2]에서, 요소집약도(factor intensity)는 생산 함수Q=f(L, K)일 때, 어떤 재화를 생산하기 위한 자본과 노동의 투입비율(K/L)을 요소집약도라 하고, (K/L)x: X재의 요소투입비율, 즉 요소집약도이고, (K/L)Y: Y재 요소집약도를 표시한 것이다. 만약 주어진 요소 가격비 조건에서 (K/L)x 〈 (K/L)Y 이면 X재는 노동 집약재이고 Y재는 자본집약재를 말한다.

▌그림 5-2▐ 요소집약도 및 요소 부존도의 차이점

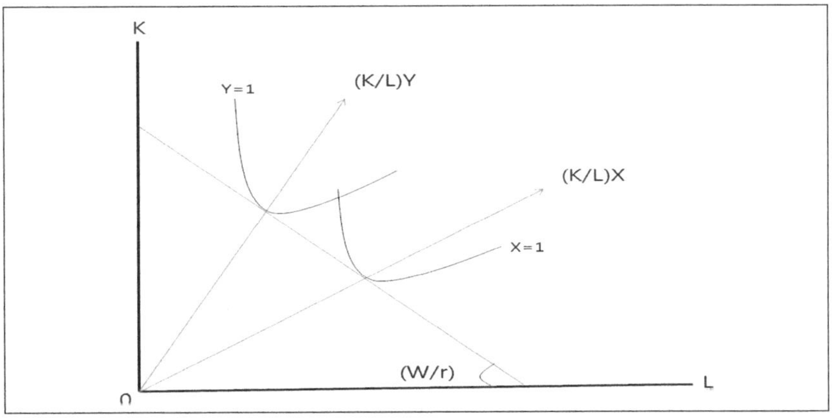

[그림 5-3]에서, 재화의 자유무역과 국가 간 요소 불 이동성의 가정하에서(국가 간의 생산요소 이동 불가의 상태) 무역이 무역 당사국의 요소가격에 미치는 영향에 관한 것으로, 자유무역이 성행하게 되면 국가 간에 생산요소의 이동이 없어도 양국의 생산요소가격이 균등화된다는 이론이다.

▌그림 5-3▌ 요소가격균등화이론

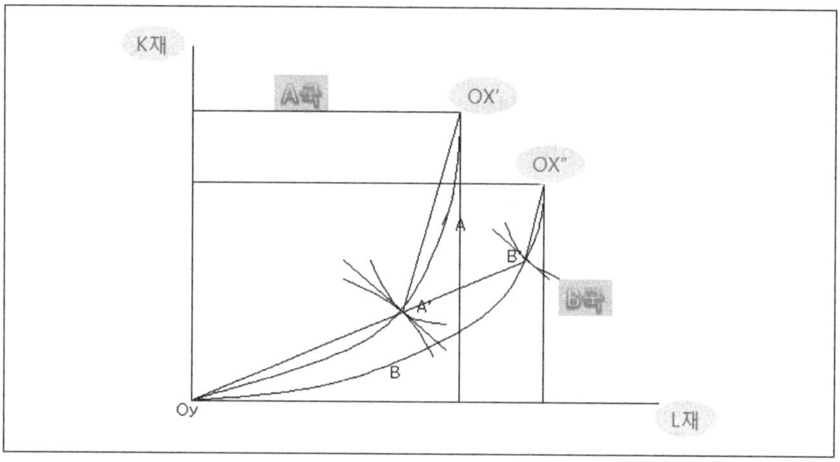

❐ A국(자본 풍부국: 자본특화)

- X재 생산 특화(증가)→수출, X자본 집약재-자본의 수요(상대적)증가→자본가격 상승
- Y재는 생산 감소→수입, Y노동집약재-노동의 수요(상대적)감소→노동가격 하락

❐ B국(노동 풍부국: 노동 특화)

Y재 생산(특화) 증가→수출, Y노동 집약재-노동의 수요(상대적)증가→노동가격 상승, X 재생산 감소→수입, X자본 집약재-자본의 수요(상대적)감소→자본가격 하락, A국이 자본 풍부 국이면, A국에서는 B국에서 보다 X재(자본 집약재)의 상대가격이 낮으므로 X재에 비교우위를 가지고 있으며 이를 특화하여 생산, 수출한다.

B국은 이와 반대의 개념이다. 현재 핵셔-오린의 무역이론은 위의 내용에서 살펴본 바와 같이 어느 정도 현실의 무역이론에 타당성을 제기해 주고 있다고 보아도 과언이 아니다.

3. Leontief paradox(레온티에프 역설)

1) 레온티에프역설의 배경

Leontief paradox(레온티에프의 역설)은 핵셔-오린의 비교우위 이론에 대한 요소 부존 이론의 반대적 입장이다. 그는 1947년 미국의 산업연관표를 활용하여 1953년과 1956

년에 미국의 수출산업과 수입 산업의 요소집약도를 연구 조사하여 헥셔-오린 정리의 제1 명제와 반대되는 결과를 도출하였는데 이를 레온티에프 역설이라고 한다.

그의 연구결과에 따르면 미국은 다른 나라에 비해 자본이 풍부하고, 상대적으로 노동이 희소하므로 핵셔-오린의 제1 명제에 의하면 자본 집약재를 수출하고 노동 집약재를 수입하는 무역구조를 보여야 한다는 것이다.

조사결과 예상과 달리 수입재 산업에서 자본집약도가 훨씬 높은 결과, 수입대체산업이 수출산업에 비해 30% 정도 자본집약적으로 헥셔-오린 이론과 반대되는 결과였다. 즉, 미국은 자본 풍부 국가이면서도 노동집약적인 재화를 수출하였으며, 자본 집약적 재화를 수입하였다는 것이다. 특히 이러한 동기가 나온 이유는 생산요소의 이질성, 수요편향, 천연자연 부족, 요소집약도의 역전 등의 이유이다. 이런 결과가 나온 것은 생산요소를 노동과 자본 두 가지로만 한정하였고 노동을 모두 동질적 생산요소로 취급했기 때문이다.

2) 레온티에프의 역설이론

레온티에프의 역설은 레온티에프와 뜻을 같이한 동질의 연구가 한 사람이 있었는데 그는 미국의 노동 생산성이 다른 나라에 비해 3배 정도 높은 것은 인적자본이 크기 때문이라고 케텐(P. Kenen)이 주장 한 바 있다. 레온티에프에 의해 핵셔-오린 이론의 생산요소비율에 기인한 비교우위 결정이론은 빛을 보게 되었고, 대부분 비교우위를 설명하는 신 요소 비율이론과 기술의 국별 차이, 내생적 가변성의 기술격차 이론, 제품수명주기이론이 있다.

▌표 5-5▐ 1947년 미국의 산업연관표 검증결과

투입 요소 \ 년 도	1947년		1951년	
	수출상품	경쟁수입상품	수출상품	경쟁수입상품
자본(1947년$가격)	2,555.780	3,901,339	2,256,800	2,303,400
노동(연 인원수)	181,31	170,00	173,91	167,726
자본: 노동	14,068	18,184	12,796	13,726
비율	1	1.29	1	1.05

자료: 배홍식, 「80년대의 비교우위산업」, 한국산업은행, 1983, p.25.

〈표 5-5〉에 나타난 것과 같이 수입재 산업에서 자본집약도가 훨씬 높은 결과를 가져왔으며, 수입대체산업이 수출산업에 비해 30% 정도 자본 집약적이었음을 알 수 있다. 이는 핵셔-오린의 이론에 정반대되는 개념으로 이를 레온티에프 역설이라 한다. 이는

두 생산요소 중 한 생산요소의 부존량이 증가하면 그 생산요소를 집약적으로 사용하는 재화의 생산량은 증가하고 다른 재화의 생산량은 감소한다.

레온티에프의 검증결과를 보면, 자본이 풍부하고 노동이 부족한 미국이 노동 집약재를 수출하고 자본 집약재를 수입했다는 것이다. 이러한 검증결과는 분명히 핵셔-오린의 정리와는 대치되는 것이다. 따라서 이와 같은 레온티에프의 검증결과를 레온티에프 역설이라 한다.

4. Stolper-Samuelson Theorem(스톨퍼-사무엘슨)정리

1) 사무엘슨 정리(과세의 소득재분배 효과) 배경

스톨프-사무엘슨(Stolper-Samuelson)은 상품가격의 변화가 요소가격에 미치는 영향에 관한 주장으로 "재화 가격의 상승은 그 재화생산에 집약적으로 사용된 생산요소의 보수를 증가시키고 다른 생산요소의 보수를 감소시킨다."는 것은 불공평한 결과를 초래하므로, 관세부과를 함으로써 국제무역으로부터 손실을 입은 계층을 소득재분배를 통해 보상이 가능한 이론을 주장하였다. 즉 관세부과는 수입대체산업에 집약적으로 사용되는 요소소유자들의 이득으로 자유무역의 손실을 보상하게 된다는 것이다.

따라서 국제무역이 한 나라의 전체 후생수준을 향상, 손해 보는 계층을 이론적으로 부각시켰다. 관세의 부과로 인한 수입재 가격이 상승하게 되면 국내수입 경쟁재의 생산이 늘어나게 되고, 이에 따라 수입 경쟁 산업에 집약적으로 투입되는 생산요소에 대한 수요가 늘어나 그 요소의 가격 또한 상승하게 된다. 수입 관세의 부과는 수입 경쟁 부분에 집약적으로 투입되는 생산요소에 유리한 방향으로 소득의 재분배를 유발하게 되는데, 이러한 관세의 소득재분배 효과를 설명한 이론이 스톨퍼-사무엘슨 정리라고 한다.

2) 사무엘슨의 무역이론

스톨퍼-사무엘슨 정리가 성립하려면 관세부과로 인해 수입재의 국내가격이 상승해야 하며, 관세가 부과되더라도 교역조건이 변화하지 않거나 관세의 크기보다 적게 개선된다면 수입재의 국내가격은 상승하게 될 것이다. 만약 관세부과 이후 수입재의 상대가격이 하락할 경우, 희소한 생산요소의 소득은 감소하게 되므로 스톨퍼-사무엘슨 정리와 반대되는 효과가 나타나게 되는데 이를 설명하는 이론을 메츨러의 역설(Metzler's Paradox)이라고 한다.

결과적으로 스톨퍼-사무엘슨의 정리는 무역으로 인한 어떤 재화의 상대가격이 상승할 때, 그 재화의 생산에 집약적으로 사용된 생산요소의 실질소득(real income)은 증가, 타 요소의 실질소득은 감소한다고 보았는데, 이는 노동 풍부 국이 노동 집약재인 X재를 수출하는데(핵셔-오린이론), 무역 이후의 X재의 상대가격은 상승, 그 결과 노동(X재) 생산에 집약적으로 사용된 생산은 실질소득은 증가하고 자본의 실질소득은 감소하게 된다는 것이다.

무역으로 어떤 재화의 상대가격이 상승했을 때, 그 재화의 생산에 집약적으로 사용된 생산요소의 실질소득은 증가, 그 반대의 요소들은 실질소득이 감소한다는 주장이다. 이 정리는 자유무역이 소득 배분에 미치는 영향을 명확하게 밝힘으로써 헥셔-오린 무역이론을 더욱 발전시켰으며, 보호무역주의의 이론적 주장이 되기도 하였다. 하지만 헥셔-오린 정리를 기초로 2국, 2재 2 생산요소 등 비현실적 제한적인 가정 위에 정립되고 있으므로 현실 세계에 적용되기 어려운 점도 없지 않다.

5. Rybczynski Theorem(립친스키) 정리

1) 립진스키의 정리(생산요소 공급량변동) 배경

립진스키(T. M. Rybczynski) 정리는 어떤 생산요소의 부존량이 일정하다고 할 때, 다른 생산요소의 공급량이 증가 될 경우, 생산물의 상대가격이 일정하고 요소집약도가 변동되지 않는다면 그 증가 된 생산요소를 보다 집약적으로 사용하는 생산물의 생산량은 증가 되고, 생산요소를 집약적으로 사용하지 않는 생산물의 생산량은 감소된다는 주장이다. 경제성장은 국제무역의 패턴 변화를 주었다. 이러한 경제성장은 요소공급의 변화와 기술진보로 구분할 수 있으나 이 가운데 요소공급의 변화에 의한 경제성장의 결과가 어떻게 국제무역의 패턴을 변화시키는지에 관한 연구가 립진스키의 정리이다.

2) 립진스키의 무역이론

현대무역이론의 중추적인 역할이라 할 수 있는 요소 부존 이론을 보완하는 이론 명제로서 각 나라마다 완전경쟁 하에서 완전고용이 이루어진다는 가정하에 복수의 생산요소(노동, 자본)에 의해서 두 나라가 같은 기술 수준에서 복수 종류의 산품이 생산될 경우, 한 나라는 어떤 산업에 비교우위를 가지게 되는가를 각국 생산요소의 부존 비율에 관련하여 설명한 것이다. 무역으로 여러 재의 가격이나 생산요소와 생산가격의 변화에 관한 핵셔와 오린의 정리이지만, 립진스키의 정리는 각 재의 가격이나 생산요소의 가격이 일정하게 유지될 때, 한 나라의 어떤 생산요소(노동)에 대한 한 생산요소의 증가는 그 요소를 집약적으로 투입하는 산업(노동집약산업)의 생산을 증가시키지만 그렇지 않은 즉, 그 요소를 집약적으로 투입하지 않는 산업(비 노동집약적산업)의 생산을 감소시킨다는 이론이다.

▌그림 5-4▌ 립진스키의 무역패턴 교역조건

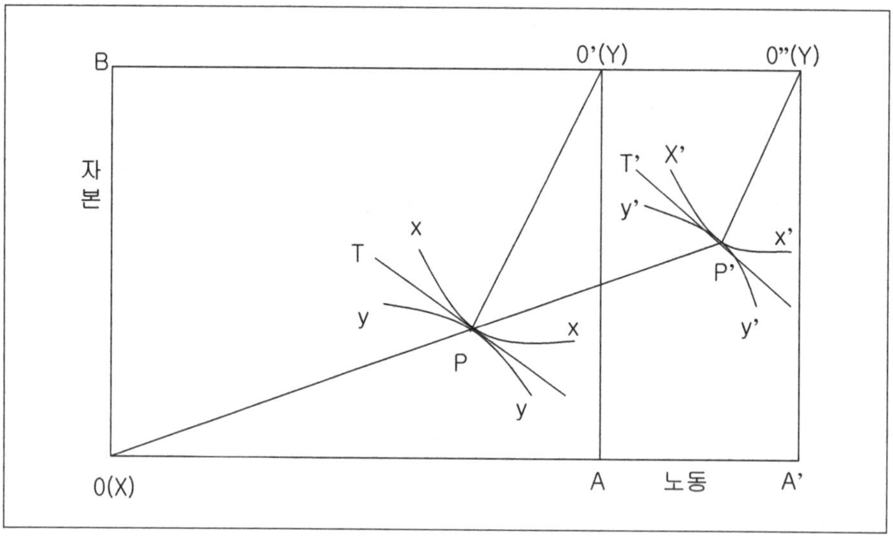

[그림 5-4]는 한 나라의 생산요소 부존량의 증가는 그 생산요소의 집약적 사용으로 인한 재화 생산량의 증가로 다른 생산요소를 집약적으로 사용하는 재화의 생산량은 감소하게 된다. 완전경쟁 상태, 일국은 OA 노동량 OB의 자본량으로 1국은 X재: xx, Y재: yy만큼 생산한다고 볼 때, P점은 효율적인 생산점, 일국에서 총 노동량 OA→OA'로 증가, 자본량 OB로 고정된다고 가정할 때, 생산요소의 집약도가 변화되지 않는 균형점 OP의 연장선과 Y 재의 원점 O"에서 O'P와 평행한 O"P'와 만나는 P'점이 유일한 점이다. 재화의 생산량 x'x'와 y'y'로 P'점의 생산은 P점에서 보다 노동 집약재인 X재의 생산이 상대적으로 크게 증가하고, 자본 집약재인 Y재는 오히려 감소한다.

6. 신 요소비율이론(레온티에프의 역설 반증)

1) 신 요소비율이론의 배경

미국의 해밀턴에 의해 처음으로 주창되었으나 독일의 리스트에 의해 체계화되었다. 리스트는 경제발전 단계설과 생산력 이론을 중심으로 보호무역주의를 표방하였다. 그의 경제발전 단계설 가운데, 제1단계를 원시적 농업단계, 제2단계를 개량된 농업과 상업의 증가 및 공업의 발흥, 제3단계를 발달한 공업의 단계로 보았다.

리스트의 주장대로 각국은 제3단계를 추구해야 하나 제1단계에 있는 나라들은 자국에 필요한 공업생산품을 선진국에서 값싸게 수입하고 자국의 과잉농산물을 수출함으로써, 자유무역정책을 취하는 것이다. 제2단계에 처한 나라들은 국내에서 유치산업이 발흥하고 있어 공업육성이 필요하므로 보호 정책을 취하지 않을 수 없다는 것이다.

2) 신요소비율이론의 배경과 무역이론(레온티에프의 역설 반증)

레온티에프의 역설(Leontief's paradox)을 반증한 이론으로 각 제품의 숙련노동력의 차이가 무역유형에 반영될 때 숙련도 즉, 인적자본의 차이를 핵셔-오린의 이론적 체제에서 제조업의 무역을 설명해 주는 중요한 요소로 도입하였다. 구체적으로 인적자본을 명시적으로 도입하여 자연자원, 자본, 숙련 노동, 인적자본, 미숙련노동의 존재와 요소이동이 다르다는 전제하에 각국의 무형유형은 핵셔-오린이 말한 노동집약적이거나 자본 집약적인 상품의 수출에 비교우위가 있다고 말하지 않는다. 수출물품에 소요된 자연자원이나 인적자본의 양 및 각국의 요소부존량에 따라 해당 국가가 풍부한 요소를 집약적으로 사용하는 상품의 수출에 대해서 비교우위를 갖는다는 것이다.

해밀턴과 리스터의 주장은 미국과 독일의 산업이 당시 세계 경제에서 패권적 지위에 있는 영국 산업과의 강력한 경쟁 속에서 국내의 유치한 산업을 보호할 필요성으로부터 최초로 산업분화론이란 이름으로 해밀턴에 의해서 연구되었다. 이 이론은 핵셔-오린의 이론과 상반되는 결론을 유도한 레온티에프의 역설은 자본개념의 노동숙련도를 부각시켰다. 결과적으로 인적자본(숙련 노동)이 풍부한 나라는 인적자원 집약의 상품을 생산 수출하고, 반대로 인적자본이 부족한 나라는 미숙련 노동집약적 상품을 수입한다고 보았다. 핵셔-오린과 매우 유사하여 인적자본에 의한 이론에 접근했다고 하여 신 요소비율이론이라고 한다.

7. 해롯드(Harrod)의 고용 이론적 무역이론

해롯드의 무역이론은 해롯드가 케인즈보다 앞서 International Economics(1993)을 출판하였는데, 그의 주장은 국제거래와 국내거래 사이의 상관관계를 인정할 것과 국제거래의 특징으로서 국제간에 노동과 소규모의 자본이동이 곤란한 결과로 국제간의 생활수준이 상이하게 발생하는데 그 이유는 임금의 불균등 때문이라고 주장하였다. 국제간에 있어 노동의 이동이 곤란함으로 인하여, 국제간의 생활 수준이 상이하다. 그리고 정부의 활동에 관한 차이로 나타날 수 있다. 또한, 상이 한 중앙은행에 의한 통제라는 세 가지 점을 들고 있다. 국제무역의 질과 양의 문제에 대하여 다음과 같은 의문을 제기하고 있다.

첫째, 한 나라로 인한 그 생산자원을 여러 직업 간에 가장 잘 분배하는 사정은 어떻게 감당하는지와 일국이 그 생산자원을 전적으로 이용할 수 있게 하는 사정은 어떠한가? 여기서 일국의 생산자원을 여러 직업 간에 어떻게 분배하느냐에 따라 해롯드는 이것을 연구하여 고전적 이론의 노선에 따라 전개하였다. 국내 간에 자유무역이 쉬울 것과 국내 동질 생산요소에 대한 보수는 각 생산부문에 있어서 서로 같아야 한다는 것, 화폐적 생산비가 생산물가격에 대하여 일정한 비율을 유지하는 것으로 보았다.

제 3 절 현대적 무역이론(현대주의 학파)체계

1. 해밀턴의 유치산업 보호론(Alexander Hamiton Infant Industry Argument)

1) 해밀턴의 유치산업 보호론의 배경

유치산업 보호론의 근원은 미국의 해밀턴(Hamiltion), 독일의 리스트(List) 주장이며, 밀(Mill)에 의해 확대, 전개되었다. 유치산업은 육성 초기에는 정부의 보호 육성이 필요하므로 일정 부분의 사회적 비용이 필요하다. 그러나 유치산업이 성장하여 경쟁력을 갖추게 될 때 비용의 부분은 불필요하며, 생산력의 증대로 인한 사회적 이익을 줄 수 있을 것으로 보았다. 유치산업 보호론은 공업화가 뒤쳐진 후진국을 중심으로 자국의 산업을 보호, 육성하여 공업부문이 성숙한 후에 자유무역으로 전환하는 것이 타당하다고 하는 주장이다.

2) 해밀턴의 유치산업 보호론

무역 제한을 옹호하는 유치산업 보호론은 해밀턴에 의해 제조업에 대한 보고서에서 처음으로 제안되었는데, 새로이 건국된 미합중국의 제조 기업들을 해외수입으로부터 보호해야 한다는 주장인데, 산업들이 제대로 자리를 잡게 되면 외국 수입품들과 경쟁할 수 있으나 시작단계에서 일정 규모의 수준에 도달하기까지는 보호가 필요하다는 주장이다. 유치산업 보호론이 갖는 문제점은 보호가 정당화되는 일정 기간이 지나도 계속해서 보호의 입장이 된다. 이로 인한 무역장벽은 계속될 수밖에 없는 실정이다. 그러므로 장기적인 차원에서 볼 때는 비교우위 확보와 규모의 경제를 이루는 도움을 얻을 수 있다.

유치산업은 생산 경험을 통한 기술습득을 통해 발달할 수 있으며, 특히 학습효과로부터 얻어진 이익이 자신에게 돌아오는 것뿐만 아니라, 사회 전체 혹은 다른 기업들로 파급되는 즉, 외부경제 효과가 발생할 수도 있다. 유치산업 보호론은 자국의 산업을 보호할 목적으로 해당 산업에서 생산되는 제품과 경쟁 관계에 있는 외국 수입품에 대하여 보호관세를 부과해야 한다는 이론이다. 이러한 주장은 유치산업 보호에 따른 미래의 사회적 이익이 투입된 사회적 비용 부분을 커버하고도 남을 수 있기 때문이다.

2. 포스너 & 허프보어의 기술격차론

1) 포스너와 허프보어의 기술 격차론의 배경

포스너(D. V. Posner)와 허프보어(G. C. Hufbauer)에 의하여 주장된 기술격차이론 즉, 모방시차가설은 한 나라가 신제품을 생산하여 수출하였을 경우, 이 신제품의 기술을 모방하여 자체 개발할 때까지 기술모방 갭(Imitation Gap)이 존재한다. 개발기업은 수출의 비교우위가 있으며, 다른 나라에서 기술개발로 신제품을 생산한다 해도 일정 시간이 필요하다 이것을 수요갭(Demand Gap)이라고 한다. 다시 말해서 수요갭으로부터 기술모방 갭이 나타나는 기간까지 수출이 활발하게 이루어질 수 있다는 것이다.

2) 포스너와 허프보어의 기술격차이론

기술격차론은 서로 다른 두 가지의 전제 위에 있는 이론, 즉 요소 부존 상태가 동일하여 상대적 절대적 요소가격이 같은 2국 간의 무역을 기술격차론(M. V. Posner), 요소 부존 상태가 다른 상대적 절대적 요소가격에 차이가 2국 간의 무역을 요소가격 차의 저임금 무역 설명이론으로 구성되어 있다.

▌그림 5-5▐ 포스너와 허프바우어의 기술갭이론 모형

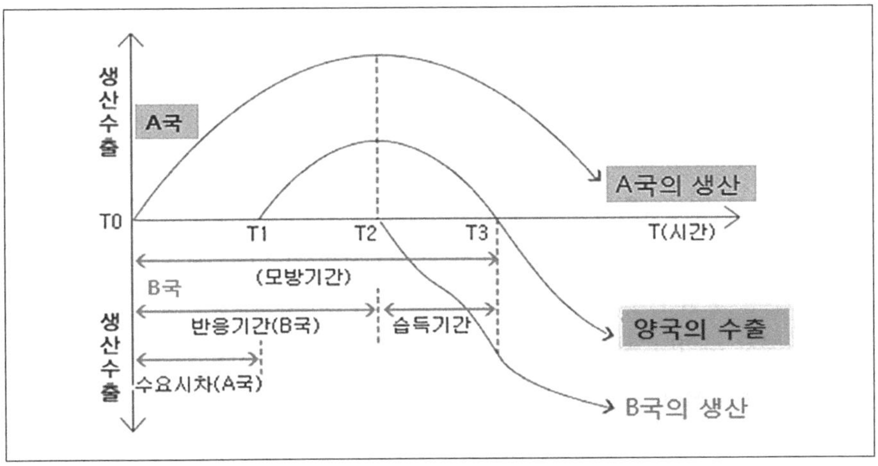

[그림 5-5]에서 보는 바와 같이 양국 즉, A국과 B국 간에는 기술 수준의 차이가 존재하고, 기술 후진국이 기술모방에 일정 기간(T3)이 필요하다. 선진국은 후진국이 모방할 수 있는 시점까지 비교우위(T1)를 갖는다. 기술습득을 한 B 국에서 T2 시점에서 생산하

여 수출하게 되므로 A국에서는 비교우위를 보유한 상태로 적극적인 수출을 할 수 있고, T3 지점에서는 A국과 B국의 기술이 어느 정도 동일 선상에 놓여 두 나라가 동시에 수출국으로 자리매김을 할 수 있다.

3. 린더의 대표수요이론(수요 선호 유사이론)

1) 린더의 대표수요이론의 배경

린더(Linder)는 1961년 그의 저서 「무역과 전환에 관한 논문; Essay on Trade and Transformation」에서 한 제품이 비교우위를 갖는 수출품이 되기 위해 먼저 국내시장에서 소비되는 것이 필요하다는 필수조건을 내세웠다. 그는 국내시장의 제품이 비교우위를 통해 수출될 때 각국의 수요요인을 무역 발생의 주요 원인으로 보는 무역 현상을 주장하는 것이다. 공급 측면의 생산비 투입에 관한 노동투입량 즉, 요소 부존으로 결정되었으나 린더는 소득수준이나 원산지 선호, 브랜드이미지 등에 관련된 수요측면변수도 무역 결정의 요인으로 분석하였으며, 이를 린더의 수요 선호 유사설이라고 한다.

그의 주장은 무역의 요인은 생산요인보다 수요요인에 의해 국내의 선호제품이 해외시장에서도 비슷한 소비성향을 나타냄으로 이를 해외시장에 수출하게 될 것으로 본 것이다. 특히 물품에 대한 국내 수요가 없다면, 수입도 없을 것이므로 교역국 간의 수요구조가 비슷할 것이라고 보았다. 수출하려면 양쪽 국가 모두 중복수요가 존재하며 중복수요의 부분이 넓을수록 교역량도 늘어날 것이라는 주장이다.

2) 린더의 대표수요이론(규모의 경제이론)

린더는 무역의 발생원인을 유사 선호설(Preference Similarity)로 보았는데, 상품의 국내수요가 없으면 수입도 없으므로 교역국 간 수요구조가 유사함을 전제로 하였고, 수요구조를 결정하는 것은 1인당 GNP로 소득수준이 유사한 국가 간 교역이 발생 된다는 개념이며, 수출하기 위해서는 양국의 수요구조가 서로 유사하여 중복수요가 존재해야 한다는 전제이며, 중복수요 부분이 클수록 교역량은 커진다.

[그림 5-6]에서 무역이 시작되면 국내시장과 국제시장이 하나가 된다. 차별화된 재화의 생산에 규모의 경제가 존재하므로 해외시장이 하나가 되는데 각국은 국내에서 다양한 생산을 다 할 필요는 없다. 따라서 산업 내 특화가 이루어지며 산업 내 무역이 발생한다.

첫째, 경쟁 촉 효과(규모의 경제)로 자유무역 이후 개별기업이 직면하는 수요의 가격 탄력성이 커져서 규모의 경제로 인한 생산 확대 효과를 보게 된다. 생산 확대 효과는 이윤효과와 평균비용 감소 효과를 가져와 사회 후생이 증대되게 된다.

둘째, 한계기업 퇴출효과를 가지게 되는데, 이는 시장규모가 확대되면서 개별기업의 생산량 증대와 함께 가격경쟁으로 인한 한계비용구조가 나쁜 기업은 퇴출할 수밖에 없다는 것이다.

셋째, 다양한 상품을 소비할 수 있어 소비자의 만족이 증가하는 효과 즉, 차별화된 상품의 소비 현상이 나타난다. 이에 대한 한계점은 산업간 무역이 위축되어 선진국에 무역이익이 집중되는 문제가 발생할 수 있다.

▌그림 5-6▌ 규모의 경제로 인한 국제무역 발생

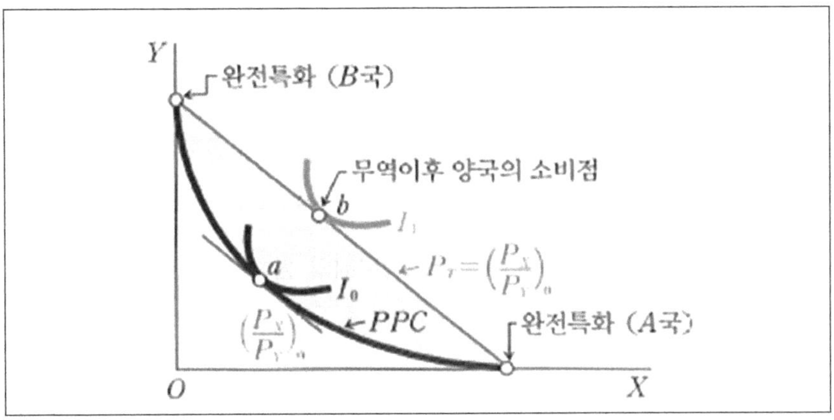

4. 산업 내의 무역이론

국제무역은 산업간 무역(International Industry Trade)과 산업 내 무역(International Industry Trade)으로 구분한다. 1970년대 산업 내 무역의 개념이 등장하기 전까지 국제무역은 산업간 무역으로 즉, 기회비용이나 상대가격의 차이로 무역이 발생한다는 이론들이 주장되었었다. 그러나 글로벌 무역 즉, 오늘날의 국제무역은 각국의 요소 부존 비율 및 요소집약도의 차이에 따른 산업간 무역만 발생하는 것이 아니라, 동일 산업의 유사 재화의 수출과 수입이 동시에 이루어지고 있는 산업 내 무역형태를 통해 이루어지고 있다.

산업 내 무역이론은 1960년 EEC(유럽 공동체)가 결성되어 역내 경제통합을 이룬 때이다. 그러나 무역 확대는 산업간 보다는 동일 산업 내에서의 제품특화로 수출이 증가 된 것으로 나타났다. 요소 부존 비율이론의 한계점이 노출되어 다른 이유에서 무역이 발생한다는 것을 주장하려고 핵셔-오린(Heckscher-Olin)의 이론을 확대하거나 일반화하기도 하였다.

대표적인 이론은 린더의 수요 이론, 키씽의 노동 숙련설, 연구개발이론, 제품사이클론 등이다. 산업 내 무역은 국제 분업의 정의로 설명이 가능하며, 선진국의 공업품과 개도국의 1차 상품의 무역으로 주로 산업간 무역(Inter-industry Trade)으로 나타나며 서로 상이 한 생산 공정의 기업 내 무역으로도 나타난다.

5. 포터의 경쟁우위론(Michael Porter)

1) 포터의 경쟁우위론 배경

미쉘 포터는 1990년 세계의 10개 국가의 100개 산업을 선정하여 특정 산업이 어떻게 성공하게 되었는지를 연구 발표하였으며, 일본의 자동차, 미국의 화학, 독일의 기계 등에 관한 경쟁력을 연구한 결과 기존의 무역이론이었던 핵셔-오린의 설명이 충분치 않았다는 결론을 얻는다. 한 국가의 요소 부존도, 수요조건, 관련 산업의 경쟁력, 기업의 전략 및 구조의 4가지 주요 핵심과제를 통하여 어떤 제품을 수출하고, 수입하는지에 대한 무역의 패턴을 보인다고 주장하였다.

▌그림 5-7 ▌ 경쟁우위의 원천

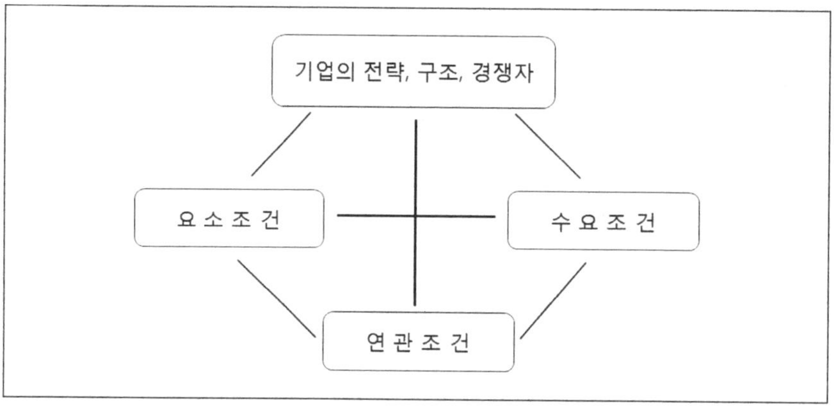

자료: 이장로·신만수, 「국제경영」, 홍문사, 2003. p.57(재구성).

핵셔-오린의 모형에서 자원 부존도 개념보다 기본적인 천연자원, 기후, 위치 등의 생산요소와 후천적인 요소인 통신 시설, 숙련노동력, 연구시설, 기술의 노하우 등으로 구분하여 국가경쟁력의 후천적 요인을 강조하였다. 수요조건으로 린더의 수요 유사이론에서 포터는 국내수요조건이 경쟁우위를 나타내는 중요한 요인임을 알았다. 까다로운 소비자의 품질기대와 기술혁신에 가속도가 필요하다고 보았다.

2) 포터의 경쟁우위론

포터는 핵셔-오린의 이론과 린더의 수요 이론 등의 무역에 관한 이론들을 기업경영의 차원으로 나타내려 하였다. 그 이론은 무역의 발생이나 흐름에 대한 패턴을 말하고자 함이 아니라 국가 산업의 경쟁력에 관한 주장을 하려는 의도였다. 하지만 구체적으로 어떻게 해야 국가의 경쟁력을 높이고 무역을 활성화할 것인지에 대한 심도 있는 답변을 제시하지 못하고 있다. 그의 주장대로 국가의 요소 부존도, 수요조건, 관련 산업의 경쟁력, 기업의 전략과 구조 등의 4가지 핵심적 차원으로 자국에 유리한 조건의 어떤 재화 즉, 제품을 수출하는 반면 자국 산업에 불리한 재화의 어떤 것들은 수입하는 무역형태를 보일 것이라고 하였다. 또한, 정부의 정책이나 상황 조건도 무역의 경쟁우위에 관한 한 요소로 포함시켜 주장하였다.

6. 버논의 제품수명주기이론(Vernon of product life cycle theory)

1) 버논의 제품수명주기이론의 배경

레이몽 버논(Raymond Vernon), 버논(R. Vernon), 웰즈(L. T. Wells) 등이 주장한 제품수명주기이론은 제품수명의 주기적인 단계에 따라 매출액, 시장확보, 생산비 등이 변화되어 가는 현상으로 이를 통하여 해외직접투자(Foreign direct investment)를 설명하려고 하였다. 제품수명주기이론(product life cycle: PLC)과 다국적 기업론의 주장자 사람 중 한 명이다.

1965년에는 그는 교수로 재직 중 다국적 기업 프로젝트를 주관하였는데, 다국적 기업을 단순한 대기업이 아닌 금융, 조직, 생산, 마케팅, 정책 관계 등이 함께 어우러진 복합조직체로 이해하고, 연구의 결과 제품수명주기이론을 주장하게 된 것이다.

2) 버논의 제품수명주기이론

제품수명주기이론은 1960년대 미국의 신제품들이 시장에 진입하여 쇠퇴기를 맞이하는 과정을 일정한 사이클 즉, 4단계를 통한 주기적인 무역패턴이 발생한다고 보았다.

제1 단계는 도입기로 기술혁신을 통한 신제품을 개발하여 국내시장에 판매하는 단계이다.

2단계는 성장기로 제품의 국내외 수요가 점차 확대되어 대량생산체제, 대량판매, 경쟁 강화 등의 단계이다.

3단계는 성숙기로 표준화 단계를 거쳐 침체의 단계이다.

제4단계는 쇠퇴기로 신제품개발로 최초에 시장에 진입하였던 기술혁신 국은 수요감소로 인한 경쟁력 상실과 추가생산에 의미를 두지 못하는 단계로 핵셔-오린의 주장대로라면 비교우위를 완전히 상실하게 된 것이라 할 수 있다. 각 제품의 단계별 및 주기별 특징은 도입기와 성장기의 과정에서 이미 국제제품수명주기이론 즉, 다국적 기업의 흐름에 따른 띠고 있음을 알 수 있다.

해외집접투자와 다국적 기업과의 관계는 단일 국적 기업에서 해외직접투자를 실행함으로써 나타나는 실제적인 현상이 다국적 기업 즉, 글로벌화를 이루는 것이다. 버논은 국제제품수명주기이론으로 해외직접투자를 통한 해외의 자본이동을 설명하였으며, 재화의 국제적 이동은 국가 간의 가격 차이를 극복하기 위한 것이었다.

▌표 5-6▐ 단계별 제품수명주기이론과 특징

특징 \ 단계	도입기	성장기	성숙기	쇠퇴기
기술	신기술 도입에 의한 제품혁신	모방에 의한 기술축척	기술이전 및 확산(R&D)	R&D 중단 기술가치 하락
경쟁의 양상	독과점 단계	경쟁 초기단계	경쟁 심화단계	완전 경쟁단계
가격	최대가격	적정가격	가격 인하	원가 수준
마케팅 활동	마케팅 시작	마케팅 증대 대량생산체제	마케팅 확대	마케팅 최소
소비자(국)	선진국 (기술개발국)	소비확대 (선진국화)	소비규모 증가	신규수요 (기존수요감소)
생산지(국)	최초 개발국	기타선진국으로 이전확대	개도국으로 생산 이전확대	후발 개도국
무역패턴	국내시장 소비	기술격차무역	쌍방무역 후진국 → 선진국 선진국 → 후진국	후진국에서 선진국으로 무역

7. 숙련 노동설 & 인적자원론(Keesing, Theory of skilled labor)

숙련 노동설은 키싱에 의해 주장된 이론이다. 숙련 노동이란 숙련 노동의 상대적 이용 가능성이 각국의 공업제품의 생산입지와 무역패턴을 결정한다는 이론이며, 이를 인적자본설이라 한다. 숙련 노동설은 노동 가운데 숙련 노동(예: 전문직, 기사, 기술자, 등)이 상대적으로 풍부한 나라에서는 숙련 노동 집약재에 비교우위를 두고, 미숙련노동(예: 반숙련공, 미숙련공, 연구생 등)과 비교하여 상대적으로 풍부한 노동에 따라 무역의 패턴이 결정된다는 이론이다. 이러한 이론은 미국이 노동집약재에 비교우위를 가지고 있다는 주장에 대한 반증이라고 볼 수 있다. 숙련 노동설은 헥셔-오린 정리에 대한 실증적 연구결과인 레온티에프 역설을 해결하기 위하여 시도된 이론이다. 이론의 배경은 생산요소를 자본과 노동의 2가지 요소로 나누었을 때, 미국의 경우 수출과 수입에 있어 노동집약적이라고 한 것은 억측에 불과하다. 그러므로 자본요소는 생산 활동에 투입함으로써 노동과 자원의 질을 통한 생산 활동에 기여하는 것이다.

8. 연구개발요소이론(Theory of research and development factor: R&D)

연구개발이론은 무역 발생 패턴의 결정요인을 기술진보, 기술혁신의 원동력인 연구개발 활동에서 나온 것인데, 이론의 주장자는 그루버(W. Gruber), 메타(D. Mehta), 버논(R. Vernon) 등 공동연구와 키싱(D. B. Keesing)의 단독연구 결과로 두각을 나타내게 되었다. 이들의 주장은 무역패턴 결정은 연구개발 활동의 중요성을 부각시켜 실제로 미국이 연구개발 활동과 수출실적의 연관성을 실증분석하였다.

그 결과 미국 제조업의 비교우위 위치는 노동 집약산업이나 자본집약 산업적인 산업이 아니라 연구개발에 종사하는 과학자, 기술자를 고용하여 그들에게 연구개발비를 지급하고 개반 집약산업이라고 보았고, 연구개발 활동이 우수한 산입은 수출실적노 높다는 결과를 가지게 되었다. 즉, 연구개발요소와 비교우위의 요소는 상관성이 있음을 제시하였다. 키싱은 미국의 산업이 주요 선진국과 비교했을 때, 어떤 비교우위를 갖게 되는지에 관한 실증분석으로 숙련노동자들을 많이 확보한 국가일수록 국제경쟁력 강화를 통한 수출비용의 상승효과를 얻게 될 것이라고 하였다.

여기서 비교우위는 요소 부존 이론에서 말하는 자본 집약적, 노동집약적 산업이 아닌 연구개발 집약적 산업을 말한다. 따라서 연구개발이론 즉, R&D 이론은 연구개발 및 개발요소가 국가 간 비교생산비 차이를 발생시키는 주요 원천이라는 점에서 오늘날 선진국의 무역패턴과 기술격차에 의한 수직적 무역을 설명할 수 있는 좋은 연구이다.

9. 크레이비시의 입수가능성이론(Kravis, Availability theory)

입수 가능성 이론은 크레이비시가 주장한 이론으로 레온티에프의 역설을 검증하는 과정에서 나타났다. 입수 가능성 이론에 의하면, 어떤 제품을 수출하고 어떤 제품을 수입할 것인지에 관한 결정이 곧 입수 가능성에서 결정된다고 하는 이론이다. 그는 어떤 나라가 하나의 생산물을 수출할 경우 그 수출품의 생산물은 입수 가능성이 있기 때문이다. 즉, 어떤 생산물을 수입할 수밖에 없는 생산물의 입수 가능성이 없거나 혹은 희박하기 때문인데, 무역패턴의 결정요인은 생산물의 입수 가능성 여부, 공급의 가격탄력성 차이에서 규명한 이론을 말한다.

예를 들어 한국이 중동에서 원유와 천연자원을 수입한다고 할 때, 그 수입품의 재화가 국내에는 부존되어 입수 가능성을 보이게 된다. 입수 가능성의 유무에 따라 무역패턴이 결정되는 것은 천연자원에만 국한되는 것이 아니며 공산품에도 해당된다고 한다. 공산품은 생산기술을 입수 가능성으로 보고, 어떤 공산품을 국내에서 생산할 수 있는 기술이 개발되거나 도입되는 경우 그 공산품은 국내에서 입수 가능성이 있으므로 수출이 가능하다고 본 것이다. 입수 가능성이 없다는 것은 국내의 자연조건, 기술조건으로 특정 제품의 생산이 불가능한 경우이며, 특정 제품의 입수 가능성이 없다면 수입에 의존할 수밖에 없다. 그리고 입수 가능성이 생긴 이유는 필요한 천연자연의 부존, 기술진보, 제품차별화 등의 발생할 경우 해당의 제품은 수출품이 된다는 이론이다.

10. 환경격차설(Malmgren & Waiter, Environmental cost gap theory)

맘그렌(H. B. Malmgren), 월트(I. Waiter) 등은 환경보호에 관심을 두고 있는 나라에서 산업공해를 체계적으로 규제하고 있는바, 이를 실행치 않는 나라들이 있는 나라와 실행하는 나라의 상품은 비교생산비의 차이가 발생하여 무역의 패턴이 변동될 것이라는 주장이다. 환경격차설은 산업공해의 방지를 위한 환경 관리 비용의 투입이 각 국가 간의 비교우위 구조를 변동시키고 무역패턴을 결정한다고 보았다.

그 이유는 환경파괴 방지를 위하여 투입되는 환경관리 비용이 제품의 생산비를 상승시킴으로 인하여 수출상품의 국제경쟁력을 변동시킬 우려가 있기 때문이다. 환경 격차이론은 산업화의 과정으로 인한 각종 환경관리비용이 각 국가 간의 비교우위 구조와 무역패턴을 결정한다는 이론이다.

11. 기술진보이론(Technological progress)

바그와티(J. Bhagwati), 코덴(W. M. Corden), 핀드래이(R. Findlay) 및 그루버트(H. Grubert) 등에 의하여 처음으로 등장하게 되었다. 기술진보(technological progress)란 단위당 산출물의 생산비를 초기 생산비 이하로 인하하려고 새로운 생산방법을 적용하는 것이다. 즉, 생산요소의 투입량, 투입비율을 변동시켜 생산물의 요소집약도 즉, 자본과 노동의 최적 비율을 변동시키고 생산요소의 상대가격인 요소가격비율을 변동시킴으로 인하여 두 상품의 생산량을 변동시키는 것은 국제무역에까지 영향을 미칠 것으로 보았다.

기술진보의 유형에는 중립적, 노동 절약적, 자본 절약의 3가지로 분류하기도 하는데, 중립적 기술진보는 생산요소에 투입되는 노동과 자본의 비율을 동일비율로 투입시켜 생산물을 산출하는 것을 말하며, 중립적 기술진보는 노동과 자본의 한계생산력을 동일한 비율로 증가시키기 때문에 일정한 요소집약도 하에서는 생산요소의 한계대체율이 전혀 변동되지 않는 것을 말한다. 노동 절약적 기술진보는 요소가격 비율이 일정할 때 노동의 절약률이 자본의 절약률보다 클 때를 말한다. 이때 일정한 요소 집약도하에서 생산요소의 한계대체율이 감소하고, 자본 절약적 기술진보는 노동 절약적 기술진보와 반대의 개념이며, 자본 절약적 기술진보는 노동의 한계생산력을 자본의 한계생산력보다 증가시키기 때문에 일정한 요소 집약도하에서는 생산요소의 한계대체율이 증가된다.

12. 궁핍화 현상이론(Immiserizing growth)

궁핍화 현상의 이론적인 체계를 최초로 주장한 사람은 바그와티(J. Bhagwati)이며, 에지워스(F. Y. Edgeworth)는 이러한 현상을 가리켜 손상화라는 말을 덧붙였다. 또한, 궁핍화 현상이론은 밀의 역설이라고도 한다. 궁핍화 현상 즉, 궁핍화 성장이란 생산량이 증가함에 따라 발생 되는 이익보다 악화되어 교역조건으로 인하여 갈수록 손실이 더 크게 나타남으로 인하여 경제성장에 마이너스의 요인으로 작용하는 것을 말한다. 궁핍화 성장은 풍작 빈핍이나 혹은 대어 궁핍이라는 국내경제적 현상이 국제무역 면에서 나타나는 경우를 지칭하는 말이다.

궁핍화 성장이 발생될 가능성이 있는 경우를 살펴보면, 경제성장의 패턴이 극단적으로 수출산업에 치우친 경우이거나, 국내의 수요 및 공급 면에서 수출재와 수입 경쟁재간의 대체성이 희박한 경우, 그리고 교역조건이 변동됨에 따라 수입 경쟁재를 많이 수입하더라도 이와 교환으로 수출재를 조금밖에 수출하지 못하는 경우 즉, 교역상대국의 오퍼곡선이 비탄력적인 경우, 이러한 궁핍화 성장을 이론적으로 궁핍화 이론이라고 한다.

Chapter 06

글로벌 무역통상 환경과 무역기구

제1절 글로벌 무역통상 환경의 변화

1. 국제통상의 개념과 중요성

1) 국제통상의 개념

국제통상은 국제적인 상거래를 통한 매매와 교환의 행위를 말한다. 그러나 상품의 매매 즉, 수출입을 통한 자본과 노동을 통한 유·무형의 재화를 포함한 서비스와 지적 재산권을 포함한 국제간의 교역 활동으로 국제무역과 동등의 개념을 갖지만, 무역을 할 수 있도록 하는 모든 상거래 활동의 지원 활동을 국제통상이라고 한다. 국제통상은 한 나라와 다른 나라와의 경제활동을 함에 있어 제반의 문제점을 찾아 통상협상을 하려는 것을 말하며, 무역 거래를 원활히 하기 위하여 장벽 부분을 제거하고 잘 통할 수 있도록 서로 협의하거나 협상하는 과정을 국제통상이라고 한다.

국제통상의 개념은 국제적인 상거래 또는 국제경제 활동을 자유롭게 하기 위한 의사 결정이라고 할 수 있으나 완전한 자유 거래는 보장받을 수 없다. 한 국가에서 다른 국가와의 상거래 개념에서 볼 때, 자원 배분과 교환적인 요인이나 정치와 사회 및 문화적인 요인도 함께 작용하고 있기 때문이다. 정책적인 차원에서의 국제통상정책의 본질을 살펴보면, 국제통상 정책은 경제정책의 하나로 자국의 경제정책 목표를 완성하기 위한 대외경제 활동의 하나로써 국제통상의 각종 규제사항에 관한 조정 및 통상과 협상을 통한 정책을 펴나가는 것을 말한다. 국제통상 정책의 간섭조치 정도에 따라 자유주의 통상정책과 보호주의 통상정책으로 구분하며 흔히 자유주의 통상정책을 자유무역정책이라 하고 반면에 보호주의 통상정책을 보호주의 무역정책이라고 한다.

2) 국제통상의 특성과 관계성

국제통상의 대상은 재화와 용역 및 서비스의 매매, 교환의 관계가 성립되는 교환관계이며, 그 대상은 교환적 거래가 있는 모든 나라가 통상의 주체가 되는 셈이다. 세계무역기구에서 사용하는 국가와 비국가 단위의 회원은 독립된 관세영역을 포함하는 것으로 해석하고 있다. 국제통상의 주체는 개인, 기업, 정부, 국제기구를 포함한다. 국제통상은 나라와 나라 간의 국제거래 질서의 확립과 장벽 제거의 노력이다. 통상마찰에 있어서 국가의 이익을 전제로 국제적 분쟁이 발생하였다.

따라서 국제통상의 특징은 자국의 무역 보호를 위한 제반의 조치와 국민경제적 차원에서의 활동함과 동시에 개별경제 정책적인 차원에서의 종합적인 성격을 띠게 되며, 이해관계의 모든 통상에 관여하여 이해조정과 함께 협상조처를 취하는 일종의 외교적, 정책적인 국제적 성격을 띠고 있다.

▮표 6-1▮ 국제통상과 국제무역 관계

구분	국제통상	국제무역
정의	국제상거래의 제약요인을 제거하는 제반의 활동	주체 간의 상품, 용역, 생산요소 교환
영역	국가	개인과 기업
활동	국가 간의 상거래의 제약요인	국가 간의 상거래
목적	국익	개별경제 단위의 이익추구
주체	국가와 국제기구	개인과 기업
특징	국제적인 교환, 매매 활동을 위한 상거래 활동을 통한 경제교류	

국제통상의 본질적인 활동을 자유롭게 하기 위한 제반의 조치사항으로 통상협상과 조약 등을 무역협정이라고 하며, 통상협상의 주 내용은 무역에 관한 수출입 관련의 통상협상이다. 통상협상은 통상조약이나 비준의 성격보다 단기성을 띠고 있으므로 단회적인 사항의 경제활동을 위한 내용을 통상협정이나 협상이라고 하고, 광범위한 사항과 장기적 차원에서의 조건들을 통상조약이라고 하는 경우도 있다(<표 6-1> 참조).

2. 국제통상의 본질과 역할이해

국제통상의 본질적인 역할은 국제적 거래를 위하여 자국의 상품과 서비스를 매매, 교환의 행위에 있어 이들의 활동을 원활하게 하려는데 그 목적을 두고 있다. 국제거래를 통하여 국내의 소비자와 경제적 활동의 만족을 얻고자 하는 것이다. 국제무역을 통하여 국내 소비자의 효용증대를 위해 통상의 역할을 잘 감당해 주어야 한다. 특히 국내 소비자들의 효용증대를 가져온 것은 자국의 상품을 외국에 수출하여 얻어진 결과로 인한 국내 소비자들의 만족 증대라고 한다면, 국내의 생산자는 값싸고 질 좋은 다양한 상품을 수출하려고 할 것이다.

따라서 생산자 이익을 증대시키려면 원재료의 수입이나 해외의 현지 생산인 글로벌 기업의 형태를 통한 원가절감, 매출 증대를 통한 생산자 이익증대를 꾀하게 된다. 수출상품의 생산 활동 참여는 고용증가 효과와 함께 국민경제 활동의 증대, 고용증대의 효과를 유발하게 되는 것이다. 그리고 국제통상의 범위는 점차 좁혀질 전망이어서 문화, 환경, 정치적인 요소에 이르기까지 전 세계가 거대한 한 나라의 개념으로 통합되고 표준화된 경향으로 나타나게 될 것이며, 본질적 차원에서의 국제무역의 결과라고도 할 수 있다.

제 2 절 무역통상의 정책변화와 통상기구

1. 글로벌 무역통상 정책의 변천 과정

1) 근대의 통상정책

(1) 중상주의 정책

16~17세기의 왕권 강화로 인한 귀금주의의 탄생은 독립된 권력을 소유하여 중앙집권체제로의 발전과 부국강병, 경제발전 등의 국가 존립에 중요한 역할을 하였다. 이때의 무역은 막강한 정부의 개입으로 인한 경제발전 초기 단계로 유럽 여러 국가가 부를 증가시키기 위해 채택하였던 사상, 경제정책을 일컫는 말이다. 중상주의 통상의 특징은 초기에는 중금 사상으로 화폐를 금, 은과 동일하게 취급하였으나 후기에는 무역 거래를 중시하는 경향을 띠게 되었다. 이러한 중상주의의 상업자본은 국가의 특권적인 독점체제 아래 국내의 유출을 저지하려는 사상과 정책이었다.

(2) 자유무역주의 정책

자유무역주의 통상정책은 정부가 국제통상에서는 정부가 개입하지 않은 범위 안에서 자유로운 상거래를 통한 상품과 서비스가 국제적으로 이동할 수 있도록 허용하는 것을 말한다. 18세기 후반 프랑스의 중농주의는 영국 고전학파의 자유무역 사상에 입각하고 있음을 알 수 있다.

자유무역은 상품과 서비스 등이 국가의 인위적인 간섭이나 보호 및 통제를 받지 않는 범위에서 자유롭게 국제무역 거래이며, 자유무역의 이익은 자유무역을 실시하는 국가와 전 세계의 자원이 최적 배분됨으로 인하여 경제적 후생수준이 향상되어 무역의 효과를 얻게 된다고 본 것이다. 자유무역을 통한 비교우위 산업의 특화는 비교열위의 상품을 수입함으로써 자원의 최적 배분을 효율적으로 관리할 수 있어, 경제적 후생수준도 향상되거나 높아질 것으로 보는 것이 자유무역 즉, 자유무역의 통상정책이라고 할 수 있다.

2) 보호무역주의 정책

보호무역은 국제무역 상거래 있어서 정부가 상품과 서비스의 이동에 간섭하는 것을 말한다. 보호무역주의의 통상은 주로 자국의 산업 보호, 수출장려 및 수입규제정책, 국제수지의 개선을 위하여 취하여지는 통상정책으로 자국의 산업 보호는 국내의 경제활동과 국내시장 및 국내의 제품이 외국제품의 수입으로 인한 타격을 사전에 막는 행위이다.

각종 수입에 대한 규제조치를 취하거나 수출보조금을 지급하는 등의 정책을 펴기도 한다. 특히 수출을 장려하는 근본적 이유는 국내고용과 물가안정, 국내산업 보호를 통한 국민 생활의 향상을 꾀하자는 것이다. 아울러 국제수지의 개선은 수출을 통한 외화획득의 이슈를 수입을 통하여 다시 유출되는 것을 막으려는 것인데 이를 통하여 국내통화의 안정적 가치를 유지하려는 목적에 있다.

3) 신보호주의 정책

제2차 대전 후 자유무역주의를 바탕으로 국제경제 질서 확립, 관세인하 및 비관세장벽을 낮추는 등 자유무역의 경향을 띤 새로운 보호무역주의가 등장하였다. 1970년대에 발생한 두 차례의 석유파동은 스태그플레이션 현상이며, 인플레이션과 경기침체가 동시에 일어나는 현상으로, 세계 각국은 이를 해소 완화하기 위하여 산업을 보호하는 보호무역주의를 선회하게 되었다.

제2차 세계대전 이후 GATT-IMF 체제를 주축으로 하는 자유무역주의는 정치, 경제, 군사, 외교에서 강력한 우위를 점하던 미국이 1970년대 들어오면서 국제수지 적자와 재정적자 등으로 EC, 일본 등의 성장으로 미국이 차지하는 비중이 감소하게 됨으로써, 국제통화제도가 고정환율제도에서 변동환율제도로 이행됨으로써, 국제통화제도의 불안이 가중되었다. 국제교역의 위축결과를 초래하여 국가 간 보호주의를 강화하는 요인으로 작용하게 된 것이다.

2. 글로벌 무역의 통상기구

1) 지역화의 영향으로 발생한 기구들

(1) UN 무역 개발기구(UNCTAD)

경제협력을 위한 무역 개발기구인 UNCTAD와 OECD가 제2차 대전 이후에 등장하였다. UNCTAD는 유엔무역개발협회, 국제연합통상개발회의, 국제연합무역개발협의회, UN무역개발기구(UNCTAD: United Nations Conference on Trade and Development) 등의 용어로 널리 사용되고 있다. 약칭 UNCTAD(운크타드)라고도 한다. 국제연합통상개발회의는 제2차 세계대전 이후 아시아 및 아프리카의 크고 작은 나라들이 독립함으로써, 급속한 인구증가, 취약한 경제구조 등의 개선을 위해 설립된 국제연합의 보조기구이다. 그 당시의 세계무역을 담당하였던 GATT 등은 주로 선진국 중심의 경제기구였기 때문에 이에 대한 반발이 거세지면서 남북문제의 근본적인 개선이 시급하였다.

유엔무역개발기구(UNCTAD)의 주요 기능은 선진국과 개발도상국 또는 개발도상국 상호 간의 무역 증진과 국제무역 및 경제개발 문제에 관한 원칙적인 정책 결정을 주장하였다. 국제연합 조직의 타 기관이 행하는 활동에 관한 조정, 검토에 참여할 뿐만 아니라 각국 정부 및 유렵경제공동체(EEC: European Economic Community) 등의 지역경제 집단의 무역정책과 관련하여 조화를 이룰 것 등이었다. 국제연합개발계획(UNDP: United Nations Development Program)의 실행기관으로서 기술협력, 정보교환 등의 업무를 담당한다.

세계 경제 질서의 일부 선진국들이 개도국에 불리하게 작용하는 일에 대하여 개발도상국의 요청 하에 UNCTAD 즉, UN 무역 개발기구가 생성되게 된 것이다. UNCTAD는 다소 정치적인 개념을 띤 국제여론 형성의 장으로 원칙이나 권고는 법적 구속력이 없다. 기구 자체가 글로벌리즘 즉, 지역화의 개념에 비롯된 것임을 알 수 있다. 개발도상국들의 문제점들을 수직적 지역주의를 통하여 해결점을 찾고자 함이다.

UNCTAD가 설립된 이래의 주요 성과와 그 활동은 개도국이 GSP(일반특혜관세제도)의 수혜 혜택을 얻게 되었다는 것이다. 그리고 선진국들이 일정 기간 개발도상국으로부터 수입되는 공산품에 대하여 관세 혜택을 부과함으로써 공업 분야를 보호하게 되었다. 또한 신국제경제질서(NIEO)로 교역조건 악화를 보상해줌으로써 시장개척과 연구개발 및 유통구조의 개선 등을 통한 제1차 산업을 마케팅과 생산성 증대를 추구하게 되었다.

(2) 경제개발 협력기구(OECD)

경제협력개발기구(OECD: Organization for Economic Cooperation and Development)는 제2차 대전 직후 유럽의 경제부흥을 위하여 미국의 마샬플랜에 따라 1948년에 결성된 유럽경제협력기구(OEEC)를 바탕으로 1961년 9월 30일 발족했다. 처음 18개 유럽국과 미국, 캐나다 등 20개국이 회원국으로 그 후 일본과 호주, 멕시코, 폴란드 등 8개국이 가입과 동시에 우리나라는 1996년 7월 6일 심사를 통과, 10월 19일 29번째 회원국이 되었으며 2010년 현재 33개국으로 기록되어 있다.

세계 제2차 세계대전이 끝났을 당시 주요 전장이었던 유럽 각국은 대부분의 생산시설이 파괴되었다. 이러한 유럽의 경제적 피폐를 모면하기 위해서 당시 미국의 마샬 국무장관은 1946년 6월 전후 유럽경제재건에 있어서 유럽 전체에 대해 미국이 원조해야 한다는 성명을 발표했다. 1948년 4월 마샬플랜을 수용하기 위하여 유럽경제협력기구(OEEC: Organization for European Economic Co-operation)를 출범시키게 되었다.

1950년대 후반 OECC는 미국은 유럽의 국가들이 피원조국이 아닌 대등한 동반자로의 자유주의 경제권의 발전에 대한 공헌을 희망하게 되어 OEEC를 대서양에 걸친 선진 각국의 경제협력기구로 개편하려는 움직임이 나타났다. 결과 1960년 12월 OEEC의 18개 회원국에 추가로 미국과 캐나다를 받아들여 20개국 각료와 당시 유럽공동체, 유럽경제공동체(EEC), 유럽석탄철강공동체(ECSC), 유럽원자력공동체(EURATOM) 대표가 한자리에 모여 경제협력 개발기구 조약에 서명함으로써 OECD가 탄생하게 된 것이다.

OECD의 주요 목적은 그 설립조약 제 1조에 있는 바와 같이, 재정 금융상의 안전을 유지하여 고도의 경제성장 지속 및 고용증대, 생활 수준 향상을 도모하며, 특히 경제발전 과정에 있는 각 지역의 건전한 경제성장에 대한 기여(개발도상국 원조), 그리고 국제적 의무에 따라 다각적이고 무차별적인 기초에 선 세계무역 확대에 대한 기여(자유롭고 다각적인 무역 확대), 등의 3가지로 요약할 수 있다. 최근에는 환경문제, 자원에너지 문제, 노동, 사회정책, 과학기술, 교육 등의 분야에 적극적인 활동을 벌이고 있다.

(3) 관세 및 무역에 관한 일반협정(GATT)

관세 및 무역에 관한 일반협정(GATT: General Agreement on Tariff and Trade))은 세계 제2차 대전 후 상호 약속한 관세인하율과 관세인하의 효과를 확보하는데 필요한 무역에 관한 조약이 GATT 규정이다. GATT의 기본원칙은 자유무역주의 원칙, 최혜국대우원칙(무차별주의), 다자주의원칙의 3가지가 있다.

자유주의 원칙은 모든 회원 가맹국은 관세 상의 차별대우를 받지 않는다는 규범이며, 최혜국대우원칙(무차별주의)은 각 회원국 간 관세 상의 차별대우를 하지 않는다는 것, 다자주의원칙은 당사국 간의 문제 발생 시 당사국 간 해결되지 않을 경우, GATT 가맹국이 참여하는 다자주의의 원칙에 따라 해결한다는 것이다. 제2차 세계대전 중부터 경제적인 면에서 각국 간의 협력체제를 바탕으로 1944년 국제통화기금(IMF), 세계은행(IBRD)이 창설되었고, 국제무역기구(ITO: International Trade Organization)의 설립이 예정되었다. GATT는 1945년 세계무역 및 고용의 확대에 관한 제안을 발표한 것이 계기가 되었으며, 1948년 쿠바의 수도 아바나에서 국제무역 기구 헌장(아바나 헌장)으로 채택되었다.

국제무역기구 헌장의 기초 작업에 병행하여 다각적인 관세 교섭을 벌여 모든 참가국에게 평등하고 무차별로 적용될 관세양허표를 작성하였는데, 국제무역기구 헌장 중에서 관세와 무역에 관계되는 실현 가능한 조항만을 골라 만든 것이 관세 및 무역에 관한 일반협정(General Agreement on Tariffs and Trade)이다. 특히 관세인하, 수입제한의 완화, 차별대우 폐지 등, 국제무역 기구가 수행하게 되었다. 1993년 우루과이라운드(UR)의 협정으로 제2차 세계대전 이후 국제통상 질서를 지배해 온 GATT 체제는 폐지되고 세계무역기구(WTO)가 발족 되어 강력한 세계통상의 질서를 세워나가게 된 것이다.

GATT의 기본원칙은 1947년 제네바에서 미국을 비롯한 23개국이 조인한 국제적인 무역협정으로 1993년 정회원은 16개국, 한국은 1967년 4월에 정회원국이 되었다. GATT는 국제무역의 확대를 위하여 가맹국 간의 다음과 같은 협정내용을 체결하였다. 그 주요 규칙은 먼저 회원국 상호 간의 다각적 교섭을 통한 관세율 인하이다.

▌표 6-2▌ GATT 체제의 주요 역사

관련년도	주요 협상내용
1947년 10월	제1차 관세협상 타결, 제네바 양허표 작성, GATT 조문 합의/출발
1948년 1월	GATT발표(가입: 23개국)
1949년 4월	제2차 관세협상(참가국: 32개국, 타결 8월)
1950년 11월	제3차 관세협상(참가국: 34개국, 1951년 4월 타결)
1956년 1월	제4차 관세협상(참가국: 22개국, 5월 타결)
1961년 10월	제5차 관세협상(참가국: 23개국, 1962년 6월 타결); 딜론라운드
1964년 9월	케네디라운드 협상 시작
1967년 6월	케네디라운드 협상 타결(참가국: 46개국); 제네바 양허표 작성
1973년 9월	GATT도쿄선언 채택(도쿄라운드 협성개시 결정)
1979년 4월	도쿄라운드 협상타결(참가국: 유럽공동체 포함 99개국) 제네바 양허표에 관세평가, 보조금, 상계관세, 반덤핑협정 등 추가
1986년 9월	우루과이 푼다 델 에스테 각료회의(다자간 뉴라운드 개시)합의 UR협상개시(참가국: 105개국)우루과이라운드
1989년 4월	UR협상 타결(농협, 섬유, 서비스, 지적재산권, 관련협약 채택 등 추가
1995년 1월	WTO 출범/ 12월 31일 GATT 해체

2국 간 또는 가맹국 상호 간의 교섭으로 관세율을 가능한 한 인하, 모든 가맹국에 무차별적으로 적용할 것과 호혜주의의 원칙을 적용하여 가맹국 간에는 관세 상의 차별대우를 하지 않을 것이며, 관세의 차별대우를 제거한다는 규칙이다.

또한, 수량 제한의 철폐와 수출확대를 위한 조치로 보조금의 지급을 금지한다는 다섯 가지의 협정체결을 통하여 국제무역의 효율과 무역 확대를 도모하였다. GATT가 자유무역체제를 통한 이슈는 보호무역의 철폐와 다자주의였으며, 이러한 배경으로 다자간 무역협상 과정을 통한 비관세장벽에 주력하였다. 특히 1986년~1993년까지의 우루과이라운드에서는 품목별 협상 방식, 일괄 인하방식, 관세 조화방식이 채택되었다. 농업, 서비스무역, 지적소유권 등의 새로운 문제에 관한 자유화를 추구하기 위하여 새로운 개념의 WTO를 출범시키게 된 것이다.

GATT의 뉴라운드에 의한 자원분배의 효율성 제고, 경쟁 환경의 개선, 자본축적의 효과 등 경제적 후생의 증대를 가져올 것으로 보았으며, 한국은 2000년 이후 해외시장에서의 반덤핑규제와 조사대상에서 수출환경 개선 효과를 계속 추구하게 되었다. GATT의 뉴라운드에 대한 한국의 통상 대응방안은 실질적인 차원에서 통상압력의 타격을 입게 될 것이며, 이에 따른 추가적인 여파로 인하여 경제, 사회적 차원의 파급효과는 가중될 전망이다.

관련 분야의 각종 법체계와 관련하여 부처와 기업 및 정부 간의 긴밀한 공조체제와 협력을 바탕으로 일원화된 정책과 협상 대책을 마련하여야 하며 특히 수출입에 있어서 관련 국가와의 장애 요인이 발생하지 않도록 관련 정보와 연구에 주력할 것이며, 각종 보조금이나 지역협정 관련의 내용에서도 관련국과의 긴밀한 협조와 협상을 통한 상호발전을 꾀하고 필요한 부분은 과감히 개방하여 산업의 발전과 함께 경쟁력을 추구해 나갈 것이다(표 6-2〉 참조).

▌표 6-3▐ GATT의 주요협정 일람

명칭	기간	참가국	주요 내용	배 경
딜런 라운드	1961.5. ~ 1962.7.	23	-4,400개 공산품의 관세인하(평균 7% 인하), 협약관세율 규정준수	-제2차 세계대전 이후 세계 경제의 부흥과 무역의 확대를 위해 레턴우즈 협정(1944년)을 체결과 금융 분야에서는 IMF, IBRD, 및 GATT 탄생 -세계화를 통한 자유무역의 확대 선언(무관세 주장) -케네디라운드로 선진국의 공산품에 대한 관세율은 대략 10% 수준으로 낮춤(공산품 관세인하
케네디 라운드	1964.5. ~ 1967.6	56	-일 만개 공산품의 관세율 일률적 인하(35% 인하) -국제 반덤핑협정 체결 - 덤핑판정 -조사절차/반덤핑관세 부과요건 마련	

명칭	기간	참가국	주요 내용	배 경
			-소맥의 최저가 인상 및 개도국에 대한 식량 원조 실시	일단락) -개도국 경제개발로 세계 경제 무대 진출 시작 -한국 GATT 가입(1967년)
동경 라운드	1973.9. ~ 1979.7.	99	-비관세장벽 제거 협정 -각국의 자의적 관세평가기준 통일 -공산품 수출보조금 금지 -반덤핑협약 강화 -수입허가절차 및 규정 간소화 -표준, 인증제도의 국제규격화 추진 -민간항공기 무세화 등 -2만 4천 개 공산품 관세인하 -미국(31%)/EC(25%) /일본(50%) 인하 -개도국에 대한 우대 및 의무 부과 -일반특허관세(GSP)합법화 -개도국 졸업 조항' 신설	-개도국에 대한 선진국의 경계심 고조 -개도국의 덤핑공세에 대응강화 -신흥공업국에는 선진국의 관행을 확대적용 -1970년대 두 차례 오일쇼크로 선진국 경기침체 -자국 산업보호/국제수지의 신보호무역주의 대두 -GATT의 자유무역 정신 퇴색 -미국 경제력 약화, 일·EC의 영향력 증대로 세계 경제의 다극화·블록화 추진 -관세인하만으로는 무역 규제제거가 어려워지자 비관세장벽 제거에 초점
우루과이 라운드	1986.9. ~ 1993.12.	117	-공산품의 무관세, 관세조화 등을 통한 관세 대폭 인하 및 수입 수량 제한 완화 등 비관세조치 완화 -농산물의 예외 없는 관세화 원칙 -최소시장접근/특별 세이프가드 인정 -농산물에 대한 보조금 감축 -금융, 건설, 통신 등 서비스 분야의 교역을 확대의 자유화 약속 -지적재산권 보호강화 -정부조달시장 개방 확대 -WTO 신설	-무역 불균형 심화 -미국의 재정적자, 일본의 흑자누적, 개도국 외채 -유럽통합·NAFTA 결성 등 블록화 심화 -동서냉전체제 붕괴 신국제경제질서의 필요성 대두 -금융, 유통, 통신, 수송 등 서비스무역 급증 -첨단기술상품의 무역증대: 지적재산권 마찰 빈발 -글로벌화 기업에 따른 다국적기업 규율제정 필요 -GATT 기능 약화 -미국의 슈퍼 301조 등 강대국의 쌍무협상 압력 강화

(4) 세계무역기구(WTO)

1948년에 출범한 GATT가 몇 차례의 다자간 통상협상을 통하여 발전한 것이 국제무역기구 즉, WTO이다. WTO(WTO: World Trade Organization)는 제8차 다자간 무역협상인 UR 협상을 통하여 국제기구로서 설립이 추진되었다. 1990년대 이후 새로운 국제교역질서의 형성을 위해 추진되었으며, WTO는 새로운 무역기구 설립 및 제도적, 절차적 구조를 명시한 핵심적 내용으로 UR 협상 결과를 반영하였다.

과거의 GATT가 상품 분야에만 치중한 것과는 대조적으로 WTO 및 관련 협정문은 서비스와 함께 발명, 창작, 고안 등 무역 관련 지적 재산권까지 관장하게 되었다. 따라서 WTO의 기본원칙은 최혜국대우원칙, 내국민대우원칙, 시장접근보장의 원칙, 투명성의 원칙이다.

최혜국대우원칙(Most-Favored Nation Treatment), 내국민대우원칙(National Treatment), 시장접근보장의 원칙, 투명성의 원칙 등 법률 운용과 제도 등의 운용을 합리적으로 처리하기 위하여 3대 주요 기능은 협상(Forum for Trade Negotiation), 이행감시(Monitoring National Trade Policy), 분쟁 해결(Handling Trade Dispute)을 핵심으로 운용하게 되었다.

WTO 체제의 목표는 각종 무역장벽을 완화 및·철폐, 기존의 국제무역 규범을 보다 구체화, 명료화, 강화, 농산물 및 서비스무역 분야 등에 대한 새로운 국제무역 규범을 정립하여 공정하고 객관적인 분쟁 해결제도를 도입함과 동시에 다자간 무역체제를 개선 및 강화하여 세계 경제를 활성화하는 것이다. 기존의 GATT 체제에서는 각종 비관세장벽, 역외 국가들에 대한 지역경제공동체 회원국의 차별적 무역관행, 신보호주의에 입각한 선진국의 일방적 수입규제, 지적 재산권의 보호와 관련된 국제무역 규범의 미비 등은 결과적으로 국제통상 마찰의 심화를 초래한 바 있었으나, WTO 체제는 이러한 GATT 체제의 문제점을 시정 및 개선하는 제도적 장치로 기능하게 되는 것이다. 설립협정문의 부속서는 다음과 같다.

첫째는 상품교역에 관한 다자간 무역협상, 둘째로 서비스무역에 관한 일반협정, 셋째는 무역 관련 지적 재산권 협정으로 협정의 모든 일을 WTO에 의해 관장하게 되는데 이를 다자간 체제라고 한다. WTO는 UR 협정을 위하여 GATT의 권한보다 훨씬 더 강력하게 나타난 것으로 전망하였다. WTO는 다음과 같은 제 원칙을 갖는다.

첫째, 자유무역주의(Free Trade) 이다. WTO는 자유무역체제를 중심으로 자원의 효율적 활용에 따른 범세계적 소득증대를 꾀함과 동시에 산업조정의 지연, 구조적 실업, 자본이동의 경직성 등을 완화 시킬 것으로 보았다. 특히 관세만을 유일한 수입제한수단으로 활용하고 있다는 점이다.

둘째, 공정무역 주의(Fair Trade)이다. WTO는 반덤핑, 보조금 지급 등과 같은 차별적이고 제한적인 불공정무역 관행을 제거하여 국제무역 규범의 적용 하에 자유롭고 공정한 경쟁조건을 보장하는 원칙이다.

셋째, 다자주의의 원칙이다. 관세 수준과 기타 무역 제한 등과 같은 각종 국제무역 규범의 제정, 변경, 적용 및 집행은 모든 관련 국가의 참여하에 논의되고 결정되어야 하며, 협정 당사국 간에 분쟁이 발생한 경우에 일방적 해결이 아닌 관련 국가가 모두 참여한 다자간협상으로 해결한다는 취지이다.

넷째, 비 차별주의 원칙의 준수이다. 국가 간 또는 원산지 간 차별을 철폐하는 것을 의미한다. 비 차별주의는 최혜국대우(MFN Treatment; Most Favoured Nation Treatment)와 내국민대우(National Treatment)로 구성되어 있다. 최혜국대우란 일방 회원국이 자국 영역 내에서 동종물품(Like Product)에 대하여 제3국 또는 제3국 국민에게 부여하는 관세, 통관, 수출입에 관한 규칙 및 절차상의 모든 혜택을 타 회원국 또는 그 국민에게도 부여하는 것을 의미한다.

내국민대우 원칙은 다른 국가의 자연인이나 법인을 자신의 국민과 똑같이 대우하는 것을 의미하는데 일단 국내시장에 진입한 상품과 서비스 및 지적 재산권 모두는 내국민대우의 원칙에 적용된다.

제 3 절 자유무역협정(FTA)의 무역통상

1. 자유무역협정(FTA)의 의의

자유무역협정(FTA: Free Trade Agreement)은 무역 당사국과의 상거래에 있어서 상품 및 서비스의 이동에 관한 관세와 기타 무역장벽의 철폐를 목적으로 협정된 국제조약이다. FTA는 관세동맹의 지역무역 협정의 하나이며, 경제통합의 형태인 동시에 지역주의의 가장 중요한 수단이다. 자유무역협정의 개념은 지역무역협의 발전단계에 따른 유형 분류에 있어서 가장 기초적인 수준으로 대부분 당사국 사이에 무역 거래에 있어서 관세철폐가 주목적이다.

기존의 WTO 세계무역기구체제의 무역협정은 회원국들에 공통적인 분모를 찾아 무역협정을 맺는 일종의 최혜국대우원칙을 고수하기 때문에 협상 자체가 장기간 소요되고, 합의점을 도출하는데 난점이 있다. 또한, 협정이 허용하는 범위에서는 관세나 무역 제한을 유지할 수 있기에 각종 무역장벽이 생길 수밖에 없다. FTA는 양자주의 또는 지역주의를 기본으로 하는 특혜무역체제이기 때문에 회원국 간 합의를 통해 낮은 관세나 관세철폐를 중심으로 수출입제한을 적용하여, 결과적으로 회원국 간의 무역장벽이 축소되어 서비스의 교역투자가 늘어남으로써 회원국의 경제발전과 후생을 증대시키는 특징이 있다. WTO는 FTA의 보호무역주의적 색채에도 불구하고 FTA가 계속 확대될 경우, 궁극적으로 전 세계의 무역장벽이 제거될 것이라는 이유로 FTA를 인정하고 있다.

1) 자유무역협정(FTA)의 장점

FTA의 장점은 회원국 간의 무역장벽이 축소됨으로써 시장이 크게 확대된다는 점이다. FTA를 함으로써 비교우위 상품의 수출이 촉진되고 뿐만 아니라 협정대상국은 물론 역외 국가들의 투자를 촉진하는 효과도 거둘 수 있다. FTA의 단점으로는 협정 대상국에 비해 현저히 경쟁력이 뒤처진 산업의 경우에는 침체를 초래할 수 있다는 점과 실질적으로 경쟁력이 없는 상품이 역내 관세철폐만으로 경쟁력을 획득함에 따라 자원 배분이 왜곡될 수 있다.

FTA의 주요 관심사는 관세와 수량 제한 철폐를 중심으로 서비스무역에 관한 내국민대우를 하는 것을 골자로 하여 원산지규정, 긴급수입제한조치, 반덤핑조치, 보조금과 상계조치, 예외와 유보사항, 분쟁 해결 등의 규정에 관한 자유무역협정의 핵심적 처리사항이다. 자유무역협정은 특정 국가 간에 배타적인 무역 특혜를 서로 부여하는 협정으로 가장 느슨한 형태의 지역경제통합 형태이다. 지역무역(RTA: Regional Trade Agreement)의 대종을 이루고 있다. WTO의 통계자료에 의하면 2010년 현재 GATT 및 WTO에 발효 중인 지역무역은 총 285건으로 향후 계속 늘어날 전망이다.

2) FTA의 목적과 방법

FTA의 추진목적은 우리나라가 GATT와 WTO로 대표되는 다자무역체제의 가장 큰 수혜 국가로서 경제발전 대부분이 대외무역에 의존하고 있는 전형적인 무역 국가이다. 최근 FTA 즉, 자유무역협정을 중심으로 한 지역주의(Regionalism)의 가속화 추세로 인하여 GATT와 WTO 체제보다 강화되어 가는 셈이다. 한국은 FTA 추진을 적극적으로 추진해 나가는 한편, 1992년 EU 출범과 1994년 NAFTA의 발효를 계기로 지역주의가 세계적으로 확산, FTA 네트워크 역외 국가로서의 피해를 최소화하는 등의 새로운 신시장개척을 위해 FTA의 확대를 서두르고 있다.

전략적인 FTA 추진을 위해 상품, 서비스, 투자, 정부조달, 지적 재산권, 기술표준 등 광범위한 FTA의 협상을 모색하고 있다. 해외시장에서의 경쟁력 확보를 위하여 칠레, 싱가포르, 유럽자유무역연합(EFTA), 동남아시아국가연합(ASEAN), 인도, 미국 등 17개국과의 FTA의 발효와 EU와의 협상은 2009년 7월에 종결하였고, 지금 캐나다, 멕시코, 걸프협력회의(GCC: Gulf Cooperation Council), 호주, 뉴질랜드, 페루, 콜롬비아, 터키 등과 협상을 계속해 나가고 있다.

3) 한국의 FTA 현황

한국의 FTA 관련 현황으로는 2012년 이후 2022년 7월 기준으로, 발효 18건, 서명 3건, 타결 1건, 협상 진행 12건, 재개 및 개시, 여건조성으로 3건에 달한다. 1999년 12월 칠레와 국교를 맺고, 유럽 자유 연합국 4개국, 그리고 아세안 국가 10개국, 중미 5건 마지막으로 역내(포괄적 경제동반자협정) RCEP(역내포괄적경제동반자협정)은 한국을 비롯한 아세안 10개국, 중국, 일본, 호주, 뉴질랜드가 가입되어 있다.

제 4 절 FTA의 통상변화와 지역주의

1. 무역통상의 발전과 지역주의 등장

세계 경제의 통합(Economic integration)은 국가 간의 상품, 노동, 자본거래를 통한 경제교류에 작용하고 있는 여러 가지의 장애 요인을 점차 제거해 나감으로써, 두 개 이상의 복수 국가들이 단일화 경제를 추구해 나가는 과정이다. 그리고 무역의 자유화를 통한 금융, 통화, 재정, 교육, 산업, 문화 등에서 상호보완적인 관계를 통한 경제적인 통합 조직체라고 할 수 있다. 무역자유화는 인접 국가와의 통합과 협력을 통한 범위를 점차 확대해 나가면 모든 국가와의 경제거래를 자유롭게 할 수 있을 것으로 보아, 그 범위를 확대해 나가는 것이며, 이를 지역주의(Regionalism), 블록화(Blocs)로 경제통합을 이루어 가는 것이다.

세계 경제는 다자주의(Multilateralism), 글로벌리즘(Globalism), 지역화(Regionalism)가 새롭게 나타나기 시작하였다. 특히 다자간무역협상이 인접 국가를 중심으로 블록화되어 점차 EU, NAFTA, ASEAN, AFTA의 지역경제 통합체의 성격을 띠게 되었다. 지역주의는 경제통합이라는 배타적 경제블록을 통한 세계적 양상이 된 것으로 1956년 EEC의 결성과 그 성공이 계기가 되었다. 하지만 경제통합은 시대와 상황에 따라 서로 다르게 나타나고 통합의 개념도 견해가 다양해 경제통합이 무엇인가를 일관되게 정의하기는 쉽지 않다. 통합되는 경제단위 간 차별제거의 정도에 따라 경제통합의 형태를 자유무역지대, 관세동맹, 공동시장, 경제동맹, 완전경제통합으로 구분하고 있다.

지역주의의 형성과 발전과정을 살펴보면, 국제경제통합 즉, 국제지역주의는 상호협의와 협력을 바탕으로 경제발전을 꾀하고자 하는 목적으로, 국가 간의 경제적 발전을 위하여 지역적 경제통합의 필요성이 대두되었다. 제2차 대전 후 저 개발도상국들의 독립으로 인하여 선진국과 저 개발국가 간의 경제 블럭이 깨어지게 되었다. 선진국들은 수출시장을 잃었으며, 수평적인 경제개발을 통하여 경제적 이익만을 추구하는 경향이 뚜렷하게 나타났다.

2. 경제통합의 형태

경제통합(Economic Integration)이란 말은 1949년 10월 31일 폴호프만이 유럽경제협력기구에서 비롯되었다. 일반적으로 경제통합이란 지리적으로 인접한 두 개의 국가와 또는 그 이상의 국가들이 서로 대등한 위치 선상에서 경제이익의 공동추구를 목적으로 동맹 관계를 결성하고 가입된 회원국에게는 차별적인 대우를 철폐하여 자유 무역권을 부여하는 것을 말한다.

▌표 6-4▌ 경제통합 5단계

단 계	내 용
제1단계: 자유무역지역	협약국가 간 무역 관세 철폐(역내 관세철폐)
제2단계: 관세동맹	자유무역지역, 역외 공동관세 부과
제3단계: 공동시장	관세동맹, 생산요소(노동, 자본)의 자유 이동
제4단계: 경제동맹	공동시장, 경제정책 협력 및 공동 경제정책 수행
제5단계: 완전한 경제통합	경제동맹, 가맹국 상호 및 초국가적 기구를 설치, 사회 및 경제정책의 조정, 통합, 관리(정치적 통합 포함)

경제통합이라는 말의 정의는 틴버겐(J. Tinbergen)의 경우 경제가 최적 상태로 운영되는 것을 저해하는 인위적 장벽을 제거하는 바람직한 경제구조를 형성하는 것으로 보았고, 뮈르달(G. Myrdal)은 기회균등의 서구적 이상을 실현하는 것으로 보았다. 또한, 벨라 발라사(Bela Balassa)는 지역통합 연구에 관한 5가지로 구분하였다. 경제통합의 유형은 시간과 형태에 따라 급진적인 형태와 유럽연합과 같이 경제적인 이익 실현과 문제점 극복을 바탕으로 정치적인 통합까지 추구하는 점진적인 형태로 분류할 수 있다. 경제통합의 형태에 이한 유형은 발라사의 주장에 의한 경제통합의 5가지 내용은 다음과 같다.

첫째, 자유무역협정(FAT)이다. FTA는 경제통합의 형태 가운데 가장 기초적인 형태이며, 가맹국 간의 무역에 방해요인으로 작용하고 있는 관세, 수입 수량 할당제를 폐지하여 지역 내의 무역을 자유롭게 하자는 것인데, 여기에 역내 관세 및 수량 제한을 폐지하자는 목적으로 통합된 기구는 북미자유무역협정(NAFTA)이다.

둘째, 관세동맹(Customs Union)은 자유무역지역에서의 관세와 수입 수량 할당제 폐지 외에도 관세협정을 체결하여 대내적으로는 관세 및 수량 제한을 철폐하고 대외적으로는 역외 공동관세를 적용하는 형태로서 3국의 경제동맹이다. 관세동맹의 특징은 FTA가 한 단계 발전한 것으로 역내무역 자유화를 통한 비회원국에 대해서도 공동관세율을 적용한다. 국가 간 경제통합의 단계는 자유무역협정(FTA) ⇒ 관세동맹(Customs Union) ⇒ 공동시장(Common Market) ⇒ 경제공동체(Economic Community) ⇒ 단일시장(Single Market)으로 발전해 나가고 있다.

▌표 6-5▐ 지역무역 협정의 형태와 종류

역내 관세철폐	역내 공동 관세부과	역내 생산요소 자유이동 보장	역내 공동 경제정책 수행	초국가적 기구설치/운용
자유무역협정; 역내 관세철폐 (NAFTA, EFTA 등)				
관세동맹(Customs Union); 공동관세 부과				
공동시장(Common Market); 생산요소 이동 자유화 EEC, CACM, CCM, ANCOM)				
경제동맹(EC: Economic Union); 재정, 금융정책의 상호조정				
완전경제통맹(EU: Complete Economic Union); 경제 주권의 포기, 경제정책 통합				

셋째, 발라드 주장의 3번째 내용은 공동시장의 개념이다. 공동시장은 자유무역으로의 역내 관세와 수량 및 관세 부분보다 범위가 훨씬 넓은 것은 공동시장의 개념으로 2국 이상이 역내 공동체를 결성하여 역내 생산요소 이동 자유화를 실현하기 위한 목적으로 이는 중국과 미국의 공동시장이 그 대표적이다.

넷째, 경제동맹(Economic Union)의 형태로 공동시장을 더욱 발전시킨 단계로서 재정 금융 통상노동 등 경제정책 조정을 위한 단계가 된다. 이 단계에 해당하는 것은 EU 즉 유럽연합이다. 유럽연합은 역외 공동관세로서 협정국이 협정 국 이외의 국가와 거래 관계 발생 시 협정 국 모두 같은 관세를 적용하는 것이다.

다섯째, 경제통합의 형태는 자유무역을 바탕으로 관세동맹과 공동시장의 개념을 거쳐 화폐 및 경제동맹의 과정을 통한 완전경제통합의 단계로 나타나게 되는데 이 가운데 가장 이상적이고 완전한 경제통합의 형태 즉, 전면적 경제통합이다. 경제통합은 단순한 경제조정의 정책적인 수단에 머물지 않고 모든 경제정책을 통합, 통일의 개념의 하자는 것인데, 이를 위해서 각국의 주권으로부터 독립한 행정기구 설치가 필요하다.

3. 경제통합의 현황

1) 유럽연합(EU)

유럽연합은 1951년 유럽석탄철강공동체 설립에서 시작되었다. 그 당시의 서독(독일)과 프랑스, 이탈리아, 네덜란드, 벨기에, 룩셈부르크 6개국은 유럽석탄철강공동체(ECSC: European Coal and Steel Community)를 결성, 경제성장에 주요 자원인 석탄과 철강을 공동으로 관리하였다. 1956년 로마조약이 발효되어 유럽경제공동체와 유럽원자력공동체를 설립하였다. 경제공동체의 성격은 공동시장을 형성하여 관세철폐, 세제 통일, 자본과 노동의 역내 이동을 자유로이 할 것을 협의하였다. 1967년 유럽석탄철강공동체, 유럽경제공동체의 통합 발전하였다.

1973년 오일 파동으로 통합을 활성화, 그 후 1993년 마스트리히트조약(Maastricht) 발표 이후 유럽연합을 공식적으로 발표되었다. 유럽연합은 6개국으로 시작하여 2004년 동유럽 국가를 포함한 총 27개국으로 확대되었으며 유럽대륙을 재통합하는데 이르렀다. 주요기관으로는 집행위원회 이사회, 유럽의회, 유럽사법재판소, 유럽중앙은행 등이 있다. 경제적 통합은 제1단계로 1951년~1993년까지 회원국 간의 경제정책을 조화시키기 위한 가이드라인을 설정한 후, 제2단계로 1994년~1996년까지 경제통합을 위하여 각국의 중앙은행을 정부로부터 독립시키고 유럽중앙은행의 과도기적인 기능을 수행할 수 있는 유럽통화기구를 설립하게 된다.

제3단계로는 1997년~1999년까지 경제 및 통화동맹의 완성을 통하여 유럽중앙은행의 설립으로 유럽 단일통화 사용, 특히 1991년 12월 마스프리히트조약에서 단일통화를 중심으로 유럽경제 및 통화통합을 하게 되었다. 경제는 유럽연합 회원국의 공동경제로 명목상으로는 미국과 중국에 이어 세계 3위의 경제 대국이다. 유럽연합의 2020년 GDP는 약 15조 달러로 세계 경제의 약 6분의 1을 차지할 것으로 추산된다. 유럽연합 경제는 자유시장, 진보된 사회 모델을 통한 혼합 경제 내부시장으로 되어있다.

▌표 6-6▌ 유럽통합의 주요 내용

일자	주요 내용
1951년 4월	독일, 프랑스, 이탈리아, 벨기에, 룩셈부르크, 네덜란드 등 6개국 유럽석탄철강공동체(ESCS)창설(파리조약)
1957년 3월	유럽경제공동체(EEC)와 유럽원자력공동체(EURATOM)창설(로마조약)
1967년 7월	ECSC, EEC, EURATOM을 통합한 유럽공동체(EU)출범
1968년 7월	공산품 거래 관세와 수량 제한 철폐 등 관세동맹 결성
1973년 1월	덴마크, 영국, 아일랜드 EC(=EU)가입(회원국: 9개국)
1981년 1월	그리스 EC 가입(회원국: 10개국)
1986년 1월	포르투칼, 스페인 EC 가입(회원국: 12개국)
1990년 6월	국경통제 폐지 협정체결
1992년 2월	유럽통화동맹(EMU)과 EC를 유럽연합(EU)로 개칭(마스트리히트조약)체결
1995년 1월	오스트리아, 스웨덴, 핀란드 EU 가입(회원국: 15개국)
1999년 1월	단일화폐의 유로화 출범
2004년 5월	헝가리, 폴란드, 체코, 에스토니아, 라트비아, 리투아니아, 몰타, 슬로바키아, 슬로바니아, 키프로스, EU 가입(회원국: 25개국)
2007년 1월	루마니아, 불가리아 EU 가입(회원국: 27개국)
2007년 6월	정상회의서 헌법 조약 대체 개정조약(리스본 조약) 초안 합의
2009년 12월	리스본 조약 발효

2) 북미자유무역협정(NAFTA: North American Free Trade Agreement)

제2차 세계대전 이후 세계 경제를 주도했던 미국은 1980년대에 소비 지향적 경제구조와 생산성 저하에 따른 제조업 부문의 국제경쟁력 약화로 재정과 무역적자가 확대되면서 미국의 지위가 하락하는 추세였다. 1988년 미국, 캐나다 간의 자유무역협정을 바탕으로 1990년 미국, 멕시코 간의 자유무역협정을 시작으로 캐나다를 포함하여 북미자유무역협정을 체결하게 된 것이다. 주요 내용으로 상품교역 규범, 서비스, 투자, 부속협정, 기타분야로 구별하였으며, 상품교역 규범은 관세 및 비관세장벽의 철폐로 A 분야에 해당하는 상품은 즉시 관세를 철폐하고, B 분야에 해당하는 상품은 5년 내 점진적으로 철폐, C 분야의 상품은 10년 이내, C+에 해당하는 부분은 15년 이내에 단계적으로 관세를 철폐하도록 규정하였다.

3) 아시아, 태평양경제협력체(APEC: Association of Southeast Asian Nations)

APEC은 1960년대 말 태평양경제협의회(PBEC: Pacific Basin Economic Council)로 시작, 1970년 이후 일본을 중심으로 제안되었으며, 1980년 태평양경제협력위원회의 창설과 함께 본격화되어 의견수렴과 협상의 과정을 통한 협력의 원칙, 정부 참여의 중요성에 관하여 언급하였다. 후에 APEC의 발전에 큰 공헌을 한 셈이다. APEC은 1989년 11월 호주의 켄버라에서 4가지 주요의제를 논의하였다.

▌표 6-7▌ 주요 경제통합체 현황

지역/명칭	경제통합체
유럽지역	유럽연합(EU) 유럽자유무역연합(EFTA) 유럽경제권역(EEA) 동구상호경제원조회의(COMECOM)
북미지역	북미자유무역협정(NAFTA)
중남미지역	라틴아메리카 통합연합(LAFTA) 안데안 공동시장(ANCOM) 중미 공동시장(CACM) 카리브 공동시장(CARICOM) 남미 공동시장(MERCOSUR) 중미 3국 그룹(G-3)
아시아 지역	동남아국가연합(ASEAN)
오세아니아지역	호주-뉴질랜드 경제, 무역협정(CERTA)
중동지역	아랍경제동맹(AEUC) 마그레브제국 연합(UMA) 페르시아만 협력위원회(GCC)
아프리카지역	서아프리카 경제공동체(ECOWAS) 아프리카 통일기구(OAU) 남아프라카 개발조정회의(SADDC) 동아프리카공동체(EAC) 아랍, 마그렙 동맹(AMU) 중부아프리카국가경제공동체(ECCAS)

주요 추진내용은 APEC은 1989년 출범 이후 경제협력 사업을 중점으로 추진되어 오다가 1994년 보고르 선언을 계기로 무역과 투자의 자유화, 원활화를 통한 경제기술, 협력을 바탕으로 전개하였다. 1965년 오사카 행동지침 채택 및 1996년 마닐라 실행계획 채택으로 본격적인 무역과 투자 자유화 및 원활화가 추진되었다.

APEC 체제의 특징은 시장주도의 통합과 상호보완성의 활용 및 APEC의 기본 골격인 무역 및 투자의 자유화 실현을 위한 노력과 경제, 기술협력을 바탕으로 인적자원의 개발과 산업 과학화 기술, 중소기업, 경제적 인프라구축, 에너지와 통신 및 관광, 무역과 투자정보, 무역 진흥, 해양자원보존, 수산업과 농업기술의 총 13개 과제를 각 분야별로 제시하였다.

4) 동아시아 국가연합(ASEAN: Association of South-East Asian Nations)

동남아시아 국가들은 외부환경 변화에 공동으로 대처하고 지역 내의 경제협력을 바탕으로 1967년 ASEAN(방콕)을 창설하게 된 것이다. 1960년대 중반부터 본격화된 베트남 전쟁, 인도차이나 공산화, 동남아시아 국내의 문제 등 지역 협력체 차원에서 동남아시아를 둘러싼 국제정치적 갈등의 공동대응 필요성이 증대되어 말레이시아, 싱가포르, 인도네시아, 태국, 필리핀의 5개국을 중심으로 창설되게 되었다. 후에 브루나이(1984년), 베트남(1995년), 라오스(1997년), 미얀마(1997년), 캄보디아(1999년)가 가입하여 10개국이 되었다.

▌표 6-8▌ 주요 경제통합체 현황

<table>
<tr><th></th><th>1967년</th><th>1984년</th><th>1995년</th><th>1997년</th><th>1999년</th><th>2002년</th><th>2008년</th><th>2010년</th><th>2015년</th></tr>
<tr><td>주요 일지</td><td>아세안 창설</td><td colspan="3">회원국 확대</td><td>ASEAN 완성</td><td>AFTA 공식 발효</td><td>ASEAN 헌장 발효</td><td colspan="2">관세철폐</td></tr>
<tr><td>대상 국가</td><td>ASEAN5</td><td>브루나이</td><td>베트남</td><td>라오스
미얀마</td><td>캄보디아</td><td></td><td></td><td>ASEAN6</td><td>CLMV</td></tr>
<tr><td>회원국</td><td>5개국</td><td>6개국</td><td>7개국</td><td>9개국</td><td colspan="3">10개국</td><td>인도네시아
말레이시아
싱가포르
태국
필리핀
브루나이</td><td>캄보디아
라오스
미얀마
베트남</td></tr>
</table>

자료: ASEAN Secretariate

초기에는 역내 외 전쟁 방지, 갈등처리 메커니즘 형성이 주류였으나 외교와 안보 차원의 문제가 해결된 후 역내 협력을 바탕으로 경제성장을 도모하게 되었다. 특히 1993년 ASEAN 6개국은 아세안 자유 무역지대(AFTA) 설립을 추진하여 2008년까지 역내 공산품에 대한 관세율을 5% 이내로 인하하는 것에 합의한 바 있다. ASEAN의 특징 가운데 가장 큰 특징은 회원국 간 경제 규모 및 발전수준, 정부 형태, 사회문화적 배경 등이 매우 상이하다는 것이다. 무역 측면에서는 전 세계적인 경제적 블록화가 가속화되는 가운데 1992년 동 아시안 엽합과 북미 자유무역 지대는 세계시장에서의 경쟁력과 역내 교역 규모를 확대하는 또 하나의 계기가 되었다.

1994년 공동유효특혜관세(CEPT) 협정발효로 인하여 회원국의 예외품목을 제외한 모든 역내 상품무역 관세가 0~5%로 인하되었다. 마침내 1999년 제3차 비공식적 정상회의에서 결정된 내용에 따라 ASEAN 선발 6개국은 2010년 1월부터 모든 적용품목의 관세를 철폐하는 한편 베트남, 캄보디아, 미얀마, 라오스 4개국은 2015년 1월부터 관세철폐를 시행할 것을 계획하였다.

2020년 현재 동남아지역의 협력과 촉진, 외국의 간섭을 배제하고 역내 국가의 평화와 안정 수호, 경제사회 문화, 기술 등의 상호원조를 목적으로 설립된 이후 1967년 8월 창설 당시의 회원국 5개국(필리핀, 말레이시아, 싱가포르, 인도네시아 태국)이었으나 1984년 부르나이, 1995년 베트남, 1997년 라오스, 미얀마, 1999년 캄보디아까지 가입함으로써 총 10국이 되었다. 한편, 1997년 ASEAN Vision 2020을 도입하여 아세안 정비 보안 공동체, 아세안 경제공동체, 아세안 사회문화공동체를 축으로 역내 통합을 추구하고 2015년 이후 단일시장을 추구하였다(〈표 6-8〉 참조).

Chapter 07 글로벌 무역정책의 변화와 양상

제1절 글로벌 무역정책의 변화 이해

1. 무역정책의 의의와 개념

1) 글로벌 무역정책(Trade Policy)의 개념

무역정책은 정부 차원에서 국민경제의 발전과 후생복지 등을 위하여 무역을 정책적으로 간섭하는 것이며, 이를 위한 정책적 개념으로 정한 목적과 목표를 위하여 대외 관련의 무역정책을 적용해 나가는 것이다. 무역정책은 하나의 단순한 관세와 비관세정책을 통한 수출입의 통제가 아닌 복잡하고 광범위한 내용을 내포하고 있다. 특히 세계화로 인한 국제무역의 상품의 수출입을 담당하는 무역정책은 국민경제의 발전과 복지향상을 위한 각국의 정부 시책이라 할 수 있다.

하지만 무역정책은 전 세계의 시장을 상대로 한다는 점에서 다소 위안도 되겠으나 무한경쟁의 체제하에서 자국의 산업과 국가 경제의 발전을 위하여 경제, 정치, 문화 등의 차원에서 정책을 펴나갈 수밖에 없게 되었다. 각국의 정부가 특정 경제의 목적 달성을 위하여 자국의 대외경제 활동과 관련된 제반의 정책 및 관련의 수단 등을 의미한다. 그러나 광의의 개념으로는 국제무역과 관련한 모든 경제정책과 재정정책, 통화정책, 가격관리정책 등의 모든 경제 관계의 정책들을 포함하여 말하는 것이다. 무역정책은 총체적인 사항들을 포함한 개념이라고 볼 수 있다.

2) 글로벌 무역정책의 특징

(1) 무역정책은 복합적 성격이다.

무역정책은 대외정책과 함께 국내정책 특징의 성격을 띤 복합적 관계를 갖는다. 국제무역의 변천 과정이나 내용을 통하여 볼 때, 국제무역은 자유와 보호의 두 갈래에서 관세, 수량, 기술 또는 무역 절차상의 규정, 외환 관리 등의 여러 무역정책을 통하여 상호 보완적 관계에서 이루어졌다.

무역정책은 세계 경제의 침체와 비효율성을 통한 후생의 감소 효과 등이 나타났으며, 무역 손실도 발생하게 되었다. 따라서 대외무역의존도가 높은 나라일수록 더욱 심각한 현상이 초래될 것이다. 악순환을 반복하지 않기 위해 무역정책을 통한 국민경제의 발전과 국가 산업의 균형적 발달을 꾀하고자 한다.

(2) 무역정책은 포괄적인 성격을 갖는다.

무역정책은 국내산업의 발달과 고용증대, 국가 경제의 발전 차원에서 매우 중요하다. 무역정책으로 고용수준이 변동되거나 경기변동을 꾀할 수 있으며, 더 나아가 국민소득에까지 영향을 미치게 된다. 무역정책은 무역 거래로 수출입 국의 영향을 미치게 됨으로써, 대외무역 거래를 통한 자국의 발전만을 위한 무역 규제와 관세정책 및 비관세정책을 통한 무역정책을 펴나가게 되는 것이다.

3) 글로벌 무역정책의 목적

무역정책의 목적은 경제성장과 고용증대 및 국내산업의 보호와 육성, 국내 수지 개선, 자원의 효율적인 배분을 통한 국민경제의 발전을 꾀하는 것이며, 개발도상국의 무역정책 목표와 목적은 국내산업 보호, 공업화를 육성하여 교역조건과 국제수지를 개선하는 한편, 완전고용, 물가의 안전, 자원 배분의 효율화를 통한 발전이다. 선진국의 무역정책 목표와 목적은 산업 보호, 완전고용, 물가안정, 효율적 자원분배의 국제무역 질서유지 즉, 세계무역에 있어서 주도권을 갖겠다는 것이라고 볼 수 있다.

제 2 절 중상주의 무역정책의 변화

1. 중상주의 및 중상주의 정책

중상주의(Mercantilism, Commercial or Mercantile System)는 15세기 말부터 18세기 중후반에 있어 경제조직이 와해 되고 산업혁명으로 인하여 자리매김을 할 즈음 이를 뒷받침하기 위한 제반의 이론적 체계들을 말하며, 자유주의적 단계에 이르기까지로 서유럽 제국에서 채택한 경제정책과 경제발전의 이론이다. 중상주의는 근대자본주의가 산업혁명의 지배를 확립하기까지의 초기 단계에서 원시적 축적을 수행하는 데 사용된 여러 정책과 이를 뒷받침한 이론체계이다.

경제정책으로서의 중상주의의 핵심은 초기 산업자본을 위해 국내시장을 확보하고, 국외시장을 개척할 목적으로 수행되는 보호주의 제도로서 외국제 완제품의 수입금지와 제한, 외국산 원료의 수입, 국내 상품의 수출장려, 국내원료의 수출금지 등의 조치를 직접 입법 및 관세정책으로 실행하였다.

2. 중상주의 정책의 특징

1) 무역 차액정책

무역 차액정책은 금, 은을 직접 채굴하거나 생산하는 것이 아니라, 유출량보다 유입량이 많은 유리한 무역수지를 갖추기 위해 수출을 장려하고 수입을 억제함으로써 무역 차액으로서 금, 은을 유입하려는 정책이다. 영국은 금, 은 획득을 위한 수출장려정책과 수입억제정책을 대외무역에서의 차액을 통한 국부를 얻을 수 있다는 개념으로 이를 무역차액설이라 한다. 무역 차액설은 영국의 동인도회사의 토마스 만(Thomas Mun)에 의하여 처음으로 등장하였으며, 그 개념은 한 나라가 부를 축적하기 위해서 수입을 통한 수출상품의 단위가격을 높게 할 때 발생하는 무역의 차액 즉, 순 무역을 가능한 높이는 것이라 주장하였다.

2) 산업 보호의 정책

산업 보호의 정책(Industrial protection policy)은 중상주의 후기에 나타난 국내시장 확보와 외국시장의 확충을 통한 산업자본 축적에 주력하였다. 중상주의 후기에 발생한 산업 보호의 정책은 국내 및 외국시장에서의 발달한 공업력을 통한 후진국의 저임금 노동경쟁으로부터 보호함으로써, 무역 차액을 얻음과 동시에 국내의 고용수준을 확보하려는 정책을 말한다.

따라서 산업 보호의 정책을 통한 대외무역을 관리하고 국내산업을 보호함과 동시에 고용을 증대, 수출증가를 통한 무역 차액을 실현하고 자 관세부과, 외국상품에 관한 수입과 소비를 억제하고 국내산업을 보호 육성하는 정책이었다. 수출을 위한 수입의 억제는 국내산업의 발전을 저해하는 요인이 되기 때문이다.

▌그림 7-1▐ 중상주의 정책의 흐름

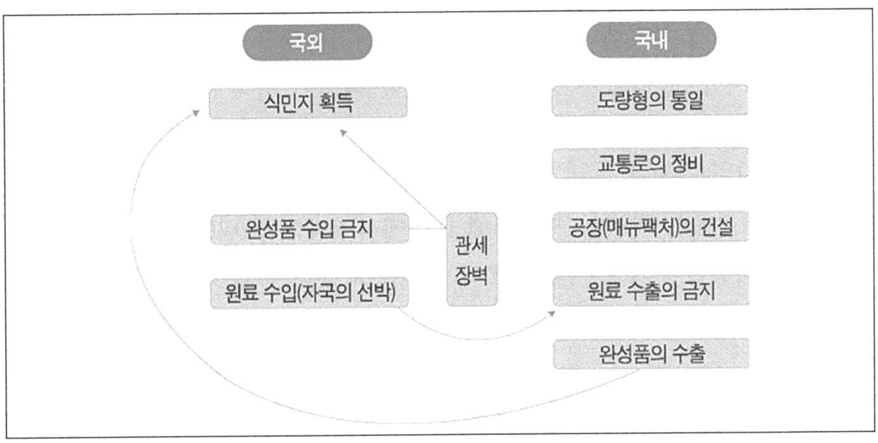

제 3 절 자유주의 무역정책의 변화

1. 자유무역주의(Liberalism) 정책의 배경

중상주의 정책으로 즉, 중금주의 정책과 무역 차액정책, 산업 보호의 정책에 반박하고 나타난 이론이 자유무역 정책이다. 자유무역정책은 아담스미스에 의해 제창, David Ricardo, Mill에 의하여 발전된 이론으로 국제분업론-자유 경쟁설-소비자 이익론이다. 자유무역 사상은 18세기 후반의 중농주의 학파였던 케네에 의해 시작되었으며, 같은 맥락으로 프랑스의 콜베르는 공업 중심의 중상주의 정책에 대한 반발로 자유방임의 고전적 자유주의를 부르짖게 되었다. 물론 국가 중심의 보호와 간섭을 배제하고 중농주의(농업을 중시함)에 입각한 무역만이 국가의 부를 이룰 수 있다고 주장한 것이다. 아담스미스에 의하여 개인의 이익을 최대한 추구하는 자유로운 경제활동을 위해 보이지 않는 손 즉, 시장의 기구에 의해서 경제활동의 정책을 실시하여야 한다고 주장한 것이다. 특히 아담스미스는 국제분업론은 무역이익을 발생시킬 뿐만 아니라 무역의 발생에 있어서 절대 생산비의 차이가 발생한다는 주장과 리카도에 의한 비교생산비설에 의해 체계화되었다.

2. 자유무역의 발전

17~18세기의 근대적 민족국가의 형성으로 대외무역의 경향은 보호주의적인 경향을 띤 경향을 띠기 시작하였으나 18세기 후반에 아담스미스의 등장으로 중상주의를 비판하면서 자유무역의 경향을 나타내게 된 것이다. 19세기 이후의 전 세계화의 영향으로 자유무역의 경향을 강하게 지지했던 선진공업국들은 산업혁명으로 인한 자유무역의 주도권을 가질 수 있었지만, 공업화를 통한 경제발전을 꾀하여 자국 산업을 보호할 목적으로 보호주의적 경향을 띨 수밖에 없게 되었다.

[그림 7-2]에서 생산점과 소비점은 생산 가능 곡선 AB와 사회 무차별곡선 I, P상에서 결정되는데, 무역거래가 발생함과 동시에 P′점에서 X재의 소비(OX″), Y재를 Oy′(생산)한다. X재의 초과공급량 X'X"(수출), Y재 초과수요 y'y"(수입)하게 됨으로 자유무역의 이익을 얻게 되는 것이다.

▌그림 7-2▐ 자유무역의 효과

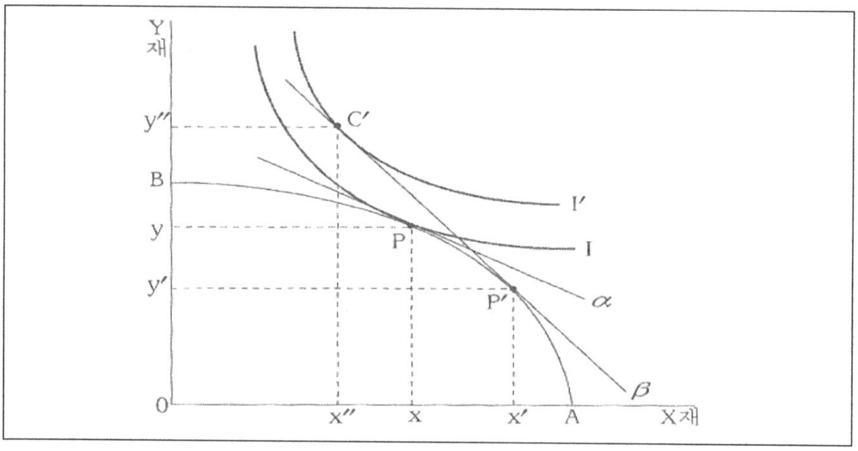

1) 국제분업론

Adam Smith의 자유무역 이론 중 첫 번째 주장인 국제분업론은 자유무역을 통하여 이익을 얻게 된다는 주장이다. 국제 분업이 성행하려면 국가의 간섭이나 무역의 장벽요인을 제거하여야 하며, 만약 국가의 간섭이나 관련의 장벽요인이 발생한다면 생산자원의 능률향상과 생산량의 증대에 차질을 빚어 자유무역을 수행하기가 어렵게 된다.

특히 경제발전 단계에 따라 무역의 유형이나 기능 면에 있어 각국이 서로 상이하다는 역사성을 파악하여야 한다는 점이다.

국제분업은 수직적 분업과 수평적 분업으로 분류한다. 수평적 분업은 공업국과 농업국 간의 무역을 말하며, 수평적 분업은 소득수준이나 기술 및 자본축적, 소비성향이나 경제적으로 비슷한 국가와의 관계에서 이루어지는 분업이다. 다시 말해 경쟁우위의 상품을 생산, 이를 특화하여 수출한다면 교역국 쌍방에게 이익을 얻게 된다는 주장이다.

2) 자유 경쟁론

아담스미스의 두 번째 주장인 자유 경쟁론은 자유무역을 통해서 수출입의 효율적인 국제무역 거래가 이루어진다면, 국내산업의 발전과 경제성장을 통한 생산기술의 향상, 제품의 품질 향상, 물가안정 등의 효과를 얻을 수 있다는 전제하에 근대적인 산업구조를 구축하기 위해 자유무역을 추진해야만 한다는 주장이다.

자유무역을 위해서는 자유경쟁이 이루어져야 한다는 것이며, 이를 통한 경제발전을 꾀할 수 있다고 보았다. 하지만 개도국과 후진국은 쉽지 않은 무역정책이 된 셈이다. 이 이론은 케네의 자유방임, 세이의 경제학요론과 함께 상업의 역할을 강조하고, 자유경쟁을 통한 생산비 절감과 자유무역의 효과로 생산성 향상, 기술진보, 경영혁신 등이 필요하다고 하였다. 그들은 자유무역을 통한 경쟁압력의 극대화로 경쟁이 치열하겠지만 문명의 발달과 함께 독과점적 이윤의 강조하는 기업이 감소할 것이라 주장하였다.

3) 소비자 이익론

아담스미스의 주장 중 세 번째 내용으로 모든 생산의 기본은 소비자를 위한 것이라는 것으로 그 옛날 현대적 관점의 고객과의 관계를 생각한 발상이라는 점에서 상당히 고무적인 주장이라 할 수 있다. 기업의 목표 즉, 생산의 목표는 생산자 자신의 이윤을 창출하기 위함이 기본적인 생각이다. 그러나 아담스미스의 주장은 생산의 최종목적은 소비를 위한 것이기 때문에 소비자를 최우선으로 생각하고 제품을 생산해야 한다는 것이다.

왜? 자유무역을 해야만 하는가? 구체적으로 보면, 질 좋고 값싼 좋은 제품들이 국내에 들어올 때 보호관세와 같은 성격의 제재를 가한다면 당연히 가격은 올라가고 소비자의 부담은 늘어날 것이다. 소비자들은 국내의 값싸고 질 떨어진 상품을 사용할 수밖에 없을 것이란 주장이다. 반대로 자국의 수출을 장려하기 위하여 수출보조금이나 수출장려금을 지급할 경우 국내 물가의 상승을 가져온다. 보조금, 장려금은 무엇으로 지급하는가? 국민의 세금 아닌가? 그러므로 자연스럽게 국내 소비자에게 그 부담을 주는 것이다.

현대적 관점으로는 생산자 주관이 아니라 소비자 중심의 소비자 감동, 고객 감동, 고객 만족을 위해서 국내생산만으로 소비자의 기호나 수요를 만족시킬 수는 없다. 그렇다고 수출장려정책으로 관련 기업에만 혜택을 준다면 결국 세금은 소비자의 몫이다.

제 4 절 보호무역주의(보호무역주의 정책)

1. 보호주의(Protectionism) 무역정책의 등장

보호무역의 정책은 18세기 중엽부터 19세기에 나타난 무역정책이다. 그 시기는 세계화의 영향을 받은 독일과 미국이 영국의 산업혁명과 공업화를 통한 국제무역의 자유화가 타당성이 있음을 인식하여 자국의 산업을 보호, 유치할 목적으로 보호무역 정책을 강화하면서 시작되었다. 영국이나 프랑스는 미국과 독일 등의 나라와는 산업이 발달하지 못한 상태이기 때문에 선진 영국과 경쟁을 통하여 자유무역을 한다면, 후진국의 국내산업은 위협을 받기 때문에 이를 보호, 육성하기 위한 대책으로 보호론을 주장하게 되었다.

2. 보호주의 무역정책이론의 전개

보호무역 정책이론의 특징은 영국에서 비롯된 세계화의 영향으로 독일, 프랑스, 미국 등의 나라들은 자국 산업을 공업화하는데 박차를 가하고 있었다. 그러나 먼저 공업화에 성공한 영국의 공업품들이 국내시장에 들어와 자리를 잡게 됨으로써, 국내의 유치산업이 매우 어렵게 되었다. 이러한 요인들은 자국이 공업화를 추진하고자 할 때 걸림돌이 될 수밖에 없으므로 국내에 유입되는 각종 공업화 관련의 상품들에 관하여 관세 및 비관세 수단을 통한 제재 및 관련의 조치를 가함으로써 자국 산업을 보호하기 위한 수단으로 보호무역의 필요성을 제기하였다.

1) 해밀턴의 공업보호론(산업분화론, 보호무역주의)

해밀턴이 주장한 공업보호론은 그의 저술 「제조공업보고서: Report on manufacture, 1791)」에서 공업이 생산력을 가진다는 내용을 강조하고 있다. 그의 주장은 공업을 보호 육성하기 위한 대책으로 자유무역 제도의 철폐, 유럽제국의 수입품에 대한 관세부과 등을 주장하였다. 해밀턴이 주장한 공업 보호론(산업분화론)의 결과는 미국이 공업보호를 위해 다음과 같은 조치가 필요하다고 한 것이다.

첫째, 미국의 공업은 유럽제국과 비교하여 유치한 단계이므로 보호 정책이 필요하다.

둘째, 공업이 농업보다 생산력과 이익이 높으므로 미국은 공업을 육성해야 한다.

셋째, 공업보호를 위해 관세부과, 수출입금지, 보조금, 장려금, 면세, 발명 장려, 상품 검사 등의 정책수단이 필요하다.

넷째, 보호해야 할 공업의 선정은 일정한 기준을 마련하여 신중하게 처리해야 한다.

2) 리스트의 유치산업 보호론

독일의 리스트는 유치산업 보호론을 주장하였다. 유치산업 보호론의 근거는 미국이라는 나라가 해밀턴의 주장을 받아 산업 보호론 이론을 바탕으로 시작되었다. 그러므로 국민경제의 광범위한 이론체계를 내세워 경제발전 단계설과 국민성을 중시하여 실천적 이론체계를 구성하였다.

유치산업 보호론(Infant industry argument for protection)이란? 한 국가에 있어 미래에 성장 가능성이 있는 산업의 발전을 위한 성장 촉진정책의 하나이다. 그리고 무역정책의 방법으로 수입억제 정책을 통한 자국의 유치산업을 보호하고 육성해야만 자유무역과 선진국과의 경쟁에서 이길 수 있다고 주장하였다. 구체적인 유치산업 보호론의 주장 내용은 다음과 같다.

첫째, 내부경제의 존재가 유치산업 보호의 핵심이다.

둘째, 영국의 산업독점에 대항하기 위한 대책 마련이 필요하다.

셋째, 경제성장을 위하여 농업과 공업의 균형시장이 필요하다.

넷째, 농업생산만 고집한다면 국제무역 거래에서 불리한 입장으로 나타날 수 있다..

3) 밀의 보호 무역론

해밀턴의 공업보호론과 리스트의 유치산업 보호론을 통하여 자유무역을 반대하고, 보호무역을 주장한 밀(Mill)은 리스트의 주장과 같은 유치산업의 보호와 육성을 주장하였다. 밀은 그의 경제학 원리에서 유치산업 보호에 관한 내용을 전개하였다. 일차적으로 외국의 어떤 산업이 경쟁의 우위에 있어 수입해야만 하는 경우, 자국에서 이를 잘 습득하고 생산할 수 있는 체제가 정비되었을 때까지 만이라도 관련의 산업을 보호할 필요가 있다. 그 이후에는 관련의 무역정책을 완화, 철폐해야 한다는 것이다.

자국에서 생산을 위한 민간이나 정부가 위험과 비용이 증가함으로써 보호관세의 개념으로 충분한 방책과 보상이 마련되어야 한다는 점이다. 하지만 보호관세와 같은 성격은 실제의 소비자들에게 자유무역의 상태보다도 더 심각한 가격의 부담을 안게 됨으로써, 소비를 감소시키고 경제적 손실을 가져다줄 수도 있다. 좀 더 세분화한 바스테이블의 주장은 유치산업의 선정기준은 일정한 보호 기간이 경과 한 후 별도의 보호 없이 자립할 수 있어야 하며, 보호 기간 중 발생한 손실 부분에 대해서는 그 산업의 성장 부분에서 발생한 것이므로 장래의 이익으로 충분히 보상이 가능한 사업을 보호 대상으로 선정해야 한다고 주장하였다.

▌그림 7-3▌ 보호무역의 효과

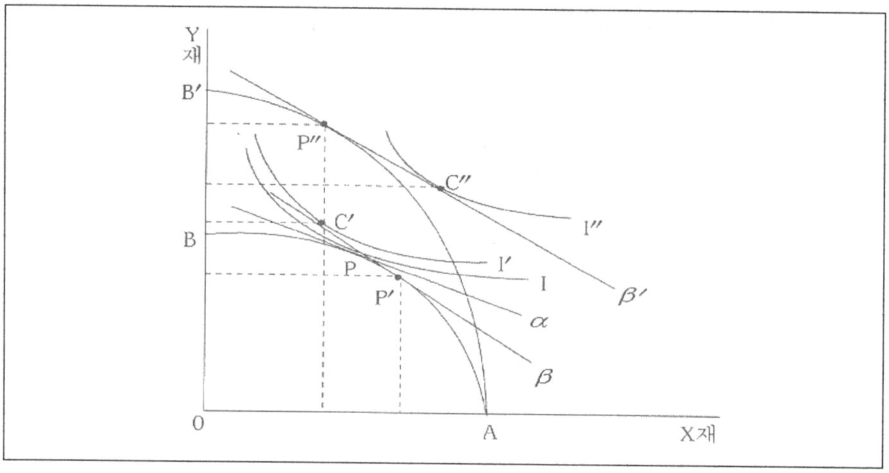

[그림 7-3]은 보호무역의 효과에 대한 설명이다. 보는 바와 같이 보호무역이 시작되면 Y재에 수입 관세가 부과되고 국내의 생산과 소비는 무역 전의 P점으로 복귀되어 경제의 후생수준도 처음의 사회 무차별곡선(I)으로 복귀한다.

Y재 수입으로 인한 관세부과는 Y산업 효과를 얻게 되고, Y재의 생산량이 증가함에 따라 생산 가능 곡선이 AB에서 AB'로 변경된다. 그리고 유치산업인 Y산업의 육성으로 인하여 X재에서 Y재로 전환 수출하게 되고, X재의 수출에서 Y재의 수출로 교역품이 바뀌게 된다. 이때 생산과 소비는 P''점과 C''점에서 결정되며 사회 무차별곡선(I'')이 된다.

3. 20세기 전반의 보호주의 정책

1) 20세기 전반의 무역정책 특징

17~18세기 시민혁명을 통하여 고전적 자유주의를 채택한 서유럽 나라들은 자유주의적 경향의 시장경제원칙을 통해 경제적 발전을 추구하였다. 20세기에 접어든 후, 선진 자본주의국가에서 시장 독점화, 보호무역 확대 등으로 자유 시장원리와 이윤추구원리의 갈등과 대립으로 인하여 제1, 2차 세계대전이 일어났다. 그 후 각 국가의 경제적 침체와 불황을 이겨내지 못하고 결국 세계는 1929년의 대공황을 맞게 되었다. 이를 극복하기 위하여 시장경제를 기본으로 하되 경제에 대한 강력한 국가의 개입을 통한 경제발전을 추구하게 되었다.

2) 보호 이론의 확산과 특징

보호 무역론을 주장한 이론적 근거인 국제수지개선론은 양차 대전 동안 수많은 논의를 통하여 통상 정책을 펴야 한다는 주장이었다. 보호무역주의의 대표적인 특징으로 고용기회와 수준 향상과 통상정책으로 케인즈는 관세에 의한 보호조치를 할 경우, 자유무역보다 증대된다고 주장하였다. 소득 배분론에 있어, 보호무역을 통하여 노동 희소 국에서 노동 집약 재의 수입에 대하여 관세를 부과할 경우 노동의 수요와 가격이 상승하여 임금인상의 결과를 초래할 것이라는 내용인 스톨퍼와 사무엘슨은 미국 노동자의 실질 임금수준의 보장을 위해 보호관세가 필요하다는 주장을 하였다.

보호주의 무역정책이 자리를 잡게 된 것은 1930년대로 세계 공항 이후 미국을 비롯한 세계 주요국들이 공항을 벗어나려고 수출증가, 수입억제를 통한 보호무역 정책을 시작하면서 시작되었다. 이러한 배경으로 19세기의 보호무역을 통한 국제무역은 많은 발전을 거듭하였다. 보호무역주의의 쟁점은 자국의 산업을 보호. 육성하려고 하는 관세정책의 강화와 직접무역의 제한조치, 외환관리제도 등을 도입한 것이지만, 보호무역주의의 주장대로 자국 산업이 언제 국제경쟁력을 갖출지?, 국내산업을 언제까지 보호, 육성해야만 하는지?, 무역통제와 외국의 간섭(통상), 국내산업의 고용을 보장을 언제까지 감당하여야 하는지에 대한 시기와 방법, 내용 등은 실패와 성공의 중요한 쟁점이 될 것이다.

제5절 신자유주의 정책과 신보호주의 정책

1. 신자유주의(New- Liberalism) 무역정책

자유주의 무역정책은 제2차 세계대전이 끝날 즈음 각국의 경제부흥을 위해 무역의 자유화를 통한 발전을 추구하려 하였다. 이때 자유무역의 문제점 해결을 위해 케인즈의 수정이론을 바탕으로 자본, 노동의 자유와 권리를 국가에서 관리하여 복지정책과 경기침체로부터 유효수요를 증대시킬 목적으로 등장하게 되었다. 이것은 케인즈주의, 수정자본주의, 개량(자본)주의라 불렀다.

신자유주의(N대-Liberalism)는 케인즈의 수정주의에 대한 반박으로 등장하였으며, 정부가 자본의 흐름을 개입하며 경제활동을 간섭하는 것은 오히려 부정적이라는 개념에서 정부의 간섭이 통제 없는 자유로운 무역을 주장하였다. 좀 더 쉽게 말하면, 정부가 무역이나 시장에 개입하면 할수록 자율적인 성장을 저해하는 요인으로 작용할 수 있으며, 자율경쟁을 통한 효율성, 효과성을 높이기 위해 자유무역 정책이 필요한 것이라고 본 것이다.

1) 신자유주의의 특징과 무역기구의 탄생

신자유주의에 있어, 핵심적인 내용은 생산, 가격, 고용 등의 경제 수준을 결정하는 통화 요인을 중요시하면서 물가조절, 자원 배분, 시장기능 등을 통한 활성화를 주장하였다. 특히 1970년대 세계 경제가 두 차례의 석유파동으로 인하여 스태그플레이션, 실업난 가중 등의 위기감 속에서 돌파구로 신자유주의를 부르짖게 되었다. 신자유주의는 GATT 체제로 인한 경제통상에 있어 자국의 이익을 최대화할 수 있는 무역 확대와 WTO를 통한 무역의 개방으로 발전을 꾀할 수 있었다. 무엇보다 자본 활동의 자유와 시장 개방(글로벌)을 통한 이윤추구의 자유화를 선언하게 된 것이다.

하지만 신자유주의는 개념과 현실을 왜곡하였다. 없는 사람과 있는 사람과의 조건을 동일시한 점, 여기에 지나친 경쟁주의를 더하여 약자들이 소외되는 현상을 초래하였다. 그리고 자본가들의 자유를 위한 이데올로기가 됨과 동시에 물질만능주의 경향으로 나타났다. 시장 개방을 통한 시장원리의 준수, 자유경쟁 촉진, 정부의 규제철폐, 기업의 구조조정, 공공재 개념 폐지 등은 신자유주의의 특징적인 내용이며, 각국의 무역을 하나로 통합시켜 나아갔다는 점에서 세계화의 발전을 통한 통합과 표준화에 힘을 쏟아 낸 것은 다행한 일이다.

2. 신보호주의 정책(1970년대 초반~1990년대 초)

1) 신보호주의(New-Protectionism) 무역정책

신보호주의는 제2차 대전 이후 미국 중심의 선진국들이 GATT를 통한 협정과 IMF와 같은 국제기구를 통한 무역자유화를 나타냈으나 1970년대의 두 차례 석유파동으로 인한 세계 각국이 스태그플레이션이라는 경기불황의 침체에 빠지게 되었다. 이때 자국의 산업을 보호하기 위하여 보호주의적 경향으로 나갔다.

신보호주의는 기존의 보호주의가 경제개발에 뒤처진 국가들을 중심으로 유치산업 강화에 있는 것이었다면, 신보호주의는 신흥공업국들과의 경쟁결과 선진국들이 비교우위를 확보한 채 사양산업을 보호할 목적과 GATT 체제에서의 낮아진 관세장벽보다 비관세장벽을 통한 발전을 꾀하였다. 신보호주의의 무역정책은 보험과 저작권, 특허권 등 각종 서비스 분야를 포함하여 자국 시장을 보호하려는 한편, 상대국의 시장 개방정책으로 나타나 GATT의 규정을 무시하여 무역 분쟁을 불러일으켜 이에 대한 해결책으로 제8차 우루과이라운드 협상이 등장한 것이다.

선진국의 신보호주의 경향은 신흥성장 개발도상국에까지 미치고 있다. 한국과 같은 입장의 대외무역의존도가 높은 나라일수록 대외 통상환경에 대해 매우 취약하다. 무엇보다도 선진국의 무역환경과 무역구제 조치에 대한 통상협상의 준비가 필요하다. 수출하는 국가와 기업의 입장은 보호주의적 무역구제는 자국 산업의 피해와 경제발전에 치명적인 악영향을 줄 수 있기 때문이다.

제6절 다자주의 및 지역주의 정책

1. 다자주의(Multilateralism) 무역정책

1) 다자주의 무역정책의 특징

다자주의 무역정책의 핵심은 무역자유화를 통한 무역 확대, 무차별의 원칙(최혜국 대우), 수량 제한조치 금지, 공개주의 및 협상 원칙주의를 바탕으로 전개해 나갔다. 다자주의는 무역 확대를 위하여 수출입의 자유화를 선언하고, 관세인하와 무역 제한 철폐를 통한 다자간협상을 통하여 일체의 차별조치를 취하지 않는다고 하였다. 그러므로 무역 제한 철폐란 국가 간 상품의 이동에 따른 비관세장벽의 철폐를 말한다.

하지만 GATT는 다음과 같은 조항에 있어 무역 제한을 인정하였다. 즉, 국제수지 유지를 위한 목적의 수입제한, 농수산물의 수입제한, 개발도상국의 특정 산업 보호를 위한 수입제한, 국가무역기업 보호를 위한 수입제한, 국가 안전보장을 위한 수입제한, 긴급조치에 따른 수입제한, 의무면제에 따른 수입제한 등에 관하여 무역 제한을 예외적으로 인정하였다. 다자주의의 특징으로 무차별의 원칙은 최혜국대우 조항, 수량 제한의 금지와 공개주의 및 협상 원칙을 포함하고 있다. 그러므로 다자주의의 무역정책은 GATT 및 WTO의 원칙으로 무차별 주의(최혜국대우원칙)이다.

2. 지역주의(Regionalism) 무역정책

GATT 및 WTO의 체제하에 국제무역의 경향은 세계화, 지역화의 개념으로 경제적 이해관계를 목적으로 인접 국가 또는 밀접한 관계국과 서로 블록화하는 경향을 띠고 있다. 물론 WTO는 GATT의 제24조에 의거 관세동맹과 자유무역 지대 협정 등의 지역무역 협정에 관한 한 허용하고 있다. 이에 따라 WTO 회원가입국 가운데 평균 5개의 지역무역 협정에 참여하고 있다.

WTO의 최혜국대우 원칙에 위배 되는 사항이지만 세계화를 통한 세계 경제의 발전을 꾀할 수 있다는 점에서 묵인하는 실정이다. 이를 위하여 1996년 2월 지역무역 협정위원회(CRTA: Commitee on Regional Trade Agreement)를 설치하였으며, 도하 개발 어젠더(DDA) 협상을 적극 활용, 지역무역 협정 개선을 추진하고 있다. 현재 지역주의에 관한 가장 대표적인 경제통합체제가 EU와 NAFTA이다. 이밖에도 안데스공동시장(ANCOM), 중남미 공동시장(CACM), 동남아 국가연합(ASEAN) 등이 있다.

3) 지역주의 무역정책의 특징

지역주의의 특징으로는 역내 우선주의, 역외 차별주의 등이다. 역내 우선주의는 지역주의를 통한 경제통합체로서 우선적 대우를 부여하는 것이며, 역외 차별주의는 각 가맹국이 그 경제통합체에 가입하지 않은 역외 제3국에 대해 통상 등 모든 부문에 걸쳐 차별조치를 취하고 있다. 차별적 조치로는 공통관세 제도 설치를 통한 역내국에 대해 관세를 면제하거나 낮은 관세율을 적용하고 역외국에 관해서는 고율의 관세를 적용하는 것을 말한다.

차별적 대우로 인하여 역외국들은 경제적으로 불리한 상황에 놓이게 되는 것이다. 지역주의의 무역정책은 지역경제 통합체의 형성, 확대, 심화 되는 추세를 말한다. 또한, 지역주의의 특징상 역내 우선주의와 차별주의를 택하지 않을 수 없으며 공동시장과 같은 경제통합체제가 결성되면 상품과 서비스 등의 이동을 통한 상호협력관계가 활발해짐으로 차별화를 두지 않을 수 없다.

▌표 7-1▌ 무역정책의 변화에 따른 개념(정리)

구 분	내 용
17~18세기 중상주의	• 경제적 부를 축적하기 위한 식민지 확보에 노력 • 수입제한 조치와 수출장려 정책 *아담스미스의 고전적 자유무역주의 주장으로 약화된 경향이 있음.
19세기 중상주의	• 통일 독일 중심의 중상주의 부활 • 독일의 리스트가 공업보호론의 방어적 민족주의 보호무역 주장
대공항 중상주의	• 교역국과의 경쟁적 관세인상 및 경쟁적 평가 절하 정책 • 타국의 희생을 자국 경제회복의 기회로 삼는 '근린궁핍화' 추구
20세기 이후 신중상주의	• 내재적 자유주의 주장(시장 논리 완화, 자유무역으로 부를 축적) • 1980년대 세계화로 인하여 신자유주의 등장 퇴조 • 1990년대 후반, 지역통합영향(미, 중 무역 분쟁)→보호무역 강화

Chapter 08 글로벌 무역과 한국의 통상발전

제1절 세계화와 무역통상 환경의 변화

1. 세계화와 글로벌 무역통상의 양상변화

1) 세계화와 글로벌 시장

세계화의 거센 물결은 선진국으로부터 개발도상국이나 후진국에 이르기까지 모두가 하나의 거대한 국가적 개념으로 통합화와 표준화를 추구하게 되었다. 즉, 전 세계적으로 자국 산업과 자국의 시장보존과 국민의 경제적인 삶을 위하여 다각도의 노력이 필요하게 되었다. 전 세계적으로 FTA로 인하여 개방 압력의 힘이 동네 구멍가게에까지 그 영향이 미치게 되었다.

글로벌, 세계화의 등장은 자국 중심이 아니라 전 세계적인 관점으로 개방과 폐쇄의 문제가 아니라, 세계화의 거센 물결에 휩쓸려 허우적거리는 삶을 영위하지 않으려면 시장의 완전 개방과 통상정책의 효율성을 가져오는 것이 이슈가 된 셈이다.

2) 무역통상정책의 변화와 경제적 영향

세계 경제는 교통과 정보기술의 발달을 통하여 구사회주의 경제권의 시장경제로의 통합, WTO 다자협상에 의한 국제규범의 확산, 국제금융시장 통합, 지역주의 확산 등을 통해 개방화, 글로벌화 되었다. 석유와 철강에 대한 국제원자재 시장의 불안정으로 인하여 가격이 변동하는 등락을 거듭하고 있으며, 통상환경에 매우 불안한 요소로 작용하고 있다.

세계의 시장에서 개방경제의 흐름을 타고 발전한 중국은 원자재 시장의 비중이 10년

간 약 10%에서 25% 수준으로 증가였으며, 세계화, 지역화의 영향은 전 세계적인 공급과잉으로 인한 복잡한 통상관계를 일으키고 있다. 특히 신흥국가들의 중화학공업 중심의 수출주도형 성장전략으로 인한 공급과잉은 더욱 빠르게 움직이게 되었다. 선진국 또한 고령화 사회에 따른 구매력이 점차 감소추세로 돌아서게 됨에 따라 공급과잉은 피할 수 없는 일이 되었다. 공급과잉은 수출의 경쟁 심화, 보호무역주의 강화, 환율전쟁, 세계경제 침체와 금융의 불안을 유발하여 대외무역 환경을 악화시키게 된다.

따라서 자유무역을 지향하는 WTO가 출범하였음에도 불구하고 자국 산업 보호를 위한 무역구제 수단은 날로 증가하고 있다. 국내시장과 세계시장에서의 환경오염 유발 제품의 가격이 상승하게 되었으며, 가격의 경쟁력이 낮아져 수출은 국내의 산업도 어렵게 만들고 있다. 블루라운드라고 일컫는 임금협상, 근로시간 조정 등에 관한 기준마련을 서두르고 있어 노동기준이 미비한 국가에서의 임금 부분은 상승을 통한 가격상승으로 경쟁에 큰 영향을 미칠 것이다. 관세율과 기타 시장에서의 제 조건을 추가한다면 생산되는 해당 제품에 큰 타격을 입게 될 것으로 보인다.

3) 국제통상의 변천 과정

국제통상이란? 18세기의 중상주의의 발생을 시작으로 중농주의, 자유주의, 보호주의, 다자주의, 지역주의, 신자유주의, 신보호주의, 중도주의 등으로 시대적 변화에 따라 통상의 이념이 발전하였다. 국제통상의 기본이념은 16세기 유럽의 중상주의이며, 당시의 화폐급증과 지불수단의 증대로 인하여 중상주의로 태동한 것이다. 이를 위하여 국가의 부는 수출입을 통한 국부 증대를 통하여 무역 차액에 의한 정책 발전을 꾀하였다.

이러한 배경하에서 수출장려, 수입억제, 중계무역, 관세정책 등이 나타났다. 중상주의는 시대적 변천에 따라 중금주의에서 무역 차액주의 혹은 산업 보호주의로 전화되었으며, 이 시기는 절대왕정 시대로 시민혁명의 의회주의적 중상주의, 수공업에서 공장제수공업으로 변화, 상업자본의 지배에 대한 대외무역에 중점을 둔 농공업의 보호 정책으로 변화되었다. 하지만 산업발달로 인하여 국제통상의 증가로 말미암아 국부를 금은의 축척으로 보는 관점이 점차 흐려지고 무역 차액의 증가에 있는 것이 아님을 아담스미스가 밝혔다. 특히 자유경쟁과 자유무역은 국제 분업을 촉진하여 자연적, 인위적인 생산조건을 달리하는 나라들과의 생산조건에 맞는 생산을 분담함으로써, 세계 경제 및 자국의 경제에 이익이 된다는 주장이다.

자유주의는 후진국이 선진국의 산업발달을 답습하려면 매우 어렵다. 후진국은 유치산업을 보호하기 위하여 보호주의가 태동한 것이다. 물론 당시 영국의 자유주의에 대항한 독일, 미국이 자국의 공업보호를 위해 보호 조성책을 주장하였으나 이를 위해 관세 수출입금지 보조금 및 장려금 등의 정책적 수단을 제시하기도 하였다. 국내산업을 보호할 목적으로 공업화를 통한 산업간 분업의 이익과 상호 간 수요 창출에 의한 안정된 시장을 갖는 것이라고 보았다.

보호주의는 정부가 상품과 서비스의 국가 간 이동을 통한 자국 산업 보호와 국제수지 등을 고려하여 간접조치를 취할 수 있어야 한다는 주장이다. 국내고용 창출, 생산요소의 가격을 국제적으로 균등화시키는 것을 반대하고 관세부과로 인한 수입국에서의 무역이익과 특정 산업의 보호에 힘을 얻을 수 있다고 주장한 것이다. 변천 과정의 특징은 1930년대 세계 제1차 대전 이후 대 공항으로 각국은 보호 정책을 강화하였을 뿐만 아니라 시장 확보를 강화해 나갔다. 제2차 대전 이후에도 자국 중심의 보호주의적 무역이 국제전쟁의 시발점임을 깨달아 국제경제기구를 설립하여 무역자유화를 통한 무역 확대와 통화가치 안정을 도모하려 하였다. 이러한 경향의 움직임을 다자주의라고 한다.

다자주의는 GATT와 WTO의 생성 이후 전 세계적으로 확산하여 국제통상의 뼈대를 형성하였다고 볼 수 있다. 통상의 이념에 반대하고 나타난 것이 지역주의이다. 지역주의는 특정 지역의 나라들이 협정을 통하여 광역경제권을 형성한 후 무역자유화를 통한 산업구조의 조정과 통화재정 금융상의 상호공조정책을 펴 보자는 것이었다.

1970년 이후 두 차례의 석유파동으로 인하여 국제무역수지적자로 보호주의적 통상정책은 유럽으로 확대되었고, 이때의 보호주의를 신보호주의라고 하며, 고전적 보호주의보다 강력한 것이었다. 신보호주의의 특징으로는 공정무역을 통한 비관세조치로 무역을 규제하는 것이다. 이러한 신보호주의의 경향 후에 새롭게 WTO의 체제하에서 시장개방과 세계화를 통한 통합과 표준화로 나타나기 시작하였고, 이러한 통상이념은 1990년대까지 전 세계적으로 자유주의의 경향 아래 무역이 성행할 수 있었다.

국제통상 이념의 변천은 그 시대의 요구에 걸맞게 변화하였다. 시대적인 흐름을 타고 각국에서 상업의 중요성을 통한 중상주의 발생과 산업사회로 인한 무역의 증가로 자유무역이 발생하였으며, 산업사회의 발달로 인한 자국의 상황에 맞게 발전시키고자 한 것이 보호주의이며, 또한 국제상황에 맞게 맞추고자 한 것이 자유주의와 보호주의적인 통상정책이었다. 이는 자유주의와 보호주의 사이에서 적당한 색깔을 띠지 않고 자국 산업과 발전을 꾀하기 위한 속내를 감춘 것이라 하겠다.

급변하는 무한경쟁 시대의 21세기는 국제상황의 다변화로 인하여 다자주의와 지역주의의 새로운 경향이 대세를 이루고 있다. 자유주의와 보호주의를 표방한 새로운 개념으로 다자주의와 자유주의의 틀 안에서 지역주의의 상존, 특정한 분야에서 보호주의의 경향을 띤 이중적 구조로 나타나고 있다. 그리고 지금 유럽에서는 중도주의라고 하는 시대적 흐름의 새로운 무역형태가 자리를 잡아가고 있다.

2. 글로벌 무역통상의 환경변화와 통상정책

1) 글로벌 무역통상의 환경변화

국제통상은 세계화의 영향으로 인하여 더욱 활발하게 전개되게 된 셈이다. 통상이전의 단순한 시장거래의 수직적이고 통합적인 차원의 조직에서 이제는 선택의 과제에 관한 범위를 벗어나 관계를 중시하는 계약의 관계로 발전하게 되었다. 그리고 서비스 산업의 비중이 날로 증대되면서 서비스 산업으로 인한 협상의 중요성은 크게 증대되었다. 또한, 정책의 효과를 제거하기 위하여 정부 간 협력이 필요하게 되었다.

하지만 국제통상의 애로점은 국제협상에 관한 당사자들 간의 협상 성과와 과정 및 의사소통방법을 조사하고 이를 다른 나라 협상자 간의 협상과 비교하여 연구하여야 하며, 서로 다른 문화 간 상이 한 가치체계로 인한 정보처리의 애로가 있다는 것이다. 최근 글로벌 무역통상 환경의 다변화로 인하여 공급망의 변화와 구조적 위기가 도래하였다. 수출의 질적, 양적 성장이 있으나 수출산업의 국내 부가가치를 높이고 서비스 부문의 경쟁력 확대와 무역 분쟁의 환경보호 의무조항이 크게 강화되고 있다.

2) 무역통상 정책의 의미와 한국의 통상정책

국가 간의 경제활동을 목표로 이에 따른 제 문제를 해결하기 위한 수단이 국제통상이다. 국제통상이라고 할 때 통상적인 의미는 국제무역상의 장애 요인들을 제거하고 무역의 원활화, 효율화를 위한 적극적인 자세의 협상을 말하며, 이러한 활동을 위한 대외 경제활동의 준비 및 활동의 전 과정을 국제통상이라고 한다. 통상의 정책은 대내적으로는 자국의 수출을 증대하여 국민경제 생활의 활력을 불어넣고 대외적으로는 수입을 억제하는 정책을 펴나가는 것인데, 이때 각 국가 간의 무역에 관한 상호이익의 부분에 관한 이해조정을 필요로 하게 된다.

일반적으로 통상이란 말은 무역과 연관된 한 개념으로 수출과 수입에 관한 내용으로 이해해 왔으나, 통상정책은 통상과 관련된 국가전략이나 대외관계를 포함하는 폭넓은 의미로 사용하고 있다. 그러므로 통상은 경제정책의 하나이며, 대외정책의 일종으로 상대국과의 관계 개선을 통한 무역 대상국과의 상호연관성을 띤 동시 발전적인 영향 아래 있게 된다. 그리고 이러한 통상의 제 문제에 관하여 이해관계의 이해조정을 위한 외교와 통상의 일상적인 규범을 통한 통상의 정책을 펴나가고 있다.

한국통상 정책의 목적과 목표는 국민경제 생활의 활성화를 위한 것이기 때문에 당연, 수출을 증대하고 수입을 억제하는 영향을 끼치게 될 것이다. 이러한 수출증대와 관련된 통상의 협정 및 체결, 경제 관계의 각종 협정체결 등을 통하여 정책적인 조치를 바탕으로 수출과 연계되지 않는 조처가 취해질 수 없는 것이다. 수출증대를 위하여 수입을 억제하려고 한다면 무역 상대국과의 관계에서 국내산업의 산품이 무역교역 대상 국가에서 얼마나 수입규제조치를 당하느냐 하는 것이다.

3) 한국이 참여 중인 무역기구

우리나라가 국제무역 기구에 참여하여 활동하고 있는 분야는 세계무역기구(WTO)와 경제협력개발기구(OECD), 국제통화기금(IMF), 국제부흥개발은행(IBRD), 유엔무역개발회의(UNCTAD), 국제연합(UN), 아시아태평양경제협력체(APEC) 등이다. 특히 1994년 45개국 연합국이 참가한 가운데 브레튼우즈에서 국제자유무역의 새로운 금융 질서 확립을 위한 관세 및 무역에 관한 일반협정인 GATT와 국제통화기금인 IMF 체제의 출범에 합의함으로써 세계화의 영향을 통한 통상과 투자에 큰 변화를 가져오게 되었다.

1950년대에 있어서 이러한 체제하에서의 자유무역주의와 국제통화질서의 안정을 통한 국제무역이 활발하게 진행될 수 있었다. 자본 및 외환 자유화를 통한 IMF의 일익을 담당하게 된 것이다. 우리나라가 국제기구와 경제협력 관계에 있어서 1960년 후반부터 크게 진척되었다. 1961년 IBRD의 협력기구의 하나인 국제개발협회(IDA: International Development Association), 1964년 국제금융공사(IFC: International Finance Corporation)에 가입함으로써 세계은행 그룹과 함께 금융개발에 커다란 유익을 주었다. 그리고 1964년 한국개발금융의 창립과 1974년 한국투자금융 창설에 힘입어 더욱더 발전추세로 나가게 된 것이다. 물론 1965년의 국제연합무역개발회의(UNCTAD)에 가입함으로 인하여 개발도상국의 산업화와 국제무역 참여에도 힘껏 동참하게 되었다.

특히 정부는 1967년 GATT에 가입한 후 국제상사분쟁 조정기구인 제네바조약 등 3개의 국제조약에 가입하였다. 1990년 1월에는 수량할당 폐지, 관세와 비관세장벽 완화 등의 자유무역을 통한 GATT의 11 조국으로 이행하게 되었다. 1989년 12개 회원국 중의 하나로서 아시아태평양경제협력체에 참가하여 최대 규모의 지역경제 협력체로 활약하게 되었으며, 우리나라 총교역의 3/4, 외국인 투자액의 2/3 내외수준을 차지하였다. 1991년 제3차 APEC 각료회의가 개최되고 이어 1995년 제1차 APEC 정보통신 장관회의를 그리고 1996년 제2차 APEC 과학 및 기술 장관회의, 이어 2002년에는 제1차 APEC 해양장관회의, 2005년에는 제13차 APEC 정상회의를 개최하기도 하였다.

한국은 1991년 제46차 UN 총회에서 북한과 함께 UN 회원국으로 가입하여 세계 각국과 국제협력을 도모하였으며 제2차 세계대전 직후 전쟁 방지와 평화유지를 위해 설립된 국제기구인 UN에 가입하게 되었으나 우리나라는 UN에 가입하기 위하여 1949년부터 무려 46년 동안이나 노력한 끝에 이뤄낸 일이다. 1990년대에 있어 대외경제와 관련하여

1995년에 세계무역기구(WTO)의 출범과 1996년 경제협력개발기구(OECD)의 가입, 1993년 자본과 외환시장의 자유화, 개방화를 추진하였고, 1996년에 OECD에 가입함으로써 자본시장과 외환시장의 선진화와 경제 운용의 선진화를 도모하게 되었다.

하지만 우루과이라운드의 종결로 인한 WTO의 영향을 받게 되었는데, 상품과 서비스 및 생산요소의 이동이 세계화의 영향으로 인하여 전 국가에 자유로이 이동할 수 있게 되었다. 따라서 국제통상의 질서는 더욱 복잡하고 또 다른 경쟁을 낳게 되었으며 이로써 세계는 무한경쟁 시대에 돌입하게 된 것이다.

4) 한국의 대외무역통상 협력

한국은 대외무역의존도가 상당히 높은 국가이다. 즉, 수입에 의한 수출로 가공무역을 주로하고 있는 대표적인 나라 중의 하나이다. 이러한 한국의 대외통상협력은 1980년대 이후 자유무역주의와 지역주의를 낳게 되었다. 이는 지역 간 국가 간 경제통합이나 통상협력의 흐름을 강하게 만들어버렸다. 자유무역으로 인한 시장 확대와 대규모 생산의 이익과 생산성의 제고를 도모하기 위한 특정 산업부문의 통합이나 양국 간 혹은 다자간 무역협정 형태를 취하게 되었다. 그러나 갈수록 지역주의 경향이 강하며 결국 대외통상협력도 자국의 이익과 산업을 보호하기 위한 보호주의적 경향에서의 경쟁우위 확보에 바탕을 둔 정책이라 할 수 있다.

(1) 양자 간 무역협정

두 나라 간의 교역 수행 조건을 설정하기 위해 협정을 체결하는 것이다. WTO 회원국으로써 비차별, 시장접근 등의 혜택을 누리는 가운데 있다면, 별도로 양자협정을 체결하여 양자 간 무역 촉진 및 무역 진흥을 위한 것이다. 물론 양자 간의 협정에는 최혜국대우와 내국민대우의 큰 차원에서 살펴볼 수 있다. 사전에 조약에 규정한 조항대로 통상, 항해, 산업, 거주, 과세, 사법상의 권리 등에 대하여 인정된다.

(2) 다자간 무역협정

다자간협정은 무역 상대국과의 시장개방과 자유무역을 통한 무역 활성화, 국제규범의 정립을 바탕으로 국제교역의 불확실성을 동시에 제거하자는 취지이다. 이를 통하여 GATT의 지속적인 노력으로 관세인하 협상으로 공산품에 대한 관세가 인하되었으며, 특히 1999년 평균 4% 미만으로 자리를 잡았다. 이는 제2차 대전 이후 처음으로 10년 동안 세계 경제 성장률은 연평균 5% 정도였는데, 그와 같은 높은 성장률은 부분적으로 낮은 교역장벽의 결과였다.

상품의 교역량은 1950년도에 비하여 무려 16배가 증가하였고 생산량에 대한 상품 수출의 비율은 15%로 약 2배 증가하였다. 국내시장의 개방과 국가 간의 무역 확대는 기업과 정부 입장은 동시에 무역 증대를 위한 다각적인 노력이 필요하다. 세계 무한경쟁에서의 경쟁우위를 차지하기 위한 새로운 차원에서 경쟁은 더욱 가속화될 것으로 보인다.

(3) 자유무역협정

자유무역협정은 FTA와 지역주의로 세계화의 영향으로 인한 국제경제의 조류가 되었다. 물론 WTO의 출범으로 인하여 세계화는 더욱 가속화되었다. 특히 지역협정의 확산으로 인하여 FTA가 개방을 통해 경쟁을 심화시킴으로써 생산성 향상 측면에서 무역부문의 중요한 개혁조치로 부상하고 있다.

따라서 지역주의의 확산으로 인하여 자유무역협정(FTA: Free Trade Agreement)은 특정 국가 간에 배타적인 무역 특혜를 서로 부여하는 협정으로서 갖는 느슨한 지역 경제통합 형태이며, 지역무역협정(RTA: Regional Trade Agreement)의 대종을 이루고 있다. FTA는 회원국 간 관세철폐를 바탕으로 자유무역협정(FTA: NAFTA), 회원국 간 자유무역과 역외국에 대한 공동관세율 적용 즉, 관세동맹(MERCOSUR), 또한 관세동맹에 추가하여 회원국 간 생산요소의 자유로운 이동이 가능한 공동시장(Common Market), 단일통화로 회원국 간 공동의회 설치와 같은 정치, 경제의 통합수준의 단일시장을 꾀하게 되었다. 전통적인 FTA와 개도국 간의 FTA는 상품 분야의 무역 자유화 또는 관세인하에 중점을 두고 있는 경우가 많다.

이밖에도 지적 재산권, 정부조달, 경쟁정책, 무역구제제도 등 정책의 조화부문까지 협정의 대상 범위가 확대되었다. 우리나라는 FTA 확산에 따라 안정적인 해외시장을 확보하고 개방을 통한 우리나라 경제의 경쟁력을 강화하기 위한 두 가지 목적으로 가진 FTA를 추진한 결과 칠레, 싱가포르, EFTA 6개국과 FTA를 체결 완료하였으며, 추가적으로 협상 대상국에 대한 다양한 내용으로 차후의 협상에 임하고 있다.

자유무역협정은 제2차 세계대전의 끝자락에서 승전을 확신한 연합군들은 종전 후에 있을 본격적인 세계 경제 개편에 관심을 쏟아부었다. 미국을 중심으로 자유무역체제를 바탕으로 관세의 인하와 무역 제한의 철폐를 통한 무역 및 관세에 관한 일반협정인 GATT를 중심으로 세계무역기구(WTO)를 출범하였다. 결과적으로 자유무역협정을 비롯한 관세동맹, 공동시장, 경제연합의 형태를 취하게 된 셈이다.

제 2 절 글로벌화와 한국의 통상정책

1. 한국의 통상정책 변화양상

한국의 통상정책에 관한 한 법적 근거는 1956년 11월 28일의 한국과 미국의 우호 통상 및 항해조약과 1960년 2월 19일의 대한민국 정부와 미국 정부 간의 투자보장에 관한 협정에 근거를 두고 있다. 한국의 통상정책은 경제 및 무역의 발전에 두고 있다. 해방 후 대외원조에 의존할 수밖에 없었던 통상정책은 수출주도형 성장으로 인하여 2000년대에 들어와 세계 11위의 경제 대국이요, 세계 12위의 무역 대국으로 발전하였고 2022년 최근에는 세계무역의 7위 자리를 다지고 있다. 이어서 한국의 통상정책은 양자 간 및 다자간 통상협력과 국제경제기구 가입 및 개발도상국과의 통상협력 등을 계속하고 있다.

〈표 8-1〉에서 1960년대는 수출 위주의 무역정책을 펴나가고 있으며, 이러한 통상에 합당한 자세는 쌍무 간 및 다자간 통상관계의 변화에 대처한 것이라 할 수 있다. 1970년대는 보호주의적 무역정책, 1980년대는 개방정책으로 70년대의 공업화 추진과정에서의 수입대체정책과 석유파동 등의 이유로 보호주의 경향의 정책을 강화하였다. 1980년대에 들어와 제5 공화국의 경제의 개방화, 자율화를 통한 보호주의적 무역정책을 탈피하여 수입자유화가 가속화되었다. 1990년대 이후 WTO 및 OECD 가입으로 각종 제도와 정책을 국제규범에 맞춰나갔다.

2000년대 이후 2022년 최근의 한국통상은 글로벌 가치사슬의 관점으로 수입은 수출 및 해외투자의 관계를 고려하고 있으며, 1990년대 개방 이후 글로벌 가치사슬의 발달로 해외투자 활성화하였다. 한국은 2020년 말 기준으로 전 세계 26개국으로부터 총 229건에 해당하는 수입규제조치를 당하고 있다. 그중 15건은 반덤핑, 1건은 세이프가드로 미국 33건, 일본 21건, 유럽연합 19건으로 갈수록 심화 된 수출입의 관계가 수입규제 및 통상의 문제로 이어지고 있다는 것이다.

▌표 8-1▌ 우리나라 통상정책 변화양상

구분	정부 수립 후 ~1950년대	1960 ~1970년대	1980년대	1990년대	2000년대
통상 정책 기조	외자 유입	무역 확대	개방화 자유화	다자주의추구	다자주의, 지역주의 자유화

구분	정부 수립 후 ~1950년대	1960 ~1970년대	1980년대	1990년대	2000년대
통상 정책 기본 방향	경제기반구축 -수입을 위한 수출 -원조자금확보	중상주의정책 -경쟁위주 통상 - 수출지원 /수입규제	자유무역정책 -통상마찰 심화 -소극적 통상	-상호이익 추구 -개방화/자유화 -국제정책 조정	개방된 양자 관계 추구 -경제교류 활성화 -산업간 협력조성
통상 정책 세부 방향	자원 수출을 통한 외자확보 -필수품 수입 확대 -다자협상 (무관심)	-수출을 통한 경제성장전략 -수입규제/국내 산업보호정책 -다자협상 수동적	무역 확대 관심 -수입적극검토 -통상마찰노력 -시장개방확대 -APEC 참여 -양자간 협상 치중	무역균형 확대 -수출과 투자를 통한 IMF극복 -외국인투자유치 -다자/지역협상 참여	무역액 확대를 통한 IMF체제 극복 -다자관계/자유 무역 -국제 무역기구의 참여
통상 정책 목표		국내 후생의 극대화	국내 후생의 극대화	국내/세계경제 후생극대화	세계화/지역화로 후생강화
통상 환경		-GATT 운영 -케네디라운드 (관세인하) /동경라운드 (비관세장벽 규범화) -UNCTAD정착 -만성적 국제 수지 적자국 (최빈)	-GATT무력화 -UR협상타결 지연 -선진국 보호 주의 -UNCTAD를 통한 GSP공여 지속 -3저 호황: 국제수지 흑자 -신흥공업국 지위	-WTO 출범 -뉴통상이슈부각 -국가간 상호 의존심화/세계 화 급진전 -UNCTAD를 통한 GAP 공여 지속 -수혜대상국제외 -OECD 입국 -IMF지원대상국 -무역 10위권	-지역주의 강화 -신자유무역주의 성행 -다자주의 경향 -WTO/GATT 등의 국제 무역기구 강화

2. 시대별 본 무역통상정책의 양상변화

1) 정부 수립 이후~1950년대의 통상정책

한국은 정부 수립 이후 1950년대 한국의 통상정책 근거는 한일 통상협정(1950. 6. 2)과 한미우호 통상 및 항해조약(1956. 11. 28), 한국과 독일 간의 기술원조 협정(1958. 10), 한국과 베트남 간의 관세협정(1958. 11. 5)이다. 대부분 1940년대와 1950년대는 세계화의 영향으로 인하여 범세계적인 협력기구들이 탄생하게 되었으며, 경제부흥과 무역 확대가 주 관심사였다.

1944년 IMF(국제통화기금)와 IBRD(국제부흥개발은행) 및 1948년 GATT(관세 및 무역에 관한 일반협정)의 탄생과 미국과 구소련의 동서 냉전 격화로 인한 구호원조 및 개발원조가 활발하게 진행되었다. 게다가 한국은 6.25 전쟁을 통하여 경제부흥과 대외원조 및 외국의 원조에 치중하게 되었고, UN을 비롯한 국제기구에 의존하였다.

그 후 1955년 IMF와 IBRD에 가입하게 되었다. 한국이 세계를 연결하는 통로를 열어나가게 되었다. 그러나 미국의 원조 관계를 벗어나지 못하였고 결국 양자 간의 통상협정으로 1956년 한국과 미국의 우호 통상 및 항해조약을 체결하였다.

▌표 8-2▌ 정부 수립 이후 ~ 1950년대의 통상정책(요약)

주요일자	통상 관련 내용
1945년~1948년	미 군정기 동안 한국의 자주적 통상정책 암흑기
1948년 8월 15일	대한민국 정부 수립 후 통상정책의 황무지
1950년~1953년	6.25 전쟁 동안 통상정책 전무
1950년 6월 2일	한일통상협정
1956년 11월 28일	한미우호통상조약 및 항해조약
1958년 10월	한국과 독일 간의 기술원조 협정
1958년 11월 5일	한국과 베트남 간의 관세협정
1959년 5월	필리핀 무역 및 문화 친선 사절단 내한 통상문제 토의

〈표 8-2〉에서 1950년 6월 2일의 한일 통상협정은 전문 4조로 한일무역계획으로 구성되어 있으며, 양국 간의 통상관계를 협력하고 자 하였다. 그 주요 내용은 다음과 같다.

첫째, 무역 거래는 본 협정과 동시에 체결, 통상 금융협정의 조건과 규정에 의한다.

둘째, 양국 간의 수출입은 한일무역계획에 표시된 금액까지 허가함을 원칙으로 한다.

셋째, 한일무역계획은 언제든지 상호합의로 수정 또는 확장할 수 있다.

넷째, 양국 간의 무역 거래는 당사국의 수출입통제 및 외환관리 범위 안에서 행한다.

다섯째, 양국은 제3국과의 무역을 촉진하기 위해 다각적 무역을 발전시킬 가능성을 협의한다. 1953년 휴전협정으로 전쟁 복구사업이 추진되면서 대외통상 활동에 관심을 나타내기 시작하였다.

이를 바탕으로 1956년 11월 28일 한미우호 통상조약 및 항해조약을 체결하였다.

조약체결의 주요 내용은 다음과 같다.

첫째, 국민의 입국, 체제, 거주에 내국민대우와 최혜국대우를 부여한다.

둘째, 법인의 사업 활동과 자유 직업수행에 최혜국대우를 부여한다.

셋째, 신체보호, 자산의 공개수용, 재판권, 과세에 내국민 및 최혜국대우를 부여한다.

넷째, 관세 및 해운에 최혜국대우를 부여한다.

다섯째, 외환 관리에 내국민대우 및 최혜국대우를 부여한다.

따라서 1950년대의 한국 통상정책은 통상외교활동의 강화, 통상 및 경제 관계 조약체결, 해외시장의 개척 등에 중점을 두었다. 통상외교활동을 강화하기 위하여 국제기구와의 경제협력을 추구하여 UN 경제사회이사회 산하 기구인 아시아태평양 경제사회위원회의 정회원국으로 참여하였다. 경제협정의 관계에 있어, 한국과 월남의 관세협정 및 독일과의 기술원조 협정을 체결하였으며, 해외시장의 개척을 위한 해외수출시장 조사와 시장개척 방안이 강구되었다. 한국통상의 시작은 1950년 후반부터라고 할 수 있으며, 이러한 배경하에 1950년대의 한국통상 외교의 기본방향은 통상외교활동의 강화, 통상 및 경제 관계 조약체결, 해외시장 개척에 중점을 두었다. 또한, 한국 정부는 외국과의 경제외교 활동 강화와 국제기구의 참여했으나 별다른 성과가 없었다.

2) 1960년대 한국의 통상정책

1960년대의 한국 통상정책은 세계화로 인한 자유무역주의와 다자간협상인 케네디라운드(1964~1967년)가 전개되었다. 이때 개도국들은 선진국의 개발협력과 무역장벽 완화를 요구한 결과 1964년 UNCTAD 즉, 유엔무역개발회의가 창설되었다. 이러한 노력으로 1960년 미국과 투자보장협정 체결, 1965년 UNCTAD, 1967년 GATT 가입(1967년)의 통상정책을 확대해 나가게 되었다. 특히 1950년대의 미국 일변도의 협력관계에서 다변적 관계를 추구하고자 하였으며, 1970년 말까지 21개국과 통상조약을 체결하고 42개 국제기구에 가입하는 쾌거를 올리게 되었다.

1960년대의 통상정책은 교역상대국과의 무역협정 체결 및 통상외교 추진, 해외시장 개척 등이었다. 특히 동남아제국과의 교역을 증진, 경제적 유대를 강화하기 위하여 무역협정을 체결하는 등 최혜국대우의 무차별 원칙에 입각한 교역 증진 및 무역균형에 관한 논의가 활발하게 진행되었다. 1962년도에 수출 진흥을 위한 해외시장 조사와 수출입거래 알선 등을 목적으로 대한무역진흥공사법이 공포되어 수출 진흥 법제상의 조치가 취해짐에 따라 통상의 틀을 확립하게 되었다. 1963년의 통상정책은 통상지역의 확장에 중점을 두었다. 1963년부터는 유럽 국가와 남미국가에까지 확대하였다.

1964년 전 세계적으로 통상외교정책을 확대하여 한인 무역협정과 한국과 미얀마 간의 무역협정, 한국과 캄프치아 간의 무역 및 지불협정을 체결하였다. 한국수출품의 해외선전 등을 위한 국제박람회 참가와 해외무역관을 증설하여 해당 지역별 수출목표를 세워

나갔고, 특히 중동지역에 해외시장조사단을 파견하였다. 섬유규제가 시작되어 국제장기 면직물협정에 가입하였다. 전 세계적으로 통상의 범위를 확대한 결과 한국과 서독 간의 재정원조에 관한 협정을 체결하여 국가 발전에 큰 원동력이 될 수 있었다.

1965년의 통상정책은 전 세계와의 통상관계 수립이었다. 수출목표를 1억 7천만 달러로 정하고 한국과 이탈리아, 서독, 오스트레일리아와의 무역협정을 체결하였다. 1966년에는 한, 미간의 면직물 수출입에 관한 쌍무협정을 체결하였으며 교역 확대에 중점을 두었다. 한일무역 협정, 멕시코, 캐나다, 월남, 서독, 태국 등과의 통상문제 해결을 이한 경제 각료회담을 개최하여 성과를 얻었다.

▌표 8-3▐ 1960년대의 통상정책

주요일자	통상관련 내용
1960년대 주요통상정책	* 본격적인 통상정책 추진 시도의 해 - 교역상대국과의 무역협정 체결 및 통상외교 추진, 해외시장 개척 - GATT 가입과 케네디라운드의 다자간협상 참가, UNCTAD 총회와 그 특별회의의 참가국이 되었다는 점
1962년	* 통상정책은 통상지역의 확장으로 동남아 중심의 통상정책 - 수출 진흥을 위한 해외시장 조사와 수출입거래 알선 등을 목적으로 대한무역진흥공사법이 공포되어 수출 진흥의 법제 상의 조치가 취해짐에 따라 통상의 틀을 확립
1963년	* 유럽과 라틴아메리카까지 확대 - 필리핀, 대만, 태국, 월남, 브라질, 말레이시아, 미얀마 등과 통상협정을 체결
1964년	* 전 세계적으로 통상외교정책을 확대 - 한인 무역협정과 한국과 미얀마 간의 무역협정, 한국과 캄프치아 간의 무역 및 지불협정을 체결
1965년	* 통상정책은 전 세계와의 통상관계 수립
1966년	* 한미 양국 간의 면직물 수출입에 관한 쌍무협정을 체결 - 교역 확대에 중점
1968년	* 아시아 상공회의소 연합회 총회가 서울에서 개최되어 지역협력 논의, 통상의 변화 발전 모색 - 한일회담 개최, 한국과 대만 간의 합동경제협력위원회 개최 등의 경제협력과 통상확대
1969년	* 수출목표의 달성을 위한 지역별 수출진흥 확대회의 개최 - 대일무역 현안, 미국에 대한 면직물 수입규제의 저지 등 - 수입규제조치의 철폐와 대일 보세가공품 수출에 대한 부가가치 관세의 적용 교섭 - 퓌지니, 니제르와의 무역협정을 체결

1966년 12월 GATT 이사회로부터 정식가입의 수락을 받았으며 71번째 회원국이 되었다. 한국통상은 GATT의 의무를 준수와 권리를 행사하면서 무역자유화를 위한 개방경제체제로 나아가게 되었다. GATT 가입으로 인한 케네디라운드 참여로 18개 품목에 관한 관세인하를 양허 받았으며, 이외에도 뉴질랜드, 스웨덴, 파키스탄과의 무역협정을 체결하였다(〈표 8-3〉 참조).

1968년 5월 6일 아시아 상공회의소 연합회 총회가 서울에서 개최되어 지역협력이 논의, 한일회담 개최, 한국과 대만 간의 합동경제협력위원회 개최를 통하여 경제협력과 통상확대 등의 변화와 발전을 꾀하였다. 1969년 통상정책은 수출목표의 달성을 위한 지역별 수출 진흥 확대회의 개최, 대일무역 현안, 미국의 대한면직물 수입규제의 저지 등이 주요 현안이었다.

수입규제조치의 철폐와 대일 보세가공품 수출에 대한 부가가치 관세의 적용 교섭이 있었으며, 튀니지, 니제르와의 무역협정을 체결하였다. 이같이 1960년대의 한국 통상정책의 주요특징은 통상정책의 본격적인 추진을 시도하였다는 점이다. 1962년까지의 동남아 중심에서 1963년 유럽과 라틴아메리카까지 확대하였다. 이때 필리핀, 대만, 태국, 월남, 브라질, 말레이시아, 미얀마 등과 통상협정을 체결하였다. 특히 1960대의 핵심은 GATT 가입과 이에 따른 케네디라운드의 다자간협상 참가, UNCTAD 총회와 그 특별회의의 참가국이 되었다는 점이다.

3) 1970년대 통상정책

1970년대 한국 통상정책의 특징은 전 세계를 대상으로 통상정책이 진전되기 시작했다. 1972년에는 무역거래법이 개정되어 사회주의 국가에 대해 수출입이 허용되기 시작하였고, 1973년에는 1980년대의 수출목표인 100억 달러 달성을 위하여 통상외교정책이 활발하게 추진되었다.

그해 6월 23일에는 평화통일외교 정책선언이 발표되고 한국의 대 북방 통상외교가 공식적으로 시작되었다. 대외적으로는 미국경제의 약화, 일본 및 EU(유럽연합)의 대두로 세계무역이 다원화되었으며, 1970년대는 도쿄라운드(1973~79년)가 개최되어 다자간 무역협상이 본격적으로 전개되기 시작하였다.

하지만 2차례에 걸친 석유파동의 결과로 수출주도 성장전략이 본격적으로 성과를 나타냈고, 이를 위한 통상외교도 활발하게 진행하게 되었다. 무엇보다도 GATT, IMF 등 국제경제기구와의 경제협력을 강화하였으며, 교역상대국과의 경제 각료회담, 무역실무회담을 개최하였다. 미국, 유럽, 일본 등 선진국과는 공공차관도입, 기술도입, 투자보장협정, 이중과세방지협정, 기술협력 협정 등을 체결함으로써 경제협력을 강화해 나갔다.

이때 주요논의 대상은 자원통상 협력의 본격화 가동이며, 비적성 공산국가 및 비동맹그룹과 실리적인 통상외교를 펼쳐 대외협력의 폭을 넓혔다.

1970년대의 주요통상 정책은 신보호무역주의의 시작으로 미국경제의 약화와 일본 및 EC(구주공동체)의 등장으로 세계무역이 3 극화되는 현상을 초래하였다. 도쿄라운드가 개최되어 다자차원의 무역협상도 본격화되었다. 이를 위하여 GATT를 주축으로 자유무역체제의 시작되었다. 1971년 다양한 국가와의 통상외교정책을 추진하여 해외시장의 편중성을 지양함으로써 무역환경의 변화에 대처하였다.

특히 수출시장 및 수출품목의 확대, 관세율 인하 등 경제협력, 기술도입, 해운확대 등을 위한 통상외교 관계를 수립하였으며, 교역상대국들과의 통상회담 개최를 통하여, 대미 섬유류 수출규제에 관한 한미 정부 간 쌍무협정을 체결하였다. 공산권 무역 전담기구의 설립을 검토, 유고와 루마니아로부터 무역 거래를 정식으로 요청받았다.

1972년에는 일본과 중국 간의 국교 수립으로 미국과 중국 간의 경제적 접근이 촉진되었으며, 중국이 UN에 가입함에 따라 동서양 경제권 간의 경제적 관계가 강화되었다. 그리고 스미소니언 국제통화제도의 탄생, 미국의 신보호주의 강화, 유럽경제통합체의 확립 등으로 세계 경제가 다르게 변해가고 있었다. 이때를 같이하여 한국과 대만 간의 경제 각료회담, 한국과 서독의 경제회담, 한일무역회담, 한일각료회담을 개최하였다.

섬유제품의 수출증대를 위하여 한미 간의 인조 섬유, 모직물의 교역에 관한 협정을 체결하였고, 캐나다와의 섬유 회담을 개최하였으며, 영국 간의 섬유류 협상을 개최하는 한편, 한미 어업 및 패류협정을 체결하였다. 1973년이 1980년대 100억 달러 수출을 위한 기반조성의 해로 설정하여 통상정책을 펴나가게 되었다.

각종 통상관계협정의 체결, 통상관계 회담의 개최 등을 통한 경제협력 강화와 GATT, IMF, UNCTAD, IBRD 등 국제경제기구와도 경제협력을 강화하였을 뿐만 아니라, GATT의 다자간무역협상 각료회의에 참석하여 비 상호주의 주장, 제29차 GATT 총회에 참석해 루마니아의 한국에 대한 GATT 제35조의 특정국에 대한 GATT 비적용 조항 적용의 철폐를 요구하였다. 특히, 장기면직물협정을 대체할 다자간섬유협정의 섬유위원회에서 한국은 섬유류 수입제한조치의 남용방지 등의 교섭 활동을 하였다. 1974년에는 세계적인 석유파동과 자원 파동을 극복하고 수출용 및 내수용 원자재의 안정적 공급을 확보하기 위해 자원 확보를 추진하여, 주요 자원보유국과의 협력관계 강화, 자원 도입 선의 다변화, 자원조사 및 정보수집 활동의 강화로 설정하였다. 주요 자원보유국과의 협력기반의 조성 및 유대 강화, 자원사절단 등을 추진하였다.

코스타리카, 페루, 그리스, 인도 등과 통상, 경제, 기술협정 등을 체결, 네덜란드와의 투자 보호 협정, 벨기에와의 투자보장협정, 튀니지와의 투자증진 및 상호 보호 협정, 스페인과의 수산협력 협정, 서독과의 기술협력 약정, 사우디아라비아와의 경제기술협정, 일본과의 대륙붕개발협정 등이 체결되었다.

▌표 8-4▌ 1970년대의 통상정책

주요일자	통상 관련 내용
1971년	* 1971년 다양한 국가와의 통상외교정책 추진, 해외시장의 편중성을 지양함으로써 무역환경의 변화에 대처. - 수출시장 및 수출품목의 확대, 관세율 인하 등 경제협력, 기술도입, 해운확대 등을 위한 통상외교 관계를 수립 - 교역상대국들과의 통상회담 개최를 통하여, 대미 섬유류 수출규제에 관한 한미 정부 간 쌍무협정을 체결 - 페루 리마에서 개최된 UNCTAD 77개 그룹 각료회의에서 개발도상국의 경제개발과 교역 확대 문제를 강조 - 지역 국과의 통상외교를 추진 - 비적성 공산국과의 교역을 추진하기 위하여 공산권 무역 전담기구의 설립을 검토, 유고와 루마니아로부터 무역 거래 요청받음
1972년	* 일본과 중국 간의 국교 수립으로 미국과 중국 간의 경제적 접근이 촉진, 중국이 UN에 가입함에 따라 동서양 경제권 간의 경제적 관계가 강화 - 스미소니언 국제통화제도의 탄생, 미국의 신보호주의 강화, 유럽경제통합 체의 확립 등으로 세계 경제가 다르게 변모 - 한국과 대만 간의 경제 각료회담, 한국과 서독의 경제회담, 한일무역회담, 한일 각료회담을 개최 - 섬유제품의 수출증대를 위하여 한미 간의 인조 섬유, 모직물 교역에 관한 협정을 체결 - 캐나다와의 섬유 회담을 개최 - 영국 간의 섬유류 협상을 개최 - 한미 어업 및 패류 협정의 체결
1973년	* 1980년대 100억 달러 수출기반조성을 목표로 통상정책 - 통상관계협정의 체결, 통상관계 회담의 개최 등을 통한 경제협력을 강화와 국제경제기구와 경제협력을 강화(GATT, IMF, UNCTAD, IBRD 등) - GATT의 다자간무역협상 각료회의에 참석하여 비 상호주의 주장 - 제29차 GATT 총회에 참석해 루마니아의 한국에 대한 GATT 제35조의 특정국에 대한 GATT 비적용 조항 적용의 철폐를 요구 - 장기면직물협정을 대체할 다자간섬유협정의 섬유위원회에서 한국은 섬유류 수입제한조치의 남용방지 등이 반영의 교섭 활동을 전개
1974년	* 세계적인 석유파동과 자원 파동을 극복하고 수출용 및 내수용 원자재의 안정적 공급을 확보하기 위해 자원 확보를 위한 외교를 중점적으로 전개 - 자원보유국과의 협력관계 강화, 자원 도입선의 다변화, 자원조사 및 정보수집 활동의 강화로 설정 - 코스타리카, 페루, 그리스, 인도 등과 통상, 경제, 기술협정 등을 체결 - 네덜란드와의 투자 보호 협정, 벨기에와의 투자보장협정, 튀니지와의 투자증진

주요일자	통상 관련 내용
	및 상호 보호 협정, 스페인과의 수산협력 협정, 서독과의 기술협력 약정, 사우디아라비아와의 경제기술협정, 일본과의 대륙붕개발협정 등이 체결 - 통상사절단 파견 및 통상사절단 들어옴 - 수출시장의 확대를 위한 민간경제협력 활동의 적극적인 지원 - 통상관계 각료회담도 종래 미국, 일본, 대만 등에서 벗어나 서독, 벨기에, 미얀마, 뉴질랜드, 캐나다, 베트남 등으로 확대 - IMF, GATT, ADB, ESCAP, IECOK 등 국제경제기구의 총회 참석
1975년	* 통상정책의 목표는 국력 신장 - 통상정책 면에서 종래 미국과 일본지역에 편중되었던 자본 도입 선을 유럽제국으로 전환하여 전개 - 경제 각료회담의 개최, 민간베이스 경제협력의 강화, 통상사절단 및 조사단의 파견 및 초청, 국제경제기구를 통한 통상외교활동의 강화, 외교 망의 확충 등을 추진
1976년	* 제3차 경제개발 5개년 계획의 일환, 통상외교 집중 - 통상협정체결국, 국제경제기구 등과 관세장벽 및 비관세장벽의 완화, 쿼터량의 교섭 등을 추진
1977년	* 수출목표 100억 달러를 초과 달성의 해 - 외국 및 국제경제기구와 경제협력의 기반을 공고히 하기 위해 전 외교 망을 총동원하여 통상 및 경제협력외교 강화
1978년	* 전년에 이어 수출목표를 달성하고 경제협력기반을 확고히 하기 위해 통상외교 정책을 강화 - 무역환경의 개선과 수출 진흥을 위하여 필리핀과의 무역협정 - 시에라리온 등의 나라와도 협정을 체결 - 통상확대, 기술협력, 기술교류를 증진 시키기 위하여, 호주, 뉴질랜드, 노르웨이, 덴마크, 벨기에, 방글라데시 등 여러 나라와의 통상장관회담을 개최 - 섬유류 등의 쿼터량을 조정하기 위하여 한미 섬유회담 개최 - 오스트리아, 캐나다와 각각 섬유 회담을 개최, EC 제국과의 철강 재협상회담 전개 - GATT의 다자간 무역협상 회의에 적극참가, 비관세장벽의 완화 또는 철폐를 위하여 통상외교활동을 추진 - 미국과 일본에 지나치게 편중된 수출시장을 다변화하기 위하여 중남미, 아프리카 등으로의 진출을 도모 - 사우디아라비아 제4차 합동위원회가 개최되는 등 지역별 경제협력 활동이 활발하게 추진
1979년	* 통상활동 중점시책의 기본방향이 급변하는 국제경제 환경에 능동적으로 대처하기 위해 통상외교의 다변화, 수출시장기반의 확충, 신시장개척 활동의 강화 등으로 설정하고 통상외교 활동을 추진 - 지역별 경제협력 활동이 강화되어, 수출 진흥 강화조치 - 공관별 수출목표가 할당되고 지역별 수출 진흥회의가 개최 - 주요 선진제국에서 신보호무역주의가 만연되어 선발 개도국에 대한 수입규제조치가 강화로 국제경제기구와의 협력 강화 - UNCTAD의 정기선 동맹 협약에 가입

1975년 정부는 통상정책의 목표는 국력 신장이었다. 통상정책 면에서 종래 미국과 일본지역에 편중되었던 자본 도입 선을 유럽제국으로 전환하여 전개하였으며, 이를 추진하기 위하여 경제 각료회담의 개최, 민간베이스 경제협력의 강화, 통상사절단, 조사단의 파견 및 초청, 국제경제기구를 통한 통상외교활동의 강화, 외교 망의 확충 등을 추진하였다(〈표 8-4〉 참조).

1976년은 제3차 경제개발 5개년 계획의 마무리 해로서 이를 위하여 통상외교 정책에서 집중적인 힘을 쏟았다. 이를 통하여 통상협정체결국, 국제경제기구 등과 관세장벽 및 비관세장벽의 완화, 쿼터량의 교섭 등을 추진하였으며 새롭게 체결 국가의 새로운 내용으로 변경하는 등의 추진 활동을 하였다. 1977년은 수출목표 100억 달러를 초과 달성하여 한국의 면모를 세계에 과시한 해였다. 따라서 외국 및 국제경제기구와 경제협력의 기반을 공고히 하기 위해 전 외교 망을 총동원하여 통상 및 경제협력외교를 공고히 하였다.

1978년에도 전년에 이어 수출목표를 달성하고 경제협력기반을 확고히 하기 위해 통상외교 정책을 강화하였으며, 특히 무역환경의 개선과 수출 진흥을 위하여 필리핀과의 무역협정을 체결하였고, 시에라리온 등의 나라와도 협정을 체결하였다. 그리고 통상관계 협정국과 우호 관계를 돈독히 하고 통상확대, 기술협력, 기술교류를 증진을 위하여, 호주, 뉴질랜드, 노르웨이, 덴마크, 벨기에, 방글라데시 등 여러 나라와의 통상장관회담을 개최하였다.

섬유류 등의 쿼터량을 조정하기 위하여 한미 석유 회담을 각각 개최하였으며, 오스트리아, 캐나다와 각각 섬유 회담을 개최하였으며 나아가 EC 제국과의 철강 재협상회담을 전개해 나갔다. 더 나아가 GATT의 다자간 무역협상 회의 참가, 비관세장벽의 완화, 또는 철폐를 위하여 통상외교 활동을 추진하였으며, GATT 체제 밖에서도 개발도상국에 대한 무상원조의 공여, 플랜트 수출, 합작 투자, 어업 및 기술협력 등 제반 통상관계 외교활동을 적극적으로 추진하였다.

미국과 일본에 지나치게 편중된 수출시장을 다변화하기 위하여 중남미, 아프리카 등으로의 진출을 도모했으며, 사우디아라비아 제4차 합동위원회가 개최되는 등 지역별 경제협력 활동이 활발하게 추진되었다. 1979년 통상활동 중점시책의 기본방향이 급변하는 국제경제 환경에 능동적으로 대처하기 위해 통상외교의 다변화, 수출시장기반의 확충, 신시장의 개척 활동 강화 등으로 설정하고 통상외교활동을 추진하였다.

지역별 경제협력 활동이 강화되어, 수출 진흥 강화조치로서 예년처럼 공관별 수출목표가 할당되고 지역별 수출 진흥회의가 개최되었다. 한편 정부는 주요 선진제국에서 신보호무역주의가 만연되어 선발 개도국에 대한 수입규제조치가 강화됨에 따라 국제경제기구와의 협력을 강화해 나갔다. 이때 UNCTAD의 정기선 동맹 협약에 가입하게 되었다(〈표 8-4〉 참조).

4) 1980년대 통상정책

1980년대에는 신보호무역주의의 연장선에서 세계 각국 정부가 경쟁적으로 수출입에 대한 개입을 강화하여 다자간 무역체제가 점차 약화 되었다. 이러한 보호주의의 확산을 저지하고 자유무역 기조를 회복하기 위한 노력으로 우루과이라운드(UR, 1987~1994년)가 전개되었다. 신흥공업국 중 선두주자로 평가받은 한국에 대해 선진국은 개도국 졸업론(GSP: 일반특혜관세 수혜 배제, GATT 18조 적용 배제)과 함께 세계 경제에 대한 국제적 책임을 제기하는가 했는데, 한국 수출상품에 대한 선진국의 수입규제가 강화되었고 시장 개방도 확대되었다(〈표 8-5〉 참조).

다자차원 협상(UR)에서도 관세, 비관세, 농산물 분야 등 광범위한 분야에 걸쳐 시장 접근 확대 요구가 본격화되었다. 통상협력의 수단으로 무역실무 회담, 통상장관회담 등 다양한 협의 채널을 가동하였으며 정부 또는 민간 주관의 통상사절단과 시장개척단 파견을 크게 늘렸다. 선진국들의 수입규제조치에 대처하기 위하여 통상장관회의, 무역실무 회담 및 쿼터 회담이 개최되었고 보호무역주의 극복을 위하여 세계 각 지역에 통상사절단이 파견되었으며 민간경제위원회가 개최되었다.

1980년에는 통상외교정책은 이전의 정책 결과로 획기적인 발전을 꾀하였다. 특히 통상외교정책은 새로운 수출시장을 개척, 각종 수입규제조치를 완화, 수출증대에 큰 성과를 얻은 셈이다. 1980년대 통상외교정책의 기본방향은 국제무역환경의 변혁에 따른 대처방안으로 특성적 통상활동의 적극적 추진, 전략시장 진출에 대한 적극적 지원, 통상외교활동의 효율성을 제고하고자 하였다. 국제경제기구에 대한 통상외교활동으로서 GATT의 다자간 무역협상과 다자간 섬유협정(MFA)에도 참여하였다.

1981년의 통상외교정책의 방향은 같으나 기존과는 달리 대상국을 선진국, 신흥공업국, 개발도상국 등으로 분류하여 통상외교 활동을 추진하였다. 특히 GATT의 다자간 무역협상에 관세인하협정서, 기술장벽, 보조금 및 상계관세, 관세평가, 무역관행 규범 등에 가입하였다. GATT의 다자간 섬유협정에도 적극적으로 참여하여 MFA Ⅱ가 1981년 종료되고 MFA Ⅲ가 1982년 1월부터 1986년 7월까지 실시될 계획임에 따라 MFA Ⅱ에 입각하여 미국, EC 제국 등 7개국과 섬유류에 관한 쌍무협정을 체결하였다. 그리고 UNCTAD 산하 각종 관련 회의에 참석하여 석유, 원자재의 안정적 공급을 위하여 미국, 일본, EC 제국 등의 GSP 수혜 폭 축소 조치에 대비하였다.

1982년에도 국제무역질서는 보호무역주의 경향으로 나타났다. 일부 선진국에서는 산업, 고용, 국제수지 등을 보호하기 위하여 관세장벽, 비관세장벽 등 무역장벽을 강화하여 수입규제조치를 강화하는 한편 국제무역질서의 보호 추세에 따라 GATT 각료회의에 참석하여 보호무역주의 극복, 분쟁 해결 절차, 위조 상품문제, 서비스무역 등을 협의,

각료 선언 채택에도 참여하였다. MFA Ⅲ 타결에 참여하여 섬유류 쿼터 증가율의 기존 수준 유지, 융통성 제한 반대, 수입급증 방지제도의 도입 반대, 역외 섬유류 임가공 무역의 반대 등의 입장표명 하는 한편, UNCTAD의 GSP 유지 등과 ESCAP 총회 및 77그룹 아시아 지역회의에 참석하였다

1983년에도 보호주의는 계속되어 통상정책의 방향을 대 선진국 수입규제의 완화, 무역역조의 시정, 산업기술협력의 증진, 종합적 통상교섭능력의 제고, 정부 통상협력과 민간경제 협력의 연계 등에 두었다. 영국, 프랑스, 네덜란드 등과 통상장관회담을 개최하였으며 섬유, 신발, 철강 등에 관한 쿼터 회담을 개최하였다. 통상교섭대책위원회와 업계대표로 구성된 통상교섭 대책협의회를 설치하였다. 또한, 무역역조를 막기 위하여 GSP 확대와 시장개방을 요청하는 한편 수입선다변화를 적극적으로 추진하였다. 산업기술협력을 증진을 위하여 미국, 유럽제국, 일본 등에 현지 투자와 제3국 공동 진출을 확대, 기술이전의 촉진을 위한 민간경제 협력위원회의 도모하였다(〈표 8-5〉 참조).

1982년에 설치된 통상교섭대책위원회는 섬유제품, 섬유 직물, 타이어, 합성수지, 철강, 전자, 신발, 피혁 등 8개 통상교섭전담반을 조직해 수입규제대책을 세웠다. 1985년 미국에서 무역수지의 계속적 적자 해소를 위해 수입규제법이 제정되고 수입상품에 대한 덤핑제소가 증가함에 따라 국제무역환경은 악화, 보호무역주의는 강세를 보였다. 특히 철강, 섬유, 신발 등 한국의 주력 수출상품은 큰 타격을 입었다.

1986년에 만료되는 다자간 섬유협정(MFA Ⅲ)의 개정을 둘러싸고 선진 수입국과 개발도상국 섬유 수출국이 대립하기도 했고, 다자간 무역협상을 놓고 선진국과 브라질, 인도 등의 마찰이 심하였다. 보호무역주의에 대한 대책 강구, 수입규제 대응체제의 보강, 무역역조의 시정, 미수교국에 대한 시장개척, 산업기술 협력 차원의 통상외교 강화, 국제무역질서의 능동적 시장개척, 민간통상 교섭 및 시장개척 활동의 효율적 증진 등에 통상외교의 기본방향을 설정하였다(〈표 8-6(1)〉 참조).

보호무역주의에 대한 대책으로 교역상대국 제조업자와의 수출 협조체제의 수립이 추진, 수입규제 사전대처 체제가 강화와 우회 수출을 도모, 수입규제 대응체제를 보강으로 통상교섭 요원의 확충, 통상관계정보의 효율적 관리, 로비활동 체제의 강화 등이 추진되었다.

1986년은 한국무역의 쾌거를 이룩한 해였다. 통상정책의 기본방향은 통상교섭의 강화, 수입규제조치의 사전예방 강화, 특성별 시장관리의 강화, 개발도상국과의 경제협력 강화, 국제무역 환경개선에 참여 등이었다. 1985년 하반기부터 초래된 달러 가치의 하락, 국제금리의 인하, 석유 가격의 하락 등으로 다소 불안한 가운데 경상수지가 46억 달러의 흑자를 기록하는 등 획기적으로 개선되어, 대외채무의 잔액이 비로소 감소되기 시작하였다. 다자간 섬유협정 제4기(MFA Ⅳ)의 시작과 우루과이라운드(Uruguay Round)

다자간 무역협상의 시작으로 인하여 무역자유화에 입각한 본격적인 협상이 추진되기 시작하였다.

1986년 12월에 대외협력기금법을 통과시켜 대 개발도상국 경제협력을 촉진 시키고 남남협력을 강화하려 노력하였다. 국제무역환경 개선에 참여하기 위하여 1986년 5월 세계통상장관회의를 처음으로 서울에서 개최하는 등 우루과이라운드에 적극적으로 참여하였다. 세계통상장관회의는 우루과이라운드의 쟁점 중의 하나인 보호무역주의 철폐 및 동결, GATT 기능 강화 등에 의견을 접근시킴으로써 우루과이라운드 출범의 기반을 조성하였다고 평가되고 있다.

▌표 8-5▌ 1980년대의 통상정책(1)

주요일자	통상 관련 내용
1981년	* 선진국, 신흥공업국, 개발도상국 등으로 분류하여 특성적 통상 외교활동을 추진 - GATT의 다자간 무역협상에 관세인하협정서, 기술장벽, 보조금 및 상계관세, 관세평가, 무역관행 규범 등에 가입 - 미국, EC 제국 등 7개국과 섬유류에 관한 쌍무협정을 체결 - UNCTAD 산하 각종 관련 회의에 참석하여 석유 및 원자재의 안정적 공급을 위하여 미국, 일본, EC 제국 등의 GSP 수혜폭 축소 조치에 대비
1982년	* 국제무역질서는 보호무역주의 경향 - 관세장벽, 비관세장벽 등 무역장벽을 강화하여 수입규제조치를 강화시키는 한편 신흥공업국에 대해 시장개방을 압박 - GATT 각료회의에 참석하여 보호무역주의 극복, 분쟁해결 절차, 위조 상품문제, 서비스무역 등을 협의 - 섬유류 쿼터 증가율의 기존 수준 유지, 융통성 제한 반대, 수입급증 방지제도의 도입 반대, 역외 섬유류 임가공 무역의 반대 등의 입장표명 - UNCTAD의 GSP 유지, ESCAP 총회, 77그룹 아시아지역회의 등에 참석
1983년	* 보호무역주의 강화추세로 통상정책의 방향을 대 선진국 수입규제의 완화, 무역역조의 시정, 산업기술협력의 증진, 종합적 통상교섭능력 제고, 정부 통상협력과 민간경제협력의 연계 - 선진국의 수입규제조치를 완화시키기 위하여 영국, 프랑스, 네덜란드 등과 통상장관회담을 개최 - 섬유, 신발, 철강 등에 관한 쿼터회담을 개최 - 통상교섭대책위원회와 업계대표로 구성된 통상교섭대책협의회를 설치 - 무역역조를 막기 위하여 GSP 확대와 시장개방을 요청하는 한편 수입선 다변화를 적극적으로 추진 - 산업기술협력을 증진을 위해 미국, 유럽제국, 일본 등에 현지 투자와 제3국 공동 진출을 확대 및 기술이전의 촉진을 위한 민간경제협력위원회의 도모

▌표 8-6▌ 1980년대 통상정책(2)

주요일자	통상 관련 내용
1984년	* 1984년에도 계속적 보호무역주의 상태 - 선진국은 덤핑방지관세, 상계관세 등 무역정책수단의 수입규제조치 강화 - 수출자율규제, 시장질서협정 등 회색지대 조치를 통해 수입규제조치를 강화 - 국제경제기구 주최의 국제회의에 참석, 민간무역사절단을 세계 각 지역에 파견, 민간경제위원회를 개최 - 1982년에 설치된 통상교섭대책위원회는 섬유제품, 섬유직물, 타이어, 합성수지, 철강, 전자, 신발, 피혁 등 8개 통상교섭 전담반을 조직해 수입규제대책 강구
1985년	* 보호무역주의에 대한 근원적 대책 강구, 수입규제대응체제의 보강, 무역역조의 시정, 시장개척, 산업기술 협력 차원의 통상외교 강화, 국제무역질서의 능동적 시장개척, 민간통상교섭 및 시장개척 활동의 효율적 증진, 통상외교 - 미국의 무역수지적자 해소와 수입규제법 제정 수입상품에 대한 덤핑제소가 증가 - 철강, 섬유, 신발 등의 주력 수출상품 타격 입음 - 상품, 보험, 저작권, 상표권, 특허 등 서비스 시장 개방요구 - 후발개도국은 연불수출, 정책수입 및 대응 무역, 전대차관 및 원조 등을 요구 - 다자간 섬유협정(MFA Ⅲ)으로 인한 섬유 수출국 대립 - 다자간 무역협상을 놓고 선진국과 브라질, 인도 등의 마찰 - 통상교섭 요원의 확충, 통상관계정보관리, 로비활동 체제의 강화
1986년	* 통상정책의 기본방향은 통상교섭의 강화, 수입규제조치의 사전 예방 강화, 특성별 시장관리의 강화, 개발도상국과의 경제협력 강화, 국제무역환경 개선에의 참여 - 달러 가치의 하락, 국제금리의 인하, 석유 가격의 하락 - 대만, 홍콩, 싱가포르 등 신흥공업국에 대한 선진국의 수입규제 조치와 상품 시장 및 서비스 시장의 개방 압력 강화 - 다자간 섬유협정 제4기(MFA Ⅳ) 시작, 우루과이라운드, 다자간 무역협상으로 무역자유화에 입각한 본격적인 협상 추진 - 대외협력기금법을 통과 대 개발도상국 경제협력을 촉진 강화 - 세계통상장관회의를 서울에서 개최하는 등 우루과이라운드에 적극 참여
1987년	* 통상외교정책은 대일무역역조개선, 개발도상국과의 경제협력 강화 등, 교역상대국과의 통상문제 해결과 협력 강화와 통상장관회담 등 각종 회담 개최 - 수입 감시품목의 축소, 수입촉진을 위한 시설재의 도입지원 - 특별법에 의한 제한조치 완화 등 수입자유화 확대조치 - 외화관리의 점진적 완화, 대기업에 대한 수출산업설비금융 및 무역금융의 단계적 축소 등의 금융관리조치 - 수출상품 구조 고도화, 특정 지역에 대한 무역 편중 현상수정
1988년	* 무역 불균형 시정, 수출시장 다변화, 통상마찰 완화, 수입자유화, 선진국의 수입규제조치 극복, 사회주의 국가와의 경제협력 추진, 선진국과의 산업기술협력 증진, 통상협력과 민간경제력 증진
1989년	* 통상마찰의 완화, 사회주의 국가와 경제협력 추진, 선진국의 수입규제 조치의 극복 등 - 종합무역법상의 슈퍼 301조를 통해 시장개방 압력을 강화함에 따라 이에 대한 통상외교 활동을 강화

1987년 한국무역은 노사분규, 원화 절상, 보호무역주의 등 국내외 경제여건의 악화상태였으나 통상외교정책은 대일무역역조 개선, 개발도상국과의 경제협력 강화 등이었으며, 교역상대국과의 통상문제를 해결하고 협력을 강화하기 위하여 통상장관회담 등 각종 회담이 개최되었다. 수출상품 구조가 고도화되고 특정 지역에 대한 무역 편중 현상을 바로 잡았으며, 국제수지 흑자 관리대책을 발표하였는데, 그 내용은 수입 감시품목의 축소, 수입촉진을 위한 시설재의 도입지원, 특별법에 따라 제한조치 완화 등 수입자유화 확대조치와 더불어 외화관리의 점진적 완화, 대기업에 대한 수출산업설비금융 및 무역금융의 단계적 축소 등의 금융관리조치였다.

1988년 통상외교정책의 무역 불균형 시정, 수출시장 다변화, 통상마찰 완화, 수입자유화 확대, 선진국의 수입규제조치 극복, 사회주의 국가와의 경제협력 추진, 선진국과의 산업기술협력 증진, 통상협력과 민간경제협력 증진이었다. 1989년 통상외교정책 방향은 통상마찰의 완화, 사회주의 국가와의 경제협력 추진, 선진국의 수입규제 조치 극복 등이다. 특히 미국이 종전의 통상 제301조와 더불어 1988년 종합무역법상 슈퍼 301조를 통해 시장개방 압력을 강화함에 따라 이에 대한 통상외교 활동을 강화할 수밖에 없었다. 미국은 보호무역주의 수단의 하나인 통상법 제301조에서 불공정무역으로 미국산업의 피해를 받을 경우, 보복 조치를 단행하겠다는 것이다. 이러한 통상법은 슈퍼 301조, 스패셜 301조로 나뉜다. 슈퍼 301조는 수선 협성 상대국과 우선협상 관행을 지정, 통상협상을 추진 또는 무역보복 조치를 단행할 수 있는 강제법이며, 신보호무역주의의 표방이다.

스패셜 301조는 특허권, 상표권, 저작권 등의 지적 재산권 분야에 관한 불공정무역을 제재하여 자국의 산업을 보호하는 법으로, 매년 미국무역대표부(USTR: Office of the United States Trade Representative)가 각국의 지적 재산권 보호 내용을 평가하여 우선협상대상국, 우선 관찰대상국, 관찰대상국으로 지정하여 그 나라와 지적 재산권 보호를 위한 협상을 함을 말하며, 지적 재산권 분야에 미흡한 국가가 입을 피해로 미국의 비교우위 산업 분야인 지적 재산권에 관한 보호를 강화하겠다는 의미이다.

5) 1990년대 통상정책

1990년대의 통상정책에 큰 영향을 끼친 사항은 UR의 타결과 함께 WTO 가입(1995년), OECD 가입(1996년), 외환위기 발생(1997년)이었다. 이러한 중요한 통상정책의 결과에 세계화의 영향으로 인하여 한국 경제의 변화와 무역제도의 선진화를 추구하게 되었으며 무엇보다 세계적인 개방 압력을 통한 통상국가로 지향할 수밖에 없었다. 그 가운데 WTO 가입에 따라 새로운 다자 규범의 틀 속에서 자유무역의 원칙으로 자유경쟁으로 인한 큰 부담이었다.

특히 환경, 노동, 경제정책 등 종전의 국내경제 정책적인 다자차원의 글로벌 경제화가 통상 분야에서 나타나게 된 것이다. 1998년 외무부를 외교통상부로 확대, 개편하여 통상교섭 본부를 새롭게 신설하여, 각 주무 부처별로 통상교섭권을 분산시켰던 다원체제를 통상교섭본부로 일원화함으로써, 통상협력의 추진체계에 커다란 변화를 주었다. 1990년의 통상정책의 기본방향은 1980년도와 같은 개념이었다. 중국과는 상호무역대표부 설치가 합의되었고 구소련과는 서울·모스크바 간 정기항로 개설, 샌프란시스코 한미정상회담 개최, 대소 자원조사단 파견, 한·러 간 항공·무역·과학기술협정의가 조인, 한·러 외무장관회담 개최 등이 이루어졌다. 중국, 러시아 외의 동유럽 사회주의 국가와의 경제협력을 추진하였으며, 주로 국교 수립, 통상장관회담 개최, 통상사절단 파견, 무역대표부 상호설치, 박람회 및 상품전시회 참가, 통상 및 경제 관계 협정체결 등이다.

1991년, 한국과 북한이 동시에 UN에 가입하여 사회주의 국가와의 통상외교에 변화를 주었다. 결과 구소련과는 항공협정, 어업협정이 체결되었고, 중국과는 컨테이너 정기 직항로의 추가 개설, 중국 무역전람회가 서울에서 개최되었으며, 동유럽 사회주의 국가와의 통상외교도 추진되었다. 1991년 통상외교정책의 중점은 EC와의 경제협력 강화였다. EC는 1992년 단일시장으로 통합, 1993년에 EFTA(유럽자유무역연합)와 EEA(유럽경제지역)로 확대, 동유럽 경제권을 통한 유럽 강세로 나타나 통상외교정책이 필요하였다.

우루과이라운드 다자간 무역협상에서 쌀시장 개방 억제를 위한 통상외교정책이 중점적으로 추진되었다. 이로 인하여 UR 농산물협상 타결 이후 농업부문에 대한 구조개선과 투자가 이루어졌다. 1994년 6월 농어촌발전대책 및 농정개혁 추진 방안을 확정하고, 1998년까지 완결토록 수정, 1994년 2월 농어촌특별세를 신설하고 이를 재원으로 2004년까지 매년 1조 5천억 원씩 10년간 15조 원을 농어촌발전대책에 추가 지원하는 것으로 결정하였다.

1995년 세계무역기구의 출범에 따라 상품 분야뿐만 아니라 GATT와는 달리 WTO는 상품, 서비스, 지적 재산권 등의 광범위한 분야를 총괄하게 되었다. 상품 분야에서도 일부 회원국 간에만 적용되었던 과거의 도쿄라운드 협정 9개 중 5개를 다자화시키고, 농산물, 섬유 등을 GATT로 복귀시킨 한편, 원산지규정, 선적 전 검사, 동식물 위생규정 등 기존의 GATT를 보완할 수 있는 규정들이 새로이 제정되었다. 상품 분야의 무역 규범에 대칭되는 서비스 분야의 무역 규범도 새로이 제정되어 WTO의 한 축을 담당하게 되었으며, 지적 재산권 분야 역시 3대 분야 중의 하나로 등장하였다. 이러한 WTO 체제의 출범 동기는 자연스럽게 공정무역의 추구가 중요한 목표로 설정되게 하였다.

WTO 체제하의 국내제도의 주요 개편내용으로 1995년 관세법 및 그 시행령의 개정을 통하여 통관절차가 대폭 간소화되어 수입허가제도를 신고제로 변경하였다. 이에 따라

위험물과 무역법을 위반하고 있는 제품 외에 신고만으로 수입할 수 있게 되었다. 수입신고 역시 입항 이전에 제출할 수 있어 보세지역을 경유하지 않고 통관절차를 거칠 수 있다. 쌀을 제외한 여타 농산물에 대한 비관세장벽을 자유화한다는 계획에 따라 쌀의 경우 최소시장접근을 통하여 부분적으로 개방되었으며 향후 그 비율을 확대하도록 양허하였다.

WTO 위생 및 검역 협정으로 식물검역법을 개정, 동물 전염병 예방법을 개정하였다. 그리고 세이프가드 협정과 일관성을 위하여 1994년과 1995년 무역법과 그 시행령을 개정하였다. 관세법의 개정 내용은 긴급관세 부과기준의 명료화, 잠정긴급관세 부과를 위한 조항의 설치 등을 포함하고 있다. 1980년대 중반 이후 통상마찰 및 시장개방 압력으로 인하여 OECD를 통하여 회원국의 정책 결정 과정에 영향력을 행사하고 후진국과의 경제협력을 설립목적으로 하고 있다는 점에서 OECD 가입이 하나의 전략으로 나타났다.

6) 2000년대 통상정책

2000년대 FTA 추진정책은 지역주의에 대한 다자주의를 보완함으로써 결과적으로 무역자유화를 촉진할 목적으로 세계적인 FTA 확산으로 인한 통상환경의 변화를 나타내고 있다. 먼저 WTO를 중심으로 자유무역으로 점차 자리를 굳혀가고 있을 때 무역 불균형으로 인한 개방 압력을 이유로 선진국과 개도국의 차별이 없이 자국 산업 보호를 위한 반덤핑 등 무역 규제수단을 이용한다. 그리고 계속되는 지역주의의 경향은 자유무역주의(FTA)와 지역무역 협정(RTA)이 계속 늘어갈 전망이다.

WTO 체제하에 새로운 도하 라운드(DDA: Doha Development Agenda)로 인하여 조직적이고 주도적인 무역협상에 대응태세를 높이는 결과를 가져왔다. FTA의 확산으로 인한 국제무역에 맞춰나가는 한편, 국제적 책임분담 요구가 더욱 강해짐에 따라 공적 개발원조(ODA), 대외경제협력기금(EDCF)지원 등, 유·무상원조를 강화하여 개도국과의 협력적 통상관계 유지에 주력하고 있다.

2000년대는 다자체제와 지역주의의 확산으로 인하여 국가 간 무역과 투자 장벽의 완화, 정보통신기술의 발달, 등으로 인하여 지역화의 개념으로 국경지대의 이웃 국가끼리 경제적 혜택을 바탕으로 경제 블록화를 만들었다. 2007년 WTO의 보고에 의하면 지역무역협정은 총 380개로 이미 발효 중인 것은 205개로 나타났으며 이에 따라 향후 관세동맹은 10% 미만에 머물게 될 것으로 보았다. 2001년 WTO 체제하의 첫 번째 다자간협상인 DDA는 협상 환경이 좋아질 때까지 DDA의 모든 분야에 걸쳐 협상을 일시중단 함으로써 협상이 중단되었다. DDA의 중단은 WTO 중심의 다자무역협상 체제의 신뢰성을 손상함으로 보호무역주의의 대두로 세계무역 확대를 통한 경제성장에 부정적 영향을 초래, 자유무역협정(FTA) 체결 추세를 더욱 가속화될 것이다.

한·칠레 FTA 협상 과정에서 경험을 바탕으로 농업개방의 부담이 비교적 적은 일본과 싱가포르를 칠레 다음의 FTA 대상국으로 선정하여, 싱가포르와는 큰 이견 없이 협상이 진행돼 2004년 11월 라오스에서 개최된 ASEAN+3 정상회담 기간 중 양국 정상회담을 통해 실질적인 협상 타결을 보았으며, 2005년 8월 협정문에 정식 서명하였고, 2006년 3월 2일부터 발효되었다.

일본과의 FTA는 일본 측의 농업개방 부담과 경제외적인 요인들로 협상이 중단되었다. 2005년에는 서유럽국가 중 EU에 참가하지 않은 스위스, 노르웨이, 아이슬란드, 리히텐슈타인으로 구성된 유럽자유무역연합(EFTA)과 FTA 협상이 타결되어, 2006년 9월 1일부터 협상이 발효되었다. 한·EFTA FTA를 통해 국내 산업구조조정을 최소화하면서 교역 자유화의 효과를 거둘 수 있을 것이다.

한·아세안 FTA는 2006년 4월 한·아세안 FTA의 상품무역협상이 타결돼 8월 24일 정식 서명되었고, 2007년 6월 1일부터 정식 발효, 아울러 한·아세안 FTA의 서비스협정과 투자협정도 2007년 10월의 제20차 협상에서 협상이 마무리되어 11월 21일 정식 서명되었다. 2006년 2월 미국과의 FTA 협상 개시를 공식 발표한 후 적극적으로 협상을 추진하여 2007년 4월 2일 한미 FTA 협상이 타결되었다. FTA의 경우 상품무역 자유화 등에 국한되지 않는 경제 체질의 변화가 기대되고 있다. 우리나라의 잠재성장률이 저하되고 있는 상황에서 생산성 증대를 통한 성장을 위하여 한미 FTA 체결을 통한 발전은 큰 폭으로 나타날 것이다.

2022년 4월 현재(한국무역협회), 우크라이나 사태와 중국의 추가적 코로나 확산으로 소폭으로 수출입이 증가하였으나 대부분 신흥시장에서 소폭으로 증가하였다. 추가 적으로 글로벌 공급망의 불확실과 러시아와 우크라이나와의 전쟁 등의 악재로 인하여 수출은 증가하는 듯 보이나 대부분 정지상태이며, 추후 공급망 확충과 환경 및 노동과 무역연계, 경제 프레임워크 등에서 한층 더 노력이 필요하다고 본다.

제 3 절 한국의 통상협상 정책의 문제점과 전략

1. 한국의 무역통상과 정책변화

한국은 정부 수립 이후 대외 통상관계의 체제 정비를 하지 못해 외국과의 무역 거래, 원조를 통한 외국자본의 도입으로 시작되었다. 해방 후 채 5년이 넘어가지도 전에 6.25가 발발하여 피폐된 경제로 인해 통상정책은 암흑수준이었다. 1960년대 수출지향 산업을 중심으로 노동집약적 산업 중심의 공업화 전략을 시작으로 1970년대에 자본 집약적 산업으로 변모하기 시작하였다. 특히 70년대 있어서 주요국과의 경제협력은 호혜적인 관계로 발전하여 80년대에 들어와 성장과 저유가, 저금리, 저환율의 3저 현상에 힘입어 높은 수출성장률을 실현할 수 있었다. 80년대의 통상정책은 60년대와 70년대의 중상주의적, 보호주의의 성격에서 자유주의 경향을 띤 자유무역으로 나아갔다. 수출의 확대와 자유화 경쟁 원리의 도입으로 품질 고급화를 통한 체질 개선을 하였고, 국내경제의 자원 배분 효율성을 통한 값싼 외국제품의 수입으로 국내 물가안정과 소비자 후생증대를 꾀하였다.

1990년대에 있어서 대외경제협력은 더욱 심화되 통상정책은 개방 통상의 지속적 확대와 국제기구 및 지역경제 협력체제의 적극 참여를 통해 국익을 확보하면서 국내제도와 관행을 국제규범에 맞도록 투명성 제고에 역점을 두었으며, APEC, ASEM, WTO 등의 국제기구와의 활발한 참여 활동을 전개해 나갔다.

2. 한국의 통상협상 정책의 문제점

1) 통상정책의 소극적 자세

한국의 통상정책은 세계 경제 흐름의 변화에 대한 적극적이지 못한 점이 많다. 국제사회의 변화에 따른 능동적인 대외전략을 구사하지 못한 점이다. 대외개방을 통한 발전적인 자세가 아니라 마지못해 통상에 응할 수밖에 없었다. 이로 인하여 1980년대 후반 국제수지 적자와 선진국의 시장개방 압력의 압박을 받게 되었다. 선진국들의 개방 압력은 국내산업의 경쟁력 약화로 인한 국민경제의 압박을 가할 것으로만 보았으므로, 개방에 관한 부정적인 시각으로만 보게 된 것이다.

2) 통상정책의 대응 미흡과 행정체제의 미비

WTO의 출범으로 인하여 쌍무적 통상마찰이 심화 되었으나 당사국의 이해관계를 효과적으로 조정할 수 있는 강력한 힘을 가지지 못한 탓에 쌍무적 통상협상이 주로 이루어졌다. 그리고 모든 국가가 WTO에 의한 다자간 무역협상을 통한 무역 분쟁을 해결하는 것이 최선의 방책임에도 순간의 이익으로 인한 쌍무적 통상에 급급하다는 것이다.

통상행정체제 및 조직의 비효율성이 통상에 있어 신뢰성을 떨어뜨리며 통상마찰을 더욱 심화시키는 결과를 초래하게 된 것으로 통상관계의 일원화된 처리와 관리 및 연구가 필요하다. 한국통상 정책의 문제점은 전문성 결여와 전문가 부재이며, 또한 전문가를 만들어내기 위한 교육시스템의 부재라는 점이다. 더 나아가 정부의 조정능력의 부족으로 인한 내부협상력의 부족으로 나타났다. 아울러 통상정책 관련의 전문가와 이를 통한 아낌없는 지원과 노력만이 성공적인 협상으로 나아가야 한다.

3. 무역통상과 협상 정책의 전망 및 전략

1) 한국의 무역통상 정책의 전망

한국의 통상정책은 다자간 통상관계로 나아갈 것이다. 한국의 무역수지 안정을 위하여 대외여건의 변화와 계속되는 수입개방 압력 등에 초점을 맞춰 무역 불균형을 해소하고 통상정책의 전략적 수행으로 인한 수출확대와 시장개척 및 통상 분야의 범위확대를 위해 노력해야 한다. 한국은 다자무역체제의 적극 참여와 정보교환 및 협상의 틀을 마련해 나가야 한다. 뉴라운드에서 환경과 무역에 관한 새로운 규범의 적용으로 인한 노동자들의 권익 보호, 노동조건 등 투자와 경쟁, 환경, 전자상거래, 등의 전반적인 통상 분야에서 OECD의 논의 사항이 잘 반영되도록 추진해야 한다.

주요 교역 시장에서 효과적인 관리와 새로운 시장의 체계적인 차별화를 위한 통상전략을 세우고 선진국과의 기술인력 교류, 공공기술개발 등 산업 기술협력을 추진해 나가야 한다. 또한, APEC에 참여하여 정치, 경제, 사회 등 전반에 걸친 폭넓은 논의의 경제협력문제 협상을 통한 추진을 강화해 나가야 한다. 세계 경제 통합이 심화 되고 시대적 상황에 적합한 통상정책의 새로운 패러다임은 개방된 상태에서의 통상정책을 추구하게 되었다.

대내외적으로는 세계 경제의 개방을 선도함으로써 세계 경제 질서의 주도적 역할과 대내적으로는 자유경쟁, 공정성, 형평성에 근거한 경제구조의 개혁을 선도하는 주체의 역할과 주변 강대국 간 통상조정자 역할을 지향하는 통상정책과 대내개방 및 세계무역의 자유화, 시장 존중의 통상국가로 통상의 정책을 펴나갈 것이다.

2) 한국의 무역통상 전략

한국의 통상전략은 2006~2022년 이후, 장기적 안목의 통상전략은 무엇보다 양자 관계, 다자관계, 남북관계에 중점을 둔 세계를 하나의 시장개념으로 새로운 차원의 접근전략을 추진해야만 한다. 양자 관계에 있어서 미국과는 다양한 현지 투자, 현지산업, 협력 강화, 소비자 및 고용인 현지화로 한국과 미국의 자유무역협정 추진 및 검토하는 전략이며, 일본과의 관계에서는 한국과 일본의 상호 간 협력 분야를 확대, 공동대처의 Win-Win 전략을 추구할 것으로 보인다.

일본에 대한 투자가 양국 기업 간의 전략적 제휴를 촉진하도록 하는 동시에, 일본경제를 부양하는 관계로 발전할 것이다. 아울러 한국과 일본 간의 자유무역협정 추진 검토해 나갈 것으로 전망된다. 반면에 EU에 관하여는 무역 투자 관련 협조체제의 제도화, WTO 협력, ASEM 체제 공고화, 경제협력 체제발전 도모, 상호투자 진출 확대, 전략적 기술제휴, 산업기술 협력 강화, 한·EU 상호인정협정(MRA)의 확대로 나아갈 전망이다.

중국과는 자본재 설비 등 새로운 수출상품의 개발을 통한 다양한 현지 투자와 산업협력을 강화하는 한편, 아세안 진출 한국기업들의 현지경쟁력 제고와 ASEAN이 제공하는 각종 혜택을 높여가는 방안을 높여 나갈 것이다. 대양주에 관하여는 무역 확대와 적극적인 시장개척을 겸한다는 취지이다. 다자관계에 있어서 WTO의 체제하에서 국내제도 관행의 국제통상 규범과의 조화를 이루어 무역 관련 국내법규 및 제도를 WTO 규범 및 기준에 맞추어 재정비하고 투명하게 운영할 것이며, 이는 다자통상의 정책적 실시와 정보기술 산업 및 전자상거래 활성화에 노력을 아끼지 않을 것이다. 그리고 다자통상협력을 통한 다자무역체제의 우위를 인정하는 기본입장을 유지하되, 일부 국가와의 FTA 체결로 다자무역 주의, 지역주의를 적절히 활용한다는 전략이다.

OECD 기구와는 각종 다자 규범의 발전 가능성 및 국내경제에 미치는 영향을 사전에 분석하고, 다자 규범 발전에 필요한 의견을 적극적으로 개진 및 논의해 나갈 방침이다. 그리고 APEC 와는 무역자유화 및 개발 협력에 대한 회원국 간의 이견을 조정하고, 역외국가와의 관계를 WTO 체제와 규모 있게 운영한다는 것이다. 더불어 남북한 관계도 정경분리의 원칙에 입각한 지속적이며 일관성 있는 대북정책을 통한 양적, 질적 변화를 추구하고 지속적인 경제성장과 한반도의 평화체제 수립을 위한 남북대화의 실질적 진전을 모색할 것이다.

3) 한국무역과 통상협상 전략

한국의 통상협상 전략은 협상에 대한 시각의 시작은 부정적인 차원에서 비롯되었다. 1960년대의 수출주도의 경제성장 전략과 함께 협상에 대한 태도는 개방적이며 적극적인 수입에 대해서 수출을 위한 수입의 개념이었다. 이러한 통상압력은 1980년대 중반 이후 무역 상대국과 끊임없는 마찰이 발생하였다.

1986년 우루과이라운드의 시작으로 다자간협상을 시작하게 되었고, 양자 협상을 통하여 개방은 계속 확대되어 갔다. 더불어 한국의 권위주의식 발상으로 인하여 관련 부처와 관련자들의 업무처리에 있어 한국을 등에 지고 자기 자신의 명성을 얻고 자 하는 다툼이 일어났으며, 협상 권한을 부여받지 않고 모든 결정 권한을 부처의 최고책임자 권한 아래 둘 수밖에 없었던 미숙한 점이 있었다. 따라서 한국통상 협상의 전략은 조직편성에 있어서 수평적 조직을 재편하는 한편, 부처 간, 부서 간의 갈등을 최소화하기 위한 조정기구를 신설하는 것이며, 또한 통상협상을 전담할 부처별 소관 업무와 담당 공무원을 통한 효과적인 협상을 위한 연구 노력이 필요하며, 사전에 협의 및 관련 부처와의 교섭이 필요하다.

제4절 주요국의 무역통상과 협상 정책

1. 미국의 무역통상 정책

1) 미국의 통상정책 배경

미국의 통상정책은 자유주의, 보호주의의 두 부류의 방식으로 해석하는 것이 가장 일반적이다. 통상정책은 무역정책과 구분하기 어려운 만큼 통상법을 무역법으로 해석하는 경우가 흔히 있다. 국제통상 즉, 글로벌 통상이란 말 자체가 한 나라의 관점으로 해석하여 국가 간의 재화 거래 즉, 무역 거래를 말하기도 하지만 최근에는 국제투자, 국제금융거래 등을 포함한 국제경제거래를 말하고 있기에 국제무역 거래나 무역정책보다 국제상품거래를 초월한 통상정책으로 이해하고 있다.

일반적으로 통상정책은 자유주의냐? 보호주의냐? 하는 거대한 두 가지의 양대 산맥으로 분류하겠지만 미국은 이 두 가지를 동시에 적용하고 있다. 대외무역을 통하여 소득분배 개선과 경제발전을 주장하고 이를 통하여 이익을 보게 되며, 무역의 공정론을 주장한다. 하지만 국제무역으로 인하여 소득재분배과정에서 피해를 보는 쪽의 손실과 불평 등과 관련된 협상의 내용을 방지하기 위하여 부분적인 보호무역을 주장하기도 하는 것이기 때문이다.

대표적인 미국의 통상관련법은 1974년 통상법(Trade Act), 1979년 통상협정법(Trade Agreement Act), 1984년 통상관계법(Trade and Tariff Act), 1988년 종합통상 및 경쟁력법(Omnibus trade and Competitiveness Act), 이밖에도 각종 자유무역협정 등이 있다(〈표 8-7〉 참조).

2) 미국의 무역통상 정책에 관한 시대별 추이

(1) 보호무역주의(건국 초기~1930년대 초)

미국의 통상정책 시작은 연방주의자들과 제퍼슨의 공화주의자들이 자유무역을 선호했으며, 1789년의 최초 관세법인 관세율은 평균 8.5%에 달하였다. 그러나 관세가 정치 쟁점화되어 1816년 관세법에서 보호무역주의를 채택하여 평균 관세가 15%로 책정되었다. 이러한 이유는 연방 세입을 위한 수입원으로 관세가 1910년까지 약 50%를 차지하였기 때문이다. 그 후 1928년 약 45%에 이르는 관세로 보호무역주의로 굳혀갔다. 하지만 19세기 후반의 세계화의 거센 물결로 인하여 영국을 중심으로 무역자유화가 선언되었다.

▌표 8-7▐ 미국 통상정책의 변화

구분	통상정책 방향	통상정책결정권	특징	주요관련법
건국 초기~ 1930년대 이전	보호무역주의	미국 의회	유치산업 보호	1861년 통상법 (모릴관세법) 1890년 통상법 (매킨리관세법) 1897년 통상법 (딩글리관세법) 1930년 통상법 (스무트-홀리관세법)
1934년~ 1945년	대공항 (혼란기)	미국 행정부 위임 확대	전시경제체제	1934년 통상법 (상호무역협정법)
1945년~ 1970년대 중반	자유무역주의	미국 행정부	안보 중심 체제 (케네디라운드)	1962년 통상법 (무역확대법)
1970년대 중반~ 1980년대 중반	무역적자 확대 (혼란 가중)	미국 행정부	신보호무역주의 (도쿄라운드)	1972년 통상법 (VRA, OMA) 1979년 통상협정법
1980년대 중반~ 최근	상호주의 (시장 개방)	미국 의회의 권환 확대/회복	공정무역 (우루과이라운드) (그린라운드)	1988년 통상법 (종합무역법 슈퍼 301조)

(2) 자유무역주의(1930년대 초~1960년 중반)

미국의 통상정책은 공화당 집권으로 고관세율 정책으로 나아갔다. 1934년 상호통상협정법(1934)과 1947년 관세와 무역에 관한 일반협정으로 자유무역정책을 펴나갔다. 이러한 배경의 주요 원인으로는 제2차 세계대전 이후 미국은 세계 경제의 주도권을 갖고 자국의 생산능력을 통한 자유무역의 경향으로 나가기 위함이었다. 1962년 통상확대법(Trade Expansion Act of 1962)을 통한 케네디라운드 선언으로 1967년 미국의 평균 관세율은 35%로 낮아졌다.

(3) 신보호무역주의(1960년대 후반~1970년대 후반)

케네디라운드를 통한 미국의 통상정책은 자유무역주의를 표방하는 것 같이 보였다. 그러나 1960년대 후반부터 미국은 다시 보호무역주의로 나타났다. 주원인은 미국의 신발산업과 자동차, 철강, 가전제품 등의 제조업 부문의 수입이 증가하고 수출이 감소하여 무역적자로 나타났다. 보호주의로 섬유 부문, 철강, 컬러TV 등에 비관세조치를 취하고, GATT의 관세 조치를 무산시켜버렸다. 마침내 1973년~1979년의 도쿄라운드에서 비관세장벽의 완화를 통한 제7차 다자간 무역협상을 추진하게 되었다. 미국은 1979년 통상협정법을 제정하여 반덤핑관세, 상계관세 강화를 위해 301조를 새롭게 신설하여 미국의회가 동경 라운드를 국내법화 하기 위해서 제정하였다. 선진국들이 공산품에 부과한 평균 관세율은 5% 이하로 대폭 감소추세로 나타났다.

(4) 공정 무역주의(1980년대 초반~현재)

미국의 통상정책은 1980년대에 이르러 공정무역의 경향으로 나타났다. 고금리, 달러강세, 미국상품의 국제경쟁력 약화 등을 통하여 무역수지의 경상수지 적자로 보호무역주의의 압력이 미국의회로부터 나왔다. 통상정책을 무역적자, 실업률 감소, 국내산업의 경쟁력 강화라는 슬로건으로 1984년 무역 관세법을 제정하여 301조를 더욱 강화해 나갔다. 1988년 종합무역 경쟁력법을 제정하면서 스페셜 301조, 통신부문 301조 등 새로운 해외시장개방을 위한 각종 규정을 첨가하였다.

2. 중국의 무역통상 정책

1) 중국 무역통상 정책의 배경

중국의 통상정책은 사회생산력과 사회분업 발전의 필연적 산물로서 대외무역은 중국의 국민경제에 매우 중요한 위치를 차지하고 있다. 중국의 대외무역의 종합적인 기능을 보면, 유무 상통으로 국내에서 생산할 수 없는 상품은 교환한다는 취지와 물질전환 즉, 공급이 수요를 초과한 제품은 수출하고, 공급이 부족하여 수요를 채우지 못한 경우는 수입하여 균형을 이룬다는 방침과 국제 분업의 이용으로 사회노동을 절약한다는 개념이다. 특히 선진국의 기술을 도입 및 외자를 이용한 건설 자금축적과 외교협력을 중심으로 대외무역 중요성을 인식하고 있다.

중국 통상정책의 목표는 대외 통상정책에서 잘 알려진 것과 같이 독립자주, 평화공존, 반패권주의, 하나의 중국, 경제건설 등을 목표로 하고 있다. 1949년 중국 인민정치협상회의 제1차 회의에서 이러한 취지를 밝힌 바 있다. 1980년 중앙간부 회의 시 반패권주의, 조국 통일 및 경제건설에서 잘 드러나고 있다. 무엇보다 경제개혁과 대외개방정책이 본격적으로 추진되기 시작하였다. 구체적인 대외통상정책의 목표를 살펴보면, 국가의 경제적 독립과 주권을 보호함에 있다. 중국의 중공업 육성과 발전을 위하여 강력한 국방, 인민복지, 국가 번영을 바탕으로 삼았다. 그리고 경제, 정치적 독립을 달성하려고 힘쓰고 있다. 특히 중국은 대외개방과 대내개방을 통한 국제교류 활성화를 강화하고 선진국의 선진적인 경험과 자금의 도입을 추진하고 있다.

2) 중국 무역통상 정책의 특징

중국의 통상정책은 개혁과 개방으로 나눌 수 있다. 1978년 개혁개방 전에 중국의 대외무역은 경제자립과 자본주의 세력의 경제적 침략으로부터 자국을 보호하는 차원으로 출발하여 사회주의 현대화 건설에 중공업을 육성하고 수출목표를 달성하는 것이었다. 중국의 대외무역과 외교정책으로 국제정치 투쟁의 한 무기로 국제무역을 활용하였다. 물론 1978년의 등소평 등장 이후 변화가 나타났다.

자력갱생의 원칙으로 현대화를 추진하고 대외무역의 선진시술을 도입하여 수출을 위한 발전을 꾀한다는 것이었다. 사회주의 체제하에서 시장경제 체제를 도입하였고 국가의 전면적 통제 대신에 자율성이 점차 주어졌으며 폭넓은 개방을 추구해 왔다.

3) 중국 무역통상 정책의 발전전략

중국의 통상정책 발전 방향은 대외무역 발전전략에 의거 당의 관련 문건, 방침 및 정책을 근거로 독립자주, 자력갱생의 기초위에 제정해야 한다고 명시하고 있다. 중국의 이러한 방침은 대외무역 발전전략을 통한 국민경제의 발전과 본국의 국정을 통한 국제경제 요구에 부합된 제정 및 이행, 충분한 과학적인 이론 근거를 통한 실천성을 높여 산업구조를 개선하고 경제적 효과와 이익을 위하여 국력과 조화 있게 속도를 맞춰나간다는 취지이다.

첫째, 수입대체전략은 중간재는 반제품으로 수입하고, 중간재 혹은 반제품의 생산설비를 생산하여 공업생산품을 중지하고 조립시설을 통한 가공으로 수입을 줄여나간다는 것이다.

둘째, 수출 대체 또는 수출주도 전략으로 수입 대체의 전략이 부족한 면이 있어 대외경제무역의 새 국면의 막대한 요구에 적절하지 못함으로 수입대체의 전략이 수출 대체의 전략으로 바뀌야 한다.

셋째, 외향적 발전전략으로 내향적 전략에서 외향적 경제발전 전략으로 전환하여 세계 추세에 순응하는 것은 중국 경제발전의 최선책으로 국제 분업 참가, 국내시장과 국외시장을 이용하여 자원의 전환을 실현하여 국민 생활의 향상과 경제발전을 꾀한다.

넷째, 외향적 경제발전에 관한 일정한 조건으로 실제 상황에 따른 몇몇 지역의 외향적 경제 관계를 맺는다는 것이다. 즉, 전국 범위에서 내향적 경제와 부분 지역의 외향적 경제의 구도를 통한 수출을 통한 경제성장을 꾀하고 자 하였다.

다섯째, 대외무역 발전전략의 다원화 전략으로 수출주도와 수입대체를 서로 결합하여 시행한다는 것이다.

여섯째, 국제대순환 전략으로 노동 집약형 제품의 수출을 발전시켜 국제시장에서 중공업 발전에 필요한 자금과 기술을 얻기 위해 외화벌이를 통한 중공업 발전에 기여한다.

일곱째, 연해 지역의 경제발전전략으로 중국 정부의 전략방침 가운데 국제산업구조 조정의 유리한 기회 및 중국 연해 지역의 풍부한 노동력 자원 등을 이용하여 외향적 경제발전과 노동 집약형 산업과 가공업을 발전시켜 외국기업의 투자유치를 돕는다는 것이다.

여덟째, 내륙의 대외경제무역 발전전략으로 연해 경제발전전략을 통한 새로운 환경조성과 내륙의 발전을 꾀한 중국 일체화 전략으로 구성한다. 즉, 내륙에서 수출 대체를 위주로 하여 수출주도를 보충하고, 내륙에서 수출을 발전시키는 전략방침은 본 지역의 상황에 근거하여 자본, 기술, 인재도입을 통한 산업구조를 개선, 수출상품의 구조를 발전을 통한 대외무역 확대에 중점을 두고 있다.

3. EU의 무역통상 정책

1) EU의 기본적인 무역통상 정책

EU의 무역통상 정책은 유럽공동체의 형성과 함께 발전하여왔다. 유럽공동체의 형성은 1951년 4월 18일 유럽석탄철강공동체를 설립함으로써 시작되었다. 그 후 1957년 3월 25일 로마에서 유럽경제공동체와 유럽원자력공동체를 창설하는 로마조약을 체결함으로써 6개국으로 유럽공동체가 출발하였다. 1972년 1월 22일 영국과·아일랜드, 덴마크의 추가 가입, 그 후 그리스, 포르투갈, 스페인이 가입하였다. 유럽연합 15개 회원국은 프랑스, 독일, 이탈리아, 벨기에, 네덜란드, 룩셈부르크, 영국, 아일랜드, 덴마크, 그리스, 스페인, 포르투갈, 오스트리아, 스웨덴, 핀란드 등이다. 유럽연합은 1980년대에 유럽연합 운동이 전개되어 1986년 2월 단일 유럽 법을 제정하여 내부시장을 1992년까지 완료하기로 하였다.

유럽의회를 활성화, 외교정책 및 안보 분야의 공동노선 추구 등을 통한 유럽 단일화폐의 시행, 유럽중앙은행의 설립, 유럽정치연합의 강화를 유럽연합에 관한 조약이 체결되었다. 하지만 EU는 아직도 대외공동 통상정책 분야에 있어 미흡한 점이 많으며, 미완성의 상태에서 수입규제수단과 회원국 간의 이해가 상충 되어 일부만 통합된 상태라 할 수 있다.

2) EU 무역통상 정책의 목표

EU의 무역통상 정책은 역내 시장 자유화 조정, 통상 분야의 공동정책 수립을 개념으로 회원국 간의 교역을 규율하는 동맹국 간 통상법과 비동맹국과의 통상인 대외통상법으로 구분한다. 역내 교역으로 통상장벽철폐를 통한 무역자유화와 자율무역을 활성화해 나가는 것이다. 대외통상법은 EU 회원국들의 비동맹국에 대한 통상규제조치로서 동맹국의 규제조치와 비동맹국의 규제조치 모두를 포함하고 있다. 주요 내용은 반덤핑관세와 상계관세, 긴급수입제한조치, 대외공동관세 등이며 공정성 여부와는 상관없이 발동할 수 있는 법으로 나뉜다.

3) EU 무역통상법의 특징

EU의 대외통상 규제법은 수출규제법, 수입규제법, 그리고 수량규제와 관세규제로 각각 나누어 볼 수 있다. 불공정무역을 규제하는 법과 공정성 여부와는 관계없이 발동되는 조치로 구분한다. 이 중 가장 대표적인 통상규제조치로는 반덤핑관세, 상계관세, 긴급수입제한조치, 수출 자율 규제조치, 신 통상정책수단, 유럽경제공동체(EEC) 조약 제115조에 의한 간접 수입제한조치, 대공산권수출통제위원회(COCOM:Coordinating Committee for Multilateral Export Controls)[2]에 의한 수출제한조치, 기타 원산지규정, 관세평가규정 등도 통상 보호조치로써 이용된다.

EU의 대외통상 규제조치 중에서도 가장 널리 이용되고 중요한 것은 반덤핑규제라고 할 수 있다. 1980년대 말과 1990년대 초에 이르러 EU에서는 우리나라나 일본을 위시한 동아시아 수출국의 대유럽 상품에 대한 덤핑규제를 급격히 증대시키고 있다. EU의 덤핑제소 남발은 경제 상황적인 이유 이외에도 다음과 같은 이유가 있다. EU의 통상법 발동은 일반적으로 EU 역내 기업들의 경쟁력이 취약한 철강, 섬유, 가전제품, 전자부품, 사무기기 등에 집중적으로 취해져 왔다.

최근 한국에 대한 EU의 통상규제조치가 급증하고 있는 주요 원인은 한국의 대 EU 수출이 급격하게 증가하고 있지만, 수출업체들은 제소를 당하거나 이러한 조치에 관하여 정면대응을 피하고 가격 인상을 약속하거나 수출 자율규제를 제안하는, 또는 대응을 하지 않는 등의 자세로 인하여 통상에 큰 문제점으로 나타나고 있다.

4. 일본의 무역통상 정책

1) 일본의 무역통상 정책 방향

일본의 통상정책 방침은 국경 없는 경제에서 기업 활동의 글로벌화로 인한 해외투자, 기술무역, 지적 재산권, 등의 규범을 형성하고 신국제경제 질서 형성에 적극 참여하고자 국제조화와 민간 경제활동 참여하는 등의 내용을 통한 일본 시장에서 외국기업의 활발한 활동을 위한 정책을 강화하였다. 선진국 간 협력 강화와 개도국 지원을 위한 기업경영의 노하우 제공, 생활개선을 위한 소비재 분야, 공해방지, 기술 관련 분야 개선을 통한 인력양성 등을 포함한 시장경제의 이념추구와 긴밀한 협조를 바탕으로 한다.

---

2) 대공산권에 대한 전략물자의 수출통제를 담당하는 비공식 협의체로 공산권의 붕괴로 해체된 바 있고 현재 바세나르 체재가 그 후신이다.

2) 일본의 무역통상 정책 기조

(1) 전후 고도성장기 및 1970년~1980년대

일본은 통상정책의 변화와 발전향상은 1950년대의 수출촉진 및 수입억제 정책에서 1960년대 수출구조 고도화 정책, 1970년대 무역마찰의 회피정책, 1980년대와 1990년대 보호무역주의와 자유무역주의 체제의 유지 및 확대정책을 적극적으로 추진하여 산업조정을 통한 국제 분업을 추진하였다. 일본의 경제는 제2차 세계대전 이후 1970년대 초 이전까지 세계 경제의 호황을 타고 급속한 발전을 꾀할 수 있었으며, 선진국 진입의 자리매김을 하였다.

특히 1950년대 자립경제의 기반과 국제수지의 균형을 이루면서 경제성장에 필요한 공업원료 확보, 시장 확대 정책과 수입억제 정책을 동시에 펴나갔다. 1970년대 일본의 경제에 대한 통상개방 압력으로 불가피하게 개방을 통한 무역 및 외환 자유화를 선언하였다. 1980년대 일본의 무역흑자 폭 해소로 통상압력이 강해지자 자동차를 비롯한 금융, 서비스, 첨단산업 등으로 확대되어 시장 개방 확대조치를 취할 수밖에 없었다.

(2) 1980년대 이후 ~ 현재

최근의 일본 통상정책은 자국의 경제발전을 위하여 무역과 투자 부분에 관한 WTO를 중심으로 무차별적이고 자유로운 다각적 통상체제를 기반으로 하고 있다. 일본의 자국경제발전에 박차를 가하고 있을 때 전 세계적인 통상의 추세는 보호주의 압력의 대두와 지역주의로 인하여 갈수록 블록화 현상이 심화 되었다. 일본은 아시아 지역을 중심으로 한 협력체제 강화에 나서게 되면서부터, 수출시장 확보와 동아시아 국가의 시장제도 정비를 지원, 기초산업 육성과 인재교육, 자금지원 및 협력과 전문가 파견 등을 통한 협력과 지원을 겸하여 실시함으로써, 경제발전과 수출증대를 꾀하였다.

3) 일본 무역통상 정책의 특징 및 수단

(1) 일본의 무역통상 정책

일본의 통상정책은 민관협력체제의 통상정책과 문화적 통상장벽 형성 및 국가전략 산업의 적극적 보호 및 육성이다. 특히 일본은 민관협력체제의 일한으로 소비자와 생산자 그리고 유통을 통한 판매자의 이익을 대변한다는 점도 있다. 그러나 해외상품의 일본 시장 진출을 어렵게 만들어 불리한 요인으로 작용하기도 한다. 일본의 전반적인 문화적 통상의 형성은 인간적 유대관계와 신뢰를 바탕으로 인간적인 관계의 거래를 중시하는 경향으로 인하여 외국인의 투자와 외국기업의 일본진출을 꺼리는 경향이 있다. 그러므로 문화적 관행은 통상정책 수립에 악영향을 줄 뿐만 아니라, 자국을 앞세워 타 문화를 배척하는 배타주의의 경향에 의한 통상정책의 장벽으로 작용할 수 있다.

또 하나는 자국의 산업 발전을 위한 집중 보호 및 육성은 어느 나라를 막론하고 높은 장벽으로 나타나기 때문에, 자국의 국가경쟁력 강화만을 일삼는다면 쉽게 통상에 임하려 하지 않을 뿐만 아니라, 일본은 어떤 산업 분야가 국제경쟁에서 우위를 확보할 때까지 일본은 국내자원을 동원하여 지원, 육성하려고 하는 경향이 짙은 관계로 통상에 있어 애로점으로 나타나고 있다. 일본은 공업제품을 가공 및 수출할 수 있는 원재료 및 에너지 자원을 수입하였다. 그리고 중화학공업의 발달을 통해 자동차, 반도체, 전자장비, 기계류 등의 제품을 수출하고 점차 섬유제품의 비중이 줄어들고 있어 수입품목 가운데 섬유류와 수산물 등이 급증하고 있는 셈이다. 최근 일본은 무역흑자의 폭이 감소하여 무역의 적자를 면치 못하고 있는 실정에 놓여있다. 또한, 과거 연계의 재확인을 통한 시장 개방성을 유지하고 무역 절차의 유연화를 선언하였다.

(2) 일본의 통상정책 수단

세계화를 통한 각 나라는 자유무역과 지역주의의 경향으로 나타나고 있다. 특히 일본은 통상정책의 수단으로 관세 및 비관세 수량 제한조치 등을 사용하여 통상정책의 수단으로 삼고 있다. 일본의 경우 평균 양허 관세율을 UR 이전의 3.9%에서 WTO 출범 이후 1.7%로 인하였으며, 이는 여타 선진국에 비하여 낮은 관세율이다. 관세율을 낮게 책정하는 것은 일본의 경우 관세율이 무역수지 흑자와 수입규제에 큰 부담 요인으로 작용하지 않는다는 점으로 미루어 볼 수 있다.

일부 품목은 아주 높은 고관세율을 적용하거나 가공의 정도에 따라 차등을 두어 적용하고 있다. 비관세의 경우는 실질적인 통상정책의 수단으로 활용하고 있으며, 가시적인 상계관세, 반덤핑관세 등의 일반적인 조치들보다는 비가시적인 수입승인제도, 유통제도 등을 통해서 비관세장벽을 적극적으로 활용하고 있다. 수입승인제도는 수입규제의 조치로서 통관절차와 서류제출을 요구하여 수입억제와 지연정책을 펴나가고 있고, 민간기업에 대해 행정조치, 권고를 통한 실질적인 수입규제를 하고 있다.

Part 03

글로벌 경영과 경제이해

Chapter 09 기업의 생산과 무차별곡선

제1절 무차별곡선의 체계와 개념

1. 무차별곡선과 한계대체율

1) 무차별곡선의 도출

무차별곡선이란? 계측 불가능한 효용개념에 의존하지 않고 소비자의 합리적 선택행위를 분석하는데 필요한 개념으로 서로 다른 두 재화의 조합 중 같은 수준의 만족을 주는 조합을 도표화 한 그래프로 등효용곡선(Equal utility)이라고도 한다.

또한, 여러 상품의 묶음 즉, 묶음의 조합들이 소비자에게 동일 효용을 준다고 가정할 때 각각 하나의 점으로 나타낸 다음 이를 모두 이으면 하나의 곡선 모양이 형성된다. 이를 무차별곡선(indifference curve)이라고 한다. 즉, 동일 만족을 주는 주 재화와 소비량의 다양한 조합이다.

[그림 9-1]에서 두 재화 간의 한계대체율이 교환비율과 다를 경우, 하나를 버리고 다른 하나를 취할 때 그 차액을 이용해 이익을 얻을 수 있다. 이때 한계대체율은 상대가격의 역수와 같으므로 동일의 재화를 기준으로 모든 재화와 용역의 상대가격을 나타내면 한계대체율은 각 가격 비의 역수와 같게 나타난다. 결국, 한계대체율로 교환가치를 대체할 수 있다는 개념이다.

▮그림 9-1▮ 무차별곡선과 한계대체율

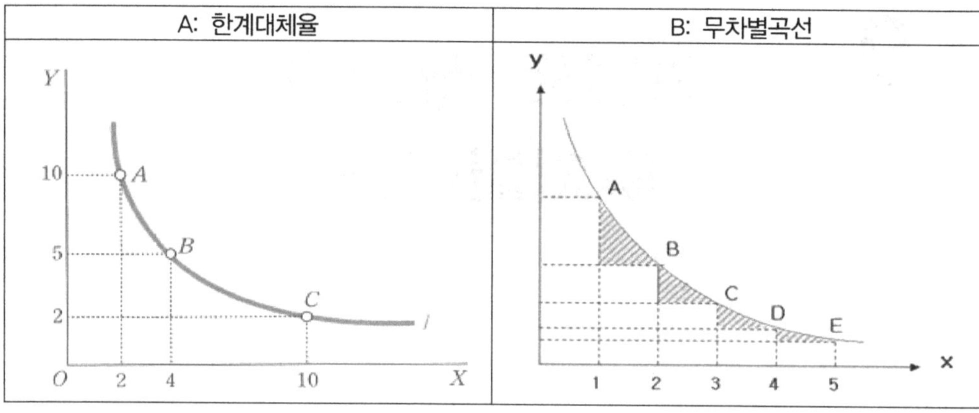

2) 한계대체율

한계대체율이란? 소비자가 얻고자 하는 재화가 다른 어떤 재화와 동등한 만족을 준다는 조건에서 다른 하나를 포기할 용의가 있다는 의미로 해석하면 좋다. 예를 들어, 상품 X의 한계 단위로 그 상실을 보상하는 상품 Y의 수량을 나눈 비율을 X의 Y에 대한 것이며, 한계효용이론에서는 모든 상품이 무한히 많은 단위로 분할될 수 있다.

[그림 9-1]의 그림 A의 한계대체율을 도식한 그림으로 동일 효용을 유지한다는 조건으로 Y재의 감소량을 X재의 증가량으로 나눈 것이다. 즉, X재를 한 단위 증가시킬 때마다 기존의 효용을 유지하기 위해서 Y재의 수량을 하나, 감소시켜야 한다는 뜻이다. 따라서 한계대체율(MRS)이란? 소비자의 X재 한 단위에 대한 Y재의 교환비율을 말한다. 만약 MRS 3이 되려고 한다면 X재는 2단위 증가시키면서 종전과 동일 만족을 얻기 위해서는 Y재는 3단위만큼 감소시켜야 한다는 결론이다. 한계대체율은 위의 그림에서 보는 바와 같이 점점 작아지는 현상을 가져오는데 이것을 '한계대체율 체감의 법칙'이라고 하고 이를 '무차별곡선의 기울기 값'이라고 한다.

무차별곡선은 경제 내에 두 가지 재화 혹은 용역만 있다고 가정할 때 동일 효용을 얻을 수 있는 X재와 Y재의 조합을 선으로 도식한 것이다. 무차별별 곡선도 생산 가능 곡선과 같이 우하향의 기울기를 가지는데, Y 재만 생산하는 단계에서 X재를 생산하려면 Y재를 포기해야 하는 관계를 표시한다. 강조하자면, X재와 Y재의 무차별곡선의 가장자리로 갈수록 기울기의 절대값이 감소한다. 이것을 한계대체율 체감의 법칙이라 한다. 이때 우하향으로 향하게 되고, 원점에서 멀어질수록 생산 가능 곡선은 더 많은 생산량을 나타내며 무차별곡선의 효용의 수준은 올라간다([그림 9-2] 참조).

▌그림 9-2▌ 두 재화의 무차별곡선

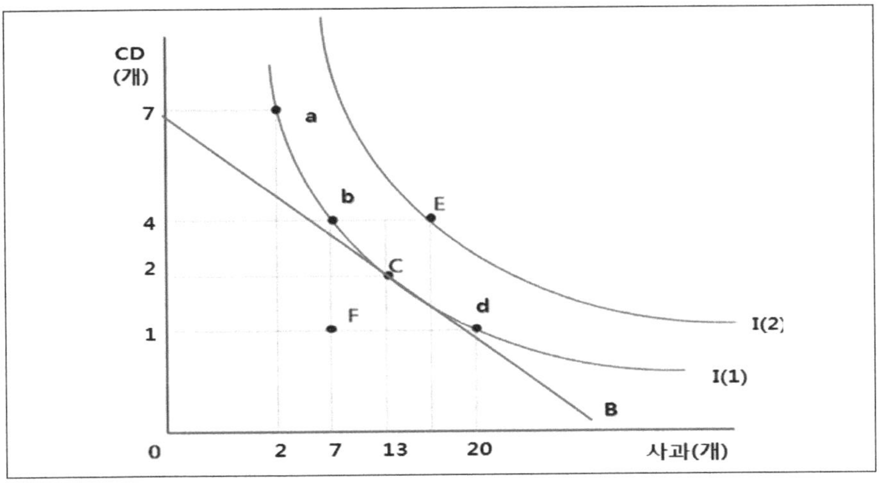

〈표 9-1〉에서 사과와 CD의 조합들이 소비자들에게 효용을 준다고 가정할 때, 이 상품 묶음들은 각각 하나의 점으로 나타낸 다음 이러한 점을 모두 이으면 [그림 9-2]와 같은 곡선을 얻는데 이것을 무차별곡선이라고 한다. 무차별곡선(indifference curve)은 소비자에게 동일 수준의 효용을 주는 상품 묶음을 선으로 나타낸 것이다.

▌표 9-1▌ 무차별곡선의 예(사과와 CD의 관계)

상품 묶음: I(1)	사과(개)	CD(개)
a	2	7
b	7	4
c	13	2
d	20	1

2. 무차별곡선의 특징

[그림 9-2]에서 두 재화 즉, 사과와 CD의 조합에서 살펴볼 때, 사과 2, CD5의 묶음과 사과 3, CD6의 묶음에서 소비자가 이 두 상품 묶음에서 같은 효용을 얻는다면 무차별곡선은 우상향하는 모양을 갖는다. 사과가 더 많으면 CD는 더 적어야 두 상품 묶음에서 소비자는 차이를 느끼지 못하게 된다. 정상적인 경우의 무차별곡선은 우하향하는 모양을 갖는다. 우하향하는 이유는 소비가 반대로 나올 때만이 같은 만족을 얻을 수 있으므로 원점에서 멀수록 만족도가 높으며 우하향으로 한다.

또한 [그림 9-2]에서 무차별곡선은 원점에서 멀수록 더 높은 효용 수준을 보인다. 즉, I(1) 보다, I(2)가 더 높은 효용을 나타낸다. 그러므로 사과의 소비와 CD의 소비 관계에서 상호보완적 관계로 어떤 재화를 늘이거나 줄여서 만족도를 높여 나가면 총 효용 수준은 상승하고, 소비상품 구성은 다른 무차별 곡선상의 점으로 이동하게 된다. 그러나 무차별곡선은 서로 교차할 수 없다. 만약 두 무차별곡선이 교차한다면 한 상품 묶음이 두 가지의 다른 효용을 준다.

한 상품 또는 두 상품 모두 더 많은 경우에도 효용이 같은 현상이 발생할 수 있으므로 모순이 된다. 그러므로 어떤 한 점을 지나는 무차별곡선은 단 한 개밖에 없다. 일반적으로 무차별곡선은 원점에 대해 볼록한 모양을 갖는다. 동일 무차별곡선 상에 머물러 있기 위해서 어떤 상품의 소비 자체를 늘인다면, 반드시 다른 상품의 소비를 줄여야 한다. 이때 늘어나는 상품은 한계 효용이 점차 감소하고, 줄어드는 상품의 경우는 한계 효용이 점차 증가한다.

3. 무차별곡선의 예산선

무차별곡선에서 소비자가 효용의 극대화를 추구하고자 상품을 선택하게 된다면, 소비자는 자신의 욕구 만족을 위해 소득의 범위 내에서 구매력을 통하여 어느 한계선까지의 최고 효용을 얻으려고 할 것이다. 이러한 상품의 구성을 욕망과의 관계를 표시한다면, 예산 선은 욕망을 달성하는 수단이나 상품 소비를 통해 얻을 수 있는 효용을 가능한 한 크게 얻으려고 할 것이다.

소비는 자신의 재정적 능력 범위 안에서만 욕망을 충족할 수 있다. 이는 소비자에게 주어진 소득(M)의 범위 안의 수준에 있는 상품만 구매하는 관계이므로 예산제약이 있다. 마치 생산 가능 곡선과 같이 주어진 범위 안에서 소비를 해야 한다고 보면 된다.

예산선(budget line) 즉 버젓 라인은 소비자가 일정한 소득으로 구매할 수 있는 상품 묶음들의 집합들을 이은 선이다. 사과와 CD의 가격이 각각 Px와 Py로 주어져 있고, 소비자의 한 달간 소득이 M이라고 할 때, 예산제약은 사과와 CD에 대한 지출의 합이 주어진 소득과 같아야 한다는 것을 의미한다. 예산제약을 수식으로 표시하면 $M=Px \cdot X + Py \cdot y$, 그리고 y에 대하여 풀어쓰면 $y=-Px/Py \cdot X + M/Py$의 수식을 얻는다. 결국, 무차별곡선은 소비자가 원하는 상품 선호의 구성 즉, 욕망을 말하며, 예산 선은 욕망을 달성하는 수단, 상품 소비를 통해 얻을 수 있는 효용이다.

▌그림 9-3▐ 무차별곡선의 예산선

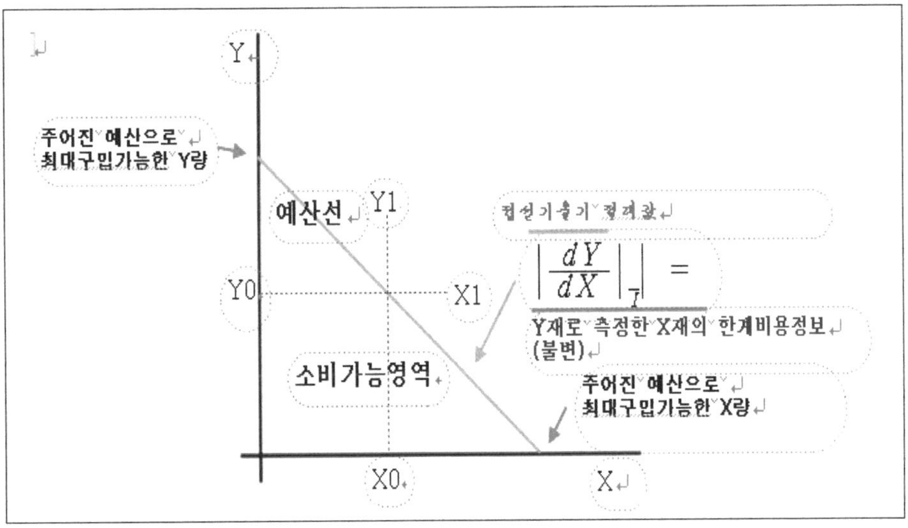

제2절 기업과 생산의 관계

1. 가격의 결정에 따른 구분

1) 개별가격 수용기업

기업(Firm)은 상품과 서비스를 생산하는 조직체이다. 어떤 기업의 소유주는 경영자이면서 소유주의 형태를 취하기도 하며, 또한 그 기업은 하나의 제품만을 생산하거나 아니면 전문적인 다양한 제품들을 생산해 낸다. 기업이 생산하는 생산물의 가격은 두 가지 이상의 생산요소 즉, 자본과 노동 등을 투입해야 한다. 기업이 생산에 참여하고 시장에 공급하는 형태들을 보면, 각각 다른 가격수준에서 생산하려고 하는 상품의 양을 나타낸다.

기업은 자신이 판매하는 상품의 가격에 따라 생산할 상품의 양을 결정한다고 할 수 있다. 각각의 기업들은 현재의 시장에서 자사의 제품에 대한 가격을 고려하게 된다. 어떤 기업이 생산량을 결정할 때 시장가격을 주어진 것으로 받아들이면 이 기업은 가격수용기업(Price taker)이라고 할 수 있다. 만일 기업이 가격을 결정하지 않는다고 할 때도 가격 결정은 기업 자신에게만 있는 것이 아니다. 예를 들어 식당에 가면 식당 주인이 정해놓은 음식의 가격을 발견할 수 있다. 식당 주인이 음식의 가격을 정한다면 사실은 부정할 수 없다. 한 개별기업이 시장가격에 영향을 줄 수 없는 시장을 경쟁 시장이라 한다.

2) 개별가격 결정기업

시장은 완전 자유경쟁 하에서의 가격이 형성된다. 그러나 모든 시장이 경쟁 시장의 형태로 나타나지 않는 경우도 종종 있다. 만일 이러한 한 개의 기업만이 시장에 제품을 출시하였다고 가정할 때, 이를 독점기업이라 한다. 즉, 경쟁 시장의 개별기업과는 다르게 자신의 기업이 독점적으로 가격을 결정하게 된다. 즉, 독점기업은 가격 결정기업(Price maker)이라고 할 수 있다. 계속 독점적으로 시장을 석권할 수는 없다.

2. 기업의 이윤과 소비자 잉여

1) 기업의 이윤

기업의 최대목표는 이윤의 창출이다. 기업은 이윤 창출을 통하여 기업은 계속 성장하고 발전하게 된다. 기업의 성장과 발전은 곧 국민경제와 직결된다. 즉, 제품의 생산과정과 필요한 여러 재원을 활용하기 때문에 경제의 흐름을 원활하게 해주는 촉진제 역할을 하기도 한다. 그러므로 기업은 제품 및 서비스를 제공하여 이윤을 창출하는 조직이다. 기업의 이윤 창출은 기업의 경영목표이며, 이러한 목표를 달성하기 위하여 기업은 기획(planning)-실행(implementation)-통제(control)의 단계를 설정하여 기업경영목표달성을 추구하고 있다. 기업의 이윤은 생산물을 판매하고 일정한 이윤을 남긴다. 이윤은 생산물을 판매하고 받은 총수입에서 생산물을 생산하는데 드는 총비용을 뺀 것이다.

2) 소비자 잉여

소비자 잉여는 소비자가 어떤 상품을 소비하기 위하여 해당의 상품 대금을 지급할 수 있는 용의가 있는 가격과 실제로 지급한 가격과의 차액을 말한다. 수요곡선은 소비자가 상품을 구매할 때 상품의 각 단위에 대해서 기꺼이 지급하는 최고가격(수요가격)을 나타낸 것이다. 하지만 실제로는 구매하는 각 상품에 대한 시장가격만을 지급하게 된다.

소비자 잉여에 대한 [그림 9-4]에서 어떤 사람이 사과 1개를 구매할 때 사과의 가격을 1,000원이라고 할 때 최고의 가격을 지급한 것이다. 즉, P_1지점에서 시장가격이 형성된다. 두 번째의 사과를 구매할 때, 사과의 가격은 P_2지점에서 사과의 가격은 종전보다 100원이 싼 900원에 구매한다. 이때 사과 가격은 2,000원 이 아니라 한 개에 900원 하는 사과 2개를 1,800원에 구매하게 되는 셈이다.

▌그림 9-4▌ 소비자 잉여

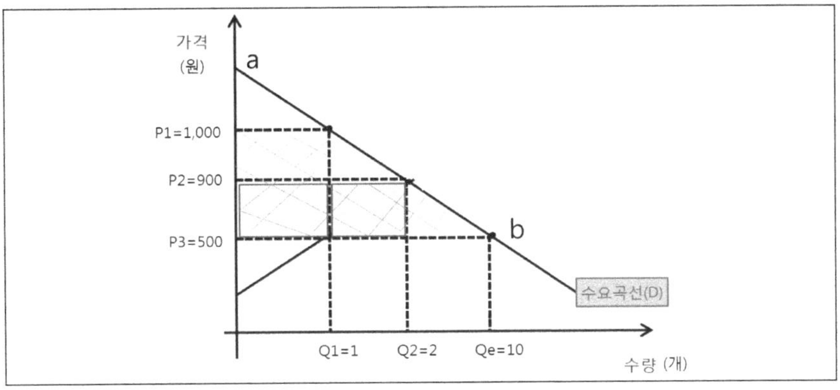

따라서 소비자가 실제로 지급해야 할 사과 2개의 가격은 2,000원이 아닌 1,800원을 지급하였기 때문에 200원이 남게 된다. 이때 남은 200원을 소비자 잉여라고 말한다.

사과의 시장가격 P_3지점에서 500원이 되고 거래량이 10개라면 소비자는 첫 번째 구매하는 사과부터 마지막 구매하는 사과 모두 500원만 지급하면 된다. 이때 소비자 잉여의 극대화라고 하고 이를 표시한 abP_3의 표시 부분이 소비자 잉여 부분이 된다.

강조하자면, 마샬은 소비자가 어떤 원하는 물건이 없어 그냥 지내는 것보다 그 정도의 돈을 지급하고라도 구매하겠다는 의사를 가진 다음 실제로 지급해야 하는 가격과의 차이를 소비자 잉여라고 하였다. 간단히 설명하면 이런 것이다. 내가 원하는 핸드폰이 어떤 상점에 있다고 하자, 이때 그 핸드폰의 가격은 100만 원이라고 할 때, 지금 내가 가진 돈이 없어 핸드폰을 구매할 수 없어 망설이다가 신용카드로 구매할까 하여 상점에 갔는데 실제로 지급해야 할 핸드폰 금액은 5만 원을 할인한 95만 원에 구매할 경우라면 이것은 5만 원 만큼의 소비자 잉여가 발생했다고 말할 수 있을 것이다.

소비자가 지급할 용의가 있는 최대의 가격과 실제로 지급한 가격의 차이를 말한다. 소비자 잉여는 19세기 프랑스 토목기술자 듀피(Jules Dupuit)가 주장한 것이다.

제 3 절 기업의 목표와 이윤 관계

1. 기업의 이윤 극대화

기업은 매출의 극대화를 통하여 기업의 목표를 달성하려고 할 것이다. 그러나 과대한 목표선정은 자칫하면 기업의 존폐위기를 불러일으킬 요인으로 작용할 수 있다. 이때 규모의 극대화를 통한 매출액 외에 자산액, 자본금, 종업원의 수 등의 성장도 아울러 포함해야 한다. 기업이 이윤을 극대화하는 것은 기업의 최고의 목표가 되는 것이며, 장기적 이윤 극대화는 기업의 생존과 관련이 있다. 그러므로 이윤 극대화는 기업의 주인이 주주라는 점과 일치하는 것이다.

기업의 이윤의 개념은 이윤=총수입-총비용의 관계이므로 주주의 자금은 은행에서 빌린 자금보다 더 높은 기대수익을 가지고 있어야 한다. 기업은 규모의 경제를 통한 공장과 설비 및 자본재 등의 투자에 있어 제품과 생산비용의 감소 등을 통한 규모의 경제를 가지고 시장의 확보와 시장개척을 통한 잠재시장을 확보해야 할 것이다. 기술혁신을 통한 새로운 신제품, 생산방법 발전, 새로운 원료 확보 및 신시장의 개발 등 계속적 발전과 연구적 개발 활동이 필요하다.

2. 기업의 생산함수와 등량선

1) 기업의 생산 활동의 전략과 의사결정

기업은 생산요소를 통하여 생산함으로써 유통망과의 연계체계를 갖춘 조직체이다. 하나의 기업은 수많은 조직체와의 상호연관성을 맺으며 기업으로 성장, 발전하게 된다. 생산 활동에 필요한 생산요소의 조달과 생산에 종사한 대가 지급 등 생산과 관계된 제반 비용을 지급하게 된다. 생산된 제품을 판매하여 얻은 이윤을 투자와 관련된 이윤지급과 배당금 등의 지분 등을 아울러 지급해야 한다. 이러한 기업의 구체적인 목표와 경영전략에 관한 의사결정은 기업의 전략을 통하여 나타나게 된다.

기업은 아이템, 기술혁신, 신기술 등의 다양한 생산방법과 경제적 방법의 생산을 통하여 가장 효과적인 이윤획득을 꾀하려 할 것이다. 기업은 생산에 필요한 고정비용, 가변비용, 총비용, 한계비용, 평균비용 등의 생산비용과 생산자의 선택 및 규모의 생산 및 경제를 선택하기까지 다양한 생산요소들의 집합체를 통하여 시장에서의 가격을 부여하기까지 끊임없는 전략적인 노력이 필요하다. 시장은 사회적 기업으로서 책임도 가진다.

2) 생산함수와 등량곡선

기업의 생산 활동은 여러 생산요소를 집합하여 생산하게 된다. 즉, 생산을 위한 토지, 자본, 노동의 기본 3요소를 포함하여 기계장치, 원자재 및 추가자본, 노동 및 설비 등의 요소를 필요하게 된다. 특히 미시경제학에서는 자본과 노동의 두 가지 관계로 볼 때, 노동은 노동력을 말하며, 나머지 생산요소는 모두 자본에 포함하고 있다. 또한, 생산의 기간에 따라 장기와 단기로 구분하기도 한다.

단기에 생산요소를 변동시킬 수 있다면 이를 가변투입요소라 하고 단기에 변동시킬 수 없다면 고정자본투입에 해당한다. 생산기간에 따라 단기 생산에 있어 총생산 곡선과 평균 생산 및 한계생산 곡선과의 관계를 나타내는 노동 투입과 생산량과의 관계를 경제학에서는 한계생산 체감의 법칙 혹은 수확체감의 법칙으로 표현한다. 등량곡선, 등량선이란? 기업의 생산과 관련하여 장기적 차원에서 볼 때, 기업은 장기적인 생산전략의 하나로 생산요소에 대한 원재료의 조달과 생산 활동에 대한 다양한 요소들을 조합할 것이다.

등량선이란 같은 산출량을 생산할 수 있는 노동과 자본과의 관계를 선으로 표시한 것이다. 즉, 동일 산출량을 생산할 때 노동과 자본의 대체비율을 기술적 한계대체율이라고 한다. [그림 10-5]에서 자본 2단위, 노동 1단위가 대체되었으나 생산에 아무런 변화가 없다고 가정할 때 한계대체율은 2가 된다. 따라서 등량곡선은 노동과 자본을 변수로 하여 좌표 평면상에서 나타낼 때, 동일 양의 재화를 생산할 수 있는 노동 및 자본의 조합이며 이를 연결한 선을 의미한다. 이때 무차별곡선이 소비자 이론에서 효용의 극대화를 얻을 수 있는 지점을 찾기 위한 개념이었다. 등량곡선은 생산자 이론에서 산출량의 극대화를 얻고 자 하는 활동이라고 본다. 그러나 노동과 자본의 요소만으로 생산요소 전부를 파악할 수는 없다. 등량곡선의 특징은 우하향하며, 원점에서 멀어질수록 생산량은 많아진다. 그리고 두 등량곡선이 서로 교차하지는 않으며, 일반적으로 원점에 대해 볼록한 형태를 취한다.

기술적 한계대체율(MRTSI, K)= MPI/MPK

▌그림 9-5▌ 한계대체율과 등량선의 관계

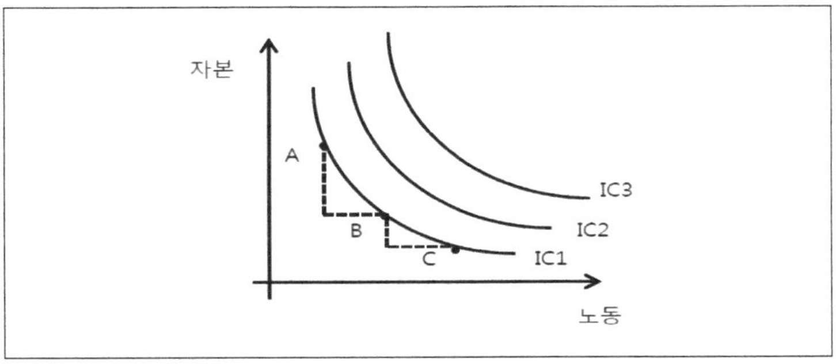

MPI=노동한계생산(MPK)= 자본의 한계생산이 된다. 이때 기술적 한계대체율은 등량선 상에서의 두 점 간의 기울기를 나타낸다. 등량선은 원점에 대하여 볼록하고 노동투입량이 증가할 때마다 반대로 기술적 한계대체율은 감소한다.

3. 소비자의 선택과 효용의 관계

기업의 생산제품에 대한 소비자의 최종선택은 소비자의 소득과 직결되며 또한 기업과의 관계는 가격의 관계에 놓이게 된다. 즉, 소비자는 자신이 소비할 수 있는 한계 범위 내에서 소비할 것이며, 어떤 소비지점에서 소비자의 선택을 통한 최종적인 효용의 극대화를 추구할 것인가에 주목하게 된다. 소비자가 최종적으로 선택하여 소비하는 지점은 소비자의 욕구를 무차별 곡선상에서 볼 때, 소비자 효용의 극대지점에서 소비하게 된다. 이는 최적의 선택지점에서 예산 선과 무차별곡선의 접점이 일치한다는 것이다. 소비자의 선택은 예산 선의 기울기와 무차별곡선의 기울기가 서로 같은 의미라는 점이며, 소비자의 효용을 극대화하기 위한 소비자의 만족을 충족시킬 수 있어야 한다.

4. 기업의 생산비용

기업의 생산과 비용의 개념과 함수와의 관계에 있어 단기적 차원으로 자본의 투입은 고정적이나 노동의 투입은 가변적이다. 고정된 생산요소에 대한 비용 부분은 가변비용이라 말하며, 고정비용은 공장, 시설물, 건축물 등에 투입된 고정투입 요소로 인한 비용 발생이다. 고정비용 투입은 단기적 차원에서는 생산과 무관한 것으로 보이지만 장기적 차원에서 생산량과 관계가 있다.

가변비용은 생산량의 증대와 생산량의 감소로 인한 가변투입요소의 변동에 따라 달라진다. 즉, 생산량이 증가하면 비용이 증가하고 반대로 생산량을 감소하면 비용이 감소하는 현상을 말한다. 그러므로 총비용은 고정비용+가변비용이 된다. 총비용이란 어떤 한 제품을 만들어내는 과정에 있어 생산에 필요한 양만큼의 투입되는 비용의 합을 말한다.

한계비용은 생산되는 산출량의 변화로 인하여 비용의 부분이 변동되는 개념을 말하며, 산출량 1단위를 변동시킬 때 변동하는 총비용의 크기 말한다. 평균생산비는 총비용을 산출량으로 나눈 것으로 산출량 1단위의 내용이며, 고정비용을 산출량으로 나눌 때 산출량 1단위당 고정비를 나타내는 평균고정비용과 평균 가변비용으로 산출량 1단위당 가변비용을 의미한다. 기업의 생산함수는 단기적 차원으로는 총산출량과 가변투입요소의 관계를 나타내지만, 단기비용은 한계 수확체감의 법칙에 따라 결정된다. 한계 수확체감의 법칙은 일정한 시점에 있어, 가변요소 한 단위가 생산하는 산출량이 점차 감소하는 것을 의미한다.

▮그림 9-6▮ 비용함수와 생산함수의 관계

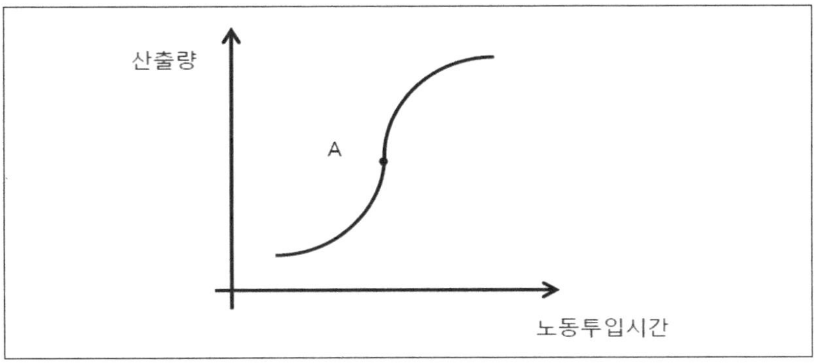

[그림 9-6]에서 A 지점을 지나면서 한계생산이 체감하는 것을 나타낸다. 기업의 생산비용은 등비용선으로 표시되는데, 등비용선은 일정한 총비용으로 구매할 수 있는 자본과 노동의 합을 말한다. [그림 9-7]에서 자본을 R이라 하고 노동을 W라고 할 때, 개별기업의 W와 R과의 관계에서 일정한 비용은 TC_1으로 노동에 대한 지출 WL과 자본에 대한 지출 RK를 나타내고 있다.

등비용선은 직선을 나타내고 있으며, 기울기가 -W/R이 된다. 기업의 투입능력이 증가 하지만 요소가격은 불변이라고 가정할 때, 기울기는 변화되지 않지만, 원점에서 멀어진다. 그러므로 원점에서 멀어질수록 생산비는 증가하게 된다. 등비용선은 소비자 예산선과 다른 것은 기업의 총비용은 일정하다고 가정되지 않는다는 것을 의미한다.

▮그림 9-7▮ 비용 최소화와 등비용선

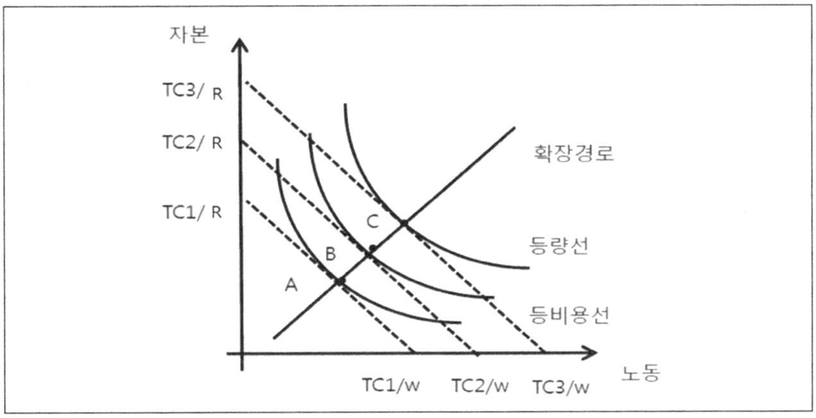

5. 기업의 생산과 가격책정

기업의 생산과 가격책정에 따른 완전경쟁 시장의 조건은 다수의 판매자와 다수의 구매자가 존재하거나 제품의 동질성 및 기업의 자유로운 진·출입, 완전한 정보의 공유 등의 조건을 갖춰야 한다. 완전경쟁 시장에서 균형지점 즉, 균형가격이 성립되면 시장의 진입과 퇴출이 자유로워 기업이윤이 늘어나면 새로운 기업이 진입하며 상품의 공급을 늘리면 기업의 이윤이 떨어지기 때문에 시장에서 자리를 비우는 기업이 속출하게 되며, 결국 공급이 줄어들게 되므로 가격의 균형을 이루게 된다는 것이다. 완전경쟁 기업의 단기 한계 비용곡선은 기업의 공급곡선을 나타낸다. 생산요소의 변동이 없고 가격이 일정할 때 시장의 공급곡선은 시장에 공급하는 각 기업의 수평으로 나타난다. 이러한 완전경쟁 시장의 조건에 완전경쟁 기업의 산출량을 살펴보면 다음과 같다.

완전경쟁 하에서는 장기균형점은 e점에서 거래가 이루어지게 된다. 장기평균비용은 최저가격으로 시장가격과 한계비용은 같으므로 평균비용이 된다. 따라서 이윤극대화지점은 이 지점에서 이루어지게 된다. 이 지점은 가격과 한계비용이 동일하다. 가격은 어떤 한 상품이 소비자에게 전달되어 소비자가 얻는 한계 효용의 크기를 말하므로 한계 효용과 가격이 동일하다면 소비자의 효용은 극대화가 된다.

시장의 균형가격과 이윤 극대화의 양면을 띤 가격책정의 전략적인 방안이 필요함을 말해주고 있다. 즉, 기업이 효과적인 가격을 책정하려면 전략 수립이 필요하다. 가격전략의 수립은 가격책정과 관련된 변수들의 조합이므로 새로운 방법들을 총동원하여 경영전략을 수립하는 것과 마찬가지다.

가격책정은 단시간 내에 이뤄지는 것이 아니며, 충분한 전략 수립과 단계적인 진행 및 연구가 필요하다. 특히 하나의 가격을 책정한다는 것은 가격전략에 관한 충분한 프로젝트 로드맵을 수립하고 현 가격의 문제점과 차후의 가격에 대한 수행방안을 전략적으로 세워나가야 한다. 적정가격 수준을 책정한 경우 의사결정에 관한 프로세스 수립은 필요로 한다. 가격전략을 수립하고 문제점을 보완하여 적정가격에 의한 가격책정은 의사결정을 동반한다. 새로운 가격의 구조와 전략 및 단계적인 진행의 전략적인 계획과 경영이 중요하다.

Chapter 10 글로벌 시장의 경제원리 이해

제1절 글로벌 시장과 경제의 이해

1. 글로벌 시장경제와 가격과의 관계

1) 시장경제의 원리

시장경제의 원리에 있어 가장 핵심이 되는 말은 경제의 논리에 맞는 시장의 운영이다. 즉, 경제를 시장경제원리에 맞게 해야 한다는 말이다. 시장은 가격의 결정에 대한 수요와 공급을 조절하는 기구이기 때문에 소비자는 시장에서 가격에 반응한다. 소비자들의 반응에 따른 움직임을 유인 기제라 하며, 가격조절을 위하여 정부가 시장에 개입한다. 시장에 정부가 개입하는 주원인은 시장가격의 형성에 따라 경제지표가 달라지며, 배분에 대한 기능을 아울러 감당해 주는 역할을 하기 때문이다.

기업은 시장을 통하여 생산된 제품에 대한 이윤을 목적으로 한다. 그러나 기업이 생산한 제품이 시장에서의 가격을 통하여 경제적 유인 기제의 역할을 한다. 그러므로 이윤은 기업과 소비자의 만남인 시장에서의 중요한 경제적 원리로 작용하고 있다. 시장은 기업과 소비자에게 자유경쟁을 통하여 소비자 중심의 새로운 상품과 다양한 가격을 통한 시장경쟁이 존재하는 것이다. 따라서 시장경제의 원리에는 다음과 같은 원칙이다.

첫째, 가격과 이윤에 대한 유인 기제의 역할을 한다. 생산 주체인 기업이 이윤을 목적으로 시장을 향한 상품을 생산한다. 가격이 기업에 경제적 유인을 제공하는 것은 가격이 이윤 결정에 결정적인 영향을 미치고 있다는 뜻이다.

둘째, 시장경제의 원리로 자유경쟁, 자유로운 완전경쟁을 통하여 무한경쟁의 발전으로 세계화에 기인한다. 세계화를 통한 글로벌 기업과 다국적 기업을 통한 전 세계의 시장을 대상으로 하고 있다는 것이다.

셋째, 시장은 수요와 공급으로 시장에 형성되며 이때 시장가격의 형성은 평균가격 즉, 수요와 공급량에 의하여 결정되며 자동으로 소비자에 의해서 구매력으로 나타나게 된다.

다섯째, 경쟁과 경제적 성패의 관계는 동태적이다. 경쟁력 있는 기업은 경쟁의 우위를 통한 계속적 발전을 꾀할 수 있겠지만 그렇지 못한 기업은 쇠퇴할 것이므로 계속적 발전의 동태적으로 나타나야 한다는 것이다. 시장은 자원 배분의 주 역할을 담당하는 곳이므로 기업은 시장에서 그 평가를 받게 되는 셈이다.

여섯째, 시장의 원리와 함께 법적 보장이 중요하다. 시장에서의 일정한 법칙이 작용하고 있다는 뜻이며, 시장에서의 공정성, 투명성, 보호성 등의 법적이고 제도적인 장치가 마련되어 있어야 모든 소비 활동이 원활하게 이루어질 것이기 때문이다.

2) 가격의 원리

시장에서의 가격 결정은 수요와 공급량에 의해 결정된다. 즉, 구매하고 자 하는 제품의 수요가 부족하다면 상대적으로 가격이 올라가고, 반대로 공급의 양은 많아 수요자가 줄어드는 현상이 발생할 때 가격을 필요 이상으로 하락할 것이라는 전제하에서의 시장의 경제원리가 적용되는 것이다.

시장은 일정한 장소와 시간이 따로 결정되는 것이 아니라 필요한 각종의 수단을 총동원하여 시장에서의 가격 결정에 영향을 미치게 된다. 정부가 시장에 개입하여 물가를 조절하고 수급기의 가격을 동결하는 등 각종의 제도를 동원하여 시장가격을 형성하려고 할 것이다. 이러한 가격의 기능과 시장과의 관계에서 정부는 생산과 소비의 연계성을 통한 배급에 깊이 참여하여 효율적인 시장기능을 다하도록 조절하는 것이다.

2. 수요공급에 의한 가격 결정

시장에서 판매되고 있는 모든 상품은 그 가격이 천차만별이지만 일정한 형태의 가격이 표시되어 있다. 그러나 생산자가 일방적으로 가격을 결정할 수는 없다. 반대로 소비자가 마음대로 그 가격을 책정할 수는 더더욱 없는 노릇이다. 시장은 수요와 공급의 만남으로 가격이 결정되는 장소이다.

시장이라고 하는 자유경쟁의 장소에서 생산제품을 판매하려고 하는 공급자와 이를 구매하려고 하는 구매자 즉, 소비자 사이에서 결정지어지는 시장가격(균형가격)의 형태를 말하며, 수요와 공급에 의한 자유 시장기구, 가격기구(Price Mechanism)라는 이름으로 사용하기도 한다[그림 10-1].

[그림 10-1]에서 시장가격의 형성에 대한 수요와 공급의 내용을 표시한 것이다. 수요곡선(Supply)과 공급곡선(Demand)이 교차하는 지점을 시장가격 또는 균형가격이라고 한다. 시장은 수요와 공급을 조절하는 기능을 한다. 이러한 관계를 도표로 표시한 것인 시장가격의 형성 즉, 시장가격의 형성조건이 되는 것이다.

▌그림 10-1▐ 글로벌 시장의 가격형성

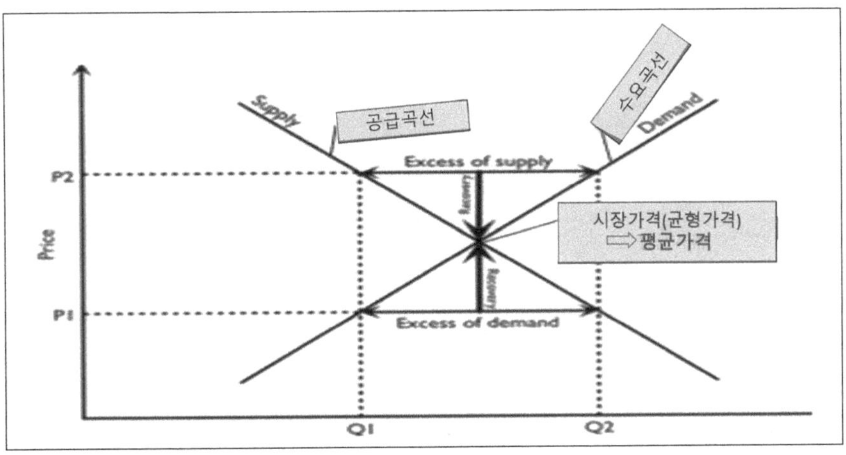

3. 시장경제의 원리와 경제문제

시장경제의 원리는 수요와 공급량에 의해 결정된다. 시장가격은 수요와 공급의 일치점 즉, 평균가격을 말한다. 누가 무엇을 얼마나 생산할 것이며, 구체적으로 누구에게 판매할 것인가에 대한 해답을 구하는 것과 같다.[그림 10-2]에서 수요와 공급의 관계에 관한 기본적인 원리를 설명하면 다음과 같다. 공급이 일정할 때 수요가 변화되는 현상은 다음과 같다.

첫째, 수요가 증가하는 경우의 예를 들어보면, D에서 D2로 변하게 된다.

상대적으로 공급이 감소했거나 부족한 현상을 초래한 경우이다. 이때 시장가격 즉, 균형가격은 희소성의 원칙에 따라 가격이 변하게 된다. 가령, 시장에서 닭고기의 가격이 상승했다. 소비자들이 닭고기 대신에 달걀을 구매하여 사용하기를 원한다면 닭고기의 가격보다 달걀의 가격이 상승세를 나타내 보일 것이다. 이때 닭고기의 가격은 자동으로 조절되며, 수급량이 조절되어 적정가격이 부여될 것이다. 물론 독점가격을 형성하여 기업이 가격에 깊숙이 개입되어 경우도 있으나 대부분 시장가격에 의해 형성된다.

둘째, 수요가 감소하는 경우, D에서 D_1으로 변하게 된다.

상대적으로 공급이 증가하였거나 새로운 제품을 출시한 경우이다. 커피의 대체재인 녹차의 가격이 상승하고 있을 때, 소비자들은 녹차 대신 커피를 마실 것이다. 그때 커피의 양은 자동으로 조절이 되어 적정가격이 부여될 것이다.

▌그림 10-2▐ 수요와 공급의 기본원리

수요곡선: D	공급곡선: S
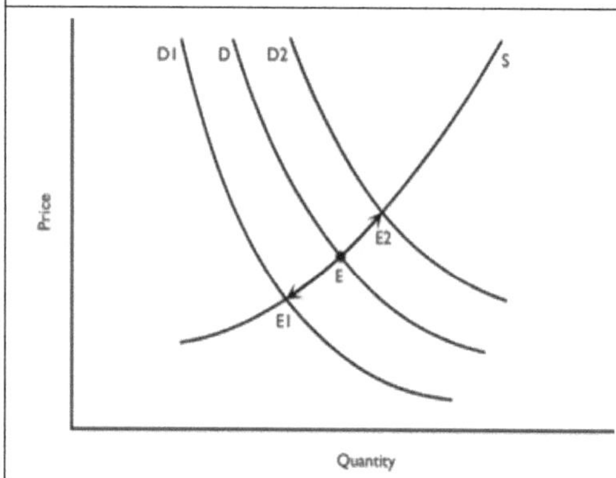	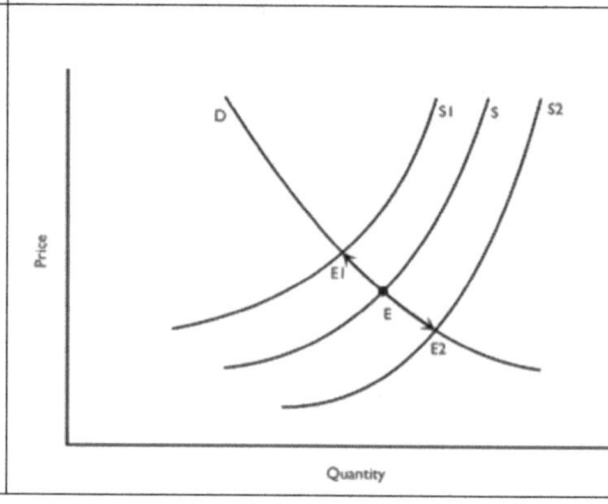

두 번째의 경우에서 살펴보면 다음과 같다. [그림 10-2]의 오른쪽 그림을 중심으로 수요가 일정할 때 공급이 변화는 현상에 대하여 살펴본다. 수요가 일정한데 공급량이 변하면 어떤 현상이 나타나는가?

첫째, 공급이 증가한 경우에서 설명하면 다음과 같다. S에서 S_2로 이동하였기 때문에 수요가 감소한 것으로 보인다. 가령, 우리나라에서 컬러TV 생산을 중단하고 새로운 모델이나 신기술의 TV를 생산한다고 가정할 때 처음에는 소비자들이 새로운 신상품을 구매함으로 수요가 급증하였으나 대량생산으로 인한 가격 인하와 제품에 대한 새로운 기술의 개발로 인하여 생산가격이 하락하여 구매 금액이 떨어진 상태로 시판된다고 가정할 때, 공급량은 증가하였으나 수요가 급격하게 줄어든 탓도 아니고 수요가 감소한 탓도 아닌데 가격은 균형가격을 형성하게 됨으로써 공급량의 변화만을 가져오게 될 것이다.

둘째, 공급이 감소한 상태에서 설명하면 다음과 같다.

우선 곡선이 S에서 S_1으로 움직였다. 상대적으로 수요가 증가한 것으로 보인다. 그러나 공급이 감소한 탓이다. 위의 TV 설명에서 어느 정도 보급이 확산되어 집집마다 TV를 보유하고 있다고 한다면 생산량을 감소할 수밖에 없을 것이다. 하지만 TV는 계속 필요하게 될 것이다. 그렇다면 가격이 하락하는 것이 아니라, 종전의 가격대로 그 가격을 유지할 수 있을 것이다.

제2절 수요공급에 의한 글로벌 시장가격

1. 시장경제와 수요이해

1) 수요의 개념과 수요결정

소비자가 가격을 부담하고 구매할 의사표시를 할 때, 생산자의 상품의 양이 소비자의 수요량(Quantity Demanded)을 충족할 수 있는지를 수요(Demand)라고 한다. 소비자가 의사표시를 하기 전에 어떤 제품을 얼마만큼 구매할 것인가를 최종적으로 표시하도록 하는 것은 가격에 대한 결정이다.

수요란 소비자가 필요로 하는 상품에 대한 값을 지급하고 구매하는 행위를 말하므로 욕구에 따른 구매력을 표시해야 한다. 지급능력이 없는 욕구 상태는 수요라고 볼 수 없으며, 일정 기간을 기준으로 측정되는 유량(Flow)의 개념이다. 유량과 대비되는 개념은 일정 시점을 기준으로 측정되는 양인 적량(Stock)이다. 수요는 개인 수요(Individual Demand)와 시장수요(Market Demand)로 나눈다.

2) 수요결정의 제 요인

(1) 가격과 수요와의 관계

시장은 재화와 서비스가 거래되는 장소이며, 특정 재화에 대한 매매와 교환의 장소이기도 하다. 시장에서의 상품을 구매하고 판매하는 행위는 시장기능에 의한 가격 결정에 따른다. 가격은 생산자 중심도 또는 소비자 중심도 아니다.

▌그림 10-3▌ 가격과 소득에 따른 수요변화(예측)

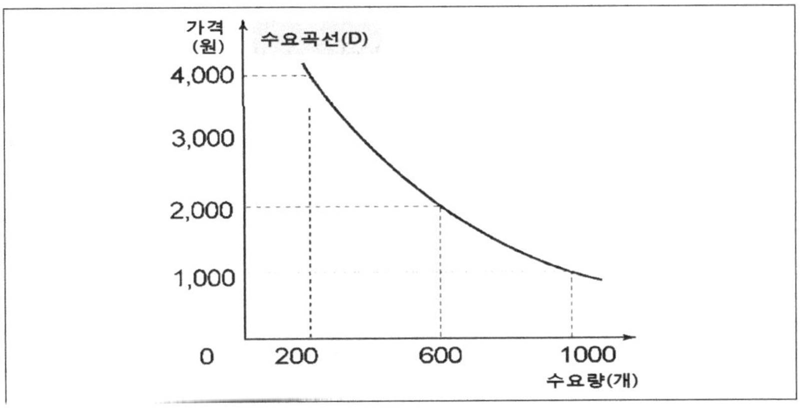

시장이라는 곳에서 공급자인 생산자나 유통업자와 소비자의 거래 관계를 통해 가격이 결정된다는 것은 시장가격이다. 시장가격, 평균가격, 협의 가격이 되는 것이다.

[그림 10-3]과 같이 어떤 상품의 가격이 1,000개에 1,000원 한다고 할 때, 가격이 1,000원에서 2,000원으로 상승한다면 소비자는 1,000개의 구매량을 600개로 줄여 소비하게 된다는 것이다. 물론 반대의 개념으로 가격이 하락한다면, 더 많은 양을 구매할 것이다. 이때 구매하고자 하는 소비자의 경제적인 것과 여러 가지 요인이 배제되어 있지만 단순한 가격만을 가지고 말한다면 이러한 결과로 말할 수 있다.

따라서 가격의 변화에 대한 수요량을 나타낸 것을 수요의 법칙(Law of Demand)이라고 하는데 어떤 재화의 가격이 상승하면 그 상품은 수요가 감소한다. 상품의 가격이 상승함에 따라 다른 상품의 수요가 증가하게 될 때 이를 관련 상품의 가격에 대한 대체 제의 효과와 구매하려고 하는 상품의 가격이 상승하여 다른 상품을 구매하려고 하는 의사가 없어 수요가 감소할 때 이를 보완재의 관계에 있다고 말한다.

▌표 10-1▌ 가격의 변화에 따른 수요변화

X 재의 량	X 재의 가격변화
1,000개	1,000원
600개	2,000원
200개	4,000원

(2) 가격과 소득과의 관계

시장에서의 가격은 소비자가 소비할 수 있는 결정의 단계를 사전에 알려주는 역할을 한다. 가격이 상승하면 소비가 감소하고 가격이 하락하면 소비가 증가한다. 사과 1개에 1,000원씩 받던 가게에서 갑자기 가격을 1,500원으로 올리면 소비자는 순간적으로 500원이 더 비싼 사과의 구매를 꺼리게 될 것이다〈표 10-1〉.

소비자는 사과 대신에 귤을 구매하여 먹던지 다른 소비의 태도를 나타내 보일 것이다. 따라서 소비자의 소득과 가격과의 관계에 있어 소득이 증가함에 따라 그 수요가 증가하는 것을 정상적인 소비의 형태라고 말하며, 반대로 소득이 줄어들면 자연스럽게 지출할 경제적인 부담이 줄어들기에 구매량을 줄일 것이다. 이를 정상재(Normal Goods)라 한다.

소득이 증가함에 따라 그 수요가 감소하는 현상을 열등재(Inferior Goods)라고 말한다. 열등재에 대한 예를 들자면, 수입이 증가하여 없던 자동차를 구매하였다고 할 때 기존에 이용하던 대중교통 수단을 줄이고, 먹지 않았던 육류의 섭취 할 것이다. 소득이 증가함에 따라 점차 그 수요가 감소하는 재화에 대하여 열등재라고 말한다.

하지만 한 상품의 가격이 하락함에 따라 다른 상품의 수요가 늘어나는 경우 두 상품을 보완재의 관계에 있다고 보는데, 보완재(Complements)에 대한 예를 들어보면 자동차의 가격이 비싸면 자동차를 구매하지 않으려 할 것이고 대신에 자동차의 연료 또한 비싸다면 아무도 자동차를 선호하지 않을 것이다. 정부에서는 두 수요에 대한 정책에 영향을 주어 자동차가 비싼 경우 자동차의 연료비를 줄여 준다면 어느 정도 자동차를 구매하고 또한 연료를 소비하게 될 것이므로 경제가 원만하게 돌아갈 것이다.

3) 수요의 결정변수

수요를 결정하는 변수는 소득, 관련 상품, 기호, 가격 등의 여러 요인이 작용한다. 그 가운데 소득에 있어서 소득의 증감변화는 수요에 큰 영향을 미칠 것이다. 소득이 증가하면 수요가 상승한다는 정상 재의 경우와 소득이 증가하고 수요가 감소한다면 열등재의 관계에서 살펴본 것과 같이 소득과 수요와 관계는 수요량의 결정적 변수로서 작용한다. 수요의 결정변수로 관련 상품이나 가격도 마찬가지이다. 한 상품의 가격이 하락할 때 자동으로 다른 한 상품의 수요가 감소한다. 이를 대체재라 하는데 가령 커피와 녹차, 영화와 비디오의 관계에서 이를 잘 파악할 수 있을 것이다. 그리고 보완재의 경우는 한 상품의 가격이 하락할 때 다른 한 상품의 수요가 증가하는 경우를 말하며, 이는 자동차와 휘발유, 컴퓨터와 소프트웨어의 관계에서 살펴볼 수 있다.

수요의 결정변수에 영향을 주는 기타의 요인으로는 기호와 기대의 요인들이 있다. 기호란 사회, 역사적, 심리적 요인으로 어떤 한 상품을 선호하게 될 때 그 소비자들은 계속 그 상품을 선호하게 될 것이므로 수요가 급작스럽게 변동되지 않을 것이다.

2. 소비 선호와 합리적 소비

1) 소비 선호와 효용의 관계

소비자가 소비하고자 하는 것은 다양한 욕구충족에서 나타난다. 소비자가 원하는 욕구는 재화와 서비스를 통한 만족을 얻고자 하는 것으로 이를 효용(Utility)이라고 한다. 소비자인 개인이 재화와 서비스를 소비하여 효용을 얻고자 하는 그 효용의 가치는 소비자의 상황과 형편에 따라 다르다. 소비자가 원하는 재화와 서비스의 관계를 함수로 표시한 것이 소비 선호에 대한 효용함수라 부르며 식 U=U(X, Y)로 표기한다. 여기서 U는 소비자의 효용, X, Y는 소비자의 효용과 그 소비량을 표시한 것이다.

X재와 Y재 중 어느 한쪽의 소비량이 증가할 때 소비자의 효용도 동시에 증가하는 것을 나타낸다. X재와 Y재 중 어느 한쪽의 소비량을 고정하고, 다른 한쪽을 증가시켜 소비할 때 나타나는 현상을 한계효용, 소비량을 한 단위 증가시키거나 줄일 때 총 효용에 추

가되는 효용을 말한다.

[그림 10-4]의 왼쪽 그림과 같이 100개를 지나게 되면 그 이후에는 0을 지나기 때문에 사실상 효용의 가치는 (-)로 바뀐다. 그리고 총 효용은 [그림 10-4]의 오른쪽 그림에서 100개 이후 한계 효용이 체감함으로 총 효용은 감소한다. 그러나 한계 효용은 체감하지만 (-)가 아니므로 한계 효용의 합인 총 효용은 계속 증가할 것이다.

어떤 상품에 대한 소비가 증가할 때 한계 효용은 양(+)일 때 총 효용은 증가하지만 음(-)인 경우, 총 효용은 감소한다. 한계 효용이 100개 이하로 내려가 (0)일 때 총 효용은 극대가 된다. 즉, 총 효용이 극이면 한계 효용은 (0)이 된다. 한계 효용이 체감할 때 이를 한계효용체감의 법칙이라고 하며, 어떤 상품의 소비량이 고정적일 때 다른 한 상품의 소비량이 증가하는 경우 그 한계 효용은 점자 감소하는 현상을 말한다.

▌그림 10-4▐ 한계 효용과 총 효용

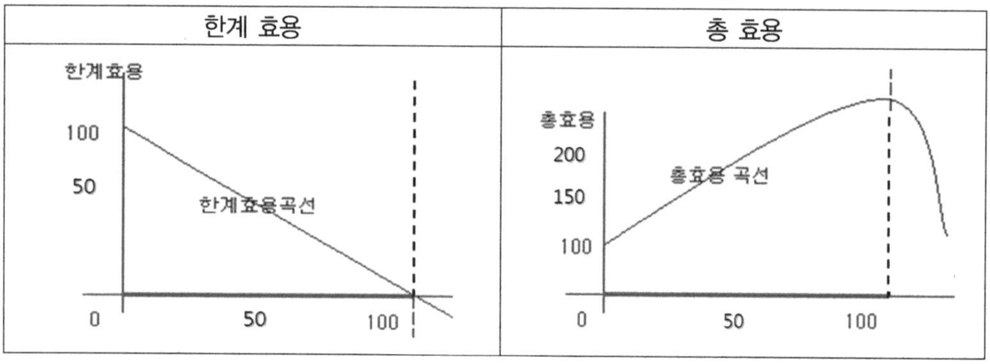

제 3 절 수요곡선과 공급곡선의 결정

1. 수요의 결정요인

1) 수요함수와 수요곡선

수요량과 수요를 결정하는 함수관계에 있어 기호로 나타내는 것을 수요표라고 한다. 어떤 재화의 수요와 가격과의 관계를 표시할 때 가격의 변동에 따라 수요가 변동하는 관계를 표시하는 것이므로 소비자의 구매계획에 영향을 미친다. 소비자의 구매계획에 영향을 미치는 요인은 상품의 가격, 소비자의 소득수준, 미래가격, 인구 및 소비자의 기호와 기대 등의 요인이 함께 작용한다.

〈표 10-2〉의 수요곡선이란 어떤 재화의 가격과 수요량의 관계를 그래프로 나타낸 것이므로 수요표에 해당하는 내용을 표로 나타낸 것이 수요곡선이다. X축은 수요량을 표시한 것이며, Y축은 가격을 표시한 것이다. 소비자가 구매하려는 수요가 적절할 때는 적정가격에서 이용 가능하며 가격이 올라가거나 수요가 부족한 현상이 나타날 때는 소비자의 반응은 줄어들 것이므로 가격이 재차 조정된다는 시장의 원리에 입각한 것을 나타낸 것이다. 수요량에 따라 가격이 결정되는 여러 요인과 수요와의 관계를 수요 법칙이라고 한다.

▌표 10-2▌ 아이스크림의 수요표

아이스크림의 가격	아이스크림의 수요량
1000원	30개
1300원	26개
1500원	25개
1700원	22개
2000원	20개
2200원	17개
2400원	15개

〈표 10-3〉의 수요의 변화와 수요량과의 관계에 있어 수요는 가격에 따라 변화된다는 것을 알 수 있다. 즉, 어떤 상품의 가격이 올라가면 수요가 감소하고 반대로 가격이 하락하면 수요량은 증가할 것이다. 이러한 수요와 가격과의 관계를 표시한 것이다. 수요와 수요곡선의 법칙은 소비자 입장으로 보면, 해당 상품의 여러 조건이 일정하다고 볼 때 해당 상품의 가격이 변동됨에 따라 수요량이 변화되는 것을 말한다.

▌표 10-3▌ 수요곡선

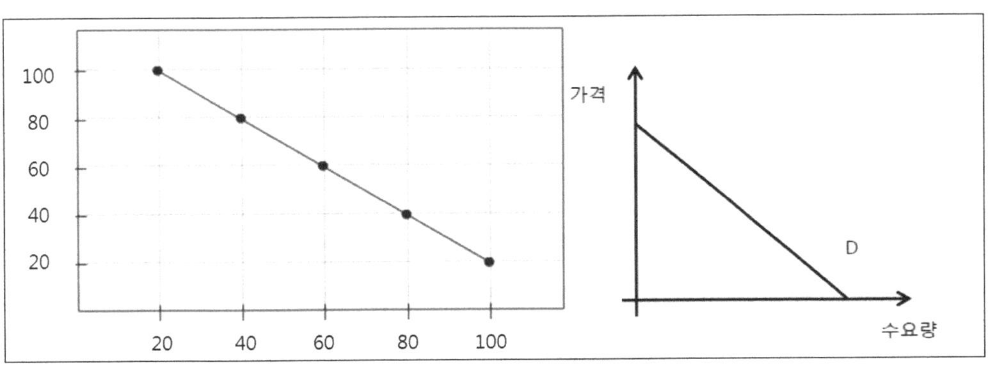

모든 조건이 일정하고 수요와 가격과의 관계만을 표시하는 것이기 때문에 부분균형분석이 되는 것이다. 따라서 한계 효용의 이론에서 수요곡선은 우하향하는 형태로 나타나게 된다.

2) 수요곡선의 이동

(1) 수요곡선상의 이동

수요가 증가하거나 감소하는 원인은 소비자의 소득변화에 따른 것과 소비자의 선호, 관련 상품의 가격, 소비자의 예상 등이다. 소비자의 소비성향은 소득이 증가하면 소비가 증가할 것이므로 정상 재로 설명할 수 있으나 소비자들의 선호가 달라지는 현상에 있어서 상품에 대한 수요가 변한다. 이때 수요곡선이 오른쪽으로 이동하지만 수요가 감소하면 다시 왼쪽으로 이동한다. 특히 관련 상품의 가격에 다른 소비자의 행동은 대체, 보완적 관계가 있다. 소비자들의 생활이 점차 호전되면서 기존의 커피로만 만족하던 소비자가 홍차, 녹차 등을 통한 건강을 챙기려 한다면 커피의 소비량은 소득의 증가에 따라 감소하게 될 것이다. 이런 관계가 대체재의 관계이며, 보완재는 상호보완적인 관계에 있는 상품들을 말한다. 가령 컴퓨터의 발달로 소프트웨어의 산업이 발달하는 등의 관계를 통하여 설명할 수 있다.

❚그림 10-5❚ 수요곡선상의 이동과 수요곡선의 이동

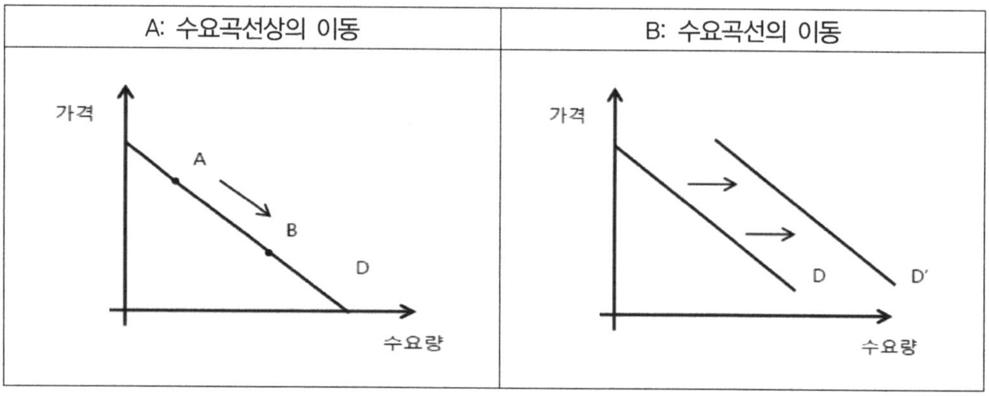

따라서 수요곡선상의 이동은 [그림 10-5]의 A 그림을 통하여 수요곡선상의 이동에 따른 변화를 살펴볼 수 있다. 수요곡선상의 이동은 가격의 변화에 따라 A 지점에서 B 지점으로 이동하는 것을 말하며, 이때 수요곡선상의 이동(Movement along the Demand Curve)이라고 한다. 하지만 [그림 10-5]의 B 그림에서 같이 어떤 상품의 수요에 영향을 주는 해당 상품가격 이외의 다른 변수가 작용하면 수요곡선이 이동한다. 수요량의 변화에 따라 수요곡선 전체가 이동하는 경우 수요의 증가(Increase in Demand)라 말한다.

(2) 수요곡선의 이동

개인의 수요곡선을 합하면 시장 수요곡선이 되며, 수요가 우하향하면서 시장의 수요곡선은 수요와 공급이 일치하는 시장조직 즉, 자유 시장기구(Free market mechanism), 또는 시장기구와 가격기구를 형성하게 된다. [그림 10-5]의 B 그림은 수요가 증가하는 현상과 수요가 감소하는 현상을 나타낸 것이다.

수요곡선이 D' 지점으로 상향되는 조건은 주어진 가격 즉, 일정 가격에서 수요량의 증가를 나타내는 것을 말하며, 반대로 기존의 D 지점보다 안쪽으로 수요가 감소한다면 주어진 가격 즉, 일정 가격에서 수요량이 감소한 것을 나타내는 것이다. 이러한 수요의 변화에 대한 수요곡선의 이동은 가격과 수요량과의 관계를 나타내고 있다. 동일 선상의 한 지점에서 다른 지점으로 소비량의 변화를 가져올 것이다. 이것을 수요곡선상 이동이라 한다.

2. 공급의 결정

1) 공급의 결정요인

시장에서 공급곡선은 구체적인 위치를 결정하는 요인이 된다. 즉, 관련 상품의 가격, 예상, 시장의 범위, 산업 내에 있는 관련 기업의 수 등에 의하여 공급곡선에 영향을 미친다. 구체적으로 말하자면, 생산물의 가격이 변동하면 공급곡선이 이동하게 된다. 공급곡선이 오른쪽으로 이동하는 것은 공급의 증가를 의미하며, 왼쪽으로 이동하는 것은 공급의 감소를 뜻한다.

수요가 일정한 가운데 공급이 증가하면 가격이 내려가고 거래량은 늘어나게 된다. 대체로 공급이 증가하는 경우는 생산기술의 발달과 이로 인한 생산요소의 가격 인하, 대체재 및 보완재의 가격변동, 예상 고객의 인하 등으로 나타나게 된다. 수요와 공급이 동시에 증가하면 가격의 변동은 정확히 파악할 수는 없어도 거래량은 증가할 수밖에 없다. 수요가 증가하면 공급이 증가, 가장 기본적인 형태의 수요와 공급의 변동이라고 한다면, 수요가 증가하거나 수요가 감소함에도 공급량이 변동이 없다고 한다면 가격에 영향을 미치는 요인으로 작용하게 될 것이다.

반면, 수요와 공급이 감소하면 가격의 변동량은 확실하지 않게 되며, 거래량은 어느 한쪽의 감소량보다 훨씬 더 많이 감소하는 현상으로 나타날 것이다. 공급은 생산자가 일정한 기간 어떤 가격 선에서 재화와 서비스를 판매하려고 하는 것을 말하며, 판매하기 위한 전반적인 계획과 그 수량을 말한다. 공급량의 결정은 판매하기로 결정된 순수한 수량을 말하며, 공급의 결정은 재화의 가격, 생산요소의 가격, 예상가격, 공급자의 수, 생산자의 기술 수준, 연관재의 가격변동 등에 민감한 반응을 보인다.

2) 공급곡선의 이동

(1) 공급곡선 상의 이동

공급은 일정 기간 공급자가 정한 가격을 받고 전달하고자 하는 상품의 양이다. 공급량은 유량으로 표시하며, 공급계획(Supply schedule)에 의한다. 공급법칙은 가격이 상승할 때 공급량이 증가하고, 가격이 하락하면 공급량이 감소하여 공급량이 줄어든다. 이것을 공급법칙이라고 한다.

공급 결정의 요인은 상품가격, 생산요소가격, 생산기술의 진보, 기타 정부 정책 등으로, 상품의 가격은 가격상승 시 이윤증가를 고려하여 공급을 조절하는 것이며, 생산요소의 가격은 생산요소 가격의 변화에 따른 공급량 조절을 말한다. 생산요소의 가격이 지나치게 상승할 경우 공급을 중단할 수도 있다. 생산기술의 진보로 저렴한 가격에 의한 생산으로 기업은 이윤이 증대되어 공급량을 증가시킬 수밖에 없을 것이다. 이때 정부 정책에 따라 공급량은 조절할 수 있다.

▌그림 10-6▌ 공급곡선의 변화

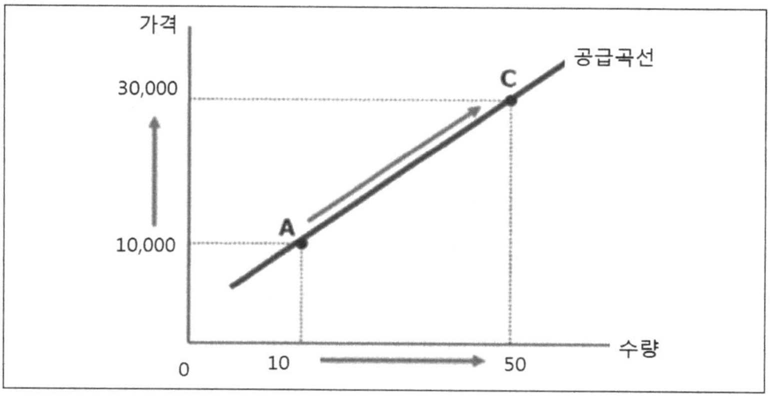

[그림 10-6]에서 공급은 자신의 가격, 생산자의 가격, 생산기술, 정 부정책 등에 따라 다르다는 것을 알 수 있다. 여러 조건이 불변하고 가격수준에 대하여 공급이 변동된다고 가정할 때 이것을 그래프로 도출한 것이며 이를 공급곡선이라고 한다. 가격에 따라 공급량의 증가요인이 발생하게 되면 공급곡선은 오른쪽으로 이동하게 되고 공급량의 감소는 공급곡선이 왼쪽으로 이동하는 관계를 공급곡선 자체에서의 변동만이 있을 뿐임을 알 수 있다.

▌그림 10-7▐ 공급곡선 상의 이동과 공급곡선의 이동

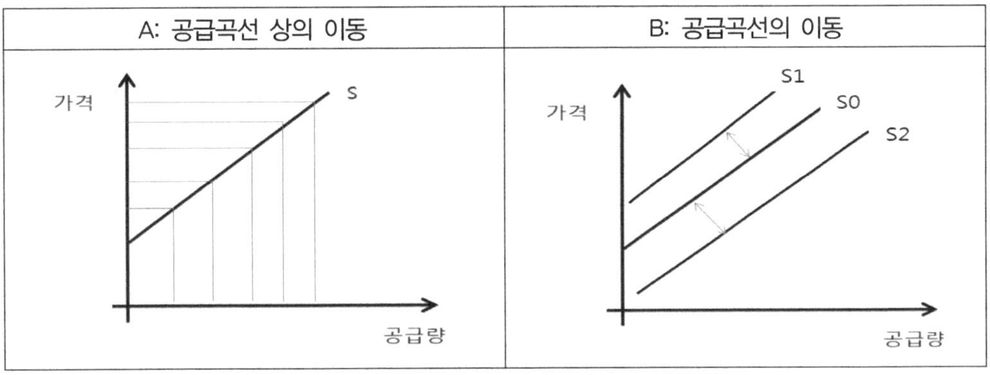

[그림 10-7] A 그림은 동일 공급곡선 상에서 공급량의 증가에 따른 변화를 그래프로 나타낸 것이다. 즉, 생산기술에 대한 획기적인 발전으로 신기술을 통한 신제품을 생산하였다고 할 때, 동일 가격수준에서 공급량은 증대시킬 수 있음을 알 수 있다. 공급곡선의 이동은 수요곡선과 동일 방식으로 공급곡선 상의 이동과 공급곡선의 이동이 발생한다. 공급곡선의 이동이란 획기적인 생산기술의 개발로 인하여 수요가 급증한 상태를 생각해 볼 수 있다.

예를 들어 기존의 수박이 모두 둥근 모양의 수박 형태라고 한다면, 새롭게 기술을 개발하여 하트모양의 수박을 생산하였다고 가정할 때, 이 수박에 대하여 소비자들은 처음으로 접하는 것은 아니지만 모양이나 선물, 기타의 사용가치가 상승하여 수요가 급작스럽게 증가할 것이라 예상한다. 이때 공급자는 공급량을 증가시킴으로써 공급곡선 전체가 오른쪽으로 이동하는 현상을 보이게 될 것이다.

(2) 공급곡선의 이동

공급곡선 상의 이동은 공급의 양에 의하여 공급곡선 전체가 이동하는 것을 말한다. [그림 10-7]의 B에서 보면, 기존의 공급곡선 S_0지점에서 S_2지점으로 이동하는 것을 말한다. 공급곡선의 감소는 S_0지점에서 S_1으로 이동하는 것을 표시한 것이다.

공급곡선 상의 이동 현상은 획기적인 수요에 대한 가격의 탄력성 정도를 나타낸 것으로 다소 차이가 있을 수도 있다. 그러나 공급 상품의 가격, 생산요소의 가격(예: 유가폭등), 생산기술(예: 신기술의 개발), 정부 정책 등에 의하여 발생할 수 있다. 이러한 재화의 가격 이외의 다른 변수 중 어느 한쪽이 변할 때 공급곡선은 이동한다.

제 4 절 글로벌 시장가격의 요인과 결정

1. 글로벌 균형가격의 결정

균형가격은 수요와 공급이 일치하는 지점을 말하며, 수요곡선과 공급곡선이 교차하는 지점에서 시장가격 즉, 평균가격이 형성된다. [그림 10-8]에서 수요량과 공급량이 일치하는 지점인 E 지점에서 균형이 이루어진다. 이때 균형가격 P_0에서 균형거래량 Q_0에서 거래가 성사된다. 하지만 균형가격보다 높거나 낮게 거래된다면, 초과수요 부분이 발생하게 됨으로써 가격 인상 또는 가격 인하의 정책이나 압력이 나타날 수도 있다. 그러므로 균형가격 수준인 1,500원 수준으로 다시 회귀하여 수요와 공급이 일치할 때까지 거래가 계속될 것이기 때문에 자연스럽게 균형가격을 형성하게 된다는 이론이다.

▌그림 10-8▐ 시장가격(균형가격)의 형성

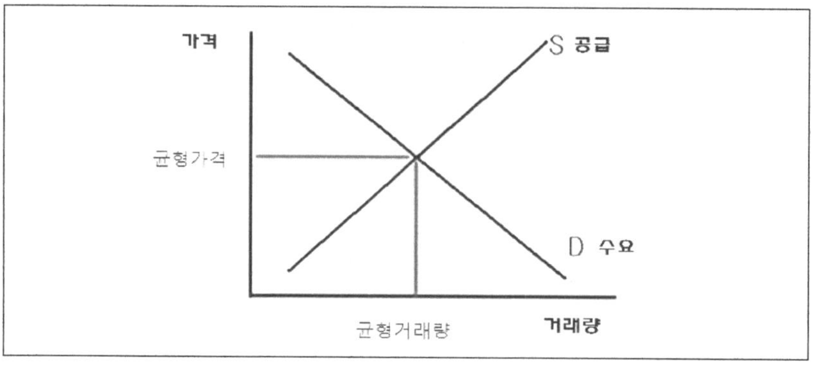

[그림 10-8]의 균형가격(Equilibrium price)은 수량을 균형량(Equilibrium Quantity)이라고 말하며, 수요량과 공급량이 같을 때 균형 상태라고 한다. 그러나 D_1과 S_2의 초과공급이나 S_1과 D_2의 초과수요 발생 시 이를 불균형의 상태에 있다고 말한다. [그림 10-9]에서 다양한 가격이 존재하고 있는 것을 알 수 있다. 즉, 시장은 서비스, 외환의 변동, 주가변동 등의 다양한 원인을 가지고 변화되게 된다. 특히 가격이 P_2일 때 수요가 적어 실질적 거래량은 P_2지점의 A의 범위에서 거래가 이루어진다. P_3인 경우 공급이 적어 거래량은 B 지점에서 공급된다. 굵은 실선으로 검게 칠한 부분은 수요와 공급이 일치하는 지점이므로 균형가격을 형성, 수요와 공급은 균형을 이루게 된다. 수요와 공급의 균형가격은 수요의 증가와 파급효과가 나타날 것이다.

▌그림 10-9▌ 시장가격의 결정

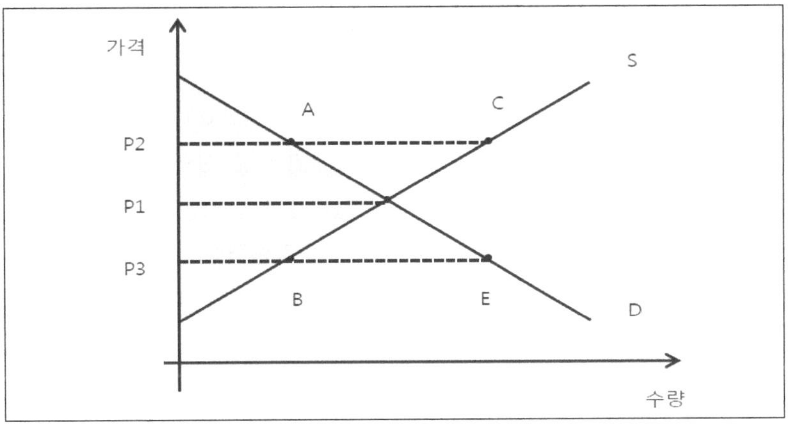

2. 수요와 공급의 탄력성

1) 수요의 탄력성

탄력성(Elasticity)은 두 변수가 서로 상호연관성을 가지고 있으며, 한 변수가 변화될 때 다른 변수가 변동하는 민감도를 그래프로 나타낸 것이다. 수요의 가격탄력성은 수요를 결정하는 변수들이 변화함에 따라 수요량이 얼마나 변화되었는지를 파악하는데 사용되는 개념으로 제품의 가격변동에 따른 수요량 변동의 민감도이다.

수요탄력성(E)= 수요량 변화율(%)/가격변화율(%)

한 상품의 수요량이 변화될 때 가격변화 비율 정도가 큰 경우, 그 상품의 수요는 탄력적이라고 하며, 작은 경우 비탄력적이라고 말한다. 예를 들면 사과 한 개의 가격이 10% 상승하였다고 할 때, 수요량은 15% 감소하였다. 이때 그 수요의 가격탄력성은 E=15%/10%이므로 1.5%를 나타낼 것이다.

[그림 10-10]에서, 수요탄력성이 1.0보다 클 경우, 수요곡선은 탄력적이라고 말하고 가격변화율 이상으로 수요량이 변한다. 만약 수요의 탄력성이 1.0과 같을 때, 수요곡선은 탄력적이라고 말하며, 수요탄력성이 0과 1.0 사이일 때 수요량 변화율이 가격변화율보다 낮게 나타난다. 그리고 수요탄력성이 0일 때, 그 수요곡선은 완전 비탄력적이며 가격변화가 있어도 수요량은 변화가 없다. 하지만 수요탄력성이 무한대일 때는 수요곡선은 완전 탄력적이다.

소득 변동에 따른 수요량이 변동이 소득 1% 변동할 때 수요가 몇 % 변동하는지에 대한 관계를 소득탄력성이라고 말하고, 이는 소비자들의 소득이 변할 때 수요량이 변하는 정도를 측정하기 위해 수요의 소득탄력성을 사용한다. 정상적인 재화의 소득탄력성은 +값을 가지며, 열등재의 경우 -값을 가진다. 교차탄력성은 다른 재화의 가격변동에 대한 어떤 재화의 수요량은 변동에 대한 민감도를 말하며, 교차탄력성이 +이면 어떤 X재는 Y재의 대체재, -이면 보완재의 관계가 된다. 하지만 0일 경우 아무런 관련이 없다.

▌그림 10-10▌ 수요의 가격탄력성

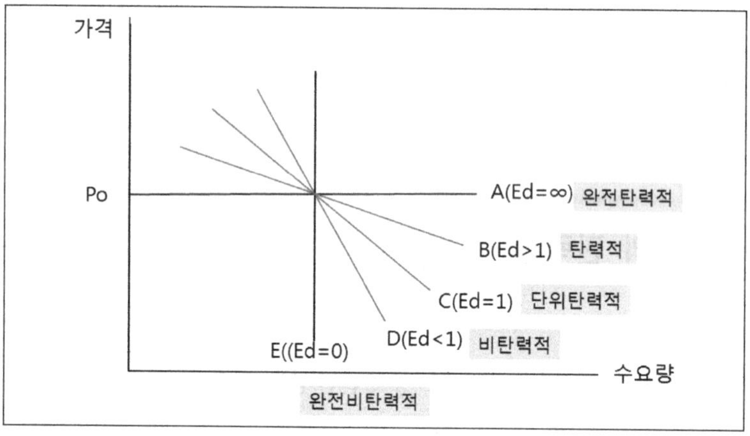

2) 공급의 탄력성

공급은 시장에서 수요의 변화를 예측함과 동시에 가장 높은 이윤을 획득할 수 있는 시간과 장소에 공급의 양을 조절할 것이다. 공급탄력성은 가격변동에 따른 공급량의 변동에 대한 민감도를 표시한 것이다. 공급탄력성은 어떤 상품의 가격변화에 대한 상품의 공급량 변화를 나타낸 것으로 공급량의 변화율과 가격의 변화율을 표시하면 다음 공식과 같이 표기한다.

$$\text{공급탄력성}(E_s) = \text{공급량 변화율}(\%)/\text{가격변화율}(\%)$$

공급자가 1인의 기업 또는 1인인 경우, 독점 혹은 독점기업이 되며 공급자가 다수인 경우, 완전경쟁의 관계를 나타낸다. 시장가격의 형성은 수요와 공급으로 결정된다. 공급의 탄력성 정도는E_s=1.0일 때, 단위 탄력적이라 말하고, E_s〉1.0일 때 탄력적, E_s〈1.0일 때 비탄력적이라고 말한다. 공급량 변화율이 가격변화율보다 크면, 그 상품의 공급은 탄력적이고, 공급량 변화율이 가격변화율보다 작으면 비탄력적이다. 시장에서 공급의 가격탄력성을 결정하는 가장 중요한 변수는 기간이며, 단기보다는 장기적인 기간에 있어 공급은 더욱 신축적으로 조정할 수 있으므로 공급은 더 탄력적이다.

3. 수요와 공급의 탄력도

수요와 공급에 의한 탄력도의 관계는 [그림 10-11]에서 생산 재화의 가격이 높다 해도 소비자 만족이 없다면 높은 가격을 받기 어렵다. 생산비용이 낮아도 소비자들의 수요가 많으면 그 재화의 가격은 높아진다. 이러한 관계가 수요와 공급의 탄력도에서 즉, 수요와 공급으로 결정된다고 마샬이 주장한 것이다.

▌그림 10-11▌ 수요와 공급의 탄력도

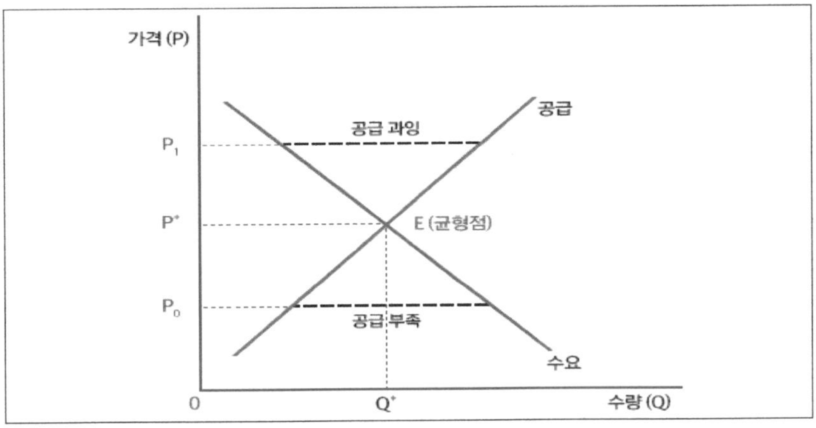

[그림 10-11]에서 마셜은 마치 가위로 종이를 자르듯이 재화의 가격은 수요와 공급이 함께 작용하여 결정된다고 보았다. 이것이 바로 수요공급의 법칙, 또는 시장가격, 균형가격으로 표시한다. [그림 10-11]에서 보는 표시 부분 E는 균형가격, 시장 청산가격(Market-Clearing Price)을 나타낸 것이다.

4. 인플레이션 발생과 대처

1) 인플레이션의 발생원인

인플레이션은 소비자 물가의 상승을 말한다. 인플레이션은 총 수요와 총 공급의 이론에서 총 수요곡선과 총 공급곡선의 교차점이 높아지는 것으로 나타낸다. 총 수요곡선이 오른쪽으로 이동하여 인플레이션을 일으킬 때, 수요견인 인플레이션이라 한다. 그리고 총 공급곡선이 왼쪽으로 이동할 때 비용인상 인플레이션이라고 한다. 생산이 증가하여 인플레이션이 일어나면, 수요견인 인플레이션이 되고, 생산 활동이 위축된 상태에서 일어나면 비용인상 인플레이션이 된다. 그리고 이들이 혼합된 상태로 일어난다면, 혼합형 인플레이션이라고 부른다.

[그림 10-12]는 단기 및 장기인플레이션에 대한 도식이다. 단기 인플레이션은 총수요가 증가하는 원인이 물가상승의 원인이 되는 경우를 말하며, 수요견인 인플레이션이라고 한다. A의 단기 인플레이션(수요견인 인플레이션)은 AD_0 총수요 곡선이 오른쪽으로 이동하여 AD_1만큼 상향되었을 때 물가는 P_0에서 P_1으로 상승하는 것이다.

총 공급이 감소함으로 나타나는 현상을 비용상승 인플레이션이라 한다. B와 같이 비용상승 인플레이션을 장기인플레이션이라고 하며, As_0였던 총 공급곡선이 왼쪽으로 이동하여 AS_1의 결과로 나타날 때 물가는 P_2로 상승한다. 수요견인 인플레이션과 비용상승 인플레이션은 국민소득에 미치는 영향에서 서로 상반된 성격을 띤다.

수요견인 인플레이션이 발생할 경우, 국민소득 Y_1으로 늘어나고, 비용상승 인플레이션의 경우 국민소득은 Y_2로 줄어든다. 이때를 스태그플레이션이라 한다. 수요견인 인플레이션이 발생하면 총수요를 줄여 물가안정을 도모할 때, 총 수요곡선 AD_0의 위치로 환원하게 되어 물가는 종전의 P_0의 수준으로 안정됨을 알 수 있다. [그림 10-12]의 B에서 장기인플레이션은 장기적인 관점에서 물가와 가장 밀접한 관계를 갖는 화폐공급 증가율을 나타낸다. 정부가 재정수요 충당을 위해 화폐를 더 찍어내 인플레이션이 발생했다면 이것은 순수한 화폐적 또는 재정적 현상이라고 판가름하기 어렵다.

▌그림 10-12▌ 단기 및 장기의 인플레이션

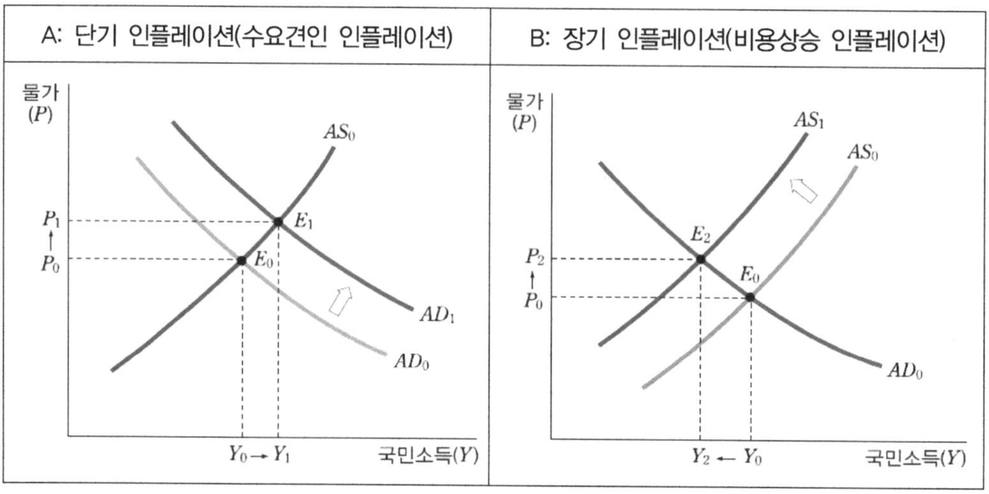

2) 인플레이션의 비용

(1) 예상된 인플레이션/ 예상치 못한 인플레이션

미래의 인플레이션을 완벽하게 예상할 수 있다면, 경제활동에 왜곡 현상이 초래될 가능성은 그만큼 줄어들게 된다. 예상된 인플레이션의 경우를 피셔 가설에 의하면, 완벽하게 예상된 인플레이션의 경우 장차 물가의 상승과 근로자들의 실질적 임금의 하락을 막기 위한 임금인상이 요구된다.

명목 이자율은 실질 이자율에 예상된 물가상승을 더한 것과 같다는 피셔 가설이 대차계약에 예상된 인플레이션이 반영된다는 의미이다. 피셔 가설의 한계로 완벽하게 예상된 인플레이션의 경우라 하더라도 어떤 형태의 사회적 비용이 발생할 수 있다. 예상치 못한 인플레이션의 경우 예상된 인플레이션보다 더욱 심각한 상황이 올 수 있다. 인플레이션은 채무의 가치를 떨어뜨리고, 예상치 못한 인플레이션의 경우 소득재분배 효과, 장기계약의 문제, 투기의 성행 등의 문제가 나타난다. 소득재분배 효과로 채권자와 채무자 사이의 소득재분배, 노동자와 기업 사이의 소득재분배, 고정된 연금을 받아 생활하는 사람, 명목 가치가 고정된 금융자산을 보유하고 있는 사람 등에게서 나타난다. 장기계약의 문제는 불확실성으로 인한 채권, 채무자 사이의 장기계약이 맺어지기 힘들다. 투기의 성행으로 인플레이션하에서 상대가격에 매우 큰 변화가 발생한다.

(2) 디플레이션의 비용

디플레이션은 인플레이션에 비하면, 발생 가능성이 크지 않다. 그러나 발생 시 인플레이션보다 훨씬 높은 경제적 비용을 초래할 수 있다. 디플레이션이 장기간 계속된다면 명목금리가 제로 수준에 가까워 실질금리가 높아지고 자금조달비용이 상승함으로써 경제활동이 위축된다. 그리고 고용주는 실질임금을 막으려고 하지만 근로자들의 반박은 그치지 않을 것이다.

디플레이션이 발생할 경우, 명목 금액으로 표시된 채무의 실질 가치를 높인다. 디플레이션으로 인한 명목 금액의 표시 채무에 대한 실질 가치를 높임으로써 외부차입에 의존하게 되고, 기업의 재무 상태는 악화 또는 위축되어 기업의 활동은 축소된다. 심각한 경우 채무불이행으로 인한 위험의 증가와 신용경색으로 인한 금융기관의 건전성을 악화시킬 수 있다.

3) 인플레이션과 경제성장

경제의 개방화와 세계화에 따라 국내외 기업 간 경쟁이 심화로 가격 결정능력을 약화함으로 물가안정을 기한다. 기업의 가격 결정능력 약화는 가격 인상을 억제하는 직접적인 효과 외에 기업의 비용 절감 및 기술혁신을 촉진한다. 인플레이션과 실업률의 관계에서 프리드만과 펠프스는 인플레이션과 실업률 사이에 존재하는 상충관계는 단기에만 가능한 것이라 하였다. 이는 근로자들이 명목임금 인상에도 불구하고 자신의 실질임금을 파악하는 화폐 현상을 갖지 않는다고 해도 근로자는 합리적 기대를 할 수 있다는 자연실업률에서 설명하였다.

장기적으로 확장적 통화정책은 실업률을 5% 이하로 낮추지 못하면서 물가만 상승시키는 결과를 초래한 셈이 된다. 실업과 물가상승률 간에 장기적인 상충관계가 없다면 낮은 물가상승률이 성장을 지속적으로 압박할 수 없고, 중앙은행이 물가상승률을 낮춰 고용의 안정을 꾀할 수 있다는 것이다.

Chapter 11 글로벌 시장 경영과 마케팅전략

제1절 글로벌 시장의 마케팅전략

1. 글로벌마케팅의 개념과 특성

1) 글로벌마케팅의 개념

세계화의 영향으로 마케팅(Marketing)이란 용어를 모르는 사람이 없을 정도로 표준화된 경향으로 나타나고 있다. 특히 마케팅을 영업활동으로 착각하였던 과거의 개념과는 달리 작은 일에서부터 광범위하고 복잡한 일에까지 마케팅이라고 하는 용어를 사용하고 있다. 이러한 마케팅의 개념에 있어서 시대와 학자마다 그 뜻을 달리하여 왔으며, 다양한 여러 정의를 내리고 있다. 마케팅이란 개념은 미국마케팅협회(AMA: American Marketing Association)의 내용을 가장 잘 인용하여 말하고 있다. 미국마케팅협회에 의하면, 마케팅을 개인과 조직의 목표를 충족시키기 위한 교환을 창출과 제품 및 아이디어, 서비스 개발, 가격, 촉진, 유통에 대한 계획을 수립하고 이들을 실행하는 일련의 과정이라고 정의한다.

따라서 마케팅의 정의는 개인과 기업의 욕구충족을 위한 것이며, 동시에 교환 활동을 통하여 소비자의 욕구와 기업의 목표를 동시에 충족시키는 교환적 역할을 감당하며, 이를 위한 구체적인 수단으로서의 마케팅 활동을 하게 된다. 즉, 고객이 원하는 것이 무엇인지를 파악하여 제품화하여 이를 교환함으로써 개인과 기업이 동시에 욕구 만족을 얻을 수 있는 활동이다.

2) 마케팅의 기본적 개념

현대적 관점의 무역은 교환과 매매의 관계라 하지만 나라와 나라 사이의 거래 관계이므로 기업이나 생산자, 유통업자 등 무역에서는 수출입업자로 지칭한다. 하지만 막상 판매하는 상품에 대한 이윤을 생각할 때 판매액, 기업의 목표, 비전, 마케팅 목표 등의 같은 맥락의 용어로 본다. 특히 나라를 달리하여 마케팅전략을 실행할 때 글로벌마케팅, 글로벌유통, 글로벌 무역이라는 말과 바꿔쓸 수 있다.

글로벌마케팅을 활동을 위하여 개인적인 마케팅 활동 즉, 조직이나 기업의 마케팅 목표에 맞는 계획과 전략이 필요하다. 이에 관하여 코틀러(P. Kotler)는 개인 및 조직의 목적을 달성하기 위하여 교환 활동을 창출해 나가는 과정이라고 하였다. 그러므로 마케팅이란 나라와 고객, 경쟁자, 유통경로, 광고매체 등에 따라 달라질 수 있어 환경의 변화와 전략적 수정이 필요한 것이다.

마케팅의 역사를 통하여 기본적인 개념을 살펴보면, 미국의 경우 1970년대의 마케팅은 전통적인 제품에 중점을 둔 판매 활동이었으며, 1980년대에 들어와 판매중심에서 고객중심으로 새로운 현대적 서비스 마케팅의 개념으로 바뀌게 되었다. 고객을 중심으로 고객감동을 위한 마케팅 활동을 전개하였기 때문이며, 제품에서 고객으로 바뀐 것이다. 이때 4가지 개념의 마케팅 수단인 제품(Product), 가격(Price), 유통(Place), 촉진(Promotion)이었다. 최근에는 4P의 요소에 첨가하여 조사 활동(Probe)이나 사람(People)을 덧붙여 5Ps라 말하기도 한다.

▍표 11-1 ▍ 글로벌마케팅의 개념

구분	글로벌마케팅의 개념
카테오라(P. R. Cateora)	한 나라 이상의 소비자 또는 사용자에게 기업의 제품, 서비스를 이동시키는 기업 활동
크래머(R. L. Kramer)	타국에 있는 개인, 기업, 단체 및 정부 실체와 비즈니스를 수행
텝스트라(V. Terpstra)	한 나라 이상의 국경을 넘어선 기업 활동
제인(S. C. Jain)	인간의 욕구충족을 위해 국경을 초월한 거래 활동
찐코타와 론카이넨(M. R. Czinkota & I. A. Ronkainen)	개인 또는 기업의 욕구를 충족시키기 위하여 국경을 초월해서 전개되는 마케팅 활동
페어웨터 (J. Fayerweather)	국내마케팅의 한 부분으로 국제마케팅 프로그램을 조직할 능력과 해외시장조건에 적응할 능력이 있어야 부가적인 기술이 필요한 마케팅
자넷과 헤내시(J. J. Jannet & H. D. Hennessey)	복수 국가 속에서 전개되는 마케팅 활동

〈표 11-1〉에서 글로벌마케팅의 개념을 보면, 글로벌마케팅이란 다른 나라 국민을 대상으로 한 기업 활동 및 이와 관련된 서비스 활동이다. 그러므로 한 나라 이상에 있는 소비자 혹은 사용자에게 제품, 서비스를 국제적으로 이전시켜 유통 활동을 통한 기업 활동이라고 할 수 있다. 글로벌 기업이 수행하는 마케팅 활동을 글로벌마케팅이라고 하며, 우리나라의 개념은 수출 마케팅의 개념이며 미국의 개념은 국제마케팅이나 EDI의 개념으로 볼 때 현지 생산과 현지판매를 말한다.

2. 글로벌마케팅 관련의 마케팅 분류

1) 수출 마케팅(Export Marketing)

수출 마케팅은 자국의 제품, 서비스를 글로벌 무역을 통하여 전 세계의 원하는 소비자에게 즉시 소유권 이전, 유통의 기능을 통한 기업 활동이며, 또한 전 세계의 어떤 나라의 제품이든지 국내의 소비자에게 이전, 유통하는 수출과 수입의 기능을 동시에 감당하는 쌍방의 기업 활동이다. 그러므로 단순한 수출을 위한 마케팅과는 그 차원이 다르다. 수출 마케팅의 경우 완성품, 현지 조립, 현지제조 후 제3국 수출, 현지 생산 후 본국으로 역수출하는 등의 모든 개념을 포함하고 있기 때문이다.

따라서 수출 마케팅은 자국의 제품과 서비스를 생산단계에서부터 타국의 소비자에게 이전시키는 것과 관련된 모든 마케팅 활동을 말하며, 글로벌마케팅은 이러한 모든 절차와 내용을 전부 포함한 개념이라고 볼 수 있다. 그러므로 수출 마케팅이란 수출을 위한 모든 기업 활동을 말하며, 총체적으로 이와 관련된 모든 경제행위를 통한 유통을 담당하는 것을 말한다.

2) 해외 마케팅(Overseas Marketing)

해외 마케팅이란 수출 마케팅의 발전된 개념이며 외국 마케팅(Foreign Marketing)의 개념으로 보는 것이다. 왜냐하면, 국내생산 제품의 판매 즉, 수출만을 위한 마케팅 활동이 아니기 때문이다. 가령 기술제휴, 합작 투자, 현지 생산, 현지판매 등을 위하여 해외에서의 기업 활동을 할 수 있기에 이를 해외 마케팅이라고 한다.

궁극적으로 따지면 해외마케팅과 국제마케팅 즉, 글로벌마케팅의 개념과는 별 차이는 없다. 하지만 해외에서의 사업 활동을 위하여 기업을 확대하거나 해외시장의 마케팅 활동이라는 점에서 해외 마케팅이라고 부른다. 좀 더 세분화하면 국제마케팅과 수출 마케팅 사이를 해외 마케팅이라고 한다([그림 11-1] 참조).

3) 다국적 마케팅(Multinational Marketing)

다국적 마케팅은 다국적 기업의 활동에서 쉽게 그 의미와 내용을 파악할 수 있다. 다국적 마케팅은 해외시장에 자체 생산시설과 생산 마케팅 활동을 하는 것으로서 여러 국가에서 운영하는 다국적 기업의 마케팅 활동이다. 다국적 마케팅을 다국적 국내마케팅이라고 하며, 각 해외시장에서 현지 마케팅 활동을 수행하는 것을 의미한다. 해외시장의 특성과 차이점을 보다, 명확하게 인식하여 마케팅 활동을 현지 시장의 특성에 맞춰 차별화하게 된다.

4) 글로벌 마케팅(Global Marketing)

글로벌 마케팅이란 전 세계의 시장을 하나의 거대한 시장의 개념으로 보고, 이를 통합하거나 세분화하여 각국 시장 간의 시장특성과 소비자 행동 등의 비교분석인 해외시장조사를 통하여 하나의 유기적인 연결을 통한 세계적인 관점의 마케팅 활동을 말한다. 따라서 다국적 마케팅은 개별국가시장을 통한 발전을 꾀한다면, 글로벌 마케팅은 개별국가를 하나의 세분 시장으로 보지 않고 여러 국가에 걸친 동질적 세분 시장으로 본다.

따라서 마케팅의 개념을 하나하나 구별하여 정확한 근거자료를 제공하기는 어렵다. 마케팅 활동은 서로 유기적인 관계가 있으며, 세계화의 영향으로 인하여 해외 마케팅, 글로벌 마케팅, 국제마케팅이라 하는 개념들은 하나의 개념으로 보며, 또한 마케팅 활동이 이윤추구를 위한 수출 마케팅이란 점에서 현지에서의 마케팅과 해외에서의 마케팅의 개념은 모두 동일 개념으로 결국 획일적이고 통일적인 개념들이라 할 수 있다.

▌그림 11-1▐ 글로벌 마케팅의 분석모델

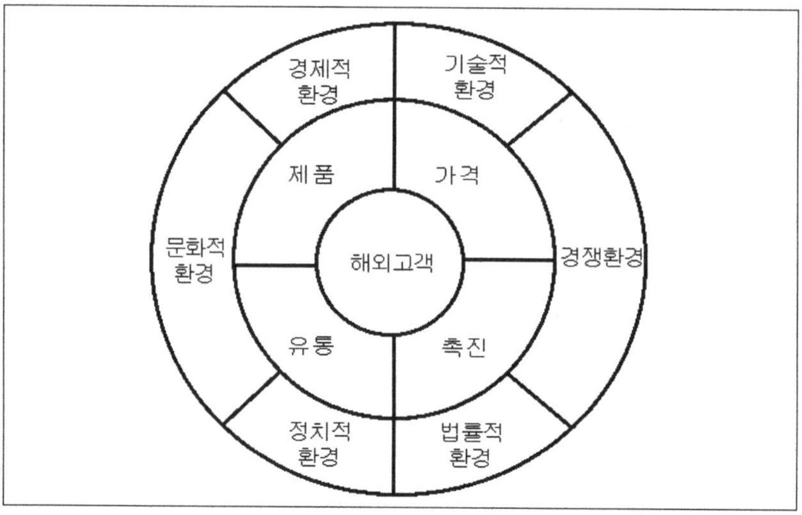

3. 글로벌 마케팅의 성격과 특성

전 세계가 하나의 거대한 시장으로 바뀌었다. 그리고 무한경쟁의 시장하에서 기업의 활동을 통한 마케팅 활동은 기업의 활동이 국내지향기업이든 해외지향기업이든 기업들은 각국 시장의 국제화, 세계 경제의 상호의존도 심화, 경쟁의 격화, 세계시장의 범세계화 등의 장기적이고 세계적인 조류에 영향을 받고 있다. 글로벌 무역과 세계화의 경향으로 인한 기업 활동은 재무, 기술, 연구개발, 투자, 생산설비, 마케팅 활동, 판매망 등 모든 기업의 활동은 세계화의 경향으로 나타나게 된다. 그러므로 글로벌마케팅의 등장은 기업의 제품과 서비스가 하나 이상의 나라의 고객들에 전달되게끔 하는 기업 활동이라 할 수 있다.

따라서 성공적인 결과를 얻기 위해서는 자기 자신을 그 변수들에 맞추어 적응하여야만 한다. 글로벌마케팅에 관한 접근 태도는 상이 한 환경 즉, 경제적, 문화적, 사회적, 정치적 환경을 이해하여 자기 준거 기준(Self Reference Criterion)인 자기문화의 가치관이나 의식구조에 의해 타문화를 평가하고 이해하려는 태도에서 이탈하여야 한다.

1) 글로벌 마케팅의 개념 변화

해외마케팅과 국내마케팅은 조직과 그 조직의 시장 간의 교환을 창조하고 관리한다는 것이 목적이라는 면에서는 본질적으로 동일하다. 해외마케팅과 국내마케팅은 국내와 해외의 환경이 다르며, 국경을 넘어서는 활동을 포함한다. 국제마케팅의 발전단계는 수출 마케팅에서 다국적 마케팅으로 그리고 범세계적 마케팅 즉 글로벌 마케팅으로 바뀌어 간다.

글로벌화 시장은 마케팅을 통하여 세계화의 영향과 함께 무한경쟁의 시장으로 나타나고 있다. 이러한 마케팅 시장의 글로벌화는 먼저 규모의 경제를 활용한 자본비용이 차지하는 비중이 증가하였고, 국제경제 체제의 변화에 따란 통상마찰을 줄이기 위해 해외직접 투자를 시작, EU, NAFTA로 인한 유럽 및 북미에 직접투자 확대와 UR로 인하여 WTO 체제는 글로벌화를 촉진하게 되는 계기가 되었다. 자체의 경쟁력과 박차를 가할 수밖에 없게 되었다.

(1) 시장 확장의 개념

시장 확장의 개념을 가지고 있는 마케팅의 개념에서는 기업 활동을 펄무터의 EPRG모형(다국적 주의)에서 자국 중심적 기업으로 분류된다. 오늘날에는 중소 수출업자나 국제경영의 초기 단계에 있는 기업들의 주된 개념이며, 해외시장은 잉여생산물 배출구나 국내시장의 수급을 맞추는 수단, 규모의 경제를 달성하거나 이윤율을 높이는 수단으로 여긴다.

(2) 다수국가 시장의 개념

다수국가시장의 개념을 가진 기업 활동은 해외 마케팅 기회가 국내시장기회와 마찬가지로 중요하다고 가정한다. 다수국가 시장의 개념은 해외시장기회를 이용하여 해외마케팅 활동과 경험을 통합, 조정함으로써 좋은 업적을 올릴 수 있다는 내부적인 인식에서 파생된다. 제품에 있어서는 구별하지 않고 시장에 맞게 변형되며 광고, 가격, 유통경로 등도 따로 결정된다. 다수국가 시장의 개념 아래 영업하는 기업은 EPRG 모형(다국적 주의)의 다 중심적으로 분류될 수 있다.

(3) 범 세계화 마케팅의 개념

범 세계화 마케팅의 개념으로는 범세계 기업으로 분류된 기업들이 마케팅 활동하는 것을 세계마케팅이라 한다. 표준화된 제품을 개발과 적정가격을 통한 판매를 함으로써 범세계시장에서의 효율성을 추구한다. 마케팅 계획과 마케팅 믹스는 범세계적 관점에서 접근되며 가능할 때에는 표준화가 시도된다. 국내의 시장에서 본국 중심의 마케팅 활동을 바탕으로 점차 수출확대 및 수출 마케팅 중심으로 발전하여 해외시장에서의 시장개척을 통한 해외 진출을 확대하여 다국적 마케팅으로 발전하게 된다. 또한, 다국적 기업 활동은 글로벌마케팅으로 발전한다.

▎표 11-2 ▎ 마케팅의 단계별 특성

<table>
<tr><th>단계
특성</th><th>국내마케팅</th><th>수출 마케팅</th><th>다국적마케팅</th><th>글로벌마케팅</th></tr>
<tr><td>경영자
사고/목표</td><td rowspan="5">본국
중심의
마케팅 활동</td><td>본국 지향</td><td>현지 시장지향</td><td>세계시장 지향</td></tr>
<tr><td>마케팅
전략</td><td>수출 마케팅전략
(표준화)</td><td>다국적마케팅
전략(차별화)</td><td>글로벌전략
(통합화)</td></tr>
<tr><td>세계관</td><td>국내시장의 연장</td><td>현지 시장</td><td>세계시장</td></tr>
<tr><td>주요자산</td><td>핵심능력 집중</td><td>분권화 및 현지화
자립</td><td>전 세계 배치</td></tr>
<tr><td>경쟁우위</td><td>가격경쟁력
납기수준
안정적 품질</td><td>현지 시장
(유연성/적응능력)</td><td>세계적 통합
(조정능력)</td></tr>
</table>

제 2 절 글로벌마케팅의 전략

1. 글로벌마케팅 믹스의 의의

1) 글로벌마케팅 믹스의 개념

글로벌마케팅 믹스(Marketing Mix)의 개념과 국내마케팅 믹스의 개념과 동일 개념으로 보고 있다. 이는 마케팅 믹스가 기업의 목표시장에서 마케팅 목표를 달성하기 위하여 사용하는 통제 가능의 마케팅 수단들의 집합이다. 마케팅 믹스는 기업이 제품의 매출이나 수요고객들의 반응을 위한 제품, 가격, 촉진, 유통 등으로 구성되어 있다.

마케팅이란? 말 자체의 의미는 일정 조건과 시점에서 고객인 소비자가 원하는 상품을 소비자 중심으로 생산하여 전달하는 전 과정을 의미한다. 여기에 마케팅 믹스의 전략을 사용하는데 마케팅 믹스란? 통제 가능한 마케팅 믹스의 요인인 제품, 가격, 촉진, 유통의 변수들을 통한 조합을 의미한다.

2) 글로벌마케팅 믹스의 적용문제

마케팅 믹스의 표준화 및 적응화는 국제기업에 있어 해외사업 활동의 과정에서 나타나는 복잡한 전략선택의 과제이다. 마케팅 관리자는 마케팅 활동 및 적용을 전 세계에 표준으로 적용할 것인지, 현지 시장에 맞춰 나갈 것인지를 결정하게 된다. 하지만 갈수록 세계화의 영향으로 전 세계가 하나의 통합된 개념으로 나타나고 있다. 때문에, 섣불리 현지국의 시장에서 새롭게 적응화 전략으로 나갈 수도 없기 때문이다.

왜냐하면, 시장개척 시장 확보는 그에 상응한 비용과 시간이 필요하며 이에 따른 제품 등의 계획을 새롭게 추진해야 하기 때문이다. 하지만 표준화 전략을 활용한다 해도 문제는 있다.

2. 글로벌마케팅 믹스의 제품전략

1) 글로벌 제품전략(Global Product Strategy)

기업의 제품전략은 마케팅 믹스의 한 요소로 기업의 입장은 소비자들에게 무엇을 어떻게 제공할 것인가에 고민하게 된다. 즉, 소비자가 원하는 제품이 무엇이며, 소비자 만족을 위한 제품을 어떻게 제공하여 시장에서의 경쟁의 우위를 확보하고 장기적인 매출을 통한 기업의 이윤을 창출해 나갈 것인가에 주력하게 된다. 제품이란 전통적으로 제품과 서비스로 제품은 유형의 재화, 서비스는 무형의 재화를 말한다.

제품과 상품이라는 용어가 혼용하여 사용되고 있지만, 제품은 생산단계의 개념이고 상품은 판매단계의 개념이다. 하지만 제품은 소비자의 욕구를 얼마만큼 충족시키느냐에 따라 핵심제품, 유형제품, 확장제품 등으로 구별한다.

(1) 현지 적응전략과 제품적응전략

현지 적응전략은 각 나라 시장의 특성 즉, 소비자의 기호, 법률적 규제, 표준규격, 기후, 경쟁상태 등에 맞춰 제품을 수정함으로써, 현지에 적응하는 것이다. 가령 중국에 수출하는 상품의 포장은 가급적 붉은색 계통으로 해야 한다든지, 프랑스에 꽃을 수출할 때는 카네이션은 장례식 때 사용함으로써 시기를 잘 맞춰야 하는 등 현지의 문화와 현지 소비자의 기호에 맞게 제품을 적응 또는 수정해야 한다.

제품 적응전략에 있어 생산된 제품을 새롭게 수정해야 한다면 제품에 추가적인 비용이 소요되고, 현지국 소비자들의 자사 제품 특성에 적응할 수 있도록 마케팅전략을 잘 세운다면 촉진비용을 절감할 수 있게 된다. 따라서 현지국의 시장에 잘 적응하여 판매전략을 세운다면 높은 판매성과를 달성할 수 있을 것이다.

(2) 글로벌 표준화 전략

제품의 글로벌 표준화 전략은 전 세계적으로 통일된 제품 즉, 표준화된 제품을 개발, 진출시키는 전략이 필요하다. 각 나라와 시장별로 서로 다른 특성의 제품이 필요하다면 사전에 제품전략을 세워 소비자를 대상으로 하여 충분한 제품수정에 요구되는 비용을 절감할 수 있도록 특성을 맞춰나갈 수 있는 전략이 필요하다. 표준화 제품전략은 제품수정에 요구되는 비용을 절감하여 현지국 소비자들의 자사 제품 특성을 선호하게끔 하는데 높은 촉진비용을 필요하게 된다.

(3) 절충전략(Global Strategy)

절충전략은 기업들이 사전에 제품의 속성인 형태, 크기, 색상, 디자인, 가격, 품질 등을 완전한 표준화 전략 또는 완전한 적응전략을 적용하기란 어렵다. 따라서 제품의 일부 속성에는 표준화 전략을 그리고 또 다른 속성에는 적응전략을 택하는 이른바 절충전략인 글로칼 전략을 채택하는 경향이 높아지고 있다. 현지 시장에 내재된 공통의 동질성을 규명하여 표준화된 글로벌 제품정책을 개발한 후, 이를 현지 시장에 적용해 나가는 것이다.

2) 제품 포지셔닝(Product Positioning)

제품 포지셔닝 최대의 시장잠재력을 개발하고자 진출시킬 제품의 특성을 결정짓는 작업이다. 제품의 특성에 대한 소비자 인식은 국가마다 다르므로 진출할 해외시장에 자사 제품의 올바른 포지셔닝과 이에 따른 전략을 구사하기 위함이다. 제품의 포지셔닝은 제품에 특성에 대한 분석이 우선시되어야 한다.

포지셔닝은 제품의 특성은 상품의 크기, 색상, 상표, 품질, 가격, 실용성과 기능, 재료, 형태, 수명 등으로 제품에 따라 우선시해야 할 사항이 달라진다. 가령 자동차의 경우 안정성, 내구성, 스타일, 크기, 안락성, 경제성, 기술성, 속도, 색상 등이 특성이 중요시 될 것이다. 그리고 제품의 여러 특성 중에서 현지국의 잠재소비가 구매조건으로 가장 중요시 하는 제품의 특성을 살려야 한다.

3) 제품의 수명주기에 의한 분류

글로벌마케팅 믹스 요소 가운데 제품수명주기(Product life cycle)는 국제제품정책을 수립하는데 중요한 사항이다. 국가와 제품에 따라 다소 차이는 있으나 대개가 제품의 도입기→성장기→성숙기→쇠퇴기의 단계의 제품수명주기를 거친다.

첫째, 도입기의 과정으로 도입기(Introduction)는 처음으로 제품을 시장에 도입할 경우 시장에서의 반응을 얻고 있는 상태가 아니므로 성장률 저조, 이윤감소, 판매저조, 소규모 유통 등으로 인하여 손실이 발생할 수도 있다. 이때 자사의 브랜드보다는 제품 자체에 대한 일차적 수요자극과 가격전략으로 소비자들의 반응을 얻고자 한다. 도입기의 마케팅 믹스의 가장 핵심적인 사항은 소비지로부터 인지도를 높이는 것과 구매할 수 있도록 구매유도와 사용을 시작으로 제품을 시장에 선보이게 되는 과정이라 할 수 있다.

둘째, 성장기의 과정으로 성장기(Growth)의 전략은 판매가 급속히 증가 추세이므로 소비자로 하여금 점차 높아지는 인지도와 제품취급점이 날로 늘어나고, 경쟁업체도 이미 시장에 진입하여 치열한 경쟁이 예상된다. 이때 마케팅 촉진비용, 제품개선비용, 유통기관의 개척 등으로 인하여 비용지출이 높으나 판매가 대량으로 늘어나 대량생산에 의한 원가절감 효과와 이윤증대의 효과를 동시에 가져올 수 있다. 성장기의 마케팅전략은 촉진비용을 현 수준으로 하되 경쟁사와의 경쟁에서 뒤쳐지지 않기 위하여 제품광고와 제품개선, 유통의 개방정책 등으로 가격 부분을 예의주시하여 염두에 두고 점차 가격을 낮춰가는 전략을 세워둔다.

셋째, 성숙기의 과정이다. 성숙기(Maturity)는 제품의 개선과 시장에서의 다각적인 노력에도 불구하고 매출성장률은 점차 줄어들기 시작하는 시점이다. 그러나 최고의 매출을 올릴 수 있고 판매고의 증가는 점차 정지상태의 시점이다. 이때쯤이면 경쟁기업들도 가격을 낮추거나 판촉으로 인하여 공격적 마케팅을 실행하고, 우수한 제품으로 승부수를 던지게 된다.

따라서 성숙기에서 가격과 우수제품의 개발에 따른 영향으로 인하여 취약한 경쟁사의 제품들은 도태되거나 재조정될 것이다. 이러한 상태에서 시장개발, 제품개선, 마케팅 믹스의 수정을 통한 적극적인 전략대책이 필요하다.

넷째, 쇠퇴기의 과정이다. 쇠퇴기(Decline)는 제품의 성숙기를 통한 판매량이 점차 줄어들기 시작하는 시점이다. 주요현상은 제품의 공급과잉으로 인한 가격 인하로 기업의 이윤이 점차 감소하게 된다.

마케팅전략을 통한 새로운 시장을 개척해야 할지? 아니면, 철저한 원가관리를 통한 비용 절감으로 새로운 신제품을 개발하게 된다. 자사 제품의 수명주기와 새로운 제품의 출시를 잘 파악하여 적절한 시기에 신제품을 투입한다면 시장관리를 통한 제품전략의 성공을 가져올 수 있을 것이다.

4) 신제품 개발전략

신제품개발은 제품수명주기에 맞춰 새로운 신제품을 통한 계속적 시장확보와 고객 확보를 위해 매우 민감한 사항이며, 신제품의 개발과 출시로 자칫 잘못하면 신제품으로 인한 개발비, 연구비 등으로 기업의 막대한 손실이 나올 수도 있다. 기업의 존재 자체에도 커다란 위험이 발생할 수도 있기 때문이다.

신제품개발과 출시로 인한 손실을 사전에 방지하기 위하여 글로벌마케팅 조사 활동을 활성화하여 기업의 이미지와 미래적인 새로운 아이디어의 신제품을 개발해야 한다. 신제품을 개발하기 위해 아이디어의 창출과 추가적 연구를 거쳐 아이디어에 관한 심사를 통하여 사업성을 분석하고 분석된 자료를 통하여 제품을 개발한다. 전 과정에 아무런 문제가 없어도 시장에서 성공하는 것도 아니며, 반대로 이러한 과정을 어렵게 거치지 않고 생산된 제품이라고 해서 시장에서 실패하는 법칙은 없다.

5) 품질관리 전략(표준과 적응)

세계화로 인한 전 세계시장이 동질화, 표준화되어 감에 따라 전 세계에서 사용하는 제품이 동질화되고 있다. 따라서 시너지 효과와 규모의 경제 획득, 질서 있는 시스템의 정립 및 기업과 제품을 동시에 PR하는 것이 가능하게 해주는 요인이 표준화이며, 현지 시장에서의 추가적인 성장을 위해 적응화 전략이 필요하다.

글로벌마케팅 믹스 전략 가운데 제품과 관련하여 소홀한 관리정책으로 인하여 현지국의 소비자 불편을 해소하지 못하는 사례가 적지 않다. 즉, 현지국 소비자들의 기후, 소비성향 및 기호에 맞지 않게 자국 중심으로 생산한다면 제품과 품질관리에 상당한 애로사항이 있을 것이다. 수출제품의 전략 중 표준화 전략, 적응화 전략, 신제품개발전략, 해외상표 등이 필요하다.

6) 브랜드 전략

브랜드 전략이란? 브랜드와 관련된 상표, 광고, 선전 등을 자사 제품의 PR 방식으로 경쟁자의 동일제품과 자사 제품의 차별화를 통하여 경쟁에서의 우위를 확보하고 자 하는 전략이다. 브랜드 전략의 최대목적은 차별화(Differentiation)에 의한 브랜드의 이미지를 높이는 것이다. 차별화란 기능, 품질의 차이가 별로 없는 상태이지만 타사제품과 상당한 차이가 있음을 시사해 줌으로써 특정 브랜드의 상품을 선호하도록 만드는 심리적 전략이다.

브랜드는 기업의 얼굴이며 제품을 대변해 줄 뿐만 아니라, 소비자에게 신뢰를 바탕으로 계속 거래를 통한 기업의 자산으로서의 가치를 갖게 되는 것이기 때문이다. 그리고 브랜드 전략은 단시간에 축적할 수 없어 꾸준한 노력과 함께 자산가치의 효율적인 관리와 체계적인 전략을 통하여 브랜드 경영에 의한 제품전략으로 제품의 이미지 제고를 아울러 창출해 나가고 있다.

7) 제품보증 및 서비스 전략

제품과 보증 및 서비스 전략은 소비자들에게 자사 제품을 선호할 수 있도록 유도하는 목적이 있으며, 제품의 보증은 제품에 하자가 있을 시, 제품을 수리를 해주거나 교환, 반품, 환불 등을 통하여 대고객 서비스 증진 차원에서 보증기간 이후에라도 제품에 관한 서비스와 관련의 정보를 제공해 주는 것이 좋다. 막연한 서비스가 아니라 원래 제품+서비스의 개념이므로 판매한 제품에 관하여는 책임지고 라이프스타일의 관점으로 관리해 나가야 한다. 이것은 곧 단골확보와 잠재고객을 깨우는 완충적 역할을 하는 것이다.

제품보증은 보증기간 내에 제품의 고장과 수리 및 사용 미숙으로 인한 손상 등 예기치 않은 사고로 인하여 제품에 하자가 발생하였을 경우 유상으로 처리할 수 있는 제도적 장치가 필요하다. 실제로 서비스를 통하여 기업과 제품에 관한 이미지를 제고하여 해외시장에서의 제품 선호를 높이는 매우 효과적이라 할 수 있다.

3. 글로벌마케팅 믹스의 가격전략

1) 글로벌 가격전략

글로벌 가격전략은 국내 가격전략과 같은 맥락이지만 해외시장의 진출상황이 다르다. 즉, 그 개념과 특성을 달리하고 있다. 글로벌가격전략은 수출입상품의 가격 결정 문제를 다루는 것으로 글로벌마케팅 관리의 수출국과 현지국 즉, 수입국 소비자의 성향은 다를 수 있다. 그러므로 현지국의 소비자 성향을 잘 파악하고, 현지에서의 판매가격 및 수출가격의 문제를 다루며, 현지 시장의 가격 결정은 다른 국가의 시장에도 영향을 미치게 된다.

글로벌 가격전략이 세계화의 관점에서 결정되어야 많은 문제를 고려하여야 한다. 글로벌 가격전략은 국제기업 활동에 있어 가격에 관한 활동이므로 기업의 가격 결정은 경쟁기업의 가격변화에 대한 경쟁 전략의 하나로 가격을 조정하거나, 현지국의 소비자들을 대상으로 한 대응전략, 또는 글로벌 기업이 당면하고 있는 이해관계 차원에서 가격의 전략을 결정짓게 된다.

2) 글로벌 가격전략의 목표

글로벌가격전략의 목표는 마케팅을 통한 적극적인 수단으로 인식하는 경우, 그리고 기업이 의사결정을 하는데 하나의 정책적인 요소로 보는 경우이다. 글로벌마케팅가격전략은 투자수익(Return on Investment), 시장안정, 시장점유율 확보 및 개선 효과, 경쟁자와의 대립 관계에서 우위 확보, 제품의 차별화 반영을 위한 토대를 마련하게 된다.

특히 침투시장에서 대량생산에 의한 저가격전략으로 인하여 가격과 제품수명주기를 고려하여 경쟁에서의 우위를 다지기도 한다. 또한, 조기 현금 회수와 촉진적 목표를 통한 신규의 시장진입을 사전에 방지하기 위한 차원으로 가격전략을 통하여 시장 확보와 진입을 사전에 막음으로써 추가적인 우위를 통한 이윤획득을 가능케 해 줄 수 있는 강력한 조치라고 할 수 있다.

3) 글로벌 가격전략의 종류

(1) 초기 고가격전략(Skimming Price strategy)

고소득층 중심의 가격전략은 해외시장에서의 시장개척이나 시장 확보의 입지조건과는 상관없이 신제품을 시장에 출시한 경우이다. 가격전략은 주로 신제품의 개발과 출시를 통한 가격탄력성이 높은 소비자를 흡수하는 전략이므로 상층흡수, 또는 초기 고가전략이다. 하지만 초기 고가격전략은 품질이나 이미지가 소비자들의 반응과 수요의 가격탄력성이 낮은 경우와 소량생산과 대량생산 간에 비용의 차이가 크지 않은 경우, 제품개발 초기 고가격 설정에도 관계없이 신규참여 기업으로부터 충분한 경쟁의 우위가 있을 때 사용이 가능하다.

(2) 개발가격 전략(Development Price strategy)

개발가격 전략이란? 경쟁의 우위가 있는 타사제품을 방어할 목적으로 시장진입 시 우위를 확보하고 자 고의로 낮은 가격으로 진출하는 것을 말한다. 이러한 개발가격전략으로 낮은 가격으로 인하여 기업이 적잖은 손실이 예상된다. 장기의 전략적 차원에서 개발

효과가 충분하고 비용이 저렴하며, 실질적인 생산이 규모의 경제를 달성할 수 있다는 전제하에 대량생산의 방식으로 대량판매를 통하여 경쟁자의 참여를 억제하고자 하는 정책이라 할 수 있다.

(3) 경쟁적 가격전략(Competitive Price strategy)

경쟁적 가격전략은 해외 표적 시장에서 경쟁자들의 가격과 조화를 맞춰나가는 전략이다. 특히 이러한 경쟁적 가격전략은 소비자들이 현저하게 알아볼 수 있는 제품이어야 하며, 소비자들의 구매력을 가격에 두어야 할 시기적인 입장이며 주로 경쟁자를 추격하기 위한 하나의 수단으로 활용하기도 한다. 경쟁적 가격전략은 경쟁적 입찰 조건으로 정부기관과 주요 산업별 소비자에 대한 판매 시 활용하는 가격전략이다.

(4) 프리미엄 가격전략(Premium Price strategy)

프리미엄 가격전략은 자사 제품의 이미지와 품질, 브랜드 등의 인지도가 높은 현지 시장에서 가격탄력성이 낮은 경우 경쟁사보다 일정 비율 높게 가격을 유지해 나가는 것을 말한다. 이러한 프리미엄 가격전략은 일명 차별화 가격전략이라고도 하며, 현지국의 소비자와 시장의 동향에 따라 각각 다른 가격을 적용하는 가격전략이다.

따라서 자사 제품의 가격이 경쟁사 제품의 가격과 비슷하다면 비합리적인 소비자들은 제품의 질을 신뢰하지 못하는 경우 고품질의 이미지 제고를 위해 고가격전략이 합당하게 적용될 수도 있다. 해외시장에서의 고품질의 이미지 유지와 기업의 적극적인 마케팅 노력에 의해서만 가능한 것이다.

(5) 차별화 가격전략(Discrimination Price strategy)

제품의 가격책정은 대개 소비자별, 제품별, 장소별의 특징에 의하여 책정된다. 그리고 동일제품이라 할지라도 다른 가격을 적용하는 것을 차별가격 전략이라고 한다. 글로벌 마케팅의 가격전략에 있어 차별가격으로 효과를 거두려면 세분화 시장별로 가격탄력성이 달라야 한다.

저가격시장에서 판매한 제품이 고가격시장으로 재판매되는 일이 없어야 한다. 또한, 자사 제품이 고가격으로 판매되고 있는 시장에서 경쟁사의 제품이 저가격으로 판매하는 일이 없어야 한다.

4) 글로벌가격 결정의 요인

글로벌가격 결정의 요인의 요인은 내부요인과 외부요인으로 나눈다. 내부요인은 마케팅 목표, 마케팅 믹스 전략, 원가, 가격 결정조직 등이다. 글로벌마케팅 목표는 가격 결정의 기본적 사항으로 해외시장에서 달성하고 자 하는 목표가 무엇인가를 파악해야 적절한 가격의 결정은 가능하며 전략적 의사결정을 할 수 있다. 마케팅 믹스 전략의 글로벌가격은 기업이 마케팅 목표를 취하기 위하여 취하는 마케팅 믹스 요소 가운데 하나로 가격 결정이 글로벌제품, 유통경로, 촉진 등의 요소와 조화를 이뤄야 글로벌마케팅 전략을 수립할 수 있게 된다.

또한, 외부요인으로는 수요, 경쟁, 법적 규제, 환율, 인플레이션, 시장점유율 등으로 수요는 글로벌 기업의 제품, 서비스에 대한 소비자들의 지급능력 및 가치와 연관성이 있으며, 가격을 결정하는데 경쟁의 조건은 적정가격을 결정하도록 하는 기준을 제공하는 셈이며, 법적 규제는 현지국의 관련 정부와 기업들의 무분별한 가격조정을 규제하기 위한 법적 근거를 마련해 두는 것이다.

4. 글로벌마케팅 믹스의 촉진전략

1) 글로벌 촉진전략

(1) 촉진 활동의 개념

글로벌마케팅 믹스 전략은 제품, 가격, 촉진, 유통의 4P이다. 촉진전략이란? 잠재적 소비자를 대상으로 다양한 커뮤니케이션을 활용하여 구매자를 자극하여 제품, 서비스에 관한 정보를 제공하는 마케팅 믹스의 모든 수단을 포괄하는 활동이다. 촉진 활동의 주요 내용은 광고와 인적판매, 홍보, 판매촉진 등의 활동이다.

광고주가 제품, 서비스, 아이디어 등을 광고내용을 매체를 통해 알림으로써 구매자를 자극하는 광고와 판매자들이 예상 고객을 만나 구두로 정보를 제공하는 촉진 활동형태의 인적판매, 그리고 홍보 활동, 소비자와 유통업자의 수요를 자극하는 광고, 인적판매, 홍보 이외의 모든 촉진 활동을 판매촉진 활동이라 한다.

2) 글로벌 광고전략

(1) 글로벌 광고의 이해

글로벌 광고는 기업의 아이디어나 제품 및 서비스 관련의 정보를 각종 전달 매체를 통하여 판매촉진을 유발하는 활동이다. 이때 현지국의 다양한 문화, 정치, 경제, 제도, 언어, 등의 제 요소를 고려하여야 한다. 글로벌광고란 수출 광고, 해외 광고, 다국적 광고 등을 말하며, 수출 광고는 수출상품과 서비스에 대한 광고만을 위한 것으로 글로벌 광고의 축소개념이다.

다국적 광고는 다국적 기업에 대한 의미로 사용하기 때문에 글로벌 광고와는 서로 다른 개념이라 할 수 있다. 흔히 글로벌 광고를 해외 광고라 하나 글로벌 광고는 전 세계의 시장을 대상으로 한다는 점이다. 최근의 개념은 글로벌유통과 글로벌마케팅, 글로벌 무역의 관점으로 촉진 활동은 더욱더 중요하게 되었다.

(2) 글로벌 광고와 촉진전략

촉진전략의 하나인 광고전략은 소구점, 비주얼, 카피 등 중요한 사항을 자국에서 사용하던 그대로 사용할 것인지, 아니면 현지국에 맞는 새로운 광고전략으로 나갈 것인지, 또는 새로운 광고전략으로 나갈 것인지에 대한 세부적인 결정이 필요하다. 글로벌촉진전략은 인적판매, 판매촉진, 공중관계, 전시회 및 박람회를 통한 촉진전략도 있다. 인적판매란 기업의 전체적인 차원에서 조정되는 통일적인 접근방법이 필요하므로 복잡하고 가격이 높은 경우에 요구된다.

판매촉진은 쿠폰이나 샘플, 경품, 소비자교육 등을 통하여 저렴한 비용을 통한 촉진활동으로 소매기관과 현지국 정부의 규제를 잘 파악해야 한다. 공중관계는 직접적인 경제적 부담이 적고 신뢰도가 높은 메시지를 전달할 수 있어 다국적 기업이 많은 관심을 보이는 분야이다.

(3) 글로벌 광고 활동의 제약요인

글로벌 광고는 기업의 광고전략 중 글로벌 표준화, 글로벌 적응화 차원에서 결정되어야 한다. 글로벌 광고에서 가장 중요한 것은 표준화 전략이며, 혹은 적응화 전략에 바탕을 두고 광고를 조직하게 된다. 광고의 조직에 있어서 기업의 표준화된 글로벌 광고를 통하여 가까운 해외시장이나 활동영역이 좁은 지역에 적합한 집중화(Centralization) 전략과 해외 지사 및 자회사들의 독자적인 광고의 분권화(Decentralization), 그리고 이를 혼합한 절충형으로 조직한다. 글로벌 광고 활동의 제약요인으로는 언어의 차이, 기호 및 태도의 차이, 정부의 규제, 매체의 이용 가능성 등이며, 언어의 차이는 번역의 어려움, 어감상의 차이는 같은 해석상의 오류를 낳게 됨을 인지해야 하며, 기호 및 태도의 차이에 있어, 색깔이 갖는 상징적인 의미를 잘 파악해야 한다. 정부의 규제는 메시지 전달을 제약하는 요소로 특정 제품, 비교 광고, 시간대, 대상, 특별세 등이 여기에 해당된다.

최근 어떤 기업의 글로벌마케팅 전략을 살펴보면 다음과 같다. 마케팅의 각종 기법과 새로운 정보통신시스템을 활용한 다양한 관점에서의 장비와 내용 등을 총망라한 관점으로 마케팅하고 있다. 해당의 기업은 마케팅요인 중 촉진전략으로 광고비의 사용 비중을 유료광고 및 후원 27%, 소프트웨어 26%, 콘텐츠 제작 26%, 인력의 활용 17%로 요인별 마케팅비용의 전략을 언급하였다.

5. 글로벌마케팅 믹스의 유통전략

1) 글로벌 유통전략

(1) 글로벌유통전략의 의의와 개념

글로벌유통전략은 유통경로에 관한 전략으로 제품과 서비스를 소비자에게 전달하는 과정에서 발생하는 개인이나 관련 조직들의 집합을 말한다. 그러므로 생산자의 제품을 최종소비자에게 전달해주는 과정이다. 거래 관계 시 발생하는 금융, 운송, 보관 등의 상적 기능조성과 물적 기능조성을 통한 마케팅 촉진 활동이다.

한 국가의 생산자가 중간유통업자와 해외시장의 최종소비자에게 제품을 이전하는 모든 단계의 절차와 과정들이다. 이러한 개념은 국내에서의 유통의 개념에 해외시장이라는 시장과 다른 나라라고 하는 개념만 바뀌었을 뿐이다. 글로벌유통전략이란 현지국의 시장에 대한 유통경로 조사를 비롯한 마케팅 활동의 관리 전반에 걸친 관리와 이를 유지 및 발전시키고자 하는 개념이 모두 포함된다.

(2) 글로벌 유통전략의 설계

글로벌유통전략의 단계는 국가 간의 경로인 시장진입방법인 수출, 현지 생산 및 판매, 제3국 수출, 라이선싱 등의 경로설정과 현지 시장 내의 유통경로로서 현지국의 시장과 상황에 맞는 시장의 유통경로를 선정하게 된다. 글로벌유통전략의 설계는 유통경로에 대한 상황을 분석한 후 경로의 목표를 설정한다. 경로 목표의 설정은 경로 커버리지 결정을 통한 통제수준의 결정에 이르기까지 경로 설계를 하게 된다.

상황분석은 고객의 구매 행동, 서비스 요구에 따른 위치적 편리와 구매 최소단위까지의 대기 및 전달시간, 제품의 다양한 구색 등을 분석하고 특히 경쟁사와 중간업자에 관한 상황을 분석하여 유통에 영향을 주는 요인들을 사전에 분석한다. 경로 목표란 서비스 요구에 따른 수익률, 시장점유율, 매출성장률 등을 설정하게 된다. 장·단기로 구분하여 경로 목표를 구분하여 설정할 수도 있다. 이밖에도 경로 설계의 요인으로 고객의 특성과 문화 및 경쟁, 기업의 목표, 소요자본과 비용을 고려한 시장침투의 범위, 통제, 연속성 및 커뮤니케이션에 이르는 다양한 요인에 관한 사항들을 고려해야 한다.

Chapter
12

글로벌 경영과 해외시장 진출방식

제1절 글로벌 시장의 진출과 계획수립

1. 글로벌 시장진출 계획

1) 글로벌시장진출의 필요성

글로벌 시장의 진출을 위하여 진출지역과 진출하고 자 하는 시장에 따라 관련의 마케팅 활동도 달리하게 된다. 글로벌 시장 진출을 흔히 국제무역을 위한 마케팅 활동 즉, 수출 마케팅 활동의 연장으로 계획을 수립하게 되는 것이다. 그러나 해외시장 진출은 해외의 시장을 목표로 하는 것이기 때문에 전 세계시장을 대상으로 하고 있다. 그러므로 마케팅 활동이 수출을 위한 목적도 있으나 해외시장을 통한 기업의 이미지 제고와 수출을 통한 이윤획득의 동시적인 목적을 꾀하고자 하는 것이다.

따라서 무역마케팅은 기업이 해외시장을 통한 국제화 수준에 걸맞게 마케팅 활동을 참가하는 것과 재화 및 용역의 국제적인 이동을 통하여 수출 활동을 하게 된다. 이때 개인이나 기업의 필요와 욕구충족을 위한 무역 거래를 하기 위한 제반의 활동과 그 수단을 포함하여 말하는 것이다. 해외시장 개척과 해외시장 진출은 수출 마케팅의 일환으로 전 세계를 대상으로 마케팅 활동을 수행하기 때문이다. 결과적으로 글로벌 시장의 진출방식과 목적은 수출, 직접투자, 라이선싱 등의 방법을 결정하여 4P의 내용인 제품, 가격, 유통, 촉진 요인을 통하여 전략적인 분석을 한다. 그러므로 기업은 전략적인 계획수립을 통한 분석방법으로는 SWOT 분석방법이 있다.

SWOT 방법은 기업의 강점(strengths), 약점(weaknesses), 기회(opportunities), 위협(threats)의 요인을 파악하기 위하여 분석한다. 이러한 분석은 대개 사업의 범위를 선정하기 위한 해외시장진출 계획에 포함하여 사업목표를 수립하되 자본, 기술, 노동 등의 추가적인 내용도 포함하여야 하며, 그리고 해외시장을 통한 원자재 조달, 인적자원운영, 재무계획 등을 아울러 수립해야 한다.

2) 기업의 시장목표 선정

해외시장진출을 위한 기업의 시장목표는 가용한 자원을 총동원하여 관련의 모든 사항을 공유할 수 있게 설명해야 한다. 해외시장진출 목적은 수출을 통한 이윤의 창출이며 이를 통한 기업의 발전과 연계성이 있어야 한다. 특히 수출 마케팅의 경우 SWOT의 분석을 활용하여 기업의 강점과 약점 그리고 기회와 위협의 요인들을 파악해야 한다.

기업의 시장목표 선정을 위하여 분석된 강점과 약점 및 기회와 위협의 요인들은 장차 기업의 목표선정과 계획수립 및 진출 결정의 의사결정에 영향을 미치게 된다. 기업은 하나의 해외시장을 목표로 하여 점차 시장 확대와 제품 확대 및 투자확대를 통한 기업의 발전은 정확한 목표선정과 목표를 위한 전략의 수립이 필요하다.

2. 글로벌시장진출 전략 수립과 진출방식

1) 글로벌시장진출 전략 수립

해외시장진출의 성공요소는 세부적인 계획수립의 하나로 사전에 관련의 사항들에 대한 전략적 차원의 분석이 필요하다. 먼저 자사의 제품과 타제품과의 관계에 있어 상호비교 및 품질과 기능, 디자인과 가격 및 자사 제품이 타사제품과의 차별화 및 특징이 무엇인지를 파악하고 이에 따른 디자인과 관련의 기술 및 상품으로서의 실용성과 가치성이 높은 편리성과 효율성을 제공할 수 있어야 한다.

해외에서의 마케팅 활동은 곧 기업의 영업활동의 능력과 밀접한 관계성이 있으며, 관련의 상품기획, 판매촉진정책, 유통을 통한 경쟁 조사, 가격조사 판매상품의 대금 회수 등을 고려하여야 한다. 이러한 영업과 관련된 능력을 갖춰 무역 거래에 있어서 적시 적절한 상품의 수·배송을 통한 완벽한 관리능력은 유통 관계에서 주어지는 각종의 유통정보를 생산의 단계에 재투입하여 곧, 바로 상품에 포함시킬 정보수집의 능력을 확보하는 것으로써, 해외시장에서의 경쟁적 우위를 확보에 도움을 줄 수 있다.

2) 글로벌시장진출 방식

해외시장진출 전략은 기업의 경영활동의 전략적인 목표 가운데 하나이다. 이러한 목표를 달성하기 위하여 해외시장에 관한 계획수립과 실행 방향을 제시하여 준비된 계획과 과정의 모든 것들이 효과적으로 시행될 수 있도록 기업의 가용한 자원을 적시에 지원하는 과정을 말한다. 해외시장진출의 동기는 자원, 시장, 지식, 생산, 무역장벽회피 등의 요인 중 기업이 해외시장 진출에 있어 목적에 맞는 방법을 선정하여 시행하게 된다. 해외시장진출의 계획은 진출전략의 제안을 통한 심사와 평가의 과정을 거쳐 결정 및 승인하게 되며 이때 구체적인 계획을 수립하여 시행하게 된다.

해외시장진출을 위한 제안을 받은 후, 제안에 관한 평가 및 심사를 거치게 되는데 이때 해외시장의 목적과 상황에 따라 심사의 기준과 방법이 상이하다. 기본적인 심사기준은 기업의 목적과 부합될 것, 세계 경제의 동향, 해외 진출의 경쟁기업 동향 및 전략, 기업의 내부적 역량 등을 고려하여 현실성 있고 미래성이 있는 분야와 관련의 내용을 우선으로 투자전략을 선택 및 선정하게 된다.

제 2 절 글로벌 시장진출의 전략과 방식

1. 글로벌 시장진출의 의의와 방식

1) 간접 및 직접수출방식(수출에 의한 방식)

간접수출은 종합상사, 수출대행 업자를 통한 수출을 말한다. 수출대행업자와 종합상사를 통한 수출 시 기업은 해외시장의 개척에 크게 관여치 않고 큰 노력을 기울이지 않게 된다. 대행업자나 종합상사에서 사전에 해외의 시장개척과 시장 확보 및 기선정된 시장을 활용하여 수출하거나 사전에 잘 준비되어 있기 때문이다. 반면에 직접수출은 생산 및 제조업체에서 생산자, 제조업자 자신이 직접 수출입의 모든 절차를 통하여 직접, 수출에 관한 업무 전체를 전담하게 됨으로써 해외시장 개척, 시장관리, 판매관리 등의 마케팅 활동을 수반하게 된다.

2) 계약 진출방식

수출방식보다 다소 복잡한 형태가 계약에 의한 진출방식이다. 계약방식에 의한 진출전략은 기업의 무형자산, 상표권, 기술력, 특허권, 저작권 등의 지적 재산권과 서비스 관련의 아이템 및 경영의 노하우 등을 사용, 현지 기업과의 계약을 체결하는 형태이다. 이러한 계약방식에 의한 진출전략이라고 하며, 주로 라이선싱, 프랜차이징 등의 계약 생산방식이 여기에 속한다.

라이선싱이란? 기술의 제공자 즉, 공급자가 일정한 대가를 받은 다음 무형의 자산이나 권리를 기술사용자에게 일정 기간 사용권을 주는 계약이다. 라이선싱을 활용하여 해외시장에 진출하는 이유는 수출이나 투자에 대한 높은 장벽이 존재하거나, 해당국의 무역정책 및 정부의 규제를 피하는 방법 중의 한 방법이다. 기계류나 관련의 시설 등을 직접 운송할 때 발생하는 비용의 부담을 줄이고자 활용하기도 하며, 또한 정치적인 위험으로부터 벗어나기 위하여 해외직접투자보다는 라이선싱을 활용하고 있다.

프랜차이징이란? 영업본부에서 일정의 대가를 받고 가맹 회사에게 상표의 사용권을 허가해 주는 것으로 표준화된 패키지 상품과 가맹점의 경영관리 및 용역에 대한 마케팅 노하우를 제공하여 주는 계약을 말한다. 프랜차이징의 해외시장 진출전략의 장점은 시장 확보와 마케팅의 표준화로 인한 규모의 경제운영이 가능하며, 가입 가맹점에게 일종의 동기 부여를 줄 수 있다는 장점이 있다.

계약생산에 의한 진출전략은 국제기업이 진출대상국에 존재하는 기존의 제조업체로부터 일정한 계약조건으로 제품을 생산하도록 하고 이를 현지국 시장이나 제 3국 시장에 판매하는 전략으로 라이선싱과 해외직접투자의 중간 형태이다. 국제계약방식은 경영관리 계약과 턴키운영방식(Turn-key operation)이 있다. 경영관리 계약이란 특정의 기업이 일정 기간 다른 국가에 존재하는 특정 기업의 일상적인 운영을 관리할 수 있도록 하는 운영의 권리계약으로 경영시스템과 운영방식 등을 제공하여 주고 대가를 제공받게 된다.

턴키운영방식은 해외시장 진출전략에 있어 장기적인 차원이나 기타 추가적인 이윤확보가 힘든 방식으로 주로 생산설비 건설, 조선 등에서 사용하는 방법으로 모든 시설을 갖춰 설비가 완성되면 마지막 가동단계에서 키를 건네주는 방식이다.

3) 해외투자에 의한 진출방식

해외직접투자는 기업이 해외시장으로 진출전략뿐만 아니라 해외기업의 경영에 관한 경영권, 영업권에 개입하기 위한 목적으로 자본을 투자하는 형태이다. 해외직접투자의 형태는 기술력, 특허권, 상표권, 경영 및 마케팅 노하우 등이 해외로 그대로 이전되는 것이다. 가장 적극적인 해외시장진출의 방식이기는 하지만, 위험성이 높은 단점이 있어 이를 회피하기 위한 수단으로 합작 투자와 인수 및 합병을 통한 형태를 취하기도 한다. 하지만 기업이 단독으로 투자하여 해외에 기업을 신설하거나 인수 및 합병하는 과정을 통하여 해외시장에 진출과 시장 확보의 동시적 차원으로 활용하기도 한다.

2. 글로벌 시장진출 전략

1) 수출을 위한 진출전략(제품 수출전략)

수출(Export)을 위하여 해외시장에 진출하는 경우는 가장 기초적이고도 기본적인 해외시장 진출전략이라고 할 수 있다. 수출에 의한 해외시장진출 및 개입의 가장 기초적인 전략으로 간접수출과 직접수출로 구분하지만 대부분 제조업자나 생산 관련의 모든 업자는 수출업자를 통하여 해외시장에 진출하게 된다. 그리고 점차 시장 확대와 신시장개척을 통한 계약방식이나 해외투자로 발전하거나 직접수출에 나서기도 하며 수출의 방법을 전환하여 새로운 전략을 세워 진출하기도 한다.

수출을 통한 해외시장진출의 동기는 과잉 생산한 상품이나 국내시장에서의 판매고 부진이나 더 이상 가망이 없다고 판단된 상품 등을 처분하고자 할 때, 또는 해외시장에서의 특별한 이윤을 얻을 기회를 얻기 위하여 진출하거나 판매량의 증대로 인하여 기업의 간접비를 흡수해야 할 경우와 정부의 시책으로 인한 방법으로 수출에 임하게 된다.

(1) 간접수출 방식(Indirect Export)

〈표 12-1〉에서 간접수출은 수출전략의 방법 가운데 가장 기초적인 단계이며, 국내수출상사, 국내 주재의 외국인 바이어 등을 통한 수출을 하게 된다. 간접수출의 장점으로는 수출전문업체를 활용함으로써, 수출에 관한 제반의 문제를 쉽게 해결할 수 있다는 점과 대규모의 무역회사나 종합상사를 통한 해외시장의 정보 및 관련의 사항들을 통하여 수출증대를 꾀할 수 있으며, 제조업체는 큰 규모의 수출업자나 해외 지사 등을 운영하지 않아도 수출 관련의 운영비와 수출을 위한 비용을 절감할 수 있다. 그리고 제조업체의 해외원자재 조달도 무역상사 수출업자에 의뢰하여 큰 비용을 투입하지 않고도 수입할 수 있는 이점이 있다.

간접수출로 인한 단점도 있다. 간접수출로 인한 단점은 다음과 같다. 간접수출의 단점은 제품의 해외 마케팅에 대한 통제권이 없어 자체적인 해외 마케팅 기능을 상실함으로써 추가적인 해외시장 개척과 해외시장 진출에 관한 관련의 정보에 어둡다. 그리고 유통업자 즉, 해외수출입 업자를 통하여 수출하였기 때문에 제품 관련의·해외시장정보, 소비자, 거래상 등에 관하여 적시 적절하게 지원을 받거나 원하는 정보를 수집하는데 애로사항이 많다. 수출상사 관련의 해당 제품에 대한 수출량이나 수출액이 적은 경우, 이를 회피하는 경향이 있으며 해외 수출과 관련하여 클레임이 발생할 때 수출상사는 자신에게 유리하게 처리하지만 제조업체는 다소 불리하다. 그리고 수출상사들의 과잉경쟁은 결국 제조업체에게 그 영향이 미치므로 제조업체에게 불리하게 작용할 수 있다.

▌표 12-1▌ 해외시장 진출 전략(직접 및 간접방식)

대안		개념	동기	장점 및 단점
수출	간접수출	중소기업이 적은 규모의 수출을 하거나 대기업체라도 수출의 단계에서 국내수출상사, 국내 주재 외국 바이어를 통해 수출하는 것.	과잉생산품의 판매처분 및 해외시장의 이익기회의 활용. 중소기업체의 소규모 수출이나 대기업체 수출의 초기 단계 국내 수출상사, 국내 주재 바이어 통해 이용.	장점; 전문성, 안정성, 경제성과 수입과의 연계성이 있으며, 단점; 해외시장 구축의 어려움과 A/S부족 및 간접거래로 인한 불이익 감수.
	직접수출	자체의 전문요원과 수출경험으로 해외시장의 수입상사, 실수요자에게 직접 수출하는 것으로서 판매 내지 좁은 의미의 국제마케팅 개입이 시작됨.	과잉생산품 판매처분, 해외시장의 이익기회 활용, 수출 규모증대 자체의 수출경험과 전문요원을 갖추게 되면 해외시장의 수입상사나 실수요자에게 직접 판매.	장점; 정확한 해외시장 파악, 비용 절감, 제품계획과 판매계획 수립용이 하고 통제능력 강화, 단점; 위험부담증가, 비용증가(인건비, 설치비)
해외지점/자회사	해외지점	해외시장에서 본사를 대신하여 영업활동을 하는 해외의 단위조직.	해외의 영업활동이나 해외마케팅의 정보수집, 임금, 노동법, 관세 등 현지의 전사회적 상황파악, 현지 시장의 유지·개발.	모든 통제가 모회사에 집중, 현지 구성원의 자질에 따라 이익과 손해 가능, 해외투자를 통한 국제기업화의 단계.
	마케팅자회사	현지법인인 마케팅 자회사를 설립하여 자 회사로 하여금 과거에 의존했던 해외시장의 수입상사, 유통업체 등이 수행하던 마케팅 기능을 직접 수행함. 기업체의 자체적 해외 마케팅.	해외영업 기지로서 현지 시장뿐만 아니라 인접국 또는 제3국의 시장을 대상으로 마케팅 활동을 하기 위함.	현지국 또는 제 3국 시장을 통한 저비용으로 마케팅 상품을 여러 공급원으로부터 구매할 수 있고, 현지에 재고 유지, 재포장 및 조립을 위한 창고시설 마련함이 효과적임.

(2) 직접수출(Direct Export)

직접수출은 간접수출로 인한 수출의 규모가 증대되거나 수출에 대한 확신을 통하여 새로운 시장이나 추가적인 시장개척 즉, 시장 확보를 위한 직접적인 수출에 참여하고 자 할 때 사용하는 방법으로 기업 자체의 수출 경험과 수출 관련의 전문적인 지식과 관련자를 양성하여 수출하고 자 해외시장의 수입상사, 실수요자 등에게 직수출하는 단계로 발전한다〈표 12-1〉.

직접수출의 장점은 해외시장에서의 거래업체와 직접 접촉함으로써 시장정보와 해당의 수출정보를 쉽게 얻을 수 있고, 국내수출의 중간상에게 주어졌던 마진, 수출 커미션을 지급하지 않아도 되기 때문에 비용을 절감하게 된다. 그리고 제조업체는 자사 제품에 대한 해외 거래선으로부터 관련 상품의 제조와 관련하여 주문사항 수정이나 주문내용 변경 등을 직접 들을 수 있어 제품계획과 판매계획을 추가로 수정 및 개발할 수 있다. 제조업체는 해외수출 마케팅을 직접 수행하여 마케팅 통제 및 수출증대를 꾀할 수 있고, 더 나아가 특수제품의 판매에 따른 사전 및 사후의 서비스 제공과 신용 유지 및 증대를 높일 수 있을 뿐만 아니라 자사 내의 수출 및 국제마케팅의 전문성에 관한 전략적 차원의 개발을 할 수 있다는 장점이 있다.

직접수출의 단점은 해외시장 개척과 관련하여 비용부담이 크고 전문가 발굴 및 양성에 오랜 시간이 걸린다는 단점이 있다. 그리고 사전에 전문가나 관련 정보와 지식이 부족한 관계로 인하여 무역 클레임과 같은 위험 부담을 안고 있으며, 수출 관련의 해외 지사 및 지점을 설치하여 관련 마케팅 활동을 계속 발전, 유지해야 하기에 처음으로 해외시장에 진출하는 경우 판매이익보다 수출 마케팅을 위한 기초적인 내용 구축에 소요비용이 더 크게 나타날 수도 있다.

직접수출에서 이러한 위험의 부담을 덜고 사전에 정보를 입수하기 위하여 지사 및 자회사를 설립하기 하는 경우가 있다. 지사 및 자회사의 설립에 있어서, 지사(branch)는 주어진 목표를 현지 수준에서 달성하도록 일정 장소에 설치하는 전초기지(outpost)나 마찬가지이다. 그러므로 자사는 판매기능만을 담당하는 경우가 많다. 주요 판매기능은 주문관리, 현지판매촉진 및 판매기능과 관련된 현지 문제가 포함된다.

해외 지사는 해외사무소와 해외지점을 포함하는 것으로 현지법인의 차이점을 외국환관리규정을 중심으로 기술한다. 그러나 해외사무소는 판매 활동을 하는 것이 아니라 본사와의 업무 연락, 시장조사, 연구개발 활동 등 비 영업적 기능만을 수행하는 본사와의 법적 동일체로서 해외지점 또는 현지법인의 진출 및 이전 현지 탐색단계에서 흔히 설립되는 형태를 말한다.

해외지점은 독립채산제를 원칙으로 외국에서 영업활동을 영위하기 위하여 해외에 설립하는 해외영업소로서 본사와의 법적 동일체이며 해외지점에 관한 책임은 본사에서 부담하게 된다. 현지법인은 외국에서 설립된 법인으로 외국법을 근거로 한다. 본사와는 별개이며 현지법인의 주주로서 유한책임을 갖는다. 자회사는 모회사가 부과하거나 위임하는 경영활동을 수행하도록 조직한 기업체이며, 모회사는 해외 자회사의 통제가 가능하고, 자회사의 소유권이 본국의 타 기업체나 현지 기업체와 공동소유가 되는 모회사의 통제와 제약을 받는다.

2) 해외직접투자 진출전략

(1) 해외판매 진출전략

해외판매 진출전략은 국제라이선싱과 합작 및 단독투자의 형태가 있다. 그 가운데 국제 라이선싱은 국제기술제휴를 말하며, 이는 특허권, 등록상표, 상표, 기술 및 노하우 등의 소유 및 사용과 관련하여 일정의 대가를 받고 허가해 주거나 대여하는 것을 말한다. 라이선싱의 장점으로는 자본투자가 없고, 해외시장 침투의 가장 빠른 방법이다. 현지에서 마케팅 활동을 수행치 않고 해외시장의 정보를 얻을 수 있다. 거의 모든 나라가 라이선싱 보다 기술도입을 원하고 있다.

라이선싱을 통한 관세 및 운송비의 절감 등 해외에서의 현지 생산에 따른 이점을 누릴 수 있다. 라이선싱의 단점으로는 기술이전이나 해외투자를 통하여 또 하나의 경쟁자와 경쟁 국가를 생성하게 된다. 이로 인하여 점차 기업이 얻어야 할 이윤을 잠식시키는 것으로 볼 수 있으며, 관련자와 관련국 즉, 라이선시(licensee: 라이선싱의 도입자)를 통제할 법체계가 없다는 단점이 있다.

해외생산 판매를 위한 수출전략으로 합작투자 및 단독투자의 형식이 있다. 국제합작투자란 서로 다른 두 개 이상의 국가가 연합하거나 두 개 이상의 기업체가 참여하여 파트너십(partnership)을 형성하는 것이며, 참여하는 형태에 따라 다르며 주로 자본, 제조과정, 특허, 상표, 관리적 노하우, 기타 운영상의 중요한 요소를 포함한 활동을 한다. 합작 투자는 각 파트너는 개별적인 기업 활동을 할 때보다 자본지출을 감소시켜 대규모의 저 원가로 기업체의 운영이 가능하며, 수출장벽 및 외국인 기업에 대한 구매 저항, 법적 차별 및 무역의 장벽요소와 환경의 제약으로부터 회피할 수 있어 유리한 점이 있다.

국제 합작 투자의 필요한 이유는 자본, 인력 등 기업의 자원이 부족한 경우, 또는 진출하려는 현지국이 단독투자를 불허할 때, 그리고 현지 합작 선의 정치적, 경제적 기반 또는 영향력, 자원, 특수기술 등을 활용할 필요가 있을 때와 현지의 사용 중인 유통망을 근거로 하여 해외시장에 진출하려고 할 때 합작 투자를 한다. 국제 합작 투자보다 단독으로 투자하고 있는데, 단독투자는 어떤 기업체가 해외기업체를 운영하려 할 때 단독으로 하는 경우, 단독소유기업(Wholly-Owned or 100% Owned Firm)이라 한다.

(2) 해외생산 수출전략

해외생산은 크게 제조 활동(Manufacturing), 자원개발(Resource Development)을 위하여 국제마케팅을 전제로 한다. 국제마케팅은 적극적이고, 투자에 시간과 경비가 필요하다. 해외생산의 주요 활동으로는 해외 제조 활동이 있다. 해외생산을 통한 다국적 기업으로 전환하고 자 하는 구체적인 이유는 저임금의 노동력 활동, 무역정책에 대처하면서 해외시장에 진출 및 시장 확보, 해외시장까지의 물적 유통비 절감, 현지국의 원자재 활용, 현지국의 생산기반을 활용, 제3국으로 수출이나 기업진출, 현지국에서 저 원가로 생산된 제품을 본국으로의 역수출이 가능하다는 장점이 있다.

3) 기타의 방법의 진출전략

해외시장 진출전략으로는 직접 및 간접수출 방식과 해외투자의 방식으로 현지 생산 현지판매를 목적으로 진출하기도 한다. 그리고 다른 방법으로는 경영관리계약이나 프랜차이징, 턴키계약, 국제콘소시움의 방법이 있다. 경영관리계약은 합작 투자의 형태이며, 경영에 참여하는 파트너는 운영시설을 소유하고, 다른 파트너는 경영관리를 각각 담당하겠다는 일종의 협약형태를 말한다.

프랜차이징(Franchising)은 라이선싱의 특수한 형태이며, 프랜차이즈(Franchise: 특약제)를 프랜차이저(Franchiser: 프랜차이징의 제공자)가 표준화된 제품, 시스템 및 관리서비스를 프랜차이지(Franchisee: 프랜차이징의 도입자)에게 경영에 필요한 모든 것을 관리에 직접 참여하는 국제마케팅 수단이다. 프랜차이징 관련 제품은 주로 음식류, 내구성 소비재, 용역, 산업재 등이나 프랜차이저가 프랜차이지에게 원료 및 경영 서비스 등과 더불어 상호 및 사용권을 일괄 제공하기도 한다.

턴키계약(Turn-Key Contract) 은 시공자가 공장이나 시설물 공사를 일괄 수주받아 가공준비가 완료된 시점에서 발주자에게 공장이나 시설물을 인도하기로 약정하는 공장수출(Plant Exporting) 이라고도 한다. 턴키계약은 기업체가 공장이나 산업시스템을 설계 및 건설하고 초기운영까지 담당하는 턴키 프로젝트(Turn-Key Pproject)이다. 턴키계약은 기계시설의 수출이나 기술의 라이선싱으로 기술격차를 줄일 수 있어 현지국의 고객에게 완성된 산업계통의 시설을 제공해 주는 것이 특징으로 턴키계약에 대한 공사대금은 공사의 진척도에 따라 단계적으로 지급한다.

국제콘소시움(International Consortium)은 여러 기업체가 자본, 기술, 관리능력 등의 자원을 건설사업, 광물개발사업 등의 특정 사업을 위해 공동화하는 방식이다. 특정사업에 참여하는 기업체들은 각 특수부문을 나누어 담당하도록 별개의 기업체를 설립하여 공동으로 관련 사업을 협의하고 진행하여 완성시킨다. 콘소시움은 합작 투자의 형태와 비슷하나 특정 프로젝트의 완성과 더불어 해산되는 것이 보통이며, 콘소시움에 참여하는 기업체의 수가 합작 투자의 경우보다 많은 것이 특징이며, 이러한 차원에서 합작투자와 다르다.

▌표 12-2▌ 해외생산 및 기타 진출전략

대 안		개 념	동 기	장점 및 단점
해외생산	자원개발	특정 업체가 직접투자를 통하여 현지국의 시장에서 본사의 필요 자원과 또는 제3국의 수출을 위하여 원재료를 개발하는 것.	국내생산에 필요한 원자재의 조달을 위해, 수입원자재의 대체로 비용 절감을 위해 활용, 필요한 원재료의 안정적 공급을 위해 개발.	비용 절감, 원자재의 원활한 수급, 특정 기업체는 직접투자를 통한 해외생산 활동을 전개함으로써 비로소 다국적 기업으로 발전.
	제조활동	기업체가 직접투자를 통하여 해외에서 생산 활동을 전개하는 것.	저임금의 노동력을 활용하기 위해, 관세장벽을 피하기 위해, 운송비 등 물적 유통비를 절감, 제3국에의 진출을 도모하기 위해, 현지국에서 저 원가로 생산된 제품을 본국으로 수입하기 위해서 활동.	비용 절감, 관세 및 비관세장벽 회피, 진출시장 다변화 기능.
기타방법	턴키계약	도로, 항만, 댐, 통신시설 등과 같은 건설사업을 수주, 시공하는 용역생산을 말하며, 국제턴키오퍼 라이션스 또는 공장수출까지 포함되는데 이것은 기업이 공장 산업시스템을 설계, 건설하고 초기운영까지 담당하여 턴키프로젝트를 준공해 주는 것	종합건설업체들의 경쟁, 적인 건설 수출을 위해, 저개발국 외교적 요청에 의해, 공사가 대부분 대규모이므로 기업의 명성 제고를 위해서 계약	대금이 분할 지급, 기계, 시설의 수출이나 기술의 라이선싱만으로 해결이 안 되는 기술적 격차를 해결해 주며, 현지국의 고객에게 완성된 생산계통의 시설을 제공
	관리계약	합작 투자의 새로운 형태로서 합작 투자의 한 파트너가 운영시설을 소유하고 다른 파트너는 관리적 노하우를 제공하여 경영관리를 담당하는 것	고급호텔이나 특수기술을 요하는 업체에서 마케팅이나 기술 등 특수한 자질과 경험을 가진 경영자를 필요로 하기 때문, 현지국의 기업 수시 전문가의 부족 때문, 각 파트너의 지분비율이 같을 때 경영권을 장악하기 위함	이상적인 경영형태인 소유와 경영의 분리를 국제경영에 적용한 것 즉, 출자자가 관리를 담당하여 온 전통적 관습을 배제하고 유능한 전문가에게 관리를 위임시켜 출자 회수를 증대

제 3 절 해외직접투자의 유형과 한국기업의 투자전략

1. 해외직접투자의 동기

1) 전략적 동기(Strategic Motives)

해외직접투자의 전략적 동기는 시장지향형, 생산효율지향형, 자원지향형, 지식지향형, 위험회피지향형 등이 있다. 전략적 동기의 주요 내용은 기업이 해외투자의 수출장벽이 높은 국가의 시장을 직접 또는 우회적으로 침투할 목적이거나, 해외의 틈새시장을 공략, 저임금국가로부터의 경쟁에서 시장을 확보하기 위한 차원으로 활용하게 된다. 그리고 기업은 해외생산비용을 절감하고 효율성을 높이기 위하여 해외투자에 임하게 되는데, 보통 선진국의 다국적 기업에 의해 주도된다. 그리고 전략적 차원에서 자원 확보나 기술 확보를 위하여 해외투자를 하는 경우이다(〈표 12-4〉 참조).

2) 행태적 동기(Behavioral Motives)

기업의 해외직접투자는 외부의 환경으로부터 강한 자극이나 개인적인 편견과 목표, 개인 또는 집단적인 공약 등에 기초한 조직 행동에서 비롯된다고 보는 것으로서, 외부적 환경요인은 거절할 수 없는 외부로부터의 제안이나 시장의 기회상실에 대한 염려, 국내시장에서의 외국기업들과의 과열 경쟁 시, 밴드웨곤효과로 나타난다. 이것은 동일 사업분야에서 해외투자에 성공한 경쟁기업의 활동과 관련하여 유사한 특정 지역으로의 투자는 필수적이라는 믿음에 의한 동행 투자를 말한다.

따라서 행태적 동기의 보조적인 동기는 생산요소와 외국기업들과의 경쟁의 심화와 노후화된 기계설비의 재활용, 노하우의 자본화 즉, R&D 및 기타 고정투입 비용의 확장, 교역상대국이 제3국과 무역협정을 체결하는 경우 시장상실을 회복하기 위한 제3국에 대한 투자 등이다.

3) 경제적 동기(Economic Motives)

해외직접투자의 의사결정 요인으로서 전략적 동기나 행태적 동기가 많이 제시되고 있다. 그러나 이익추구에 따른 경제적 동기도 중요하다. 경제적 동기로 인한 해외직접투자는 현지의 실물자산, 생산요소, 금융 등의 시장이 불완전한 상태이기 때문에 투자형태로 본다. 투자국에 비하여 피 투자국은 시장이 불완전한 상태에 있어 투자가 이루어진다고 본다.

피 투자국의 입장에서는 불완전한 상태의 시장이라 할지라도 충분한 잠재수요가 있다면 경영활동의 범위 내에서 해외투자를 한다. 이때 투자기업들이 불완전한 현지 시장에 진출하여 성공할 수 있는 이유는 규모의 경제, 전문적 경영관리기법, 제품 및 생산 요소 시장의 지식, 첨단기술, 자금공급 능력을 보유하고 있기 때문이다.

경제적 동기에 의한 해외투자는 생산비의 절감을 통한 제품가격의 경쟁력을 갖는다는 것이며, 선진기술을 습득하여 현지 생산의 체제를 갖추는 것과 안정적인 자원 확보를 위한 원자재의 수급을 위한 차원에서 해외투자를 하거나, 무역 규제의 회피 동기를 마련하기 위한 수단, 해외시장 개척 동기의 여러 목적에서 현지 시장을 효율적으로 개척하고자 하는 목적을 갖는다.

4) 비경제적 동기(Non-Economical Motives)

비경제적 동기는 13~18세기 동안의 해외경제 활동은 직접, 간접적으로 국가의 개입하에 이루어졌기 때문에 오늘날과 같이 자본시장, 중간재 시장이 형성되지 않았으며, 해외투자는 본국의 정치적, 전략적 목표를 이루기 위한 수단이었다. 완전한 자유 시장경제라기보다는 정부의 지원으로 이루어지는 시장이 많다.

기업의 해외투자 동기는 다양한 이유가 있을 수 있으나 기업의 경쟁력을 높이기 위한 수단으로 활용하고 있다. 기업의 경쟁력은 해외투자의 목적이 달성될 경우 직접적으로 얻을 수 있겠지만 해외투자를 통한 글로벌 경영능력과 기술습득, 글로벌 금융에 접근할 수 있어 경쟁력을 갖추어 나가게 된다.

▌표 12-3▐ FDI와 수출입 및 무역수지의 패턴 변화

구분	투자 초기→생산개시단계→현지화 전진 단계		
수출 유발효과 자본재, 원부자재	크게 증가 없음	소폭 증가 크게 증가	거의 변화 없음 소폭 증가
수출 대체효과	없음	소폭 증가	크게 증가
역수입효과	없음	소폭 증가	크게 증가
무역수지효과	흑자	흑자 폭 확대	흑자 감소 또는 적자전환

5) 재무적 동기(Financial Motives)

기업의 자산구성을 다변화함으로써 경제환경의 변화에 따른 자산구성의 위험을 축소하기 위해 해외직접투자를 활용하는 것을 말한다. 기업은 분산투자와 같은 형식을 취하여 위험을 회피하려고 한다. 그 이유는 국제적으로 분산된 주식 간의 상관관계는 국내 주식 간의 상관관계보다 낮으며, 경제의존도가 낮은 국가일수록 두 국가 주식 간의 상관관계는 낮기 때문이며 상관관계가 낮은 주식에 대한 포트폴리오를 구성하면 체계적인 위험감소를 할 수 있다는 차원이다.

일반적으로 투자의 위험에 대한 보상을 요구하기 때문에 어떤 투자 안에 최저의 필수수익률을 구성하고 있는 셈이다. 하지만 분산화 동기에 의한 해외직접투자에 대한 반론이 있기도 하다. 즉, 자본이동에 대한 제한은 비교적 적어서 투자자가 국제적으로 분산된 포트폴리오를 구성할 수 있다면 굳이 해외직접투자의 분산투자 효과를 확보할 이유가 없다는 것이다.

2. 전략적 동기에 따른 유형

1) 시장지향형 투자(Market-Oriented Investment)

시장지향형 투자란 시장을 개척하기 위하여 비교우위가 있는 산업을 해외에 이전시켜 현지 생산 및 판매를 동시에 도모하는 형태의 투자를 의미한다. 즉, 투자기업이 보유하고 있는 자산을 활용하여 현지 시장에서 이익을 창출할 목적의 투자를 말한다. 이는 특히 현지 시장의 성장성, 수익성이 충분한 경우에 활발하게 진행된다.

또한, 교역상대국의 수입 장벽이 강화되어 현지 생산, 현지판매를 위한 직접투자로 전환하는 수출 대체형 투자도 시장지향형 투자이며, 제3국을 향한 유형의 투자, 특정 시장을 침투와 장악 및 유지하기 위한 목적까지도 포함한다. 그러나 직접투자가 정당화될 수 있을 만큼 시장규모가 큰 특정 시장 국 또는 지역시장에 대해서만 시장지향형 투자가 가능하다.

2) 천연자원지향형 투자(Natural Resource-Oriented Investment)

천연자원지향형 투자는 자원개발을 위한 목적으로 본사 및 해외 자회사의 제조 활동에 필요한 원자재를 저렴하고 안정적으로 공급하기 위해, 또는 본국의 다른 기업에 판매하거나 제3국에 판매하기 위하여 투자하는 경우이다. 천연자원지향형 투자는 장기적이며 대규모의 자본이 필요하기에 신규참여가 억제되고 있다. 따라서 자원개발을 위한 투자에 그치지 않고 전 세계시장을 목표로 개발, 가공, 마케팅 등의 활동을 수직적으로 통합하는데 목적을 두고 있는 경우가 많다.

3) 노동 지향형 투자(Labor-Oriented Investment)

생산요소 가운데 노동력은 국제적 이동에 많은 제한을 받는다. 생산요소 중 노동력은 국제적 이동에 제약이 있기에 국내에서 노동력이 부족하여 임금이 상대적으로 높은 경우에 노동력이 풍부하고 임금이 저렴한 국가로 직접투자를 하게 되는데 이때를 가리켜 노동 지향형 투자라고 한다. 특히, 이러한 노동 지향형 직접투자는 노동집약적 산업을 노동이 풍부한 국가로 이전함으로써 비교우위를 강화하여 국제 분업을 재편성하게 된다. 그러한 전략으로는 기술적으로 표준화된 제품은 생산 공정 전체를 해외를 이전하고, 그 외의 경우에는 노동집약적 생산 공정만을 노동력이 풍부한 해외로 이전하게 된다.

4) 무역 지향형 투자(Trade-oriented Investment)

국내시장이 협소하지만, 저렴하고 숙련된 노동력, 비교적 풍부한 공업단지, 외국인 투자에 대한 인센티브 제공 등 수출용 제품을 해외의 저가 생산기지로서 적합한 국가가 이에 해당한다. 현지국의 국내시장을 목표로 하는 시장지향형 투자와 대비되는 형태의 투자이다. 무역 지향형 투자는 해외 현지국의 비교우위 요인과 결합하여 비교우위를 획득하고, 생산된 제품을 투자 본국 및 제3국으로 수출하는 것을 목표로 하는 투자형태가 바로 무역 지향형 투자 또는 수출지향형 투자라 할 수 있다.

5) 기술지향형 투자(Technology-Oriented Investment)

기술지향형 투자는 고도의 첨단기술이나 경영기법을 습득하기 위한 투자로서 기술이 발달한 선진국에 자회사를 설립 및 기존 첨단기술의 기업을 인수하게 된다. 기술에 대한 경쟁이 격화되고 기술상의 우위를 확보하지 못한 경우 세계시장에서 생존에 대한 위협을 받기 때문에 기술을 습득을 위한 방안으로 투자하게 된다. 투자형태는 현지에 연구소, 생산시설을 설립, 기존의 신기술을 보유한 기업을 인수 등으로 이루어지게 되는데 최근 미국 실리콘밸리(Silicon Valley)에 한국기업을 비롯한 각국의 기업이 진출하는 경우가 좋은 예이다.

6) 글로벌 네트워크형 투자(Global Network-Oriented Investment)

세계시장이 글로벌화로 현지 정부가 외국계 기업에 대한 통제력을 강화함에 따라 다국적 기업의 계열기업 간 협력관계 구축이 필요하다. 다국적 기업의 네트워크를 구축하기 위한 합작 투자나 콘소시엄(정부나 공공기관이 추진하는 대규모 사업에 여러 개의 업체가 한 회사의 형태로 참여하는 경우) 또는 전략적 제휴 등이 이용되고 있다.

전략적 제휴는 지분참여 하는 경우 직접투자를 하지 않고서도 글로벌 네트워크 효과를 달성할 수 있다는 장점이 있다. 특히 최근 기술개발 속도가 빠르고 기술개발에 따른 비용이 크기 때문에 이러한 전략적 제휴를 통해 위험을 감소시킬 수 있다.

3. 산업조직론적 관점에 따른 유형

1) 수평적 통합형 투자(Horizontal Integration Investment)

수평적 통합형태의 해외직접투자는 투자 모기업과 같은 제품을 해외 현지에서 생산, 현지판매를 위하여 투자하는 형태이다. 자사가 보유하고 있는 전문적인 기술이나 노하우 등을 최대한 활용하기 위한 투자의 형태라고 볼 수 있다. 수평적 통합형태의 투자는 현지국의 경제적 효율성 개선 효과가 있으나 반면, 독점적 시장 지배의 경우 반사회적 요인이 될 수 있다.

2) 수직적 통합형 투자(Vertically Integration Investment)

수직적 통합형태 투자는 현지에서의 자원 개발과 원자재를 확보 및 중간재 생산을 위한 후방통합 형태의 투자와 모기업의 제조품을 해외 현지에서 판매하기 위하여 진출하는 경우의 전방통합 형태의 투자를 말한다. 수직적 통합형태의 투자목적은 규모 경제의 이익과 국제적 분업에 따른 이익을 향유하기 위함이다.

3) 다각형 통합형 투자(Conglomerate Integration Investment)

다각적 통합형태 투자요인은 기업 내부에 축적된 경영자원을 통한 광범위한 사업영역을 찾는 경우와 경영 분야의 확장 또는 새로운 분야에 투입하는 경우 그리고 대규모 자금과 새로운 경영자원을 투입하여 기존의 경영조직을 지배하는 경우이다.

특히 다각적 통합형태의 투자는 수익성을 다양화하고 위험을 분산시키기 위해 활용되고 있는데, 기업의 지리적인 다각화, 사업의 다각화를 꾀할 때 수익을 극대화할 수 있다.

4. 소요형태에 의한 유형

1) 단독투자

단독투자는 제품, 기술 등에 대하여 모기업의 강력한 통제가 필요할 때 행하는 투자형태로써 일반적으로 자회사 의결권 주식의 95% 이상을 모기업이 소유하는 형태이며, 완전소유가 거의 불가능하므로 95% 이상의 소유권으로 경영통제권을 행사하는 경우 단독투자로 볼 수 있다. 단독투자는 기업이 독점적 우위를 확보하였거나 제품생산과정에서 모기업이 자회사에 원자재를 공급한다든지 또는 그 반대의 경우에 주로 활용된다. 단독투자는 해외 현지에 새로운 기업을 설립하여 진출하는 신설투자에 의한 방법과 기존기업의 주식을 95% 이상 인수하는 M&A에 의한 방법이 있다. 그러나 현지 파트너의 능력이나 성실성이 부족할 경우, 현지 파트너의 주식이 제3 자에게 양도될 가능성이 있는 경우, 현지 파트너와 모 기업 간 이해관계 대립 등이며, 현지국에서 단독투자를 선호하는 경우는 개도국이 자국의 전략산업을 육성할 때, 구조전환이 필요한 때이다.

2) 합작 투자

합작 투자는 2개국 또는 그 이상의 국가에 소속된 기업체, 개인, 정부 기관, 또는 정부 소유 기업이 현지에 합작 법인을 설립하여, 참여하는 방식으로 전체 참여자가 공동으로 소유권을 갖는 것이다. 공동 소유대상은 주식자본, 채무, 무형고정자산, 경영 노하우, 기술 노하우, 유형고정자산(기계, 설비, 토지) 등으로 다양하다. 합작 투자의 유형은 투자자본의 유무, 파트너의 대상, 그리고 소유권의 정도에 따라 다르다.

첫째, 계약형 합작 투자는 사유재산을 인정하지 않는 사회주의 국가의 경우에 있어 투자기업이 현지국 정부 또는 현지 출자자에게 자본, 장비, 소유권, 기술지원 및 노하우를 제공하고 그 대가로 로열티를 받는 경우이다.

둘째, 소유형 합작 투자는 합작 투자의 형태로서 둘 또는 그 이상의 출자자가 기존기업의 자본참여와 각 출자자가 자본의 일정 비율을 출자하여 새로운 기업을 설립하는 경우 등이다.

셋째, 제3국 기업과의 합작 투자형태로 투자기업이 투자대상국 즉, 현지국 이외의 외국기업과 결합함으로써 합작형태를 취하는 경우이다. 이는 대규모 프로젝트나 국가위험이 큰 나라에 투자할 때 위험을 분산시키기 위하여 2개국 또는 그 이상의 국가 자본이 참여하는 복수 소유형태를 취하는 경우이다.

넷째, 투자대상국 기업과의 합작 투자로 투자기업이 현지국의 기업체와 합작 투자의 형태를 취한다. 합작 투자의 대부분이 이러한 형태이며, 특히 생산시설, 유통구조, 노동력, 경영층 및 대정부 관계 등에서 유형무형의 이익을 얻을 수 있고, 투자위험과 투자대상국의 파트너에 대한 불확실성을 감소시킬 수 있다.

다섯째, 투자대상국 정부 기관과의 합작 투자로는 투자기업이 현지 정부 또는 정부 소유의 기업과 합작 투자의 형태를 취하는 경우이다. 이러한 합작 투자는 투자대상국 정부가 경제성장을 위하여 또는 전략적 산업을 육성하기 위한 정책적 목적으로 합작 투자에 참여할 때 형성된다.

5. 한국기업의 해외직접투자 전략

1) 한국기업의 해외직접투자 배경

기업의 글로벌 활동 중 가장 중요한 것은 수출 즉, 무역의 주된 활동과 해외직접투자이다. 해외직접투자의 발전모델은 수출과 해외에 직접투자를 함으로써 다국적 기업이 된다. 현재 우리나라의 중소기업들이 여기에 해당하지만, 글로벌 기업은 거의 대기업이 차지하고 있다. 흔히 글로벌 기업을 로컬기업이라고도 하며, 어떤 기업이 수출을 통해 해외직접투자가 시작될 때 다국적 기업으로 나가게 되는 것이 일반적이다.

1987년~1990년대에 다국적 기업이 성행하였고, 한국은 1987년 장기집권에 반대하여 발생한 구마사태로 인하여 노동자들의 임금이 기존의 배 이상으로 상승하여 국내의 기업들이 임금의 강한 압박을 견디다 못해 노동력이 싸고 부존자원이 풍부한 원료공급지향형의 방향으로 외국에 직접투자를 시작하게 되었으며, 다음과 같은 이유다.

첫째, 왜 해외로 투자를 하려하는가?(Why invest abroad?) 국내에 투자하지 않고 왜 해외로 나가려고 하는가? 해외로 가면 사실 경비(외국경비)가 더 많이 들게 된다. 그러나 독점적 우위를 확보할 수 있다는 이점을 안고 위험 부담을 감수더라도 해외로 진출하게 되는 것이며, 이러한 이유는 자본이나 기술 등 산업조직론적 접근이 되는 셈이다.

둘째, 친숙한 환경에서의 우위 요소가 있음에도 왜 해외로 투자해야 하는가?(How invest abroad?) 입지이론에 있어 절충이론에 충족하지 못한다. 그렇다면 왜 하필 해외투자를 하려고 하는가? 그 이유는 현재까지 일반화된 이론은 없는 실정이며, 계속 연구 중이다. 그러나 해외직접투자이론은 다국적 기업의 발생이론으로 보아도 무난하다. 무역의 이론은 국가와 국가 간에 일어나는 교역에서 출발하는 것이다.

▌그림 12-1▐ 세계 경제성장률

(단위: %)

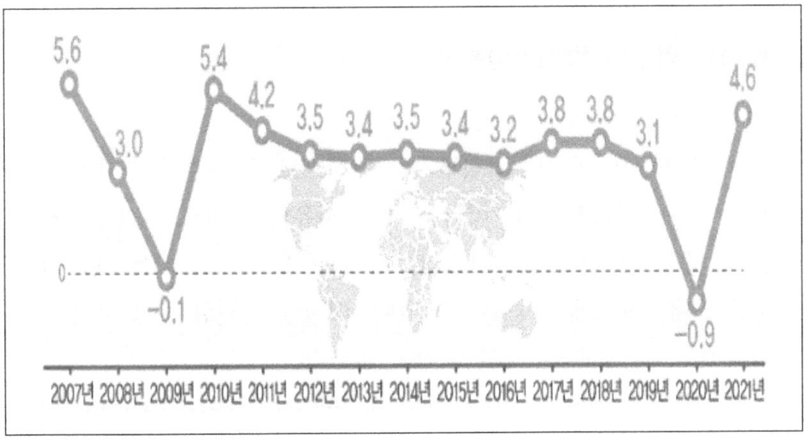

자료: 국제금융센터 자료(전년대비 2020년, 2021년은 9개 투자은행(IB)의 전망치 평균.

2) 한국기업의 해외직접 투자의 동기

한국기업의 해외직접투자 동기는 1968년 12월 31일 외국환관리규정에 의거 대외 투자규정이 신설되면서부터이다. 1970년대 석유파동으로 인하여 자원의 중요성을 인식한 후, 해외로부터 원재료 확보를 위하여 해외투자를 선별적으로 허용하기 시작하였다. 1980년대의 국제수지 흑자와 국내생산요소를 포함한 비용 상승으로 인하여 해외투자를 선호하게 되었고, 1995년 10월 해외투자 자유화 및 건실화 방안을 통하여 더욱 현실화 및 자유화된 셈이다.

시장지향형 투자는 인도와 중국의 거대한 인구를 대상으로 투자에 활기를 찾게 된다. 중국 13억 인구, 인도의 10억 인구는 시장개척의 대상이 되는 셈이다. 한국기업의 해외직접투자 시초는 1968년 주식회사 한국 남방개발이 인도네시아의 산림 개발사업에 참가하였다. 1973년 주식회사 미원(대상)이 인도네시아 천연자원지향형 혹은 시장지향형 투자의 형식으로 조미료의 원료인 사탕수수를 통해 현지에서 생산하고자 하였다. 1971년 삼성의 제일제당이 미원에 뛰어들었을 때 1971년 이후 위기를 모면하기 위해 원료인 사탕수수와 풍부한 노동력을 바탕으로 많은 인구를 대상으로 하여 시장을 확보하게 되었다.

하지만 일본의 아지나모도가 이미 존재하고 있었고, 대만의 사사라는 기업도 이미 진출하여 있었다. 특히 이들 가운데 10% 정도가 인도네시아에 정착한 중국인들이었기 때문에 자리를 굳힌다는 것은 쉬운 일이 아니었다. 이 가운데서 (주)대상은 해외직접투자를 함으로써 시장을 확보하여 좋은 결과를 얻었다. 그리고 금성사(LG)는 1980년대에 IC 사업이 있었는데(청주 하이닉스 공장), 이를 현대가 인수하여 하이닉스로 만들었고, 후에 LG는 가전 쪽으로 삼성은 반도체 쪽으로 나가게 되었다.

3) 한국의 해외투자 현황

(1) 제2차 대전 이후의 해외직접투자

① 제2차 대전 이후~1950년대

제2차 대전 직후 미국의 대유럽 직접투자를 중심으로 투자 분야는 제조, 자원개발, 무역상사 등의 분야에서 진행되었다. 미국은 주로 서유럽 중심으로 전개하였고, 그 외에 캐나다, 중남미, 중동 등 지역으로 나갔다. 미국 전체투자의 2/3는 제조업, 무역상사, 해외 현지 시장의 내수산업에 집중투자 되었다. 미국을 제외한 주요 국가들은 전쟁피해로 경제가 심각했고, 해외직접투자의 여력이 없었다.

1950년대 후반에 전후 경제재건에 성공한 서유럽 기업들이 1960년대 초반부터 해외직접투자에 나서게 되었다. 한국의 해외투자는 1959년 미국의 뉴욕에 대한중석과업(주)이 임대업을 목적으로 부동산을 취득한 것이 시초이다. 하지만 임대업이 아닌 부동산 투기목적이라는 엇갈리는 반응도 있지만 (주)한국남방개발이 자원개발을 목적으로 1968년 인도네시아에 300만 달러를 투자한 것이 시초라고 보고 있다.

② 1960년 ~ 1970년대

1960년대 전 세계 해외직접투자는 무역의 증가율(연평균 5% 증가)보다 해외직접투자의 증가율(연평균 15% 증가)이 높은 시기였다. 미국 기업의 서유럽, 캐나다, 중남미, 중동, 일본 등에 대한 해외직접투자가 증대되었고, 영국, 캐나다, 서독, 네덜란드, 프랑스 일본 등도 미국에 대한 직접투자를 증가하기 시작하였다. 즉, 1960년대에는 선진국 간 상호투자가 시작된 시기이며, 1966년을 기점으로 연간 미국에 대한 외국의 직접투자가 미국의 해외직접투자를 추월하였다.

투자부문에서는 대 개도국의 자원개발 분야에 대한 투자가 위축되었고, 1차 산품과 식료품 분야에 대한 신규투자는 증대되었고, 화학, 전자 자동차 등 내구성 소비재부문은 현지에서의 판매 경쟁 격화 및 무역장벽 회피를 위하여 수출에서 해외직접투자 전략으로 나왔다. 우리나라는 1959년도를 시작으로 해외투자를 시작하여, 1970년대에 비로소 해외투자에 관한 발전하였으나 오히려 증가세가 둔화되었다. 이때 전 세계 해외직접투자에서 미국의 해외직접투자 비중은 줄어든 반면 서독과 일본의 해외직접투자가 상대적으로 증가 되었다. 해외투자는 1968년~1979년 도입 및 기반조성단계로 남방개발을 위하여 인도네시아에 진출한 이후부터 해외투자에 관한 관심을 보이기 시작하였다. 1969년 외국환관리규정을 신설하여 1974년까지 국제수지의 적자로 인한 해외자원개발, 수출촉진 등은 소극적인 정책으로 일관할 수밖에 없었다.

1975년 이후 제도적 장치를 마련하여 4월에 해외직접투자 허가 및 사후관리 요령이 제정, 1978년 11월 해외투자 허가업무 취급세칙을 통하여 조성단계에 들어서게 되었다. 주요 투자내용으로는 임업, 제조업, 무역업 중심으로 개발자금은 수출입은행을 통하였고, 해외투자 관련의 승인제도의 업무는 한국은행이 주로 담당하였다.

③ 1980년 ~ 1990년대

1970년대에 세계 경제 침체는 1980년대 들어와서 회복하였고, 해외직접투자도 큰 증가세를 보였다. 1980년대 해외직접투자의 특징으로는 해외직접투자의 3 극화 현상, 즉, 미국 EC, 일본이 해외직접투자의 주요국으로 등장하였으며, 개도국 중 일부 공업화를 달성하거나 신흥공업국들을 중심으로 해외직접투자를 시도하였다. 투자부문에 있어서 비제조업분야 즉, 금융 관련 서비스 분야, 무역 관련 서비스 분야, 부동산 관련 분야의 투자가 증가하였다.

제품시장 규모의 둔화 및 신설 창업 투자의 고비용 등으로 인하여 대 선진국 투자는 기업을 인수하는 M&A 형태의 직접투자가 증가하기 시작하였다. 특히 1980년대 후반 일본기업들은 대미 직접투자에서 M&A 형태를 통한 진출이 두드러졌다. 1980년~1985년도의 우리나라의 해외투자는 투자 장려정책을 통해 변화를 가져왔다.

해외투자의 제도를 간소화하고 석유, 유연탄 등의 자원개발투자와 해외시장 개척 및 시장 확대를 위한 투자를 늘리기 위하여 사전승인제도를 폐지하고 심의위원회가 설치되었다. 1990년부터 선진국들의 해외직접투자 규모는 급속히 감소하여 1995년까지 저조한 실적을 나타내었다.

하지만 1995년 이후부터 2000년까지는 주로 미국과 서유럽국가들의 해외 직접 투자가 급등하였다. 서유럽과 일본은 미국으로, 유럽 국가들은 영국으로, 아시아 국가들은 중국으로 투자가 활발하였다. 특히 1997년에 시작된 동아시아의 외환위기로 인한 IMF 구제 금융으로 미국과 EU 및 개도국들로 향한 것은 중남미를 제외하고 전반적으로 감소하였다.

④ 2000년대 이후

2000년대 이후 급증하기 시작한 해외투자는 현재 국제생산시설을 통한 운영의 다국적 기업이 성행하여 60,000개를 넘어섰고, 자회사 수는 500,000개를 넘어서고 있다. 투자 분야는 1995년 WTO의 발족으로 서비스 분야의 시장개방이 확대되어 서비스 분야의 직접투자는 전체 직접투자의 50%를 상회하고 있다. 한국은 1986년부터 1991년까지 활발한 해외투자 촉진정책을 펴나갔다. 이 시기에 임금의 2배 이상의 급격한 상승과 무역에서의 통상마찰 증가 국제수지 흑자전환 등으로 수출경쟁력이 약화된 부분을 고려하여 경쟁력 제고를 위한 시설 이전 투자를 통한 해외투자를 활성화하였다.

해외투자의 허가제를 신고제로 변경하였고, 신고 대상 업종도 확대해 나갔다. 투자의 규모를 500만 달러 이상으로 완화하였으며, 해외투자에 대한 자격요건을 완화하여 자율규제 기준을 마련하였다. 1992년부터 1996년까지 투자 자유화의 제도적 장치를 마련하였다.

국제수지의 적자와 해외투자로 인한 산업 공동화의 우려로 부분적인 재정비체제에 들어갔다. 1996년 6월 해외직접투자 자동허가제를 도입하여 자유화 분위기에서 해외투자를 하게 되었다. 이후 OECD 가입과 함께 해외투자 관련의 업무는 기업의 자율적인 권한과 책임 강화를 목적으로 민간 부분에 대폭 이관하여 시행하게 되었다.

세계화를 통한 한국의 해외직접투자는 도입 및 조성단계(1968~1979년)와 투자 장려단계(1980~1985년), 활성화 초기 단계(1986년~1991년), 투자 자유화 단계(1992년~1996년), 민간주도 단계(1997년 이후)로 구분한다.

주요특징 및 향후 대책으로 2008년 하반기에 시작된 세계 경제침체의 영향으로 2009년도 해외직접투자가 전년 대비 감소(17.2%), 전 세계 해외직접투자 감소세(전망)보다는 상대적으로 감소율이 적은 수준이다. 장기적으로 에너지, 광물 등 전략자원에 대한 투자를 확대할 수 있도록 자원개발 펀드 조성 등을 통한 자원과 함께 자원 부국의 FTA를 추진해야 할 것이다. 해외시장 확보는 유통업 및 서비스업의 진출 확대와 함께 녹색기술 등 선진국에 취약한 분야에 대한 기업의 투자를 확대할 필요가 있다.

4) 해외직접투자가 투자국에 미치는 영향

(1) 해외직접투자국과 투자국에 미치는 영향(FDI)

해외직접투자가 투자국에 미치는 영향은 해외에 진출한 기업성과를 통하여 자국의 경제발전과 무한경쟁 시장에서의 경쟁력 확보 및 시장개척 등의 효과를 얻을 수 있다. 특히 기업이 새로운 시장에 진출함으로써 저렴한 생산요소 획득함과 동시에 수평, 수직적인 통합을 통한 규모의 경제효과를 얻을 수 있으며 천연자원의 전략적인 접근이 가능하게 된다. 따라서 해외직접투자를 함으로써 투자자산의 증대와 효과적인 기업목표를 달성하여 새로운 시장의 기회를 받을 수 있을 뿐만 아니라 신기술 습득의 기회를 얻을 수 있다.

(2) 해외직접투자가 투자유치국에 미치는 영향(IFDI)

외국인에 의한 투자는 해외투자로 외국으로부터 유입되는 것으로서 투자유치국이 얻을 수 있는 효과는 다양하다. 무엇보다 선진기술 이전과 국내기업과의 연계성 있는 발전효과, 수출증대, 고용 창출, 자국 산업의 발전 등을 꾀할 수 있다는 장점이 있다. 해외직접투자가 투자유치국에 미치는 영향으로는 투자유입으로 인한 국내의 금융시장의 활성화와 국내기업의 경쟁력 약화로 인한 시장 퇴출, 해외기업에 대한 의존성 증대와 자국 산업의 쇠퇴 등의 악영향을 받을 수 있다.

투자유치국 정부는 해외직접투자를 통하여 발생하는 여러 가지 긍정적 효과를 최대한으로 활용하여 자국의 산업을 발전시켜 나감과 동시에 관련의 부작용과 부정적인 요인을 제거하기 위한 다각도의 노력이 절실히 필요하다.

5) 한국기업의 현지화 과제

한국기업의 해외직접투자 현지화 과제는 본국 중심에서 벗어나야 한다. 즉, 현지화를 지연시키고 있는 것 가운데 하나가 한국적 사고방식이나 경영관리시스템의 고집 등으로 인하여 현지에서의 반발이 심하게 일어나고 있다는 점이다. 연구개발과 아이템 등에 있어서는 한국형을 고집할 수도 있겠으나 세계화의 영향으로 이제는 지역 중심의 개념까지 통합된 추세에 따라 어느 한 지역에서의 성공적 진출은 그 나라의 세계화에 맞는 현지 중심으로 변화되어야 한다. 따라서 현지에 맞는 제품개발, 디자인, 마케팅을 통한 경영활동을 독자적으로 수행하고 있는 체제와 관리적 차원의 조직을 새롭게 정비해 나가야 할 것이다.

공격적 진출로 글로벌 기회를 선점해야 한다. 글로벌 우위 전략을 위해서라도 국제적인 경영과 M&A 등을 통한 다국적 기업을 추진하고 글로벌 경쟁에서의 우위를 확보하는 한편, 현지화의 추진으로 인하여 성공적인 추진과 현지화 기업, 현지 사회와 함께 상생할 수 있는 체제가 필요하다.

Part 04

글로벌 무역 상무의 실제

Chapter 13 무역의 발전과 무역 상무 및 시장조사

제1절 글로벌 무역의 변화와 상무의 기초

1. 글로벌 무역의 거래개념

무역이란 국가와 국가 간의 상거래 행위를 말하며, 국내의 상거래인 유통의 개념이 아니라 그 보다 광의의 개념인 International Trade라고 말한다. 협의의 개념은 상품과 재화의 수출입을 말하며, 재화와 용역의 수출입을 의미하는 개념이 포함된 것으로 본다. 대외무역법 제2조는 "무역은 무역거래자에 의한 물품과 대통령령이 정하는 용역 또는 전자적 형태의 무체물 수출과 수입을 의미한다."라고 명시하고 있다.

또한 세계무역(World Trade)은 일정한 지역의 국제무역이 활성화되어 전 세계로 확산된 개념을 말한다. 덧붙여서 외국무역(Foreign Trade)과 대외무역은 주관적 관점에서의 자국과 타국과의 무역 거래에서 자국 중심으로 본 개념이다.

글로벌 무역에 관한 무역 상무의 기초적인 내용은 무역의 시작을 위한 준비과정에서부터 무역을 시행함으로써 시작되는 각종의 관련 사항들, 또한 무역 시행 중에 해야 할 해당의 서류들, 그리고 한 건의 무역 계약이 끝나고 관세를 환급받기까지의 무역을 마무리하려면 여러 가지의 사류와 행정절차 등의 관계를 거치게 된다.

특히 글로벌 무역에서 가장 중요한 것 중의 하나가 물품 대금을 돌려받거나 주문한 물품이 계약서에 명시된 정확한 시기에 잘 도착하느냐 하는 것 등을 하나의 프로그램이나 해당의 전문적인 시스템을 통하여 관리 및 정책적 관계로 통제하고 보호, 육성하고 있다. 따라서 이러한 무역의 각종 절차와 행정적 사항들을 사전에 잘 준비하고 처리해야 한다. 또한, 해당의 서식들이나 무역의 진행에 따른 추가적인 법규 및 일련의 진행절차 등 까다롭고 복잡한 정치, 경제, 사회, 문화적인 차원의 내용도 이해하고 사전에 잘 대처할 수 있도록 준비해야 한다.

특히 글로벌 무역을 시작할 때, 최근의 동향과 무역 관련의 각종 이슈를 이해하지 못한다면 거래 관계는 원활하게 행하고 있을지 모르나 대금결제에 매우 위험한 상황에 직면할 수도 있다. 수출입의 관계에서 적절한 해결책을 갖추지 못한다면, 좋은 거래 관계를 통하여 많은 이윤을 창출하였다고 하나 이를 관리하지 못한 탓에 무역의 제반 활동이 좋지 못한 개인적인 결과를 가져올 수 있고, 또한 그 개인이 속한 국가는 무역으로 인하여 국민의 경제와 소비생활 및 산업의 전반에 걸친 피해를 줄 수도 있다는 점이다.

2. 글로벌 무역의 성격

무역의 성격은 국가 간의 상거래이기 때문에 무역과 관련된 모든 나라가 서로 관계성을 가지고 있다는 점이다. 즉, 무역을 통한 상호의존적인 관계성을 갖는다. 우리나라의 경우만 하더라도 대외무역의존도가 높다는 의미를 짐작할 수 있다. 하지만 무역을 통한 국제간의 거래에는 보이지 않는 위험이 존재하고 있으며, 다양한 문제점들을 대동하고 있다. 무역으로 인한 수출과 수입의 관계에서 수출대금의 회수와 수입 물품의 적시 인수 및 관련 물품의 소화 등은 중요한 문제의 하나이다.

무역 관련 운송과 보험, 금융의 기능들도 동시에 발전을 거듭하고 있다. 최근에는 무역의 발달과 통신기술의 발달로 전자무역과 문서 없는 웹사이트상의 거래는 모든 세계가 하나라는 개념을 더욱 절실하게 느끼게 해 준다. 국민 생활과 관련된 사항을 중점으로 평가하여 이를 사전에 관리 및 보호하는 차원에서의 관리이며, 특히 최근에는 실시간에 무역에 관한 총체적 사항들을 관련의 연계시설과 해당의 수출입업자 및 이익 관련자들에게 다양한 방법으로 정보를 제공하거나 유입할 수 있어 수출입은 날로 활성화되어 가고 있다.

3. 글로벌시장조사의 개념

1) 세계화로 인한 시장의 변화

세계화의 영향으로 전 세계가 하나의 국가개념으로 나타나고 있다. 이러한 글로벌 시장은 무한경쟁으로 인하여 시장의 기능과 구조가 완전 자유시장의 형태를 갖추게 되었다. 세계화의 영향은 국경 없는 무한경쟁의 시대로 말미암아 시장의 세계화가 실현되었다. 그리고 시장의 세계화는 무한경쟁의 배경하에 전 세계가 하나의 거대한 시장을 형성하게 되었다는 의미이다.

글로벌 시장의 형성과 발전은 갈수록 증가하는 비용부문을 줄이기 위하여 글로벌 경쟁의 주요 요인을 경쟁기업의 경쟁에서 우위 확보를 위한 동반체제를 강화하고 있어 이를 규제하기 위한 새로운 무역의 통상이 생겨나고 있다.

2) 글로벌 시장의 환경변화

글로벌 시장은 세계 경제의 다양한 변화를 통한 시장개척은 날로 위험하고 복잡한 체계를 지니고 있다. 세계무역기구인 WTO의 출범으로 시장의 자유화, 정보화, 개방화, 세계화로 거대한 시장개념이 등장, 지역주의의 경향으로 무역을 위한 글로벌 시장이 매우 복잡하게 무한경쟁에 처하게 되었다.

해외시장 개척을 통한 자국의 산업 발전과 이윤추구를 위해 해외직접투자 방식을 통해 직접적인 해외시장에 진출하려 하여 해외시장의 증가추세를 보이며, 상호의존성과 지역적 성격이 강하게 나타났다. 그리고 지역 경제블록의 증대는 글로벌 경제의 통합을 불러일으키게 되었다.

4. 글로벌 시장의 생성과 발전

1) 글로벌화 시장

글로벌이란 말은 2000년대부터 시작하면서 등장하게 된 용어이다. 글로벌화란? 세계화의 영향으로 전 세계가 하나의 개념 즉, 하나의 시장이란 개념으로 등장하였다. 시장의 글로벌화 개념은 무한경쟁의 시대로 접어들면서 모든 시장에서의 공격적인 낮은 가격으로 세계화의 영향인 표준화, 통합화에 힘입어 다양한 고객을 내국민과 같은 입장에서의 경제거래를 가능하게 만들었다. 첨단기술과 정보통신의 발달로 정보교류가 가능하게 됨에 따라 세계화의 작용은 글로벌 시장을 하나의 국내시장의 개념으로 만들었다. 즉, 하나의 상용화된 기술들을 습득할 수 있게 된 것이다. 세계마케팅 즉, 국제마케팅의 개념을 강화한 글로벌마케팅의 새로운 시장개척과 확보가 필요하게 되었다.

2) 글로벌시장조사의 의의와 개념

시장조사란 기업의 과거와 현재의 상태를 조사하고 분석하여 미래지향적인 또 다른 기업의 형태로 나가기 위한 대책 마련이다. 시장조사는 기업 활동을 시장 환경에 적용하여 기업의 성장과 발전에 필요한 자료와 정보를 입수하기 위한 제반의 활동이며, 일련의 과정을 시장조사라 한다.

따라서 해외시장조사는 기업이 해외시장에 대한 자료와 정보를 입수하기 위하여 실시하는 것이다. 관련의 목표시장, 경쟁사, 기업환경 등에 대한 조사와 분석이며, 전략적 의사결정에 도움을 얻고자 하는 구매 가능성의 조사이다. 수출기업은 해외시장의 조사는 거래선을 대상으로 가장 합리적인 유통비용을 줄이고 보다 많은 물품을 수출할 것인가를 과학적인 자료와 방법에 의거 조사한다.

제 2 절 글로벌 무역의 발전과 전자무역

1. 무역의 발전과 전자무역(Electronic Trade)

1) 전자무역의 태동과 의의

(1) 전자무역의 시작과 배경

세계화의 영향으로 전자무역은 전자상거래의 발전과정에서 탄생하게 되었다. 1970년대 초반 사설 통신망을 통한 전자자금 이제(EFT: Electronic Funds Transfer)의 도입으로 시작되었다. 1980년대 이후 전자자료 교환, 전자우편의 기술발달로 자동화 시스템의 도입으로 비즈니스의 효율화, 무역서류와 처리시간 단축, 비용 절감 등의 실시간 거래가 가능하게 되었다. 즉, 전자문서교환방식(EDI)으로 전환되어 사이버공간의 온라인 서비스가 강화되어 전자무역 즉, 인터넷무역이 성행하게 된 것이다.

▌표 13-1▐ 무역 거래의 전자적 처리방식 변화

년대	처리방식/수단	내 용
1960년대 무역거래 표준화	- E-Marketplace - Trade Portal Site	- 신용장 통일규칙(UCP-500) -정형거래조건해석규칙 (INCOTERMS)
1970년~1980년 무역절차 간소화	- E-C/O - E-L/C * 전자민원시스템	- 국가별 무역절차 간소화 - 국제연합 유럽 경제위원회(WP4) - CEFAST의 활동
1980년~1990년 무역 자동화	- E-Logistframe, MFCS - E-L/G, E-B/L	- UN/ECIFACT의 EDI국제표준 - TEDIS(전자문서교환시스템) * 한국(KTENT), 미국(ITDS) 등
2000년 이후 무역 전자화	- 관세청 및 KTNET * 전자통관절차 시스템화	- E-Trade System - E-EDI, 볼레로, Trade Card

1990년 초 인터넷 월드와이드웹(World Wide Web)의 출현으로 정보공시, 정보배포, 등이 가능하게 됨으로써 전자상거래에 전환점을 맞이하게 되었다. 전자상거래는 월드와이드웹을 통한 저렴한 방법으로 규모의 경제를 실현하고 다양한 거래 활동을 통하여 범위의 경제를 실현할 수 있게 되었다.

1980년대부터 UN/EDIFACT 도입으로 전자문서 표준화에 따라 한국무역정보통신(KTNET)을 출범, VAN/EDI 망을 구축하고 무역자동화서비스를 확장해 왔다. 이후 1990년대 중반부터는 인터넷 기술의 발전을 통해 무역 계약체결 전의 거래알선, 인터넷 마케팅 등 무역의 대금결제처리까지 전자정보통신기술에 의하여 손쉽게 처리할 수 있게 되었다. 따라서 e-비즈니스라는 개념의 등장으로 기업 내부정보시스템과 외부정보시스템을 연동하여 업무의 편의성을 높이고, 기업 경쟁력의 전자무역(e-Trade)을 탄생시켰으며, 저렴하고 손쉬운 확장이 가능한 XML 기반의 개방형 EDI로 전환하였다.

(2) 전자무역의 개념 및 정의

통신기술과 인터넷의 발달로 가상공간의 통신망을 통해 정보교환이 가능하게 되었다. 가상공간에서 거래 관계를 전자상거래 또는 전자무역이라고 한다. 1989년 미국의 국립 로렌스 리버모어 연구소에서 미 국방성 프로젝트의 수행과정에서 생성되었다. E-Business는 IT의 디지털 환경하에서 전자적인 커뮤니케이션 및 E-Commerce를 통한 비즈니스이며, E-Business에는 직접 판매와 서비스 지원, 브랜드, 고객 등의 관리를 포함하는 B2B, B2C, B2G, C2C 등의 전자거래형태를 총괄하는 개념이다.

❙ 표 13-2 ❙ 전자무역의 정의

구 분		정의
1997년	OECD	개인, 기업이 텍스트나 음성, 화상 등을 통한 디지털화된 데이터를 처리, 전송하는 상업적 활동 및 관련의 거래형태
	유럽연합	텍스트, 음성, 화상 등을 포함한 데이터의 전자적인 처리, 전송을 기반으로 기업의 업무를 전자적으로 처리하는 방식
1998년	WTO	전자적 수단에 의한 상품 및 서비스의 생산, 유통, 마케팅의 매매, 교환 활동
1999년	미상무부	인터넷, 웹사이트를 기반으로 한 시스템에서 거래 방식
2000년	공정거래 위원회	재화, 용역의 거래에 있어 일부 또는 전부를 컴퓨터 등에 의한 정보처리능력을 가진 장치에 의한 전자적 형태의 송, 수신 및 저장의 전자적 거래형태
2001년	통계청	컴퓨터와 네트워크라는 전자적인 매체를 통해 상품 및 서비스의 거래가 이루어지는 방식
2005년	전자거래 기본법	정보처리시스템에 의한 전자적 형태로 작성되어 송수신 및 저장된 정보

2) 전자무역의 특징 및 발전전망

전자무역은 전자, 정보통신 기술의 발달로 인하여 기존의 무역 관련의 사무를 자동화에 의한 무역 자동화를 실현하였고, 사무자동화의 경향으로 점차 인터넷을 통한 전자상거래의 개념이 확산되어 글로벌전자무역으로 발전할 수 있는 계기를 마련한 셈이다. 전자적인 사이트를 통하여 고객과의 실시간의 거래가 가능하다는 점이다. 고객과의 정보가 전사적으로 이루어짐으로써 전자 카탈로그, 쇼핑몰, 등 24시간 동시에 개방되어 있다는 점이다.

세계화의 영향은 글로벌기업을 통한 글로벌 무역이 성행할 수 있게 되었으며, 무역의 성향도 달라졌다. 전자무역은 무역 거래에 있어 신속하고 정확하게 거래할 수 있도록 시간적, 경제적 부담을 덜어주고 거래상대방과 모든 소비자에게 관련의 정보를 오픈한다는 점에서 글로벌 전자무역은 보다 무역거래가 활발하게 이루어져 세계적인 물류의 이동이 손쉽게 이루어질 것이다.

▌그림 13-1▐ 전자무역의 프로세스

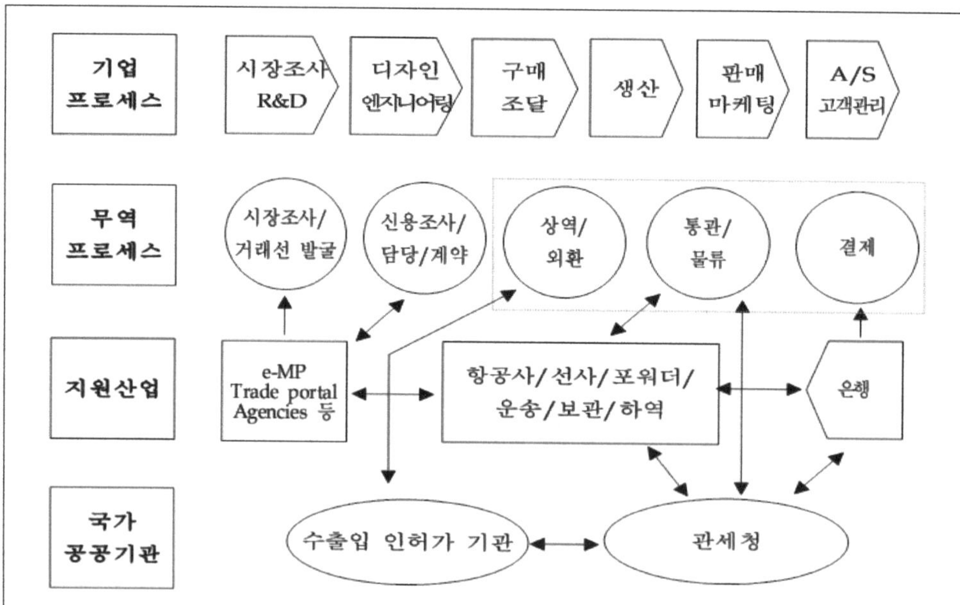

자료: 한국무역협회(홈페이지)

2. 전자무역(Electronic Trade) 시장의 거래

1) 세계화로 표준시장 통합의 특징

세계화의 영향으로 인한 세계시장의 단일화와 표준화를 이룬 것은 과학기술의 발달과 정보통신기술의 발달을 통한 가속화로 전자무역 시대를 열게 되었으며, 또한 전자무역은 전 세계의 시장을 하나로 묶는 단일화, 통합화를 이룬 셈이다. 인터넷의 보급과 국경 없는 글로벌시대의 무역 거래는 전자무역을 통해 국내시장과 동일 개념의 시장으로 효율적이며 활성화된 시장의 모습을 찾아보게 된다.

2) 거래비용 절감과 마케팅 활성화

전자무역을 통한 무역 거래는 전 세계의 모든 상품을 마음대로 사고팔 수 있는 국경 없는 무한경쟁의 시장에서 거래비용을 절감한 효과를 통한 모든 경제적 부담과 손실을 아울러 해결할 수 있다. 그리고 기존의 무역 절차의 까다로운 무역 통관의 제 절차를 생략하고 직접 전자무역을 통한 고객 확보 및 관리를 동시에 추구할 수 있다.

인터넷을 이용하여 마케팅과 관련된 절차와 비용을 간소화하는 한편 고객과의 직접적인 대화를 통하여 원하는 정보를 실시간에 주고받을 수 있어 거래의 투명성 제고에도 한몫을 더하게 된 것이다. 표준화, 적응화 전략으로 세계적 통용의 언어와 문자 및 문화의 차이와 목표시장을 고려하여 시장별, 국별, 상품별로 다양하게 마케팅할 수 있다는 점이다. 그리고 전자거래 알선의 특징과 장점은 시공간적인 제약이 없다. 거래처 발굴이 자유롭고 쌍방향 통신이 가능한 점, 실시간에 정보를 공유, 멀티미디어 정보의 유통 가능, 업무처리 시간 단축, 마케팅비용의 절감 등의 효과를 얻을 수 있다.

4. 전자무역의 활용

1) 마케팅과 경영요인

전자무역의 마케팅 분야의 활용은 전자무역의 필요성에 따른 기업의 업무와 정보 활용 및 능력에 따라 다르게 나타난다. 즉, 글로벌화, 세계화의 영향으로 국제적인 기업 활동을 함으로써, 인터넷은 전 세계의 시장을 하나의 통합된 개념의 시장으로 만들었고, 유통기간이나 관련의 정보 탐색을 하여 커뮤니케이션 활동에 대한 최소한의 장벽을 제거하였다.

새로운 정보기술의 도입으로 혁신적 정보기술을 활용하기 위한 교육과 관련의 지식을 통한 적절한 구성원의 조직이 필요하다. 이러한 신기술과 마케팅 분야의 경영과 관련하여 기본보다 비용의 절감과 무역업무의 접근방식의 시스템화에 있어 업무처리가 편리하다는 것이다.

2) 서비스와 운영상의 요인

전자무역의 활용은 전자적인 요건과 제반의 기술능력 및 장비의 적정한 유지 및 발전이 필요하다. 전자무역에 있어서 업무를 다루기 위한 다양한 하드웨어와 관련 프로그램의 활용을 위한 소프트웨어 기술을 기반으로 무역의 업무를 효율적으로 처리할 수 있다면 기술혁신을 통한 EDI의 활성화를 가져올 수 있다.

정보기술을 통한 다양한 서비스의 질을 높이고 고객 만족과 고객의 요구사항에 즉시 응답할 수 있는 전산화된 시스템을 개발하여 이를 활용함으로써 서비스의 수준을 높여 나갈 수 있다. 전자무역의 서비스 활성화와 무역업무 체제를 단일화된 창구 시스템을 활용하여야 한다는 점과 정보화 시스템을 추구하는 것이 급선무이다.

▌그림 13-2▐ 전자무역서비스의 체계

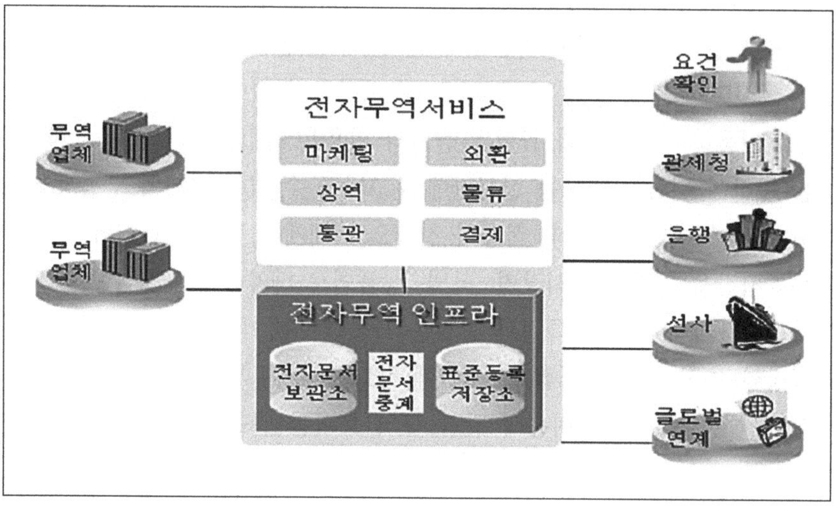

자료: 지식경제부

3) 전자무역 활성화 조건 및 청약과 승낙

전자무역이 활성화되려면, 무엇보다 전자무역과 관련된 인프라구축이 필요하다. 실시간의 정보를 주고받을 수 있는 체계와 표준화된 상용의 시스템이 필요하다. 특히 무역 관련의 주문과 통관 및 운송의 각종 사항에 관한 전반적인 업무처리를 통합시스템에 의하여 처리할 수 있기 때문이다. 또한, 거래대상자의 신용평가, 당사자 확인, 전자문서의 법적 보장 문제 등의 관련 정보보안이 필요하다. 그리고 인증기관을 통하여 인증시스템을 통한 공인된 바탕에 결제시스템과 거래정보와 관련의 사무 처리를 자동화 시스템에 의하여 처리케 된다.

국가 제도와 무역시스템, 금융시스템 등의 국제표준화를 통한 신속한 대응과 정보시스템에 의한 실시간 정보처리의 서비스가 이루어져야 한다. 세계화에 발맞춰 표준화, 적응화를 통한 해외시장과 국내시장에서의 동시화 개념도 추구해 나가야 할 것이다.

제3절 해외시장 조사의 필요성과 시장선택

1. 해외시장 조사의 필요성

해외시장조사는 의사결정에 필요한 해외시장 정보를 수집, 정리, 분석, 해석하는 과정을 말하며, 해외에 진입할 시장에 대하여 관련의 절차를 수행하기 위한 기본적인 사항인 고객, 유통수단 등을 조사하는 것이다. 기업은 적시 적절한 해외시장조사로 비용과 시간을 절약하고 기업의 위험 부담을 줄여 이윤 극대화, 경쟁우위 확보로 이해할 수 있으며, 새로운 시장에 대한 기회를 확보하는 것이다.

기회확보란 제품수명주기가 다한 제품에 대하여 해외시장으로 눈을 돌림으로써 새로운 기회를 확보할 수 있게 되며, 해외시장진입을 통한 해외직접투자, 현지 생산방식 등으로 발전할 수 있다. 마케팅 믹스 전략을 통하여 시장의 소비자 특성과 유통구조 및 관습 등 사전에 조사하여 전략으로 활용한다. 시장조사를 통해 새로운 시장 환경에 적응하여 지속적인 발전을 꾀할 수 있다는 장점이 있다. 그러므로 해외시장조사는 해외시장 환경 분석을 통한 판매 가능성(Selling Feasibility)의 조사라고 할 수 있다.

2. 해외시장조사의 조사내용

해외시장에서 구체적으로 조사할 내용은 정치적 환경, 경제환경, 법률적 환경 등이다. 정치적 환경이란 국가 간 정치제도와 법 제도의 상이함으로 인하여 외국상품에 대한 반박이나 금융 제도, 정부규제 등을 알아보고, 정치적 위험이 적은 수출업자라야 대금 회수에 어려움이 없을 것이기 때문이다.

경제환경에 있어 경제성장률, 국민소득, 노동력 등으로 인한 경제 전반에 걸친 사항도 필요하다. 사회적 환경에 관한 조사내용으로는 인구, 기후, 종교 등에 관한 사항과 사회기반의 시설 등에 관하여 조사한다. 추가로 조사할 내용은 소비자에 대한 조사와 공급선에 관한 조사, 거래상품에 관한 조사 및 유통과정과 상품, 서비스 및 판매촉진 등에 관한 사항도 조사한다. 해외시장을 조사하는 구체적인 목적 및 이유는 해외시장에 대한 자료와 정보가 부재함으로 인한 진입과 제품 및 마케팅 관리에 적합한 대안을 구사하기 위한 것으로서 문화와 환경 및 성향이 다르므로 사전에 충분히 조사하여야 한다. 해외시장을 조사함에 있어 기존의 자료들을 중심으로 단시간에 조사목적을 달성할 수도 있지만, 해당의 기업이 직접 시장조사를 시행함으로써 자사의 제품이나 자사의 영향력을 해외로 이전하는 등의 이유와 수출을 위한 이윤확보의 차원 등 다양한 목적으로 시행되는 것이므로 목적에 맞는 조사가 이루어져야 한다.

3. 해외시장선택의 개념과 선정절차

1) 해외시장선택의 개념과 의미

해외시장을 선택한다는 개념은 해외시장에서 인적자원 또는 물적 자원인 기술과 자본 등의 핵심적인 자원을 동원하는 것이다. 자신들이 보유한 사업 아이템과 제품 등을 가지고 시장에 개입하는 것을 말하며, 어떤 형태로 그 시장에 진입할 것인가를 결정하는 것이라 할 수 있다. 우선, 판매시장에 대한 생산기지를 선택하거나 경쟁자와의 경쟁 범위를 결정하여 침투하는 방법, 시장 확대전략을 활용하여 전략적인 방법을 동원하여 진입하는 방법을 사용하기도 한다.

기업들은 현지 생산 현지판매의 거점마련에 있어 생산기지와 판매시장과의 연계성 있는 장소 및 시장에 대한 상호연관성 있는 전략이 필요하다. 특히 기업이 신진시장 개입하는 경우라면 더욱더 기업은 초기비용 감소와 자본 회수가 가능한 범위에서 시장에 진입하려 할 것이다. 초기시장 진입은 기존의 시장을 확보한 경쟁상대에게 시장진입을 선포하는 것이나 마찬가지기 때문에 상대적 경쟁의 심리가 작용, 경쟁자와의 관계를 고려하여 경쟁에서 우위를 확보하기 위한 전략이 필요하다. 기업은 경쟁상대와의 경쟁우위 다툼을 할 수밖에 없다. 하나의 생산제품이 시장에 나온다는 것은 이미 경쟁을 선포하고 시장에 진입하는 만큼 기업이 시장에 진입한다는 것은 사전에 조사, 분석하여야 함을 알게 된다.

2) 해외시장선택의 애로점

해외시장을 선택은 현지국의 잠재력과 기업이 보유한 자원의 활용, 현지국의 경쟁 환경, 사업의 용이성 및 적합성, 전략적 시장 등의 요인을 고려하여야 한다. 시장잠재력은 시장진입에 영향을 주는 잠재적인 요인으로 해당 국가의 시장규모와 시장성장률의 정도이다. 따라서 시장의 잠재력이 높은 시장을 선호하게 되며, 이를 분석하기 위하여 국민소득, 경제성장률, 산업화 지수 등의 자료들을 수집 및 분석한다. 특히 사회경제 환경의 분석에 있어 각국의 문화와 소비성향이 다르므로 전체적인 분위기와 계절 및 소비층의 구조 등에 관한 내용도 포함하여야 한다.

해외시장의 진입을 위한 시장조사와 시장조사를 통한 해당 사업의 적합성과 환경에 관한 조사를 포함하여야 한다. 지리적으로 근접한 나라일수록 언어와 시장에 관한 전반적인 도움으로 근접접근을 시도하며, 전략적 차원의 사업성이 높은 시장에 대한 선호도가 높은 쪽으로 나아가야 할 것이다. 기업의 목적과 위험부담 및 예측 불가능의 내용을 커버할 수 있는 시장이라야 할 것이다. 경쟁 환경에 있어서 승산이 있다고 판단하는 경우를 말한다. 해외시장조사를 통한 문화의 차이를 극복하지 못하고 이행치 못한 탓에 시장에서의 진입 시도를 해보기도 전에 진출을 고려할 수밖에 없는 경우들이 많다.

4. 해외시장조사와 진출 방향

1) 해외에서의 생산을 위한 진출

국내시장의 활성화나 국내시장에서의 침체기를 벗어보려고 하는 대개 두 가지 차원에서 해외시장으로 눈을 돌리게 된다. 물론 활성화 가정에서의 해외시장 개척을 통한 시장확보를 통한 제품의 개발과 사업의 확장을 계획할 수도 있다. 국내시장에서 한계에 도달한 기업들이 해외로 진출하기 위하여 이전해 생산하기도 한다. 원료공급, 노동력 풍부, 판매망 확보 등이 쉬운 곳을 선택한 후 가격경쟁력에서의 경쟁우위를 갖춰 시장개척과 시장 확보의 차원에서 실시하게 된다.

따라서 해외시장에서 거점 확보는 해외생산을 위한 목적보다는 풍부한 원재료의 공급과 노동력, 자본과 시설, 기술 등의 활용이 적절한 곳을 선정한다. 이러한 거점마련의 해외 진출은 대기업보다 중소기업에서 행하는 해외시장 개척과 시장 확보의 차원에서 시행하는 전략이다. 그러므로 단독 해외 진출이나 합작 해외 진출 또는 M & A를 통한 해외시장 진출의 방식을 추구하여 시장 확보, 확대에 주력한다.

2) 자원 확보를 위한 진출

기업이 보유한 자원은 사전에 확보한 만큼의 이슈를 가질 수 있을 것이다. 그러나 기업의 자원은 자본과 기술, 경영의 능력, 생산설비 및 기술을 통한 경영활동에 이르기까지 다양한 자원들을 통틀어 일컫는 말이다. 하지만 어떤 기업이 해외에서의 자원을 확보를 위하여 진출을 꾀한다고 한다면, 자원의 확보를 중심으로 한 한정적인 범위에 목적을 두어야 할 것이다. 자원지향형 해외시장 진출은 해외에 있는 자원을 보다 저렴하고 안정적인 차원에서 확보하기 위한 것이므로 기업은 이를 통하여 해외에서의 자원 확보를 통한 경쟁력을 갖춰 나가게 된다. 자원 확보는 자원의 질과 양, 자원획득의 장소, 그리고 자본공급을 통한 참여, 채취기술을 통한 참여, 설비와 관련한 참여 등으로 기업의 상황과 여건에 맞게 해외 합작의 형태를 고려하여 진출하여야 한다.

3) 해외시장 확보를 위한 진출

해외시장을 목적으로 진출하는 경우 기업이 현지에서 현지 소비자들의 선호에 알맞은 제품을 생산하여 현지 시장에서의 점유율을 높여 나가는 형식이다. 이러한 시장지향형 진출은 수출을 위한 목적으로 추진하게 되는데, 사전에 수출을 통한 충분한 경험과 관련의 정보를 축적한 기업에 있어서 시장을 좀 더 확대하고 시장에서의 점유율을 높이기 위한 차원으로 실시하게 된다.

기업들이 주로 산업 장비, 소비재를 제조하는 시설과 공장을 해외로 이전하여 해외시장진출을 꾀하지만, 서비스를 포함한 무형무역의 요인들을 많이 수출하고 있다. 그러므로 해외시장 진출을 위해서는 기업의 내부적인 자체조사 내용을 바탕으로 수요, 공급자, 판매경로 등을 통한 시장성을 조사하고 이와 아울러 생산을 통한 현지에서의 반응 정도를 알아본 다음 충분한 자본력과 관련의 기술력을 갖춰 나가야 한다.

기업의 외부적인 요인으로는 관련 진출국의 시장규모와 시장 관련의 정보, 문화, 정치, 경제, 법률 등의 기본적인 환경조사와 기술력, 경영능력 등 마케팅 활동과 관련하여 검토와 조사가 필요하다. M&A의 방식은 단순한 시장의 확보 차원이 아니라 장기적 차원에서 시장개척과 시장 확보에 목표를 통한 전략적인 차원에서도 필요하다.

4) 무역장벽 해소와 지식습득을 위한 진출

해외시장 개척과 해외시장 확보를 위하여 기업은 주어진 환경과 경영의 능력을 최대한 발휘하여 국제적인 시장에서의 시장경쟁을 통한 자신의 기업 위치를 찾으려고 다양한 방법을 동원하여 해외시장 진출을 시행하고 있다. 지식지향형 형태의 해외시장 진출은 거의 선진국가를 대상으로 한다. 해외시장에 자본을 투입하여 기술이전을 꾀하거나, 해외 진출을 통한 선진기술의 습득이 목적이다. 사전에 선진기술들을 습득하기 위해서 관련의 연구시설을 통하여 습득된 기술들을 활용하여 비교적 짧은 기간 내에 다른 지역에서 관련의 기술들을 통한 경쟁을 통한 우위 확보와 시장 확보의 차원에서 주로 활용하는 진출방식이다. 무역장벽의 주원인은 주로 선진국에서 생겨나 선진국의 산업구조 조정이나 하향산업의 보호 차원에서 정책적으로 시행하게 될 때 제3국을 선택하여 해외시장에 진출하게 된다. 그러므로 무역장벽의 요인들을 제거하여 무역 거래를 통한 경제효과와 현지 시장에서의 판매 활동을 통한 현지 전략을 추구하게 되고, 현지에 맞는 제품과 시장 확대를 동시에 추구할 목적으로 경영 장벽을 피하여 해외에 진출하는 방식을 취하기도 한다.

예를 들어 우리나라의 자동차산업의 경우를 보면, 처음에는 일본을 비롯한 외국에서의 수입에 의존하여 해당의 부품을 조달한 후 이를 가공 및 조립하여 시제품을 생산한 후 추가적인 기술습득과 관련의 정보를 습득한 후 자체적인 생산시설을 갖추고 제품을 생산 및 판매하는 단계에 이르게 된다. 즉, 수입하는 나라에서 수출하는 나라로 바뀌게 된다. 따라서 기존에 수출하던 나라들은 수입국에서 시제품을 생산하여 동종의 제품이나 동종 산업의 제품이 수출국에 영향을 미치게 될 것이므로 수출국의 입장에서는 기존의 이윤확보가 다소 어려워진 상황 탓에 또 다른 수출국을 모색하거나 기존의 수입국에 보이지 않는 무역의 규제를 가하게 될 것이다. 이러한 상황은 수출과 수입에 의한 무역의 영향이라고 할 수 있다.

제 4 절 해외시장조사 환경적 고려요소

1. 글로벌 시장의 정치 및 법률 요인

해외시장을 조사는 관련국의 정치, 법률 환경이 가지고 있는 영향은 매우 크다고 할 수 있다. 해외시장조사는 해외시장 개척을 위하여 관련 상대국의 정치 상태와 법률 및 관련의 안정성 여부를 철저히 조사하여야 한다. 만약 이러한 내용을 사전에 조사에 포함하지 못하여 추후 발생할 무역의 클레임에 관해서 지대한 영향을 초래할 수 있기 때문이다.

다시 말해 정책의 수시변동이나 수출제한 정책, 관세 및 비관세정책, 공업화에 따른 추가적인 정부의 정책, 관련국의 세제 변화 등은 소비자에게 매우 민감한 반응으로 보일 수 있어 이에 대한 충분한 조사가 필요하다. 따라서 해외시장을 조사할 때 환경적 요인을 고려치 못한다면 최근에 벌어지고 있는 해당 국가의 테러와 폭동 및 전쟁과 정치, 경제, 사회적인 악영향으로 인하여 시장진입을 위한 경비와 수고가 한순간에 물거품이 될 수도 있기 때문이다. 그러므로 시장의 상황에 대한 정치 법률적인 사항을 잘 파악해야 할 것이다.

2. 글로벌 시장의 지리적 환경요인

지리적 환경요인의 주요한 항목은 입지, 면적, 지형, 인구, 도시의 상황, 기후, 천연자원 등이며, 이러한 항목은 관련 국가의 일반적인 경제특징과 국민 생활의 수준 및 생활태도, 소비특성, 관습 등 다양한 특징의 영향을 미친다. 그리고 같은 국가 내에서도 넓은 지역의 국토를 가진 국가들의 경우를 보면, 각각 그 지역마다 문화가 서로 다른 것을 모습을 찾아보게 된다.

해외시장을 조사는 사전에 전략적으로 계획되어 있어야 하며, 플로차트의 개념으로 일목요연하게 계획에 의거 진행하지만, 관련 부서와의 잘 연계된 상호관계를 통한 자료의 조사, 해석, 분석 등으로 반드시 타당성이 있어야 한다. 마지막으로 보고서를 통하여 충분한 의사결정을 할 수 있도록 해 주어야 한다.

3. 글로벌 시장의 경제 및 환경요인

경제적 환경요인은 소득과 소득수준, 시장의 규모와 성장 가능성 등 경제정책과 관련하여 조사하게 된다. 시장에서의 구매에 있어 인구와 소득 및 소비수준을 판단하는 경우 국민총생산(GNI: gross national income)과 국민총지출, 1인당 국민소득(GNP), 1인당 국민 소비, 개인소득과 그 처분, 개인소비지출의 구성 및 주요상품의 보급률 등이 이용되고 있다.

따라서 소득수준, 소비자의 소비 태도 등은 일국의 국민경제와 관련하여 충분히 조사하여야 한다. 각 국가의 경제정책은 경제의 성장, 물가의 안정, 고용의 증대 등을 목표로 하여 운영되어 국제경제와는 밀접한 관계로 기업경영에도 중대한 영향을 미친다.

▌표 13-3▐ 기업문화의 국제적 차이

구 분	미 국	일 본	한 국
조직기능	기능주의/ 분권화	인간중심/집권화, 표준화	가족, 연고형의 집권화
평가 통제	기능주의적 평가 외면적, 공식적 통제	연공서열형 평가 내면적, 완만한 평가	단순 업적평가
인사관리	구체적 경력관리 개인적 책임 금전 중심 단기유인책 단일임금체제	포괄적 경력관리 종신고용제 집단적 책임 비금전적 장기유인책 복합임금체제	연공서열형 속인적 인사정책
리더십	합리주의적 민주적, 객관적	권위주의적 주관적, 온정적	권위주의적 온정적
의사소통	용이 하의상달	경직 상의하달	경직 상의하달
관리방식	과학적, 근대적	비과학적, 전근대적	비과학적, 전근대적

4. 사회 및 문화적인 요인

사회, 문화적 환경요인 이란? 기업이 하나의 사회구성체로 속해 있는 일국의 국민경제적인 영역에서 사회, 문화적 환경인 인구분포, 규모의 인구증가율, 성별, 문화, 생활수준 등을 포함한 언어, 교육, 종교 등의 현상에 관한 내용은 국민경제와 기업 활동에도 지대한 영향을 줄 수 있기에 오늘날과 같은 시대에 있어 사회, 문화, 환경적인 요인은 세밀하게 분석해야 할 중요한 과제이다.

문화적 환경과 경제환경을 통한 해외소비자분석의 내용으로는 우선 문화적 환경으로 언어, 종교, 미적 감각, 가치관, 교육수준, 자의식 및 공간개념, 시간에 대한 개념 등을 조사하여야 하며, 이러한 경제, 문화적 요인은 소비자의 특성과 소비자의 의사결정 과정에 관한 행동 등을 아울러 조사하여야 한다.

문화적 환경요인에 대한 관리전략으로는 현지국 문화에의 일치 전략으로 새로운 문화의 수용과 적응이며, 자연적인 문화의 변화를 기다리는 전략, 또는 문화의 변화를 유도하는 전략 등으로 관리한다. 특히 문화적인 요인의 하나로 우리나라에서 스승의 날에 사용하는 카네이션 꽃을 프랑스에 판매한다고 가정한다면, 프랑스의 문화를 이해하고 숙지해야 한다. 왜냐하면, 한국은 스승의 날에 카네이션을 사용하지만, 프랑스의 경우 장례식장에서나 필요한 꽃이기 때문이다.

5. 글로벌 시장 환경의 변화와 비용

세계화의 영향으로 전 세계의 시장이 하나의 단일시장의 개념으로 나타나고 있다. 특히 하나의 거대한 국가개념으로 그 범위와 내용이 좁혀지면서 전 세계의 모든 국민의 생활 수준과 내용이 서로 비슷한 형태로 나타나고 있다. 또한, 첨단 정보통신의 발달과 각종 멀티미디어의 새로운 기술개발과 접목은 전 세계의 국민을 하나의 국가개념으로 묶어 주었다.

따라서 글로벌 환경에 맞는 시장은 전 세계가 하나의 통합된 시장체제의 개념으로 변화되었다. 이러한 기술의 발전과 규모의 경제를 위한 노력은 제품의 개발과 제품 관련의 비용이 확대되는 한편 이를 해소하기 위한 저 임금의 국가로 새로운 노동 집약의 형태로 시장이 형성되어가고 있어 단순한 비용문제 해결을 위한 시장의 변화가 아닌 시장의 다양성을 파악해야 한다.

Chapter 14 글로벌 무역의 거래제의와 계약

제1절 글로벌 무역의 거래제의와 계약관계

1. 글로벌 무역 계약의 개념

무역 계약(Trade Contract; contracts for the international sale of goods)은 서로 다른 나라에 있는 매도인과 매수인의 합의로 체결하는 계약을 물품매매계약이라고 한다. 무역이란 자국과 다른 각국과의 사이에서 행해지는 글로벌상거래이다. 계약이란 원래 당사자 사이의 합의로 법률적인 쌍방의 계약을 말하며, 국제간에 거래 관계에 있어 매매계약을 체결하는 것을 무역 계약이라고 한다.

무역 계약의 성격은 매도인(Seller)과 매수인(Buyer) 사이의 계약체결로 매도인은 매수인이 주문한 물품을 매도인은 매수인에게 양도하고 매수인은 이를 인수함과 동시에 관련의 대금을 지급하는 관계적인 내용을 말한다. 무역 계약은 계약서상에 기록된 내용을 그대로 이행하는 것이며, 매수인은 물품을 인도할 의무를, 그리고 매수인은 물품을 인수할 의무를 가진다.

2. 무역 계약의 유형과 종류

1) 무역 계약의 유형

무역 계약의 유형은 물품매매계약 이외에도 합작 투자계약, 대리점 계약, 국제라이선스계약, 플랜트 수출계약 등의 방식도 포함된다. 매매계약은 광범위한 내용을 망라하여 계약하는 것이 아니라 매도인과 매수인 사이에 필요한 일반적인 사항을 계약하는 것이므로 이를 국제물품거래라 한다. 최근에는 정보통신 기술의 발달로 인하여 실시간에 전화, 스크린 대화 및 네트워크 등을 통한 계약체결 방법과 새로운 양상으로 변화되고 있다.

2) 무역 계약의 종류

(1) 개별계약(Case by case contract)

무역 계약은 원래 하나의 품목에 관하여 청약과 승낙의 관계를 통하여 계약서를 작성하고 그 계약이 종료되면 매 거래 건별로 또다시 새롭게 계약서를 작성한다. 개별계약방법은 거래상대방과의 초기 거래처 확장 등으로 인하여 새롭게 계약을 체결해야 할 거래대상에 보통 적용되는 계약방식이다.

수출입계약을 체결할 경우 계약당사자는 청약과 반대 청약으로 이를 최종적으로 합의하여 계약 내용을 확정한다. 매도인이 무역계약서 2부를 작성하고, 서명한 다음 매수인에게 송부 하면 매수인은 이를 확인하여 서명한 후 1부를 보관하고 1부는 매도인에게 발송(회송)한다.

(2) 포괄계약(Master contract)

포괄계약이란? 개별계약의 단점을 보완한 계약으로 매매당사자 간에 상호 또는 장기간의 거래를 통하여 계속 거래를 하고자 할 때 사용하는 방식으로 한 번 주문한 상품의 계약이 종료되었다. 그러나 추가적인 주문이나 거래 발생 시 또는 다시 계약서를 작성하지 않는 것이 특징이다. 포괄계약 방식은 수출입의 계약서를 추가로 작성해야 하는 번거로움을 해소하고, 수출입거래당사자는 당사자 간의 향후 수출입거래 준칙으로 일반거래조건협정을 수출입의 본 계약으로 작성하되 추가적인 항목에 관하여는 거래 일반약정사항과 거래 건별로 오퍼 및 확정을 확인하는 방법이다. 독점계약은 특정품목의 수출입에 관하여 수출입업자 외에 동일품목을 수출입하지 않는 조건부 계약이다.

3. 무역 계약의 관련 당사자

무역 계약의 당사자는 일반당사자, 공법적 당사자, 정부 당사자, 대리인으로 구별한다. 일반 당사자는 법인당사자, 법인이 아닌 당사자로 구별하며 주로 법인당사자가 대부분이다. 국가로부터 독립적인 법인격을 가진 당사자로 계약체결, 국내 영업활동 등을 통하여 주권면제특권 획득 여부의 검토가 요망된다. 정부의 당사자는 정부 자체 또는 기관이 계약의 당사자가 되어 주권면제특권의 인정 여부와 계약에 필요한 행정절차와 준수를 검토한다.

대리인은 무역계약서상에 본인이 아닌 대리인으로 대리권을 부여받아 계약체결 시 대리인이 계약의 당사자가 되는 경우이며, 이때 의무관계를 명확히 하여야 후일의 분쟁 발생을 예방할 수 있다. 하지만 일반적인 무역의 당사자는 수출입업자이며, 수출입 관련의 허가를 취득한 경우에는 수출업자, 수입업자로 당사자가 된다.

4. 무역 계약의 성격

1) 낙성계약(Consensual Contract)

무역 계약은 일정한 조건에 따라 매도인(청약)과 매수인(승낙)의 합의의사표시로 계약이 성립되는 낙성계약이다. 물품의 점유, 소유, 위험 이전과 문서작성, 문서교부 등이 성립조건이 아니지만, 통상적으로 문서를 작성하여 계약 내용을 확인하며, 이를 요식계약이라고 한다. 그리고 낙성계약은 반드시 청약과 승낙에 의한 합의가 있어야 하며, 요식은 청약과 승낙자가 갖춘 양식과 내용에 합의함으로써 계약이 성사되는 것이다.

2) 쌍무계약(Bilateral Contract)

쌍무계약이란 매매당사자 간에 계약이 성립됨에 따라 쌍방이 채무를 부담하는 채무계약이 된다. 즉, 매도인은 물품의 인도, 매수인은 물품의 대금 지급의무를 갖는 계약으로 쌍방이 관계로 채무이행, 소유권 이전, 위험 부담 등의 문제가 발생한다.

3) 유상계약(Remunerative contract)

유상계약은 무역 계약당사자가 서로 대가적 관계에 있으므로 급부를 할 것을 목적으로 성립된 계약이다. 유상계약은 합의계약, 쌍무계약의 성격을 가진다. 현재의 대부분의 계약관계는 유상계약이다.

4) 불요식계약(Informal contract, Single Contract)

불요식계약이란? 매매계약의 형식이 어떤 요식에 의하지 않고 문서, 구두 등 계약당사자 간의 합의한 의사표시를 하면 된다. 즉, 당사자 간의 전달방식과 자유의사에 의하여 체결되는 계약방식이며, 구두로 합의 후 문서를 작성하거나 아니면 문서를 작성한 후에 구두로 추가적인 계약하는 형태이다.

최근에는 요식적인 계약보다 불요식의 계약으로 인한 제3 자, 제4 자의 물류 방식과 전자적인 태그기술을 접목한 실시간 무역의 형태로 계약의 대행에 의한 무역의 형태로 발전되고 있으나 계약에는 반드시 쌍방의 합의한 것이므로 계약관계에 있어 신중한 선택과 절차를 숙지해야 한다.

5) 유인계약(Causal Contract)

유인계약이란 당사자 간에 계약으로 발생하는 채무가 계약서와 무관한 원인이라면, 그 사실이 없기에 채무도 성립하지 않는다는 말이다. 즉, 계약서에 매도인의 물품 인도 의무와 매수인의 대금결제의무가 계약의 조건이 된다. 계약과 관계된 채무가 아닌 경우, 해당의 채무도 발생시킬 수 없다는 말인데, 계약 사실이 없으면 채무는 있을 수 없다는 뜻으로 이를 유인계약이라고 한다.

또한, 무인 계약도 법률에 따른 계약관계가 있었다면, 실제적인 거래 관계가 없거나 일방적으로 계약을 이행치 않은 경우, 사실관계가 없어도 채무는 존재하는 관계를 무인계약이라고 한다.

6) 국제계약(International Contract)

국제계약은 국내에서 발생하는 유통의 과정의 주문서에 의한 단순한 납품의 형식이 아니라, 국가 간에 이루어지는 국제무역 관계의 계약이다. 즉, 국내 무역과 반대되는 개념이다. 그리고 무역 계약의 주계약인 물품의 수출입 거래가 기본이며, 종속계약으로 운송, 보험, 대금결제(환계약), 그리고 관련 기타 계약 등이 있다.

▌그림 14-1▌ 무역 계약과 종속계약과의 관계

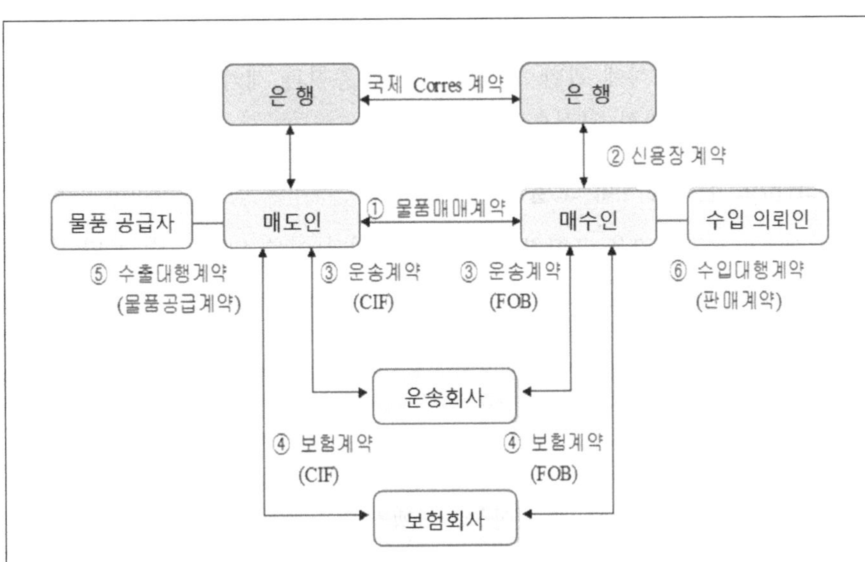

5. 무역 계약 관련의 법규

무역 계약 관련 국제법은 UN이나 국제상업회의소(ICC)가 제정한 것으로서 무역 계약의 공통적 적용의 일반법과 정형무역거래조건에 관한 법으로 구분된다. 준거법으로 무역 계약에 적용, 해석기준이 되는 법규도 있다. 구성은 로마사법통일국제협회으로 국제물품매매에 관한 계약체결과 계약효력에 관한 통일규칙을 명시하고 있다. 한국은 국내법규는 국제간의 물품매매에 적용되는 단행법은 없지만, 민법과 상법에 포함되어 있다. 국제상관습에 관한 법규로는 상거래 관행을 단일적으로 통일화한 국제상업회의소가(ICC) 제정하고 개정한 인코텀즈 2020과 화환신용장에 관한 통일규칙 및 관례(UCP-600) 등이 있다.

1) 무역 계약(국제매매)의 일반법

(1) 비엔나 협약(Vienna Convention)

비엔나 협약은 CISG(1980) 이라고 하며, 모든 국제매매계약에 적용되는 무역 계약의 공통법으로 UN의 국제무역위원회(UNCITRAL)가 제정하였다. 주요 내용은 계약의 성립과 물품매매의 총칙, 매도인의 의무, 매수인의 의무, 위험 이전, 매도인과 매수인의 의무에 대한 공통규정 등에 관하여 규정하고 있다.

(2) 사법통일국제협회 국제상거래계약에 관한 원칙

1994년 국제상거래 계약에 관한 사법통일국제협회 원칙은 각국의 국내법이나 비엔나 협약 등의 국제법규의 해석에 관한 보충규정이며, 총칙과 계약의 성립, 효력, 해석, 내용, 이행, 불이행 등에 관한 규정으로 되어 있다.

(3) UNCITRAL 전자상거래 모델법

전자상거래 즉, 전자무역을 포함하여 데이터 통신과 이를 위한 송수신 및 특정영역에서의 전자상거래에 관한 물품운송 등의 내용으로 구성되어 있다.

6. 계약위반과 구제방법

1) 계약위반

계약위반의 내용은 이행지체, 이행불능, 이행거절이 있다. 이행지체(Delay in Performance)란 관련 채무자가 변제능력이 있음에도 불구하고 채무의 변제를 이행하지 않는 경우를 말하며, 계약해제와 손해배상을 청구할 수 있다. 주로 선적지연, 계약이행의 지체 등으로 계약이행에 관한 독촉을 받는 것을 말한다. 이행불능이란 계약지체로 인한 사유와 채무를 이행할 수 없는 상태에 이른 것을 말한다.

따라서 무역을 한다는 것은 계약의 불이행에 관한 상황 발생이나 이행할 수 없는 사정으로 계약서 내용을 이행할 수 없을 때를 말하며, 이에 대한 대처방안의 하나로 위험에 대한 보험제도와 무역 해결 분쟁위원회를 통한 처리방법 등을 구사하게 된다.

2) 계약위반에 관한 구제방법

(1) 손해배상과 계약해제

계약위반에 관한 구제방법은 손해배상이다. 쌍방계약 중 어느 한쪽이 계약을 위반하였거나 이행하지 않을 때 손해 부분에 관하여 금전적으로 보상한다. 계약의 해제는 매매계약이 성사되었다 하더라도 이를 이행치 않음에 있어서 처음부터 이 계약은 없었던 것으로 간주하는 것을 원칙으로 하는 것이며, 계약이 해제된다고 해서 해제만으로 모든 책임이 마무리되는 것이 아니다. 계약해제에 관한 손해배상이 이루어져야 끝이 난다.

(2) 특정이행

특정이행이란 국제물품매매계약에 있어 UN 협약과 영국의 물품매매법 등에서 볼 때, 매수인이 선적서류 및 물품의 인수 또는 대금 지급을 거절할 경우, 매도인은 매수인에 대하여 대금 지급과 서류 인도 및 계약의 이행을 청구할 수 있다.

3) 구제방법의 선택

계약위반은 무역 거래의 계약체결은 쌍방이 책임지고 이행한다. 그러나 강제이행이나 계약해제는 쌍방이 자기에게 유리한 조건으로 구제방법을 선택하려고 할 것이다. 구제방법은 쌍방이 매매계약을 성실히 이행하는 것이며, 그렇지 못한 경우는 한쪽이 유리하게 주장한 내용에 대하여 변경하거나, 추가할 수 없으므로 구제방법에 관하여는 특별한 대책이 존재하는 것이 아니다.

제 2 절 무역 계약의 성립절차와 효력 발생

1. 무역 계약 성립의 개념

1) 무역 계약 성립의 의의

무역의 계약은 당사자 즉, 청약(Offer)과 승낙(Acceptance)에 의해 결정되며, 실질적인 계약의 성립은 교섭으로 체결되는 경우, 오랜 시간을 두고 서로의 의견을 교환함으로써 비로소 성립된다. 하지만 아무리 복잡한 과정과 내용이라 할지라도 최종적으로는 청약과 승낙에 의한 계약이 체결되는 것이다.

2) 무역 계약의 성립요건

무역 계약의 성립요건은 의사표시 합치, 당사자의 행위능력, 의사표시의 진위성과 합법성이 있다. 의사표시의 합치란 무역 거래의 계약이 계약으로서의 성립요건을 갖추려면 2인 이상 계약당사자의 합의가 있어야 한다. 당사자의 행위에 관한 능력은 당사자는 유효한 계약을 체결할 능력인 행위능력과 계약 능력이 있다. 만약에 계약을 핑계로 하여 허위계약이나 자격요건에 맞지 않는 계약을 이행할 시 그 계약은 무효가 된다.

2. 무역 계약의 효력 발생

1) 일반적인 효력

무역 계약이 일정한 요건을 갖춘 계약으로 성립되어 유효조건을 갖추게 되면 효력이 생긴다. 구체적인 효력의 발생은 계약당사자의 자유의사에 의한다. 계약의 효력이 발생하면 일반적으로 계약의 내용을 확정할 수 있어야 하며, 만약에 해석이 불가능 하거나 확정할 수 없는 내용이라면 계약은 계약 자체가 무효가 된다.

행위능력의 하자인 무능력, 무권한, 부도덕, 불법 등은 계약 자체가 무효이며, 의사표시의 하자가 발생 경우도 마찬가지이다. 무역 계약은 대표적인 의사표시의 하자는 의사표시의 착오, 사기, 강박 및 현저한 불공정 등이다.

2) 특별효력

특별효력은 법률의 규정 및 당사자의 약정에 의한 계약의 일반적 유효요건 이외에 특별요건이 요구되는 경우이다. 이러한 특별요건이 요구되는 대표적인 계약은 국가의 허가나 증명을 필요한 계약들이다. 그리고 증명을 요구하는 계약이라 할지라도 증명을 얻는다고 해도 계약으로서 효력의 발생에 관한 제 요건을 갖춰야 한다.

3. 무역 계약의 청약(Offer)

1) 청약(Offer)의 개념

청약이란 청약자(Offeror)가 피 청약자(Offeree)에게 계약에 관한 사항을 미리 준비하여 계약체결의 주문서이다. 즉, 일정 내용의 계약을 성립시킬 목적으로 언어, 문자, 기호 등의 일정한 양식은 없으나 법적 구속력을 갖춘 확정적인 의사표시이다.

2) 청약의 내용과 유의사항

청약(Offer)은 특별한 규정이나 규칙에 또는 법적인 양식은 따로 없다. 다만 거래 물품, 거래방식과 형태에 따라 다양한 형태를 취할 수 있고 거래방법도 달라질 수 있다. 청약의 유의사항은 품명, 규격, 원산지, 유효기간 등을 세밀하게 살펴봐야 한다. 품명이란 말은 주로 사용되는 용어가 단순한 상품이 아니라 물품이라는 용어를 사용하기 때문이다.

품명은 제조업체에서 받은 청약내용을 그대로 적용하여야 한다. 수량이나 관련 내용 역시 요구가 없는 한 1개씩 청약함이 타당하나 필요시에는 "order minimum"을 명시하여 수량을 명시해 주는 것도 혼돈과 오해의 소지를 줄일 수 있는 좋은 방법이다. 규격(Grade or Specification)은 글로벌 무역에 있어, 나라와 나라 사이에는 규격이 서로 상이 한 경우가 많으며, 같은 품목일지라도 품질, 규격 차이가 발생할 수 있다.

따라서 규격을 기재하고 후일에 발생 가능한 분쟁의 사항을 사전에 줄이는 것이 바람직하다. 원산지와 유효기간은 수출입의 계약에 기재하여야 할 사항의 하나로 원산지의 표시이다. 유효기간은 발행일로부터 1주일 정도로 하는 것이 통례적이며, 급한 변동사항이 있을 것에 대비하여 사전에 이를 확인해 두고 자 한다면 "Remark" 란을 체크, 관련의 사항에 관한 변동이 있다는 것을 표시한다.

▌표 14-1▌ 유효기간의 표시방법

구분	유효기간의 표시방법
기일에 의한 표현	- We offer firm for your reply within seven days.
기간에 의한 표현	- We offer firm for your reply reaching us by the 23rd Feb, 2011.
단기임을 표시하는 표현	- We offer firm for your reply reaching us by tomorrow(within 23 hours). - We offer firm for immediate (prompt, urgentreply).
유효기간 연장의 표현	- Extension of offer - Extension of Validity of offer

3) 선적일(Shipping date, Delivery date)

무역 거래에 있어 물품 인도와 인수는 매우 중요한 계약조건의 하나이다. Offer에는 계약서에 명시된 대로 언제까지 해당 물품을 선적해 줄 수 있다는 선적 관련의 일자가 표기되어야 한다. 다만 수출업자는 빠른 수일 내에 선적하여 대금을 받고자 하거나, 수입업자의 경우 적절한 시기에 물품을 받고자 할 때 수출업자가 계약서에 명시된 날짜에 선적하겠다는 의사표시를 하게 된다(예: Within 30 days after receipt of your L/C at sight).

4) 포장방법(Packing Method)

글로벌 무역 거래에는 각각의 상품마다 그 포장상태가 달라 포장의 재질은 무엇이며 포장의 단위에 대한 설명 즉, 포장의 단위와 내용물의 단위 및 규격에 관한 간략한 내용과 이를 식별할 수 있도록 표기하거나 그 포장의 내용을 사전에 알려주어야 한다.

5) 수량(Quantity)

통상적인 무역 거래에 있어 수량은 범위 안에서 공급 가능한 수량만을 offer라 한다. 수량의 기준에 있어, 개수(Price), 무게(Weight), 길이(Length), 용적 등 다양하다. 특히 상품에 따라 단위의 수량표시도 다르므로 단위사용에 주의하여야 한다.

▌표 14-2▐ 포장에 관한 식별표식

구분	식별표시의 방법
일반적인 포장의 형태	- Standard Export Packing - Export standard packing, Completely free from moisture and water
방수재료로 포장하여 나무 상자 안에 포장하고 철대로 묶은 경우	- Standard Seaworthy Export Packing, Export Standard Packing
항공운송 상품(가벼운 상품인 경우)	- Carton Box
선박운송 상품	- Wooden Case
비닐 백에 넣고 100개씩 포장하여 다시 카톤 박스에 포장한 경우	- Each in a vinyl 100 pieces in a carton box

6) 단가(Unit Price)

무역 거래에 있어서 중요한 단가의 표시는 상품규격과 마찬가지로 각국의 화폐단위로 표시되기 때문에 사용 화폐 표기를 해야 한다. 단가를 기재할 때는 단가를 계상한 기초자료인 수량, 금액, 통화 등의 내용을 표시하여 가격산정의 내용과 가격의 조건 등을 제시하여야 한다(예: CIF SEOUL인 조건으로 1t당 $100인 경우–US$100.00 per ton, CIF SEOUL).

7) 대금결제방법(Payment Condition)

대금의 결제는 offer의 내용 중 중요한 부분이다. 대금결제의 방법 선택은 송금 결제, 신용장 결제, 추심결제 등의 방식 중 어떤 방식으로 결제할 것과 상품 인도 혹은 대금 지급에 관한 기간에 관하여 명시해 두어야 한다(예: 취소불능신용장의 일람불환어음조건)인 경우의 기재요령: By a sight draft under and irrevocable L/C).

일람불어음은 어음상에 기재된 만기일(tenor)에 따라서 일람불어음(Sight Draft, Demand Draft)과 기한부어음(Usance Bill; Time Draft)으로 구별하는데, 어음이 제시(present)되면 즉시 지급조건은 일람불환어음 조건이다.

3. 무역 계약 시 청약(Offer)의 종류

1) 청약의 주체에 의한 분류(발행자)

청약의 발행자에 의한 분류는 매도 청약(Selling Offer)과 매수 청약(Buying Offer) 로 구분한다. 매도 청약은 매도인이 상품의 판매에 관한 제 조건과 의사를 표시하는 Offer이며, 이때 매도인은 Offeror가 되고 매수인은 Offeree 가 된다. 매수 청약은 매도 청약과 반대의 개념으로 매수인이 매도인에게 구매조건과 구매 의사를 표시하는 것이다.

▌표 14-3▌ 청약의 분류

Offer의 분류		내용 설명
효력의 기준	확정 청약 (Firm offer)	- 청약의 유효기간 내에 승낙하면 계약 성립(기한부 청약 또는 취소 불능 청약) * 유효기간이 없어도 확정일자, 취소 불능의 표시.
	불확정청약 (Free offer)	- 청약에 관한 유효기간, 확정 표시가 없으며 승낙 이전에도 변경, 철회 가능 * 청약 확정이 있어도 최종조건으로 하는 청약.
	반대 청약 (Counter offer)	- 청약의 내용을 피 청약자가 추가, 변경, 제한하여 새로운 조건 제의의 청약 * 반대 청약은 원 청약의 거절, 새로운 확정 청약
	교차청약 (Cross offer)	- 쌍방이 동일조건, 청약과 승낙의 구분이 없음 * 영미법은 인정치 않고 한국만 인정
	조건부 청약 (Conditional offer)	- 청약의 내용에 조건, 단서가 있어 확인 후 성립 * 법률적으로 청약이 아닌 청약 유효
청약의 주체	매도 청약 (Seller's offer)	- 매도인 발행의 청약(판매 청약) * 품질, 가격, 수량 등을 제시
	매입(매수)청약 (Buyer's offer)	- 매수인 발행의 청약(매입 청약) * 매입주문서 형식, 주문, 소회의 성격

2) 발행지에 의한 분류

Offer의 발행지에 의한 구분은 국외발행 Offer와 국내발행 Offer로 구분한다. 국외발행의 Offer란 외국의 매도인이나 그 대리인이 발행한 Offer이다. 반면 국내발행 Offer는 국내의 대외무역법상 갑류무역대리업자의 발행한 Offer이다.

3) 효력의 기준(확정)에 의한 분류

가장 일반적인 청약의 형태는 확정 청약이며, 확정 청약은 확정 청약의 유효기간 유무에 따른 구분으로 확정 청약(Firm Offer)과 무 확정 청약(Free Offer)으로 구분한다. 확정 청약은 Offer의 유효기간 내에는 내용의 변경, 취소, 철회 불가능하다. 다만, 확정 청약이라 할지라도 피 청약자에게 도달하기 전이나 도달과 동시에 청약자가 그 내용을 변경, 취소, 철회할 수 없다.

4) 조건부 청약(특수청약)

조건부 청약은 무 확약, 재고 잔고 조건, 선착순매매조건, 점검 후 매매조건, 반품허용조건 등이 있다. 무 확약 조건이란 자유 조건 형태이며, 시황, 시황변동에 따라 사전통고 없이 제시가격이 변동될 수 있음을 조건으로 한 오퍼이다.

▌표 14-4▌ 조건부 청약의 유형 및 특징

유형 및 특징		내 용
유형	Offer without engagement (무 확약청약)	- 예약 불능 청약(가격변동 있음의 조건) * 시황변동 조건부 청약
	Offer subject to prior sale (being unsold) (재고잔고조건청약/선착순매매조건청약)	- 승낙의 표시가 청약자에게 도달했을 때 재고가 남아 있는 것을 조건으로 하는 청약 * 잔고조건부청약/선착순매도조건부청약
	Offer on approval (점검 후 매매조건청약)	- 점검부 청약으로 오퍼와 함께 물품을 보낸 후 대금을 송금함으로 계약 성립, 아니면 반품할 것을 조건으로 하는 청약
	Offer on sale or return(반품허용조건청약)	- 판매 후 잔금인수조건부청약으로 오퍼와 함께 물품을 보내 판매한 부분에 대해 송금하고 잔품에 대하여는 반품의 청약
특징	- 청약자에게 조건이나 제약이 붙은 청약이며, 청약자의 최종적인 확인 없이는 법적 구속력이 없을 뿐 아니라 법적 체계로 보면 청약이 아니라 청약 유인이다. - 승낙하기 이전에라도 청약의 내용과 조건을 변경할 수 있고, 청약에 대한 유효기간을 따로 표시하지 않는다.	

재고 잔유의 조건 또는, 선착순매매조건으로 재고 잔유 조건 오퍼 또는 선착순 매매조건 오퍼이다. 승낙의 표시가 청약자에게 도달(발신)하였을 때 미판매에 대한 재고가 남아 있는 자(거래처, 매수인), 한하여 청약이 유효하다는 조건의 조건부 오퍼이다.

점검 후 매매조건은 Offer란 Offer와 함께 보낸 물품을 피 청약자가 점검한 후 구매의사가 있는 경우에는 승낙의 요건이 따로 필요하지 않고 대신 물품의 금액을 송금하거나 아니면 물품을 반환하는 Offer이다. 반품허용조건 Offe는 점검 후 매매조건과 비슷하며, 다른 점은 반품허용조건이 붙었다는 것이다. 즉, 물품과 함께 보낸 Offer에 대해서 판매 후 남은 물품을 반품을 받아 주는 조건으로 발행하는 Offer이다. 반품허용조건의 Offer는 일종의 Firm Offer(확정 청약)이다. 대부분 무역 거래에서 주로 위탁판매를 중심으로 성행하는 Offer이다.

4) 청약의 유인(Invitation of offer, invitation of treat)

청약 유인이란? 상대방에게 계약체결을 위한 행동을 취하도록 만드는 것으로써, 예비교섭(Preliminary Negotiation)의 의사표시를 하는 것이며, 계약이 완전성립된 것은 아니다. 상대방의 승낙을 득해야 한다. 따라서 청약의 유인(예비교섭)은 청약을 이끌기 위한 것으로 승낙을 통하여 계약이 성립된다. 청약의 유인형태로는 확인 조건부 청약 정찰제 상품진열, 광고, 등이다.

▌표 14-5▐ 청약과 청약 유인의 형태

구 분	청 약	청약의 유인
계약 성립	청약에 의한 승낙으로 계약체결	피 청약자가 승낙한 경우에라도 계약이 성립되지 않고 청약자의 재차 확인 후 계약 성립
청약자의 의도	피 청약자의 승낙으로 자신의 의사표시에 구속되려는 의도	피 청약자의 승낙만으로 구속되지 않고 청약자의 확인으로 구속되려는 의도
청약의 대상	특정인, 특정 집단	불특정인, 불특정집단
특징/비고	Firm Offer는 확정 청약이며, Sub-con Offer는 확인 조건부 청약(Offer subject to confirmation)으로 거래제의 서한(circular letter)이나 경매(auction)는 청약의 유인에 해당.	

5) 청약의 통지방법

청약의 통지를 하는 이유는 상대방이 서로 계약 성립과 동시에 성실히 이행할 것을 전제로 통지할 의무가 있다. 청약의 내용을 상대방에게 통지할 의도가 없는 의사표시는 하나의 의도표시에 불과하므로 법적 구속력을 갖지 못한다. 청약의 통지방법으로는 주로 전보형식이나 팩스, 서면, 등으로도 가능하나 최근에는 컴퓨터를 통한 통신수단이나 e-mail 등을 통하여 통지하고 있다.

6) 청약의 효력 발생과 소멸 시기

청약의 효력은 청약이 상대방에게 도달한 직후에 그 효력이 발생한다는 도달주의(receipt rule)를 원칙으로 하고 있다. 청약에 관하여는 영미법, 비엔나 협약, 대한민국의 민법에 모두 동일법의 적용을 받고 있다. 청약의 불착이나 연착에 관한 불이익은 청약자 몫이다. 청약효력 상실은 승낙에 의한 합의가 이루어지지 않았거나(청약 소멸) 청약 거절 또는 반대 청약에 의한 부분적 승낙은 청약의 효력을 발생시키지 못하기에 거절된 것으로 본다.

또한, 청약의 철회로 청약에 대한 효력의 소멸은 반드시 상대방에게 통지되어야 하며, 상대방이 청약을 승낙하기 전까지 도달해야 한다(도달주의). 이밖에도 당사자의 사망(death of parties)이나 시간의 경과(lapse of time)에 의한 청약의 효력은 소멸하는 것으로 본다. 즉, 승낙은 거절되며 효력은 발생하지 않는다.

4. 승낙(Acceptance)

1) 승낙의 의의와 요건

청약과 승낙은 누가 먼저라 할 것 없이 청약하거나 이에 대해 승낙을 하면 계약은 성립된 것으로 본다. 즉, 청약에 대한 응답의 목소리를 승낙이라고 보며, 승낙은 청약에 대한 계약 성립의 의사표시라고 할 수 있다. 그러나 피 청약자가 지정한 조건에 따라 구두, 행위로 청약내용, 조건 등을 수락하고 계약을 성립시키겠다는 의사표시인 것이다.

따라서 청약에 의한 승낙은 상대방과의 계약이 성립되었음을 의미한다. 즉, 청약내용과 조건은 승낙함으로써 의견일치의 뜻을 내포하고 있다. 하지만 청약에 대한 승낙은 청약에 기록된 기간에만 행사할 수 있다. 그리고 상대방의 Offer에 의하여 승낙한다, 할지라도 의사표시가 없는 것은 승낙으로서의 의미가 없으며 반드시 Offer에 의한 Acceptance의 의사표시를 상대방에게 통보하여야 한다.

2) 승낙방법과 특징과 효력 발생

승낙의 방법에 있어 승낙의 방법이 지정된 경우 그 방법에 따라야 하지만 승낙이 지정되어 있지 않다면, 합리적으로 합리적 방법으로 청약에 의한 승낙의 방법이 동일하다. 청약의 특징은 절대적이며 무조건적이어야 하고, 청약의 조건과 승낙은 일치하여야 한다. 그리고 유효기간 내에 승낙되어야 함과 동시에 불 요식성이 있다.

특히 침묵이나 무위(무 행위)는 승낙에 안 되며, 만약 승낙의 철회를 희망할 경우, 승낙을 발신하였다 할지라도 승낙의 철회통지가 승낙의 효력이 발생하기 이전이나 그와 동시에 도달하는 경우, 철회가 가능하다. 지연된 승낙은 청약자가 구두로 유효하다는 통지를 하거나 그러한 취지로 통지를 발송하는 경우에 승낙으로서 유효하다(비엔나 협약 제21조 1항).

청약의 기간은 전보할 경우 발신을 위해 교부된 때, 서신인 경우는 서신에 표시된 일자 또는 겉봉투에 표시된 우체국 날인 일자, 전화, 텔렉스 또는 동시적 통신수단인 경우는 피 청약자에게 도달한 시점, 승낙 기간에 포함된 공휴일 또는 비영업일은 효력의 시기에 포함되며, 이때 최종영업일까지 연장된다. 청약의 효력 발생 시기는 영미법, 일본, 한국은 민법으로 격지 간의 경우 승낙에 대한 발신주의(Mailbox Theory)를 원칙으로 하며, 실무차원에서 거래 당사국의 법률이나 관례를 모르기 때문에 Offer Sheet 상에 도달주의를 채택하는 것 등의 표기를 해 두어야 한다.

▌표 14-6▌ 승낙의 효력 발생 시기

<table>
<tr><th colspan="3">통신수단 준거법</th><th>한국법</th><th>일본법</th><th>영미법</th><th>독입법</th><th>ULFCIS</th><th>UNCCIS
(비엔나
협약)</th></tr>
<tr><td colspan="3">승낙표시의 일반원칙</td><td colspan="6">도달주의</td></tr>
<tr><td rowspan="5">승낙
의사
표시</td><td rowspan="3">대화
자간</td><td>대화</td><td colspan="6">도달주의</td></tr>
<tr><td>전화
FAX
EDI</td><td colspan="6">도달주의</td></tr>
<tr><td>텔렉스</td><td colspan="6">도달주의</td></tr>
<tr><td rowspan="2">격지
자간</td><td>우편</td><td colspan="3">발신주의</td><td colspan="3">도달주의</td></tr>
<tr><td>전보</td><td colspan="3">발신주의</td><td colspan="3">도달주의</td></tr>
</table>

* UNCCIS: 국제물품매매계약에 관한 UN협약

제 4 절 전자무역 계약서 작성과 절차

1. 전자무역 계약서 의의

무역 계약의 작성은 무역 거래에 있어 당사자의 합의계약으로 이를 확인하고 또한 서명함으로써 계약 내용에 관한 분쟁과 추가적인 제반의 문제를 해결할 수 있는 근거자료가 되며 또한 계약 성립의 확인을 받을 수 있다. 하지만 무역 계약은 거래 내용이나 계약 당사자에 따라 자유롭게 정할 수 있다.

무역 거래에서 무역 계약의 주된 목적은 수출입업자 (당사자: Seller와 Buyer)가 의도하는 바를 법률적으로 명확히 하고, 당사자의 의도를 구체적으로 집행하는 경우에 발생하는 문제에 있어 계약당사자를 구속하는 규범(Rule)을 설정해서 당사자 간의 불필요한 분쟁의 발생을 사전에 방지하고 자 함이다.

▌표 14-7▌ 무역 계약의 당사자

구 분	내 용
본인 거래	자기 이름을 중심으로 이루어지는 물품매매의 거래
대리인거래	타인의 이름을 통하여 이루어지는 물품매매의 거래
본인	거래에서 발생하는 각종 권리와 의무이행의 주체가 되며 자기의 계산과 위험으로부터 거래를 행하는 자
대리인	거래로부터 발생하는 각종 권리와 의무이행의 주체가 타인으로 타인의 계산과 위험으로 거래를 행하는 자
지급보증대리인	지급보증수수료를 받고 대리점의 거래 관계의 매수인이 채무불이행으로 인한 손해를 배상할 책임이 있는 대리인

2. 전자무역 계약서의 내용과 작성법

1) 개별계약서 작성방법 및 문서화

개별계약은 통상적인 무역 거래에서 오퍼의 승낙에 의한 계약이 성립되면 이를 확실히 하기 위하여 보통 매도인이 2통(in duplicate, in original and duplicate)을 작성 및 서명한 후 매수인에게 발송하고 매수인은 특별한 변경사항이 없는 한 2통에 서명한 후 1통은 보관하고 1통은 매도인에게 발송 및 교부한다.

2) 일반계약서 작성방법 및 문서절차

일반적인 계약서의 작성은 주로 계약의 규모가 큰 경우와 복잡한 경우에 주로 사용한다. 즉, 플랜트 수출입, 선박, 철도차량 등의 대형기계류의 수출입거래의 복잡한 거래조건에 개별계약서는 까다롭고 복잡한 계약의 내용을 일일이 묘사할 수 없기 때문이다. 일반적인 계약서의 주요 내용으로 정형 계약서를 사용하는 경우는 전면과 이면에 기재하고 서명한다.

3) 전자무역 계약의 성립절차

전자무역 계약은 수출입절차의 간소화와 관련 비용부담을 줄일 수 있고 관련 절차가 까다로운 문서형식보다 전자문서화시스템을 통한 관련 절차를 손쉽게 해결할 수 있다는 장점이 있다. 의사표시는 전자문서상에 표기하거나 정보처리시스템을 통한 수출입업자간의 의사 표현을 다른 사람에게 전달된다.

통상적으로 의사 표시할 때 네트워크에 접속이 되어야 하며, 송신자와 수신자가 상이한 메일서버나 전자사서함을 이용하는 등의 방법으로 법률적인 효력 발생의 내용 정립과 관련 절차 및 도달단계를 재정립해야 한다.

4) 일반거래협정서(Agreement on General Terms and Conditions of Business)

일반거래조건에 관한 협정서는 약칭으로 "General Agreement"라고 한다. 일반거래협정서는 매매계약 당사자들이 거래할 때마다 구체적으로 약정하는 계약의 내용을 제외한 사항으로 공통으로 적용되는 일반적 사항에 대하여 합의 결정하고 문서화 하는 것을 말한다. 일반거래협정서는 예측불허의 발생 가능한 거래의 각종 분쟁에 대비하여 거래개시 이전에 필요한 내용으로 후일에 당사자가 구체적으로 체결하게 되는 계약 내용이 기초가 되는 조건들을 명시하여 둔 것이다.

일반거래협정서는 본인 대 본인 거래, 본인 대 대리인거래, 수수료거래인지를 구분하여 기재한다. 계약의 기본적인 조건으로 11가지의 형태로 분류한다. 즉, 품질, 수량, 가격, 확정오퍼, 주문, 포장, 결제, 선적, 지연선적과 불가항력, 보험, 클레임 등이다.

Chapter 15 무역 계약의 제조건

제1절 인코텀즈(Incoterms) 2020의 거래조건

1. 인코텀즈(Incoterms)의 목적과 범위

1) 인코텀즈의 목적과 범위

인코텀즈의 목적은 외국무역에 가장 일반적으로 사용되는 정형거래조건의 해석에 관하여 일련의 국제규칙을 제공하는 것이다. 따라서 각 국가 간에 이러한 거래조건에 대한 상이 한 해석을 함에 있어 불확실성이 제거될 수 있다. 이러한 문제를 해소하기 위하여 국제상업회의소는 1936년에 거래조건의 해석에 관한 일련의 국제규칙을 제정하였다.

이 규칙을 "Incoterms 1936"이라고 한다. 그 후 이 규칙은 현재의 국제무역관행과 일치시키기 위해 1953년, 1967년, 1976년, 1980년, 1990년, 2010, 2020년 그리고 현재로는 2010에 개정과 추가가 행해졌다.

2) 인코텀즈(Incoterms 2020)의 활용

Incoterms(International Commercial Terms) 즉, 인코텀즈의 약어로 국제상업회의소(International Chamber of Commerce)에서 제정한 국제규칙으로 계약당사자인 매도인과 매수인이 준수해야 하는 의무, 비용부담, 보험 가입의무 등에 대한 규정 사항이다.

▌표 15-1▐ 인코텀즈 2020의 구분

구분		
ALL운송	•EXW	•DAP
	•FCA	•DPU
	•CPT	•DDP
	•CIP	
해상운송	•FAS	
	•FOB	
	•CFR	
	•CIF	

3개의 대문자 알파벳으로 표기함
•매도인과 매수인의 의무 •위험이전 장소 •비용부담 •보험가입 •기타

인코텀즈 2020의 주요 개정사항은 개별 규칙 내 조항순서가 변경되었고, CIP 최대 부보의무가 CIF 최소 부모의무 유지, FCA상 본선 적재 표기 선하증권, DAT의 명칭이 DPU로 변경되었다. 또한, FCA, DAP, DPU, DDP에서 매도인 및 매수인 자신의 운송수단에 의한 운송 허용하는 한편, 운송과 비용조항에 보안 관련 의무 삽입 등이 주요 변경 항목이다. 이밖에도 사용자를 위한 설명문이나 소개문을 강화한 것도 변경 조건이다.

EXW(공장인도), FCA(매도인의 의무: 공장인도+적재의 의무+수출통관 의무), FAS(선박의 옆 즉, 선측인도), FOB(배 위에까지 적재, 본선인도)의 조건은 매수인이 운송계약을 체결하고 운송비용을 부담해야 한다. 쉽게 말하면 일종의 착불 인도개념이다.

2. 현장(공장) 인도조건(EXW: Ex Works)

1) EXW 약관

현장(공장) 인도 조건(Insert Named Place of Delivery)은 매도인이 본인의 장치장(작업장, 공장, 창고 등)에서 매수인에게 인도 가능토록 계약 물품을 매수인에게 전달함으로 의무가 완료되는 것이다. 특히 별도의 합의가 없는 한 매도인은 매수인에 의해 제공된 운송수단에 물품을 적재하거나 수출 통관할 의무는 없다. 비용과 위험의 부담은 매수인이며 매도인의 장치장에서 목적지까지 유반하는데 소요되는 모든 것을 부담한다.

본 조건은 매수인이 직접 또는 간접적으로 수출절차를 감당할 능력이 없는 경우, 사용되지 않아야 한다.

현장(공장) 인도조건(EXW) 은 EX Works+지정장소의 개념이며 여기서 지정장소란 공장, 창고, 작업장을 말한다. 즉, 공장 인도 조건이란 공장과 창고 및 작업장에서 직접 물품을 인도한다는 뜻이다. 공장이나 창고, 작업으로부터란 말의 EX라는 말은 본래 라틴어의 ~로 부터란 말에서 유래되었다.

2) 매도인과 매수인(수출입업자)의 이행사항과 특징

수출업자(매도인)는 계약서에 합의된 사항대로 지정한 날짜와 장소에 계약의 물품을 인도하여야 하며, 이때 수출업자의 의무는 종료되고 소유권도 이전된다. 수출업자는 물품과 관련된 계약조건과 같은 물품임을 입증하는 상업 송장(Commercial Invoice), 포장명세서(Packing List) 등을 제공한다. EXW의 경우 인도 장소가 매도인의 공장, 창고, 사무실이기 때문에 매수인이 장소에까지 직접 찾아오거나 아니면 지정대리인(운송인) 등을 통하여 물품을 가져가야 한다. 운송계약과 보험계약을 확인할 의무가 없으며, 아울러 매도인은 물품의 손상이나 멸실에 관하여도 매수인에게 전과하는 경우의 조건이라 할 수 있다.

수입업자(매수인)는 물품이 인도되면 이를 확인 및 인수하고 대금결제를 한다. 하지만 본 거래의 조건은 수출국에서의 현장거래조건이므로 수출입허가와 통관 수속 절차의 관련 업무와 비용을 매수인이 부담해야 한다. 또한, 매수인은 매도인과의 운송계약이 체결되어 있지 않으며 체결할 필요성도 없다. 매수인의 요청과 비용 및 위험 부담으로 영사송장(consular invoice), 원산지증명서(certificate of origin) 등 수출, 수입 또는 제3국으로의 통과에 필요한 서류를 취득하는데 협조하여야 한다.

매수인은 매도인의 영업장 구내에서 물품을 수령 하고 자신의 위험과 비용부담으로 물품을 목적지까지 운반하기 위한 모든 조치(수출입승인과 통관절차 및 운송계약) 등을 이행한다. 결과적으로 매수인에게 가장 부담이 큰 규칙이며, 무역 거래에 익숙하지 못한 수출자에게 편리하며, 매수인이 직, 간접적으로 수출절차를 잘 모르는 경우 FCA 규칙이 더 적합하다. 매도인은 수출입의 통관에 아무것도 하지 않지만 매도인은 수출, 수입통관 전부를 담당해야 한다.

<E조건: EXW>; 공장인도 조건

① 매도인이 물품을 공장이나 창고의 지정장소에서 매수인의 처분하에 두는 때
② 적재 및 통관의무 없음(매도인의 최소한의 의무)
③ 운송은 매수인의 몫(up to the Buyer) + 수출 및 수입통관 매수의 몫
④ 매수인은 매도인에게 인도 수령 했다는 적절한 증거제공

▌표 15-2▐ INCOTERMS 2020 분류

<table>
<tr><th>구분</th><th>가격조건</th><th>인도형태</th><th>운송방식</th><th>거래 규칙</th></tr>
<tr><td rowspan="4">지정장소
인도조건</td><td rowspan="2">선적지 인도</td><td rowspan="9">현실적 인도</td><td rowspan="2">복합운송</td><td>EXW</td></tr>
<tr><td>FCA</td></tr>
<tr><td rowspan="2">양륙지 인도</td><td rowspan="2">해상운송</td><td>FAS</td></tr>
<tr><td>FOB</td></tr>
<tr><td rowspan="7">비용포함의
인도조건</td><td rowspan="7">선적지 인도</td><td rowspan="5">복합운송</td><td>DAP</td></tr>
<tr><td>DPU</td></tr>
<tr><td>DDP</td></tr>
<tr><td>CPT</td></tr>
<tr><td>CIP</td></tr>
<tr><td rowspan="2">상징적 인도</td><td rowspan="2">해상운송</td><td>CFR</td></tr>
<tr><td>CIF</td></tr>
</table>

2. 운송인 인도조건(FCA: Free Carrier)

1) F.C.A 약관

운송인 인도조건(Free Carrier Insert Named Place of Delivery) 매도인이 물품을 수출통관하고, 지정된 장소에서 매수인에 의하여 지정된 운송인에게 인도하는 것을 의미한다. 인도 장소의 선택은 그 장소에서의 물품의 적재 및 양화 의무에 영향을 미친다는 사실에 유의하여야 한다. 운송계약에서 철도, 도로, 항공, 해상, 내수로 또는 이들의 복합방식에 의하여 운송하는 것과 그 이행을 주선할 것을 약정하는 모든 자를 의미한다. 다시 말해 공장에서 인도 장소까지 운송비용과 수출통관비용을 매도인이 담당한다는 것과 매수인은 수출통관을 하지 않고 수입통관만 하는 경우이다. 이때 위험의 분기점은 수출장소인 지정된 장소에서 해당의 물품을 운송인에게 넘겨주면 매도인의 책임은 끝난다.

2) 매도인과 매수인(수출입업자)의 이행사항과 특징

수출업자는 정한 시간과 장소에 의해 운송인에게 화물을 인도한다. 단, 수출업자의 물품 인도와 책임 범위와의 관계는 운송수단과 방식에 따라 차이가 있다. 철도운송의 경우 물품이 적재된 화차나 컨테이너를 철도 운송인에게 인도하는 시점이며, 육로 운송 의 경우 물품을 매수인이 제공한 화차에 적재하는 시점, 해상운송의 경우 FCL(단일 화주의 화물로 채워신 컨테이너) 조건이라면 컨테이너 자체를 해상 운송인에게 인도하는 시점이며, LCL(여러 화주의 화물로 채워진 컨테이너)이라면 화물을 해상 운송인에게 인도하는 시점이 된다.

매수인은 자신의 비용으로 지정된 장소로부터 상품을 운송하는 운송계약을 체결하여 매도인에게 통지한다. 매수인은 매도인이 운송인에게 물품을 이전하는 시점부터 물품의 손실과 멸실에 대한 위험을 부담한다. 운송인 인도의 조건은 매도인의 구내, 지정장소 등에서 약정기일 이내에 매수인이 지정의 운송인이나 그의 대리격인 자에게 수출통관을 마친 계약 물품을 인도해야 하는 조건이다.

FCA의 도입배경은 운송기술의 발달과 국제복합운송의 발달로 종전의 복합운송전용의 FRC와 FOR 및 FOT, FOA를 통합하여 개편된 무역거래 조건이다. 철도운송, 해상운송, 내수로 운송, 복합운송 등 어떤 형태로든지 이용할 수 있는 조건이다. EXW와 다른 점은 물품 인도와 물품 인수의 장소를 수입업자(매수인)가 정한다는 것과 물품을 직접적으로 매수인에게 운송하는 것이 아니라 운송인에게 인도하는 점, 또한 수출승인(E/L), 수출통관의 필요한 행정적 절차를 수출업자(매도인)가 담당한다는 점이다.

따라서 운송인 인도 조건의 비용부담은 지정운송인에게 물품을 인도하는 시점이다. 하지만 지정장소가 Works(공장, 창고, 작업장)인 경우에 상차 비용을 수출업자가 부담하는 것이 원칙이며, 그 외의 장소에서는 지정장소까지의 운송 차량에서 하차의 비용부터 수입업자가 부담해야 한다.

위험의 분기점 역시 비용의 분기점과 같다. 컨테이너의 등장으로 복합운송이 활발하게 전개되어 해상, 항공, 철도 및 트럭운송이 복합적으로 이용될 것이므로 FCA의 조건은 1980년 Incoterms의 FRC, FOR, FOT의 형태가 FOA 통합된 조건이다. 또한, 운송인 인도조건 자체가 지정된 장소에서 매수인이 지정한 운송인의 관하에 수출 통관된 물품을 인도하는 조건이며 매도인 즉, 수출업자의 국가에서 물품을 인도하는 것이다.

<F조건: FCA(Free Carrier): 운송인 인도

① 매도인의 영업창구 내에 매수인이 마련한 운송수단에 적재, 그 외 장소는 매도인의 운송수단에 실린 채 양하준비

② 매도인은 자신의 비용으로 인수의 통상적인 증거제공, 합의된 경우 매수인은 물품이 적재되었음을 기재한 운송서류를 자신의 비용과 위험으로 매도인에게 발행하도록 지시(운송인과 매수인의 계약관계)

③ FCA + 적출지 지정장소

‖ 표 15-3 ‖ 운송인 인도 조건의 매도인과 매수인의 의무

구분	내용
매도인의 의무	- 약정된 상품 인도, 수출인. 허가 취득, 운송인에게 물품 인도 - 운송인에게 인도될 때까지 물품의 멸실, 손상위험과 비용과 사실 통지 및 물품 인도서류를 매수인에게 제공, 물품검사비용 등 부담 - 물품이 제3국으로 통과하는 경우 필요한 서류취득에 대한 협조
매수인의 의무	- 물품 대금 지급, 수입에 필요한 인. 허가 취득, 운송계약체결, 물품 인수, 수입통관비용 및 제3국 통과 시 모든 비용부담 - 매도인에게 운송인, 적재장소 인도 시기 통지, 인도증명 인수

3. 선측인도조건(FAS: Free Alongside Ship)

1) F.A.S. 약관

선측인도조건(Carriage Paid to Insert Named Place of Delivery)은 물품이 지정선적항 부두의 선측이나 부선에 위치한 경우, 매도인이 물품을 인도하는 자신의 의무를 완수함을 의미한다. 선측인도조건은 매도인이 물품의 수출검사를 이행해야 한다. 매수인이 직접 혹은 간접적으로 수출통관절차를 이행할 수 없는 경우, 이 조건이 사용되어서는 안 된다. 본 조건은 해상이나 내륙수로 운송에만 사용될 수 있다.

2) 매도인과 매수인(수출입업자)의 이행사항과 특징

매도인은 선측에 인도할 때까지 화물에 대한 모든 위험과 비용을 부담한다. 이러한 비용에는 부두사용료(Wharfage), 항내 운반비(Porterage)와 부선을 이용하여 선적할 경우, 부선 사용료, 독크에 반입될 때의 독크료(dock due) 등이 있다. 매도인이 본선 선측에 사고 없이 물품을 인도하였다는 사실 증명의 인도서류를 매수인에게 제공한다. 관련의 서류는 통상적으로 부두의 경영자가 발행하는 부두 수취증, 창고업자가 발행하는 창고 수취증(warehouse receipt) 등이 있다.

운송인을 지명한 경우 매도인에게 운송인과 운송개시 일자를 통고해야 한다. 매수인은 선적항의 물품을 인수한 뒤 대금결제와 함께 인수 후의 비용과 위험을 부담한다. F.O.B.의 경우, 매도인이 선적을 완료해야 하므로 수출통관과 비용부담이 매도인에게 있지만 F.A.S.의 경우, 수출통관에 관한 비용은 매수인의 부담이 된다. 모든 위험과 비용의 발생 시점은 본선 선측으로부터 동일 조건의 적용은 해상운송이나 내륙수로 운송에만 사용되며 표기는 "Alongside or Shipside Delivery"로 한다.

Incoterms 2020의 FAS 조건은 물품이 지정선적항에서 매수인에 의해 지정된 장소의 본선의 선측에 까지 물품을 인도하거나 조달한다. 이때 선측에서 본선에 적재되는 비용은 매수인이 부담한다. 매도인이 수출통관, 매수인에게 지정된 본선의 선측에 인도한 후 비용은 매수인이 부담한다. 이 조건은 해상운송과 내륙수로 운송에만 적용되는 규칙이며, FOB, CFR, CIF규칙과 함께 대표적인 선적지 매매의 조건이다.

하지만 1990년 인코텀즈에서는 매수인이 수출통관을 부담하였으나 2000에 와서는 매도인이 수출 물품의 통관절차를 이행해야 한다고 규정하고 있다. 한 가지 더 붙이자면, FAS 규칙은 해상운송이나 내수로 운송의 경우에 사용되는 규칙이다.

<F조건: FAS(Free Alongside Ship): 선측인도

① 지정선적항에서 매수인이 지정한 선박의 선측(또는 부두의 바지선에 놓인 때)
② 해상운송에서만 사용한다. 컨테이너운송에는 적절하지 않음, 변경하려면 FAS ⇒ FCA로 바꿔야 한다.
③ FAS + 지정선적항(insert named port of shipment)

4. 본선 인도조건(FOB: Free on Board)

1) F.O.B. 약관

본선인도 조건(Free on Board Insert named port of Shipment)은 물품이 지정선적항의 선측 난간을 통과했을 때 매도인의 물품 인도 의무가 완료되는 것을 의미한다. 이것은 그 지점부터 상품의 멸실과 손상에 관한 모든 위험을 매수인이 부담하여야 한다는 것을 의미한다. 본선인도 조건에서는 매도인이 물품의 수출통관을 이행한다. 본 조건은 해상이나 내륙수로 운송에만 사용될 수 있다. Roll-on/ Roll-off 또는 컨테이너운송과 같이 선측 난간이 별 의미가 없는 경우에는, 운송인 인도 조건을 사용함이 좋다.

무역실무에서 특히 한국의 무역에서 가장 많이 사용하는 규칙이다. 인코텀즈 2010에서는 본선 상(On board)으로 규정하였으나 2020에서는 본선 난간(Ship's Rail)을 통과할 때 매도인의 의무가 끝나는 것으로 하였다. 따라서 매도인은 수출통관의 의무와 매수인은 수입통관의 의무를 갖는다.

2) 매도인과 매수인(수출입업자)의 이행사항과 특징

약정된 기간 내에 상품을 본선 상에 인도하여야 하며, 선적 완료 후 매수인에게 통보한다. 매도인은 선측 난간을 통과할 때까지의 모든 비용과 위험을 부담하고, 수출일 경우에는 수출통관과 수출에 관련된 세금 및 관세를 부담한다. 매수인은 계약 물품을 선적할 선박, 항공기를 수배하여 운송계약을 체결한 후 매도인에게 그 사실을 통보하여야 한다. 이때 매수인은 선박 수배와 통지지체에 대한 추가비용을 부담한다. 그리고 매수인은 계약 물품이 본선에 인도된 이후 증거서류 제시하면 대금을 결제한다.

본선인도 조건은 해상 및 내수로 운송에 해당하는 거래조건으로 선적항에서 물품이 난간(ship's rail) 위를 통과함으로 매도인의 물품 인도의 의무가 해결된다. 국제무역 거래에 가장 많이 사용되는 계약조건이며, 가장 오랫동안 사용되어 온 해상운송의 거래조건이다.

또한, 선적지에서 물품을 사고파는 대표적인 선적지 매매조건이다. "Free On Board + 지정선적항" 조건인 본선인도 조건은 매도인이 화물을 선박의 갑판에 올려줌으로써 의무를 다하는 것이다. 따라서 비용과 위험의 분기점은 지정선적항에서 선박에 화물이 선적된 상태이며, 본선 난간(Ship's Rail)이며 이러한 기준은 C그룹 조건에도 적용되고 있다. 특히 컨테이너운송의 경우 CY나 CFS에서 인도됨으로 FCA 조건을 주로 활용하고 있다.

<F조건: FOB(Free On Board): 본선인도

① 지정된 선적항에서 매수인이 지정한 선박에 적재한다. 해상운송에서만 사용한다.
② 컨테이너운송에는 적합하지 않은 조건이다. 변경한다면 FOB ⇒ FCA 조건으로 변경
③ FOB + 지정선적항(insert named port of shipment)

▌그림 15-1 ▌ INCOTERMS 2020의 FOB조건

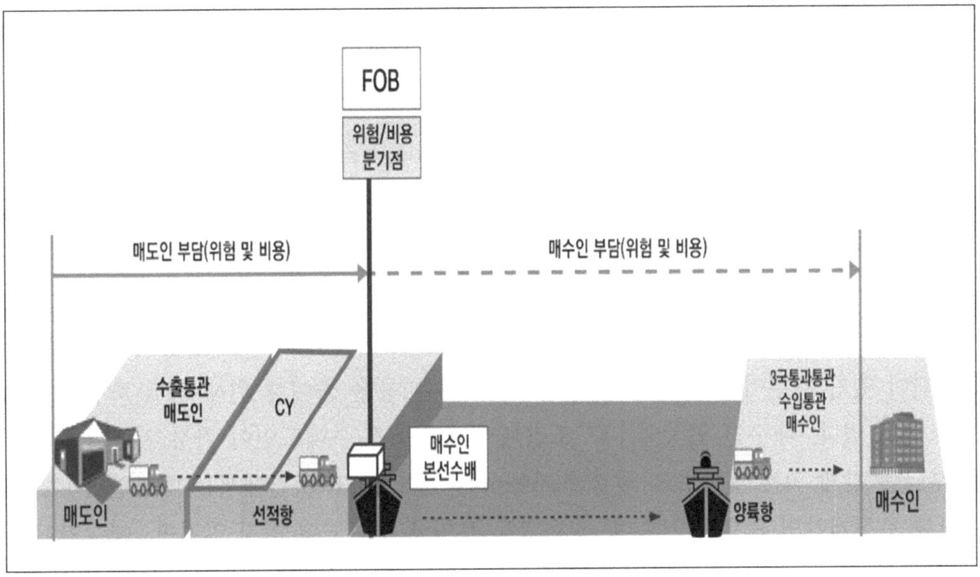

5. 운임포함 인도(CFR: Cost and Freight)조건

1) C.F.R. 약관과 이행사항

운임포함 조건은 매도인이 지정목적 항까지 물품을 운송하는데 소요되는 운임을 지급해야 한다. 그러나 물품이 본선 상에 인도된 후 발생하는 물품의 멸실과 손상의 위험과 모든 추가비용은 물품이 선적항의 선측 난간을 통과할 때 매수인에게 이전되는 것을 의미한다. 운임포함조건에서의 수출통관절차는 매도인이 담당한다. 본 조건은 해상 또는 내륙수로 운송에만 사용될 수 있다. 또는 컨테이너운송과 같이 선측 난간이 별 의미가 없는 경우, 운임 지급조건(CPT)이 더 유용하다.

매도인은 물품을 본선 상에 적재한 후 이를 매수인에게 통지한다. 선적 완료 후 선하증권을 발급받아 매수인에게 제공하며, 매도인은 자신의 비용으로 목적지까지의 운송계약을 체결한 후 운임을 지급한다. 물품은 매수인이 지정한 본선의 난간을 통과한 때에 물품의 멸실이나 손상에 대한 위험부담은 매도인에게서 매수인으로 이전된다.

▎표 15-4▎ FOB, CFR, CIF 조건(비교)

구분	FOB조건	CFR조건	CIF조건
위험의 분기점	선적항의 본선		
매도인의 의무	수출통관/선전완료	수출통관/선적완료 /해상운송계약 체결	CFR조건+해상보험 계약 체결
매도인의 부담사항	선적항에서의 선적비	목적 항까지의 운임	목적 항까지의 운임 및 보험료
최근의 동향	FCA 이용	CPT 이용	CIP 이용

CFR 조건 하에서 매도인과 매수인은 보험 가입의무는 없다. 다만 운임 속에 보험료가 포함되어 있기 때문이며 매도인 입장의 보험이나 비용을 줄이기 위해 CFR 조건을 택하는 조건도 있다. 매수인 입장의 CIF 조건에서 보험조건은 매도인이 가장 저렴한 최소한의 부담을 갖게 되는 것이므로 체결할 가능성이 있다. CFR 조건에서는 매도인과 매수인 쌍방이 보험계약의 의무가 없으며, 보험료는 운임에 포함되어 있지 않지만, 매수인이 물품에 대한 위험을 담보하기 위하여 매수인 임의로 보험 가입할 수는 있다. 그러나 운임과 보험료의 비용 일체를 부담하겠다고 한다면, CIF 조건이 되는 것이다.

<C조건: CFR(Cost and FReight):운임포함인도

① 선박에 적재 또는 이미 그렇게 인도된 물품을 조달한다. 해상운송에서만 사용.

② 컨테이너운송으로 사용하려면 CPT조건으로 변경해야 한다.

③ CFR + 지정목적항(insert named port of destnation)

6. 운임보험료 포함 인도(CIF: Insurance and Freight)조건

1) C.I.F 약관 이행사항과 특징

CIF 조건은 CPT 규칙에 매도인에게 부모의무를 추가한 조건이 된다. 즉, 운송의 형태에 관계없다. 특히 복합운동에 적합한 규칙이다. 매도인은 최대담보조건인 ICC(A) 또는 A/R조건으로 부보 하고 보험금액(계약가격 혹은 송장 금액의 110%)은 송장 금액 110%이다. 만일 매수인이 그 이상을 요구하거나 아니면 서로 합의하거나 매수인의 비용부담으로 매도인이 매수인을 위해 부보한다.

운임, 보험료 포함조건은 매도인이 운임포함조건에서의 경우와 같은 의무를 갖고 있으나 운송 중의 물품의 멸실 및 손상에 대한 위험을 매수인이 부담하고, 매도인은 해상보험계약을 주선해야 한다는 것이다. 매도인은 보험계약을 체결하고 보험료를 지급한다. 운임보험료 포함조건에서 매수인은 매도인이 최소한의 부보 범위로 보험계약을 체결한다. 운임보험료 포함조건에서는 매도인이 수출통관 절차를 이행하며, 본 조건은 해상 또는 내륙수로 운송에만 사용될 수 있다. 매도인은 계약 물품을 운송하기에 적합한 선박을 통해 운송계약을 체결하고 약정기일에 물품을 본선 상에 인도한다.

매도인은 매수인에게 약정기일 내에 발행된 무사고 선하증권을 매수인에게 제공한다. 계약 물품에 일치하는 선적선하증권이 제공됨과 동시에 매수인은 대금을 결제한다. 매수인은 수입통관에 필요한 수입허가서 등의 모든 서류를 입수하는데 드는 비용을 부담한다. 만일 당사자가 본선의 난간을 횡단하여 물품을 인도할 의무가 없는 경우에는 CIP 조건을 사용해야 한다. 양륙지 매매계약(D조건)에서의 매도인의 과중 부담과 본선인도 계약(F조건)에서의 매수인의 채산 분리를 조화시킨 것으로 CAF라고 하기도 한다.

2) CIF의 변형조건과 보험계약의무

CIF의 변형조건으로는 C&C의 조건으로 국내외의 중개무역상 또는 대리점, 위탁매매인 등에게 지급할 수수료(Commission)를 의미하며 가격에 포함된다. 그리고 C&I의 조건은 화환어음의 할인비용으로 실질적인 결제일의 일정 기간의 이자를 미리 가격에 포함한 것이다. CIF & E의 조건인 경우는 CIF의 조건에 외환 비용을 포함시킨 조건이며,

CIF & C.I의 조건은 CIF의 조건에 Commission과 Interest를 포함시킨 조건으로 매도인이 수수료를 지급해야 하는 거래에서 기한부어음으로 되어 있는 경우에 사용한다.

CIF 조건의 매도인 보험계약 사항으로 매수인 또는 물품에 피보험이익을 가지는 자가 적하보험을 체결하고, 매수인에게 보험증권 또는 기타 보험 부보의 내용을 제시하여야 한다. 보험에 있어서 협회 화물 약관(런던 보험자협회) 또는 이와 유사한 약관들의 최소 부보 조건에 따라야 한다. 보험의 담보 기간은 선측 난간 통과에서 목적 항에서의 물품 인수까지이다(B5와 B4). 또한, CIF 조건에서의 인도증명은 자신의 비용으로 합의된 목적 항에 대한 통상의 운송서류를 지체 없이 매수인에게 제공해야 한다. 이때 관련의 서류는 유통가능선하증권, 유통불능해상운송장 또는 내수로 운송서류이다. Carriage 조건은 해상, 항공, 도로, 철도, 등의 운송비용을 말하며, Insurance는 운송 도중 물품의 멸실, 손상의 위험을 담보하기 위한 보험료이다. 그리고 Paid to란 목적지까지 지급되었다는 것을 의미한다.

<C조건: CIF(Cost Insurance and Freight): 운임+보험료 포함 인도

① 선박 적재함(on bond) 또는 인도된 물품을 조달(procure), 해상운송만 가능
② 컨테이너운송은 부적합 (만약, 한다면, CIF⇒CIP) 로 변경해야 함.
③ 협회 적하 약관의 C 약관으로 보험 부보, 매수인의 요청이 있는 경우 매수인의 비용으로 추가보험 제공 가능.
④ CIF + 지정목적항(insert named port of destination)

❚ 그림 15-2 ❚ INCOTERMS 2020의 CIF조건

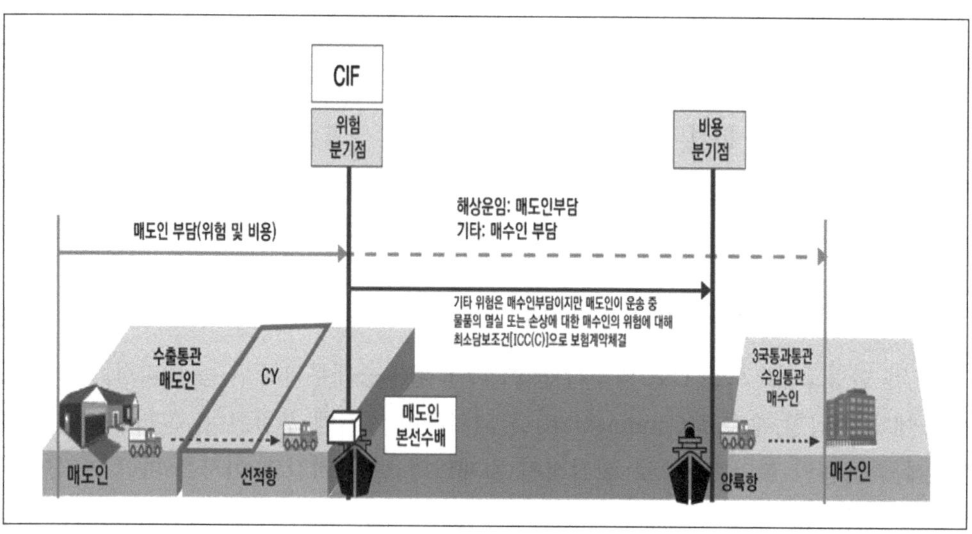

7. 운송비지급인도(CPT: Carriage Paid to)조건

운임 지급조건은 매도인이 지정된 목적지까지의 물품의 운송비용을 부담한다는 것을 의미한다. 물품이 운송인에게 인도된 이후에 발생하는 물품의 멸실 및 손상에 대한 모든 위험과 모든 추가적인 비용은 물품이 운송인의 임의처분 하에 인도되었을 때 매도인에게서 매수인에게로 이전된다. 운송인이란? 운송계약을 체결하여 철도, 육로, 해상, 항로, 내륙수로 및 복합운송방식에 의해 운송을 수행하거나 혹은 주선하는 사람을 의미한다. 모든 운송방식에 적용되는 규칙이다.

매도인은 자신의 비용으로 수출허가를 취득하고 수출통관 절차를 처리한다. 매도인은 운송계약을 체결하고 목적지까지의 운임과 적재비를 지급한다. 지정목적지에서 물품을 인수하고 운송서류가 제시되면 대금을 지급한다. 물품이 운송인에게 인도된 이후에 운임을 제외하고 물품이 목적지의 인도지점에 도착할 때까지 발생하는 추가비용과 물품의 멸실 및 손상에 대한 모든 위험을 부담하는 한편 물품이 목적지에 도착하면 그 이후 발생하는 모든 비용은 매수인이 지급한다. 운송비지급인도조건은 인코텀즈 1980의 DCP 조건을 포함한 모든 복합운송의 조건이다. 특히 수출승인(E/L) 등 수출국 내에서 수출에 관련된 공적 절차는 모두 매도인이 담당해야 한다.

<C조건: CPT(Carriage Paid To): 운송비지급인도

① 매도인과 계약을 체결한 운송인에게 물품을 교부, 인도된 물품을 조달함으로써 적합한 장소에서 운송인에게 물품의 점유를 이전함으로써 물품을 인도한다.

② 관행이 있거나 요청이 있는 경우는 매도인은 통상적으로 매수인에게 운송서류를 제공한다.

③ 관행이 있거나 매수인의 요청이 있는 경우 해상운송은 서류의 유통성으로 원본이 있어야 물품 인도 수령이 가능하다

8. 운송비/보험료 지급인도(CIP: Carriage and Insurance Paid to)조건

CIP 뒤에 지정목적지가 표시된다. 운임보험료 지급조건에서 매도인은 운임 지급조건(CPT)과 동일한 의무를 지고 있으나 운송 중 물품의 멸실 또는 손상에 대한 매수인의 위험에 매도인이 적하보험을 주선해야 하는 의무가 추가되어 있다. 매도인은 보험계약을 체결하고 보험료를 지급한다. 매수인은 CIP 조건에서는 매도인이 최소한의 담보범위로만 부보 할 의무가 있다. 운임보험료 지급조건은 매도인이 수출통관 절차를 이행한다. 본 조건은 모든 형태의 운송에 사용될 수 있다.

매도인은 자신의 비용으로 수출허가와 수출통관절차를 처리해야 한다. 그리고 목적지

까지 자신의 비용으로 운송계약을 체결하고 이에 대한 위험을 담보하기 위해서 적하보험을 부보하고 보험료를 지급하여야 한다. 매수인은 수입통관 등 수입을 위해 필요한 절차와 목적지에 도착까지 추가비용을 부담해야 한다. CPT, CIF, CFR, CIF의 조건일 경우, 매도인은 자기의 비용부담으로 항해 선박, 통상항로, 조건의 운송계약을 체결하며, 보험계약 체결의 경우 CIP 조건과 함께 의무를 다하여야 한다. 운임보험료 지급인도조건은 매도인 자신이 지명한 운송인에게 물품을 인도할 것을 의미한다. 즉, 합의된 목적지까지 운송하는데 여러 운송인이 이용될 경우 물품의 최초 운송인에게 인도될 때 위험이 이전되며 매도인에게 수출을 위하여 물품을 통관할 것을 요구한다.

따라서 운송 도중 발생할 수 있는 물품의 멸실, 손상, 위험에 대하여 매도인이 매수인을 적하보험(Cargo Insurance)에 부보할 의무를 제외하고는 CPT와 같은 조건이다. CFR과 CIF의 관계는 CPT와 CIP의 관계와 같으며, 복합운송의 경우에 유용하게 활용할 수 있는 거래조건이다.

9. 관세 지급인도(DDP: Delivered Duty Paid)조건

1) D.D.P. 약관

관세 지급인도 조건은 매도인이 물품을 수입국의 지정된 장소에서 매수인이 임의 처분하기로 인수 가능한 상태로 매수인에게 인도하면 그의 인도 의무를 완수함을 의미한다. 매도인은 물품을 수입통관을 수행한 상태로 지정 인도 장소에서 인도하기 위한 제세공과금을 포함한 비용과 위험을 부담해야 한다. 공장인도조건이 매도인의 최소 의무를 규정하는데 반해, 관세 지급인도 조건은 최대 의무를 규정한다.

본 조건은 매도인이 직접 혹은 간접적으로 수입통관절차를 이행할 수 없는 경우에는 사용될 수 없다. 만일 계약당사자들이 매도인의 의무에서 물품 수입 시 지급해야 하는 비용의 일부(부가가치세 등)를 제외하기를 원한다면, 본 조건에서는 관세지급인도조건, 부가가치세 미지급처럼 이러한 효력을 나타내는 문구를 추가하여 이를 명백히 해야 한다. 본 조건은 운송 형태에 관계치 않고 사용될 수 있다.

2) 매도인과 매수인(수출입업자)의 이행사항과 특징

매도인은 매수인의 지정인도 장소까지 물품을 운송하는데 필요한 운송계약을 체결하고 관련의 운송서류를 인도한다. 매수인은 물품 수입에 관한 허가와 수입통관절차를 이행하고 수입 관세를 비롯하여 관련된 모든 제세공과금을 지급한다. 매도인은 계약 물품을 인수하고 대금을 결제한다. Franco 계통의 정형무역조건으로 RAFTD, 1941년의 FOB와 유사하고 매도인이 직간접으로 수입승인(I/L)을 취득할 수 없는 경우에 활용할 수 있는 거래조건이다. 다시 말해 위험과 위험의 분기점은 지정된 목적지에서 매수인에게 인도될 때이며, 매도인은 최대의 의무조건이 된다. 매도인은 수출과 수입의 통관을 해야 하며, 매수인은 여기에 관여치 않는다.

<D조건: DDP(Delivered Duty Paid): 관세지급인도조건

① 위험과 위험 분기점은 지정된 목적지에서 매수인에게 인도될 때이다.
② 매도인의 최대의 의무조건이며, 매도인은 수출 및 수입통관 업무를 담당해야 한다. 다만, 매수인은 수출, 수입통관을 하지 않는다.

10. 목적지 인도조건(DAP)

목적지 인도조건은 약정된 도착 장소에서 물품을 양화 하지 않은 채 도착 된 운송수단에서 매수인의 처분에 놓았을 때 매도인의 인도 의무가 완료되는 조건이다. 목적지 인도조건은 지정목적지에서 수입통관을 하지 않은 계약 물품을 도착된 운송수단으로부터 양화 하지 않고 매수인의 임의처분상태로 인도하는 것이다. 그러나 매도인은 수출통관의 의무를 부담해야 한다. 터미널은 부두, 창고, CY, 도로 및 철도, 항공화물터미널 등 모든 수단을 포함하고 있다. 인코텀즈 2020에서는 DDP조건으로 변경되었다.

▌표 15-5▐ INCOTERMS 2020의 D그룹 비교

구 분	변경 및 통합내용/설명
DAP조건	DAP(Delivered At Terminal)조건 ☞ 지정 목적항 또는 지정목적지의 지정터미널에서 도착된 운송수단에서 양화된 물품을 수입통관을 하지 않을 상태에서 매수인에게 임의처분상태로 인도하는 조건
DAT조건	DAT(Delivered At Place)조건은 인코텀즈 2020에서 DPU로 명칭 변경(물품을 도착 운송수단에 실어둔 채 양하를 위하여 매수인의 처분하에 둠으로써 인도함). DPU는 인도장소(목적지)가 터미널로 제한되지 않음.
DPU 조건	DPU는 물품을 도착 운송수단으로부터 양허한 후 인도 * DAP는 DPU 앞에 배치됨.

<D조건: DAP(Delivered at Place): 목적지 인도조건

① 인코텀즈 2000의 DAF, DES, DDU의 조건을 대체한 조건이다.
② 지정목적지에서 물품을 운송수단에 양하하지 않은 채 매수인의 임의처분상태로 둘 때 매도인의 위험과 비용이 종료된다.
③ 매도인은 수출통관만 하고, 수입통관은 매수인의 몫이다.

④ 위험과 비용부담의 분기점은 서로 동일하다. 지정목적지에서 양하 하지 않고 매수인의 임의처분 상태로 인도할 때, 도착된 운송수단은 선박이 될 수도 있다.
⑤ DAP 조건과 DAT 조건의 차이점은 인도조건이다.

11. 도착지 양하 인도조건(DPU)

도착지 양하 인도조건(Delivered at Place Unloaded)은 인코텀즈 2010에서 유일하게 매도인이 물품을 운송수단에서 양하하여 인도하는 조건이다. 매도인은 수출통관의 책임이 있으며, 수입통관은 매수인 몫이다. 그리고 위험 부담과 비용의 분기점은 서로가 동일한 셈이다.

▌그림 15-3▌ INCOTERMS 2020의 DDP조건

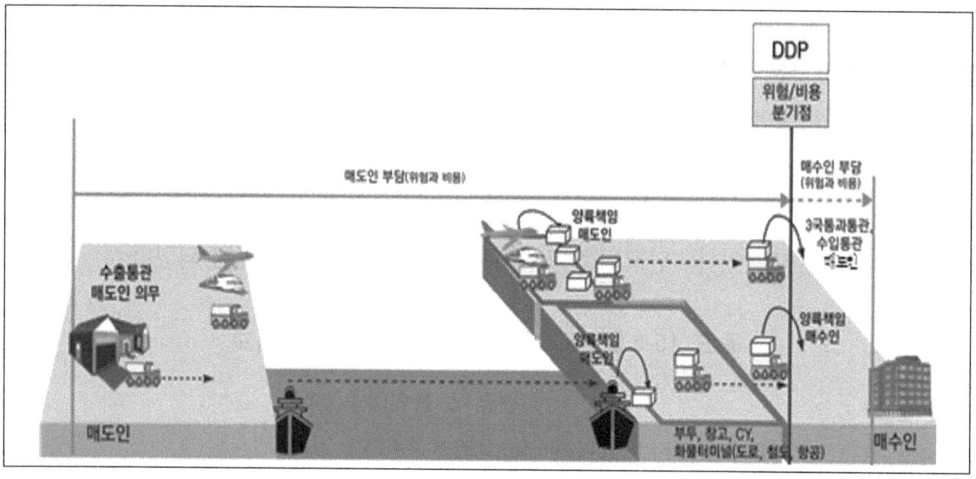

▌표 15-6▌ INCOTERMS 2020의 운송/보험계약 체결 구분

구 분	거래의 조건	매도인의 의무(A3)		매수인의 의무(A3)	
		운송계약	보험계약	운송계약	보험계약
모든 운송의 조건	EXW	×	×	×	×
	FCA	×	×	○	×
	CPT	○	×	×	×
	CIP	○	○	×	×
	DAP	○	×	×	×
	DPU	○	×	×	×
	DDP	○	×	×	×
해상 및 내수로 운송의 조건	FAX	×	×	○	×
	FOB	×	×	○	×
	CFR	○	×	×	×
	CIF	○	○	×	×

제 2 절 무역 계약의 물품 자체에 관한 조건

1. 무역 계약의 기본조건

무역 계약은 쌍방이 협의, 약정이 있어야만 거래조건을 충족시킬 수 있다. 무역 계약에서 조건이란 계약체결에 필수적인 사항으로 계약당사자에 의해서 지킬 것을 확약하는 약속이다. 무역 계약의 내용과 당사자의 의무 등을 구성하는 무역 계약의 조건들은 모든 거래에 공통 적으로 적용되는 일반거래조건이 있다. 무역 계약의 주요 내용은 품질조건을 비롯하여 수량, 가격, 선적, 결제, 보험, 포장, 하인, 분쟁 해결, 기타조건 등으로 분류한다.

따라서 무역 계약에 있어 매도인과 매수인이 합의하여 계약을 성립시키겠지만 계약에 반드시 포함해야 할 사항들이 많이 있다. 특히 무역 계약에 있어 물품과 관련된 계약의 내용 외에 품질계약을 비롯한 수량계약, 가격계약 등과 추가로 운송, 하역, 보관, 창고, 금융 등의 사항들이 있다.

표 15-7 무역 계약의 기본조건

관련 범주	계약 사항 및 조건
기본사항	당사자(Principal) 및 서명
	계약확정 문언
	계약 체결일
	계약의 유효기간(Validity) 등
상품자체에 관한 조건	품질조건(Terms of Quality)
	수량조건(Terms of Quantity)
	가격조건(Terms of Price)
	포장조건(Terms of Packing)
계약이행에 관한 조건	선적조건(Terms of Shipment)
	결제조건(Terms of Payment)
	보험조건(Terms of Insurance)
계약불이행에 관한 조건	불가항력조항(Force Majeure)
	클레임조항(Claim Clause)
	중재조항(Arbitration Clause)
정형거래조건	정형거래조건(Trade Terms)
	준거법(Governing Laws)

어떤 물품을 계약했다고 한다면, 우선으로 생산에 관한 계약이나 상품을 준비하여 운송계약, 보험계약 등을 포함하여 생각해 보아야 할 것이다. 그러므로 무역을 함에 있어 기본적으로 생각해야 할 계약의 종류들은 〈표 15-7〉에서와 같이 상품 즉, 물품 자체의 계약과 계약이행에 관한 추가적인 계약 및 거래조건과 준거법에 맞는 계약 및 계약을 이행하여야 한다.

2. 품질조건

품질조건은 무역 거래에서 매매될 대상 물품의 품질조건에 대한 사항을 계약서에 미리 정해두는 것을 말하며, 어떤 품질의 수준으로 물품의 거래대상을 선정할 것인가에 관한 것이다. 그리고 품질의 조건은 단순한 수량과 규격에 의한 것이 아니라 품질 전반에 걸친 상세하고 자세한 내용 들을 견본, 현물, 설명서 등의 방식을 통한 계약체결의 조건이 되는 것이다.

1) 견본매매(Sales by sample)

견본에 의한 매매는 당사자가 제시한 견본과 동일한 품질의 물품을 인도할 것을 약정한 방법으로 무역 거래에서 가장 널리 행해지고 있는 방법의 하나이다. 매도인은 물품의 품질보증에 대한 의무가 있어 최상품이 아닌 평균적인 품질 가운데 하나를 견본으로 제시하는 것도 타당할 것이다. 견본품에 의한 매매의 유리한 점은 품질표시의 방법에 있어 견본에 의한 것이므로 가령 "same as sample" 또는 "up to sample"을 기재하며, 대량생산의 제품이나 농산물과 같이 견본과 유사한 제품일 경우는 "similar to sample"이라 표기하는 것이 바람직하다.

견본의 종류에는 매도인 견본, 매수인 견본, 반대 견본, 선적 견본 등으로 분류한다. 매도인 견본은 매도인이 매수인에게 제시한 견본을 말하며, 매수인 견본은 매수인이 매도인에게 제시한 견본이다. 반대 견본은 매수인의 견본에 대하여 매도인이 제조하여 보내는 것이며, 선적 견본은 실제로 선적된 물품 중 일부를 보내는 경우이다. 반대 견본 가운데 3개 이상을 만들어 그중 하나는 매수인(제1 견본), 또 하나는 자사 보관용, 그리고 제조업자 또는 공장용(제3 견본)으로 보낸다.

2) 표준품 매매(Sales by standard)

표준품 매매의 경우, 보통표준품질조건(U.S.Q: Usual Standard Quality); 공인검사기관, 공인 표준기준에 의한 보통품질을 표준품의 품질로 결정하는 조건(예: 미국의 면화판매), 한국의 경우(인삼, 오징어, 해태)에 1등급, 2등급, 또는 A급, B급, 또는 A1, B1 등으로 구분한다.

▌표 15-8▌ 표준품의 표시방법

표시방법	내용
Fair Average Quality (FAQ: 평균중등품질조건)	- 곡물, 과일, 농산물에 주로 사용되는 품질조건으로 선적시기, 장소, 계절 등에 따른 출하품의 평균중등품질로 한다는 조건
Good Merchantable Quality (GMQ: 판매적합품질조건)	- 냉동어류, 목재 등에 주로 사용되는 판매적합품질조건으로 표준품 제시가 곤란한 물품인 경우 시장에서 판매에 적합한 품질이어야 한다는 조건
Usual Standard Quality (USQ: 통상품질조건)	- 원사거래 등에 활용하는 방법으로 공인검사기관, 공인표준기관의 보통품질을 표준품의 품질로 결정하는 방법

평균 중등 품질조건(F.A.Q: Fair Average Quality); 동종의 상품 가운데 평균적인 중등의 품질을 뜻하는 것으로 곡물 매매에서 주로 활용한다. 즉, 해당 계절 출하 물품의 평균 중등 품을 표준으로 하여 선물거래일 경우 전년도 수확물의 평균 중등 품의 가격기준, 인도 품의 품질 수준은 새로 수확한 물품의 평균 중등 품으로 결정한다.

판매적격품질조건(G.M.Q: Good Merchantable Quality); 수출업자가 보낸 물품을 수입업자가 인수하는 과정에서 현물에 하자가 발생한 경우 판매가 불가능하므로 수입업자는 수출업자에게 배상을 요구할 수 있다는 품질조건이다. 주로 냉동의 수산물이나 목재, 광물 등의 거래에서 활용한다.

3) 상표(통명) 매매(sales by trade mark or brand)

생산업자의 상표나 생산되는 물품의 명칭이 세계적인 명성이 있거나 품질이 널리 알려진 상태여서 견본을 필요로 하지 않고 상표에 의하여 품질 수준을 인정하여 매매계약을 체결하는 방법이다.

4) 설명서(맹세) 매매(sales by description or specification)

설명서매매란 상품에 대한 자세한 사양에 대한 설명(사양서), 상품의 설계도(Paln), 설명서(Description), 명세서(Specification), 도해목록(Illustrated Catalogue) 등을 제시함으로써 품질을 인정하여 매매계약을 체결하는 방법이다. 주로 선박이나 기계류, 발전기 등에 의한 거래에서 볼 수 있다.

5) 규격(등급) 매매(sales by type grade)

규격이나 등급이 국제적으로 명성이 나 있거나 특정 국가의 공식적인 표준으로 규정되어 있는 경우에 규격 그대로를 인정하여 규격대로 거래가 이루어지는 것을 말한다. 이러한 거래조건은 국제적으로 널리 활용하고 있는 시멘트거래 등에 적용되는 것이 규격 매매이다.

6) 점검매매(sales by inspection)

점검매매란? 매수인이 직접 물품의 현물을 확인한 후에 매매계약을 체결하는 방식이다. 품질 약정방법 자체가 매수인에 의한 직접적인 점검 후에 거래되는 것으로써, 주로 국내거래에서 활용되며, 무역 거래에서는 BWT (보세창고 조건) 거래, COD 거래 등이며 매매계약서상의 표기는 점검 후 매매조건 청약 또는 반품허용 조건청약으로 시장개척, 판로확장 등의 매매에서 활용하고 있다.

3. 품질의 결정 시기

품질의 결정 시기는 선적품질조건, 양륙품질조건, 특수품질조건이 있다. 선적품질조건(shipped quality terms)의 품질 결정 시기는 선적 완료의 시점으로 하는 조건이다. 주로 CFR, FOB, CIF 조건에 의한 거래, FAQ조건, T.Q(Tale Quale: 런던 곡물 거래 시 사용) 등의 품질 결정 조건이다.

양륙품질 조건(Landed Quality Terms)은 선적된 화물이 목적지에 도착 된 후에 해당 물품이 계약한 당시의 조건과 일치하는지 그 여부를 목적항구의 물품양륙 시점에서 판정하겠다는 조건으로 만약 운송 도중 상품의 변질이 있었다면 매도인이 책임을 지고 배상해야 한다. 또한 특수품질조건(TQ, RT, SD)은 곡물 거래에서 선적 또는 양륙시의 품질 상위에 대하여 매매당사자 중 누가 책임을 지느냐에 대하여 영국 곡물 시장을 중심으로 전개된 조건이다.

▌표 15-9▌ 특수 품질조건

품질조건	내용
T.Q Tale Quale	- Such as it is의 의미이며 선적품질조건으로 매도인은 운송중의 손실에 대한 부담이나 책임이 없다는 조건
R.T Rye Terms	- 양륙품질조건으로 호밀(Rye)거래에 사용되며 물품이 목적지에 도착하였을 때까지 매도인이 품질보증의 책임을 진다는 조건
S.D Sea-Damage	- 선적품질조건에 속하며 항해 중, 조수에 의한 손해를 매도인이 부담하는 조건으로 T.Q와 R.T의 절충형 조건

4. 품질증명

품질의 증명방법은 선적품질조건과 양륙 품질조건 및 검사기관이나 감정인에 의한 품질증명으로 나눈다. 선적품질조건은 매도인의 책임하에 공인 검사기관의 검사증명서(Certificate of Inspection) 또는 품질 증명서(Certificate of Quality)를 발급 후 매수인에게 전달하는 조건이다. 양륙 품질조건은 매도인의 책임하에 품질 수준의 미달, 변질 등에 관한 검사, 감정인의 감정보고서를 통한 사실 증명과 배상에 대한 책임을 진다. 또한, 권위 있는 검사기관이나 감정인에 의한 품질증명인 경우, 농산물, 천연산물 등의 품질에 관하여는 전문검사기관의 검사에 의한 품질증명서나 감정보고서에 의해 품질을 인증받게 된다.

5. 수량조건(Terms of Quantity)

1) 수량(Quantity)의 단위결정

(1) 중량(Weight)

수량 단위는 상품 성질과 각국의 도량형에 따라 다르다. 중량표시는 Kg, LB(pound), Ton 등이며, M/T는 용적(부피)을 나타내는 용적톤의 약어로 구분한다(metric ton 또는 measurement ton). 계약을 체결할 경우 수량을 단순하게 톤(ton)이라고 표기하지 않고 표현방법을 정확하게 하여 표기한다. 계량방법에 있어서 총중량(총량: gross weight)조건으로 외부와 내부의 충전물을 전부 포함하는지와 순중량(순량: net weight) 조건으로 외부포장을 제외한 내부의 충전물만을 중량으로 계산하는 방법, 또는 정미중량(자중: net net weight) 조건으로 물품 내용물만의 순수한 중량 즉, 중량에서 내부포장과 충전물 등을 제외한 중량만을 계량하는 방법으로 나눈다.

2) 수량의 표현방법

과부족 용인 약관(M/L or MOL Clause, more or less clause)이란 일정한 수량의 과부족 한도를 정한 후 범위 내에서는 과부족 부분에 관하여 계약의 불이행이나 수량에 대한 클레임의 요인으로 삼지 않고 충분량 즉, 계약과 같은 양으로 인정한다는 수량조건이다. 특별히 신용장 통일규칙 제39조 b항에 의하여 특별한 금지조항이 없는 한 포장단위, 개체품목 수량이 명시된 경우를 제외하고 통상 5%의 과부족(tolerance)을 허용하는 것으로 규정되어 있다.

개산 수량 (Approximate Quantity) 조건은 개별단위의 포장이 아닌 Bulk Cargo인 경우, 계약 수량의 신축성을 부여하고자할 경우 More or less clause의 설정에 의한 방법이 선명하고 좋다. 만일 설정이 없다면 간단하게 "약"(about, circa, approximately, around, some 등)이라 표현한다. 하지만 UCP에서 표시 수량의 10% 과부족(difference)을 허용(about, circa, similar expressions)한다는 뜻이다.

따라서 과부족 수량의 정산기준가격은 계약가격(contract price), 선적인 가격 및 도착일 가격(day-of-arrival price)의 세 가지 가운데 하나를 선택하여 매매계약에 표시한다. 만약 정산기준에 대하여 아무런 약정이 없을 때는 계약가격에 의한 것으로 한다는 상거래 관례이다.

3) 검량 기준시기와 수량의 증명방법

(1) 검량 기준시기와 수량증명

검량 기준시기는 선적 수량조건, 양륙 수량조건으로 구별하는데, 선적 수량조건은 물품에 대한 위험 부담의 시발점이 수출국의 어느 지점이 되는 조건이며, 선적 시 검량된 수량 부족분에 대하여 수출업자는 책임을 지지 않는다는 조건이다. 그러나 양륙 수량조건은 목적지에서 물품을 인도받을 때를 기준하여 인도 수량을 점검하여 판정하겠다는 조건이다.

수량의 선적증명방법 중 선적 수량을 최종적인 것으로 할 때 매수인이 사전에 검정 기관이나 공인검량인으로부터 제공되는 중량용적 증명서를 매도인에게 제공하거나 때로는 당사자의 합의에 따라 선하증권 상에 기재한 수량 또는 매수인이 작성한 중량표(weight list)에 의한 수량증명을 해야 한다.

6. 가격조건(Terms of Price)

무역 거래에 있어 품질조건과 수량조건 및 가격조건은 물품 즉, 상품에 관한 조건이며 특히 가격조건은 단가를 책정하는 것은 중요한 일이다. 특히 가격을 책정할 때 물품의 원재료 투입과 생산 및 수출입의 모든 비용을 포함하여 단가에 책정되어야 할 것이며, 가격조건 시 적정한 가격의 제시는 매도인은 물론 매수인과 소비자에게까지 그 영향력을 줄 수 있으므로 가격조건은 여러 가지의 부담 귀속을 갖고 있다.

1) 가격의 구성요건

무역 거래에 있어 가격구성요건은 수출입의 비용을 포함한 물품의 제조원가에 이윤을 첨가한 것이라고 볼 수 있다. 즉 수출입을 위해 지출된 요소비용은 단가 채산에 포함되어 적정 가격제시를 하게 된다. 가격의 구성요건 가운데 가장 기초적인 제조원가, 포장비, 예상이익, 각종 검사 및 증명료와 인허가비용, 선적항까지의 수출(적출)국에서의 내륙수송비, 창고비용, 보관료 수출통관비용 및 수출관세, 선적비용 및 해상운임 및 보험료, 양하비용, 항구세와 부두사용료, 수입통관비용 및 관세 등은 매도인이 주로 부담해야 할 항목이다.

2) 수출가격의 주요항목

(1) 물품 대금과 수출 제 경비

물품 대금을 주요항목별로 구분하여 보면, 행정비용, 은행수수료, 중개수수료는 요소비용으로 구성되며 이때 행정비용은 운송비, 보험료, 물류비, 허가료, 통관절차의 비용 등이며, 여기에 은행수수료와 중개수수료를 더하면 된다. 물품 대금이라고 할 때는 제조관련의 제조 원가표에 의한 제조원가이다.

여기에 순수한 재료비, 노무비, 관리비와 제세공과금이 포함된 금액이며, 수출하고 자할 때는 제조자와 수출업자의 이익, 선적검사, 수출포장 등의 비용을 포함하여 물품 대금이라 칭하며 주로 공장인도조건(EXW: EX World)의 가격을 말한다.

(2) 운반비용과 보험료

운반비용의 설정에 있어 가장 큰 비중은 해상운임(Ocean Freight)과 육상 즉, 내륙운송료(Inland Freight)이다. 운반비용의 부담에 관한 내용은 무역 계약체결 시 정형거래조건(Trade Terms)에 의한다. 기본적인 운반의 제조건 가운데 FOB(본선인도가격: Free On Board=수출항 본선인도가격=통상적으로 수출조건), CIF(운임보험료포함가격: Cost, Insurance and Freight=도착항까지의 인도조건=통상적으로 수입조건)이다.

가격조건에 포함된 사항 중 운반비용과 보험료는 정형거래조건(Trade Terms)에 따라 해당의 부담자가 결정된다. 가령 수출의 경우 FOB조건 하에서는 수입자가 보험료를 부담하고, 수입의 경우, CIF 조건에서는 수출자가 보험료를 부담한다.

(3) 은행수수료와 커미션

우편료, L/C 개설수수료, 환가료 또는 대체료, 등에 대하여 해당자는 제3의 중개자나 대리점의 경우 중개계약서나 대리점 계약서에서 정한 규정에 의거 수출업자가 수수료를 지급한다. 그리고 추가적인 제 비용으로는 통신료(Corres Charge), 수출통관비용, 제증명료(원산지증명서 등), 서류인지대, 금리(이자) 부분 등이 추가된다.

3) 수입가격의 주요항목

(1) 물품 대금과 수입 제 경비

물품 대금은 주로 선하증권(B/L)의 결제대금을 말한다. 선하증권을 수입자가 수취하기 위하여 결제하는 내용을 환어음 대금결제라고 부른다. 선하증권과 관련된 결제의 주요 내용은 수입 시에 발생하는 제 경비인 금융비용, 수입제세금, 통관 및 운송보험 관련의 물류비용이다. 금융 관련의 비용 가운데 신용장개설 수수료(Cable Charge, L/G Charge)가 있다.

통관 관련의 경비로는 관세, 부가가치세, 특별소비세 등의 수입 제세와 관세 및 통관수수료가 여기에 속한다. 물류비용으로는 해상운송비와 내륙운송비, 보관료, 입항료, 하역료, 검정료, 화재보험료, 입출 고료, THC(Terminal Handling Charge), CTX(Container Tax) 등 항목이 있다.

(2) 이자와 관련한 경비

수입업자는 수입과 관련된 경비를 수입원가 항목으로 취급하는데, 주로 수입으로 인하여 발생한 부분은 수입대금에 포함한다. 이자와 관련된 주요경비는 재고이자, 여신이자 등이다. 재고이자는 자금투입일인 B/L 대금 결제일로부터 판매까지의 이자를 말한다. 그러나 판매되지 않고 재고로 남는 경우는 손실로 처리한다.

여신 이자란 물품을 수입하여 대금의 결제는 주로 외상으로 거래하고 판매 후 이를 현금화하여 결제하는 방식이 대부분이며, 이는 어음 사고 발생을 고려하여야 하고 또한 현금화 및 채권확보가 불가한 경우를 대비해야 한다.

4) 가격조건의 정형거래 관습과 유의점

가격조건은 무역 거래조건 혹은 정형무역거래조건과 같은 내용이며, 정형화된 가격조건 중 대표적으로 사용되는 것은 FOB, CFR, CIF이다. “INCOTERMS 2020”에 의거 정형거래조건별 매매가격의 원가구성요소가 계산된다. 무역 거래에 있어 가격조건의 선택은 매수인과 매도인 중 어느 한쪽이 일방적으로 선택하는 경우가 많으며, 우리나라는 대부분이 FOB, CIF, CFR 가운데 하나를 선택하여 활용하고 있다.

가격조건은 정형거래조건 가운데 해양, 유상운송과 관련하여 위험 부담의 분기점이 물품의 선적항구 본선 난간(Ship's Rail)을 통과할 때부터이다. 항공운송이나 복합운송처럼 실제 위험 부담의 분기점이 본선의 난간이 아닌 경우는 FOB, FCA, CIF 대신 CIP, CFR 대신 CPT와 같은 복합운송조건을 채택하는 것이 바람직하다. FOB, DES, 현물 인도(Actual Delivery)방식과 CIF 조건 및 CFR 조건의 경우 서류 인도방식에 의한다.

7. 포장조건

1) 포장의 종류와 방법

(1) 개장(Unitary Packing)

개장이란 포장의 단위를 최소의 단위인 낱개의 묶음을 말하며 개별적으로 하나씩을 포장하는 방법이다. 개장은 통상적으로 상표, 제조 업체명, 등이 기록되며 하나씩의 개별포장이기 때문에 소비자들에게 구매 의욕을 불러일으킬 수 있도록 포장과 디자인에 주의한다.

(2) 내장(Interior or Inner Packing)

내장이란 개장 물품을 취급하기 편리하게 내장별, 몇 개의 개장을 합한 포장으로 개별 포장된 물품을 몇 개씩 모아 포장하거나 관련의 용기에 넣은 것을 말한다. 특히 내장 포장된 물품이 수분, 습기, 광열, 충격 등에 잘 견딜 수 있도록 포장의 재료를 잘 선별하여 포장하여야 한다.

소포장한 물품 몇 개를 1개의 수송용 용기에 넣을 때를 수송용 포장이라 하고 물품을 용기에 넣음으로 수분, 광열, 충격 보호를 위한 예방 차원의 포장형태는 보호적 내장이라고 한다.

(3) 외장(Outer Packing)

무역화물의 수송 도중에 발생 가능한 변질이나 파손, 도난, 유실 등의 위험을 사전에 예방 하고 화물 취급업자로 하여금 화물의 취급을 간편하게 처리하기 위하여 내장별로 또는 몇 개의 내장을 모아 다시 행하는 포장방법을 외장이라고 한다.

2) 화물 포장의 유의점

물품의 포장에 있어서 중요한 것은 포장 자체가 가볍고 적절한 부피를 갖춰야 하며 값도 비교적 싸고 튼튼한 것으로 해야 한다. 특히 상품의 종류, 성질, 도착지, 운송 도중의 기후, 환적의 횟수, 도착 국의 화물 포장에 관한 법규, 상거래 관습, 등 필요시에 포장비용까지도 고려하여 안전한 포장이 되도록 해야 한다. 보통의 포장은 매도인의 판단하에 임의로 포장하지만, 분쟁의 소지를 없애려면 적절한 포장단위를 선택하여 쌍방이 미리 약정하는 방법도 있다.

3) 화인(Cargo Mark)

화인이란 화물이 외장에 표기하는 특정기호, 포장번호, 목적지, 목적항구 등의 표시한다. 매도인의 창고에서 매수인의 창고까지 전 운송 기간 중 화물을 확인하며 혼란과 지연 없이 도착지까지의 신속, 원활, 안전한 운송과 화물 및 화물 관련 서류의 대조 및 점검을 위함이다. 화인의 표시는 필수사항인 목적항구, 포장번호, 수입업자 명 등의 기본 화인(Main marks)을 제외하고는 임의로 표시하는 것이 일반적이다.

화인의 구성은 주하인, 부하인, 중량표시, 화물번호, 목적항 표시, 원산지, 품질 마크, 주의 표시 등이다. 주 하인의 표시는 일정한 기호로 외면에 삼각형이나 다이아몬드형, 마름모, 타원형 등의 표시를 하고 그 안에 상호, 약호 등을 기록한다. 부 하인은 주 하인의 보조로 같은 Lot의 타 화물과 식별이 용이하도록 표시된다.

중량(순중량, 총중량)과 용적을 표시하며, 화물의 번호를 매포장 마다 총 개수 중에서 몇 개수에 해당하는지에 대한 번호를 기록한다(10-1, 10-2 등). 또한, 목적항 표시는 화물의 선적 또는 양화 작업을 용이하게 운송하기 위하여 목적지와 목적지 항구를 표시한다. 항구명을 표시할 때는 Port Mark라 하고 표기하고 원산지는 해당 화물의 원산지를 표시한다. 이때 혼돈을 방지하기 위하여 동일 종류의 상품일지도 등급표시를 한다. 마지막으로 주의 표시를 한다.

제 3 절 신용장 통일규칙(UCP-600)의 조건

1. 신용장 통일규칙(UCP)의 의의

글로벌 무역 거래의 매매계약과 수출입의 관계에 있어서 수출업자와 수입업자 및 은행과의 상호권리와 의무를 규정해 두어야 한다. 따라서 신용장 통일규칙은 신용장거래의 준거법으로서 신용장의 기본원리와 각 당사자의 권리와 의무를 규정하고 있다. 하지만 신용장 통일규칙은 강제법이 아닌 임의법규이므로 관계 당사자의 합의에 의해 사용되고 있기에 특약이 있는 경우, 쌍방이 협의 후 그 계약에 따르면 된다.

신용장 통일규칙(UCP-600: Uniform Customs and Practice for Documentary Credit-600) 즉, 신용장 해석에 관한 국제적인 통일규칙으로 국제상업회의소(ICC)의 결실로 나타난 것이다. 특히 화환 신용장에 관한 통일규칙 및 관례가 10월 25일 파리에서 개최된 ICC 은행위원회에서 승인되어 UCP-600이 2007년 7월 1일부터 시행되었다. UCP-600은 제2조(정의), 제3조(해석) 등을 추가하여 기존의 49개 조항을 39개 조항으로 통합 조정하였다.

신용장거래는 거의 SWIFT(Society for Worldwide Inter-bank Financial Telecommunication : 세계은행 간 금융전자통신기구) 형태로 이용되고 있으며, 또한 EDI 시스템에 의한 신용장 발행 신청 및 신용장 통지도 점차 확산되는 등 이른바 종이 없는 무역 거래에 많이 접근되고 있다.

2. UCP의 적용 범위와 내용

신용장에 의한 매매계약 체결을 한 경우와 이를 위한 거래에 있어 신용장 문면에 UCP-600의 규칙을 적용하고 있다는 명시적인 표시한 한 경우에 보증신용장(Standby Letter of Credit)을 포함하여 모든 신용장에 적용한다. 그리고 신용장에서 명시적으로 수정되거나 본 규칙의 적용을 배제하지 않는 한 당사자들을 규칙에 의거 구속한다. 신용장 통일규칙의 사용에 대한 구체적인 문건은 Art6에 명시하고 있다.

Art 6의 주요 내용은 일람불지급, 연지급, 인수와 매입에 관한 사항으로 일람 불 지급은 일치하는 제시에 대해 일람 출금으로 지급한다는 것과 연 지급(Deferred Payment)은 일치하는 제시에 대하여 연 지급을 확약하며 만기일에 지급하겠다는 것이다. 인수란 수익자가 발행한 환어음을 인수하고 만기일에 이를 지급하겠다는 뜻이며, 매입이란 일치하는 제시에 대해 지정은행이 상환일 혹은 그 이전에 대금을 지급하거나 지급에 동의함으로써 환어음과 관련의 서류를 인수 즉, 매입하는 것을 말한다.

1) 신용장의 전송방식

신용장의 전송방식은 대표적인 방법으로 전신수단을 활용하고 있으며, 전신수단에는 스위프트(SWIFT: Society for Worldwide Inter bank Financial Telecommunication)와 텔렉스(TELEX)를 전신수단으로 구분한다.

(1) SWIFT 전신수단

스위프트 방식에 의한 전송은 국제은행 간 통신 협정에 의하여 1973년 5월 유럽 및 북미의 주요 은행이 가맹해 발족 된 비영리조직으로, 각국의 주요 은행을 묶어 컴퓨터 네트워크를 구성하고 은행 상호 간의 지급 및 송금업무 등을 위한 데이터 통신의 교환을 목표로 하고 있다. 신용장의 전문 형태에 따라 Message Type-MT을 정하고 각 MT는 코드화된 필드로 나누며, 신용장의 발행은 MT700을 이용한다.

(2) TELEX 전신수단

탤렉스에 의한 전송방식은 가입자 상호 간에 직접 임의의 시간에 전신 회선망에 의해 통신할 수 있는 진신 및 진입 진신이라고도 한다. 가입자의 집안에 실치한 인쇄 전신기와 가입 전화 교환국에 수용된 전신회선으로 구성되며, 가입자가 다이얼 또는 건반으로 상대 가입자를 호출하고, 인쇄 전신기로 기록통신을 하는 방법이다. TELEX나 우편(Mail)을 사용한 신용장 발행으로 표기는 이렇게 한다.

2) 원본서류와 사본(Original Documents and Copies(Art.17)

서류발행자의 서명이나 마크, 스탬프 또는 라벨이 담긴 서류의 내용으로 명확하게 원본성을 유지하고 있어야 한다. 여기서 말하는 원본이란 발행자의 손으로 작성하였거나 타이핑 또는 천공의 서명 및 스탬프, 발행자의 원본서류용지에 작성된 것으로 원본의 표시가 있어야 한다. 여기서 원본이라 함은 복사하여 서명한 경우와 발생자의 상호가 인쇄된 용지를 이용하여 발행하는 경우에는 인정한다. 또한, 사본에 원본(Original) 표시가 있는 서류일 경우에만 인정이 된다.

복합 운송서류와 선하증권(Transport Document & Bill of Lading)은 운송서류의 대표적인 것은 복합운송서류와 선하증권이다. 복합운송서류와 선하증권은 원본과 사본을 구별하여야 한다. 그리고 발행인의 지위 표시를 분명하게 표기해야 하며, 반드시 운송인을 포함하여 표기한다. 따라서 복합운송서류에 포함할 사항은 해당의 서류가 원본임을 증명할 수 있는 표시(인쇄용지, 스탬프, 타이핑, 천공)를 포함해야 하며, 발행인의 지위와 운송인을 표기하여야 한다.

항공운송장은 신용장에서 Full Set(보통 원본과 부본으로 2부를 발행한다. 풀세트 경우, 원본과 부본을 포함한 전부를 말한다)의 항공운송장을 요구할 때 수출업자 제시하여야 하며, 운송증권이 아니므로 발행되는 형태는 형태로 발행될 수도 없다는 것이다.

항공운송서류는 운송인의 명칭, 서명, 화물명세, 발송일, 출발공항 및 도착공항 등이 명시)는 아니라 할지라도 항공화물운송장으로 항공사가 아닌 항공화물대리점 또는 항공화물 운송량 허용이란 내용의 기록에 의한 것도 수리가능하다. 도로, 철도, 내수로 운송장에 있어서 다소 완화된 듯한 느낌을 받는다. 즉, 원본의 표기 여부와 아무런 관계없이 제시된 운송장을 원본으로 간주하고 있으며, 도로운송장은 반드시 수출업자용이라고 표기된 원본이든지 아니면 지명의 누구라고 하는 표기가 있는 경우이다.

3) 복합운송 관련 서류의 해석

단일운송계약에 기초하여 어느 국가의 한 장소에서 화물을 인수한 후 다른 국가로의 지정된 장소까지 한 운송인이 최소한 2개 이상의 서로 다른 운송수단을 이용하는 경우 이를 일관 운송하는 것을 말한다. 복합운송의 개념 도입의 과정은 1929년 국제항공운송 통일규칙에 관한 조약으로 1936년 국제상업회의소 ICC의 용어로 Integrated Transport

로 종합물류의 개념으로 변경되었다가 1975년 TCM, 1980년 Incoterms의 내용으로 바뀌었다. 특히 복합운송인은 1980년 UN MMO에서 Multi-modal Transport Operator로 변경되었다.

3. UCP 개정에 따른 주요 내용

1) UCP의 제6차 개정의 주요 내용

현행의 화환신용장에 관한 통일규칙 및 관례는 2007년 개정 ICC 출판물번호 제600호(UCP 600)은 UCP의 제6차 개정을 말하며, UCP의 구성은 제1조에서 규칙이라고 명시하였고, 제2조에서는 정의, 제3조는 해석조항을 추가하였다.

(1) 기간의 표현변경과 제2 통지은행 규정

선적 기간과 관련하여 'to', 'until', 'till', 'from'이 사용된 경우 일자를 기간 계산에 포함하고, 'after'가 사용된 경우 일자에 포함하지 않는 것으로 한다고 하는 규정을 변경하여 after 또는 from의 관련 문구 전체를 일자에서 제외하도록 변경하였다(UCP 600제3조). 통지은행이 신용장을 수익자에게 통지하거나 통지한 신용장 조건변경을 위한 다른 은행의 서비스를 이용하는 경우, 다른 은행인 제2의 통지은행을 통하여도 통지, 변경 가능하도록 하였다. 즉 제2 통지은행은 신용장의 외견상 진정성을 확보하기 위하여 합리적인 주의를 기울여야 한다(UCP 600 제9조). 지정은행의 서류 발성 의무조항을 신설하였으며, 취소가능신용장은 국제상관습에서 별 의미가 없다고 하여 이를 삭제하였다.

(2) 문면상이란 표현의 축소적용과 연지급 신용장의 할인허용규정 신설

UCP500의 많은 조항에 산재하던 "문면상"이란 표현인, on its face나 on their face란 표현을, 오직 선적서류심사기준인 제 14조에서만 남겨두고 제 14조를 제외한 모든 조항에서는 삭제하였다. 기존의 환어음이 발행되지 않는 연지급 신용장에 따라 수익자가 제시한 서류를, 지정받은 은행이 할인해 신용장 대금을 지급할 수 있다는 규정이 신설되었다.

(3) 선적서류 심사 기간의 단축

개설 은행과 지정은행의 서류심사 최대 기간이 서류 접수 다음 날을 기산일로 하여, 종전의 7영업일에서 5영업일로 단축되었다. 일치성의 기준 명확화는 수익자가 제시한 선적서류가 똑같이 일치하여야 하는 것은 아니며, 제시된 선적서류 상호 간에 서로 모순되지만 않으면 신용장에 일치한 것으로 간주한다(제14조 d항).

(4) 수화인과 착화통지처 상의 개설의뢰인의 주소

운송 서류상에 기재된 수하인과 착화통지처의 개설의뢰인의 주소는 신용장의 것과 일치해야 하지만, 신용장이 아닌 기타의 경우에는, 주소가 동일 국가 내의 것이면 신용장의 주소와 반드시 일치해야 할 필요는 없다. 제3 자의 서류의 인정 범위를 확대하여 제3자 발행 선화증권에서만 허용하던 것을, 송화 인명이 기재되는 모든 선적서류 상의 송화인과 수익자가 다른 것을 허용하는 것으로 그 인정 범위를 확대하였다.

(5) 지급 거절 통지횟수 제한 및 하자서류의 반송 권한

기존의 지급 거절의 통지횟수에 대한 명시가 없고, 은행 또는 수익자에게 통지한다고만 규정하던 것에 관하여 지정을 근거하여 행동하는 지정은행이 있다면, 확인은행 또는 개설 은행은 지급 및 인수나 매입을 거절하는 경우 번만 통지하여야만 한다. 출발지와 목적지의 용어 변경과 선적 일자를 명문화하였다. UCP600에서는 "발송, 수탁, 선적지"에서 "최종목적지"까지로 변경하였다.

(6) 신용장에 명시된 선적항이 선하증권 수탁지 란에 기재된 경우

신용장에 명시된 선적항이 선하증권 수탁지 란에 기재된 경우 신용장에서 명시한 선적항에서 선적되었다는 본선 적재 부기와 적재선박명이 기재되었다면 수리될 수 있는 것으로 개정되었다. 그리고 용선계약 선하증권 상의 도착항변경과 무고장 문언에 있어서 신용장상에서 도착항을 특정 지리적 지역, 몇 개의 항구로 정한 경우에, 도착항을 특정 항구로 기재하지 않고, 특정 지리적 지역이나 몇 개의 항구로 기재하는 것도 허용하도록 변경하였다.

(7) 보험서류 발행자확대, 보험 부보 금액의 명시, 보험담보 구간

보험서류 발행자 자격에 대리인과 유사한 수임자(Proxy)를 추가하고, 특정 사항에 대하여 본인을 대리하는 수임자를 포함하였다. 그리고 양도 가능 신용장은 기존의 양도 가능(Transferable)만이 신용장의 양도를 가능하도록 규정하던 조항을 삭제하였다.

Chapter 16 신용장(L/C)에 의한 거래조건

제1절 무역 계약에 따른 신용장 이해

1. 신용장의 의의

1) 신용장의 유래와 발생 배경

신용장의 기원은 고대 로마 시대를 시초로 보는 학자도 있으나 12세기 신하의 자금조달을 위해 법왕이나 왕후에 의해 사용되었고, 13세기경에는 유대인의 상인, 17세기에 신용장에 관한 기록을 남기고 있어 이때 처음으로 사용되었다고 본다. 1622년 출판된 마린의 상법에서 일종의 어음형식을 취하였다. 현재와 같은 형식을 갖추게 된 것은 19세기 중반부터이며, 1840년 처음으로 영국 런던의 은행들 간에 나타났다.

19세기 후반 상업신용장(Commercial Letters of Credit)이 나타났고, 1933년 국제상업회의소(ICC)에서 신용장 통일규칙(UCP: Uniform Customs and Practice for Documentary)을 제정하였다. 제2차 세계대전 이후 세계화의 영향과 경제의 발전으로 글로벌 무역이 성행하면서 국제간의 중요한 결제수단으로 사용되게 되었다.

2) 신용장의 개념 및 기능

(1) 신용장의 개념 및 정의

신용장(L/C: Letter of Credit)이란 무역 거래의 물품의 수출입과 대금결제를 원활하게 처리하기 위하여 개설 은행이 요구한 선적서류가 신용장 조건과 일치하면 대금을 지급하겠다는 조건부 지급확약서(Conditional Undertaking of Payment)이다. 신용장의 발행인인 매수인의 요청에 의거 신용장에 명시된 제 조건과 서류를 제시하면, 이와 상환하는 지급의 이행 또는 어음의 지급이나 인수를 할 때 타 은행에 지급의 이행, 어음의 지급, 인수, 매입을 하도록 한 약정서의 성격이다.

글로벌 무역 거래에서 수출입업자는 매매에 대하여 여러 가지의 위험을 안고 있다. 신용장에 의한 대금결제와 상품입수를 원활히 하기 위하여 개인적인 상업신용을 공신력 있는 은행신용으로 전환시켜 대금결제 즉, 금융의 기능과 상품거래의 기능을 원활하게 해 준다. 신용장의 정의에 관한 UCP 600 제2조에 의하면, 신용장이란 명칭이나 표현에 구애받지 않고 취소 불능이며 신용장에 일치하는 제시를 수리한다는 발행은행의 확약으로 구성된 약정을 의미하고 있다. 신용장 해석에 관한 국제적인 통일규칙은 UCP 500으로 1994년 1월부터 시행하여 오다가 UCP 600으로 총 39개 조항으로 구성되고 2007년 7월부터 시행하고 있다.

(2) 신용장의 기능

신용장의 기능은 대금결제의 기능을 갖는다. 글로벌 무역 거래에서 수출상이 수입상에게 물품을 운송하고 대금결제에 있어 대금 지급을 거절당하는 등 여러 가지의 문제가 예기치 않게 발생하게 된다. 이런 경우 수입상과 수출상은 상사중재의 기능을 통한 중재를 요청할 수 있어 신용장에 의한 무역 대금의 결제기능을 갖게 되며 안심하고 거래할 수 있다는 장점이 있다.

신용장은 금융기능을 갖는다. 금융의 기능이란 물품을 수출하고 수출한 물품에 대한 선하증권 등의 운송서류를 첨부한 환어음을 발행하여 거래은행에 제시함으로써 신용장에 의한 무역거래가 원활하게 이루어질 수 있도록 거래은행(매입은행, 발행은행)이 이를 잘 연결해 주고 있다. 따라서 신용장에 의한 수출입의 거래는 안심하고 거래할 수 있는 금융수단이 되는 것이다. 신용장은 수출입거래 물품의 이동과 소유권 이전 및 무역 거래의 원활한 역할을 감당하게 된다. 신용장은 은행의 확약이지만 발행은행은 무조건으로 지급을 약속해 주는 것이 아니다. 우선 신용장의 충족조건(Terms and Condition of the credit are Complied with)과 신용장에 기록된 서류의 제출을 통하여 조건부의 확약서가 되는 셈이다. 수입업자의 거래은행이 발행한 신용장은 수출업자에게는 충분한 관련의 조건 즉, 서류를 바탕으로 수출대금을 요구하며 은행은 이를 지급할 권리를 가지고 있다.

3) 신용장거래의 과정 및 절차

(1) 신용장거래는 거래 관계의 매수인이 신용장 발행의뢰인으로 하여 수출업자와의 매매계약을 체결하면서 일반거래조건협정서나 매매계약서에 대금결제조건을 신용장

에 의한 대금 지급을 하도록 합의한 경우이다([그림16-1] 참조).

(2) 수입업자(매수인)는 자신의 거래은행(외국환은행)에 수입승인을 신청하여 수입 승인서(I/L)를 받고, 발행을 신청한 수입업자는 신용장 개설의뢰인(Applicant)의 자격을 갖는다.

(3) 수입업자(매수인)는 자기 거래은행을 통하여 수출업자(매도인)를 수취인으로 하는 신용장 발행을 의뢰한다. 수입업자는 수출업자 앞으로 발행할 신용장 발행 신청서에 해당 사항을 기재한다.

(4) 신용장 발행을 의뢰받은 매수인의 해당 국가는 수입업자의 거래은행(주: 외국환은행=신용장 발행은행)은 개설 은행이 되며, 개설 은행은 수출업자의 소재지에 환 거래은행을 통하여 수출업자(매도인)에게 통지한다.

(5) 수출업자 소재지의 통지은행(수출업자의 주요 거래은행)은 신용장을 확인하여 수출업자(매도인)에게 통지한다. 만약 통지은행이 발행은행으로부터 확인의 추가적 요청을 받는 경우 별도의 확약문언을 기재한 통지은행 양식의 신용장을 통지해야 한다.

(5)~(9) 신용장을 수취한 수출업자는 신용장에 기재된 매매계약서의 조건과 일치 여부를 확인한 후, 수출승인서(E/L: Export License)의 발급신청을 하여 교부받게 된다. 신용장을 받은 수출업자는 선적한 후, 신용장에서 요구한 선적서류와 환어음을 준비하여 신용장 지정의 지급 및 인수 또는 매입은행 또는 개방매입신용장의 경우 자신에게 유리한 은행에 이를 제시한다.

▎그림 16-1 ▎ 신용장거래의 매커니즘

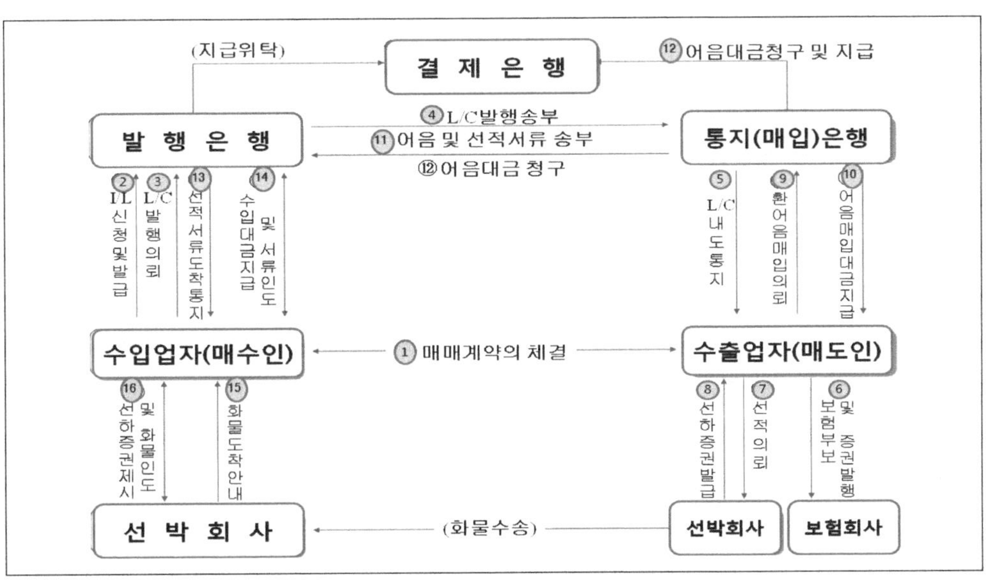

(10) 수출업자의 매입은행은 환어음 및 무역서류를 받고 환어음 대금을 지급한다.
(11) 매입은행은 수출업자(매도인)에게 지급한 환어음 대금을 결제받기 위해 신용장 발행은행에 환어음 및 서류를 송부한다.
(12) 매입은행은 환어음 대금을 발행은행에 상환 청구하여 수출대금을 상환받는다. 수출대금을 회수하게 될 때의 상환은행(결제은행)은 지급은행(Paying Bank)이라고 한다.
(13) 발행은행은 매입은행으로부터 운송서류와 환어음이 도착하면 수입업자(매수인)에게 운송서류 도착을 통지한다.
(14) 발행은행은 수입업자(매수인)로부터 수입대금을 결제받고 운송서류 인도한다.
(15) 선박회사는 화물이 도착하면 수입업자(매수인)에게 이 사실을 통지한다.
(16) 화물도착 통지를 받고 선적서류를 인수한 수입업자(매수인)은 선박회사에 선하증권을 제시하고 화물을 수령한다. 물품은 도착하였으나 선적서류가 도착하지 않은 경우 발행은행으로부터 수입화물 선취보증장을 발급받아 운송인으로부터 미리 물품을 수령하여 관련(유통 및 판매처리 등)의 처리를 할 수 있다.

2. 신용장의 관계당사자

1) 기본당사자

신용장에 의한 무역 거래는 대금 지급 및 물품의 수입을 위한 것으로 수출업자를 수익자로 하여 수입업자의 거래은행에 신용장개설을 요청하게 된다. 이때 개설 은행은 수입업자의 거래은행이 되며, 실질적인 신용장의 권리와 의무를 갖는 자는 발행의뢰인, 발행은행, 수익자를 말하며 확인신용장인 경우, 확인은행도 포함된다.

신용장 발행의뢰인(Applicant for the Credit)은 수출업자와 수입업자와의 매매계약에 따라 신용장의 개설을 자기의 거래은행에 신청하는 수입업자(매수인)는 화물의 실질적인 수하인이면서 환어음의 최종적 결재자가 된다. 그러므로 신용장 발행의 의뢰인은 매매계약서상의 수입업자(Import)인 매수인(Buyer)이 된다.

개설은행(Issuing Bank, Opening Bank)은 신용장을 개설하는 은행이며, 개설의뢰인의 요청과 지시에 따라 거래 관련의 신용상태를 통하여 관련의 서류를 작성한 후 수출업자(매도인)에게 교부하는 은행이다. 이때 개설 관련의 은행 즉, 개설 은행은 수입업자(매수인)가 소재하는 수입 관련의 장소(수입지)에 소재하는 경우가 대부분이지만 제3국에 소재하는 경우도 있다.

▌표 16-1▌ 신용장 발행의뢰인 명칭

구 분	영문표기	내용
신용장개설 의뢰인	Applicant	- 거래은행에 신용장개설을 의뢰하는 자 - 무역 거래의 기본관계당사자(개설신청인) - 거래계약 당사자(매수인)또는 제3자 가능
수입업자	Import	- 수입업을 주업으로 하거나 대리하여 수입관련업무 종사자
개설인	Opener	- 자기의 이름으로 신용장을 개설하는 자
매수인	Buyer	- 실질적인 수입자(수입상)
대금결제인	Accountee	- 신용장에 명시된 수입대금 변제자(수입자, 수입업자 또는 수출물품의 수취인)
환어음지급인	Drawee	- 최종적으로 신용장을 수취하는 자(수입자 또는 수입업자, 환어음수취인)
수하인	Consignee	- 화물운송장에 화물인수자로 지정되어 있는 사람. - 매매계약에서 판매의 위탁인 경우 판매수탁자.

수익자란 발행은행이 발행한 신용장을 근거로 하여 대금지급을 받는 수출업자(매도인)로 매매계약서상에는 매도인이며 수출업자 또는 수출자가 된다.

▌표 16-2▌ 수출상과 수입상 명칭

거래내용	수 출 상		수 입 상	
매매관계	Seller	매도인	Buyer	매수인
무역관계	Exporter	수출상	Importer	수입상
신용장관계	Beneficiary	수익자	Applicant	발행의뢰인
어음관계	Drawer	발행인	Drawee	지급인
계정관계	Accounter	대금수령인	Accountee	대금결제인
화물관계	Consignor	송하인	Consignee	수하인

발행은행(Issuing Bank)은 개설의뢰인의 요청과 지시에 따라 수출업자 앞으로 신용장을 발행하고, 발행조건에 따라 수출업자(매도인)가 제시한 무역서류와 상환으로 대금을 지급하거나 수출업자(매도인)이 발행한 환어음을 인수 및 지급을 약속하는 은행이다. 그러나 담보나 확증적 관계는 아니다. 확인은행(Confirming Bank)은 발행은행의 취소불능신용장에 대하여 발행은행의 수권이나 요청에 따라 추가로 수익자에게 지급, 인수 또는 매입을 확약하는 은행이다.

2) 기타 당사자

신용장거래에 관한 직접적인 권리와 의무는 있으나 신용장의 거래에 관한 간접적인 협조, 대행 등의 역할을 담당하는 자를 말한다. 통지은행(advising bank), 지급은행(paying bank), 인수은행(accepting bank), 매입은행(negotiating bank), 상환은행(reimbursing bank) 등이다. 통지은행(Advising Bank)이란 수입업자의 지시에 따라 발행은행이 발행한 신용장이 수출업 또는 수익자의 소재지에 위치하고 발행은행의 본점과 지점 혹은 환거래은행을 통하여, 수출업자(매도인)에게 신용장이 발행되었다는 내용과 이를 전달하는 역할을 담당하는 은행을 말한다.

지급은행(Paying Bank) 및 인수은행(Accepting Bank)은 발행은행과 예치환 거래계약을 체결한 후 발행자의 명의에 의하여 예금계정을 설치하여 신용장의 조건과 일치되는 서류가 제시될 때 또는 그와 같은, 또는 관련의 서류가 첨부된 환어음(일람출급)이 발행은행을 지급인으로 하여 제시될 때 발행은행의 예금계정에 의하여 지급을 이행하는 은행이다. 인수은행은 신용장의 조건 서류와 기한부 환어음을 인수하여 만기일에 지급의무를 진다. 연지급 신용장의 개설 은행은 항상 인수은행이다.

매입은행(Negotiating Bank)은 수출업자(매도인)가 제시한 환어음을 매입하는 은행이 매입은행이다. 통상적으로 신용장거래에서 기본관계 당사자로 네고은행으로 통칭된다. 대개는 수출업자의 거래은행 또는 통지은행에 해당되며, 신용장에 은행명이 지정되어 있지 않은 한 외국환을 취급하는 은행이라면 은행에서 매입은행이 될 수 있다. 수출업자(매도인)로부터 환어음매입을 의뢰받으면, 신용장에 첨부된 선적서류가 신용장 조건에 일치 여부를 파악한 후 환어음을 매입하고 대금을 지급하고 추후에 신용장개설 은행으로부터 대금을 지급받는다.

상환은행(reimbursing bank)으로 외국환은행은 신용장을 개설하는 경우 수출업자(매도인)의 거래은행에 신용장을 통지하기 위해서는 수출지에 있는 은행을 통하여 통지한다. 수출업자(매도인)는 선적 후 대금 지급의 경우에도 외국에 있는 은행이 대금 지급을 대행하여야 한다. 예치 환거래은행에는 당좌예금계정(current a/c)을 개설하여 자금의 지급이나 수취를 하도록 하는데 예금계정을 개설하고 있는 환거래은행을 예치환거래은행이라고 한다. 이때 예치 환거래은행에 있는 외화 타점 예치계정을 통하여 이루어진다. 예치 환거래은행은 당좌계정이 없는 무예치 환거래은행(non-depositary correspondent bank)이 취급하는 신용장의 통지나 수표의 지급 등 단순한 서비스도 제공한다.

3. 신용장의 효용성 관계

수출업자의 입장에서 본 신용장의 효용성으로 신용장은 개인의 신용을 은행신용으로 전환시키는 효과가 있으며, 신용장이 개설된 후라면 수출업자는 수출 관련의 생산, 제조, 집하 등을 통한 매매계약을 이행하기 위한 시작을 할 수 있다. 신용장이 수출업자(매도인)의 입장에서 유리한 점은 수출업자(매도인)는 수입업자(매수인)의 무역 거래의 대금결제에 있어 개설 은행이 책임지고 대금결제를 한다. 때문에 수출대금의 변제와 관련하여 신경을 쓸 필요가 없다.

또한, 취소 불능신용장을 통한 수출입의 거래도 신용장의 일방적인 취소, 변경의 위험부담 없이 거래에 임할 수 있다. 수입업자의 입장에서 본 효용은 은행의 신용을 배경으로 한 수입업자(매수인)는 수출업자(매도인)와의 매매계약 체결에 있어 유리한 조건의 물품 가격, 품질, 인도 방법으로 거래조건을 제시할 수 있는 조건을 갖춘 것이다. 특히 수입업자(매수인)는 수출업자(매도인)자 신용장을 상대로 하여 충실히 매매계약을 이행할 것을 바탕으로 한 신용장에는 그 유효기간과 최종 선적기일(latest shipping date)을 명시하고 있으므로 자신이 원하는 일자에 상품을 입수할 수 있기 때문이다. 은행의 효용성으로 매입은행의 입장에서의 보면, 신용장 조건에 일치하는 서류를 매입하기 때문에 수출국 소재의 매입은행들로서는 발행은행으로부터의 지급이 보장에 따른 대금 회수의 불확실성을 제거해준다. 발행은행의 입장은 신용장을 발행할 때 발행의뢰인인 수입상으로부터 수입금액의 입금을 요구하거나 담보차입증을 받기 때문에 수익자에 대하여 독자적으로 지급 확약에 따른 위험을 수입상에게 전가 가능하다.

4. 신용장거래의 특징과 원칙

1) 신용장의 독립성과 추상성 및 한계점

신용장의 발행은 매매계약으로 인하여 발생한 것으로 무역 거래의 당사자들이 계약에 의한 대금 지급방식을 신용장에 의한 방식으로 선택하였다는 뜻이다. 신용장이 발행되면 신용장은 근거가 되었던 매매계약으로부터 완전히 독립되어 그 자체로서 별도의 법률관계를 형성한다. 신용장의 관계 당사자들은 그 계약의 조건에 하등의 영향이나 구속받지 않는다. 즉, 신용장은 독립성의 원칙을 준수하게 된다는 개념이다.

신용장의 추상성이란 신용장거래에 있어서 모든 관계 당사자는 서류상의 거래를 하는 것이기 때문에 관련의 서류들과 물품, 용역 또는 기타 계약이행의 거래를 하는 것은 아니라고 신용장 통일규칙 제4조에 명시, 제3조에서 규정한 독립성과 함께 신용장거래의 또 하나의 특성인 추상성을 명확하게 규정하고 있다. 신용장거래의 모든 판단의 기준은 실제의 사정이 아닌 서류에 있다고 추상화함으로써 은행으로부터 적극적인 보호와 거래의 활성화를 보장받을 수 있어 거래에 임할 수 있다는 것이다(UCP 600 제4조).

신용장의 한계점을 살펴보면, 신용장은 가장 진보된 결제방식인 신용장거래라 하더라도 수출입상인 양 당사자의 불법이나 위조 등이 개입하는 경우에는 수출입상 모두에게 100%의 계약 물품의 입수보장과 대금 회수에 대한 보장이 은행이라 하더라도 신용장 외의 그 어떤 내용을 조사하거나 책임질 의무가 없다는 한계성이 있다. 은행은 어떤 보증의 내용이나 관련의 책임에 대한 아무런 보증 관계가 되지 못한다. 이것은 신용장 거래에 있어 가장 중요한 내용임을 기본적으로 숙지해야 한다.

2) 신용장거래의 원칙

신용장거래의 원칙은 엄밀 일치의 원칙과 실질 일치의 원칙 및 서류거래 심사의 원칙이 있다. 그 가운데 엄밀 일치의 원칙(The doctrine of strict compliance)이란 은행은 신용장의 조건과 내용에 일치하지 않는 경우 서류를 거절할 수 있으며, 법률적으로 신용장은 서류에 의한 거래이다. 신용장에 의한 서류상으로 일치하지 않는 부분이 있다면 은행은 거절할 권리가 있다. 지정된 모든 서류가 은행에 제시되고, 서류의 양식이 신용장에서 지정된 양식과 일치해야 한다. 서류상으로 물품명세서가 신용장상의 물품 명세와 일치해야 한다.

실질 일치의 원칙과 서류거래 심사의 원칙은 신용장 통일규칙 제21조의 규정과 제37조 C 항의 규정에 의거 신용장의 내용이 신용장 조건에 모순되는 내용이 아니고 어느 정도까지 일치하면 은행은 이를 지급할 의무가 있다. 실질 원칙은 내용상의 상호 모순이 없다면 서류를 인수하여야 한다는 것을 규정하고 있다. 신용장 통일규칙 제5차 개정 제13조(a)에서 은행은 신용장에 약정된 모든 서류가 신용장의 일치 여부를 파악하고 주의해서 심사해야 한다고 정의하고 있다.

▌표 16-3▌ 신용장의 원칙

신용장의 원칙	내용
독립추상성의 원칙	- 신용장은 매매계약, 기타계약과는 별개의 독립된 거래이다. - 은행은 계약에 대하여 전혀 무관하며 구속을 받지 않는다. - 독립추상성의 원칙과 서류에 의한 추상성의 원칙 적용.
서류에 의한 거래원칙	- 신용장거래는 당사자가 서류로 거래하는 것, 물품의 거래가 아님.
엄밀 일치의 원칙	- 은행은 신용장조건과 엄밀히 일치하는 서류만을 수리한다는 원칙.

따라서 신용장의 원칙은 대략 3가지의 원칙을 준수해야 한다는 것이다. 즉, 독립 추상성의 원칙으로 매매계약이나 계약과 관련하여 타 기관이나 어떤 계약과의 관계도 성립될 수 없다. 서류에 의한 원칙으로 이는 실질 원칙의 내용을 기본으로 하고 있다. 그리고

엄밀 일치의 원칙으로 신용장상의 내용과 일치하기만 하면 은행은 여타의 서류나 해당의 문건에 대한 아무런 이의 제기 없이 매입한다는 원칙이다.

제 2 절 신용장의 종류와 특징의 이해

1. 경제적 기능에 따른 분류

1) 상업신용장(Commercial Letters ofCredit)

무역 거래의 대금결제를 위하여 발행은행이 수출업자에게 대금 지급을 확약한 증서이다. 일명 무역신용장으로 무역 대금의 결제에 사용된다. 상업신용장은 무역 결제를 위한 전통적인 형태이며, 개설의뢰인인 고객의 의뢰에 따라 개설된다. 개설 은행은 신용장개설에서 고객의 지시사항을 준수하여 매도인인 수익자가 대금 지급을 신용장 조건과 일치하는 서류를 신용장에 명시된 유효기간 내에 제시할 것을 요구한다.

2) 클린 신용장(Clean Credit)

클린 신용장은 크게 여행자신용장과 보증신용장로 구분한다. 여행자신용장이란 여행자들이 현금휴대의 위험에서 벗어나 편리한 여행을 할 수 있도록 수익자가 발행한 어음을 매입하도록 발행은행이 자행의 본지점이나 환거래은행에 위임하고 이의 상환을 약속한 신용장이다.

2. 운송서류의 첨부 여부에 따른 분류

1) 화환 신용장(Documentary Credit)

신용장의 조건에 따라 수출업자가 발행하는 환어음에 상업 송장, 선하증권, 보험증권 등의 운송서류를 첨부해 달라는 신용장이다. 수출업자는 운송서류를 은행에 제시한 후 서류와 상환하여 신용장 대금을 지급하는 방식으로 현재 대부분의 상업신용장이 화환신용장이다.

2) 무 화환 신용장(Clean Cerdit)

수출업자는 제3 자가 발행한 운송서류가 아닌 수출업자 또는 수입업자의 개인 자격으로 발행한 환어음과 진술서 및 확인서 등의 단순 증명서류를 첨부하는 조건의 지급, 인

수, 매입이 확약한 신용장이다. 무 화환 신용장은 무담보신용장 또는 보증신용장으로 구분한다. 무담보신용장은 주로 수출업자가 수입업자에게 물품을 제공하고 대금을 어음으로 지급의 형식은 화환 신용장과 같으나 신용장으로 매입을 의뢰하는 경우 수출업자가 매입은행에 제시하는 것은 수출업자 자신이 발행한 환어음뿐이며 추가적인 선적서류가 첨부되지 않는다는 점에서 화환 신용장과 구별된다.

3. 취소 가능 여부에 따른 분류

1) 취소가능신용장(Revocable Credit)과 취소불능신용장(Irrevocable Credit)

취소 가능 신용이란 발행은행이 신용장을 발행한 후 신용장 수익자에게 사전에 통보 없이 조건이나 내용을 변경 및 취소할 수 있다는 신용장을 말한다. 취소가능신용장은 불시에 취소되는 사례가 발생할 수 있으므로 발행은행의 지급보증확약이 없는 관계로 신용의 기능을 파악할 수 없어 잘 사용되지 않는다. 다만 취소 이전에 계약된 내용은 취소 통보가 도달하기 전까지 유효하다.

취소불능신용장은 신용장 조건 조건의 제시로 인하여 대금결제가 확약상태이며, 일단 발행된 후에는 발행은행, 확인은행(있는 경우) 및 수익자 전원의 합의가 없으면 조건변경이 불가하며 취소할 수 없다. 신용장에 "취소 불능"이란 명확한 표시가 있거나 취소 가능성에 관한 구분이 없는 경우에 이러한 신용장은 모두 취소 불능신용장이다.

2) 조건부 취소불능신용장(Conditional Irrevocable Credit)

취소불능신용장이지만 조건 중에 선적을 보류하거나 매입을 보류하고 있어 실질적으로는 취소 불능으로 볼 수 없는 신용장이다. 신용장의 Special Instruction 란에 발행은행 또는 발행의뢰인의 행위에 따라 조항이 포함된 경우이다.

4. 타 은행의 확인유무에 따른 분류

1) 확인신용장(Confirmed Credit) 및 무 확인신용장(Unconfirmed Credit)

확인신용장은 개설 은행 외 제3 자의 수출업자 또는 다른 당사자에게 지급을 확약하는 신용장이다. 신용장의 확인은 개설 은행의 신용도가 낮은 경우 수출업자가 요구한다. 개설 은행이 신용장을 통지하면 통지은행에 확인할 것을 요구한다. 무 확인신용장은 신용장 발행은행 이외의 제3 은행의 확약이 없으며, 발행은행의 지급 확약으로만 구성된 신용장으로 대부분의 상업신용장이 이에 속한다.

5. 상환청구권 유무에 따른 분류

1) 상환청구 가능신용장 및 상환청구 불능신용장

환어음을 매입한 은행이 이를 소지한 소지인, 배서인이 환어음 지급인으로 발행은행에 의하여 어떤 이유로든 지급, 인수가 거절될 수 없는 신용장으로 환어음 발행인에게 상환청구가 가능한 신용장이다. 별도의 표시가 없어도 "with recourse"라는 용어가 있으면 상환청구 가능 신용장으로 인정된다. 신용장에서 "without recourse"라는 표시가 된 환어음을 요구할 경우 신용장으로 지급 무담보 의미의 상환청구 불능은 인정되지 않고 있다.

6. 매입허용 여부에 따른 분류

1) 매입신용장(Negotiation Credit)

매입신용장은 수익자가 발행한 환어음이 매입될 것을 예상하여 개설 은행이 환어음의 발행인을 비롯한 소지인에게 지급할 것을 약속하는 신용장이다. 매입은행은 수출업자가 발행한 환어음을 매입하고 개설 은행(지급인)에게 제시하여 환어음 지급을 받는다. 만약 매입 신용장상에 특정 은행으로 지정된 경우 이를 제한신용장이라 하며, 통상적인 일반의 신용장을 보통신용장 및 자유 매입신용장으로 취급한다.

2) 지급신용장(Straight Credit)

지급신용장은 수출업자가 신용장 요건과 같은 서류를 지급은행에 제시하면 이를 지급할 것을 약정하는 신용장으로 개설 은행은 수출업자에게만 지급 확약을 해 준다. 그러나 수출업자는 구비한 운송서류를 제3 자에게 매각할 수 없으며 신용장에 표기한 지정은행에 지급을 요청해야 한다.

▌표 16-4▌ 신용장의 종류와 특징

신용장의 종류	수출지 상대은행	어음제시 여부	어음종류	서류매입은행	배서여부
지급신용장	예치환 거래은행	어음제시 불필요	일람출급	지정은행	배서불필요
인수신용장	예치환 거래은행	어음제시	기한부	지정은행	배서불필요
매입신용장	무예치환 거래은행	어음제시	일람출급/ 기한부	원칙적으로 자유	배서필요
연지급신용장	예치환 거래은행	어음제시 불필요	발행불필요	지정은행	배서불필요

7. 지급 기간에 따른 분류

1) 일람출급신용장(Sight Credit, Sight Payment Credit)

일람출급신용장이란 신용장에 의하여 발행된 환어음이 지급인에게 제시되면 즉시 지급 된다. 통상 수출지에서 매입은행이 선적서류를 송부 하면 발행은행은 서류상 하자가 없을 시 신용장대 금의 전액을 매입은행 구좌로 입금해 주는 현금거래 신용장이다. 일람불신용장은 즉시 대금을 지급하는 조건의 신용장으로 지급신용장, 매입신용장의 성격을 가진다.

2) 기한부 신용장(Usance Credit, Acceptance Credit)

기한부 신용장은 일정한 기간 이후에 지급되는 신용장으로 환어음의 사용 여부에 따라 인수신용장, 연지급 신용장으로 구분한다. 인수신용장은 환어음이 발행되는 기한부 거래의 신용장으로 수출업자 발행의 기한부 환어음을 인수은행에 제시하여 일정 기간이 지난 후 지급받는다.

연지급 신용장은 수출업자가 기한부어음을 발행하지 않고 운송서류를 연지급 은행에 제시하여 확약을 받은 후 만기일에 대금을 받는 신용장이다. 또한 기한부 신용장의 신용을 은행이 공여하는 경우에 Banker's usance라고 하고 수출업자 자신이 공여하는 경우는 Shipper's Usance라고 한다.

▌표 16-5▐ 지급형태에 따른 신용장의 분류

구분	내용
지급신용장 (Straight L/C)	- 환어음의 배서인, 소지인에 대한 약정이 없고 수익자가 개설은행이나 지정은행에 환어음을 제시하면 지급하겠다는 약정신용장. - 수익자는 개설은행 또는 지정은행 앞 환어음발행 및 제시함. - 타 은행이 환어음매입의 경우 위험은 자신이 부담
인수신용장 (Acceptance Credit)	- 수익자가 선적서류와 함께 기한부환어음을 제시하면 환어음을 인수하여 만기일에 지급할 것을 약정하는 신용장.
일람출급 신용장 (Sight L/C)	- 수익자가 신용장조건과 일치의 서류를 지정 지급은행에 제시하여 이와 상환하겠다는 지급약정신용장.
연지급 신용장 (Deferred Payment L/C)	- 신용장 조건과 일치의 신용장을 연지급 확약은행에 제시하여 만기일에 지급하라는 약정신용장이며, 연지급에 대한 지급을 연지급 확약서를 통하여 보장 받음.

8. 양도 허용 여부에 따른 분류

1) 양도 가능 신용장(Transferable Credit)

양도 가능 신용장은 신용장상에 "Transferable""란 명시가 되어야 하며, 수익자가 신용장 금액의 전부 또는 일부를 제2의 수익자에게 양도할 수 있다는 것을 말한다. 그러나 아무런 표시가 없다면 양도 불능신용장(Non-Transferable Credit)이다. 반드시 양도은행이 합의한 범위와 방법에 따라 양도되어야 하며 단 1회만 양도가 가능하다. 분할선적이 허용된 경우에 분할양도가 가능하다.

2) 양도 불능신용장(Non-Transferable Credit)

양도 불능신용장은 양도 가능의 명시적인 문구가 없을 때를 말하며, 다른 수익자에게 절대로 양도할 수 없다는 것을 말한다. 따라서 양도 불능신용장은 신용장상에 지정된 자만이 신용장을 사용할 수 있으며 양도 가능의 명시가 없거나 불명확한 경우 양도 불능신용장이 되는 것이다.

9. 특수신용장의 분류

1) 회전신용장(Revolving Credit)

회전신용장이란 수출업자와 수입업자의 무역 거래에 있어 계속적이고 빈번한 무역거래가 상당 기간 이루어질 것이 예상되는 경우 거래마다 신용장을 발행한다면 번거로움이 발생할 것이며, 비용과 보증의 문제 등을 유발할 수 있어, 일정 기간 신용장 금액이 자동으로 갱신되어 다시 사용할 수 있도록 하는 조건으로 발행된 신용장이다.

갱신의 시기 및 방법은 발행된 환어음의 지급통지가 있을 때, 환어음이 매입된 후 상당한 기간이 경과 하도록 부도통지가 없을 때, 일정한 기간마다 정기적으로 갱신의 시기를 정하는 방법이 있다.

2) 전대신용장(Packing Credit) 또는 선대신용장(Red clause Credit)

선적 전 선적서류의 매입이 수권된 신용장을 말한다. 선지급 또는 전대신용장이라고도 한다. 수출업자가 물품 선적 전에 대금을 선지급 받을 수 있도록 하는 신용장이다. 따라서 수익자는 신용장 대금을 선대 받을 수 있으므로 선대에 관한 문구를 붉은 글씨로 타이핑함으로 red clause credit(적기조항신용장)이라고도 한다.

약정 물품의 집하에 사용하도록 선대 한다는 뜻에서 전대신용장(Packing Credit) 이라고도 한다. 우리나라의 경우는 선대 받을 수 있는 품목이 정해져 있으나, 선대신용장의 수익자가 선대금만 내고 후에 물품의 선적을 이행하지 않을 염려가 있으므로 개설 의뢰인이 환급 보증을 요구하는 경우가 많다

3) 내국신용장(Local L/C)

내국신용장은 원 신용장의 수익자인 국내의 수출업자가 국내에서 원료공급자(원재료)와 완제품 관련의 생산(하청업자) 등의 물품공급 관련업 자에게 자기가 받은 신용장을 근거로 자기의 거래은행으로 하여금 새로운 신용장을 발행하도록 요청하여 발행받는 것을 말한다.

내국신용장의 발행목적은 공급업자에 대한 물품 대금의 결제를 은행이 보장하고 원재료 조달과 생산 공급의 물품 수급을 원활히 하기 위함이다. 그리고 수출지 은행이 발행하는 신용장을 Local, Domestic, Secondary, subsidiary, Credit라 한다.

제 3 절 신용장의 개설과 네고 절차

1. 신용장의 개설 및 통지와 네고

신용장의 개설은 수출업자(매도인=Seller)와 수입업자(매수인=Buyer) 사이에 매매계약이 체결되면 수출업자를 수익자(Beneficiary)로 하는 신용장을 수입업자의 거래은행을 통해 개설을 의뢰한다. 신용장 통지와 네고 및 배서에 있어서, 신용장의 조건에 맞는 서류를 통지은행이 개설 은행을 대리하여 수출업자로부터 매입하게 된다.

이러한 절차와 과정을 수출 네고라 하고 통상적으로 네고는 선적일로부터 21일 이내에 제시하며, 제시일(Day of Presentation) 익일부터 가산하여 5은행 영업일 이내에 은행은 매입 여부를 통지한다. 네고란 매입을 말하며, 은행이 일치하는 서류나 어음을 매수하는 것을 말한다. 그러나 은행은 서류와 관련된 상품, 용역, 업무이행을 거래하는 것이 아니라 서류만을 취급한다.

2. 신용장 개설절차

신용장을 개설하려면 수입업자가 자신의 거래은행에 개설신청을 의뢰한다. 이때 관련 서류는 은행 소정 양식의 수입신용장 개설신청서, 상업신용장 약정서(개설의뢰인과 개설 은행의 계약서), 매매계약의 근거로 체결된 수입승인서, 물품매도확약서, 그리고 기

타 필요한 서류이며 이때 담보제공증서 등도 준비하여야 한다.

개설신청 시 유의사항으로 수익자의 성명 및 주소, 의뢰인의 성명 및 주소, 신용장 금액, 신용장 유효기간, 환어음 종류 및 만기일, 선적서류인 선하증권, 보험증권, 상업 송장, 포장명세서, 기타서류와 상품 선적에 관한 명세서와 선적지시서 등을 포함하여 개설을 신청 및 의뢰한다.

3. 신용장의 구성과 해설 및 작성법

1) 신용장의 구성 및 해설

(1) 신용장의 구성

① 개설은행명(Name of Issuing Bank)

② 개설장소 및 일자(Place and Date of Issue)

③ 신용장의 종류(Type of Credit): 신용장 상단 부분에 "Irrevocable Documentary Credit"라고 인쇄되어 있다.

④ 신용장 번호(Credit Number): 우측 상단에 표기.

⑤ 유효기일 및 장소(Date and Place of Expiry): 수익자가 매입은행에 서류를 제시해야 할 최종일. "May 31, 2010 at the counters of advising bank" 또는 "May 31, 2010 at the counters of issuing bank" 등의 지정날짜가 명시된 경우 해당 일까지 정한 지점에 서류를 제시.

⑥ 개설의뢰인(Applicant): 신용장개설을 의뢰한 수입업자.

⑦ 수익자(Beneficiary):신용장을 수취하는 수출업자.

⑧ 신용장통지은행 및 참조번호(Advising Bank and Reference No.)

⑨ 신용장 금액(Amount): 숫자(Figure)와 문자(Wording)의 일치 여부에 주의.

⑩ 분할선적(Partial Shipment).

⑪ 환적(Transhipment): 허용 및 불허의 표시방법은 (10)번과 동일.

⑫ 본선적재, 발송 또는 수탁지점(Place of Loading On Board /Dispatch/Taking inCharge) 신용장에서 별도의 명시가 없으면 최초 또는 최종 선적 일자를 명시. "선적(Shipment)"이라는 표현은 다음과 같은 뜻.

⑬ 목적지(Destination).

⑭ 사용 가능한 은행의 지정(Nominated Bank): "Credit available with"의 다음에 "any bank"라고 있으면 모든 은행에서 매입이 가능.

⑮ 사용가능 방법: 모든 신용장은 일람출급(Sight Payment), 연지급(Deferred

Payment), 인수(Acceptance), 매입(Negotiation) 중 사용 가능한가를 명시.

⑯ 환어음(Draft, Bill of Exchange): 환어음은 통상 2장을 발행.

⑰ 상품명세(Commodity Description): 상품명세란 보통 상품명(Commodity Name), 규격(Specification), 수량(Quantity) 및 단가(Unit Price) 등으로 구성.

⑱ 가격조건(Price Terms), ⑲ 요구서류(Documents Required)

⑳ 특별지시사항(Special Instruction): This L/C is restricted for negotiation to advising bank only- Packing Method, Shipment Advice 등이 명기.

㉑ 서류제시기간(Time Limit for Presentation): 모든 신용장은 유효기일 외에 운송일로부터 서류를 제시하여야 하는 기간을 명시.

㉒ 신용장 통일규칙 준거문언 사용.

㉓ 지급확약문언(Engagement Clause): 신용장이 우편으로 개설된 경우 개설은행은 신용장의 조건에 따라 요구되는 서류가 일치되면 대금지급을 확약.

㉔ 상환방법(Reimbursement Method): 보통 제3국의 개설은행 구좌에서 차기.

㉕ 서류발송 지시(Mailing Instruction): 보통 2sets로 나눠 발송요청.

▌표 16-6▐ 신용장 (예문)

FULL CABLE L/C

TLX TO KOEX BANK SEOUL
FM OK BANK, TOKYO

1. WE ISSUED IRREVOCABLE CREDIT NO. LC 10/00892
DATED EDC 12, 2010.
2. APPLICANT
OKAMOTO INDUSTRIES INC.
3-27-12 HONGO BUNKYO-KU TOKYO JAPAN
3. BENEFICIARY
CHEONGSUK INDUSTRIAL CO. LTD.
33TH. FL. LEEMA BLDG. 321-2
SUSONG-DONG CHONGRO-KU SEOUL KOREA
4. AMOUNT US.DOLLAR 11,190.00
5. CREDIT AVAILABLE WITH ANY BANK BY NEGOTIATION
6. DRAFT AT 60 DAYS AFTER SIGHT FOR 100.00 PERCENT INVOICE VALUE
DRAWN ON THE FUJI BANK LTD
NEW YORK BRANCH NEW YORK N.Y. USA
7. EXPIRY DATE JAN. 10, 2010 NEGOTIATING BANKER'S COUNTER
LATEST SHIPMENT FEB 25, 2010
8. PARTIAL SHIPMENT ALLOWED
TRANSSHIPMENT PROHIBITED
9. SHIPMENT FROM BUSAN KOREA TO YOKOHAMA JAPAN
BY DIRECT CONTAINER VESSEL
10. COVERING
6,000 PCS OF AUTOMOBILE TUBES AS PER P/O NO. DIC-96-007
DATED MAY 30, 2010 CIF YOKOHAMA, JAPAN
11. REQUIRED DOCUMENTS AS FOLLOWS :
- SIGNED COMMERCIAL INVOICE IN 2 COPIES
- 2/3 SET CLEAN ON BOARD MARINE B/L MADE OUT TO ORDER OF THE FUJI BANK T OKYO MARKED FREIGHT PREPAID AND NOTIFY APPLICANT
- INSURANCE POLICY/CERTIFICATE BLANK ENDORSED FOR 110% OF CIF VALUE WITH CLAIMS PAYABLE IN JAPAN IN THE CURRENCY OF THE DRAFT. INSURANCETO INCLUDE I.C.C.(A) WITH INSTITUTE WAR CLAUSES, SRCC CLAUSES
- PACKING LIST IN 1 COPY
12. ALL BANKING CHARGES OUTSIDE JAPAN ARE FOR ACCOUNT OF BENEFICIARY
ACCEPTANCE COMMISSION IS FOR ACCOUNT OF BENEFICIARY
DISCOUNT CHARGES ARE FOR ACCOUNT OF BENEFICIARY
13. DOCUMENTS TO BE PRESENTED WITHIN 10 DAYS AFTER THE DATE OF SHIPMENT BUTWITHIN THE VALIDITY OF THE CREDIT
14. SPECIAL INSTRUCTIONS :
- T.T. REIMBURSEMENT IS NOT ACCEPTABLE
- THIS CREDIT IS TRANSFERABLE
1) THE SHIPPING ADVICE TO THE ACCOUNTEE BY FACSIMILE IS REQUIRED
2) THE BENEFICIARY'S CERTIFICATE CERTIFYING THAT ONE ORIGINAL B/L ANDONE FULL SET OF ALL NON NEGOTIABLE DOCUMENTS HAVE BEEN SENT DIRECTLY TO THE ACCOUNTEE BY COURIER SERVICE WITHIN 2 DAYS AFTER THE DATE OF ISSUANCE OF B/L
15. INSTRUCTIONS TO NEGOTIATING BANK :
ALL DOCUMENTS TO BE SENT TO US IN ONE AIRMAILING. DRAFTS TO BEAIRMAILED TO DRAWEE BANK FOR ACCEPTANCE
16. SUBJECT TO U.C.P. 1993 ICC PUBLICATION NO.500
17. THIS CABLE IS OPERATIVE INSTRUMENT

제 4 절 무신용장에 의한 거래조건

1. D/A & D/P 신용장

무신용장은 신용장거래와는 달리 은행의 지급 확약이 없으며 거래 당사자 간의 신용을 근거로 대금결제가 이루어지는 거래방식이다. 가장 널리 사용되고 있는 결제방식으로 인수도 조건(D/A) 및 지급도 조건(D/P)으로 추심에 의한 결제방식이다. 수출대금의 결제방식은 신용장에 의한 방식과 송금결제, 추심결제의 방식으로 분류한다. 무신용장에 의한 수출입대금의 결제를 한다고 은행은 전혀 상관이 없다고 볼 수는 없다. 수출입대금의 결제가 이루어지는 주요 장소가 은행이기 때문에 은행은 중재인, 보조자의 역할을 담당하고 있는 셈이다.

인수도 조건(D/A: Documents against Acceptance)이란 수입업자가 환어음에 대한 인수(acceptance)를 함으로써, 운송서류를 찾아가게 된다. 인수도 조건이란 어음인수 서류인도 조건이다. 수출업자는 기한부어음을 발행하고 수입업자는 어음에 대한 지급의 약속(accepted)이라고 서명한다. 운송서류를 인도받을 수 있으며, 수입업자는 어음의 만기일에 수입대금을 추심 은행에 납입하게 된다.

지급도 조건(D/P: Documents against Payment)이란 수출대금의 지급과 교환형식으로 운송서류를 수입업자에게 인도하는 어음 지급 서류 인도 조건이다. 지급도 조건은 수출업자가 매매계약에 따라 선적을 완료하고 일람불어음을 발행하여 운송서류와 함께 수입업자의 거래은행(추심 은행)에 수출대금의 추심을 의뢰하면 추심 은행은 수입업자에게 어음을 제시하고 어음금액의 일람 지급 후 운송서류를 인도받게 된다.

▌그림 16-2 ▌ 무신용장 거래의 매커니즘

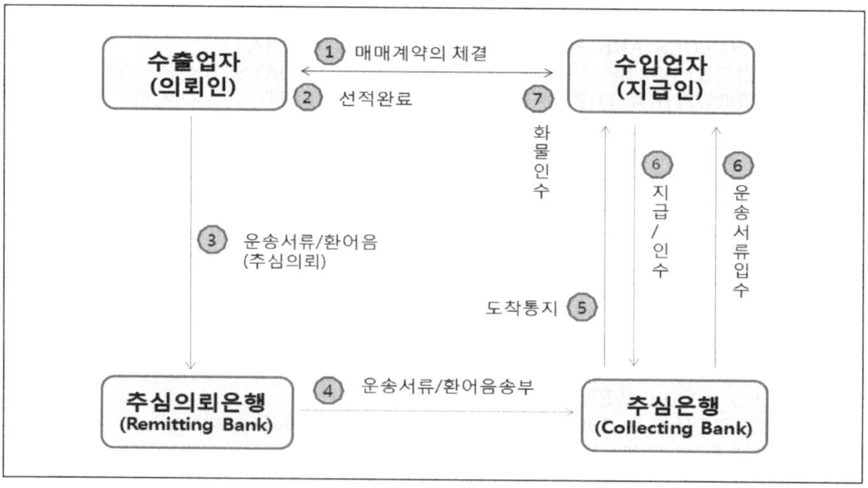

D/P 방식 즉, 지급도 조건에 의한 방식은 D/A와 같은 외상매출 형태의 수출이 아니라 반드시 대금 지급을 완료해야 운송서류를 인계받을 수 있으며, 또한 관련의 물품을 인수할 수 있다. 하지만 대금 추심을 통해 수출업자에게 지급된다는 점은 D/A와 동일하다. 인수도 조건과 지급도 조건의 추심절차는 [그림 16-2]는 무신용장에 의한 결제의 추심과정 즉, D/A와 D/P의 결제 메커니즘을 도식화한 것이다.

2. D/A 및 D/P 거래의 당사자

1) 수출업자(추심의뢰인: Principal)

수출업자는 D/A 및 D/P 거래조건에 있어 추심의뢰인이 된다. 추심의뢰인이란 자기가 거래하는 은행에 수출대금의 추심을 의뢰하는 당사자이다. 수출업자는 수출대금의 추심을 의뢰할 때 수입업자 앞으로 환어음을 발행하기 때문에 발행인으로서 수입업자에 대한 채권자이다.

2) 수입업자(지급인: Drawee)

수입업자는 매매계약에 있어 수출업자의 물품을 인수하고 그 대금결제를 담당할 당사자이다. 그러므로 수입업자는 곧 지급인이며 매매계약에 있어 매수인으로 환어음에 대한 지급의 의무의 채무자가 된다.

3) 추심의뢰은행(Remitting Bank)

추심의뢰은행은 수출업자로부터 추심을 의뢰받은 수출업자의 거래은행인 수출국의 은행을 말한다. 추심의뢰은행은 수출업자가 제시한 화환어음과 운송서류를 수입업자의 소재지인 추심 은행에 통보하여 수출대금결제의 추심을 의뢰한다.

4) 추심 은행(Collecting Bank)

추심 은행은 추심의뢰은행에서 발송되어 온 운송서류와 추심지시서를 수입업자에게 제시하고 수입대금 입금을 의뢰한다. 이때 수입업자는 운송서류를 제시하여 추심을 의뢰하는데 이때 추심 은행을 제시은행(Presenting bank)이라고 한다. 하지만 추심 은행은 수출업자나 수입업자의 관계에서 발생한 어음에 관하여 어떠한 책임도 없다.

3. 무용 신용장거래와 신용장거래와의 차이점

D/A 및 D/P 방식은 은행의 지급보증행위가 없으며, 수출입업자의 환어음 결제에도 전혀 관여지 않는다. 다만 서류의 발송, 보관, 등의 행위를 관장한다. 특히 신용장거래

에서 발생하는 각종의 발행수수료와 관련의 소요경비에 비하여 D/A 및 D/P 방식은 비용 절감의 효과가 있으며, 위험이 있음에도 상호신뢰 관계를 통하여 비용 절감의 차원에서 거래에 이용되고 있다.

하지만 신용장거래는 개설 은행의 조건부 지급 확약에 따라 서류가 신용장 조건과 일치하는 경우로 대금 지급이 가능하다. 반면 무 신용장거래는 은행의 확약이 없이 거래당사자간의 신용을 근거로 대금결제가 이루어지는 무역 결제방식이다. 특히 무 신용장거래에 있어 수출업자의 대금결제에 있어 수입업자가 미결제시 이를 수출상에게 통보만 할 뿐이다.

제 5 절 신용장 국제표준은행 관행(ISBP)

1. 신용장 국제표준은행 관행(ISBP)의 의의

신용장 통일규칙의 국제표준은행 관행(ISBP: International Standard Banking Practice for the Examination of Documents nuder Documentary Credits subject to UCO600)은 2002년 10월 30일 제정되었으며, 2007년 7월 1일 개정되었다(ICC Document No.681). 신용장 통일규칙을 어떻게 은행 실무에서 적용해야 하는 가를 설명하는 내용으로서 국제상업회의소(ICC)의 공식견해와 일반적인 은행 관행을 의미한다. 화환 신용장 하에서의 서류심사를 위한 국제표준은행 관행은 ICC에 의해 2003년 UCP500을 실무상 보완서로 채택하였다. ISBP의 목적은 이러한 내용의 개정이 아니라 정보의 제공에 있었다. 무엇보다 서류 일치에 관한 표준 관행의 일반적 조항을 담고 있으며, 세부 관행은 신용장에서의 전형적인 사항인 환어음, 송장, 운송서류, 보험확인서, 원산지 증명서 등을 고려한다.

2. 신용장 국제표준은행 관행의 제정 배경

국제상업회의소가 ISBP를 제정하게 된 것은 UCP 500을 활용할 때 실무적인 차원의 은행으로부터 많은 질문이 있었으며, 이에 따라 2000년 이후 600개 이상의 교육사례가 발표되기도 하였다. 하지만 서류의 작성과 심사에 있어 국제은행표준 관행이 어떤 것인가에 관한 명확한 해답을 얻지 못하였다. 특히 무역 거래에 있어서 대금결제에 신용장을 사용한 경우 수출업자를 보호하는 역할은 날로 감소되었고 이에 따른 클레임 제기와 분쟁은 끊이질 않았다.

국제표준은행의 신용장 통일규칙의 규정을 새롭게 제정하게 된 것이다. 신용장 법의 발전은 UCP500, UCC5, ISBP의 제정을 통해서 이뤄졌다. 특히 상업적 은행의 것과는 구분이라는 토대 위에 융통성 있는 엄밀 일치의 표준적용에 일치하는 법적 구조로 만들어졌다. 표준 관행에 대한 다른 근원은 ISBP의 문서에 대해 인상적인 지지를 주장하지 않는다. 특정 국가에서 39개의 개별적인 은행 관행에 대한 조사를 포함하는 것이다.

3. ISBP의 일반원칙(Gereral Principle)

1) 서류발행자(Issuer of Document)와 언어

신용장이 서류발행자로 특정인이나 특정 실체를 지정하였다면 이 조건에 의하여 서류를 발행하였다는 표시를 하여야 한다. 만약 서류 표제에 다른 사람이나 다른 실체가 표시되어 있다면, 이것은 신용장 조건에 일치하지 않는 것으로 서류의 내용과 다르므로 인정을 받을 수 없을 것이다. 언어는 국제표준은행 관행에 의하면 수출업자(수익자)가 발행하는 서류는 신용장 언어로 발행하여야 함을 원칙으로 한다. 만약 신용장이 두 개 이상의 언어로 표시되었다면 지정은행은 신용장 통지서에 신용장 약정 또는 확인의 조건으로 허용되는 언어로 제한할 수 있다.

2) 일자(Dates)와 서류 및 복합서류의 제목

환어음, 운송서류, 보험서류는 신용장에서 일자 표기를 명시하지 않더라도 일자를 표기해야만 한다. 특히 서류 이외의 서류에 대한 일자 표기 요구는 같은 일부를 구성하는 다른 서류의 일자를 서류상에 참조함으로써 충족될 수 있다. 서류는 신용장에서 요구한 제목을 사용하거나 비슷한 제목이나 제목을 사용하지 않을 수 있다. 서류 내용은 요구한 서류기능을 완수하고 있어야 하며, 신용장에서 요구한 서류는 별도의 서류로 제시될 수 있다.

3) 다량의 서류 또는 원본과 사본

신용장과 서류가 다른 명시가 없다면 물리적으로 합철되거나 일련번호가 있거나 같은 참조번호가 있는 서류는 어떤 제목이 있든지 하나의 서류로 간주한다. 만약 서명, 배서 등을 요구하였다면 서류의 첫 페이지 또는 마지막 페이지에 표시하여야 한다.

신용장에서 사본의 서류를 요구하지 않았다면, 한 통은 원본의 서류를 제시하여야 한다. 만약 신용장에서 원본이 한 통 이상 발행되었을 때 반드시 1부는 원본으로 표시하여야 한다.

4) 오탈자 또는 타이핑 미스 및 서류 일치

단어 및 문장의 뜻에 영향을 주지 않는 탈, 오자는 서류 자체에 하자가 있는 것으로 보지 않는다. 하지만 문자와 숫자를 동시에 사용하는 경우에는 정확한 숫자를 사용해야 한다. 인정되는 약자의 사용은 그 서류를 하자 있는 서류로 만들지 않는다.

신용장에서 제시된 서류는 서류 상호 간에 불일치하여서는 안 된다. 화인의 목적은 상자, 자루 또는 포장확인을 가능하게 하기 위한 것이다. 신용장 조건과 모순되지 아니한 추가정보는 수리될 수 있다. 화인은 물품의 종류, 파손되기 쉬운 물품 취급에 관한 경고문, 물품의 순중량 또는 총중량의 정보를 포함한다.

5) 서명 및 증명과 선언/ 서류수정과 변경

신용장에 별도로 요구하지 않아도 어음과 증명서에는 해당 서류의 서명이 필요하다. 운송서류, 보험서류는 UCP 규정에 따른 서명이 필요하다. 서명은 자필, 천공 서명, 팩시밀리 서명, 스탬프, 도장, 전자식, 기계식 서명 등에 의한 서명도 유효하다. 하지만 서명한 서류를 복사한 서류에 관해서는 인정하지 않고, 회사명이 인쇄된 종이에 서명한 것은 다른 표시가 없는 경우 회사의 서명으로 취급한다.

증명의 선언은 별도의 서류로도 가능하며, 다른 서류에 포함할 수도 있다. 서류의 수정과 변경은 수익자 이외의 자가 가능하며, 발행한 서류의 정보와 자료의 수정은 서류발행자, 또는 수정 변경의 권한 자가 확인을 하여야 한다. 확인은 그 당사자가 서명이나 약식 서명도 가능하다. 하지만 반드시 증명 및 선언, 서류수정은 해당의 충분한 표시가 있어야 하며, 이를 증명해 줄 수 있는 내용이어야 한다.

Chapter 17 글로벌 무역의 관세정책

제1절 글로벌 무역의 관세정책과 수단

1. 수출입의 관세정책(Tariff, Customs, Customs duties)

1) 관세의 개념과 성격

한 나라의 관세 제도는 정치와 외교뿐만 아니라 경제적인 요인을 포함하고 있으며, 해당의 관세율은 각국이 서로 상이하게 부과하고 있다. 관세란 국가가 재정수입을 목적으로 관세영역을 통과하는 물품에 대하여 징수하는 조세이며, 관세선을 통과하는 물품에 대하여 부과함이 원칙이다. 관세영역이란 과세법의 영역으로 경제적 경계이며, 정치상으로는 국가영역과 반드시 일치하는 것은 아니다.

관세는 자유항, 보세지역, 자유무역 지대 등이 있는 국가에서는 국경선 내에 관세선이 있으며, 관세동맹을 체결한 국가에서는 관세선이 동맹국의 국경선까지 확대될 수 있다. 관세는 수출품에 대하여 부과하는 수출세, 수입품에 대하여 부과하는 수입세, 국경을 통과하는 물품에 대하여 부과하는 통과세로 구분된다. 관세의 성격은 관세 자체가 수입을 억제하고 국내산업의 보호와 재정수입을 목적으로 부과된다. 특히 수입품목 가운데 원자재, 생필품 관련의 물품은 사치품이나 완제품보다 낮은 관세를 부과하고 있으며 관세의 성격은 조세적 성격, 소비세적 성격, 특수성격으로 나뉜다.

▌표 17-1▌ 관세의 성격

구분	내용
조세의 성격	- 징수 주체는 국가 - 법률 또는 조약에 의거 부과. 징수 * 국가에 의해 강제징수
소비세의 성격	- 소비를 관세의 주 대상을 함 - 관세의 부담은 소비자에게 전가 * 원자재 및 생필품보다 사치품이나 완제품에 중과
특수 성격	- 관세영역을 출입하는 물품에 대하여 부과 - 경제정책의 수단 * 대물세, 수시세의 성격

〈표 17-1〉에서 관세는 법률이나 조약에 의하여 부과 및 징수된다. 헌법 제59조에 명시되어 있으며, 조세법률주의 원칙과 규정에 의한다. 경제변화와 신속한 조처를 취한 후 일정 범위를 정하여 행정권이 관세율을 조정할 수 있는 탄력관세제도를 사용하고 있다.

첫째, 관세는 조약에 의거 부과하거나 감면한다. 관세에 관한 국제협정에는 국내법에 의해 부과되는 관세를 감면, 인하하도록 규정하거나 새로운 관세부담을 부과하는 경우는 거의 없다. 관세는 재정권에 의한 징수로 국가가 곧 과세권의 주체가 된다.

둘째, 관세는 소비세의 성격이며 관세의 궁극적 대상은 소비이다. 소비세의 기본성격인 소비를 많이 하면 세금도 많아진다. 소비세의 개념은 생산을 위한 원재료, 기계 등의 사용, 영업을 위한 기구 등의 설치 등도 관세의 경우에는 소비의 개념에 포함된다. 일반적으로 관세의 부담은 전가된다.

셋째, 관세는 일반 내국세와는 달리 관세만이 갖는 독특한 성격이 있다. 관세는 수입물품에 대해 부과한다. 그러므로 일반 세법과 같이 과세대상의 종류가 한정되는 일이 없다. 관세는 관세영역을 전제로 하며, 재정수입뿐만 아니라 경제정책의 수단으로 매우 효과적인 것으로 중요하다. 관세는 대물세, 수시세의 성격을 갖는다.

2. 관세정책의 유형 및 분류

1) 과세의 기회(상품 이동)에 따른 분류

관세는 상품의 이동에 따라 수입 관세, 수출관세, 통과 관세로 나눈다. 수입 관세란 현대적인 의미의 관세는 주로 수입 관세 부분을 말하기도 하며 일반적으로 관세라고 말할 때, 수입 관세를 의미한다. 즉, 국제적인 상품거래에 있어 부과되는 수입세이다. 이러한 수입세의 부과목적은 국내산업의 보호, 고용 확보, 교역조건 유지 및 개선, 국제수지 개선, 재정수입의 증대에 있다.

수출관세를 부과하는 이유는 전략물자 및 자국의 공업생산에 필요한 원료의 국외 유출과 특정상품의 유출로 국내 물가의 상승을 방지함과 재정수입의 증대를 추구하고 있다. 수출관세의 부과로 인한 부작용은 자국 상품의 수출가격이 상승하여 대외경쟁력을 떨어뜨림에 따라 특별한 경우를 제외하고는 부과하지 않는다. 통과 관세는 한 나라의 관세영역을 통과하여 운송되는 상품에 관세를 부과하는 것이다. 통과 관세가 중상주의 시대에는 자국 상품의 판로확보를 목적으로 자국 내를 통과하는 것을 저지하기 위한 목적으로 부과하기도 하였다.

2) 과세의 목적에 따른 분류

과세의 목적에 따라 재정관세와 보호관세로 나눈다. 재정관세는 주로 정부의 재정수입을 위하여 수출상품에 부과하는 세입관세이며 통상적으로 15~30%의 저율의 관세를 부과한다. 하지만 재정관세는 순수하게 재정상의 수단에 불과하며 무역정책 차원에서 별 의미가 없고 다만, 국가의 보호가 필요 없는 저율의 관세이다. 재정관세는 내국세로 국가 재원의 어려운 처지에 있는 동남아시아 국가에서 주로 채택하고 있다.

보호관세는 국내산업의 보호와 육성을 목적으로 부과하는 관세이며 재정관세보다 세율이 높은 것이 특징이다. 보호관세는 국내의 유치산업과 기존산업의 발전을 위하여 수입되는 외국상품에 부과하는 관세이다. 가령 유치산업을 목적으로 한다면 유성 관세, 공항의 악영향을 방지를 목적으로 한다면 공항 관세, 국내시장을 방위하기 위한 목적의 방위 관세, 외국상품의 수입을 억제하기 위한 금지관세 등으로 구분하기도 한다. 이밖에도 농업관세, 공업 관세, 일시관세, 계속 관세, 계절관세 등이 있다.

3) 관세율 결정방식에 따른 분류

관세는 관세율에 따라 크게 종가세와 종량세로 나눈다. 종가세는 수입상품의 가격을 과세표준으로 하여 세율을 결정하는 것으로, 수입상품에 관한 가격의 결정에 있어서 미국을 포함한 소수국가에서는 FOB(본선인 도조건) 수출항 가격을 그리고 우리나라를 포함한 다수의 국가에서는 CIF(운임, 보험료 포함 인도조건) 수입항 가격을 과세의 표준으로 삼는다.

종가세의 단점은 가격변동에 따른 과세 부과기준을 책정하기 곤란하다. 공평성이 결여한다는 단점이 있다. 종량세는 수입상품의 수량을 과세표준으로 하여 부과하는 관세이다. 종량세는 어떤 절차와 요건이 따로 필요 없는 장점이 있으며, 가격의 변동에 따른 관세 결정, 중량 산정이나 계량의 표준화 마련에 관한 애로점이 있어 공평성이 떨어지는 단점이 있다. 혼합관세와 복합관세 및 선택관세로 나눈다. 특히 혼합관세는 같은 수입상품에 대한 관세를 책정할 때 종가세 또는 종량세의 두 가지를 병행하여 부과하는 방법이다. 따라서 종가세와 종량세를 겸하여 부과한다는 의미에서 복합관세이며, 혼합관세의 성격을 띤다. 혼합관세의 부과목적은 저가의 외국상품으로부터 국내 상품을 보호하기 위한 것이었으나 우리나라는 1973년도에 이를 폐지하였다.

선택관세는 사전에 지정된 수입상품에 관하여 종가세와 종량세를 책정해 놓고, 수입상품의 상태와 가격변동, 재정상태 등을 감안, 종가세 혹은 종량세를 선택하여 관세를 적용하는 방법이다. 주로 사용하는 방법은 가격의 하락에 관하여는 종량세를 그리고 가격의 상승에 관하여는 종가세를 선택하여 효과적으로 활용하기 위함이다.

4) 관세 성격에 따른 분류

관세의 성격에 따라 국정관세(National duties)와 협정관세(Conventional duties)로 나눈다. 그 가운데 국정관세는 한 국가의 국내법에 정한 일정율의 관세를 부과하는 것으로 관세 자체가 조세의 성격이므로 징수방법이나 세율은 사전에 법에 의거 정하여진다. 한국은 법에 의거 기본세율, 잠정세율, 탄력세율 등으로 정하여져 있다.

한 나라가 다른 나라와의 조약이나 협정에 의거 특정상품의 세율을 사전에 정하여 두는 관세이며, 조약이나 협정에 유효기간, 세율 등을 정하여 두고 이를 적용하여 관세를 부과하는 것이다. 하지만 필요에 따라 세율이나 기타 관련의 조약 내용을 개정할 수 있다.

4) 관세 방법상의 차등에 따른 분류

(1) 상계관세(Compensation duties)

상계관세란 수출국에서 수출을 위하여 제조 및 생산과 관련하여 직접 또는 간접적으로 보조금(subsidy), 장려금(bounty)을 받은 산품이 수입될 경우 국내산업에 실질적으로 피해를 받거나 받을 우려가 있는 경우, 이를 보호하기 위한 수단으로 수입국에서 조치하는 일종의 할증 관세이다.

(2) 보복관세(Retaliatory duties)

보복관세란 외국에서 자국 상품에 대하여 부당하게 수입 관세, 차별대우 등을 취하는 경우 이에 대응하기 위한 수단으로 관련국이나 기타 외국으로부터 수입되는 상품에 대하여 보복적으로 부과하는 관세이다.

보복관세의 종류는 국가할증 관세, 해운장려 관세, 간접 수입할증 관세이며, 국가할증 관세는 자국의 국기가 아닌 외국의 국기를 단 선박에 의한 수입 물품에 대해서 높은 관세를 부과하는 것이다. 해운장려 관세는 해상운송을 통하여 수입하는 경우에 해운을 장려할 목적으로 낮은 관세를 부과한다.

(3) 덤핑방지관세(Ante-dumping duties)

덤핑방지관세는 수출증대를 목적으로 수출가격을 낮추거나 수입국에서 수입증가를 방지하여 자국의 산업 보호 차원에서 기본관세 이외에 덤핑 마진 금액 이하의 관세를 부과하는 경우이다. 덤핑판정의 기준은 수입가격이 수입국의 시장가격 또는 원가 이하의 경우, 수입가격이 수출국의 시장가격 또는 원가 이하의 가격 등으로 나타날 때 취하는 관세이며 현재 WTO에서 수출국의 시장가격을 기준으로 덤핑판정을 하고 있다.

(4) 특혜관세(Preferential duties)와 편익관세(Beneficial duties)

특혜관세는 특정 국가나 특정 지역에서 상품을 수입할 경우 통상관계 개선을 위해 관세할인을 적용하는 경우이며 이를 특혜관세라고 한다. 특혜관세는 식민지 특혜관세, 국제특혜관세, 호혜관세, 일반특혜관세 등이 있다.

편익관세는 협정세율의 적용을 받지 못하는 특정 국가의 특정상품에 대하여 협정세율의 범위 내에서 자국에 유리한 세율을 적용하여 관세의 편익을 주는 제도이다.

(5) 할당 관세(Tariff quota) 및 긴급관세(Emergency duties)

할당 관세는 특정상품에 대하여 국가가 정한 일정 수량으로 수입할 경우 저율의 세율을 부과하고, 수량을 초과한 경우에는 고율의 관세를 부과하는 이중관세 제도이다. 긴급관세는 특정 산품의 급격한 수입증가에 따라 자국의 산업에 중대한 피해를 가져올 경우를 대비하기 위하여 사전에 준비하기 위한 것으로 특정 수입품의 관세율을 높여 부과하는 관세이다.

이밖에도 저렴한 가격의 무분별한 수입으로 인하여 자국 산업의 피해가 우려될 경우, 일정 기간 관세율을 상향 조정하는 제도인 조정관세가 있고, 물가 평형 관세는 국내 물가의 안정과 특정상품의 공급, 특정 수입상품의 가격 등귀를 억제하기 위하여 일정한 기준가격을 정해 놓고 기준가격에 평형시킴으로써, 국내산업을 보호, 육성하고 소비자를 보호하려는 목적의 관세이다. 이러한 관세의 종류에는 차액 관세, 활척 관세, 계절관세 등이다.

▌표 17-2▐ 관세의 분류기준 및 종류

분류기준	관세종류	세부항목
산품(물품)의 이동방향	수입세	일반적인 관세의 성격(수입상품에 부과)
	수출세	재정수입 확보차원(수출상품에 부과)
	통과세	관세영역을 통과하는 상품에 부과
과세방법/과세기준	종가세	수입상품의 가격(과세표준)으로 세율책정
	종량세	수입상품의 수량(과세표준)으로 세율책정
	혼합세(선택세/복합세)	두 가지를 병행하여 책정(복합관세)
과세의 목적	재정수입관세	정부의 재정수입목적(15~30% 통상)
	산업보호관세	국내산업의 보호, 육성목적
관세율	단일세	일정세율(고정관세, 자치세) 차별금지
	다수세	단일세와 반대개념(자국 상품에 유리)
관세제도에 의한 분류	국정관세	국내법에 정한 일정율의 관세부과
	협정관세	조약, 협정에 의한 세율의 조율
	일반관세	국정관세(National Duties)
		협정관세(Conventional Duties)
	특혜관세	기존특혜관세: 특정국가에 대해 관세인하/면제
		일반특혜관세: 개도국/수출장려 목적
	보복관세	국기할증관세: 외국국기 게양의 수입품
		해운장려관세: 해운으로 수입토록 권장
		수입할증관세(간접할증관세)
	탄력관세	덤핑방지관세: 수입증대를 방지할 목적
		보복관세: 수입관세, 차별대우 등의 대응
		긴급관세: 특정상품의 급격한 수입억제
		조정관세: 무분별한 수입억제/통제목적
		상계관세: 보조금/장려금의 할증관세
		편익관세: 조약/협정 없는 나라에 부과
		물가평형관세: 수입상품의 가격조정부과
		할당관세: 특정상품에 한하여 수량한정
	차액관세	활척관세: 가격인상 및 인하에 대응
		계절관세: 계절을 고려하여 차액/차등
		대항관세: 세율적용에 대비한 차액

6) 관세의 세율에 따른 분류

관세의 세율에 따라 분류하면, 단일세, 다수세, 기타관세로 나눈다. 단일세는 같은 상품에 대하여 어떤 국가이든지 차별을 두지 않고 법률에 정한 일정의 세율을 적용하는 관세이며, 국가의 차별을 두지 않고 일정의 세율을 적용한다는 점에서 고정관세, 자치세이다. 다수세는 단일세의 반대의 개념으로 같은 상품에 대하여 두 가지 이상의 관세율을 적용하는 것으로서, 상대국가가 자국 상품에 대하여 유리 또는, 불리하게 처리할 때를 대비하여 설정해 놓은 관세 제도이다.

기타관세 중 차별관세는 특정한 경우 특정 국가로부터 수입되는 산품의 품목에 대해 다른 산품보다 낮은 세율을 적용하거나 더 높은 세율을 적용하는 것을 말한다. 차별관세는 주로 동서무역이나 남북무역 등에서 차별을 둔 관세의 성격이며, 중상주의로부터 제2차 세계대전 이전에 이르기까지 주로 활용하였으나 현재 최혜국대우의 약관이나 WTO 협정에 의거 적용빈도가 줄어들고 있다.

제 2 절 글로벌 무역의 비관세정책과 방법

1. 글로벌 무역의 비관세정책

1) 비관세의 개념과 성격

비관세장벽(NTB: Non Tariff Brrier) 또는 비관세조치는 수입상품에 대하여 비용을 증가시키거나 수량을 제한하는 등 외국수출업자, 국내 수입자 관세 조치 이와 관련의 모든 무역장벽을 말하며, 실질적 수입을 제한하기 위한 인위적인 규제조치로서 수출업자에게 보조금, 금융 특혜 등을 통하여 수출을 촉진하고 수입을 억제하고 자 하는 관세이외의 무역장벽을 말한다.

비관세장벽은 무역 거래를 통하여 다음과 같은 조치를 취한다. 즉, 외국의 수출업자, 국내의 수입업자에게 비용증가, 수입허가 시 수량 제한, 외국 수출업자나 수입업자에게 위험 부담 전가 등으로 관세 이외의 인위적인 모든 무역장벽이다. 이러한 비관세장벽은 무역 거래에 부정적인 영향으로 후생수준, 실질 수준을 저하로 국제무역의 악영향을 초래하기 때문이다.

2) 비관세장벽의 특성

비관세장벽은 신 보호무역의 수단으로 채택되고 있는 비관세장벽의 특징은 다음과 같다.

첫째, 비관세장벽을 규제하고 자 하는 대상 국가, 대상 품목, 수량, 가격 등 각종 수입요소에 내해 차별직 또는 선별적으로 그 효과를 발휘할 수가 있다.

둘째, 비관세장벽은 내용이 매우 이질적이어서 그 적용이나 운용에 있어 국가별로 상이하고 복잡해 측정이 곤란하다. 따라서 이러한 복잡한 구조로 인하여 교역상대국으로부터 직접적인 무역보복을 회피할 수 있다.

셋째, 비관세장벽은 불확실성 및 위험성을 가지고 있다. 수출국과 수입국에 관한 정보수집과 수시변경의 제도적 변칙운영 등으로 인하여 불확실하며 위험하다. 수출을 위한 자국에서의 제한성을 정확하게 판단하기 곤란한 점이 있으며, 수입정책의 수시변경으로 인하여 수출업자를 당황하게 할 수도 있기 때문이다.

넷째, 개발도상국에서의 차별적인 성격으로 인한 협상의 어려운 점들이 있다는 것이다. 비관세장벽은 모든 나라에 같이 적용하는 것이 아니라 차별적, 선별적인 수입요소를 갖고 있어 효과를 발휘하는 것이며 이를 위해 개도국에 미치는 영향은 선진국에 비해 매우 불리한 조건이다.

2. 비관세정책의 유형

비관세정책 중 수입가격 제한의 비관세조치는 가격에 영향을 미치는 비관세조치로는 수입과징금제, 수입예치금제, 수출 자율규제, 차별적 정부구매 등이다. 수입과징금제도는 수입의 억제, 국내산업의 보호, 국제수지의 개선 등의 목적으로 수입품에 부과되는 조세의 한 종류이다. 수입과징금은 외국상품의 수입규제를 통한 다양한 목적으로 부과하여 무역정책의 목적을 위하여 부과한다.

수입과징금을 통한 직접적인 목적은 수입과징금에 의하여 수입품의 가격을 상승시켜 수입량을 감소시키는 효과가 있으며, 불요불급 품목이나 사치성 소비재의 수입은 현저하게 억제될 것이나 농산물 및 공업원자재 수입은 억제되기 어렵다. 또한 수입예치금제(Advance deposit requirement)는 수입의 수요를 억제하고 국제수지의 개선을 위한 목적이며, 수입업자가 외국상품을 수입하는 경우에 수입대금의 전부, 또는 일부를 사전에 관계금융기관에 예치하도록 하는 제도이다. 이러한 제도를 수입담보금제, 수입적립금제도라고 한다. 수입예치금제는 수입업자 또는 수입승인 신청 시 수입대금에 관한 일부, 또는 전부를 관계금융기관에 납부하려면 자금의 압박과 금융적인 부담으로 인하여 자연적으로 수입을 억제하도록 하는 제도이다.

또 하나 수출자율규제(VERs: Voluntary export restraints)란 수입국과 수출국 또는 수출국과 수입국이 일정 기간 수출량의 상한선에 대하여 합의를 하고 이를 수출국이 자율적으로 이행함으로써 수출량을 제한하고자 하는 것이다. 수출자율규제는 수입국의 수입증가로 인한 시장 교란을 방지할 목적으로 수출국에서 자체적으로 실시하는 제도이다. 수출자율규제 조치가 미국 등 선진공업국의 시장교란 방지책의 수단으로 많이 이용하는 것은 수입억제의 목적을 이룰 수 있는 장점이 있기 때문이다. 그리고 차별적 정부구매의 방법으로 정부에서 필요한 물자와 공공사업을 추진하는데 필요한 물자의 구매를 국내생산물에 우선 적용하여 반면에 외국의 생산물에 대하여 구매상 차별조치를 취하는 것이다. 차별적 정부구매로 외국생산물 공급자에게 차별조치를 취하는 것은 국내 기업에게 보조금을 지급하는 경우와 같은 효과를 얻게 된다.

2) 수량 제한을 통한 비관세조치

(1) 수입할당제도(Import quota system)

수입할당제도는 수입되는 외국상품에 대하여 일정 기간 수입의 수량, 가격을 기준으로 하여 수입을 할당하여 일정 부분 수입을 허용하는 수입제한조치이다. 수입할당제는 국내유치산업의 육성, 기존산업의 보호, 국제수지의 개선을 위해 보호무역의 전형적인 형태로 선진국 중심으로 활용하는 것으로서 개도국에서는 제조업의 수입대체를 촉진하고 국제수지의 개선을 위해 주로 활용한다.

수입할당제는 협정할당과 자주 할당으로 구분하는데, 협정 할당(bilateral quota)은 수출국과의 협정에 따라 수출국의 정부, 산업단체에 수출량의 업자 간 배분을 위임하는 제도이며, 자주 할당(unilateral quota)은 수입국이 수입량을 일방적으로 결정하는 제도를 말한다. 수입할당제도를 다른 말로 수입 쿼터라고도 하며 직접 수량과 금액 등을 설정하여 수입품의 가격과는 무관하게 수입량을 제한하고자 함이다.

(2) 수입금지제도

수입금지제도는 경제 또는 비경제적인 이유로 인하여 특정상품에 대한 수입을 금지시키는 수입억제조치이다. 수입금지 조치는 관세나 수입할당제로 감당할 수 없는 수입억제 효과를 얻고자 할 때 실시하며, 주로 국방 관련, 보건위생, 소유권보호 등의 비경제적인 이유로 사용하는 조치이다. 그러나 경제적인 이유로는 국제수지가 악화된 경우 이를 대비하여 사치품, 불요불 품목에 대하여 잠정적으로 수입금지 조치를 취하기도 한다.

3) 수출장려를 위한 비관세조치

(1) 수출보조금제

수출보조금제(Export Subsidy System)는 국가나 공공단체에서 국내생산물 수출을 증가시키기 위하여 국내 수출산업이나 수출업자에게 재정적 지원 혜택을 부여하는 것을 말한다. 수출보조금의 경우 각국에서 여러 가지 형태로 지급되고 있으며, 이는 수출량을 증대시키는 조치이다. 수출산업이 국가 또는 공공단체로부터 보조금을 받을 경우 생산되는 상품의 생산비 인하로 인한 경쟁의 우위로 인하여 수출증대의 효과를 얻을 수 있게 된다. 수출품목마다 일률적으로 발생하는 것이 아니라 품목에 따라 다르게 발생한다. 하지만 수출보조금을 받을지라도 가격의 탄력성이 낮은 품목이나 수출 경쟁이 심하지 않은 일부 품목에 관해서는 수출보조금의 효과는 크게 기대할 수 없게 된다.

(2) 무역금융 제도

무역금융 제도는 수출입의 거래와 관련하여 생산, 구매, 대금결제에 필요한 자금을 융자해 주는 것이다. 무역금융은 수출촉진을 위하여 수출업자와 수출 관련의 생산업자 및 수출상품의 선적 시까지 단계마다 수출에 필요한 자금을 융통해 주고 그 대금은 수출 후에 수출한 대금으로 결제하는 정책적인 금융이며 수출을 활성화하거나 수출증대의 목적으로 사용하는 무역금융이다.

(3) 보세제도(Bonded System)

보세제도는 가공무역, 중계무역의 효율성을 높이기 위하여 일정한 지역을 제한하여 수입세의 부과를 한시적으로 보류하는 것을 말하며, 수입되는 상품이 보세지역에 보관되어 있을 때 해당 상품에 수입세가 포함되어 있다. 보세지역은 주로 보세창고, 보세공장, 지정 보세지역, 보세장치장 등이다. 보세제도의 장점은 보세지역에 있는 동안은 관세가 보류된 상태이기 때문에 단순한 통과무역의 절차와 원료 관련 상품의 수입을 원활히 할 수 있어 가공에 유리하다.

(4) 수출보험제도(Export insurance system)

수출보험제도의 기능은 수출거래상의 불안 제거 기능, 신용수단의 제고 기능, 무역관리 제도의 기능, 수출진흥정책 상의 기능, 신용조사기능이 있다. 수출거래상의 불안 제거 기능이란 수출보험은 수입국에서 발생 가능한 모든 위험을 보상해줌으로써 수출 관련의 거래에 위험요인을 제거하고 자 함이다.

수출보험은 수출대금의 미회수위험을 담보함으로써 사고 발생 시 손실을 보상받게 된다. 즉, 신용수단의 증대기능이 있으며, 신용조사를 통한 각종 위험으로부터 사전에 방지할 수 있어 수출업자와 해당의 모든 자를 보호하는 기능이 있다.

4) 수출입균형정책

(1) 바터무역(Barter Trade)

바터무역이란 금전거래와 상관없는 일종의 물물교환 방식의 무역이다. 즉, 수출업자와 수입업자와의 무역 거래에 있어서 대금결제를 화폐로 하지 않고 수출과 수입에 관련된 액수만큼을 상호 수입 또는 수출함으로써 무역의 균형을 유지하려는 일종의 물물교환 방식이다. 원재료를 수입하여 생산 가공한 상품을 원재료 구입대금으로 결제하는 조건방식의 무역이다.

(2) 수출입 연계제도(Export-import link system)

수출입연계제도란 정부가 수출과 수입에 개입하여 일정한 조건과 교환을 목적으로 범위 내에서 허용하는 제도이다. 연결방식에 따라 수출의무제, 수입 권리제로 구분된다. 수출의무제란 수출을 목적으로 원료를 수입하여 가공, 생산하여 수출할 조건으로 하는 정부 허가의 방식이며, 수입 권리제는 상품 수출실적에 따라 차등을 두어 해당 물품의 수입에 관한 범위, 내용 등의 권리를 부여해 주는 방식을 말한다.

(3) 협정무역(Agreement Trade)

협정무역이란 쌍무협정에 의하여 무역 당사국 상호 간에 수출입의 균형과 무역 장애를 완화하기 위한 목적으로 체결하는 무역이다. 협정무역은 무역 거래의 상태가 불분명하거나 무역 거래에 애로사항이 많은 복잡한 지역이나 무역에 따른 여러 장애 요인들이 많은 경우 사전에 협정을 통하여 시행하는 무역제도이다.

특히 우리나라와 북한이 무역 거래를 할 때 쌍무협정에 따라 북한의 상품과 우리나라의 상품이 교환적인 비율로 수출입계약을 체결하고 이에 따라 정한 범위 내에서 무역 거래를 하게 되는 된다.

Chapter 18 무역 운송 및 관련 서류

제1절 무역 운송의 기초개념과 해상운송

1. 무역과 해상운송의 의의

1) 해상운송의 의의와 개념

무역의 주된 목적은 서로 다른 곳에 거주하는 상대방에게 물품과 서비스를 제공해 주고, 금전적 대가를 얻고자 함이다. 무역 거래에서 운송이라는 수단은 공간적, 시간적인 제한요소를 해소하고 원활한 거래를 소통시켜주는 매개체가 된다. 해상운송(Shipping by sea, Marine transportation)은 선박을 이용하여 해상에서 이루어지는 운송이며, 주로 상선에 물품을 운반하는 것을 말한다.

해상운송의 발전은 제1차 대전 이후 디젤기관의 출현으로 조선기술이 발달함에 따라 선박을 이용한 운송업을 전문으로 하는 산업운송인(Industrial Carrier)이 등장하게 되면서부터이다. 무역 운송의 90% 이상을 차지하고 있는 해상운송은 무역이 시작되면서부터 많은 물동량을 저렴하게 운송할 수 있어 대부분 해상운송을 주로 이용하였다.

2) 해상운송의 특징

(1) 대량운송과 운송의 안정성

운송수단의 발달과 함께 정보통신기술의 발달로 발전된 선박기술을 활용함으로써, 타 운송수단인 항공운송과 육상운송이 발달하고 있다고는 하나 해상운송은 신속하고 안전한 상태로 변화되고 있다. 최근에는 선박기술의 발달로 수십만 톤의 화물을 선적할 수 있으며, 속도와 안전성을 고려하여 안전한 상태에서 대량의 운송을 담당하고 있다.

(2) 국제성과 자유로운 운송로 이용

해상운송은 항공운송과 같이 5대양 6대 주의 해상과 대륙을 연결하는 장거리 운송에 이용되고 있다. 원거리 운송에 있어 항공운송보다 단위당 비용이 저렴하고 자유로운 항로를 통해 국제성을 인정받고 있다. 글로벌 무역 거래에서 국제적인 무역 거래 관계에서 주로 해상운송을 활용하고 있다. 하지만 항구와 국제성은 인정받을 수 있겠으나 항공운송과 비교할 때 운항속도가 늦다는 것이 단점으로 지적될 수도 있다.

(3) 해상운송은 수송의 안전과 정확성 보유

해상운송은 대량운송과 저렴한 비용으로 인한 높은 경제성으로 인하여 무역 거래 시에 주로 해상운송을 선호하고 있으며, 수출입화물 90% 이상의 물품을 해상운송이 담당하고 있다. 그리고 입출항이 비교적 정한 법률과 상황 조건 안에서 물품의 운송에 안전하고 비교적 정확한 시간에 운송 가능하다는 장점들이 있다.

3) 해상운송의 역할

(1) 자원의 효율적인 배분효과

해상운송은 대량의 물품을 국제간에 운송하여 줌으로써 글로벌 무역의 활성화와 세계화에 기인하여 국가 간의 경쟁을 유발하여 시장가격을 조절하는 기능을 갖는다. 운송의 안정성, 신속성, 정확성, 저렴한 운송비를 통하여 상품의 유통을 촉진하고 재고량을 감소시켜 유통자본의 회전율을 높이고 국제생산, 유통과 산업 발전을 통한 국민 경제발전의 기능을 담당하여 국제적인 분업과 교환을 촉진함으로써 경제활동을 원활하게 한다.

(2) 국민소득의 증가와 국제수지의 개선 효과

해상운송은 단순한 운송의 개념이 아니라 다양한 요인들의 총체적인 집합체이다. 그러므로 관련의 산업은 국민소득의 증대를 가져오며, 자본 및 노동의 투입으로 인하여 외화획득 및 외화 절약 효과가 있으며, 해상운송과 관련한 선박산업 및 관련의 용선료를 획득할 수 있다.

(3) 관련 산업의 육성과 국제경쟁력 강화

해상운송은 외화수입과 관련의 조선공업, 보험업 등과 밀접한 관계로 고용의 증대와 국민경제의 발전에 도움을 준다. 자국 상품의 시장영역을 확대해 안정적인 국제시장의 가격경쟁력을 향상시킨다.

2. 해운업의 범위

1) 해상여객운송사업

해운업은 해상여객운송사업, 해상화물 운송사업, 해운중개업, 해운대리점업, 선박대여업, 선박 관리업으로 분류한다(해운법 제2조 제1호). 해상여객 운송사업이라 함은 해상 또는 해상과 근접한 내륙수로에 여객선으로 사람 또는 사람과 물건을 운송하거나 이에 관한 업무를 처리하는 사업이다.

항만운송사업법 제2조 제4항의 규정(해운법 제2조 제2호), 이에 따른 종류는 내항 여객기 운송사업, 내항 부정기 여객운송사업, 외항 정기여객 운송사업, 외항 부정기 여객운송사업으로 분류한다.

2) 해상화물 운송사업 및 해운중개업

해상화물 운송사업은 해상 및 해상과 연접한 내륙수로에서 선박으로 물건을 운송하거나 이에 수반되는 사무를 처리하는 사업으로 항만운송사업법 제2조 제2항의 규정에 의하여 항만 운송사업 외의 것을 말한다. 내항 화물 운송사업과 외항 정기화물 운송사업, 외항 부정기화물 운송사업이 있다. 해운 중개업이란? 해상화물 운송의 중개, 선박의 대여, 용대선 또는 매매 중개하는 사업을 말한다(해운법 제2조 제6호).

3) 해운대리점업(해운법 제2조, 제7-8항)

해운대리점업은 해상여객운송사업 또는 해상화물 운송사업을 영위하는 자를 위하여 통상 그 사업에 속하는 거래의 대리를 하는 사업을 말한다. 해운대리점업은 외국 선박을 취급하는 국제해운대리점업, 자국의 선박 또는 국제해운대리점업을 영위하는 자와의 위탁계약에 의거 외국 선박을 취급대상과 구분한다.

4) 선박 대여 및 선박 관리업

선박대여업은 해상여객운송사업 또는 해상화물 운송사업을 영위하는 자 외의 자가 그가 소유하거나 소유권을 이전받기로 약정하고 임차한 선박을 타인에 대여하는 사업을 말한다(해운법 제2조 제8호). 그리고 선박 관리업이란 해상여객운송사업, 해상화물 운송사업 또는 선박대여업을 영위하는 자로부터 선박 관리, 선원 관리 및 해상보험 등의 업무를 수탁하여 대행하는 사업이다.

3. 해상운송의 형태

1) 정기선 운송

(1) 정기선 운송의 개념

정기선 운송(Liner)이란 해상의 특정 항로에서 정해진 운항계획에 따라 예정된 항구를 규칙적으로 반복운항하면서 공표된 운임률에 의거 화물의 많고 적음에 관계없이 운임이 부과되는 화물선과 여객선을 이용한 운송을 지칭한다. 따라서 정기선 운송은 사전에 작성, 공표된 운임(Tariff)과 운항 일정(Sailing schedule)에 따라 지정된 특정 항로만을 왕복하는 관계로 불특정다수 화주의 소량 화물을 비롯한 다양한 일반화물, 포장화물 등의 운송을 담당하게 되었다.

(2) 정기선 운송의 특징

정기선 운송의 특징은 정해진 항로로 일정한 간격을 두고 공시한 기항지를 순차적으로 운항하는 운항서비스를 제공하며, 특히 불 특정 다수의 화물을 운송하는 보통운송인, 공중운송인이다. 그리고 정기선 운항 선박은 부정기선 운항 선박의 선박 가격이 높으며 운송화물 또는 완제품, 반제품 등의 공산품이 주류를 이루고 부정기화물선의 송장 가격이 저렴한 특징이 있다. 따라서 정기선해운업자는 특정 항로에서 반복적인 서비스를 제공하기 위하여 적정규모의 컨테이너선대, 컨테이너용기, 내륙운송장비, 전용터미널, 전자문서교환시스템 등을 필수적으로 갖춰야 한다. 정기선해운업은 타 산업의 초기에 많은 자본이 필요하다.

2) 부정기선 운송

(1) 부정기선 운송의 개념

부정기선(Tramper) 운송은 정한 항로를 규칙적으로 운항하는 것이 아니라 화물이 있거나 화주의 요구가 있을 때만 용선계약에 의거 화물이나 항로에 따라 운항하는 불규칙적 운항형태이다. 부정기선의 운송화물은 원유, 석탄, 광석, 곡물, 비료, 시멘트, 원목, 철강 등 다소 중량화물과 저가의 대량화물에 주로 이용되고 있다.

운반 선박은 전문운송형태로의 변형 및 생산하여 관련의 시설을 갖춘 전용선을 주로 이용한다. 특수 전용선으로는 원유, 중유, 휘발유와 같은 유조선과 생선이나 과일과 같은 것을 운반하는 냉동선, 목재전용선, 자동차 전용선, 곡물 전용선 등이 있다.

▌표 18-1▐ 정기선과 부정기선의 비교

구분	정기선(Liner)	부정기선(Tramper)
운항상태	정한 규칙의 항로를 반복적 운항	불규칙적이며 화주의 청에 의한 운항
운송인	일반운송인(Common Carrier) 공중운송인(Public Carrier)	개인 운송인(Private Carrier) 산업운송인(Industrial Carrier)
취급화물	불 특정 다수의 이종화물 취급	특정 화주의 비교적 동종의 화물취급
화물 가치	비교적 고가의 화물	저가의 대량화물
운송계약	선하증권(B/L)에 의한 계약	용선계약(C/P)
운임	고율, 운임표에 의한 동일운임	저율, 선박의 시장가격에 의한 운임
서비스	화주의 요구사항에 따라 조정	선주와 용선자의 합의에 따라 상이함
선박	고가, 구조 복잡, 다목적이고 전문적임	저가, 구조 단순
화물 집화	영업 관련의 해당 직원	중개인이나 전문 취급인
해운동맹	Shipping Conference	non-conference

(2) 부정기선 운송의 특징

부정기선의 특징은 항로의 자유로운 선택이 가능하며, 저부가가치의 화물을 대량으로 수송할 수 있다는 점과 용선 운임을 자유롭게 조정할 수 있다는 점이다. 부정기선 운송은 화주의 요구에 따라 필요한 곳에 적합한 항로를 선택하여 운항하는 것이므로 어디든지 화물을 운송할 수 있는 특징이 있고, 비교적 운임이 저렴하고 운임부담 능력이 적거나 부가가치가 낮은 화물을 대량으로 운송할 수 있다. 그리고 선박의 용선계약에 있어서 용선 시장의 운송수요와 공급으로 운임이 결정되며 계절과 시간과 지역에 따라 다르다.

4. 선박의 중량과 톤수

1) 용적톤수(Space Tonnage)

용적톤수란 총톤수와 순톤수를 말하며, 총톤수는 선박 내부의 총체적인 용적과 상하갑판과 밀폐장소를 포함하고, 순톤수는 총톤수에서 기관실, 선원실, 해도실 등 선박 운항과 관련된 용적을 제외한 여객이나 화물의 수송에 사용되는 용적을 말한다. 상행위에 사용되는 톤수는 순톤수이며 톤세, 항세, 운하 통과세, 등대 사용료, 항만시설사용 등 세금산출의 기초자료가 된다.

2) 중량 톤수(Weight Tonnage)

중량 톤수는 배수톤수와 만재 중량 톤수로 구분한다. 선박의 중량계산은 선체의 수면 아래의 용적에 상당하는 물의 중량이며, 이 물의 중량을 배수량(배수톤수)이라고 부른다.

3) 운하톤수(Canal Tonnage)

운하톤수란 수에즈운하, 파나마운하 등의 운하 통과료 산정을 위한 톤수의 측정방법이다. 파나마운하를 통과할 수 있는 최대의 크기를 가진 선박을 파나막스라고 부르며, 폭 32.3m와 흘수 12m, 65,000DWT(중량 톤수) 선박을 말한다.

제 2 절 선박계약과 운송절차 및 운임 관계

1. 해상운송의 항해용선 계약

1) 항해용선 계약의 의의

항해용선계약은 어느 항구로부터 다른 항구까지 협정한 운임율과 조건으로 용선 화물 또는 일부 화물을 운송하기로 선주가 용선인에게 선복의 사용을 허용하는 계약을 말한다. 즉, 용선 운송계약은 일정의 조건으로 타인의 선박을 차용하여 사용함을 말한다. 항해용선계약의 운임은 적재한 수량에 의하여 결정하고 중량 용선의 경우 용선인에게 제공한 중량 톤수에 의해 결정한다.

항해용선계약의 공인 서식은 화물과 항로에 따라 다르지만 현재 영국해운회의소에서 공인된 석탄운송용(16종), 목재용(7종), 곡물용(11종) 등 모두 49종의 항해용선계약서에 이른다. 용선계약은 선주가 제공한 선박의 전부 또는 일부의 선복에 의하여 화물을 운송할 것을 약정하는 것이다. 약정과 관계인들이 운송계약을 체결하고 화물을 운송하는 절차와 행위들을 말한다. 용선계약은 계약당사자와 선박의 표시, 선박의 동정과 적입 준비와 관련한 일정, 해약 기간, 화물의 표시, 선적항과 양륙항, 운임지불 조건 등을 고려하여 계약하게 된다.

3) 용선계약의 종류

(1) 일부용선 계약과 전부용선 계약

일부용선 계약(Partial Charter)은 용선 운송계약 체결 시 선복의 일부를 차용하는 경우의 계약을 말한다. 전부용선 계약(Whole charter)은 용선 운송계약 시 선복의 전부를 빌리는 계약을 체결하는 것이며, 용선계약 자체가 부정기선에 의한 계약이다. 따라서 전부용선계약에는 항해용선계약과 기간용선 계약으로 나눈다.

(2) 항해용선계약(Voyage Charter)과 정기선 용선계약(Time Charter)

항해용선계약이란(Voyage Charter, trip charter) 일정한 항구에서 목적지 항구까지의 화물 운송을 의뢰하는 화주와 선박회사 즉, 용선주와 선박주간의 계약이다. 정기용선계약이란 기간용선 계약을 말하며, 일정 기간 용선계약을 하는 것이다. 이때 선박과 관련된 일체의 장구류와 운항에 필요한 일체를 용선하는 것이므로 전부용선계약이 되는 것이다. 따라서 용선주의 부담은 연료비, 입항비, 운항비를 부담하고 선주는 선원들의 식료와 급료, 수선비, 제 세금 등을 부담한다.

▌표 18-2▌ 용선계약의 내용과 조건

구분	내용
계약당사자의 명칭 (Owner and Charterer)	- 선주(owner): 선박의 소유주 - 용선자(charter): 선주로부터 배(선복)를 빌리는 자 - 선박경영자(operator): 선박 운용 및 선박경영자
선박표시 (Description of Vessel)	- 선박표시 • 특정 선박의 명칭 및 국적 기재 • 선박의 총톤수(registered gross tonnage) • 등록 순톤수(registered net tonnage) • 재화중량 톤수(dead weight tonnange) - 선급기재: 선박의 내항 능력 담보를 표시(class of vessel)
화물의 명세 (description of cargo)	- 적재화물의 종류와 수량기재 • 화물의 종류, 수량, 운임, 선복의 이용, 내항 능력 등 기재
항행구역	- 세계항로 등 넓은 범위로 규정 * 결빙 항은 제외(worldwide radius, icebound ports excepted)
적재항과 양륙항	- 적재 항과 양륙항(loading and discarging ports)
운임과 운임지급조건	- 적재량을 기준으로 운임표시 - 운임지급시기: 후지급(관습상 선지급도 있음) * 선지급: • 적재완료 지급(payable on completion of loading) • 선하증권 발생 시 지급(payable on signing of B/L) * 후지급: • 양륙지 도착 후지급(payable on arrival to destination) • 양륙완료 지급(payable on completion of discharge)
하역비 부담조건	- 물품의 적재, 양륙 등의 작업 • 깔기(dunnaging): 물품의 손상을 방지하기 위한 판자 • 지주(shoring): 물품의 상부를 지지시키는 것 • 역지주(tomming): 역방향의 물품을 하부에 지지하는 것 • 수평지주(barcing): 물품을 수평 방향으로 지지하는 것

구분	내용
정박기간 표시 (Laydays: laytime)	- 계약화물의 전량을 적재 및 양륙할 수 있는 정박기간 • 관습적 조속하역(Customary Quick Despatch: CQD) • 연속 24시간(Running Laydays) • 호천작업일(Weather working Days: WWD)
체선료 (Demurrage)	- 용선계약 기간을 초과하여 선적, 양륙한 시간에 대하여 용선자가 선주에게 지급하기로 약정한 금액 • 확정배상금(liquidated damages): 지급금액이 확정된 경우 • 체박손해금(damages for detention): 미확정손해배상금.
조출료 (Despatch money)	- 약정된 정박기간 이전에 하역한 경우 단축기간만큼 선주가 용선자에게 지급하는 보수

(3) 나용선 계약과 선박임대차 계약

나용선 계약 또는 선박임대차 계약은 선박회사로부터 운송에 이용되는 선박 자체만을 용선하여 운항에 필요한 물적, 인적요소의 일체를 용선주가 부담하고 선박의 운항과 관련한 제반 사항을 관리하는 형태를 말한다. 즉, 나용선 계약은 선박회사로부터 선박 자체를 용선하는 것이다.

▌표 18-3▌ 용선계약과 개품 운송계약의 비교

구분	용선계약	개품 운송계약
의 의	- 운송인인 선주가 선복의 전부/일부 제공 - 선적된 물건 운송 약속 - 용선료 지급약속 후 계약체결	- 운송인이 개개인의 물건 운송을 인수하고 상대방이 운임을 지급할 것을 약속하는 계약
선 박	- 정기선(Linet)	- 부정기선(Tramper)
중시점	- 선박의 개성	- 운송물의 개성
화 주	- 불특정다수	- 특정 화주
당사자	- 선주(운송인)와 용선자	- 선주(운송인)와 송하인
계약체결 방식	- 당사자 간의 개별적인 교섭에 의한 체결	- 선하증권약관에 의한 부합계약으로 체결
법규의 성질	- 사적 자치의 존중(임의법규)	- 적하 이해관계인을 위한 상대방 강제 법성
경제적 특색	- 비교적 소형, 저속, 부정기해운에 이용	- 비교적 대형, 고속, 정기해운에 이용
운임률	- 공시 운임률(신고운임)	- 수급관계의 시세(시장가격)
운임소선	- Berth Term(+Liner Term)	- FI, FO, FIO

4) 해상운송계약의 법적 성격

해상운송의 계약은 선복 요청, 선복 확약의 관계에 의한 계약으로 모든 운송계약은 청약과 승낙에 의한 계약이므로 낙성계약이며, 운송계약은 화물의 장소적 이동을 목적으로 운임을 지급하는 도급 계약이며, 화주는 운송인이 제시하는 운송조건에 따라 계약할 수 없으며, 운송조건의 협상은 있을 수 없다는 부합계약의 성격이다. 해상운송의 낙성계약, 쌍무계약, 도급 및 부합계약과 불요식계약의 성격을 갖는다.

2. 해상운송의 절차

1) 정기선 운송절차

(1) 수출 관련의 운송절차

① 선박회사, 또는 지점, 대리점에 선복신청서와 국적선불취항 증명서제출 후 계약
② 선박회사에서는 적하예약 목록을 작성하여 송화인 및 본선에 통지
③ 용적 및 중량 증명서를 위해 관련의 절차를 마친 후 증명발급을 의뢰
④ 해상보험계약을 체결, 송화인에 대한 선박회사의 선적지시서 교부
⑤ 선적을 완료하고 송화 인에게 본선수취증으로 선하증권발행
⑥ 선박회사 및 대리점에서 작성한 적하목록을 통한 운임표 작성, 양륙지 송부

▌그림 18-1▐ 해상운송의 계약과 절차

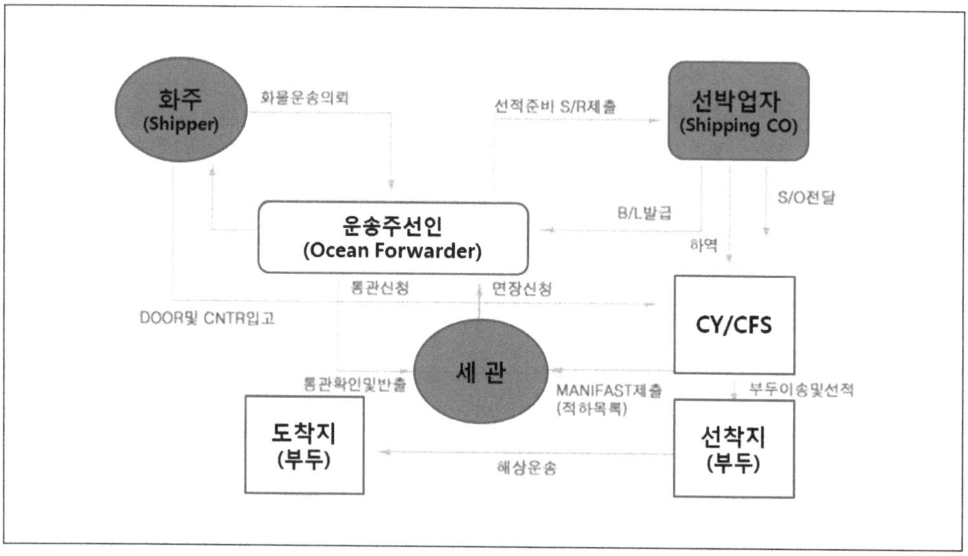

(2) 수입 관련의 운송절차

① 수화인은 선박회사 또는 대리점에 선하증권이나 화물선취보증장을 제출하고 화물인도 지시서(D/O: delivery order)를 받는다.

② 화물인도지시서에 의해 본선으로부터 화물을 양륙하면 화물인수증을 작성하고 보세구역에 양륙된 화물의 경우 세관에 수입신고서를 제출 관세납부 및 수입허가서 받는다.

③ 양화 종료 후 본선측의 발행서류를 인수(해치점사보고서, 손해화물검사보고서).

④ 선박회사나 대리점에서는 과부족화물 발견 시 과부족조사서를 작성하여 양륙지에 송부하고 조사를 의뢰한다.

⑤ 조사의회 양륙지에서는 양륙 재고 사고보고서를 선박회사 및 대리점에 송부한다.

2) 컨테이너 화물의 선적 절차

매매계약서를 바탕으로 선복을 수배하여 선복요청서(Sipping Request)를 제출하여 승낙되면 인수확약서를 발급받음으로써 운송계약이 체결된 것이다. 컨테이너에 의한 운송이 이루어질 때 이를 FCL(Full Container Load) 화물과 LCL(Less than Container Load) 화물로 구분한다. 빈 컨테이너를 선사가 자체적으로 보관하고 임대하는 경우가 많으며, 화주가 내륙운송업체에 요청하여 지정한 CY(Container Yard) 또는 LCL 화물인 경우 운송주선인이 적재를 완료 후 부두 수취증이나 컨테이너 선화증권(D/R)을 발급받는다.

▌표 18-4▌ 선적과 양륙시의 하역비 부담조건

구분	내 용
Berth trrm	- 선적과 양륙이 선주의 책임과 비용으로 이루어진 조건 * 정기선에 주로 이용됨(Liner Term 또는 Full Liner Term 이라 표기함)
Free In(F.I)	- 선적은 화주의 책임과 비용, 양륙은 선주의 책임과 비용의 조건
Free Out(F.o)	- 선적은 선주의 책임과 비용, 양륙은 화주의 책임과 비용으로 이루어지는 조건
Free In & Out(F.I.O)	- 선적과 양륙 모두 화주의 책임과 비용의 조건
Free In, Free Out Stowed, Trimmed(F.I.O.S.T)	- 선적, 양륙, 본선 내의 적입, 트리밍이 모두 하주의 책임과 비용의 조건

운송계약이 체결된 화주는 지정부두까지 화물을 운송하고 선적지시서를 발급받는다. 통상적으로 선적지시서는 화주 또는 선박 대리업자에 의한 발급을 말하며, 일등항해사의 서명 후 선적한다. 선적을 완료 후 본선수취증을 받고 이를 바탕으로 선하증권을 발급한다. 하지만 Full B/L은 신용장거래에서 은행의 수리거절 서류이기 때문에 수출업자로서는 받기가 곤란하다. 따라서 선사에 파손화물 보상장(L/I: Letter of Indemnity)을 제출하고 Clean B/L을 받아야 한다.

3. 해상운송의 운임 관계

1) 운임 지급 시기의 구분

정기선 운임은 운송서비스에 대한 대가를 언제 지급하느냐에 따라 운임 선불방식(Freight Prepaid) 과 운임후불방식(Freight Collect)으로 나눈다. Incoterms 2020중 CFR, CIF, CPT, CIP, DAP, DDP, DDU 등 선불지급조건이며, EXW, FOB, FCA, FAS는 후불 지급조건이다.

▌표 18-5▌ 부정기선 운임의 종류

구분		내 용
부정기선 운임	선복 운임 (Lumpsum Freight)	- 화물의 양과 관계없이 항해 또는 선복단위로 계산하는 운임 * 화물의 개수, 중량, 용적을 기준으로 책정되는 운임
	부적 운임 (Dead Freight)	- 선적계약의 화물량보다 실제 선적의 량이 적은 경우 * 용선인이 부족분에 대하여 지불하는 운임(위약금)
	장기계약운임 (Long Term Contract Freight)	- 통상의 운임으로 장기간(1~10년)에 걸쳐 체결되는 운송계약에 대해 책정되는 운임 * 제철소, 정유, 비료, 시멘트 등의 장기적이고 반복운송
비례 운임 (수송 거리 운임)		- 운송 완료 후 받을 운임(전액 운임) 계약 후 불가항력으로 인하여 운송을 계속할 수 없을 때 * 중도에 화물을 인수하고 운송비율에 따라 운임을 산정
반송 운임(할증운임)		- 수하인이 인수하기를 거절한 화물의 반송에 대한 운임 * 화물표시의 잘못 등 운송인이 책임질 수 없는 사유로 잘못 전달된 화물을 선적지로 반송하기 위한 운임

2) 운송의 완성도에 의한 구분

운송의 완성도에 관계없이 운임 전액을 지급하는 전액 운임과 운송중단 시 운송의 완성비율에 따라 운임을 지급하는 운송비율 운임의 형태가 있다.

3) 산정기준(부과방법)에 의한 구분

산정기준에 의한 운임의 방법에는 종가운임과 최저운임, 중량 및 용적 기준운임, 무차별운임 등이 있다. 종가운임은 화물의 가격을 기초로 하여 일정률의 운임을 징수하는 것을 말하며 일반적으로 상품가격의 2~5% 정도의 일정 비율을 할증 추가하며 정기선에 한한다. 최저운임은 일정 단위를 기초로 부과하되 화물의 용적, 중량이 일정 기준 미달일 때 설정해 둔 최저운임을 부과하는 경우이며, 중량 및 용적기준 운임이란 실제 중량과 비교하여 큰 경우 용적을 기준으로 부과하는 중량기준운임과 용적기준 운임이 있다.

제 3 절 육상운송과 컨테이너운송

1. 육상운송의 개념과 절차

1) 도로운송

도로운송은 육로를 이용한 자동차운송으로 취급화물, 트럭운행, 법적 규정에 따라 구분하며 취급화물에 있어, 일반화물 운송과 특수화물 운송으로 구분한다. 특수화물 운송은 양곡, 사료 및 석탄과 광석, 위험물 운송과 냉동 화물운송 등을 말하며, 이들을 제외한 나머지의 화물은 일반화물 운송에 속한다. 트럭운행은 단독운송과 협동운송으로 구분하며, 소량의 화물을 배달하는 집배송, 간선운송, 중계운송 등과 유통을 위한 배송 등으로 분류한다.

(1) 육상운송 관련 조약(CMR 협약)

유럽제국의 국제도로운송은 1956년 제네바에서 서명된 CMR조약 협약의 규제를 받게 된다. 국제도로 운송에 의하면 자국의 한 지점에서 다른 한 지점으로의 운송과 육상운송수단을 통하여 다른 수단의 운송수단 즉, 항공운송과 해상운송, 내수로 운송과 연결지점까지의 본 협약이 적용된다. 도로운송의 특징은 화물의 운송 도중 발생한 손해와 지연도착 등에 책임이 없고 운송수단에 의한 판명이 날지라도 도로운송인의 책임은 다른 운송수단에 관한 협약에 따라 처리한다.

1978년 책임 제한 금액을 SDR로 변경하는 의정서에 의해 개정, 1980년 12월 28일 발효되었다. 가맹국은 독일, 프랑스, 이탈리아를 비롯하여 13개국이다. 운송인의 책임한계에 있어서는 상품교환가격 또는 시장가격에 의하여 배상의무를 지지만 멸실과 손상을 입은 화물의 총중량의 1kg당 8.33 SDR을 한도로 정하고 있다.

(2) 육상운송서류

도로화물수취증은 운송계약의 체결과 동시에 운송인이 화물을 수령의 증빙자료가 되며, 운송인이 특별한 사유를 제기하지 않은 한 화물에 대한 이의가 없었다는 표시이며 이는 송화인과 운송인 사이의 관계에 있어 본 증서에 기재된 내용과 일치한다는 조건적 내용으로 추론할 수 있다. 서류는 통상적으로 3부가 발행되지만 CMR협약에 의하여 운송인으로 인한 손해, 지연 등에 관하여 수화인이 이의제기 및 소송청구의 권리가 있으며, 발행된 3부 중 1부는 송화인, 1부는 운송인 그리고 1부는 화물과 함께 송부되어 이를 확인할 수 있게 된다.

(3) 도로운송의 변화와 특징

도로운송은 차량의 대형화 및 전용화의 추세로 인하여 점차 전문화된 대형의 운송체계를 갖추게 되었다. 특히 첨단화물 운송체제(CVO: Commercial Vehicle Operation)의 구축으로 말미암아 지능형 교통시스템, 첨단교통시스템, 첨단 대중 교통시스템, 첨단차량 통제시스템 등의 영역으로 운송체제의 변화를 꾀하여왔다. 이러한 변화와 발전을 통하여 실시간 운송체계의 점검과 신속하고 안전한 종합적이고도 체계적인 관리가 가능케 되었다.

2) 철도운송

철도운송은 중장거리, 대량운송에 적합한 운송수단으로 해상운송 다음으로 대량의 화물을 보다 안전하게 운송할 수 있다. 장거리 대형화물 물동량의 확보와 철도망 및 관계시설과 연계시설을 통한 인프라구축이 필요하다. 최근 철도 CY를 중심으로 컨테이너 철도수송이 진행되고 있으며, 수출입화물의 철도운송은 연계성 있는 처리시설을 확충할 필요가 있다. 운송방식으로 레일카 방식, 피기백 방식, 이단적 열차 등이 활용되고 있다.

레일카 방식은 디젤기관차에 직접 연결하여 운송하는 방법이며, 피기백방식은 컨테이너가 적재된 트레일러를 무개화차 위에 적재하여 운송하는 방식이다. CIM 협약(국제화물철도운송협약)에 따르면, 육상운송은 자동차운송과 철도운송으로 나눌 수 있지만, 장거리 대량수송에는 철도운송이 주로 이용되고 있다. 철도운송은 대량운송과 컨테이너 등의 복합운송과의 연계성 있는 발전을 꾀하고 있다.

철도운송은 준거법의 CIM 협약으로 무과실주의를 원칙으로 하고 있으며, 운송계약과 이행, 운송인의 책임, 당사자 간의 법률관계 등에 관하여 규정하고 있다. 철도에 의한 컨테이너운송과 관련된 차량은 천장개방화차, 무개화차, 컨테이너 화차, 이단적화차 등이 있다. 천장개방화차는 곤돌라와 유사한 방식이며, 무개화차는 상면이 평평하여 장철 화물이나 대형화물을 운송하기에 적합하며, 컨테이너 화차는 상면 위에 여러 개의 컨테이너를 적재할 수 있고 고정 장치가 부착되어 있다.

2. 컨테이너(Container)운송

1) 컨테이너운송의 정의

컨테이너운송이란 화물 운송 도중 화물의 이적이 없이 일관 운송할 수 있는 장점이 있다. 컨테이너는 국제표준화기구(ISO: International Standardization Organization)의 정의에 의한 조건을 충족해야만 한다. 즉, 장기 및 반복적 사용이 가능할 것, 운송 중 화물 이적 없이 2가지 이상의 운송방식을 이용 가능해야 하며 환적 가능하며 장치와 화물의 적입과 적출 등이 용이하도록 설계되어야 한다.

2) 컨테이너의 유형

컨테이너의 유형으로 Dry(Cargo) 컨테이너방식은 온도조절장치가 필요하지 않은 일반잡화의 운송에 적합한 컨테이너로 용기의 구입 위치에 따라 Back Door Container, Side Door Container, Top door Container로 구분한다. 그리고 Reefer Container 방식은 Dry Cargo Container와 일정 규격이나 온도장치가 설치된 컨테이너로 냉동화물, 과일이나 야채의 운송에 이용된다.

특히 Tank Container 방식은 액체화물을 운송할 수 있도록 장치를 갖춘 컨테이너이며 주로 유류, 화학품, 원유 등의 운반에 활용한다. 하지만 장적 화물, 기계류 등의 단위 중량화물의 운송은 Open Top Container를 활용한다. 또한, 승용차, 기계류, 합판의 운송에 적합한 컨테이너는 Flat Rack Container로 Open Top보다 편리하다. 그리고 살아 있는 가축이나 동물을 운송하는 Livestock Container와 양복이나 피복류를 옷걸이에 걸린 채로 운송하는 Garment Container, 맥아와 소맥분, 가축사료 등을 운송하도록 제조된 Solid Bulk Container 등이 있다.

3) 컨테이너운송의 형태

(1) CY/CY(FCL/FCL: Door to Door)

이 방식은 Door to Door 운송 또는 FCL/FCL 운송이라고도 하며 한 명의 송화인으로부터 FCL 화물을 인수하여 목적지의 한 명의 수화인에게 화물을 인도하는 방식이다. 컨테이너운송의 장점을 최대한 활용한 방식으로 송화인의 생산 공장이나 창고에서 컨테이너에 탑재한 화물(FCL)을 선적항 및 양륙항을 통과하여 수화인의 창고까지 컨테이너 개폐없이 운송이 가능하다.

표 18-6 컨테이너 복합운송의 방식

구분	내용
피기백(piggy back)방식	컨테이너를 적재한 트레일러를 철도의 무개화차에 실어 운송하는 방식
피시백(fishy back)방식	컨테이너를 선박에 선적한 채로 운송하는 방식
버디백(birdy back)방식	컨테이너를 항공기에 탑재(기적)하여 운송하는 방식

(2) CY/CFS(FCL/LCL: Door to Pier)

Door to Pier 운송 또는 FCL/LCL 운송이라고 하며, 한 명의 송화인으로부터 FCL화물을 인수하여 목적지의 CFS에서 수명의 수화인에게 화물을 인도하는 방식이다. 송화인의 생산 공장이나 창고에서 컨테이너에 적재한 화물을 선적항의 CY를 통과하여 목적항에 도착하면 CFS에서 컨테이너로부터 화물을 적출하여 분류한 다음 다수의 송화인에게 인도하는 방식을 말한다.

다수의 송화인이 소 량화물(LCL)을 CFS에서 인도받아 컨테이너에 혼재하여 만재화물(FCL)을 만들어 선적항 및 양륙항을 거쳐 단일의 수화인에게 운송하는 방식이다. Pier to Pier 운송 혹은 LCL/LCL 운송이라고 하며 수명의 송화인으로부터 LCL 화물을 인수하여 한 컨테이너에 혼재한 후 목적항의 CFS에서 수명의 수화인에게 화물을 인도하는 방식이다. 이 방식은 가장 초보적인 방식이며 화주는 선적항과 양륙항까지의 해상운임만 지급한다.

표 18-7 컨테이너운송의 장단점

구분	내용
장점	- 신속한 운송과 운임 절감 및 인건비 절감 - 화물의 안정성 제고 - 창고료의 절감 정박기간의 단축(규격화) - 문전 간 서비스 가능
단점	- 장치설비에 따른 고정비용 과다소요 - 컨테이너로 운송하지 못하는 부적합한 화물이 존재할 경우 운송 불가 - 갑판적으로 인한 높은 활증 보험료

제 4 절 항공운송과 복합운송

1. 항공운송의 의의와 특성

1) 항공운송의 의의와 특성

(1) 항공운송의 의의

항공화물 운송이란 항공기의 선복에 승객의 수화물(Baggage)과 우편물(Mail)을 제외한 항공화물(Air Cargo)을 항공운송장(Air Waybill)에 의해 수송하는 것을 말한다. 항공운송은 해상, 육상의 운송에 비하여 다소 늦게 도입된 운송시스템으로 경제적 특성에 따라 체계화와 조직화 및 정보화된 운송체계라 할 수 있다.

항공화물이 운송수단으로 중요한 역할을 담당하게 된 이유는 고가품에 속하는 상품점유율의 증가와 세계화의 영향을 통한 글로벌 무역의 발달, 세계 경제의 발전, 국제적 분업화와 항공운송에 적합한 고부가가치 품목의 증가 등이다.

(2) 항공운송의 특성

첫째, 신속성과 안정성 및 경제성을 갖는다. 항공운송은 다른 운송수단에 비하여 고속성을 가지고 있으며, 화물의 운송에 있어 유용하고 과학기술의 발달을 통하여 전 세계적으로 고속화된 신속성과 안전성이 있다. 항로를 따르는 기술적 요인, 항공기 제작과 정비기술, 기상조건 등의 요인에 있어서도 매우 안전성 있는 특징을 갖는다.

따라서 항공운송은 타 운송수단에 비하여 다소 운임이 다소 높은 것은 사실이나 따져보면 포장비, 보험료, 창고료 등의 직접비와 재고품에 대한 투자비, 관리비 등의 간접비 및 총체적인 비용을 감안할 때 상대적으로 부가가치의 효율성을 높일 수 있는 특성이 있다.

둘째, 편도성과 고정화주의 특징이 있다. 항공화물 운송의 고객은 화물을 반복적으로 출하하는 고정적인 화주가 대부분이다. 그리고 고가의 기계를 임대차 또는 수리의 목적으로 발송한 경우 이러한 복잡한 절차의 까다로운 물품을 제외하고는 대부분 편도운송이 많다.

셋째, 지상조업과 서비스 완벽추구의 특징이 있다. 항공화물은 지상에서의 조업이 필요하며 항공화물 적하를 위해서 숙련된 기술의 고도작업이 필요로 하게 된다. 따라서 이를 위한 완벽한 서비스를 추구해야만 하며, 집하와 인도 및 화물추적 등의 특수한 취급을 요구하는 귀중품이나 위험물 등의 안전성 보장을 필요하므로 다른 운송수단에 비하여 보다 질 높은 서비스를 추구해야만 한다.

2. 항공화물운송장(AWB: Air Waybill)

1) 항공화물운송장의 의의

항공화물운송장은 항공회사가 발행하는 화물수취증이며, 이를 항공화물수취증이라고 한다. 항공화물수취증은 송화인과 운송인 사이에 운송계약을 입증하는 증거서류이며 동시에 송화인에게 화물을 수령 하였다는 표시가 된다. 운송계약은 운송장이 발행된 시점이며 이때 화주 또는 그 대리인이 AWB에 서명하거나 항공사 및 항공화물 취급대리점이 AWB에 서명한 순간부터 유효하다.

2) 항공화물운송장의 기능

항공화물운송장은 화물의 유통을 보장하는 운송서류이며 항공운송인이 청구에 따라 송화인이 작성하여 제출하는 것이 원칙이나 항공사 및 항공사의 권한을 위임받은 대리점에서 통상적으로 발행하고 있다. 항공화물운송장의 기능은 운송계약서의 기능과 화물수취증 및 요금계산서의 기능을 하며, 보험계약서와 세관신고서 및 화물 운송의 지시서 등의 기능을 갖게 된다.

▌표 18-8▌ 항공운송장과 선하증권의 비교

항공운송장(Air Waybill)	선하증권(Bill of Lading)
운송화물의 수취증(화물 수령장) (요식증권/수취증권/기명증권/비유통증권)	유가증권
기명식발행으로 배서나 교구에 의한 수화인의 권리가 양도될 수 없음	지시식과 소지인으로 발행됨으로 수화인의 권리양도가 가능함
유통불가	유통이 가능함
상환증권이 아님	상환증권
송화인이 작성	운송인 작성
기명식	지시식

3) 항공운송의 장단점

항공운송은 대형화물 전용기의 개발과 수송능력의 증대 및 단위당 운항원가의 절감 및 운임과 보험료의 저렴화로 이용범위가 크게 확대되고 있다. 항공운송의 장점은 고속으로 화물을 원거리까지 신속하고 안전하게 운송할 수 있어 재고수준을 줄일 수가 있다. 신속성과 정확성 및 안전한 운송의 보장으로 고객 확보 및 시장변화와 판매기회의 확보를 통한 경쟁력 유지와 시장 확보를 실현하게 되었다.

단점으로는 항공화물은 수송수단의 제약으로 인하여 대량수송에는 한계가 있고, 저가 상품의 운송에는 고율의 운송비로 인하여 부적합하며, 중량 및 규격 제한이 있어 수송이 까다롭다는 점이다. 그리고 고속비행으로 인한 소음과 공해 및 운항 규제가 있어 다소 불편한 점이 있다. 무엇보다 기상의 조건을 고려해야 한다는 점에서 빠른 이점이 있으나 반면에 적시에 물품을 운송하는데 차질을 빚을 수도 있다.

3. 복합운송의 의의와 특성

1) 복합운송(Combined Transport)의 의의

복합운송(Multimodal transport, 또는 Combined transport, Intermodal transport)은 단일운송계약 하에서 서로 다른 복수의 운송수단을 결합하여 일관하여 운송하는 것을 말한다. 특히 복합운송은 송화인으로부터 화물을 인수할 때 복합운송서류를 발행하며 서류상에 표시된 인수장소와 인도 장소까지의 전 구간의 운송을 계약함으로써 복합운송서류의 소지인에 대하여 일차적 책임을 진다. 복합운송의 행위는 화주로부터 운송의뢰를 받아 화물을 인수할 때부터 운송인은 화주의 입장에서 일관 운송이 되도록 자기 책임하에 영업행위를 하는 것이다.

복합운송인에 관한 신용장 통일규칙의 규정은 없으나 복합운송서류의 경우 선하증권과 달리 운송주선인이 발행하였다 할지라도 하자가 없는 한 은행에서 이를 수리하도록 규정하고 있다. 복합운송인은 운송수단을 보유한 운송회사와 이를 보유하지 않은 운송주선인이라 할지라도 복합운송인이 될 수 있다.

2) 복합운송의 유형

복합운송의 유형은 실제운송인형 복합운송인, 계약운송인형 복합운송인, 무선박운송인형이 있다. 계약 운송인형 복합운송인은 선박, 트럭, 항공기 등 직접 운송수단을 보유하고 있지는 않지만, 자신이 운송의 대표 자격으로 화물의 인수 및 인도까지 복합운송인의 기능을 다한다.

무선박운송인형(NVOCC: Non-Vessel Operating Common Carrier) 복합운송인은 자기 자신은 선박을 직접 운항하지 않으면서 해상 운송인에 대하여는 화주의 입장, 화주에 대하여는 운송인의 입장에서 운송인의 업무를 담당하는 자를 말한다. 미해운법상에는 해상운송에 있어 자기 스스로 선박을 운항하지 않으면서 해상 운송인에 대하여 화주의 입장이 되는 자라고 정의하고 있다.

3) 복합운송의 경로

(1) 시베리아 랜드브리지(SLB: Siberia Land Bridge)

SLB는 시베리아대륙을 교량으로 이용하여 극동과 유럽, 중동지역 등으로 연결하는 경로를 말하며, 극동 지역에서는 나호트카, 보스토치니까지 컨테이너선으로 해상운송을 통하여 운송하고 시베리아 횡단철도를 통하여 육상운송한 후 유럽, 중동의 운송기관과 연계하여 최종목적지까지 운송하는 경로이다.

(2) 차이나 랜드브리지(CLB)와 미니 랜드브리지(MLB)

CLB는 중국대륙철도와 실크로드를 통하여 극동 및 유럽지역을 연결하는 경로를 말하며, SLB 보다는 사용빈도가 낮지만 기후와 운송 거리 등이 유리하여 중국경제 발전과 함께 빈번하게 이용될 경로이다. MLB는 미국 대륙을 통하여 극동과 미 내서앙 연안 빛 미국 걸프만 등으로 연결하는 경로와 유럽과 미 태평양 연안을 미국대륙횡단철도로 연결하는 운송경로이다.

(3) 해공 복합운송 경로

해공 복합운송의 경로는 일본에서 북미 서해 연안까지의 태평양 항로에서는 해상운송을 통하여 운송하고 미국 내륙이나 대서양상에서 항공운송을 통하여 극동, 미국 중동부, 유럽 등지로 연결하는 운송경로이다. 해공 복합운송은 운송거리가 길수록 시간이 단축되며, 해상운송과 항공운송을 통하여 연계성 있는 운송의 장점을 최대한 활용함으로써 대량운송과 소량운송의 두 운송수단을 활용하여 이를 적절하게 잘 활용할 수 있는 운송경로가 된다.

▌표 18-9▌ 복합운송 루트의 비교

구 분	내 용
American Land Bridge(ALB)	- 극동과 유럽의 수송루트로 미 대륙을 육교로 하는 복합운송루트
Canadian Land Bridge(CLB)	- 캐나다 뱅쿠버 또는 시애틀까지 해상운송 후 캐나다의 철도운송으로 모트리올에서 대서양의 해상운송에 접속 후 유럽 각 항구로 운송하는 루트
Mini Land Bridge(MLB)	- 극동에서 미 동안 및 걸프까지 해상운송과 함께 태평양 및 대서양 철도로 연결하는 항로
Mirco Land Bridge	- IPI(Interior Point International) 극동지역의 주요항만에서 미국의 서안과 동안을 경유한 후 미 내륙의 주요 도시로 운송하는 항로
Siberian land Bridge(SLB)	- 극동지역에서 유럽, 중동행의 화물을 러시아와 극동항구의 보스토치니항으로 운송 후 시베리아의 서부 국경에서 유럽지역 또는 그 반대로 운송하는 루트

4) 해상 운송인의 책임과 복합운송인의 책임 체제

(1) 복합운송인의 책임 체제

과실 책임과 무과실책임의 원칙으로 해상 운송인에 대한 과실 책임(Liability for negligence)은 당해 사정에 대한 상당한 주의를 전제로 구성된 책임 관계이며, 피해자 측에서 운송인이 관련 의무를 태만했다는 운송인 과실 입증의 책임 원칙을 말한다.

무과실책임은 운송인의 책임에 관하여 운송인이나 사용인의 과실을 약간 인정하는 것으로 불가항력 및 면책 사유를 인정하는 것을 말하며, 이는 헤이그규칙, 바르샤바조약 등에서 무과실책임을 원칙으로 적용하고 있다.

엄격한 절대적 책임원칙(Strict Liability, Absolute Liability)은 손해의 결과에 대해서 모든 책임을 지는 것을 말하며, 면책의 항변이 인정되지 않는 원칙이다. 이는 미국의 통상법, 통일 선하증권약관, 프랑스의 상법, 독일의 상법 등 철도화물 운송에 관한 국제조약과 도로운송에 관한 조약 등에서 적용하고 있다.

(2) 복합운송인의 책임 체제

복합운송인의 책임 체제에 있어 단일, 이종, 절충의 책임 체제가 있다. 단일 책임 체제(Uniform Liability system)는 복합운송인이 화주의 물품을 운송 도중 멸실, 손상, 지연 등의 손해가 발생한 경우 운송구간, 운송방식 등을 불문하고 전 운송구간에 걸쳐서 관련의 운송인 모두가 동일한 내용의 책임을 부담하는 것을 말한다. 그리고 이종 책임 체제(Network Liability System)는 복합운송인이 전 운송구간에 대해서 화주에게 책임을 지지만 그 책임의 내용은 손해 발생 구간의 정도에 따라 달라지는 것이다.

이종 책임 체제의 판명은 실무적, 상업적 측면에서 운송구간에 적용될 국제조약과 국내법의 책임 내용을 잘 아는 전문가가 아니라면 책임 내용을 파악, 적용할 수 없어 관련 보험회사의 비용만 증가 된다는 문제점도 있다.

또한, 절충 책임체제(Flexible Liability System)로 운송 관련 운송인 모두가 책임지는 단일 책임 체제와 운송책임 구간에 대한 책임을 부담하는 이종 책임 체제를 절충한 책임 체제이다. 복합운송인은 일률적 책임 원칙을 따르고, 책임의 정도와 한계는 손상이 발생한 구간의 규칙에 따른다는 것이다. 사고가 발생한 구간에 관해서는 적용될 법의 책임한도액을 적용하여 이종 책임 체제를 절충하여 책임 체제를 강행한다는 규정이다.

5) 복합운송증권

(1) 복합운송서류

복합운송서류는 여러 운송수단을 이용하여 화물을 지정목적지까지 운송하는 것으로 모든 운송구간에 대한 책임부담을 복합운송인이 물품의 수령과 계약조건의 이행을 증명하기 위하여 발행하는 서류이다. UN 국제복합운송조약 제1조 제4항에 의하면 복합운송서류는 복합운송계약, 복합운송인에 의한 화물수취 및 계약조항에 따라 화물의 인수와 운송 및 복합운송인의 관리하에 화주의 선택에 의한 서류발행을 규정하고 있다.

ICC 통일규칙 상의 정의(제2조 C항)는 물품의 복합운송 이행 및 이행의 확보에 대한 계약증서라고 정의하고, 복합운송증권(CT증권)이란 물품의 복합운송을 이행 또는 그 이행을 위한 계약을 증명하는 서류임을 입증하는 복합운송서류에 관한 통일규칙(ICC Publication No.298)에 따라 유통 불능의 복합운송서류임을 표기하고 있다.

UNCTAD/ICC 규칙 제2조 제6항에 따르면, 복합운송서류란 유통 가능한 형식 또는 특정 수화인이 지정된 유통 불가능한 형식의 복합운송계약을 증명하는 서류하고 명시하고 있다. 현재 우리나라를 비롯한 세계 각국에서 널리 통용되고 있는 복합운송증권은 국제운송주선인협회 연맹(FIATA)의 복합운송 선하증권(FBL)이며, 표준양식에 의거, 발행된 복합운송 선하증권으로 일반적으로 FBL 또는 FIATA FBL이라 한다.

(2) 복합운송증권의 발행형식 및 유통

복합운송서류는 양도 가능 형식과 양도 불능 형식으로 발행할 수 있다. 양도가능 혁식이란 유통이 가능한 것을 말하며, 양도불능 형식은 비유통의 형식을 말한다. 복합운송인이 유통증권으로 발행되는 경우는 소지인 식으로 발행된 1통의 증권 원본을 제시하는 자에 대한 인도의 형식이며, 지시인으로 발행하는 경우는 배서된 1통의 증권 원본을 제시하는 자에 대한 인도형식이다. 특정인 앞으로 발행된 경우라면 동일성 증명의 1통 증권 원본을 제시하는 특정인에 대한 인도가 가능하다.

비 유통증권(Nonnegotiable Document)인 경우는 복합운송증권이 유통 불가능한 형식으로 발행된 것을 말하며, 자신의 동일성을 증명하는 증권상에 수화인으로 지정되어 있는 특정인에 대한 인도와 아무런 증권발행이 없었다면 송화인이 지시하는 자, 또는 복합운송 계약상의 지시할 송화인 및 수화인의 권리를 취득하는 자가 지시한 자에 대한 인도가 가능하다.

제5절 선하증권(Ocean Bill of Lading)의 기초

1. 선하증권의 기초개념

1) 선하증권의 의의

선하증권이란 화주와 선박회사 간의 해상운송 계약에 의하여 선박회사가 발행하는 유가증권이며, 선박회사는 화주로부터 위탁받은 화물을 목적지 양륙항까지 운송하여 주고 증권의 소지자에게 발행한 증권과 상환함으로써 운송화물을 인도하기로 확약한 수취증권이다. 이때 선하증권은 화물을 대표하는 유가증권으로 배서양도 함으로써, 유통이 가능하고, 최종적으로 이 증권을 소지한 자가 화물을 양도받을 수 있다는 조건이다.

2) 선하증권의 기능과 역할

선하증권은 선박회사 또는 그 대리인이 수출업자(송하인)로부터 계약 물품을 인수했다는 화물 영수증 즉, 화물수령증의 역할을 한다. 선하증권에 기재된 물품을 대표하는 권리증권으로 소지자가 마음대로 처분할 수 있으며, 소지인으로 하여금 법적 권리와 배서양도의 권리를 갖는 소유권의 이전이 가능한 유통증권이며 운송계약조건의 증거서류가 된다.

선하증권은 운송인에게는 화물수취증으로써 운송의 종류, 개수 및 외관 상태를 기재한 운송물 수령증권이 되고, 수출자에게는 화환어음을 매입 의뢰함에 있어 선적을 증명하는 서류가 된다. 특히 상업 송장이나 포장명세서 등은 원본이 송부되는 경우가 많지만 선하증권은 사본이 송부되고, 은행의 경우 선적서류보다 빨리 매수인 등에게 도착, 양화 준비, 수입통관, 보관 등의 준비를 할 수 있게 한다.

3) 선하증권의 종류

(1) 양식에 의한 분류

양식에 의한 선하증권은 정식 선하증권(Long form B/L)과 약식 선하증권(Short form B/L)으로 양식의 차이만 있을 뿐 효력이나 기능은 동일하다. 만약 분쟁발생 시 약식 선하증권은 정식 선하증권의 약관에 따른다. 부정기선 해운에서는 Charter party B/L은 거의 약식 선하증권을 사용하고 있다.

(2) 화물의 선적 여부에 의한 분류

화물의 선적 여부에 따른 분류는 선적선하증권과 수취 선하증권으로 분류하며 화물을 본선에 선적한 후에 발행하는 선하증권은 선적선하증권이며, 화물 선적 이전에 운송인이 지정한 컨테이너터미널에서 화물을 인도받을 때 발행하는 선하증권은 수취 선하증권이다. 이를 선적식 선하증권과 수취식 선하증권이라 부르기도 한다.

선하증권은 선적식 선하증권과 수취식 선하증권이 있다. 선적식 선하증권은 화물이 선박에 적재되었다는 표시로 증권상에 표기된 것을 말한다. 수취식 선하증권은 화물이 선적을 위하여 수취 되었다는 표기를 한 것이다(received for shipment). 수취식 선하증권은 차후에 선적을 완료하고 실제의 선적일을 기록한다(loaded on board, On board notation). 선적일이 표기된 증권은 선적식 선하증권과 동일한 효력을 갖는다. 즉, 은행에서는 신용장의 유효기일, 최종선적일, 선적 후 서류를 제시해야 할 일정 기간과 관련되어 심사대상이 되는 선적일로 인정하고 있다.

(3) 수하주 표시방법에 의한 분류

수하주 표시방법에 의한 선하증권의 분류는 기명식과 지시식으로 분류한다. 기명식은 수하인이 기입한 선하증권이며, 지시식은 특정 수하인을 기재하지 않고 지시에 따르도록 한 선하증권을 말한다. 기명식 선하증권은 선하증권 상의 수하인이 특정인으로 표기된 것을 말하며, 배서양도가 금지된다. 반면 지시식 선하증권은 특정 수하인으로 기재되어 있지 않고 지시인의 지시에 따른 양도가 가능하다

(4) 하자의 유보조항 표기 여부에 의한 분류

선하증권 상에 아무런 하자가 없는 무사고 선하증권과 화물에 문제가 발생한 경우 이를 작성한 사고부 선하증권으로 분류한다. 무사고 선하증권은 본선에 양호하게 적재된 상태로 B/L의 비고(Remarks)란에 사고 문언이 없는 선하증권이며, 사고부 선하증권은 선적 당시 화물의 포장상태, 수량 등의 결함이 있는 경우 이를 B/L 비고란에 기록한다. 선하증권을 은행은 별도명시가 없는 한 이를 수리할 수 없다.

(5) 양륙지 표시 유·무에 따른 분류

양륙지 선하증권은 선주가 나중에 선택하는 것을 조건으로 하며 선적 시에 발행하는 증권이다. B/L 상에는 복수의 양륙지를 기재한다.

(6) 특수 선하증권

특수 선하증권으로는 통선하증권, 복합운송선하증권, 집단 및 혼재 선하증권이 있다. 통선하증권은 복수의 운송인이 관여한 운송증권이다. 즉, 1인의 운송인이 2종 이상의 운송수단으로 운송하는 경우와 2인 이상의 운송인이 공동 운송하는 경우 최초의 운송인이 전 구간과 모든 운송에 관한 선하증권을 발행하는 것을 말한다.

복합운송 선하증권은 화물의 운송을 시작한 시점부터 목적지까지의 운송방법에 대하여 일관 운송되는 경우이며, 이때 육상, 해상, 항공 등의 복합적인 운송수단에 관계없이 각각의 운송인들에 대한 전 구간의 운송책임을 지고 발행하는 운송증권이다.

집단 선하증권은 수송할 화물이 컨테이너 1개의 분량이 되지 않을 때 목적지와 운송환경이 비슷한 화물과 함께 적재하여 수송하는 경우에 발행되는 선하증권을 말한다. 혼재 선하증권 중에서 선박회사가 포워더의 혼재 화물에 대해 1건으로 발행하는 선하증권을 Groupage B/L 또는 Master B/L이라고 하며, 포워더가 선사로부터 받은 Master B/L을 근거로 LCL 화물 건마다 LC L화물 화주에게 개별적으로 발행하는 B/L을 House B/L이라고 한다.

(7) 기타 선하증권

제3자 선하증권은 송화인이 신용장의 수익자가 아닌 제3자로 기록되어 있는 선하증권을 말한다. 이러한 선하증권은 양도가능 신용장하에서 제2 수익자 명의로 선하증권을 발급하는 경우와 중계무역에서도 볼 수 있다. SWITCH 선하증권은 중계무역 시 발급되는 것으로 중계무역업자가 수입업자에게 자기의 거래선을 노출시키지 않고 국내의 선사에 요청하여 Shipper 란에 중계업자의 상호를 표기하여 발급하는 선하증권을 말한다.

전자식 선하증권은 중앙등록기관으로서 해상 운송인을 이용하여 전송하고 현행의 선하증권 소지인에게 동등한 권리를 부여하는 전자지시시스템을 활용하고 있다. 컨테이너 선하증권은 컨테이너 관련의 시설을 갖추고 선박에 선적을 하는 경우 발행하는 선하증권이다. 이밖에 해양 선하증권(Ocean B/L) 내국 선하증권(Local B/L)이 있다.

2. 선하증권의 배서 양식

선하증권의 배서 양식 중 기명식(Full endorsement)은 선하증권의 배서 양식 가운데 기명식은 피배서인의 이름을 기록하고 배서인이 서명하는 방식이다. 지시식 배서양식은 피배서인의 이름 대신 송화인 또는 신용장 개설은행의 지시를 받아 화물을 인도할 것을 지명받은 배서인이 서명하는 방법이다.

특히 백지배서란 피배서인의 이름과 인도 문헌 등이 없고 배서인의 서명만 있는 방식으로 배서인 서명만으로 하는 방식이다. 소지인식 배서 방법은 피배서인을 지정하지 않고 단순히 소지인에게 인도하라는 취지의 인도 문헌과 함께 배서인이 서명하는 방식이다.

3. 선하증권의 면책약관

관습법상의 선주 면책내용으로는 천재지변이나 전쟁, 화물의 고유하자, 포장의 미비,

투하 또는 기타의 공동해손으로 희생된 경우이다. 이로 약관(Deviation clause)은 인명이나 재산구조를 위하여 이로(離路) 하는 경우, 면책을 규정하고 있는 약관이다. 즉, 본선이 규정된 항로에서 이탈한 것 또는 항로를 변경을 허용하는 약관을 말한다.

과실조항은 선주의 책임을 다하였음을 증명하여 선주 측의 선장, 선원 등의 본선 운항 및 관리중심의 과실, 태만, 과오, 등으로 발생한 손해와 손실 부분에 대하여 면책된다는 약관이다. 부지조항은 선주는 포장의 내용물에 대하여 화주가 신고한 대로 기재하고 내용물에 관하여는 일체의 책임이 없다는 약관이다.

고가품약관은 주로 종류와 품질 및 가격 등을 신고하지 않는 경우 일정 금액 이상을 배상하지 않는다는 약관을 말하며, 위험물 약관은 사전에 신고 수리되지 않은 위험물을 선적한 경우에 임의 양륙, 투기 등을 행할 수 있다.

4. 선하증권과 관련된 상관습

파손화물 보상 장은 본선수취증 상에 사고 내용이 기록되어 선하증권이 발행된 경우 무사고 선하증권으로 전환하기 위하여 송화인이 운송인에게 제공하는 보상 장을 말한다. 수입화물 선취보증장은 선적서류가 화물보다 늦게 도착한 경우 신용장 개설 은행이 수입업자를 대신하여 선사에 선적서류를 제출하는 조건으로 물품을 먼저 인도할 것을 요청하는 개설 은행의 보증서를 말한다.

수입 대도란 D/P 조건에서 수입화물을 정한 신탁적 목적에 한하여 처분함을 목적으로 표시하여 은행에 차입하고 선적서류를 인도받아 화물을 통관, 입고, 처분하여 어음대금을 결제하는 방법이다.

5. 선하증권의 국제규칙

1) 헤이그 규칙(Hague Rules)

영국의 선박에 의존했던 미국 화주들의 반발로 인하여 1893년 미국의회에서 하아트법이 제정되었다. 하아트법 제1조~제2조는 선주의 잘못으로 인한 손해배상의 범위를 제한하지 못하도록 하였으며, 제3조에서는 선주들이 법으로 면책될 수 있는 사항들을 규정하였다. 하아트법이 제정된 후 영국 재판부는 선주 측이 주장하는 면책사항들이 정당하다고 인정하는 반면, 미국 법정에서는 면책사항들은 공공의 이익에 위배 된다고 판결하였으며 이해관계의 충돌이 발생하였다.

따라서 1921년 런던에서 국제상업회의소 회의를 개최하여 영국 자체의 법안을 만들었고, 1924년 국제회의(브뤼셀)에서 선하증권에 관한 통일조약이 채택된 것이다. 통일조약에 의하면, 선주에게 유리한 조건이 되었다. 하아트법에서는 선주가 모든 면에서 감항능력을 구비하여야 하나 통일조약에서는 이를 완화하여 선주가 감항능력을 갖추기 위한 노력을 하였다면 해상사고가 발생하였다 하더라도 선주는 면책된다는 조건이었다.

2) 헤이그-비스비 규칙(Hague-Visby Rules)

헤이그규칙이 성립 이후 이를 모체로 자국의 해상운송법을 제정하였다. 운송의 여건이 변화되어 1950년 말 이후 국제 해사 위원회를 중심으로 1968년 헤이그-비스비 규칙이 정식으로 채택되었으며, 정식명칭인 선하증권 통일조약 개정 의정서를 적용하게 되었다. 이 규칙은 선박, 운송인, 수화인의 관계에 있어 국적을 불문하고 적용 가능하며, 현실에 맞도록 대폭 수정 보완되었다.

특히 컨테이너에 대한 약관을 신설하였으며, 포장단위의 개념을 정하였다. 즉, 선하증권 상에 컨테이너 단위만 기재되면 포장단위를 뜻하며, 컨테이너 내용물의 단위가 표시되어 있다면 포장단위로 취급하게 되었다.

3) 함부르크 규칙(Hamburg Rules)

헤이그-비스비 규칙이 정식으로 채택되기 전 개발도상국들은 통일조약으로 인한 선주들의 불만을 유엔무역개발회의(UNCTAD)에 제기, 1968년 국제 해운입법 작업부회가 설치되어 1978년 개정안을 채택하여 UN 해상화물 운송조약인 함부르크조약이 되었다. 함부르크 규칙의 개발도상국의 입장을 반영하여 화주 중심으로 법체계가 이루어졌으며, 특히 동물들의 운송에 관한 내용을 추가 및 강화하였다.

함부르크조약의 내용은 대부분 개발도상국들이 동물 관련의 수출국임을 감안하였다. 또한, 화주에게 유리하도록 개정하였으나 실상은 대형선박이나 많은 선박을 보유한 것은 대부분 선진국이어서 비준과 실효성에 애로점이 있다.

Chapter 19 글로벌 무역과 보험 관계

제1절 글로벌 무역보험의 기초이해

1. 무역보험과 해상보험의 개념

1) 무역과 보험의 의의

보험(Insurance)이란 미래에 예상되는 위험으로부터 재산과 인명을 보호하기 위한 수단의 하나이며 이를 예방 및 처리하기 위하여 사전에 같은 성격의 위험 하에 있는 다수의 보험계약자와 일정률의 보험료를 분담하고 피보험자에게 발생한 우연한 사고에 대해 일정한 보험금을 지급함으로써 발생 가능한 예기치 못한 불의의 사고로부터 위험을 분산시키는 제도이다.

▌표 19-1▐ 보험의 요건

구 분	내 용
동질의 위험과 다수의 위험성	보험은 미래에 발생 가능한 현상을 예측, 사고 발생의 유사한 동질적인 위험이 다수 존재할 때 보험요건이 됨
보험사고의 명확성	보험사고란 사고가 발생한 장소와 사고의 시간 및 내용이 명확해야 함
보험사고의 우연성	보험은 우연히 발생하는 위험이며 이를 대상으로 함
보험의 보편성	보험의 대상 위험은 일반적이고도 보편적이라야 함

보험에는 크게 물적인 손해보험과 인적보험으로 나눈다. 무역보험이란 예측불허의 발생 가능한 위험으로부터의 금융적인 수단에 의하여 대비하는 경제적 제도라고 할 수 있다. 무역보험은 해상보험과 수출보험으로 나누기도 한다.

2) 해상보험의 개념

해상보험은 해상운송으로 인한 피해나 금전적 손실을 보험사고라고 규정하고 보험회사는 보험계약자에게 보험료를 받고 보험사고 발생 시 재산상의 손실을 보상해주는 것을 말하며, 위험은 폭풍과 같은 천재지변에 따른 난파사고나 화물선의 상호 충돌사고, 해상에서 해적에서 화물을 도난당하는 위험들이 있다.

해상보험은 선박에 대한 파손이나 손실, 화물 도난이나 손실, 선박파손에 따른 영향으로 받지 못하는 운영 순익, 화물 피해에 따른 금융손실 등을 현금이나 수선, 또는 재산을 대체하여 보상하는 보험을 말한다. 하지만 해상운송에 있어서 운송의 위험은 사전에 예고된 위험이 아니라 우연 발생 가능한 예측불허의 위험이어야 하며, 손해의 원인이 되어야 한다.

2. 해상보험계약의 특징과 해상운송의 위험

1) 해상보험계약의 특징

해상보험(Marine Insurance)이란 해상의 수출입거래와 관련하여 발생할 손해를 보상할 것을 목적으로 하는 계약으로, 영국 해상보험법(MIA, 1906)에서는 보험자가 피보험자에 대하여 계약에 의해 합의된 방법과 범위 내에서 발생하는 손해를 보상할 것을 약속하는 계약이라고 표기하고 있다.

해상보험의 계약이 유효한 계약으로 성립하려면 다음과 같은 특징을 갖춰야 한다. 즉, 피보험이익은 법적으로 인정되어야 한다는 적법성과 경제적 이익을 원칙으로 한다는 경제성, 그리고 피보험이익은 확정적이어야 한다. 특히 해상보험은 국제적인 관계에서 주로 발생하는 보험이기 때문에 통일된 준거법이 필요하다. 보험계약자들은 대부분 개인이 아닌 기업주인 수출입업자나 선주가 되며 이들의 관계에서 보험자인 보험계약 당사자와의 계약관계로 나타난다.

2) 해상운송의 위험

글로벌 무역의 거래에 있어 위험의 요인을 무역 계약의 시작과 계약이행을 끝마무리에 이르기까지 어느 시점에서 어떤 불의의 사고가 발생할지 예측할 수 없는 일들이 많다. 이러한 위험의 요인으로부터 기업의 위치와 무역 거래에서의 위험을 담보로 하여 보험을 적용함으로써, 해당의 위험에서 벗어나고자 하는 수단이 된다. 특히 경영상의 위험과 가격변동의 위험 등은 특별한 무역 거래를 하지 않아도 발생 가능한 위험이라고 볼 수 있으며, 무역 거래와 관련한 위험은 주로 운송 및 환위험이 대부분이라 생각할 것이다.

국제간의 무역 거래 관계에서 신용의 위험과 상업의 위험도 빠뜨릴 수 없겠으나 대표적인 무역 거래의 위험은 해상운송과 수출입과 관련된 위험을 주요 보험에 적부하고 있는 것으로 판단, 해상과 수출 관련의 보험을 중심으로 살펴본다.

3. 해상보험의 계약관계자

1) 보험자(Insurer)

보험자는 보험의 계약자와 계약을 체결하고 발생 가능한 위험의 요인에 관하여 금전적인 손해를 해결하여 주는 전문적인 보험업자 또는 보험자를 말한다. 보험업법 제5조 1항에 금융감독원의 허가를 받아 보험 사업을 영위할 수 있다고 규정하고 있다. 보험자는 주로 보험대리점과 보험중개인으로 구분한다.

보험중개인은 보험계약체결을 위하여 소속보험회사에 대한 소속감으로 주 고객인 보험가입자에게 계약을 체결하는 보험모집인이나 대리점이 아닌 자로서 독립적으로 계약체결을 중개하는 자이다.

2) 보험계약자(Insured, Policy holder)

보험계약자는 자기의 이름으로 보험자와 보험계약을 체결하고 보험료를 지급할 책임을 지는 자이다. 보험계약자는 보험료 지급의무와 위험변경증가의 통지의무 및 위험유지 의무, 보험사고 발생의 통지의무를 지게 된다. 보험계약자의 자격은 별도의 제한이 없으며 보험계약에 있어 대리인으로 하여금 보험계약을 체결하도록 위임할 수도 있다.

▌표 19-2▌ 보험당사자 구분

구분	내 용
보험자 (Insurer, Assurer, Underwriter)	보험계약을 인수하고 보험료를 받고, 담보위험으로 인한 사고발생 시 손해보상에 대하여 확약한 자
보험계약자(Policy holder)	보험자와 보험계약 체결, 보험료 지급을 확약한 자
피보험자(Insured, Assured)	피보험이익을 가진 자, 피보험목적물에 대한 손해 발생 시 보험금을 수취하는 자
보험대리점(Insurance agent)	특정 보험자와 계속적 보험계약체결의 대, 중개업으로 독립된 상인
보험중개인(Insurance broker)	불특정보험자를 위해 보험계약의 체결을 위해 영업행위를 하는 자

3) 피보험자(Assured)

피보험자란 보험사고가 발생하여 보험금을 수령 할 권리를 가진 자를 말한다. 특히 손해보험계약에서 피보험자는 보험계약의 주체는 아니며, 피보험이익의 주체로서 보험사고 발생 시 보험자에게 손해배상을 청구할 수 있다. 피보험자의 의무는 해상적하보험일 경우 고지와 통지의 의무 및 위험 유지와 담보 준수, 손해방지 및 사고통지 등의 약관이 정한 바에 의한 이행의 의무를 다해야 한다.

4) 보험대리점(Insurance agent)과 보험중개인(Insurance Broker)

보험대리점 즉 보험대리상은 보험자를 위하여 계속 보험계약의 체결을 대리 및 중개를 목적으로 영업하는 독립상인이라 할 수 있다. 보험중개인은 보험자의 사용인 또는 대리인의 자격이 아닌 보험자와 보험계약자 사이의 보험 계약체결을 중개하는 영업자를 말한다.

4. 해상보험의 성격과 원칙

해상보험계약이 유효하기 위한 필수적인 조건은 적법성, 경제성, 확정성의 성격을 갖춰야 한다는 점이다. 즉, 피보험이익은 법적으로 인정되어야 하며, 경제적 이익이 있어야 할 것과 보험계약의 내용이 사고 발생 시 확정될 수 있어야 한다. 보험자와 피보험자 사이의 계약체결을 통하여 일정 금액의 보험금을 지급함으로써 그 법적인 효력이 발생하게 된다. 또한, 유상계약이며, 쌍무계약의 성격을 띤다. 보험계약은 사행계약이라 부르며, 합의된 보험금액의 한도에서 보험금을 지급할 책임이 있다고 하여 유한책임의 성격을 내포하고 있다.

해상보험은 보험계약자가 보험자에게 보험계약을 청할 때, 보험계약의 인수를 결정하고 이에 따라 보험금을 성실하게 납부할 것과 또 보험계약자는 고지의 의무를 동시에 갖게 된다. 위반할 시 보험계약은 취소될 수도 있다는 원칙이 최대선의의 원칙이며, 손해보상을 결정할 때 원인인 근인 주의의 원칙과 보험계약의 피보험자가 사이에 쌍방계약과 근인 주의를 바탕으로 한 보험 증권상에 명시된 사항을 준수하겠다는 묵시적인 담보의 성격을 갖는다.

5. 해상보험의 종류

1) 부보 형태에 따른 구분

확정보험과 예정보험은 위험의 확정 여부에 따라 구분하며, 확정보험은 화물을 선적할 선박의 명칭, 수량, 보험가액, 보험금액, 출항일 등이 확정되었거나 곧 확정될 것이

확실한 경우의 보험을 말한다. 예정보험은 위험의 수에 따라 단독예정보험, 포괄예정보험으로 나눈다. 계약체결 당시에 다수의 위험이 동시에 계약되는 것을 주로 포괄예정보험이라 하고, 위험이 계속 부보되는 경우는 계속적 예정보험, 그렇지 않은 경우는 개별적 예정보험이라고 한다.

2) 보험의 목적에 따른 구분

(1) 적하보험(Cargo Insurance)

화물을 보험목적물로 하는 보험을 말하며, 운송 도중 화물의 멸실, 훼손 등으로 인한 화물을 보존의 경비 지급 부분에 대하여 화물의 소유자가 입은 손해를 보험조건에 따라 보상하여 주는 보험이다. 해상적하 보험증권은 선하증권, 상업 송장과 함께 환어음에 첨부되어 국제무역 거래계약의 이행수단으로 이용된다. 보험목적물에 따라 화물보험, 선박보험, 운임보험이 있다.

(2) 선박보험(Hull Insurance)

선주는 선박 사고에 의해 선박 운용에 따른 수익을 얻지 못할 경우, 그 운임수익을 보험회사가 보상해주는 보험 운임보험이다. 선박의 관리 및 운항 도중 멸실, 훼손 또는 선박을 보존하기 위하여 지출된 경비 등에 대하여 책임 손해가 있는 경우에 이를 보상하여 주는 보험이다. 선박보험은 천재지변에 의해 선박이 파손되어 손실을 보게 되는 경우 보험회사에서 그에 따른 보상으로 현금이나 수선 또는, 선박을 대체시키는 것을 목적으로 하는 보험이다.

(3) 운임보험(Freight Insurance)

운임보험이란 운임을 대상으로 하는 보험이다. 선하증권이나 운송계약서에 화물을 목적지에서 하주에게 인도하지 못한 경우 운송인 등이 운임을 청구할 수 없도록 약정하고 있는 경우에 그로 인하여 운송인 등이 입은 손해를 보상하여 주는 보험이다.

3) 보험기간에 따른 구분

(1) 항해보험(Voyage Insurance)

항해보험이란 일정한 장소에서 도착 장소까지 1 항해에 부보하는 항해보험을 말한다. 특히 항해보험은 적하보험에서 항해단위를 표준으로 하는 보험이다.

▌표 19-3▌ 보험금액과 보험가액과의 관계

구분	내 용
전부보험 (Full Insurance)	- 보험금액이 보험가액 같은 경우. - 보험자로부터 실손해를 보상받음.
일부보험 (Under Insurance)	- 보험금액이 보험가액보다 적은 경우. - 피보험자는 보험사고로 인한 보험 목적의 손해에 대하여 보험금액의 보험가액에 대한 비율에 따라 비례보상.
초과보험 (Over Insurance)	- 일부보험과는 반대로 보험금액이 보험가액을 초과. - 초과 부분에 관한 보험계약은 무효.
공동보험 (Co Insurance)	- 같은 보험계약의 목적을 여러 보험자가 가입 보험금액의 합계액이 보험가액을 초과하지 않는 경우. - 각 보험자로부터 일부보험의 원칙에 의거 보상받거나 총 보험금은 전부보험과 동일.
중복보험 (Double Insurance)	- 같은 피보험이익에 대하여 보험기간을 공통으로 하는 2개 이상의 보험계약체결로 보험금액의 합계액이 보험가액을 초과하는 경우의 보험. - 피보험자는 순서에 의거 보험자에게 보험금 청구가능, 또는 비례적으로 손해를 보상, 보험금 합계가 보험가액을 초과하지 않음.

(2) 기간보험(Time Insurance)

기간보험이란 선박에서 일정한 기간을 표준으로 하는 보험이다. 보험의 목적이 특정 기간에 걸쳐 부보되는 보험을 말한다. 보험자가 보험사고를 보장하는 기간을 말하며, 보험계약자에게 보험금을 지급할 책임을 지는 기간이므로 책임 기간 또는 위험기간(duration of risk)이라고도 한다.

(3) 혼합보험(Mixed Insurance)

혼합보험이란 항해단위와 일정한 기간을 표준으로 하는 보험을 말한다. 혼합보험은 기간보험과 항해보험 두 가지 기능을 가진 보험이다. 기간보험은 6개월이나 1년과 같은 일정 기간을 정하여 기간 안에 발생하는 손실을 보상하는 보험이며, 항해보험은 출발지점에서 도착지점까지 발생하는 위험을 보상하는 보험으로 향해 기간에만 보상이 가능한 것을 말하며 초과 부분은 다시 가입해서 보상받아야 하는 특징을 갖는 보험이다.

제 2 절 해상위험의 보험조건과 위험 약관

1. 해상위험의 의의

해상보험은 영국해상 보험법에서 해상 고유의 위험이라고 표기하고 있다. 즉, 화재, 전쟁위험, 해적, 표도, 포획, 나포, 공후, 국민의 억지 및 억압, 투하, 선원의 악행, 그리고 보험증권에 기재되는 모든 위험이라고 정의하고 있다. 해상위험은 항해에 기인 또는 부수하여 발생하는 위험으로 그 위험의 요건은 당해 손해의 원인에 대하여 담보위험에 의한 손해를 보상하기 때문에 위험은 손해의 원인이 되어야 한다.

불가항력적 사건일 필요는 없다. 다만 사람의 행위에 의한 것이 아니며, 자연적인 원인에 의한 사고일 경우와 사람이 예방수단을 강구 한다 해도 방지할 수 없는 사고를 말한다.

2. 보험조건에 따른 위험 약관

1) 담보위험 약관(구약관)

영국해상 보험법(S.G. Policy)의 담보위험으로 해상 고유의 위험은 해상운송을 함에 있어 발생 가능한 우발적인 사고와 재난을 말한다. 주요 위험은 침몰, 좌초, 충돌, 악천후 및 적하를 적재한 선박의 행방불명 등을 말한다. 해상 고유의 위험 가운데 침몰(Sinking)은 선박이 부력 및 선행능력을 상실하고 선체 대부분이 수면 이하에 잠기는 경우이며, 좌초(Stranding)란 선박이 암초 또는 그 밖의 물체 위에 걸려서 벗어나지 못함으로써 발생하는 사고이다.

충돌은 선박 상호 간의 접촉을 말하며, 악천후의 경우 기상의 영향으로 인하여 선박의 이상 경사(List), 침수, 갑판적 화물의 유실, 선창의 통풍차단으로 인한 이유 등으로 인하여 발생하는 화물의 손해로 유손의 일종이다.

해상의 위험은 화재, 투하, 선장 및 선원의 악행, 해적, 표도, 강도 등의 위험을 말한다. 화재란 해상 고유의 위험은 아니지만 해상 위험의 일반적인 형태로 보험자가 부담하는 위험이다. 투하는 흔히 공동해손 행위로 취급되나 적하 자체만의 위험으로 행하여지는 수도 있으므로 공동해손의 경우만으로 한정하지 않는다. 선원의 악행의 예로 밀수를 목적으로 하는 선박의 사용, 선박의 유기, 방화, 고의에 의한 침몰 및 좌초 등이 있다. 전쟁의 위험에 관하여는 담보위험 약관에는 각종의 전쟁위험이 열거되어 있으나 이것은 이태릭 서체 약관 및 협회 화물 약관에 의해서 보험자의 기본 담보에서 제외되고 있다. 주요 내용은 군함, 외부의 적(Enemies), 습격(Surprisal) 및 포획(Capture), 해상탈취 및 나포(Taking at sea & seizure) 등이다.

▌표 19-4▌ 해상 고유의 위험

구 분	내 용
침몰(Sinking)	- 침몰(Sinking)은 선박이 부력 및 선행능력을 상실하고 선체의 대부분이 수면 이하에 잠기는 경우
좌초(Stranding)	- 좌초(Stranding)란 선박이 암초 또는 그 밖의 물체 위에 걸려 용이하게 벗어나지 못함으로써 발생하는 사고
충돌(Collision)	- 충돌(Collision)은 선박 상호 간의 접촉
악천후(Heavy weather)	- 기상의 영향으로 인하여 선박의 이상 경사(List) - 악천 후 또는 환천은 풍파의 이례적인 작용을 말함
한유(Ship's Sweat)	- 선창 내에 습기가 차거나 악천후, 통풍과 환기 부족 등 화물의 손해로 유손의 일종
선장/선원의 악행 (Barratry of master and mariners)	- 선장 및 선원의 악행은 동기 여하를 막론하고 선주에게 손해를 끼칠 고의적 범죄 부정행위

(1) 분손부담보 조건(F.P.A. Clause) 및 분손 담보조건(W.A. Clause)

단독해손부담보 조건은 영국해상 보험법상의 담보위험으로 야기된 손해로 현실전손, 추정전손, 공동해손 및 비용손해를 보상하나 단독해손은 보상하지 않는다. 본 약관에서 특별히 규정하고 있는 특정 사고에 의하여 발생한 단독해손은 예외적으로 보상하는데 침몰, 좌초, 대화재, 충돌(접촉) 및 폭발로 발생한 단독해손, 선적, 환적, 양하 중의 추락으로 인한 포장 당 전손, 피난항에서 양하로 인한 단독해손 등이다.

분손담보 조건은 단독해손부담보 조건에서 보상하여 주는 손해를 보상하여 주며 이에 추가하여 단독해손부담보 조건에서 보상하여 주지 않는 위험으로 야기된 단독해손을 보상하여 주는 조건이다.

(2) 전 위험담보 조건(A/R Clause)

전 위험담보 조건은 면책위험 및 보험요율서 상에서 제외되는 위험 이외의 일체의 손해를 보상하여 주는 조건이며 면책위험은 피보험자의 고의 또는 악의적 비행이나 화물 고유의 성질이나 하자로 기인된 손해(통상의 손해 또는 자연 소모 및 포장의 불완전에 기인된 손해)의 조건이면 전 위험담보 조건이다. 그러나 보험요율서 상에는 개별화물의 성질에 따라 특정의 위험을 제외하고 있다.

▌표 19-5▐ 신 약관의 일반면책약관

보상하는 손해	ICC(A)조건	ICC(B)조건	ICC(C)조건
화재 또는 폭발	○	○	○
보선, 부선의 좌초와 교사, 침목, 전복	○	○	○
육상운송 용구의 전복이나 탈선의 경우	○	○	○
본선, 부선, 운송 용구의 타물과의 충돌, 접촉	○	○	○
피난항에서의 화물의 하역	○	○	○
지진, 화산의 분화, 낙뢰	○	○	×
공동해손 희생	○	○	○
투하로 인한 손해	○	○	○
갑판유실	○	○	×
본선, 부선, 선창, 운송 용구, 컨테이너, 지게차 또는 보관 장소에 해수, 호수, 강물의 유입	○	○	×
본선, 부선에 선적 또는 하역작업 중 바다에 떨어져 갑판에 추락하여 발생한 포장단위당 전손	○	○	×
상기 이외의 보험의 목적에 발생한 멸실, 손상의 일체의 위험(면책위험 제외)	○	×	×
공동해손 구조비	○	○	○
쌍방과실 충돌	○	○	○

2) 신 약관의 담보위험 약관

신 약관은 구 약관과는 다르게 손해의 형태에 차별이 없다. 즉, 증권상에 기재된 담보위험으로 손해가 발생하였을 경우, 그것이 분손이든 전손이든 불문하고 보험자의 보상책임이 발생한다.

3) 신 약관의 일반면책약관

(C) 조건과 (B) 조건에 적용되는 면책사항은 동일, (A) 조건의 경우는 (C) 조건과 (B) 조건에서 보험자의 면책위험으로 약정하고 있는 불법행위에 의한 고의적 손상파괴를 면책위험으로 하지 않는다. 따라서 불법행위로 인해 보험목적물이 손상되는 경우 그 화물이 (A) 조건으로 부보되어 있다면 화주는 보험자로부터 그 손실을 보상받을 수 있다.

4) 부가 및 특별약관

(1) 부가약관

Theft는 도난을 Pilferage는 발하(좀도둑에 의한 손해)를 뜻하며, Non-delivery는 분실을 원인으로 한 포장 전체의 불착을 의미한다. 이들 위험은 담보위험 약관상의 thieves(강도)와는 다른 위험이다. 주보험의 약관 이외에 약관을 추가하는 것이다.

▌표 19-6▌ 신 약관의 면책위험

보상하는 손해	(A) 조건	(B) 조건	(C) 조건
피보험자의 고의로 의한 위법행위에 기인한 멸실, 손상 또는 비용	×	×	×
보험목적물의 통상의 누손, 통상의 중량손 또는 용적손, 자연 소모	×	×	×
보험목적물의 포장 또는 준비의 불충분 또는 부적합에 기인한 멸실, 손상 또는 비용	×	×	×
보험목적물 고유의 하자나 성질에 기인한 멸실, 손상 또는 비용	×	×	×
피보험위험에 기인한 지연에 해당하는 멸실, 손상 또는 비용	×	×	×
본선의 소유자, 관리자, 용선자, 또는 운항자의 지급불능과 금전상의 채무불이행으로 인한 멸실, 손상, 비용	×	×	×
여하한 자의 불법행위에 의한 고의적 손상파괴	○	×	×
원자력 또는 핵의 분열, 원자핵 융합 또는 동종의 반응 및 방사성 물질을 이용한 병기의 사용에 의함, 멸실, 손상, 비용	×	×	×
선박, 부선의 불내 항성, 선박, 부선운송 용구 컨테이너 등의 부적합	×	×	×

우담 수손(Rain and/or Fresh Water Damage: R.F.W.D.) 조건은 빗물, 담수로 인한 손해(W.A. 조건하에서 Sea Water Damage는 보상이 되나 Rain/Fresh Water Damage는 보상되지 않음)를 담보하는 조건이다. 그리고 기름, 니토, 산 등의 주로 선내의 청소 불충분으로 인한 오손 및 타 화물과의 접촉으로 인한 손해가 이 약관으로 담보된다. 타 화물과의 접촉은 적부(stowage) 불량 또는 선박의 심한 동요로 인해 발생되는 경우가 있다.

파손으로 발생한 손해를 담보하는 조건(F.P.A., W.A., ICC(B), ICC(C) 조건에서도 해상위험으로 인한 파손은 담보됨)인데, 전 위험담보조건(A/R)이나 (A) 조건이라 하더라고 추가로 부보해야 한다. 누손 및 중량 부족의 위험은 보험가입 화물의 누손, 화물의 수량, 중량 부족으로 인한 손해를 담보하는 조건으로 벌크화물에 주로 많이 발생한다. 한유손, 열손위험(Sweat & Heating)이란 선창, 컨테이너 내벽에 응결한 수분에 접촉함으로써 일어난 손해(Ship's sweat), 직접 화물의 표면에 응결한 수분에 의한 손해 및 이상 온도의 상승 등 화물이 입은 손해를 담보하는 조건이다.

오염위험, 서식, 충식 위험은 타 화물 및 잡물과의 혼합이나 타 화물과의 접촉으로 발생하는 외견상의 더러움, 흠 및 악취의 흡착으로 인한 손해를 담보하는 조건이다. 곰팡이손 위험이란 습도의 증가로 곰팡이 및 기타 미생물에 의한 손해를 담보하는 조건이다. 녹슨 위험이란 기계류, 철물 등의 화물이 습도의 증가로 녹이 스는 경우가 있고 또 해수, 담수, 빗물 등으로 녹이 스는 수도 있는데 이러한 손해를 담보하는 조건이다.

(2) 기타 특별약관

기타 특별약관으로 원산지 손해 약관은 수입면화의 원산지 손해를 담보하는 약관이다. 그리고 기계류 수선 특별약관은 기계를 보험의 목적으로 하는 모든 계약에 첨부되어 있는 약관이다. 상표 약관은 캔, 통조림, 병통 조림, 술 등 라벨이 붙은 화물에는 원칙적으로 이 약관이 첨부된다.

▌표 19-7▌ 해상보험의 신·구약관 비교

보상하는 손해	단독해손 부담보조건 F.P.A	단독해손 담보조건 W.A	전 위험 담보조건 A/R
전손	○	○	○
공동해손	○	○	○
해난 구조료, 손해방지비	○	○	○
좌초, 침몰, 대화재 경우의 단독해손	○	○	○
선적, 환적, 양하 중의 매포장 단위당 전손	○	○	○
화재, 폭발, 충돌, 접촉, 양하로 인한 손해	○	○	○
악천후에 의한 해 수손	×	○	○
약관상 면책사항 이외의 외래적 사고손해	×	×	○

(3) 확장 담보조건

확장 담보조건은 내륙운송과 내륙보관에 관한 확장 담보조건이다. 먼저 내륙운송 확장 담보조건(I.T.E; Inland Transit Extension)은 육상운송 중의 위험을 적하 보험증권에서 추가로 담보하는 조건이다. 내륙보관 확장 담보조건은 통상적인 운송과정에서 중간창고나 보세창고 보관 중의 위험을 적하 보험증권에 명시된 기간 이상으로 연장할 경우 담보하는 조건이다.

제3절 해상손해와 보험청구의 실무

1. 해상손해의 의의

해상에서의 손해는 위험 발생의 객체인 보험의 목적물인 선박, 적하, 운임 등이 멸실 자체를 말함이 아니라 보험 목적이 손상, 멸실 될 경우, 피보험이익이 소멸, 감소되는 것으로 재산상의 불이익을 의미하며 그 손해의 유형을 일반적으로 물적 손해, 비용손해 및 책임 손해로 분류한다. 특히 영국해상 보험법에서는 위험의 발생상태, 보험목적물의 멸실, 손상의 자체를 의미한다.

물적 손해는 직접손해라고도 하며 보험목적물 그 자체가 멸실, 훼손되는 것을 말하며, 비용손해는 목적물이 위험에 놓인 경우, 피보험자가 또는 피보험자를 위하여 경비를 지출함으로써 입은 손해이다. 사고로 말미암아 제3 자에게 배상책임을 부담하는 책임 손해가 있으며, 적하보험에서는 공동해손 분담금만 담보손해로 취급한다.

1) 물적 손해(Physical Loss)

(1) 전손(Total Loss)

전손이란 보험사고가 발생하여 피 보험이익의 전부가 멸실 하거나 손상 정도가 심하여 부조의 수리가 아닌 전손 보험금을 지급하는 것이 유익한 경우이다. 전손이란 보험목적물이 멸실한 경우를 말한다. 전손은 현실전손과 추정전손으로, 현실전손이란 실질 전손 또는 절대전손을 말한다. 현실전손은 포획의 경우와 같이 보험의 목적에는 하등의 물적 손해가 발생하지 않았으나 피보험자의 지배력이 상실되었을 경우, 화물을 적재한 선박의 행방이 상당기간 동안 불명인 경우 등이다.

추정전손이란 법률상으로 전손이나 사실상의 전손이 아닌 정당한 위부의 통지에 의하여 피보험자가 보험자에게 전손에 대한 보험금을 청구함으로써, 전손으로 전환되는 것을 말한다.

(2) 분손(Average/Partial Loss)

분석은 단속 해손과 공동해손으로, 단독해손이란 피 보험이익의 일부가 멸실, 훼손되어 발생된 손해가 담보위험으로 우연히 발생한 손해를 피보험목적물에 이해관계를 갖는 자는 단독으로 부담하게 되는 것을 말한다. 공동해손이란 선박, 화물 및 운임 등에 해상사고에 관련자가 있는 선박이나 화물에 생각지도 못한 위험이 발생한 경우 위험을 제거하거나 경감하기 위하여 선체나 그 장비 및 화물 일부를 희생시키거나 혹은 필요한 경비를 지출하였을 때 손해와 경비를 항해단체를 구성하는 이해관계자들이 공동으로 분담한다는 것이다. 이와 같은 손해를 공동해손이라고 한다.

2) 비용손해(간접손해: Expenses Loss)

(1) 구조비용과 특별비용

해난에 놓인 재산에 발생할 가능성 있는 손해를 방지하기 위하여 계약에 의하지 아니하고 구조한 자에게 해상법에 따라 지급하는 보수이며 이를 구조료하고 한다. 구조료는 공동해손 비용의 항목으로 보험보상의 대상이 된다. 제3 자의 구조 행위에 대한 법률규정에 의거 지급되는 비용이다. 특별비용은 담보위험에 처한 보험목적물의 안전 또는 보존을 위하여 피보험자나 혹은 그 대리인에게 지출한 비용을 말하며 이를 특별비용이라고 한다. 특별비용은 선박이나 적하에 단독으로 발생하는 비용으로서 일반적으로 손해방지약관이 첨부된 보험증권하에서 보상된다.

(2) 손해방지비용과 손해조사비용

손해방지비용은 상법 제680조에 의거 손해방지의무에 의하여 보험계약자와 피보험자는 손해의 방지와 경감을 위하여 노력하여야 하며, 필요 시 비용과 보상액이 보험금액을 초과한 경우라도 보험자가 부담한다. 손해방지비용의 주요항목으로는 피보험자의 손해방지행위와 합리적인 비용, 담보대상 위험의 손해방지행위, 특별비용과 손해방지비용 등으로 분류한다. 손해가 발생하였을 경우 손해의 원인 및 정도를 조사하는데 소요되는 비용을 손해조사비용이라고 한다. 손해조사비용은 당해 손해가 보험자에 의해 부담되어질 성질의 손해인 경우, 보험자가 보상한다.

3) 위부와 대위권

(1) 위부(Abandonment)

위부란 피보험자가 보험자에게 피보험목적물과 관련한 손해를 추정전손 등의 이유로 전손에 대한 보험금청구를 위하여 잔존물의 소유권과 제3 자에게 대한 구상권 등을 보험자에게 양도하는 것을 말한다. 위부의 요건은 추정전손이 불가피한 것으로 피보험자에 의해 증명될 것과 피보험목적물의 가액을 초과하는 비용지출이 없어야 한다.

위부의 승인은 보험자의 승인으로 성립되며, 위부의 통지 후 보험자의 단순한 침묵은 통지가 승인되었을 때 위부는 철회할 수 없다. 위부의 효과는 보험자는 피보험목적물에 잔존 일체의 이익과 소유권 일체를 승계하며, 선박의 위부 시에 그 선박의 보험자는 선박과 관련한 비용 부분을 공제한 후 해당의 권리를 취득할 수 있다.

(2) 대위권(Right of Subrogation)

대위권은 보험자가 보험의 목적화물에 대한 피보험자에게 보험금을 지급한 경우, 보험 목적에 잔존하는 피보험자의 이익, 손해 발생의 과실이 있는 제3 자에게 구상권을 승계하는 것이다. 대위권은 잔존물 대위, 구상권 대위로 구분하며 잔존물 대위란 피보험목적물에 잔존하는 피보험이익의 권리를 승계하는 것이다. 구상권 대위는 목적물에 대한 피보험자의 일체의 권리 및 구제수단을 클레임 발생 시 소급하여 취득하는 것을 말한다.

2. 해상적하보험의 실무

1) 해상적하보험의 계약체결

해상적하보험 계약은 낙성 및 불요식계약이다. 즉, 계약당사자의 합의에 의한 효력발생과 계약 성립으로 인하여 보험청약, 보험증권이 작성되지는 않는다. 이는 계약당사자를 위하여 보험청약서에 의하여 승낙통지 후 증권을 교부하게 된다. 원칙적으로 무역거래에서 해상적하보험의 청약은 운송화물에 관한 위험 부담이므로 CIF의 수출계약이나 FOB, CFR의 수입조건인 경우 화물이 본선에 적재되기 전에 청약을 해야 한다.

2) 보험요율

(1) 표시방법 및 결정요인

보험요율의 표시방법은 보험금액에 관하여 백분율(%) 단위로 표시한다. 그리고 보험요율의 결정요인은 기본 보험요율은 보험요율서에 의하여 화물의 종류, 운송구간 및 보험조건에 따라 다르게 산출한다. 운송구간은 외항보세, 국내연안, 일본, 중국지역, 동남아, 중동아, 호주지역, 구라파, 북미(동), 북미(서), 남미(동) 및 남미(서)로 분류하고 있는데 이 분류는 기본적으로 항구에서 항구까지의 요율이다.

상기 기본보험 요율 이외에 부가위험에 대한 부가위험 요율, 기본 요율에서는 항구에서 항구까지의 요율을 적용하는 것이며, 내륙운송의 위험(ITE)을 보상이나 하역 후의 관련의 보상에 관하여 수출의 경우는 60일 이상, 수입의 경우는 30일 이상이 경과 후에도 보험보상을 받고자 하는 경우(ISE)를 위한 확장담보조건 요율을 적용한다. 선박의 상태(선형, 선령, 톤수, 국적)에 따른 할증요율과 보험금액을 CIF 가액의 130% 이상으로 하는 경우 보험가입 금액 할증요율, 환적위험에 대한 할증요율 등이 있다.

(2) 보험료의 산출 및 청구

해상적하보험의 보험료는 보험금액에 보험요율을 곱해서 산출한다. 피보험화물이 보험사고로 인하여 손해를 입은 경우, 보험증권에 계약된 내용대로 보험자에게 보험금을 청구한다. 보험금 청구자는 항상 보험증권의 정당한 소지자가 되며, 대개 매수인, 즉 수입업자가 된다. 보험증권의 정당한 소지인으로서 담보화물에 손해가 발생 사실을 파악한 후 서면, 구두로 보험회사 및 대리점에 통지하여야 하며 보험자가 지정하는 손해사정인으로 하여금 손해 조사하게 한 후 보험금 청구절차를 밟아야 한다.

▌표 19-8▌ 보험금청구에 필요한 서류

구분	내용
보험조건의 내용	- 증권번호/ 보험증권 원본 또는 부본 - 화물의 명세(선하증권, 상업 송장, 운송서류 등) - 선명 - 보험가입 금액 - 보험조건 - 공동해손통지서(Notice of General Average) 사본 - 공동해손보증장(General Average Guarantee)
손상화물의 상태	- 수량 - 외관에서 본 손상상태
화물보관 장소/추가조사	- 보험회사는 통지를 받은 후 사실 여부를 파악, 전문사정관의 입회 조사가 필요한지를 결정함(검정보고서)
운송인의 귀책사유물	- 귀책 사유가 될 만한 통신문 또는 교신문
기타서류	- 공동해손맹약서(General Average Bond) - 화물가액신고서(Valuation Form) - 해손보증장(General Average Guarantee)또는 공동해손 공탁금

4) 보험금 청구서류

(1) 공동해손의 경우

화주가 자기 화물이 공동해손에 관련하여 운송인이 공고한 공동해손 선언 또는 하주 앞으로 개별적으로 송달되는 공동해손 통지서에 의해서 이루어진다. 화주는 위의 통지를 받은 즉시로 보험회사에 대하여 그 사실을 통지한다. 서류를 구비하여 보험회사에 제출하고 보험회사에서 발급하는 보증서를 받아 운송인이나 공동해손 사정인에게 제출한다. 공동해손이란 선주와 화주가 발생된 손해 부분을 공동으로 책임지는 것을 말한다.

(2) 전손 및 단독해손의 경우

화물에 발생한 손해의 형태가 전손이거나 단독해손인 경우, 다음과 같은 구상서류를 구비 하여야 한다. 화물 전손이 명백하면 검정보고서는 필요치 않으며 사실을 증명의 서류만 구비한다. 추정전손인 경우, 위부 통지서를 제출하여야 한다. 일반적으로 보험회사는 손해사정인을 선정하고 보고서를 작성하게 할 수 있으며 보험자가 지급보험금을 사정함에 중요한 근거서류가 손해사정을 하주 측이 입회하는 것이 좋다.

Chapter 20 무역 대금결제와 무역금융

제1절 무역 대금의 결제와 관세업무

1. 무역 결제의 의의

수출입 물품의 대금결제에 있어 주로 신용장에 의한 결제방식과 무신용장에 의한 결제방식 및 전자결제방식 등이 활용되고 있다. 최근에는 신용장을 사용하지 않고 결제하는 실시간 결제방식을 선호하고 있으며, 송금 결제를 통한 선·후결제의 방식으로 송금환 결제방식 또는 전자적인 매체를 통하여 실시간에 결제하는 전자결제방식 등이 있다. 무신용장에 의한 대금결제는 국내의 무역 결재의 방법과 별 차이를 느끼지 못하고 있다.

특히 무역 거래에서는 장기간이 소요되고 환율변동 및 시장의 변화에 따른 대처방안의 하나로 신용장거래를 선호하고 있다. 무역 결제는 송금환, 추심에 의한 환어음, 국제팩토링 제도 등의 다양한 방법들이 있으나 무역 계약체결과 동시에 해당의 결제방법을 선택하여 무역 대금결제에 대한 정확한 관리 및 업무처리가 이루어져야 한다.

하지만 무역 거래는 수출입의 거래에 장기간이 소요되고 대금결제의 불안과 환율변동 및 시장의 변화에 따른 효과적 대처방안의 하나로 계속하여 신용장에 의한 거래를 선호하고 있다. 그리고 무역 거래의 주요결제 방식은 신용장에 의한 결제, 추심결제, 송금방식, 전자결제 등으로 나타나고 있다. 무신용장에 의한 대금결제는 글로벌 무역이 성행함에 따라 거대한 하나의 나라라는 개념으로 무역거래가 이루어지고 있다는 점에서 대금결제는 국내의 무역 거래 결제의 방법과 별 차이를 느끼지 못하고 있다.

▌표 20-1▌ 무역 결제방식의 종류와 내용

구분	내 용
송금방식(Remittance)	- 사전송금방식: 선불 - 사후송금방식: 후불
	- 주문불방식(CWO): 물품 주문 시 대금 지불 * 사전송금: 특별한 주문이나 소량의 견본 대금에 활용
	- 물품상환도(COD): 물품인도와 동시에 대금결제 * 사후송금: 물품인도와 동시에 대금을 결제하는 방식
	- 선적서류상환도(CAD): 선적서류 인도와 동시에 대금결제 * 사후송금: 선적서류와 상환으로 대금결제를 하는 방식
추심방식(Collection)	- D/P(지급도: Documents Against payment) * 운송서류와 환어음을 제시함과 동시에 대금결제
	- D/A(인수도: Documents Against Acceptance) * 외상거래
	- D/A(at 90 days after sight) * 일람 후 90일에 관련의 대금결제
	- D/A(at 90 days after the date of shipment) * 선적 후 90일에 대금결제
신용장방식 (Letter of Credit)	- 일람불신용장(Sight L/C) * 운송서류 및 환어음 제시 후 즉시 대금결제(은행보증)
	- 기한부신용장(Usance L/C): 외상거래(은행보증)
	- Usance L/C(at 90 days after sight) * 일람 후 90일에 대금결제
	- Usance L/C(at 90 days after the of shipment) * 선적 후 90일에 대금결제
국제팩토링방식 (International Factoring)	- IFG(International Factors Group) * 국제팩토링그룹에 가입된 수출국팩토링회사 및 수입국팩토링회사의 무역금융제공 및 지급보증(대금결제)

2. 무역 대금결제의 일반론(Introduction to Terms of Payment)

무역 대금의 결제는 수출상과 수입상 즉 매매와 교환 쌍방의 계약(쌍무계약: bilateral obligation contract)을 이행할 때 대금결제(Payment)의 문제가 최종적으로 거론된다. 그 이유는 일반적인 유통과정에서의 상거래는 동시 지급(Terms of Concurrent Payment)이지만 글로벌 무역과 같은 국경 없는 무역 거래에 있어서 직접적인 현금 지불은 법으로 금지하고 있으며, 특히 국경을 초월하여 나라를 달리 하고 있어 현실적으로 매우 어렵고 위험한 일이다. 그러므로 글로벌 무역에서의 대금결제는 매우 중요하다.

1) 무역 결제의 조건에 따른 방식

무역 거래에서 주로 사용하는 대금결제 방식은 선지급(Advanced payment)으로 물품을 인도함과 동시에 대금을 지급하는 조건이며, 이에 반하여 후지급(또는 연지급: Deferred Payment)조건이 무역 거래에 있어서 주로 활용하고 있는 방법 가운데 하나이다. 일람지급은행, 연지급은행, 인수은행은 개설 은행이 수출상에게 무역 대금을 지급해야 할 역할을 대신하여 이를 지급하는 은행이다.

신용장상의 무역 대금을 수출상에게 지급하겠다는 확약은 신용장상에 기록된 대로 해당의 조건을 충족할 때, 즉 신용장개설 당시 신용장상의 조건에 명시된 대로 관련의 서류를 충족시켜준다면 가능하다. 반면에 매입은행(환어음발행은행)은 수출상(환어음 지급인)이 개설 은행으로부터 신용장상의 금액을 받을 수 있는 권리자의 지위를 이전받은 위치에 있는 당사자이다.

2) 무역 결제조건과 환어음의 관계성

환어음을 볼 때, 기한부환어음인 경우에만 환어음이 발행된다. 이 환어음이 지급인에게 제시되면 지급인은 환어음의 금액(이때 조심할 것은 반드시 만기일이 표기되어 있기 때문에 지금 당장 어음의 금액을 달라고 한다고 지급하는 것이 아니다)을 환어음이 표시하고 있는 만기 즉, 기일에 지급하겠다는 의사표시를 한 것이기 때문이다. 이와 관련하여 환가료를 생각해 보아야 할 것이다.

환가료란 신용장을 수출상으로부터 매입하는 은행이 자신이 개설 은행으로부터 신용장의 대금을 지급받기 이전에 수출상에게 매입대금을 미리 제공하는 것이기 때문에 해당하는 부분의 비용을 미리 수출상에게서 받는 개념이 된다. 즉 수출상이 제시하는 환어음은 환어음의 선적서류를 수입상의 거래은행에 송부한 이후에 실제로 그 대금이 수출상의 거래은행에 오기까지는 약 10일 정도가 소요된다. 물론 UCP-600의 조건에서는 2영업일로 단축되었지만 수출상에게 선지급한 10일간의 기간에 대한 이자와 해당하는 부분을 차감하고 수출대금을 지급하는 것이기 때문에 이러한 수수료를 환가료라고 하는 것이다. 무역 거래에 있어 또 다른 방법으로의 결제는 팩토링이라고 하는 제도이다.

팩토링이란 무신용장 방식의 최신금융기법이다. 수출자와 수입자의 거래은행이 하는 역할을 수출팩터와 수입팩터가 행하게 되는데, 이를 위하여 관련의 중소기업이 대개 10만불 이하의 소규의 거래 시 수입자는 외상 수입이나 또는 연지급수입을 하고, 수출자는 자신의 외상수출채권을 팩토링회사(수출팩터)에게 매각하여 자금을 회수하게 된다. 이러한 방식은 기존의 신용장방식에서 은행이 하던 역학을 각각 팩터가 하게 되는 것이다.

특히 수출팩터는 수출자와의 약정에 따라 수출채권의 매입한도를 결정하며 수입팩터는 수출팩터의 의뢰로 수입상의 신용상태를 조사하고 이에 근거하여 수출팩터에게 신용승락을 통보한다. 이 신용승낙을 받은 수출자는 수입자와의 계약에 따른 물품을 안심하고 선적할 수 있게 된다. 따라서 이 방식은 수출자, 수출팩터, 수입자 수입택터의 4명의 당사자가 개입되는 방식이다.

3) 무역 결제조건에 따른 수출입자의 조건

수출상 혹은 수입에게 가장 유리한 조건의 대금결제 방식은 어떤 것이 최상이라는 뜻인가? 만약 이러한 애매한 내용의 일들이 발생할 수도 있으며 실제로 이러한 문제로 인하여 대금의 유예기간 동안의 이자 부분을 챙기려고 하는 수고들을 아끼지 않고 있다. 신용장방식으로 대금을 결제받은 경우 수출상에게 가장 유리하다고 볼 수 있으나 무조건 신용장만이 수출상에게 유리한 것은 아니다. 수출상의 입장에서 볼 때, 신용장보다 더 확실한 것은 무역의 대금을 미리 받는 것이다. 즉, 선지급을 받게 되는 방식이다. 선지급 방식에 해당하는 사전송금방식은 수입상이 물품을 받기 전에 전신환, 우편환 등으로 선지급하는 경우이다.

개설은행이 수출자인 수익자에게 신용장 사의 조건을 바탕으로 수출대금을 결제하겠다는 확약이며 특수한 경우 개설은행의 신용이 낮거나 수출국의 정부가 외환의 지급정지 등을 행할 우려가 있는 경우나 약간 불안하다는 느낌을 받은 경우, 이때 수출상이 신용장의 개설이 되는 단계에서 수입상에게 요청하여 확인신용장을 개설하는 경우가 있다. 이러한 개설은행의 확약에 대하여 확인은행 역시 동일한 조건하에 수출자에게 대금의 지급을 확약하는 것이 바로 확인신용장인 것이다. 그러나 확인은행은 개설은행이 수출자에게 대금을 지급하지 않을 경우, 수출자에게 대금을 지급해야 하는지에 대한 의문을 가질 수 있다.

3. 무역 결제의 시기별 구분

1) 선지급과 후지급

(1) 선지급

선지급(Advanced Payment)과 후지급(Deferred Payment)은 무역 대금의 결제에 있어 가장 대표적인 방법이라고 할 수 있다. 이러한 선지급 또는 후지급의 구분은 물품을 선적하였거나 물품을 인도한 경우 대금 지급과의 시간적 차이에 따른 구분이다. 우선 선지급이란 매매계약 상의 해당 물품이 선적되기 전이나 인도되기 전에 미리 대금을 지급하는 조건이다. 이때 물품의 주문과 동시에 현금으로 결제하는 방식 CWO(Cash With Order)이다.

주문과 동시에 T/T(Telegraphic Transfer)로 송금하는 단순송금방식(remittance base)이 있고 더 나아가 신용장에 의한 대금의 결제가 이루어지는 이른바 선대용장(red clause L/C, packing L/C)방식 등이 있다. 선지급이란 재화와 서비스의 거래에 있어 물품의 대금을 지급함과 동시에 물건을 전달해주는 방식이며 이를 동시이행조건(Concurrent terms of payment)이라 한다. 하지만 국제간의 무역 대금결제는 수입상이 언제 대금을 결제하느냐에 따라 달라진다. 즉, 선지급이란 주문과 동시에 대금결제를 하는 것이며 이를 CWO(Cash With Order)라고 하며 일종의 선불 즉, 선지급에 해당한다.

물론 COD, CAD, At Sight L/C, D/P를 동시에 지급되는 개념으로 볼 수 있기 때문에 선지급과는 약간의 차이가 있으나 정확하게 구별하지는 못하고 있는 실정이다. 다만 후지급은 D/A조건과 같이 물품은 먼저 받고 대금은 후일에 지급하기로 약정한 날짜에 결제를 하는 방식을 말한다.

(2) 후지급

후지급이란 연지급 또는 연장지급이라고 하며, 물품의 선적 또는 인도와 운송서류의 인도가 있은 후, 일정 기간 경과 후에 대금을 지급하겠다는 내용으로 일종의 외상매출과 같은 조건이라고 보면 된다. 하지만 후지급은 단기 혹은 장기적인 기간에 따라 구별하며, 통상적으로 물품의 선적, 인도, 운송서류의 인도 후 1년 이내에 결제를 단기연지급, 그 이상은 중장기 연지급으로 보통 1년 이상부터 10년 미만까지의 기간에 해당한다. 무역 대금의 결제에 있어 환이란 송금수표, 환어음, 전신환, 우편환 등을 말한다. 이때 환이란 환어음의 경우에만 무역 대금의 결제를 받는 수출상이 환어음을 발행하여 자신의 거래은행을 통하여 대금을 추심함으로써, 환의 흐름은 자금의 방향과 반대 방향으로 거래되기 때문에 이를 역환 방식이라 하고 기타의 방법은 모두 순환방식으로 취급한다.

환어음을 이용하는 무역 대금을 받는 자(채권자)인 수출상은 수입상(채무자=환어음대금 결제자)이나 개설은행(또는 확인은행, 그리고 때때로 거래은행 지정의 은행)앞으로 환어음을 송부하여 역환방식의 하나인 추심방식과 신용장방식을 활용하기도 한다. 그리고 대금의 송금방식은 순환방식으로 우편환(M/T), 전신환(T/T)이 있으며, 대금을 결제하는 방식에 따라 사전송금방식과 사후 송금방식이 있다.

따라서 물품 대금 대신 약속어음을 받았다면, 이것은 외국과의 무역 거래 관계가 아니라 국내에서 발행된 유통 관계에서 발생한 거래이기 때문에 외국과의 무역거래인 환어음과는 성격이 다르다. 약속어음은 반드시 일람출급이 아닌 기한부로만 발행된다는 점을 감안해야 할 것이다. 왜냐하면, 지금 당장 약속어음을 받고 그 대금을 지급하는 것이 아니라 물품을 먼저 받고 그 대금은 약정한 기일에 변제하겠다는 것이다.

일정한 만기에 매도인에게 대금의 지급을 약속하는 유가증권인 셈이다. 물론 이 유가증권은 회계 관계상 현금으로 처리하게 되며 유동자산이 되는 셈이다. 또 한 가지는 국제무역 관계에 있어 수출상이 환어음을 발행하여 수입상이 이를 지급하는 방식이지만 약속어음은 반드시 수출상격인 판매자와 수입상격인 소비자의 쌍방이 관계되어 있다는 점이다. 즉, 환어음과는 달리 발행인과 수취인의 양 당사자로 취급되어 진다는 점이다.

(3) 동시 지급(Concurrent Payment)

선지급과 후지급을 구별하기 위하여 동시 지급을 차후에 기록하였다. 동시 지급이란 물품의 선적이나 인도 또는 물품을 대표하는 운송서류의 인도와 동시에 대금결제가 이루어지는 조건이다. 동시지급 조건은 주로 현물 인도와 동시에 현금결제가 이루어지는 조건인 COD(상품인도결제방식 또는 현물상환 지급: cash on delivery)와 운송서류(선화증권(bill of credit)/보험증권(insurance policy)/ 상업 송장 등의 서류와 상환하여 대금을 결제하는 조건인 CAD(무신용장결제방식 또는 운송서류상환 지급: cash against document)가 있다.

또한, 신용장에 의한 대금결제 시 주로 이용되는 어음 발행에 있어서 어음발행인(drawer)에 즉, 매도인에 의해 발행되고 이를 지급할 의무로 어음지급인으로 이러한 어음이 매수인에게 도착하면 일람함과 동시에 어음대금을 지급하는 일람출급어음으로 결제되는 일람지급방식과 어음을 추심함으로써, 인하여 대금을 회수하는 무 신용장방식(transaction without L/C)에서 매수인에게 제시될 때 어음대금 지급과 동시에 운송서류를 인도하는 지급인도 방식(D/P: Documents Again Payment)이 있다.

(4) 혼합지급(Mixed Payment)

혼합지급이란 선지급, 후지급, 동시 지급의 방식을 혼합하여 무역 대금결제를 하는 것을 의미한다. 대표적인 방법이 누진 지급방식이다. 누진 지급방식(progressive payment)이란 무역 대금의 결제를 시기별로 구별하여 결제하는 방식으로서 흔히 계약과 동시에 또는 물품을 선적할 시, 그리고 물품이 도착할 시 등 해당 공정에 따라 대금을 분할지급(instalment payment)하는 방식을 말한다.

4. 무역 대금의 결제방법

1) 현금결제(Cash Payment)

현금에 의한 결제방식은 수출입거래에서 주로 사용하는 방법이며, 현금결제의 방식은 CWO, COD, CAD, 수취상환지급신용장(payment on receipt L/C) 등이며 특히 수취상환지급신용장에 의한 결제는 어음을 발행치 않고 현금결제방식을 취하고 있다.

2) 송금환결제

송금환결제방식은 전신환(T/T: telegraphic transfer), 우편환(M/T: mail transfer)의 방식으로 단순한 송금방식에 의한 대금결제방식을 취하고 있다. 또한, 전신환, 우편환의 대금결제에 있어서 누진 지급, 분할지급의 방식으로도 활용하고 있다. 특히 중장기 연불 수출입에 있어서 선수금 부분과 공정별 지급 부분은 송금환에 의하여 주로 활용하고 있는 결제방식의 하나이다. 만약 송금환에 의한 결제방식을 결제 조선으로 이용할 경우 "Under T/T basis in U.S. Dollars"라는 문구를 명시해야 한다. 추가적인 송금환결제방식으로 송금수표(D/D : Demand Draft)에 의한 방식도 있다.

3) 어음결제(Draft payment)

어음의 거래는 일반적으로 매수인(채무자)이 물품을 매입함에 있어, 대금을 결제할 때 어음을 발행하는 경우를 두고 하는 말이며, 이를 국제간의 무역 거래에 적용하여 본다면 반대적인 개념을 갖게 된다. 즉, 매도인(채권자=수출상)이 매수인(채무자=수입상)을 지급인으로 하여 어음을 발행하고 이를 매각, 추심(collection)을 통하여 수출대금을 회수하는 이른바 역환방식을 활용하고 있다. 신용장발행은행(수입상의 거래은행)을 지급인으로 하여 어음을 발행하는 경우도 있다.

따라서 무역 거래에 있어 어음에 의한 결제방식은 화환어음(documentary bill/draft)이 원칙적이나 무담보어음(clean bill/draft)을 발행하기도 한다. 실제적인 무역실무 상무에 있어 이와 같은 일에 대한 일들이 빈번하게 발생하고 있어 반드시 어음에는 선하증권, 보험증권, 상업송장의 서류가 첨부되어 있어, 안전한 거래가 이루어질 수 있다는 점이다. 수입상이 무역 거래의 지급불능(default), 지급거절(unpaid), 어음사고 등이 발생한 경우 해당의 무역서류(선하증권, 보험증권, 상업송장)를 통하여 물품을 찾아 해당물품을 찾아 매각하거나, 보험을 청구하는 등의 클레임 조치를 취할 수 있다. 그러나 무담보어음을 발행한 경우 이와 같은 서류가 첨부되지 않은 관계로 다소 위험을 내포하고 있다.

5. 무역 대금의 결제방식

무역 결제의 방식은 송금(Remittance), 추심(Collection)이 있다. 이 가운데 추심은 무신용장에 의한 방식과 신용장에 의한 방식(Letter of Credit)이 있다. 그리고 최근에 수입상과 수출상을 대신하여 국제적으로 무역의 결제를 관장하는 국제팩토링방식(International Factoring), 포피팅(Forfaiting)방식이 있다.

6. 송금 결제방식

1) 송금 결제방식의 종류

송금에 의한 결제방식은 수입업자가 상품의 인도전, 후에 또는 인도와 동시에 수출업자에게 물품 대금 전액을 송금하여 지급함으로서, 결제하는 방식이다. 대금의 결제는 수입업자가 외화로 송금을 함으로써 순환방향 또는 순환방식이라고도 하며 가장 단순한 방식이다.

송금의 주요수단은 수표송금(D/D: Demand Draft), 우편송금(M/T: Mail Transfer), 전신송금(T/T: Telegraphic Transfer), 은행수표(Banker's Check), 개인수표(Personal Check)등이 활용되며 대외무역법에서는 단순송금방식이라 한다.

▌그림 20-1▐ 송금 결제의 흐름도

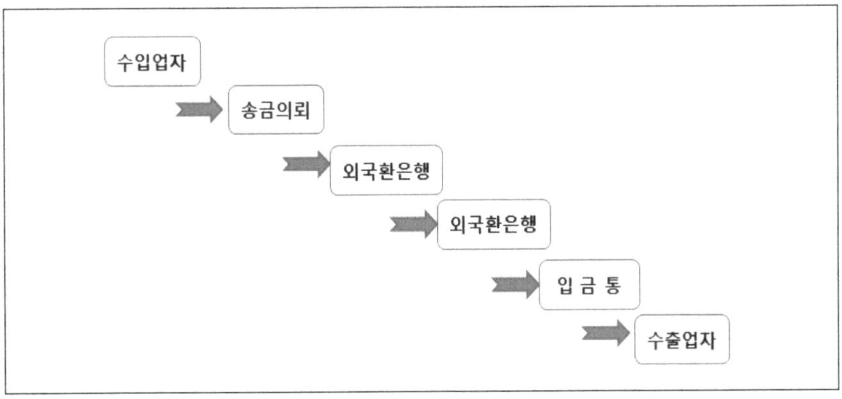

(1) 수표 송금방식(D/D)

수입업자가 물품을 받기 전에 물품 대금을 미리 은행에 현금으로 불입하고 은행이 이를 송금수표를 발행하여 수입업자가 수출업자 앞으로 직접 운송함으로써 결제하는 방식으로 이를 수표 송금방식이라고 한다.

▌그림 20-2▌ 수표 송금방식(D/D) 결제방식

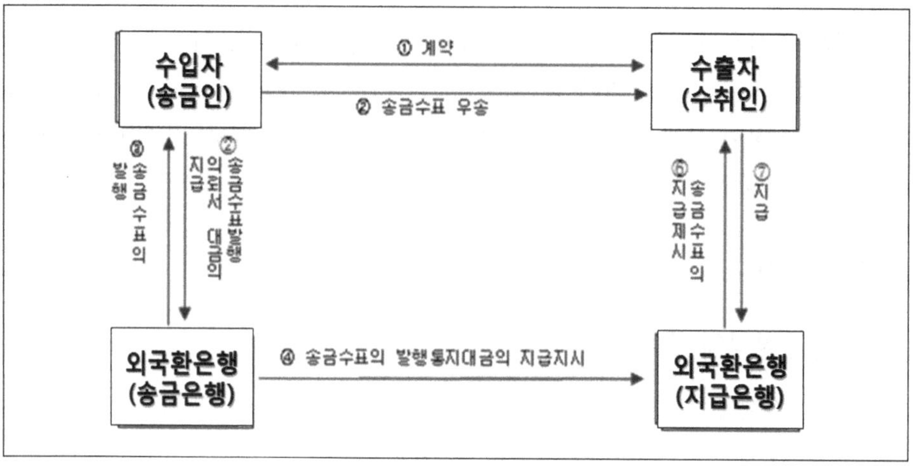

(2) 우편 송금방식(M/T)

우편 송금방식은 수입업자의 요청에 따라 송금은행이 송금수표를 발행함과 동시에 지급은행에 통보하여 해당 금액을 지급하여 줄 것을 위탁하는 지급지시서인 우편환을 발행하여 송금은행이 직접 지급은행에 운송하는 방식이다.

▌그림 20-3▌ 우편 송금(M/T) 전신 송금(T/T) 결제방식

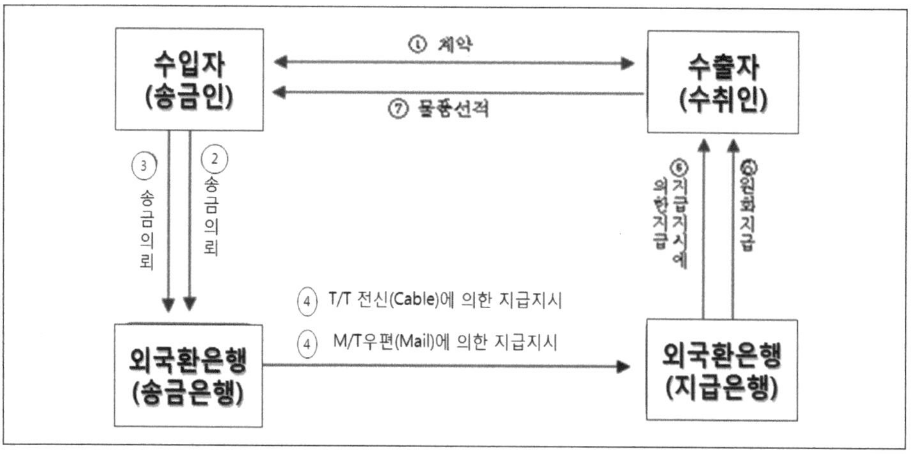

(3) 전신 송금방식(T/T) 및 물품 인도 결제방식

우편환송금방식과 동일하게 수입상의 요청에 의하여 송금은행이 지급은행에 대하여 일정 금액의 지급요청을 위탁하는 지급지시서를 우편환으로 발행하는 대신 전신환의 형

식으로 발행하여 송금은행이 직접 지급은행 앞으로 송금하는 방식이다. 물품 인도결제 방식은 수출업자가 물품을 선적한 후 선적서류를 대리인이나 지사에 송부하여 물품이 목적지에 도착함과 동시에 수입업자가 품질, 수량 등을 검사한 후에 물품을 인도하면서 대금을 현금으로 결제하는 방식이다. 주로 소액이나 귀중품 등의 거래에 활용한다.

(4) 서류 인도 결제방식(CAD: Cash Against Documents)

수출업자가 상품을 선적한 후 증명할 수 있는 선적서류를 수입업자의 대리인 또는 거래은행에 선적서류와 상환으로 대금결제를 하는 것을 서류 인도결제방식이라 한다. 먼저 CAD(Cash Against Document)는 수출업자가 물품을 선전한 후 해당의 서류인 선하증권, 상업송장, 포장명세서 등을 직접 수입업자나 대리인에게 서류를 전달하고 대금을 결제받는 방식이다.

또한 현물인도방식인 COD 결제방식(COD: Cash on Delivery)은 수출업자가 수출 물품을 선적한 후, 해당의 운송서류를 수출업자의 해외지사 또는 대리인, 거래은행으로 송부한다. 이때 해당의 수출 물품이 도착하면 수입업자는 직접 물품을 확인 후 물품과 상환하여 현금으로 결제하는 방식이다.

▌그림 20-4▌ 서류 인도 결제방식(CAD) 결제방식

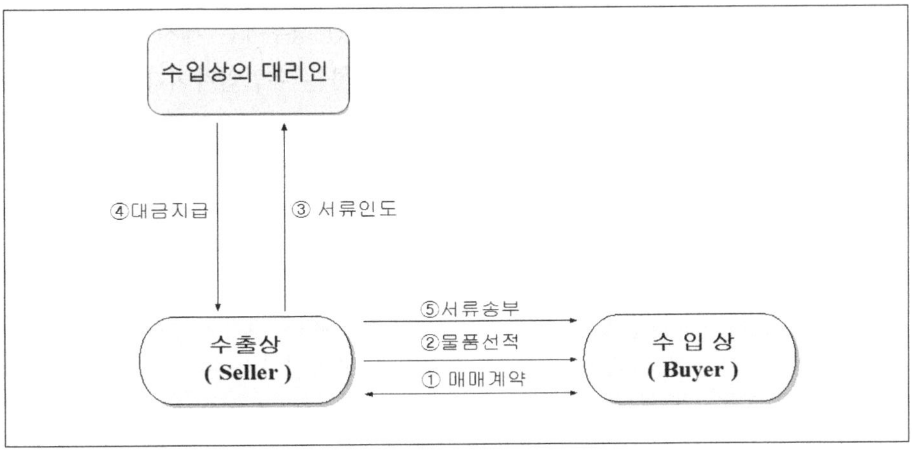

7. 추심결제방식

1) 추심의 서류 및 종류

추심결제의 서류는 금융서류, 상업서류, 추심지시서이며, 금융서류란 환어음, 약속어음, 수표 등의 대금 회수를 위한 지급증서를 말한다. 상업서류는 상업송장, 운송서류,

권리증서, 보험서류, 포장명세서, 원산지증명서, 수입화물의 통관에 필요한 서류들이다. 추심의 종류에는 무화환추심과 화환추심으로 나누며, 무화환추심은 상업서류 없이 금융서류만의 추심을 말하며, 주로 용역거래의 추심에 이용된다. 화환추심은 상업서류만으로 추심을 하는 무역거래의 추심형태이다.

2) 추심거래의 관계당사자

(1) 추심의뢰인(Principal)과 추심의뢰은행(Remitting bank)

추심의뢰인은 계약 물품을 선적한 후 자신의 거래 은행에 매도인 즉, 수출업자로서의 추심에 관한 제 비용을 부담한다. 추심의뢰은행은 추심의뢰인(수출업자)으로부터 금융서류와 상업서류를 받고 추심의뢰인의 대리인 자격의 성격으로 금융상의 서비스를 제공한다. 이때 추심 전에 매입하는 경우와 추심 이후에 매입하는 경우가 있다. 추심 이후에 매입할 때는 추심이자를 공제한 후 대금을 결제한다.

(2) 추심 은행(Collecting bank)과 제시은행(Presenting bank)

추심 은행은 추심과정에 참여하는 모든 은행으로 통상 수입업자의 거래 은행으로부터 추심의뢰은행이 요청한 추심의뢰서에 따라 지급인에게 대금을 송부하는 은행이다. 제시은행은 수입업자에게 직접 추심서류를 제시하는 은행이다. 수입업자의 거래은행이 제시은행이 되며, 추심 은행이 수입업자의 거래 은행이 아닌 경우에는 제시은행이 존재한다. 지급인은 물품 대금을 인수하고 그 물품 대금을 결제하는 수입업자이다. 다만 추심의뢰은행이 추심의뢰에 대하여 최종지급을 하거나 인수를 담당하는 수입업자이다.

3) 추심결제방식과 거래절차

추심결제 방식에는 지급인도 조건(D/P조건)과 인수인도 조건(D/A조건)이 있다. 수출업자와 수입업자의 매매계약에 따라 수출업자가 물품을 선적하고 어음(일람불어음)을 발행하여 추심의뢰은행에 의뢰한다. 이때 지급인은 수입업자가 된다. 수입업자의 거래은행은 수입업자로부터 물품 대금을 받고 서류를 인도하며, 수출업자의 추심의뢰은행에 송금하여 결제를 마무리한다.

수출업자가 수입업자와의 거래관계에서 물품을 선적한 후 기한부 환어음과 관련 서류를 수입업자를 지급인으로 하여 발행한 후 자신의 거래 은행인 추심의뢰은행에 추심을 의뢰한다. 이때 수출업자의 추심은행은 첨부된 서류와 환어음을 수입업자의 거래 은행인 추심 은행에 송부한 후, 무역 대금의 추심을 의뢰한다.

(1) 지급 인도조건(D/P조건: Documents Against Payment)

수출업자와 수입업자의 매매계약에 따라 수출업자가 물품을 선적하고 관련의 서류인 일람불어음(documentary sight bill)을 발행한다. 이때 수입업자를 지급인으로 하여 어음을 발행한 후 거래 은행인 추심의뢰은행(Remitting bank)에 추심의뢰 한다. 그리고 수출업자의 거래 은행은 서류와 환어음을 수입업자의 거래 은행 즉, 추심 은행(Collecting bank)으로 추심의뢰를 위하여 송부한다. 수입업자의 거래은행은 수입업자로부터 물품대금을 받고 서류를 인도하며, 수출업자의 추심의뢰은행에 송금하여 결제를 마친다.

▌그림 20-5▌ D/A & D/P 결제 매커니즘

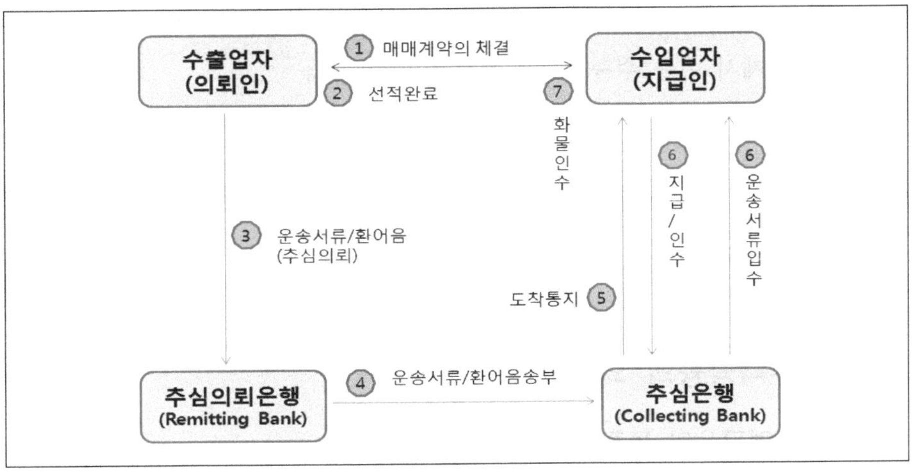

(2) 인수 인도조건(D/A조건: Documents Against Acceptance)

수출업자가 수입업자와의 거래 관계에서 물품을 선적한 후 기한부환어음과 관련 서류를 수입업자를 지급인으로 하여 발행한 후 자신의 거래 은행인 추심의뢰은행에 추심을 의뢰한다. 이때 수출업자의 추심 은행은 첨부된 서류와 환어음을 수입업자의 거래 은행인 추심 은행에 송부하여 무역 대금 추심을 의뢰한다.

4) 추심에 관한 통일규칙

추심에 관한 통일규칙은 신용장거래와 달리 추심결제방식은 무역 거래 관계에 있어 신용을 바탕으로 이루어지는 상관행이기 때문에 일람출급환어음, 기한부환어음 등을 발행하여 결제 기간의 신용을 공여하는 추심방식에 의한 대금결제 시에는 관계 당사자 간의 분쟁을 예방하기 위하여 ICC가 추심에 관한 통일규칙을 제정하였다.

5) 신용장 및 무 신용장거래의 특징

지급인도 조건(D/P)과 인수인도 조건(D/A)은 은행의 지급보증행위가 없다는 점이다. 수출입업자(매도인과 매수인)의 환어음 결제에도 전혀 관여치 않는다. 다만 서류의 발송, 확인, 보관, 등의 행위를 담당한다. 특히 신용장거래에서 발생하는 각종의 발행수수료와 관련의 소요경비에 비하여 D/P 및 D/A 방식은 비용 절감의 효과가 있다. 이러한 위험이 있음에도 상호신뢰 관계를 통하여 비용 절감의 차원에서 거래에 이용되고 있다.

하지만 기존의 전통적인 무역 대금결제 방식인 신용장거래는 개설 은행의 조건부 지급 확약에 따라 서류가 신용장 조건과 일치하는 경우, 한하여 대금 지급이 가능하다. 반면 무 신용장거래는 은행의 확약이 없이 거래 당사자 간의 신용을 근거로 대금결제가 이루어지는 무역 결제방식이다. 특히 무신용장 거래에 있어 수출업자의 대금결제에 있어 수입업자가 미결제시 이를 수출상에게 통보만 할 뿐이다.

제 2 절 무역금융과 환율 및 외환시장

1. 글로벌 무역금융의 의의

1) 글로벌 무역금융의 특징

글로벌 무역금융의 특징은 자동결제기능, 자금공급원, 신용위험, 환위험 등으로 구분한다. 자동결제기능은 수출을 통해 회수된 수출대금으로 원자재구매, 제조 및 판매 기간 중에라도 상환이 가능하다. 자금공급원이란 무역금융의 경우 은행, 팩토링회사, 리스회사, 종금사 등의 국내금융기관과 국외금융기관, 수출자와 수입자 자신 및 보험회사, 수출지원기관 등 다양한 원천에서 자금을 조달할 수 있다.

무역금융은 거래 당사자가 원거리에 위치하고 자금조달의 시간적 차이와 수출대금의 회수불능 또는 수입업자 대금결제의 미결제 등으로 인하여 신용위험이 있기 때문에 사전에 충분한 조사와 함께 수출보험 및 관련의 위험을 분산 및 방지하여야 한다.

2) 글로벌 무역금융의 종류

(1) 수출입금융

무역금융은 시기에 따라 수출금융과 수입금융으로 나눈다. 수출금융이란 수출상품에 필요한 원재료의 구입부터 대금결제에 이르기까지 수출에 필요한 자금을 융통해 주는 것이며, 특히 수출금융의 경우 선적 전 금융과 선적 후 금융으로 구분한다. 수입금융은 신용장의 개설 및 수입어음의 결제를 위한 자금 융통과 수입 물품을 소비자에게 판매하여 그 대금을 회수하기까지 재고금융을 말한다.

(2) 단기무역금융과 중장기무역금융

단기무역과 중장기무역으로 구분하는 기간은 통상적으로 1년이지만 우리나라의 경우 단기금융은 그 융자 기간이 6개월 이내에서 제공되는 단기운영자금이다. 중장기무역금융은 수출업체에 대한 중장기의 수출에 필요한 자금을 융통해 주는 수출입은행 자금을 말한다. 또한, 단기간의 금융 가운데 원화 금융이 있으며, 외화대출이나 해외자금 조달을 위한 외화표시 금융도 있다.

(3) 신용장 기준금융과 실적 기준금융

신용장 기준과 실적 기준의 금융은 융자기준에 따른 구분이며, 수출신용장 금액을 기준으로 융자를 받거나 과거의 수출실적을 기준으로 융통을 받는 방법이 있다. 기타의 무역금융으로는 국내금융과 국제금융이 있다. 즉, 신용공여자의 소재지에 의한 구분이며, 우리나라의 외국환은행, 수출입은행이 국내무역업체에 자금을 융통해 주는 것은 국내금융에 속하고 기한부신용장, D/A 등의 후불결제조건, 현지금융 같은 것은 국제금융이라고 한다.

(4) 기타 무역금융

기타의 무역금융으로는 정책적인 무역금융으로 일반 수출입과 건설 및 용역, 농수산물 수출준비 등을 위한 금융, 외화대출 및 수출입은행 자금 등이 있다. 건설, 용역 및 농수산물 수출과 관련한 금융은 외국에서의 제공하는 금융을 말한다. 이는 외화획득을 원활히 할 수 있도록 지원하는 것이다. 농수산물 수출준비자금 융통은 농수산물의 수집과 비축자금을 원활히 공급함으로써 가격안정, 수출 신장을 위한 목적으로 지원한다.

2. 외환과 외환시장

1) 외환의 개념과 특성

(1) 외환의 정의

외환이란 사용 목적에 따라 그 의미를 달리한다. 주로 상품을 구입, 대금을 결제하는 과정에서 발생하는 대금 지급의 수단으로 외환(foreign Exchange)이란 말을 사용하게 되는데, 외환은 크게 내국환, 외국환 즉, 외환이 있다. 특히 나라와 나라 사이엔 통화가 서로 다르므로 현금을 보낼 수 없는 위험 부담이 따른다. 제3 자인 금융기관을 통하여 지급하는 과정을 환이라고 한다. 따라서 환의 거래장소가 국내일 경우를 내국환이라 하고, 외국인일 경우 이를 외국환이라고 한다.

또한, 나라와 나라 사이에 서로 다른 통화를 사용하기 때문에 통용되는 통화인 외환을 사용하는데, 이때 문제가 되는 것은 각 나라의 환율이다. 이것은 자국 통화표시로 지급받고, 외화표시 채권으로 변제하는 것인데. 이종통화 간의 교환과 그 비율이 환율로서 이는 양국 간의 와환 시세로 표시된다. 외환에 대한 현대적 의미는 채권양도와 지급위탁의 방법에 의하여 채권과 채무를 상쇄시키고 이종통화의 매매를 통한 교환에 의하여 외국과의 금전적 지급하는 방법 및 수단이다. 우리나라는 외국환거래법 제3조에 의거 대외지급수단, 외화증권 및 외화채권으로 정의한다.

(2) 외환의 종류

외환은 외국통화와 외환어음으로, 외환어음(bill of exchange)은 국내적 입장 즉, 내국환의 입장에서 약속어음이며, 외국환은 외국통화와 외환이라고 할 수 있다. 약속어음 같은 개념으로 국내에서는 내국환이라고 하지만, 외국에서는 외환어음이라고 부르는데, 상품 대금으로 결제를 하려고 할 때 관련의 사항은 이미 신용장에 다 기록이 되어 있다. 선적 이후 언제까지 대금을 변제 한다는 계약과 함께 어음을 받았다면 그 지급되는 기간 동안에 운영자금(유동자금)이 원활하지 못하므로, 이때 정해진 기간 즉, 90일이라고 한다면 곧, 바로 선적 후에 신용장 은행(거래 은행)에 외환어음(선적서류 등)을 매입할 것을 요청한다.

은행에서는 기간의 이자(선수이자)와 취급수수료를 공제한 후 나머지 금액을 지급한다. 그러나 액면 금액 이상 지급받을 수 없고 액면가격 이하로 받게 된다. 이를 할인이라고 말하며, 할인과 관련된 모든 행위를 네고(negotiation)라고 하는데, 이는 협상이라는 뜻이다.

▌그림 20-6▐ 국제금융센터의 기능

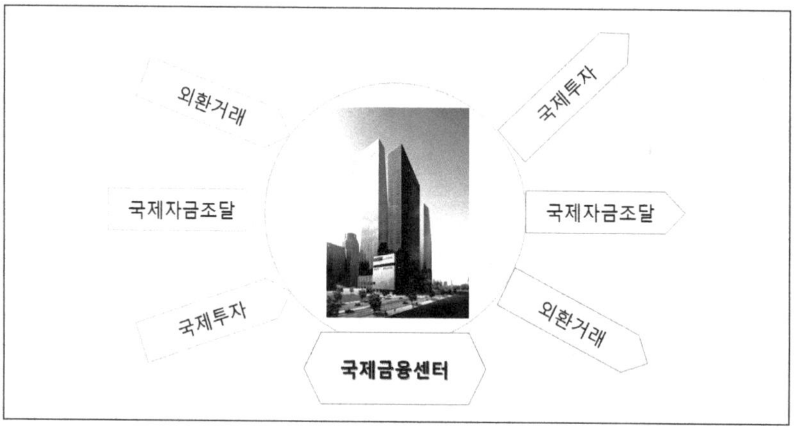

2) 외환거래와 외환업무

(1) 외환거래

외환거래는 글로벌 무역에서 재화와 용역을 매매하거나 자본거래를 하는 국가의 은행들이 글로벌거래를 통하여 결제를 위해 외환을 발행하고 지급하는 것을 말한다. 그러나 좁은 의미로는 외국통화의 매매를 말한다. 외환거래의 목적은 주로 외국통화에 대한 교환과 통화의 가치를 헤지(hedge) 하거나 외환 매매 차익을 얻기 위하여 거래가 발생하게 된다.

외환거래의 장점은 전 세계시장의 단일화, 24시간 거래 가능, 선진국 중심의 주요 통화 위주의 거래, 양방향 거래 가능, 풍부한 유동성 등의 장점이 있다. 하지만 외환거래 시의 주의할 점은 항상 큰 위험을 내포하고 있다는 점이다. 그러므로 전문성을 띤 체계적인 시장분석과 교육 및 실시간 지원 프로그램의 운영을 통한 리스크 관리, 충분한 연습계좌운영이 필요하다.

(2) 외환업무

외환업무란 외국통화와 외국통화표시의 수표, 환어음, 약속어음, 우편환, 신용장 및 기타의 지급지시서를 매매 또는 발행하여 국내와 외국 간에 발생한 금전대차에 대한 대외지급수단의 지급과 추심에 따른 업무를 처리하는 것을 말한다. 그리고 외환업무는 주로 외화 환전업무, 외환 송금(당발 및 타발 송금), 내국신용장, 구매승인서, 무역금융, 관세 환급, 수출입업무, 통관업무 등을 주로 다룬다.

(3) 외환거래의 형태

① 대고객 및 은행 간 거래

외국환은행의 대 고객거래는 외국환은행과 개인 또는 기업 간의 거래를 말한다. 대고객거래는 수출업자가 발행한 수출환어음매입, 수입어음 결제를 위한 환전업무, 외화송금, 여행자수표 매도, 외화수표 매입업무 등이며, 대고객거래의 특징은 외국환은행이 외국환거래에 대하여 항상 고객의 요구에 따라 수동적인 입장이어서 이때 발생하는 외환의 과부족으로 외국환은행은 외환포지션을 갖는다.

따라서 대고객거래와 은행 간 거래에서 발생하는 외국환의 과부족을 해소하기 위하여 외환시장에서 외국환은행 간에 외환포지션 조정거래를 하게 된다.

② 현물환 및 선물환 거래(Spot & Forward Transaction)

외환거래는 국가와 국가 간의 거래이기 때문에 현물거래가 아닌 관계로 선물환거래에서는 계약에 대한 결제가 2영업일 안에 결제가 이루어진다. 그러므로 2영업일 이후의 거래는 선도환 거래가 되는 것이다. 하지만 계약과 동시에 결제가 이루어지는 현물환거래와 계약은 지금 이루어지나 결제는 차후 시점에서 이루어지는 선물환거래로 구분한다. 이는 경제거래를 말한다.

경제거래는 현물거래(spot transaction)와 선도거래(forward transaction)로 구분한다. 현물거래는 실물거래 또는 금융거래라고 하며 선도거래와 구별된다. 이러한 두 거래를 합하여 현물환거래, 선도환 거래라고 한다. 선물환거래는 외환거래 당사자 간에 장래의 외환결제에 적용할 환율을 거래 시점에서 미리 약정함으로써, 계약일로부터 결제일 사이의 환율변동에서 초래되어 환위험을 회피할 수 있다. 선물환거래는 외환차익을 노린 투기수단으로 이용된다.

③ 스왑 거래(Swap Transactions)

스왑 거래(swap transactions)는 상계관세의 차원으로 생각해 볼 수 있다. 즉, 외화자금의 현물매도와 같은 금액의 선물매입을 동시에 계약하는 거래를 말한다. 스왑거래는 외화자금의 차입 시 환위험 회피를 위하여 활용하며, 환위험 회피수단 이외에도 특정 통화를 여타국 통화로 전환하여 운용함으로써 일정 기간 외화자금의 조절수단으로 이용할 수 있다는 점이다.

3. 글로벌 시장의 외환거래

1) 외환시장의 의의

외환시장이란(Foreign exchange market) 좁은 의미에서 외환의 수요와 공급을 조절하는 장소를 말하며, 넓은 의미로는 장소적 개념을 포함하여 외환거래의 형성, 유통, 결제 등 외한 거래와 관련된 결제 메커니즘을 포함한다. 외환시장이란 외환거래의 장소를 말한다. 외환시장의 최근 동향은 정기적이고 일정한 장소의 개념에서 스크린마켓, 텔레폰마켓이 성행하고 있다.

외환시장은 한 나라의 경제에 통화의 구매력을 이전하게 되는데, 국제수지 조절의 기능도 하게 된다. 외환시장은 외환거래소의 개념이 세계화와 글로벌 무역의 성행으로 인하여 장소적 개념에서 거래 내용과 내용이 점차 확대되어 추상거래 매커니즘으로서의 기능을 담당하게 되었다.

2) 환율의 표시 및 환율시세표 읽기

환율은 한 나라의 통화 즉, 자국의 통화와 다른 나라의 통화와의 교환비율을 말한다. 그러므로 환율은 한 나라의 통화가치를 다른 나라의 통화가치와 비교하여 표시한 것이다. 환율은 통화의 가격 표시로서 양국 간의 교환비율을 통하여 구매력을 행사하게 된다. 따라서 환율은 자국 통화의 입장에서, 자국 통화의 대외가치가 되고 외국통화의 입장에서, 외국통화의 국내시장 가치가 되는 셈이다.

환율을 표시하는 방법은 외국의 통화를 기준으로 표시하는 외화 기준시세 혹은 수취계정 기준시세와 우리나라의 통화를 기준으로 표시하는 자국화 기준시세 혹은 지급계정 기준시세로 나눈다. 우리나라는 외화 기준시세를 기준으로 사용하고 있다.

‖ 표 20-2 ‖ 환율변동에 따른 통화가치 변화

외국 통화기준	1달러=1,000원→1달러=1,200원	1달러의 외화가 1,000원에서 1,200원이면 원화 가치 하락, 외화 가치 상승
자국 통화기준	1,000원=1달러→1달러=1,200원	1,000원에 1달러가 1,200원으로 오르면 원화 가치가 상승, 외화 가치 하락

(1) 환율표시방법

① 자국 통화표시법, 직접표시법, 지급계정표시법

자국 통화표시법, 직접표시법, 지급계정표시법은 외국통화의 국내가격 즉, 외국통화 1단위와 교환될 수 있는 자국 통화 단위 수로서의 환율표시방법으로 자국통화 표시법에서 환율이 상승(가치 하락)할 경우 변동환율제도에서 이를 자국 통화가 절하(절상)되었다고 표현한다.

예를 들어 U$1=110.48￥ 또는 ￥/U$=110.48이라고 직접표시법 또는 자국통화 표시법으로 European terms라고 말한다.

② 외국통화표시법, 간접표시법, 수취인 계정표시법

외국통화표시법, 간접표시법, 수취인 계정표시법은 자국 통화 1단위와 교환될 수 있는 외국통화의 단위 수로서의 환율표시법이다. 국제외환 시장에서 외국통화 1단위에 대한 미국 달러의 교환비율은 1=U$0.9380 또는 U$-0.9380으로 표기하는 것은 외국통화표시법으로서 American terms라고 말한다.

(2) 환율시세표 읽기

국내의 신한은행 2008년 3월 5일자의 환율시세표에 의한 환율을 읽어보면 다음과 같다. 고객이 외국통화 1단위를 매입하고자 할 때 필요한 원화의 단위 수(은행의 매도율)와 외국통화 1단위를 판매하려고 할 때 받게 되는 원화의 단위 수(은행의 매입율)를 표시한다.

❚표 20-3❚ 환율 계산법

[계산식] 1,076,000￥은 100:0.9674=1,076,000:X X=10,760× 0.9674 = 10,409.224$(USD)

〈표 20-3〉에서 100￥은 대미 달러 환산율과 같이 0.9674$이다. 계산하면 1,076,000에 대한(가정) 계산에서 10,409.224$로 나타났다고 말할 수 있다. 하지만 우리나라의 화폐로 교환할 때는 주의해야 한다. 즉, 환율시세표에서 나온 바와 같이 송금 매매, 현찰에 따라 환전수수료가 다르게 나타난다. 환율의 시세에 따라 예를 들어 읽어보면 다음과 같다.

① 송금 받을 때: 10,760 x 907.2 = 9,761,472

② 송금 보낼 때: 10,760 x 924.78 = 9,950,632.8

①과 ②에서 송금을 받을 때 10,076,000￥은 송금을 받을 때는 9,761,472의 달러를 송금하게 되는 것이며, 또한 송금을 받을 때는 이보다 −189,160.8달러 정도를 덜 받게 되는 것이다. 환율이 차이를 보이는 이유는 자국의 통화량, 경제 등으로 상대국에서의 신뢰도와 영향력을 끼치며, 자국 경제를 통하여 표시된다. 또한, 런던과 미국의 금융시장 등에서 달러화의 가치가 상승 시 일몰일가의 법칙에 의한 것이 당연하다는 것이다.

3. 외환 위험과 외환 노출의 관리

1) 외환 위험과 외환 노출의 개념

(1) 외환 위험(Foreign exchange risk)의 개념

외환 위험이란(Foreign exchange risk) 미래에 예상치 못한 환율변동으로부터 기업을 비롯한 모든 경제주체의 가치가 변동할 것을 예상하는 것으로 경제주체가 자국 통화가 아닌 다른 통화로 표시된 자산과 부채 또는 손익과 관련하여 보유하고 있을 때, 보유하고 있는 자산과 부채로 인한 위험이 외환 위험이며 이를 줄여서 환위험이라 한다. 좁은 의미의 환위험은 환율변동에 따른 손실을 말하며, 넓은 의미의 환위험은 환위험의 손이익을 포함한 개념이다. 환율변동에 따른 보유분의 자산, 부채의 노출 정도가 다르게 나타난다.

(2) 외환 노출(Foreign exchange exposure)의 개념

외환 노출이란 환율변동이 기업의 가치에 미치는 정도를 사전에 측정하여 이를 수량화한 개념이며, 외환 노출이란 기업, 은행 등에서 자국통화 이외의 통화로 표시된 외환

포지션이 자산, 부채 등의 현금흐름을 보유하고 있는 상태를 말한다. 외환 노출이냐 아니면 환위험이냐 하는 말들은 같은 의미로 받아들일 수 있다. 엄밀히 따지자면 외환 위험보다 외환 노출이라고 하는 말이 훨씬 가깝게 들릴 것이다.

그 이유는 환율변동에 대해 환위험이 기업에 미치는 영향은 환 노출의 상태를 사전에 파악해야 한다는 점이다. 그러므로 순 노출 = 노출된 외화자산 – 노출된 외화부채의 등식이 성립한다.

2) 외환 노출의 유형

(1) 경제적 환 노출

외환 노출 즉, 환 노출은 경제적 환 노출, 거래적 환 노출, 환산 환 노출로 나뉜다. 경제적 환 노출은 환율변동의 결과로 초래되는 기업판매량, 판매가격, 원가의 변동 등에 관한 실질적인 영업 노출을 말한다. 경제적 환 노출은 기업의 경영 전략적 성격을 갖는다. 그리고 경제적 환 노출에 대한 계획은 재무, 마케팅, 생산 등의 관리부문에 대한 전략들이 상호연결 된 상태에서 추진되어야 하므로 전사적 경영관리에 대한 경제적 노출의 측정이 필요하다.

(2) 거래적 환 노출

거래적 환 노출(transaction exposure)은 외화표시 무역 거래나 금융거래 등 외화수수를 수반하는 거래에서 발생한다. 거래적 환 노출은 이미 체결된 외화표시의 거래를 미래에 결제함으로써 얻는 외화차익, 외화차손의 발생 가능성을 말하는 것이다. 즉, 결제의 가변성을 말한다.

(3) 환산 환 노출

환산 환 노출 즉, 환산 환 노출(translation exposure)은 외화로 표시된 자산, 부채와 수익, 비용 등의 재무제표 항목을 자국 통화 또는 특정 기준통화로 환산하게 될 때 발생하는 가치의 변동을 말한다. 일반적으로 재무제표의 각 항목에 대하여 일정한 환산환율을 적용하게 되는데 이를 회계적 환 노출이라고도 한다.

3) 환 노출의 관리

전 세계적으로 환 노출의 위험이 표면적으로 나타나게 된 것은 1973년 이후 변동환율제도의 채택으로 인한 것이었다. 외환 즉, 환율의 변동에 따라 기업의 수출과 수입에 영향을 미치기 때문이다. 환위험을 관리하는 차원은 내부적, 외부적인 기법을 활용하기도 하지만 간단한 방법으로 순 노출을 줄이기 위하여 네팅, 매칭, 리닝과 래깅, 자산 및 부채의 관리, 가격조정, 거래통화의 선택, 거래통화의 다양화 등의 방법을 사용하여 위험을 분산시키는 방법을 사용하는 것은 내부적 기법이라 할 수 있다.

외부적 기법을 활용한 환 위험관리로 외환시장이나 금융시장에서 거래계약을 체결하는 방법이다. 즉, 선물환계약, 통화선물계약, 통화옵션계약, 단기금융시장 활용 등의 방법을 사용한다. 외부적 기법은 거래비용의 과다로 인한 손실을 초래할 수 있으므로 일차적으로 내부적 기법을 활용하고 남은 위험은 외부적 기법으로 활용하는 것이 좋다. 내부적 기법으로 환 위험관리를 헤지라 부르며, 그 헤지 하고서 남은 잔여 노출 부분에 대한 외부적 기법을 동원하여 처리하면 효과적이라는 말이다.

제 3 절 국제수지의 이해 환율관리

1. 국제수지의 개념과 구성

1) 국제수지(Balance of Payments)의 개념

세계화와 글로벌 경제로 인한 국가 간의 경제거래 활동은 글로벌 무역을 통한 수입과 지출을 발생시킨다. 수출입을 통한 수취액과 지급액의 차이를 기록하여 표로 만든 것이 국제수지(Balance of Payment)이다. 국제수지의 기록은 한 나라의 경제 실상을 평가하는 정확한 자료로서 정부가 통화와 재정에 대한 정책운영의 판단자료가 된다. 또한, 국제수지는 기업의 무역과 해외투자에 대한 의사결정에도 영향을 미치게 되며, 관련의 정보들은 글로벌 무역과 금융, 기업, 개인의 의사결정에도 도움을 준다.

국제수지란 일정 기간 한 나라의 거주자와 비거주자(외국에 거주자) 사이에 발생한 모든 경제거래 즉, 이익의 중심을 체계적으로 기록한 통계표이며, 일정 기간이란 국제수지의 개념이 기업회계의 개념과 같은 의미이며, 하나의 기업이 일정 기간 자산, 부채, 자본의 증감변화를 기록, 정리, 회계하는 방식의 복식부기에서 나온 것이다. 국제수지표는 국가 간에 비교할 수 있도록 IMF가 정한 국제수지통계의 포괄범위, 분류, 평가 등에 관한 국제기준)을 통해 기록한다.

2) 국제수지의 특징

국제수지는 잔액의 개념이 아닌 흐름의 통계개념이며, 일정 기간 이루어진 글로벌거래에 대한 총량의 개념으로 외환 수지로 구분하여 파악하는 것이다. 모든 거래형태를 재화 및 용역의 거래, 국가 간의 이전거래, 자본거래 등 일체의 거래를 포함하고 있다. 또한, 거주자의 구분은 자국민이 일시적인 목적으로 관광이나 기타의 목적으로 체류하고 있거나 비록 국적이 외국인이라 할지라도 1년 이상한 나라에서 거주하면서 경제적 근거지가 그 나라 안에 있으면 거주자로 취급한다.

경제적 거래라 할 때, 한 나라의 국민경제에 영향을 미치는 대외 거래를 총괄하여 이르는 말이며, 단순의 유상거래, 또는 증여, 원조의 성격을 띤 무상거래를 모두 포함한다. 그러므로 체계적 기록에 있어서 복식부기의 개념으로 분류하고 기록한다.

3) 국제수지의 구성

국제수지의 구성내용은 경상계정으로 상품수지, 서비스수지, 소득수지, 경상이전수지로 구분하고, 자본계정으로 투자수지, 기타자본수지, 준비자산 증감, 오차 및 누락을 나타낸다.

(1) 경상수지(Current Account)

경상수지의 구성은 상품수지, 서비스수지, 소득수지, 경상이전수지로 구분한다. 상품수지는 가공용 상품과 운수조달상품 및 상품 수리, 비화폐 금융, 일반상품의 항목이다. 즉, 상품의 수출입과 관련된 기록이다. 그리고 서비스수지는 운수, 여행, 통신서비스, 보험서비스, 특허권 등의 사용료, 사업서비스, 정부 서비스, 기타서비스로 금융, 오락, 정보, 건설 등 8개 항목으로 세분한다.

소득수지는 외국인 노동자에게 지급하였거나 내국인 해외근로자에게 지급한 급료, 임금, 금융자산 또는 부채에 관련된 배당, 이장 등의 투자소득 수입 및 지급과 관련한 내용이다. 경상이전수지는 수혜자에게 아무런 조건 없이 제공되는 송금, 구호 식량, 의약품 등의 무상원조와 국제기구 출연금 등의 무상거래 내역을 기록한다.

(2) 자본수지(Capital and financial Account)

자본수지는 투자 수지와 기타, 자본수지로 구분한다. 투자 수지는 직접투자, 증권투자, 기타투자로 구분한다. 기타자본수지는 해외 이주비, 투자보조금 지급 등 고정자산 취득을 목적으로 지출된 자본 이전 수지와 특허권, 저작권, 상표권 등 비생산 무형자산 및 토지, 지하자원 등의 처분과 취득에 따른 기타 자산거래를 계상하는 특허권 등이다.

(3) 준비자산 증감(Changes in reserve assets)

통화 당국이 국제수지 불균형을 직접 또는 간접적으로 조정하기 위하여 계상한다. 특히 직접 외환시장에 개입하거나 간접적으로 조정하기 위한 것이다. 준비자산에는 화폐

금융, 국제준비통화, IMF 리저브포지션 (IMF에 가입하고 출자금을 납입함에 따라 조건 없이 일정액의 외화를 인출 할 수 있는 권리), 외화자산 등이 포함된다.

▌그림 20-7▐ 국제수지표 구성

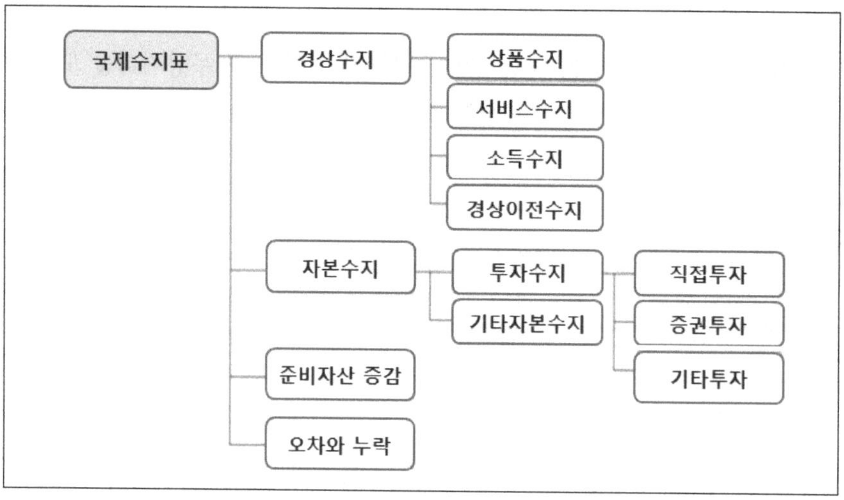

자료: 한국은행(www.bok.or.kr)

2. 국제수지의 조정

1) 경제적 요인

국제수지의 조정은 교역재의 상대가격 변화에 따라 외환시장의 가격조정기능에 의하여 불균형을 해소해 나간다. 즉, 교역재의 상대가격이 하락할 경우, 수출의 증가와 수입은 감소 현상을 나타낼 것이며, 국제수지 개선 효과를 얻게 된다. 그리고 소득의 변화에 따른 조정으로는 소득이 증가하면 수입이 증가하여 경상수지 악화를 가져오고, 소득이 감소하면 수입이 감소하여 경상수지 개선을 가져올 것이다.

또한, 이자율의 변화에 있어서 이자율을 인상하면 자본 유입이 많아 자본수지의 개선 효과를 얻을 수 있으나 이자율을 인하하면 자본유출로 인하여 자본수지의 악화를 가져올 것이다. 교역재의 상대가격 변화, 소득변화, 이자율의 변화 및 환율의 변화와 통화량의 변화에 따라 국제수지에 경제적 요인을 개선해 나갈 수 있다.

2) 국제수지 조정정책

국제수지의 불균형일 경우 시장기구의 조절 미흡이나 조정속도가 완만한 경우 정부가 적절한 수지 조정 정책을 통하여 균형 수지로 조정한다. 무역정책은 재화의 수출입을 직접 통제하게 되며, 지출조정 정책으로 재정, 금융정책을 사용하여 조정하고, 지출전환 정책으로는 외환 즉, 환율을 조정하는 정책을 사용한다. 가령 원화에 대한 달러 가치(₩/$)가 1,000원이라고 가정한다면, ₩/$=1,000이라고 표기한다.

예를 들어 ₩/$=1,000에서 1,100원으로 100원 상승하였다고 한다면, 원화 가치가 100원 정도 하락하였으며 환율은 반대로 상승하였다고 말하는 것이다. 이때 달러에 대한 원화의 가치는 당연히 100만큼 자동으로 내린 것으로 본다. 환율을 올린다는 것은 원화늬 가치를 떨어뜨린다는 것이다.

또한, 국제수지란 대외적인 거래를 종합적으로 기록한 목록표로 일종의 시산표에 해당한다고 할 수 있다. 한 나라의 일정 기간의 거주자 비거주자의 경제거래를 정리하고 기록한다는 점과 대차평균의 원리를 활용한다는 점에서 더욱더 그러하다. 특히 대외 거래를 정리하여 계정과목을 사용하는데 가령 경상계정, 자본계정과 그리고 이들 항목에 대한 기록상의 오기를 방지하기 위한 시산표와 일종의 정산표 작성에 있어서 오차와 누락을 방지하는 차원에서도 동일하다 할 수 있겠다.

▌표 20-4▌ 국제수지 조정표

변화요인	국제수지 조정		조정결과
교역재의 상대가격변화	하락	수출 증가, 수입 감소	국제수지 개선
	상승	수출 감소, 수입증가	국제수지 악화
소득변화	수입증가		경상수지 악화
	수입 감소		경상수지 개선
이자율 변화	인상	자본 유입	자본수지 개선
	인하	자본 유출	자본수지 악화
환율의 변화	상승	수출재 상대가격하락, 수입재 가격상승	무역수지 개선
	하락	수출재 상대가격상승, 수입재의 가격하락	무역수지 악화
통화량의 변화	화폐시장 초과공급에 의한 지출증대		수지 악화

Chapter 21 글로벌 무역의 관세 환급과 절차

제1절 수출입의 관세와 환급처리 절차

1. 수출입에 따른 관세 환급의 의의

1) 관세 환급의 의의

관세 환급이란? 이미 세관에 납부한 관세를 타당한 사유 발생으로 인하여 되돌려 받는 것을 말하며 관세법 제4조에 의거, 과 오납 환급, 관세법 제106조의 규정에 의거, 계약 내용과 다른 물품 등에 대한 위약환급, 환급 특례법령의 규정에 의거, 수출환급이 있다.

관세환급특례법상의 관세 환급은 수출 물품에 대한 국제 가격경쟁력을 제고시키기 위한 수출지원제도로서 수출을 위한 원재료의 수입 시 납부할 관세를 환급 특례법에 의거하여 수출업자 또는, 수출 물품의 생산자에게 되돌려 주는 것이다. 현행 관세 환급에는 환급특례법상의 환급과 관세법상의 환급이 있는 데, 관세법에 의한 환급은 관세법(제46조, 제106)에 의거 계약 내용과 다른 물품 등에 대한 위약환급이 있다.

2) 관세 환급의 절차

관세 환급을 받으려면 환급 대상 수입 물품(원재료)으로 제조 또는 가공한 생산품을 환급대상 수출대상에 제공하고 제공된 날부터 2년 이내에 가능하다. 환급 방법은 간이정액 환급제도와 개별환급제도를 이용하여 환급하면 된다.

▌그림 21-1▐ 관세 환급의 절차

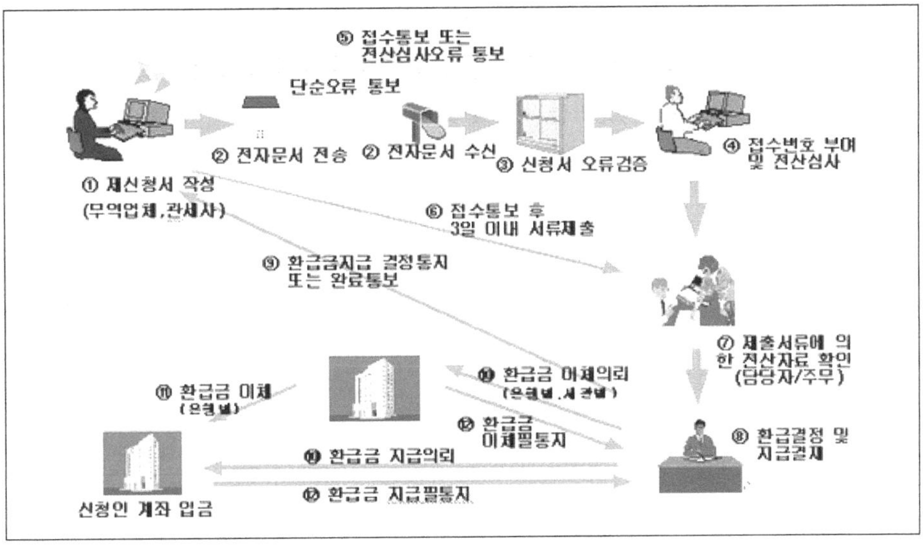

자료: 글로벌경영경제연구소.

또한, 간이 정액 환급은 정부가 수출품에 필요한 원재료에 대한 수입 시 납부세액으로 일정 금액을 정하여 지급하는 것을 말하며, 개별환급제도란 수출 물품생산에 필요한 원재료의 납부세액을 소요량 제도에 의한 증빙서류에 의거 개개의 원재료별로 확인하여 환급하여 주는 것이다.

이밖에도 관세환급제도에 기초 원재료 납세 증명제도와 분할증명제도가 있다. 기초 원재료 납세 증명제도란 수출용 원재료를 수입하여 생산한 중간 원재료를 국내에서 구매하여 수출하는 경우와 수입한 물품이나 중간 원재료를 수입한 상태 그대로 수출품 생산자에게 공급한 경우로 구별하고 있다.

2. 관세 환급의 기능과 특징

관세 환급이란 수입보다는 수출을 위한 수출장려정책의 일환으로서, 관세 환급을 통한 수출입의 원활을 꾀할 뿐만 아니라 부과한 관세를 활용하여 국가산업과 복지증진을 위하여 활용함이 그 목적이다. 특히 수출 물품에 대한 가격 인상에 따른 수입 물품의 소비를 억제하게 된다. 관세 환급의 특징은 수출용 원재료에 대한 관세부담을 해소할 수 있어 국내산업의 보호와 관세장벽에 대한 벽을 제거하는 완충작용을 얻게 된다.

그리고 수출업체에 지원되는 관세 환급금은 관세징수액 대비 환급액의 비중이 높아지고 있어, 무역구조가 대외무역의존도가 점점 더 높아지고 있다는 고민을 하게 된다.

특히, 세계무역기구(WTO)를 포함한 국제협정에서도 수출 물품의 생산에 사용된 수출용 원재료에 대한 관세 환급 부분은 수출보조금 지급금지 규정에서 제외되어 있다. WCO(세계 관세기구)의 교토협약에서도 관세 등 환급절차가 규정되어 있어 자국의 산업보호와 수출장려의 정책임을 찾아볼 수 있다.

| 표 21-1 | 관세의 분류

구분/분류	관세의 종류	비고
물품의 이동 방향	수출세(Export Duties)	수출 관련의 관세
	수입세(Import Duties)	수입 관련의 관세
	통과세(Transit Duties)	무역 거래 관련의 관세
과세의 목적	재정관세(Revenue Duties)	국가의 재정수입 확보
	보호관세(Protective Duties)	국내산업 보호, 육성
관세부과의 과세방법	종가세(Ad valorem Duties)	물품 가격에 따른 관세
	종량세(Specific Duties)	물품량에 따른 관세
	혼합세(Combined Duties)	종가, 종량의 혼합적용
관세부과의 근거	국정관세(National Duties)	관세부과의 근거(관세법)
	협정관세(Conventional Duties)	국가, 국제기구의 협정
	편익관세(Beneficiary Duties)	국제관계의 개선을 목적

3. 관세 환급제도의 시작과 변천

1) 사전면세제도(1960년대)

사전면세제도는 수출을 지원하기 위한 수단으로 1964년~1975년 6월까지 사용하였으며, 주로 수출 물품을 생산을 위한 원재료의 수입을 할 경우, 1년 이내에 수출이행을 조건으로 관세를 면세한 후 관련의 제품을 1년 이내에 수출하면 관세를 면제하지만 그렇지 못한 경우에는 수입 시 면세한 관세를 징수하는 것이었다. 특히, 1960년대의 수출을 위한 단순가공이었기 때문에 수출용 원재료를 수입한 자가 직접 관리하는 것이 인정되었으나 1970년대 무역 거래의 교역량이 증가하고 국내 가공 산업이 발달함으로 인하여 관세의 면세에 대한 관리가 까다롭게 곤란하게 되었다.

따라서 관세법 104조 제1항에 수출 물품을 제조 및 가공하기 위하여 수입하는 원재료에 대하여는 수입신고수리일로부터 1년 이내에 수출하는 경우에 관세를 감면할 수 있도록 규정하고 있다. 최근에는 특례법인 환급 특례법 제5조 제1항에서 수출용 원재료인 경우라도 이를 수입하는 시점에서 관세를 징수하도록 규정하고 있다.

2) 환급 특례법 적용 및 개정(1970년대)

1970년대에 수출산업이 발달하자 1975년 7월 1일부터 환급제도를 도입하였다. 도입한 환급제도는 모두 8차례의 개정을 거쳐 환급 특례법으로 발달하게 되었다. 수출용 원재료에 대한 관세의 사전면세를 인정하지 않고, 수입하는 시점에서 곧, 바로 관세를 부과하는 제도로 전환함에 따라 수출업체의 자금 부담이 발생하여 이를 완화하고 수출용 원재료에 대하여는 4월의 범위 안에 관세의 징수를 유예할 수 있도록 하였다.

징수유예제도는 사전면세제도가 환급제도로 전환한 것에 따른 일시적인 조치였으나 수출업체의 자금 부담을 덜어주기 위하여 1989년까지 계속하여 사용하였다. 환급 특례법 제정 시에는 환급절차 간소화, 국산 원재료 사용 촉진을 목적으로 하였으나 다양한 수출 물품에 대한 정액 환급율을 정하기 어렵고 기업에서 환급 업무를 전산화함에 따라 1984년부터는 개별환급을 중심으로 전환하였다.

▌그림 21-2▌ 관세 환급의 법체계

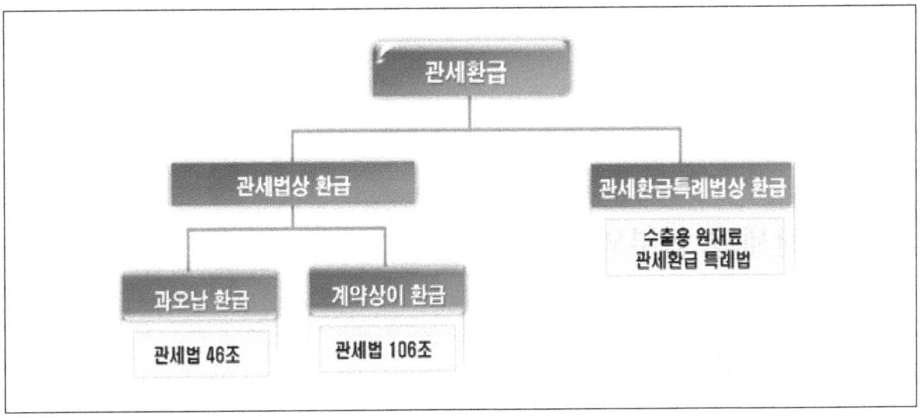

(2) 환급 특례법의 개정 내용

제1차(1975.12.22) 주요 개정 내용으로, 국내외의 무역여건이 변화 및 발전함에 따라 물품을 수입한 상태 그대로 수출하는 경우가 발생하여 환급제도를 적용하게 되었으며, 정상적인 수출, 주한 국제연합군에 대한 외화판매 및 공사 외에 보세공장이나 수출자유지역 안의 입주업체 대한 물품의 판매도 환급대상의 수출로 인정하였다.

제2차(1976. 12. 22) 및 제3차(1977. 7. 23) 개정은 1976년 12월 부가가치세법 및 특별소비세법을 제성하였나. 그리고 관련의 세목을 통합, 신설하여 환급 특례법의 적용대상 중 조세도 관세, 임시수입부가세, 특별소비세, 주세로 변경하였다. 개정 환급 특례법에서는 "무역거래법 제17조 제2항의 규정에 의거 소요량증명서 발급기관에서 고시 또는 증명하는 소요량에 해당하는 원재료를 납부한 세액의 범위 안에서 재무부령이 정하는 금액을 관세청장이 정하는 바에 따라 환급한다."라고 하여 소요량 증명방법을 보다 명확하게 하였다.

제4차 및 5, 6차 개정(1978년~1994년 3월 24일)안은 환급금을 신속한 환급을 위하여 신설하였다. 개산환급제도의 적용을 원하는 경우, 평균 환급액을 기준으로 관세청장이 고시한 개산환급율표 상의 개산환급금을 수출 사실만을 확인하여 우선 지급한 후 3월 이내에 관련 서류를 구비하여 환급세 관에서 정산하도록 하였다.

제7차(1996.12.31) 주요 개정 내용을 살펴보면, 수출용 원재료를 수입하는 자가 신청하는 경우 일정 기간별로 일괄 납부하게 하고 그 기간 내의 관세 등 환급금도 지급을 보류한 후, 일괄납부세액과 지급보류 환급금을 정산하는 것이다. 대외무역법에 의하여 업체가 자율적으로 소요량을 책정 및 계산하는 자율 소요량제도를 도입하여 관세 환급제도는 편리하고 기업 자율에 의한 방식으로 전환하였다. 또한, 제8차 개정으로 2000년 12월 29일에 개정이 있었으며, 주요 골자는 관세법 체계가 전면적으로 개편되면서 당해법 부칙에 환급 특례법에 있는 관세법의 조문을 개정하도록 규정함으로써 환급 특례법이 개정된 것이다.

제 2 절 관세의 납부와 환급의 방법

1. 수출용 원재료의 납부세액 정산

수출을 위하여 수입하는 경우 수입 시에 관세를 부과하는 것이 마땅하나 수출업체의 금융에 대한 부담과 비용의 절감을 위하여 수입 원재료의 매 수입건별로 수입 시에 징수하지 않고 일정 기간 즉, 3개월 동안의 수입에 관한 내용을 한 건으로 하여 일괄적으로 징수하는 일괄납부제도이다. 수출용 원재료에 대한 관세 등의 일괄납부를 위하여 제공할 수 있는 담보는 관세 채권의 신속한 확보 및 담보물의 관세 등에 대한 충당을 용이하게 하고 실제 기업에서 세관에 제공하는 담보로 가장 많이 이용하고 있는 것으로 한정하고 있다.

▌그림 21-3▐ 수출용 원재료의 관세 환급방법

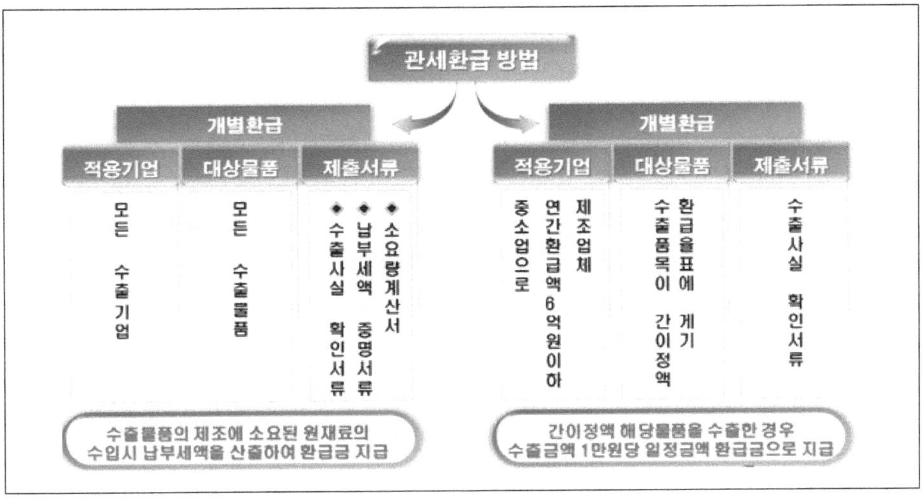

2. 관세 등 일괄납부세액과 환급금의 정산

환급금에 대한 정산은 환급 특례법은 수출용 원재료에 대한 관세법의 사전면세 규정에 의거 수출용 원재료를 수입할 때 수입신고가 수리되는 날로부터 15일 이내에 관세 등을 납부해야 한다. 이와 같은 선 납부 후 환급제도는 자금 부담을 주는 부작용이 발생하였으며, 이를 해결하기 위하여 수출지원의 차원에서 정산제도를 도입하였다.

3. 관세 환급방법

1) 간이 정액 환급제도

간이 정액 환급제도는 중소기업의 수출을 지원 및 환급절차 간소화를 위해 간이 정액 환급대상 중소기업이 생산하여 수출한 물품에 대하여는 수출 물품생산에 소요된 원재료의 납부세액 확인을 생략하고 수출 사실만을 확인하여 간단하게 환급하는 제도이다. 간이 정액 환급율은 관세청장이 수출 물품의 품목번호(HS10단위)별로 최근 6월 이상 기간 동안 개별 환급액 즉, 평균환급액이나 평균 납부세액을 기초로 하여 수출금액당 일정 금액을 환급액(율)으로 책정하고 있다.

▮그림 21-4▮ 간이정액 및 개별환급의 절차

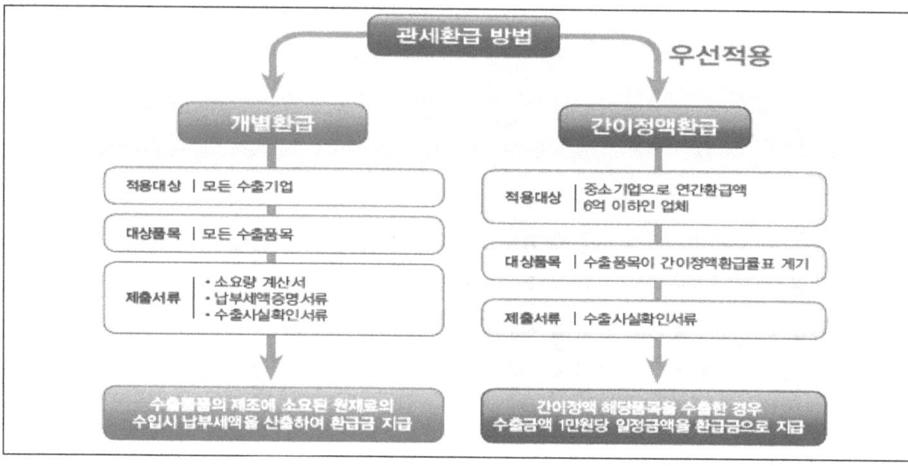

환급 신청의 경우, 전가세액은 다음의 계산방식에 의하여 산출한다. 수출신고필증상의 FOB₩, 그리고 기초원재료납세증명서 발급신청에 해당하는 경우는 내국신용장, 구매확인서(특수신용장상)의 물품 금액(₩)을 ₩10,000당 책정한 간이정액 환급율을 곱하여 산출한다.

▮표 21-2▮ 간이정액환급 산출

$$\frac{\text{수출신고필증 상의 FOB 원화금액}}{10,000} \times \text{ 이 표의 해당 금액 } = \text{ 간이정액환급액}$$

기초원재료 납세증명서를 발급 신청할 때 물품 대금과 양도세액이 구분 표시되지 아니한 경우는 다음과 같은 방식에 의거 산출한다. 기초원재료 납세증명서는 수입한 기초 원재료를 이용하여 제조가공 및 중간 원재료로 형태로 수출 물품을 제조한 자, 또는 2차 중간재를 제조할 자에게 양도한 경우, 중간 원재료에 포함된 기초원재료의 납부세약을 증명해 주는 서류이다. 수출 후 수입면장 대신 기초원재료 납입증명서를 통하여 관세를 환급받을 수 있다.

▮그림 21-5▮ 기초원재료 납입 증명제도 절차

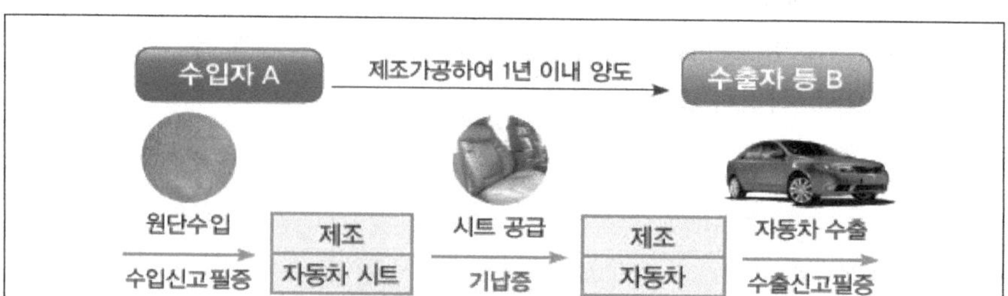

간이정액 환급제도는 개별환급을 받을 능력이 없는 중소기업을 대상으로 수출을 지원, 환급절차는 간소화 한다는 방침으로 도입하였다. 간이정액 환급율은 수출 용품에 대한 원재료 납부세액 산출에 영향을 미치는 요소 즉, 관세율 및 환율의 변동 등을 고려하여 수출금액(FOB 10,000원)당 환급액을 책정한다.

▌표 21-3▌ 간이정액환급 산출(물품대금과 양도세액 구분이 없는 경우)

$$\text{물품대금} = \frac{\text{원화로 표시된 내국신용장등의 거래금액}}{1+(\text{적용할 간이정액}) \ / \ 10,000}$$

2) 자동환급제도(Auto Drawback System)

자동환급제도는 중소기업의 지원대책의 일환이며, 이러한 정책은 2003년 9월부터 시행하게 되었다. 자동환급이란 간이정액환급 대상 물품을 수출하는 기업의 경우 수출신고서에 환급신청 여부만을 표시하면 별도의 환급신청서를 제출하지 않아도 환급금을 지급할 수 있도록 하는 제도이다.

자동 환급절차는 세관의 수출신고 수리, 물품 선적을 완료하고 관세 환급을 신청한다. 자동환급 업체로 지정받은 업체는 환급신청란에 "AD"로 표기하면 관세 환급 전산시스템에서 매월 2일 전월에 선적된 수출 물품에 대한 환급금을 계산하여 해당 업체의 관세 환급금 계좌로 환급금이 자동 지급된다.

(1) 환급금 자동정산제도

환급금 자동정산제도란 수출업체가 원재료 수입 시 납부할 관세와 제품 수출 후 지급받을 환급금을 일정 기간 보류한 후 이를 일괄적으로 정리하고 최종적으로 서로 상계하여 차액만을 납부하거나, 지급하도록 하는 제도이다. 특히 자동정산제도는 수출업체가 세관 방문, 정산신고 등을 거치지 않고 세관의 전산시스템에 의한 자동으로 일괄처리가 가능하다.

(2) 미 환급정보 자동통보시스템

미환급금 자동통보시스템은 특징은 중소기업의 수출경쟁력 강화를 위하여 구축하였으며, 특히 수출 후 관세 환급제도에 대하여 잘 알지 못해 관세 환급을 받지 못한 경우 중소기업(간이정액환급업체)에게 관세 환급정보를 실시간으로 제공해 주는 전산시스템이다. 따라서 관련 정보는 EDI를 통하여 제공받게 된다.

▌그림 21-6▐ 환급금 자동정산제도

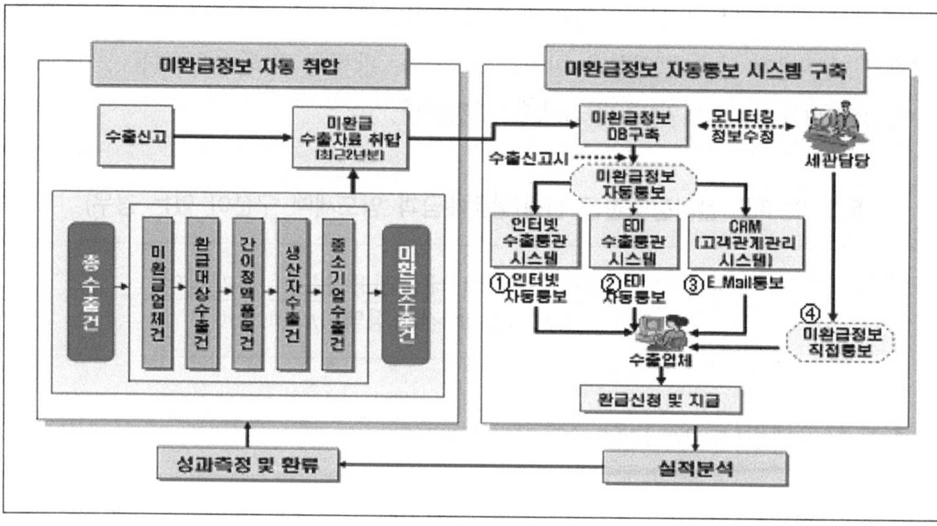

자료: 관세청(http://www.customs.go.kr)

4. 개별환급제도

개별환급제도란? 물품의 생산에 소요된 각종 원재료의 종류와 수량을 소요량계산에 의거 확인하고 그 원자재를 수입할 때 납부한 세액의 합계액을 환급하는 제도이다. 개별환급 자체가 정액 환급에 비하여 환급액을 정확하게 산출할 수 있는 장점이 있으나, 구비서류가 다소 복잡하고 소요량계산서의 작성 등 산출이 복잡하여 평균세액 증명 제도를 두어 이를 상호 보완하여 적용하고 있다.

개별환급의 적용대상은 정액 환율표가 적용되지 않는 수출 물품의 환급 및 국내 거래 물품의 기초원재료 납세증명서 발급신청 시 적용된다. 정액 환급비 적용 승인을 얻어 개별환급에 의한 관세를 환급받는다. 동일업체의 수출 물품에서 간이 정액 환급율표에 의한 물품은 간이정액 환급 방법에 의하여 환급신청하고 게지되지 않은 품목은 개별환급 방법에 의하여 환급신청을 할 수 있다.

제 3 절 관세 환급신청 및 심사

1. 관세 환급신청

1) 환급신청 기간(환급 청구권)

관세 환급을 받기 위해서는 환특법 제14조 제1항에 의거 수출 물품에 대하여 관세 등을 환급받고자 하는 자는 대통령령이 정하는 바에 따라 2년 이내에 관세청장이 지정한 세관에 환급 신청하여야 한다. 환급신청 기간의 기산점은 세관장이 신고 수리한 것의 수출신고수리일, 당해 수출, 판매, 공사 또는 공급을 완료한 날이거나 공사 중인 경우, 단위공사가 완료한 날로 한다.

2) 환급신청자

관세 등의 환급은 수출 등에 제공한 자에 한정하여 환급을 신청할 수 있으며, 내국신용장 등에 의하여 중간 원재료를 수출업체에 공급한 경우에는 최종 수출자만이 환급 신청할 수 있다. 국내에서의 외화판매, 외화공사 중 재정경제부령으로 정하는 경우는 판매자와 공사를 시행한 자, 보세구역(보세공장, 종합보세구역, 보세판매장) 등에 물품을 공급한 경우, 외국을 왕래하는 선박 또는 항공기에 선(기)용품 공급과 원양어선에 무상으로 송부하는 물품의 경우에는 공급자 또는 제조자가 환급 신청할 수 있다.

3) 환급신청기관 및 방법

관세 등의 환급신청은 환급신청인의 관할지 세관장에게 신청하여야 한다. 제조장별로 환급을 신청하거나, 본사에서 일괄하여 환급 업무를 취급하는 경우에는 본사를 관할하는 세관에 환급 신청할 수 있다. 관세 환급 신청세관을 변경하고자 하는 경우 환급신청기관 변경신청서를 변경 전 관할지 세관장(출장소장 포함)에게 제출하여 승인을 받아야 한다.

수출 물품에 대한 환급신청은 당해 수출 물품의 생산 소요의 원재료 전부에 대하여 한꺼번에 일괄하여 환급신청과 전자문서에 의한 신청이다. 지급요건 심사자는 접수통지를 한 후 환급금을 지급 결정한다. 세관장은 환급서류 및 자료의 미비로 심사사항의 확인이 곤란한 경우에 신청 자료의 보완을 담당과장 명의로 요구할 수 있으며 보완사항이 경미하여 환급 결정에 지장이 없으면 사후에 할 수도 있다.

2. 환급신청의 제출서류와 환급심사

환급신청 시 환급신청서에 다음 서류를 첨부하여 관할 세관장에게 제출하여야 한다. 현재 환급신청은 전자문서에 의해 환급신청 하고 접수번호가 부여된 후 3일 이내에 환급신청서류를 제출하도록 하고 있으나, 서류 없는 관세 환급신청 건은 서류를 제출할 필요가 없다. 다만, 서류제출 없는 환급대상이라도 사전심사대상이나 확인 건은 환급 관련서류를 제출하여야 한다. 환급심사는 환급 후에 환급대상 물품의 특성, 업체의 성실도 등을 감안하여 선별 심사함을 원칙으로 한다. 환급 후 심사는 관세청장이 정하는 바에 따라 세관장이 심사대상과 심사생략대상으로 구분하여 실시한다.

▌그림 21-7▌ 환급 환급의 요건

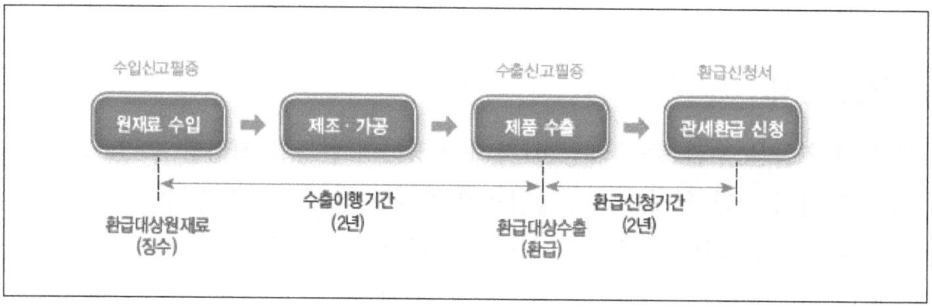

환급 후 심사 원칙의 예외로 환급 전 심사는 다음과 같은 경우에는 환급 전 심사 후에 환급금을 지급한다.

① 관세 환급시스템에서 환급 전 심사대상으로 지정한 것

② 소요량신고를 하지 아니하고 환급 등을 신청한 업체

③ 세관장이 환급 후 심사가 적합하지 아니하다고 인정하여 환급 전 심사대상으로 지정한 것이다. 환급 전 심사는 관련 서류를 제출받은 날로부터 7일 이내에 심사를 완료하여야 한다.

3. 과다환급금 및 가산금 징수

세관장은 지급한 환급금이 다음에 해당하는 경우에는 당해 환급금액 또는 과다환급금액을 관세법 제47조 제1항의 규정에 따라 관세 등을 환급받은 자(기납증을 발급받은 자 포함)로부터 이를 징수한다. 과다환급금 및 과소환급금은 자진신고하고 당해 관세 등을 납부를 한 경우, 과다환급금 등에 가산할 금액을 환급받게 된다.

환급받은 날로부터 3월 이내에 과다환급금을 자진신고를 하면 이를 가산하지 아니한

다. 과다환급금을 자진신고 하고자 하는 자는 과다환급금 자진 신고서에 과다환급금의 계산과 관련된 원재료의 수입신고필증 등 관련 서류를 첨부하여 환급받은 세관장에게 신고하여야 한다.

자진신고는 환급받은 날로부터 2년 이내에 하여야 한다(부정 환급은 5년 이내). 세관장의 귀책 사유로 과소 환급된 경우에는 추가 환급이 가능하며 이때 과다환급금 징수 시 가산하는 이율과 같은 환급가산금을 지급하며, 세관장의 귀책 사유란 추가 환급 사유에 해당하는 것을 말한다.

제 4 절 EDI System에 의한 환급처리

1. EDI에 의한 환급처리의 추진배경

관세 환급은 1997년도 7월에 전산화가 완료되었고, 전산화가 구축된 이래로 수출업체가 관세 환급을 신청하기 위해서는 EDI 전용회선을 통하여 한국무역정보통신(KT-NET)에 연결한 후 관세 환급을 신청하여야만 하였다. EDI 관세 환급 시스템에서는 신청인이 환급신청용 프로그램을 구입 또는 자체 개발하고 동 프로그램을 통해 환급신청서를 입력해야 함에 따라 프로그램 구입 및 유지보수비가 발생하였고, EDI 전용망을 통해 데이터를 전송해야 하므로 EDI 전송료와 전용회선 비를 부담해야만 하였다.

2. EDI System 서비스 절차

[그림 21-6]에서 현행 EDI 관세 환급시스템에서는 KTNET 전용회선만을 이용하여 관세 환급 신청이 가능하였다. 종전의 관세환급시스템은 VAN/EDI 단일방식으로 운영되고 있었으나 '05. 10월부터 인터넷/WEB 방식을 추가 도입하여 환급신청인의 여건에 따라 VAN/EDI 방식과 인터넷/Web 방식을 선택할 수 있는 EDI/인터넷 병행 환급시스템 신청체제가 최초로 구축되었다.

3. EDI에 의한 환급신청 방법

환급신청인이 인터넷으로 환급 신청하는 방법은 크게 두 가지이다.

첫째는 웹 화면 입력방식으로 환급신청인이 인터넷 관세 환급시스템에서 제공하는 환급신청서 작성화면에 신청내용을 입력하여 관세청에 전송하는 방법이다. 웹 화면 입력

방식은 별도의 환급신청 프로그램 없이 인터넷을 통하여 간편하게 입력하면 되므로 환급 신청 건이 적은 중소기업이 주로 이용하는 방법이다.

둘째는 사용자 S/W 이용방식 즉 일괄전송방법으로 환급신청인이 자체개발하거나 프로그램 개발업체로부터 구입한 사용자 프로그램을 통하여 환급 신청하는 방법이다. 일괄전송방식은 신청인이 자체 전산시스템에서 신청서를 생성하여 관세청으로 전송하며, 자체 ERP 시스템과 연계하여 환급 소요량계산 등이 자동으로 이루어지고 일일이 환급신청서를 입력할 필요가 없는 등의 장점이 있어 환급 신청 건이 많은 대기업이 주로 이용하는 방법이다.

▌그림 21-8▌ EDI 관세 환급처리시스템 절차도

<table>
<tr><th>활용 절차</th><th>내 용</th></tr>
<tr><td>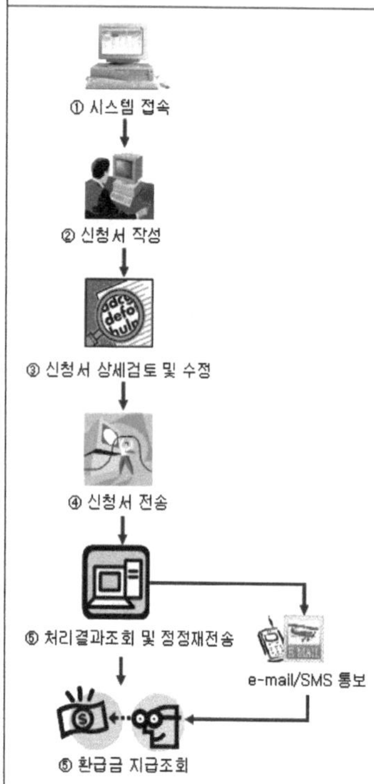
</td><td>① 시스템 접속
통관포탈에 접속하여 사용자 로그인

② 신청서 작성
사용자 인증 후 환급신청서를 선택하여 신청내역을 입력

③ 신청서 상세검토 및 수정
작성된 신청서에 대한 기록내용의 정확성 여부에 대한 검토 및 수정

④ 신청서 전송
신청서 작성 및 내용 검토가 완료되면 신청서를 전송

⑤ 처리결과 조회 및 정정 재전송
-접수, 오류, 서류제출요구 등 처리상태 조회
-세관의 결정이 있기 전까지 신청서를 정정 재전송

⑥ 환급금 지급
-통관포탈에 접속하여 환급금 지급결정통지서를 조회
-신청인의 요구에 의해 e-Mail 또는 핸드폰으로 통보</td></tr>
</table>

4. EDI의 관세환급처리 및 추가정보

인터넷 관세환급시스템 구축하여 환급 업체는 종전에 EDI에서 신청하였던 관세 환급(개별, 간이, 정산), 제 증명(기납증, 분증, 평세증), 환급대상 수출 물품 반입(적재) 확인(신청) 등을 인터넷으로 처리하게 되었다. 하지만 단순한 인터넷 전환한 것이 아니라, 다양한 정보를 제공받게 하였다. 특히 통관한 수출입통관 내역, 자사의 환급실적, 환급 관련 제 증명서 발급실적, 환급에 사용된 수입원재료 잔량 내역 등을 인터넷을 통하여 조회가 가능하도록 개선하였다.

Chapter 22 글로벌 무역의 클레임과 중재처리

제1절 무역 클레임과 중재처리의 이해

1. 무역 클레임(trade claim)의 개념

글로벌 무역 활동을 함으로써, 어 예기치 않은 일들로 인한 당사자 간의 거래계약 불이행으로 인하여 발생한 손해를 상대방에게 청구할 수 있도록 하는 권리를 무역 클레임이라 한다. 무역 거래에서 발생하는 클레임은 대략 2가지로 분류한다.

첫째는 운송 중의 화물의 사고인 멸실, 손상된 경우 화주가 선박회사 또는 보험회사에 대하여 손해배상을 청구하는 운송 관련의 클레임으로 일종의 보험 클레임이다.

둘째는 매매계약의 한 당사자가 계약을 위반함으로써, 피해를 입은 당사자가 손해 배상을 청구하는 무역 클레임이다. 일반적으로 클레임이라고 하면 무역 클레임을 의미하는 것이 보통이다. 무역 클레임을 넓은 의미로 해석하면 단순한 불평(complaint), 경고(warning) 등을 포함할 수 있으나 좁은 의미로 해석해서 적극적으로 손해의 배상을 요구하는 것을 말한다.

1) 무역 클레임의 발생원인

무역 클레임 발생의 직접 원인은 무역 계약 체결과정에서의 과실, 오해, 착오, 부주의 등에 의한 것으로 전문가의 조언을 통하는 것이 좋다. 그리고 간접 원인은 당사자 간에 의견의 차이가 발생할 수 있다. 즉, 언어의 상이, 각국의 법과 상관습, 운송위험, 가격덤핑 등의 서로 다른 개념으로 사용될 수 있다. 이를 간접적 요인으로 본다.

따라서 사전에 계약서에 필요한 사항을 충분히 검토해야 한다. 그러나 이행하는 과정에서 품질 불량, 수량 부족, 고장 불량, 선적 불이행, 불완전보험 계약체결, 대금 지급지연, 대금지급거절, 신용장 관련 업무의 지연, 거래알선에 따른 수수료 미지급 등이다.

2) 무역 클레임의 내용

(1) 클레임 제기자에 따른 분류

클레임은 제기자가 누구냐에 따라 다르다. 수출업자가 제기하는 매도클레임(Seller's Claim)과 수입업자가 제기하는 매수 클레임(Buyer's Claim)으로 구분된다. 그러나 수출입업자가 클레임을 제기하는 경우를 보면, 신용장 개설지연이나 어음의 부도 등 대금결제와 관계되는 것이 대부분이며, 클레임의 90% 이상은 수입업자가 수출업자에 대하여 제기하는 매수클레임이다.

(2) 클레임 발생원인에 따른 분류

무역 클레임의 원인에는 직접적 원인과 간접적 원인이 있다. 직접적 원인에는 상담이나 계약체결과정에서 무역 계약의 불충분한 합의로 인한 계약이행과 어느 한 당사자가 계약조건을 지키지 못함으로써 클레임이 제기되는 경우가 많다. 의외로 무역 클레임에는 언어, 관습, 법률 및 문화 배경의 차이, 의사소통, 불충분한 신용조사, 무역실무와 국제상관습에 대한 무지, 불가항력 등 간접적 원인에 기인하는 것도 많다. 무역클레임의 직접적 원인을 중심으로 클레임의 종류를 살펴보면 다음과 같다.

① 상품 및 수량 관련의 클레임

클레임 중 가장 많이 발생하는 것으로 품질 불량, 품질상의, 규격상의, 변색, 색상 상의, 내용상의, 운송 도중의 멸실, 손상 등 빈번하게 일어나는 클레임으로 해결하기에도 매우 까다롭다. 무역 계약서상의 상품 수량과 인도받은 수량과의 차이로 인한 클레임이다. 상품에 따라서는 수송 도중에 감량되거나 중량의 경우 더 복잡하다.

② 포장과 운송 관련의 클레임

포장 불량, 파손 등으로 인한 상품의 손상이나 멸실 등 포장에 관한 클레임의 원인이 되며, 장거리 운송으로 인한 글로벌 무역에서 운송 도중 상품을 안전하게 보호하기 위해 방수가 되는 견고한 자재로 상품을 포장해야 한다. 상품을 운송하는 도중에 발생하는 멸실, 손상에 대한 클레임의 내용으로 항해 중에 일어날 수 있는 위험은 누손, 증발, 혼합, 기류, 빗물 및 담수, 땀과 열, 곰팡이, 투하, 굴곡 등 실로 다양하다.

③ 선적과 보험 관련의 클레임

선적과 관련된 클레임은 선적지연, 선적 불이행 등이다. 선적지연과 선적 불이행은 수출업자의 사정에 의한 경우라면 손해배상을 해야 하지만 불가항력적 일일 경우 계약서 이면에 삽입하여 둔 불가항력 조항에 의거 면책이 된다. 불가항력 조항은 수출업자가 체결한 보험계약이 계약서와 상이하여 보험회사로부터 아무런 보상을 받을 수 없는 경우에 제기되는 클레임이다. 대부분 보험료를 저렴하게 하려고 하다가 큰 낭패를 불러일으키게 되는 주요한 원인이 되기도 한다.

④ 무역 결제에 관한 클레임

결제에 의한 클레임은 대개가 수출업자가 하는 내용으로 수출대금 미지급, 신용장의 개설지연 또는 개설 불이행, 계약조건과 다른 신용장개설 등이다. 특히 신용장 서류작성에 있어 미비한 경우 수입업자가 환어음의 지급 또는 인수를 거절하는 경우가 있을 수도 있다. 결제에 관한 청구내용으로 손해배상, 대금지급거절, 대금 감액요청 등이 있다. 손해배상과 관련한 청구내용으로 저질품 인도, 선적 불이행, 부당한 계약파기, 신용장 개설지연 및 미개설, 선박지정 지연, 대금결제지연, 화물의 부당한 인수거절, 계약 물품의 상이 등이다. 대금지급거절은 대금 추심 기간이나 신용장 조건과 일치하지 않을 때 대금지급을 거절할 수 있다.

(3) 청구내용에 따른 분류

청구내용에 따른 내용으로는 금전적 클레임과 비금전적 클레임으로 나눈다. 금전적 클레임이란 대금지급거절, 손해배상금청구, 대금 감액 요구 등 클레임에 관한 해결을 금전적으로 해결하는 경우를 말한다. 글로벌 무역은 손해배상을 단순한 상품 대금의 변제로만 해결되는 것이 아니라, 예상이익의 상실 및 기회비용과 신용장개설비용, 통신료, 운임, 보험료, 클레임 제기비용 등의 지출비용 일체와 관련의 이자까지도 배상해야 하는 경우가 있다.

비금전적 클레임은 계약해약, 물품 인수거절, 대체물품의 청구 등이 있다. 비금전적 클레임이 해결되지 않은 경우, 금전적 클레임을 겸하여 병행할 수 있다. 그리고 계약이행의 청구로서 신용장 개설요청과 매매약정의 물량에 대한 이행요청 등이며, 인수 받은 물품이 하자가 발견될 시 추가 인수분 즉, 잔여 계약분의 해제를 요청하는 경우이며, 무역의 클레임으로 처리된다.

2. 무역 클레임의 제기

1) 물품검사 및 통지의무

수출업자의 상품을 인수 받은 수입업자(매수인)는 물품이 계약목적에 맞는지를 파악한 후 하자가 발견될 시 즉각 클레임준비를 한다. 특히 수량이 부족할 경우 수출업자(매도인)에게 통지하고 필요한 청구권 행사를 한다. 우리나라의 경우 상법 제69조에 의거 매수인이 목적물을 수령 한때에는 지체없이 검사하고 하자 또는 수량 부족의 경우 즉시 매도인에게 통지를 발송하지 않으면 이로 인한 계약해제, 대금감액, 손해배상을 청구하지 못한다. 다만 매매의 목적물에 즉시 발견할 수 없는 하자가 있는 경우에 매수인이 6월 이내에 이를 발견한 때도 같다는 것을 명시하고 있다.

2) 클레임 제기 기간

무역 클레임의 제기 기간에 관한 약정은 클레임의 포기조항을 포함한 면책조항이라 볼 수 있다. 클레임 제기 기간의 설정은 물품의 성질상 합리적으로 요구되는 하자발견, 통지 기간보다 짧게 규정되어 있으면 그 효력을 소멸되는 경우도 있다. 그 기간을 설정하는데도 주의해야 한다. 우리나라는 즉시 통지, 발견할 수 없는 하자의 경우 6개월 이내, 일본은 즉시 검사하고 곧 통지, 미국의 경우는 합리적인 검사, 검사 완료 후 3일 이내 통지, 국제물품계약에 관한 UN 협약으로는 단기간 내 검사, 합리적인 기간 내 통지, 어떠한 경우일지라도 그 기간은 2년을 넘기지 못한다고 규정하고 있다.

3) 클레임 제기 및 관련 절차

무역 클레임을 제기할 경우 반드시 서류를 작성하여 상대방에게 통지하여야 한다. ①클레임 사실 진술서 ②청구액에 대한 손해명세서 ③검사보고서 ④기타의 순으로 구비서류를 작성하여 상대방에게 통보한다. 클레임 사실 진술서의 내용은 6하 원칙에 의거 작성하되, 청구액은 손해액과 비용을 포함하여 청구하고, 검사보고서의 내용은 품질 불량, 색상의 차이, 성능의 저조 및 미달, 수량의 부족 등을 검사한 내용이 기록된 국제공인 검정 기관의 보고서인 거래 사실을 입증할 수 있는 계약서, B/L, L/C 등을 첨부한다.

4) 무역 클레임의 제기에 따른 대응

무역 클레임을 제기 받은 경우, 해결에 관한 입장과 해결방안에 대한 신속하고 설득력 있는 답변을 전달해야 한다. 클레임의 처리는 첫 응답이 매우 중요하며 상대방의 의도가 불분명하거나 부당한 클레임은 아닌지에 관한 의문점이 생기면 즉각 클레임 내용의 정당성 여부에 관한 증거서류를 검토한다. 생산, 운송, 보험, 결제 등의 까다로운 절차로 인하여 무역 클레임의 정확한 원인 규명은 어려우며 또한 많은 시간이 소요된다. 그리고 원인이 규명되면 관련의 기관에 직접배상을 청구하거나 해당 기관이 부보 한 보험회사와의 배상액 협의를 통하여 해결해 나가야 한다.

3. 무역 클레임의 해결

1) 당사자 간 해결

당사자 간의 해결은 당사자가 직접 교섭을 통하여 해결하는 방법이며, 무역 클레임의 해결은 당사자에 의한 해결이 가장 우선적이라고 할 수 있다. 클레임 발생의 상황을 잘 파악하고 해결에 있어서 장래의 거래 관계를 충분히 고려하여 상대방과 타협하거나 양보로 해결할 수 있기 때문이다.

(1) 단순 경고 또는 청구권 포기(Waiver of Claim)

단순 경고는 클레임의 액수가 많지 않고 지속적인 거래 관계를 유지하기 위하여 실수를 되풀이하지 않도록 주의를 주는 차원으로 피해자가 상대방에게 청구권을 행사하지 않는 경우이다. 청구권의 포기는 분쟁 해결을 위한 가장 바람직한 방법으로 향후 거래 관계에 있어서 안정적인 거래를 보장받을 수 있는 장점이 있다.

▌표 22-1▌ 클레임해결 방법

구 분	해결방법	내용
거래 당사자 간의 해결	청구권 포기 (Waiver of Claim)	- 상대방이 사전 혹은 즉시 손해배상제의를 해결
	화해 (Amicable Settlement)	- 당사자 간의 대화와 교섭을 통해 양보함
제3 자의 개입 해결	알선 (Intermediation)	- 공정한 제3자의 개입(중재원)으로 당사자 일방 또는 쌍방의 요청으로 처리, 타협과 협상을 위해 협조
	조정 (Conciliation)	- 당사자 쌍방의 요청으로 공정한 제3 자를 조정인으로 선임하여 분쟁 해결방법을 제시해 줄 것과 조정인이 제시하는 조정안을 수용함으로써 분쟁
	중재 (Arbitration)	- 분쟁 당사자 간의 합의에 의해 사법상의 법률관계를 법원 소송절차에 의하지 아니하고 제3자를 중재인으로 선정하여 판정에 의한 절대복종으로 해결
	소송 (Litigation)	- 개인 간의 분쟁을 국가기관인 재판소의 판결에 의하여 강제적으로 해결

(2) 타협(Compromise) 또는 화해(Amicable settlement)

타협은 당사자 간의 자주적인 교섭, 양보를 통한 분쟁 해결의 방법이며, 협의를 통하여 상호평등의 원칙하에 타협점을 찾는 것이다. 다시 말하면, 제3 자의 개입 없이 클레임을 우호적으로 해결하는 것이다. 즉, 당사자가 서로 양보하거나, 대체품이나 충분한 보상을 통한 분쟁을 종결해야 하는 경우, 그리고 분쟁에 관한 약정의 내용이 있는 경우임을 민법 제731조에 명시하고 있다.

2) 제3자를 통한 해결

(1) 알선 또는 조정

조정, 알선은 당사자에 대한 법적 구속력을 갖는 중재나 소송 등 최종적인 분쟁 해결에 앞서 상공회의소, 상사중재원, 대사관, 영사관 등 제3 자를 통한 분쟁 해결방법이다. 특히 조정의 경우 일단 수락하면 조정안도 구속력을 갖게 된다.

알선(Intercession, Recommendation)은 공정한 제3 자(상사중재원 등)가 당사자의 일방 혹은 쌍방의 요청에 의하여 타협이 이루어지도록 협조하는 방법으로 당사자 간에 비밀보장과 거래 관계 지속을 유지할 수 있는 특징이 있다. 당사자의 협력이나 분쟁해결을 위한 합의에 이르지 못하면 실패하게 되나 법적 구속력은 없다. [그림 22-1]에서 대한상사중재원의 중재절차를 통한 내용으로 제3 자인 중재원이 개입하여 조언, 타협을 유도함으로써 해결하는 방법이다.

▌그림 22-1 ▌ 대한상사중재원의 알선 절차도

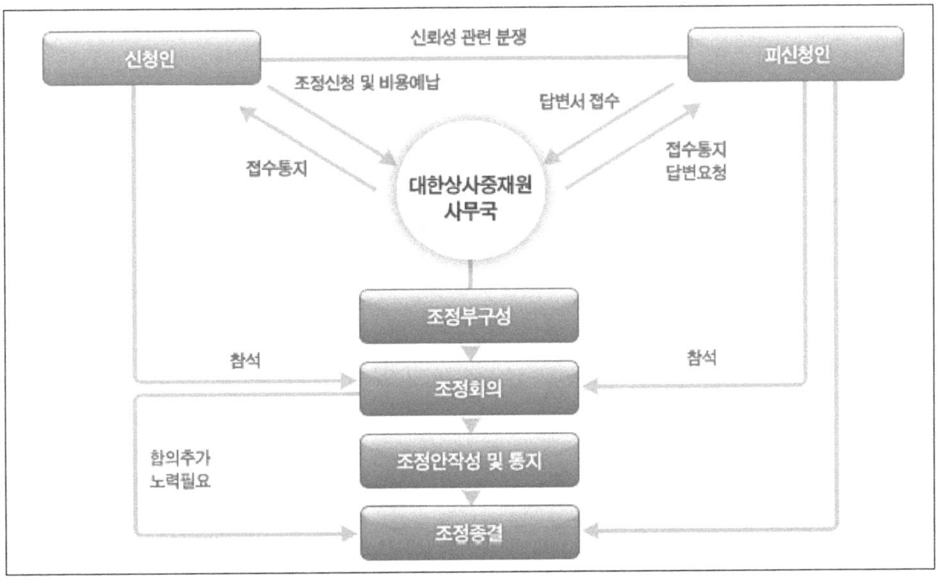

조정(Conciliation, Mediation)은 당사자들이 공정한 제3 자를 조정인으로 선임하고 조정인이 제시하는 조정안(해결방안)에 양쪽 당사자들이 합의함으로써 분쟁을 종결짓는 방법이다. 조정이 성립되면 화해로 인해 판정방식으로 처리하며 중재판정과 동일한 효력을 발휘하게 된다. 하지만 실패할 경우 30일 이내에 조정절차는 폐기되고 중재 규칙에 의한 중재인을 선정, 중재절차가 진행된다. 그러나 위 30일 기간은 당사자의 약정에 의한 것으로 기간을 연장할 수도 있다. [그림 22-2]에서 제3 자인 조정인을 통한 클레임 처리 방안으로서 쌍방의 요청이나 당사자 일방에 의하여 조정안을 제시할 때 양 당사자가 이에 합의함으로써 분쟁을 해결하는 방식이다. 쌍방 가운데 일방이 이를 거절할 경우 자동으로 조정안이 폐기될 수 있다.

(2) 중재(Arbitration)

중재란 당사자의 합의로 인하여 사법상의 법률관계를 법원의 소송절차에 의하지 않고 제3 자인 중재인을 선임하여 그 분쟁을 중재인에게 의뢰하여 중재인의 판단에 양쪽 당사자가 복종함으로써 최종적으로 해결하는 방법이다. 국제무역에 있어서 가장 대표적인 분쟁 해결방법이다.

소송은 양 당사자의 자유의사에 따른 해결이지만 중재는 중재인의 판정에 절대적으로 복종해야 하므로 강제성을 띤다. 그러므로 대부분 중재의 단계에 이르기 전에 쌍방이 합의하도록 건의하거나 아니면, 쌍방에 서로 양보 및 협조하여 적절한 타협점을 찾도록 하는 것이 차후의 무역 거래를 위해 필요한 방법이다.

▌그림 22-2▌ 조정의 절차도

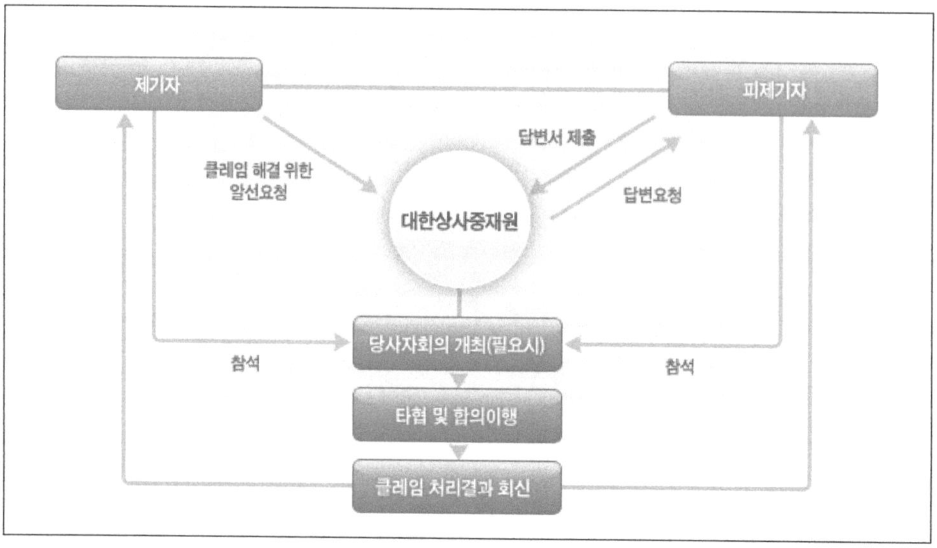

(3) 소송(Litigation)

소송은 국가공권력(사법재판)에 의한 분쟁 해결 방법으로 외국과의 사법협정이 체결되어 있지 않기 때문에 그 판결은 외국에서 승인 및 집행이 보장되지 않는다. 소송에 의하여 클레임을 해결하려는 경우 피 제기자가 거주하는 현지 변호사를 법정대리인으로 선임하여 소송절차를 진행한다. 당사자 간에 합의의 경우 직접 소송을 제기할 수 없으나, 중재판정 취소소송 등으로 중재판정의 효력이 소멸된 경우에는 소송을 제기할 수 있다. 소송에 소요된 시간과 비용보다도 판결을 재판관할권이 다른 외국에서 강제집행하는 데는 많은 어려움이 있다.

▌표 22-2▌ 소송과 중재의 비교

소 송	중 재
일방적으로 상대편의 합의 없이 제소가능	계약당사자의 중재에 관한 합의가 필요
2심, 3심에 항소, 상고가 가능	단심제
분쟁해결에 많은 비용과 시간 소요	분쟁이 신속, 경제적으로 해결 가능
공권력에 의한 해결	공정한 제3자(중재인)에 의한 사적 분쟁해결
원칙적으로 공개진행으로 비밀유지 불가	원칙적으로 비공개이므로 비밀유지가 가능

4. 무역 클레임의 결과처리

무역 클레임의 처리결과로 인한 위약금, 손해배상금, 보상금, 해약금 및 대리점 수수료, 대행지급금, 기타 중개수수료 등은 거래선에 지급할 경우 외국환 관리법령에 따라 외국환은행장에게 신고하거나 한국은행 총재의 허가를 받아야 가능하다. 위약금과 손해배상금, 보상금, 해약금 지급은 거래경위서와 클레임 사실 입증서류, 신용장 또는 계약서를 구비서류로 한다. 외국환은행장의 신고인 경우, 물품의 수출입에 직접 수반하는 중개 또는 대리수수료 부분에 관한 지급내용인 경우이며 구비서류는 대리점 계약서 및 중개료 계약서, 신용장 또는 계약서가 필요로 하고 있다.

또한, 수출입과 직접으로 관계되지는 않지만, 중개 및 대리수수료 등의 지급에 있어서 대상거래금액의 100분의 10 또는 미화 5만 불 이하인 경우는 외국환은행장의 신고를, 대상거래 금액의 100분의 10 또는 미화 5만 불 초과인 경우는 한국은행 총재의 허가를 득한다. 관련 서류는 대리점 계약서, 중개료 계약서, 신용장 또는 계약서이다.

제 2 절 중재 제도(Arbitration)의 이해와 활용

1. 중재의 의의

중재란 계약당사자 간에 자발적인 중재 합의를 함으로써, 내 당사자 간의 분쟁과 장차 발생 가능한 분쟁을 법원의 소송절차에 거치지 않고 제3 자인 중재인을 통하여 분쟁을 해결하는 방법이며, 합의가 있는 경우에만 중재에 의한 판결 해결이 가능하다. 따라서 당사자 간의 분쟁을 중재에 의한 자주적인 입장에서 해결해 나가는 것을 말한다.

중재의 요건은 당사자의 계약에 의하고, 재판을 받을 수 있는 권리를 포기하여야 하며, 제3 자의 판정은 최종적인 것이다. 당사자는 그 판정에 복종해야 한다. 또한, 중재를 위하여 당사자의 계약에 의해 중재지, 중재기관, 중재법규 등 중재의 3요소가 합의되어야 한다. 중재는 중재절차를 관리하는 기관으로는 상설 중재기관, 임시 중재기관이 있다.

2. 글로벌 중재협약

중재협약에는 제네바의정서, 뉴욕협약 등이 있으며, 제네바의정서는 중재조항에 관한 의정서(PAC: Protocol on Arbitration Clauses)를 말하며, 1920년 설립된 이해 국제상업회의소(ICC)가 중심이 되어 제정한 중재에 관한 다수국가의 협약이다. 이러한 내용이 1923년에 채택됨으로써 제네바의정서가 되었다.

1) 중재협약

제네바의정서는 중재계약에 의한 국제적인 승인을 목적으로 각 체약국들은 중재계약과 중재조항에 승인의 의무를 지닌다. 하지만 외국재판정의 승인과 집행에 과한 규정이 없어 당사자가 한 나라에서 얻은 중재판정을 타국에서 집행하려고 할 때 그 타국의 법률과 법원이 중재판정을 거부할 수 있다.

1958년 미국 뉴욕의 UN 본부에서 개최된 국제상사 중재의 외국 중재판정의 승인 및 집행에 관한 협약(CREFA)인 뉴욕협약이 탄생하였다. 우리나라는 1968년에 가입, 1973년부터 효력이 발생하고 있다.

(1) 중재 합의(중재계약)

중재계약의 형식은 사전에 계약서에 중재조항(Arbitration Clause)을 삽입하는 방식과 분쟁 발생 당사자 간에 분쟁 해결을 위한 중재를 부탁한다고 합의하여 부탁 계약을 체결하는 방식이 있다. 중재합의(arbitration agreement)는 사전 중재 합의와 사후 중재 합의로 구분한다. 사전합의는 매매계약서 작성 중재조항을 별도로 집어넣어 분쟁발생 시 소송이 아닌 중재에 의해 해결하겠다는 합의이다. 중재 합의 중재가 행해지는 장소인 중재지와 중재 기관, 중재 규칙 등의 기본적인 조건은 문서에 꼭 포함하여야 한다.

중재 실시장소는 당사자 간에 별도의 약정이 없는 한 당사자 증거조사 방법 등을 고려하여 사무국에서 지정하여 고시한다. 우리나라는 상호협정에 의하며 기준일로부터 15일 이내에 분쟁 당사자들의 조정 요청이 있을 시 해당 분쟁을 중재가 아닌 조정에 회부하게 된다.

(2) 중재 관련 근거와 법률

중재에 관한 근거법은 민사소송법의 특별법으로 법률 제1767호로 1966년 3월 16일 공포되고, 법률 제2537호로서 1973년 2월 17일에 개정된 중재법이 있다. 이러한 중재법은 1996년 8월 5일자로 개정되어 시행되고 있다. 유엔국제상거래법위원회의 중재규칙을 수용할 수 있는 UNCITRAL의 중재 규칙에 따른 중재 관리 규칙을 제정하여 1996년 9월 1일부터 시행하고 있다.

3. 중재의 장·단점

1) 중재의 장점

소송은 당사자 간에 합의가 없어도 당사자가 능력만 있다면 절차의 진행이 가능하다. 중재는 성문화된 합의(계약)가 있는 경우에 절차에 의한 유요한 법적보호를 받을 수 있다. 따라서 분쟁의 해결방식은 소송이며, 중재는 이를 대체한 해결수단으로 중재에 비하여 훨씬 유리한 점이 많다.

(1) 중재는 분쟁 해결의 신속과 비용의 경감효과

소송분쟁에 관한 결정은 신중한 절차를 필요하므로 3심제를 운영하고 있다. 그러나 중재는 거의 모든 나라가 단심제로 운영하고 있으며, 법원에 비하여 짧은 단계를 통하여 해결할 수 있다. 그러므로 신속하게 처리를 할 수 있어 비용 면에서도 짧은 기간에 해결함으로 인하여 경제적인 부담을 해결할 수 있다는 장점이 있다.

중재의 당사자들은 긴급성에 따라 중재계약으로 판정 기간을 명시하여 단축이 가능하다. 그렇지 아니한 경우에는 중재법에서는 3개월 이내에 중재판정이 내려지도록 규정하고 있으며, 1989년 이후 별도의 합의가 있는 국내외 상사중재 사건과 신청금액 1천만원 이하의 국내 중재 사건에 대해서는 1명의 중재인만으로 심문종결일로부터 10일 이내에 판정을 내리도록 하는 신속 중재절차가 도입되어 운영되고 있다.

(2) 전문성의 중재인 선정 가능

글로벌 무역에서 발생하는 각종 분쟁의 경우들은 대개 매매조건, 상품의 시장성, 가격변동, 무역관습, 거래상의 전문화, 기술화, 분업화, 세분화, 산업화, 정보화에 따른 전문적 지식을 요구하기 때문에 중재인을 선정하는데 관련의 전문성을 띤 중재인을 선정하여야 한다. 대한상사중재원은 중재 인단 명부를 매년 1회 정비 유지하고 있으며, 다양한 전문구성원들로 구성되어 있다.

(3) 절차의 비공개와 효력

법원의 소송절차는 공개주의 원칙에 따라 자체회사의 조업방식, 운영비용, 손익 등에 관한 거래 비밀이 대외적으로 공개됨으로써 대외적으로 회사의 신용도 하락과 국제경쟁력 약화를 불러올 수도 있다. 재판과정에서 영업비밀이 외부로 누설될 우려가 있다. 그러나 중재는 비공개에 의한 방법으로 진행되므로 불리한 판정을 받는다고 해도 관련의 비밀은 보장받을 수 있는 셈이다.

재판권은 국가 주권에 일부로서 국가가 행한 재판은 다른 국가에도 그 효력이 미친다. 그러나 중재는 당사자 간 합의로 의한 것이기 때문에 사법상의 유효한 계약으로서 외국에서는 주권침해와 같은 문제가 발생하지 않는다. 중재판정은 당사자 간의 합의에 의한 법원의 확정판결 효력과 동일하다. 그리고 국제적 효력은 뉴욕협약에 의거 채택된 외국중재판정의 승인 및 집행에 관한 국제 연합협약으로 보장을 받을 수 있기 때문에 사실상 소송보다도 큰 효력을 가진다.

2) 중재의 단점

3심제 의한 소송과는 달리 중재는 단심제로 운영됨으로써 상소의 수단이 없다는 것이 오히려 불안요인으로 작용할 수 있으며, 중재인에 의한 합의도출이므로 중재인은 스스로 양식에 따라 판정하지만 판정 기준의 혼선으로 인한 위험을 초래할 수도 있다. 중재인은 당사와 별개이며, 또한 중재인은 강제처분권이 없고 판정 기간이 짧은 관계로 흔히 양 당사자의 주장을 절충하여 판정을 내리는 경우가 있을 수도 있다.

4. 중재절차

중재절차는 대략 4단계를 거친다. 우선 중재계약을 체결하고 중개를 시작하여 심문과 중재판정의 합의도출에 이르기까지이다. 중재계약의 체결은 중재에 의한 분쟁을 해결하고자 하는 경우 당사자 간에 사전에 중재계약이 체결되어야 한다. 매매계약서 중에 중재

조항이 있거나 서신, 전보에 중재조항이 포함되어 있으면 되겠으나 없는 경우에는 별도의 서면계약을 체결해야만 한다.

중재는 당사자가 중재위원회 등에 청구함으로써 개시되는 경우와 당사자가 합의서를 작성하여 제출함으로써 개시되기도 한다. 중재가 개시되면 중재인은 당사자를 심문하게 된다. 이때 전문법 지식의 변호사를 대리인으로 선임할 수가 있지만, 당사자의 합의가 있는 경우는 심문절차는 생략될 수도 있다. 중재판정은 중재인이 분쟁 해결을 위해 내리는 최종결정으로 법원의 확정판결과 같이 양 당사자를 구속한다.

1) 중재구비 서류와 절차

중재구비 서류는 다음과 같다. ①중재신청서 ②중재 합의서/중재조항 계약서 ③입증서류(거래 사실 증빙, Surveyor Report 등) ④대리인이 신청한 경우 위임장 ⑤중재요금 예납 등이며 관련의 서류가 준비되면 대한상사중재원 사무국에 관련의 서류를 제출한다. 중재절차에 관한 사항으로 중재계약은 당사자 간 중재 합의에 의하며, 중재의 신청은 중재계약에서 정하는 기관으로 한다.

중재신청은 중재 기관에 신청하되 중재 기관인 대한상사중재원은 신청 접수된 중재사항이 적합한지에 관한 여부를 확인하고 쌍방에게 알린다. 양 당사자가 합의할 경우 중재절차 이전에 조정을 시도하지만, 조정에 실패할 경우 30일 이내에 자동으로 중재절차가 진행된다. 또한, 조정 진행 및 중재인 선정의 단계로 사무국은 접수, 수리통지와 함께 중재인 후보자 10명을 선정하여 양 당사자에게 보내게 되면, 양 당사자는 의장중재인과 기타중재인에 대한 선호순위를 표시하여 송부일로부터 국내 중재일 경우 15일, 국제중재는 30일 이내에 사무국에 제출한다. 이후 답변서 제출 및 반대신청을 한다. 이어 심문 및 중재판정으로 최종심문을 바탕으로 종결한다.

2) 대한상사중재원에 의한 중재절차

대한상사 중재원의 중재는 ①중재계약(당사자 간 중재 합의) ⇒ ②중재 기관에 중재신청(대한상사중재원) ⇒ ③접수통지 ⇒ ④조정(양 당사자가 합의한 경우 개시 이전에도 조정 시도, 실패하면 30일 이내 자동으로 중재절차 진행 ⇒ ⑤중재인 선정(중재인 명단 후보 10명 선정 후 순위표시) ⇒ ⑥답변서 제출 및 반대신청(신고인에게 답변서 송부) ⇒ ⑦심문 ⇒ ⑧중재판정

3) 중재판정

중재판정은 중재인이 내린 최종적 판정으로 강제집행의 가능성을 전제로 한 최종적인

구속력이 있다. 중재판정은 확정적이며 최종적인 것으로서 종국성과 확정성, 완결성 등의 성질을 갖춰야 한다. 이때 중재판정은 신속하게 이루어져야 하며, 당사자의 합의, 법률적인 정함이 없는 한 심리의 종결일로부터 30일 이내 판정이 있어야 한다.

대한상사중재원은 중재규칙은 중재인 기피와 결정 등에 관한 장시간 소요되는 문제를 예방할 수 있도록 ICC 중재와 같이 중재인의 확인 절차를 두어 혼란을 미연에 방지할 수 있도록 해야 할 것이다. 중재판정의 집행은 판정문 4부를 작성하여 정본을 양 당사자에게 1부씩 송부 하고, 원본은 법원에 이송하여 보관한다. 나머지 한 부는 비본으로 대한상사중재원에 보관하게 됨으로써 판정은 끝난다.

그러나 판정이 끝났음에도 이를 이행치 않을 경우, 판정문 정본을 첨부하여 상대방의 관할법원에 집행 청구를 하면 된다. 이러한 내용은 국내 또는 국외에서도 마찬가지로 적용된다.

제 3 절 글로벌 무역의 협상과 절차

1. 협상의 개념과 요소

협상이란 무역 거래에 있어서 쌍방이 상호협조 하에 적정한 타협점을 찾으려고 노력하는 것을 말한다. 즉, 협상이란 다수의 이해관계자가 객관적인 입장에서 내려진 어떤 결과에 대한 협상의 내용을 양방의 당사자들이 자기 입장의 유리한 협상을 진행하게 된다. 하지만 협상에 임하는 쌍방의 입장은 유리한 입장에서 자신의 이권을 찾으려고 할 것이다.

협상은 협상에 임하는 상대방에게 자신이 요구와 내용을 관철하고자 하는 의도이며 무엇을 얻고 자 하는 행위로 볼 수 있다. 협상은 말을 잘하는 영업행위나 어떤 외교 행위가 아니며, 다양한 이해관계자들의 의견을 상호 조율하여 쌍방이 상호만족을 얻도록 하는 것이다.

2. 협상의 요소

협상의 요소는 첫째, 협상에 임하는 협상자가 협상의 목표(Goal Setting)를 정해야 한다. 즉, 협상의 목표를 세워야 한다. 그리고 협상에 임하는 협상자의 지위와 이해관계 등을 통하여 충분한 협상력(Bargaining power)을 통한 협상을 결정하게 된다.

그리고 신뢰 관계, 공통점, 존경, 상호관심도 등의 관계 형성을 통하여 협상의 질을 높여 나갈 수 있다. 또한, 협상의 테이블에서는 다음과 같은 점에 주의한다.

3. 협상의 각종 상황과 전략

1) 협상의 상황

협상의 상황은 대략 관계상황, 거래적 상황, 무관심 상황, 절충상황, 상호보완적 상황 등으로 볼 수 있다. 관계상황은 협상에 임하는 상대방과의 관계 형성에 따라 협상으로부터 충분한 이슈를 확보할 수 있다. 거래적 상황은 상대방과의 거래를 통해 얻어질 것을 파악해야 한다. 관계상황 관심을 보이지 않는다.

쌍방거래 관계를 통하여 상대방에게서 얻고 자 하는 것을 거래를 통하여 나타날 것이므로 무관심해서는 아무런 협상도 기대할 수는 없다. 최근에는 협상의 내용을 상호 Win-Win 하려는 차원으로 이해하는 협상자들이 많이 늘어나고 있어 상대방에 대한 충분한 정보와 관계정보 및 상호관계의 형성 등이 협상에서 중요한 선점을 차지함을 여실히 보여주고 있다.

2) 협상 전략

(1) 수용 협상 전략(Accommodation Strategy); loss to win

협상에서 성공하려면 관계상황을 통한 협상 전략으로 수용 협상 전략을 접목한 협상 상대와 상호교환 행위가 필요하다. 수용 협상 전략이란 쌍방이 관계 지향적인 협상을 통하여 문제를 해결하고 자 하는 방식이다.

(2) 경쟁협상 전략(Competitive Strategy); win to loss

경쟁협상 전략이란? 거래적 상황의 협상 전략이다. 쌍방이 상호관계에서 자기에게 유리한 쪽으로 협상을 이끌기 위하여 거래적 관계로 상호경쟁하게 됨으로써, 가장 높은 성과를 얻고 자 하는 방법의 하나이다. 가장 치열한 협상의 한 방법이기도 하다. 그 이유는 유리한 협상을 끌어내기 위하여 자기에게 가장 유리한 조건으로 제시할 것이므로 어떠한 수단과 방법을 통해서라도 협상에서 효과를 얻으려 할 것이기 때문이다.

(3) 회피협상 전략(Avoiding Strategy); loss to loss

회피협상 전략은 말 그대로 협상에 임하는 자체가 무관심하거나 협상에 대한별 관심이 없다는 것으로 해석할 수 있다. 즉, 협상에 임하지 않으려고 일부러 회피하거나 필요 이상의 억지를 부림으로써, 협상을 거부하게 만들고, 때에 따라 협상 장소를 벗어나는 경우가 있다.

(4) 협동협상 전략(Collaborative Strategy); win-win game

협동협상이란? 가장 바람직한 협상의 한 방법이라고 할 수 있다. 협상에 임하는 쌍방이 사전에 정한 룰에 의하여 정보공유와 상호관계 등을 통하여 신뢰를 확보하고 필요에 따라 협상함으로써 절충점을 찾아 이해와 상호협력의 바탕으로 나타나기 때문이다. 그러나 쌍방이 서로 이로운 상황에서 협상하려고 한다는 점에서 정보공개, 목적공개, 상호신뢰가 바탕이 되어야 한다.

(5) 타협 협상 전략(Compromise Strategy); split the difference

타협 협상이란? 윈-윈 협상 전략인 협동협상 전략 다음으로 중요하게 여기는 협상의 하나이다. 일부의 협상가들은 윈-윈 협상 전략보다 타협 협상 전략을 더 선호하고 있다. 따라서 가장 많이 사용하고 있는 협상 전략으로 손꼽힌다.

가장 중요한 핵심은 협상에 임하는 쌍방이 자신들의 의도가 분명하고 협상에 임하는 쌍방을 이해하며, 서로가 공평하다고 느끼고 있어 이를 통한 의사결정과정에서 쉽고 간편하게 처리할 수 있다는 장점이 있기 때문이다. 쌍방이 서로 양보하면서 협의한 후에 협상하는 전략이다.

참고문헌

강성룡·김상문, "SCM 관련 최근 연구 동향분석", 충북대학교, 산업경제연구소, 2003.

강준구, WTO DDA 서비스 협상의 논의 동향과 과제, KIEP 세계 경제, 2002.

김대철 외 3인, 「SCM의 이론과 활용」, 정문각, 2006.

김동재, 국제경쟁력에 관한 개념적 연구, 서울대대학원, 1986.

김병학·홍길종, 대외무역과 전자무역법규, 도서출판 두남, 2004.

김영생·이종원·이봉수·유병욱, 글로벌무역학원론, 도서출판 두남, 2004.

김용조, 「위기 이후 한국 경제의 이해」, 새미, 2006.

김정수, 국제통상정책론, 개정판, 박영사, 2003.

김희철, 글로벌시대의 국제경영학, 영지문화사, 1994.

대한상공회의소(SCM 도입 가이드), 2008.

박노형, TWO 체제의 분쟁 해결제도 연구, 박영사, 1995.

박명섭, 「국제물류의 이해와 사례」, 법문사, 2004.

박성현·조신섭·김성수, 「SPSS 17.0 이해와 활용」, 한나래출판사, 2009.

박승락 외 6인(공저), 세계화와 국제무역, 동성사, 1997.

배병렬, 「AMOS 17.0 구조방정식 모델링」-원리와 실제-, 도서출판 청람, 제2판, 2009.

삼성경제연구소(2007), 탄소 시장의 부상과 비즈니스모델, CEO Information, 제630호, 삼성경제 연구소.

삼성경제연구소(http://www.seri.org/_index_.html).

서영경·이한녕, 해외직접투자의 경제적 효과분석, 조사통계월보, 10월호, 한국은행, 2002.

성옥석, "주요국 창업 동향분석을 통한 소상공 창업 동향과 기업가의 의식구조 개선에 관한 연구", 「한국유통경영학회」, 제15권 제1호, 2012.

성용모, 환위험관리, 형설출판사, 2005.

송경석·한병완, 전자상거래, 탐존, 2002.

신경환·심영수,·박종수, 세계화와 국제통상, 도서출판 두남, 1998.

어윤배, 중소기업 산업설비수출 및 해외투자 전망과 대책, 2006.

오상락·여운승, 해외시장조사방법론, 대영사, 1983.

이명호·유지수, 「경쟁우위 확보를 위한 생산관리」, 박영사, 1999.

이상진, e-비즈니스개론, 두남, 2007.

이영해, 「e-비즈니스 시대의 SCM(공급사슬경영) 이론과 실제」, 문영각, 2001.

이원준, 「효과적인 E-SCM을 위한 의사결정조정시스템 모형」, 집문당, 2004

이훈영, 「이훈영 교수의 연구조사 방법론」, 도서출판 청람, 2008.

일본유통 SCM 연구회, 「Supply Chain 실행시스템」, (주)물류신문사, 2002.

임영균·안광호·김상용, 「유통경로관리」, 서울, 경문사, 2002.

정진석·노재봉, 글로벌시대의 FTA전략, 해남, 2005.

조석홍, 해외시장진출론, 두남, 2004.

한국경영혁신연구회(http://www.seri.org/forum/costalf).

한국소프트웨어진흥원(해외 SCM시장의 경쟁구도 및 향후전망), 2001.

한국유통물류진흥원, "SCM의 변천 과정과 흐름", 2002.

한국은행, 세계 M&A의 최근 동향과 시사점, 1999.

한국전산원, 「기업 간 협력에 방안에 연구」, 2002.

한동철, 공급사슬관리, 서울, 시그마인사이드컴, 2006.

후쿠시마요시아키, 「SCM 경영혁명」, 21세기북스, 1999.

Adams, B. L., "Performance Measures and Profitability Factors of Successful African-American Entrepreneurs: An Exploratory Study," Journal of American Academy of Business 2, No. 2, 2003.

Agrawal, Vipul. Chao, Xiuli. Seshadri, Sridhar., "Dynamic Balancing of Inventory in Supply Chains," European Journal of Operational Research, Vol. 159, 2004.

Ahmad, A. and Mehra, S. "The perceived impact of JIT implementation on firms' financial growth performance," Journal of Manufacturing Technology Management, Vol. 15, 2004.

Barratt, M., "Understanding the Meaning of Collaboration in the Supply Chain," Supply Chain Management: An International Journal, Vol. 9, No. 1, 2004.

Barua, A. P., Konnana, A. B. Whinston & Y. Fang, "Assessing Nte-Enabled Business Value: An Exeploratory Analysis," MIS Quarterly, 28(4), 2004.

Benton, W. C. and Maloni, M., "The Influence of Power Driven Buyer/Seller Relationships on Supply Chain Satisfaction," Journal of Operations Management, Vol. 23, 2005.

Birtwistle, G., Riorito, S. S. and Moore, C. M, "Supplier Perceptions of Quick Response Systems," Journal of Enterprise Information Management, Vol. 19, No. 3, 2006.

Blanchard, D, "Supply Chain Management Best Practices" Hoboken N. J, John Wiley & Sons, 2007.

Boyson, S. Corsi, T. Verbraeck, A., "The E-Supply Chain Portal: a Core Business Model" Transportation Research Part E: Logistics and Transportation Review, 2003.

Bruce, M and Daly, L, "Challenges of Fashion Buying and Merchandising," in Hines Tony and Bruce, M.(eds) Fashion Marketing: Contemporary Issues, 2nd ed, Elsevier Ltd, Oxford, 2007.

Byrd, T. A. and Davidson, N. W., "Examining Possible Antecedents of IT Impact on the Supply Chain and Its Effect on Firm Performance," Information & Management, Vol. 41, 2003.

Chopra, S. & Meindl, P, "What Will Drive the Enterprise Software Shakeout," Supply Chain Management Review, Vo1. 1, no. 1, 2003.

Christopher, M, ,"Logistics and Supply Chain Management: Creating Value-Added Networks," 3rd ed, FT Prentice Hall, London, 2005.

Dyer, J. H, "Effective Inter Firm Collaboration: How Firms Minimize Transaction Costs," Strategic Management Journal, Vol. 19. 2004.

Fawcett, S. E., & Magnan , G. M., "The Rhetoric and Reality of Supply Chain integration," International Journal of Physical Distribution and Logistics Management, 32(5), 2002.

Frohlich, Markham T., Westbrook, Roy, "Demand Chain Management in Manufacturing and Services: Web-Based Integration," Drivers and Performance, Journal of operations management, 20, 2002.

Gilicic, S. L. and J. T. Mentzer, "An Empirical Examination of Relationship Magnitude," Journal of Business Logistics, Vol. 27, No.1, 2006.

Gunasekaran, A. and Nagi, E. W. T., "Information System in Supply Chain Integration and Management," European Journal of Operational Research, Vol. 159, No. 2, 2004.

Helo, P. and Szekely, B., "Logistics Information System," Industrial Management & Data System, Vol. 195, No. 1, 2005.

Hines, T, "Globalization: Global Markets and Global Supplies," in Hines Tony and Bruce, M(eds), Fashion Marketing," Contemporary Issues, 2nd ed, Elsevier Ltd., Oxford, 2007.

Huang, S. H., Sheoran, S. K., & Kesker, H., "Computer Assisted Supply Chain Configuration Based on Supply Chain Operations Reference(SCOR) Model," Computers & Industrial Engineering, 48, 2005.

Hult, G. T. M., Ketchen, Jr., D. J., & Slater, S. F., "Information Processing, Knowledge Development, and Strategic Supply Chain Performance," Academy of Management Journal, 47(2), 2004.

Hur, D., Hartley, J. L. and Hahn, C. K., "An Exploration of Supply Chain Structure in Korean Companies," Industrial Journal of Logistics, Vol. 7, No. 2, 2004.

Kaminsky P. and Levi, E. S, "Designing & Management the Supply Chain," 3rd Edition, New York: McGraw-Hill, 2007.

Lee, M., Christopher, H., "Mitigating Supply Chain risk Through Improved Confidence," International Journal of Physical Distribution & Management, 34(5), 2004.

MacDuffle, J. P. and Helper, S. "Collaboration in Supply Chain: With and Without Trust," The Korean Small Business Review, Vol. 30, No.3, 2008.

McCarthy, T. M., & Golicis, S. L., "Implementing Collaborative Forecasting to Improve Supply Chain Performance," International Journal of Physical Distribution & Logistics Management, 32(6), 2002.

McKee, R. and Ross D, "Lean Supply Chain Management in the Fashion Industry," in Interntra the Intelligent Choice, White Paper, 2005.

OECD, International Investment Perspectives, 2006.

Panos Seferlis, Nikolaos F, Giannelos A., "Two-Layered Optimization-Based Control Strategy for Multi-Echelon Supply Chain Networks," Computers and Chemical Engineering, Vol. 28, 2004.

Parker, D. W., & Russell, K. A., "Outsourcing and Iinter/Intra Supply Chain Dynamics: Strategic Management Issues, Journal of Supply Chain Management, 40(4), 2004.

Sarkis, Joseph. Talluri, S Rnivas., "Evaluating and Selecting E-commerce Software and Communication Systems for a Supply Chain," European Journal of Operational Research, Vol. 159, 2004.

Sherer, S. A., "From Supply Chain Management to Value Network Advocacy: Implications for e-Supply Chain," Supply Chain Management: An International Journal, Vol. 10, No. 2, 2005.

Su, J. C. P., Chang, Y. L. and Ferguson, M., "Evaluation of Postponement Structures to Accommodate Mass Customization," Journal of Operations Management, Vol. 23, No. 3, 2005.

Tjader, Youxu C. Shang, Jen S. Duh Fu-Yan, Chow, Tai-Hwa., "Supply Chain Efficiency, E-Business Adaptation and SC Member Relationship," Asia Pacific Management Review, Vol. 9, 2004.

Tummala, Rao., Phillips, V. M., and Johnson, M., "Assessing Supply Chain Management Success Factors: A Case Study," Supply Chain Management: An International Journal, Vol. 11, No. 2, 2006.

Wisiner, J., "A Structural Equation Model of Supply Chain Management Strategies and Firm Performance," Journal of Business Logistics, Vol. 24, No.1, 2003.

Yun, Jeonguk & Seo, Geunha, "A Study of Korean Small Business Foundation Culture: Founder's Personal Characteristics and Marketing Consciousness Centering, "Korean Association of Consumer Culture, Vol. 6, No. 1, Consumer Culture Study, 2003.

Zacharia ZG, "The Evolution and Growth of Production in Supply Chain Management, in Mentzer Jr," Supply Chain Management, Sage Publication, Inc, 2001.

▮ 저자소개 ▮

■ **성 옥 석(成玉錫)**

청주대학교 겸임교수 역임/ 외래교수
광운대학교 경영대학원 교수
우송대학교 겸임교수 역임/ 외래교수 역임
청주대학교 대학원 졸업(Ph.D)
글로벌경영경제연구소 소장
국제다슬기연구소 소장
시장경영진흥원 책임교수 역임
에파타전략개발원(주) 기획본부장 역임
미리내학교/은하수 야학 교장/교수
한국산학혁신전략연구소 책임연구원 역임
한국유통정보학회 이사
한국국제상학회 평생회원
한국물류학회 회원
한국중소기업학회 회원
대한경영학회 회원

■ **박 승 락(朴承洛)**

청주대학교 경제통상학부 무역학전공 교수
중앙대학교 무역학과 졸업(상학사, 경영학석사)
영국 웨일즈대학원 국제운송학부 졸업(Ph.D)
한국통상정보학회 회장 역임
한국무역학회 회장 역임
한국항만경제학회 부회장
한국국제지역학회 부회장
한국국제상학회 이사
한국관세학회 이사
한국무역보험학회 이사
한국e-비즈니스학회 이사
관세사시험 출제위원
행정고등고시 출제위원 역임
민간 전자무역추진위원회 위원

■ **김 군 종(金軍鐘)**

광운대학교 경영대학원 졸업(경영학 석사)
미리내학교 사회담당 교사
참스카이 연구소 연구위원
카이로스타임스(주) 대표/발행인
자담바이오(주) 대표
글로벌경영경제연구소 소장
글로씨커뮤니케이션 대표 역임
카이로스 약학 교장 및 교수
메카버스경영정책 연구소 소장
한국유통경영학회 회원
대한경영학회 회원

NEW GLOBAL 무역학원론 – 개정판

초　판 1쇄 발행 —— 2014년 8월 25일
개정판 1쇄 발행 —— 2022년 8월 30일
지은이 —— 성 옥 석·박 승 락·김 군 종
펴낸이 —— 전 두 표
펴낸곳 —— 도서출판 두남
서울시 강동구 성내로 6길 34-16 두남빌딩
신 고 : 제25100-1988-9호
TEL : 02) 478-2065, 2066, 2067, 2311
FAX : 02) 478-2068
E-mail : dnbooks@dunam.co.kr
http://www.dunam.co.kr

정가 32,000원

ISBN 978-89-6414-957-7 93320